Reinhard Pekrun
Emotion, Motivation und Persönlichkeit

Fortschritte der psychologischen Forschung 1

Reinhard Pekrun

Emotion, Motivation und Persönlichkeit

Psychologie Verlags Union
München und Weinheim 1988

Anschrift des Autors

PD Dr. Reinhard Pekrun
Institut für Psychologie
der Universität München
Leopoldstr. 13

8000 München 40

CIP-Kurztitelaufnahme der Deutschen Bibliothek

Pekrun, Reinhard:
Emotion, Motivation und Persönlichkeit/
Reinhard Pekrun.-
München; Weinheim: Psychologie-Verl.-Union, 1988
(Fortschritte der psychologischen Forschung;1)
ISBN 3-621-27052-3
NE: GT

Umschlagentwurf: Dieter Vollendorf
Druck und Bindung: Druckhaus Beltz, 6944 Hemsbach über Weinheim
Printed in Germany

ISBN 3-621-27052-3

Dies ist der erste Band der Reihe FORTSCHRITTE DER PSYCHOLOGISCHEN FORSCHUNG, für die wir als Herausgeber die Verantwortung tragen.

Fortschritte, so die Einschätzung der Wissenschaftssoziologie, kommen häufig durch Wissenschaftler in jungen Jahren. Ihre Urheber tragen noch nicht die großen Namen und haben es deshalb oft schwer, über die Ergebnisse ihres Arbeitens anders denn in kurzen Aufsätzen zu berichten. Unsere Reihe will diesen Schwierigkeiten etwas abhelfen.

Was im konkreten Fall ein "Fortschritt" für die Psychologie und die Gesellschaft ist, kann durchaus strittig sein. Wir sind deshalb als Herausgeber bemüht, zusätzlich den Rat von Experten bei der Auswahl der Manuskripte einzuholen. Für ihre Unterstützung gilt unser Dank Urie Bronfenbrenner, Klaus Eyferth, Klaus A. Schneewind und Eberhard Todt.

Die Herausgeber haben einen regelmäßigen Wechsel in der Geschäftsführung verabredet. Geschäftsführender Herausgeber 1987/88 ist Rainer K. Silbereisen.

Vorwort

Dieses Buch beruht auf einer Habilitationsschrift, die im Sommersemester 1986 von der Fakultät für Psychologie und Pädagogik der Universität München als erste Habilitationsleistung im Fach Psychologie angenommen wurde. Es handelt sich um eine ergänzte und überarbeitete Fassung des ersten, persönlichkeits- und allgemeinpsychologischen Teils dieser Schrift. Die pädagogisch-psychologischen Analysen des zweiten Teils beziehen sich auf eine Längsschnittuntersuchung zur Persönlichkeitsentwicklung von Jugendlichen im Schulalter; sie werden an anderer Stelle zu publizieren sein.

Ein Reihe von Personen haben zum Entstehen des Buches entscheidend beigetragen. Professor Klaus A. Schneewind war mir in zahlreichen Diskussionen und Kolloquien ein kritischer Gesprächspartner; er gab mir eine Fülle von Anregungen. Hinweise aus fruchtbaren Diskussionen verdanke ich auch Dr. Herbert Bruhn, Professor Rolf Oerter, Professor Lutz v. Rosenstiel und Professor Hans Schiefele. Neben anderen haben vor allem Frau Mechthild Dreier, cand. psych. Eva Holdermann und Dipl.-Psych. Annerieke Oosterwegel weite Teile des Manuskripts geschrieben und Korrekturen eingebracht.

Zu besonderem Dank für Hilfestellungen bei der technischen Realisierung bin ich Dr. Herbert Bruhn verpflichtet, der es in zeitraubender Detailarbeit auf sich genommen hat, einem Freund und ungeduldigen Autor bei der technischen Produktion dieses Buches zur Seite zu stehen: Er hat die programmtechnischen Verfahren entwickelt, die es trotz fehlender lokaler Möglichkeiten der Satzherstellung möglich gemacht haben, dem vorliegenden Typoskript seine optische Gestalt zu geben. Den Reihenherausgebern danke ich für die kritische Begutachtung des Manuskripts. Danken möchte ich schließlich auch Herrn Dr. H.Jürgen Kagelmann und Herrn W. Wirth von der Psychologie Verlags Union, die die Realisierung dieses Buches mit großer Kooperationsbereitschaft gefördert haben.

München, im Oktober 1987 *Reinhard Pekrun*

INHALTSVERZEICHNIS

EINLEITUNG

Themen dieses Buches

Die Psychologie hat sich dem Thema "Persönlichkeit" gegenüber lange Zeit eher abstinent verhalten. Dies spiegelt sich z.B. in der relativen Abnahme der Zahl persönlichkeitspsychologischer Publikationen gegenüber Veröffentlichungen aus anderen Teildisziplinen der Psychologie bis in die jüngste Zeit hinein (vgl. Krampen, 1986a; Pervin, 1985; Singer & Kolligian, 1987). Zunächst war es die Jahrzehnte währende Dominanz behavioristischer, auf direkt Beobachtbares reduzierter Ansätze, die "Persönlichkeit" als wissenschaftlichen Gegenstand eher an den Rand drängte. Anschließend – und dies gilt für die letzten zwanzig Jahre – hat sich die Persönlichkeitspsychologie in Nachhutgefechte behavioristischen Denkens ziehen lassen und sich dort mit ihren begrenzten Energien verzettelt. Dies führte dann bekanntlich zu so inhaltsleeren Fragestellungen wie der, ob Unterschiede im Verhalten verschiedener Personen grundsätzlich und in allen Bereichen eher auf Unterschiede zwischen diesen Personen oder auf Unterschiede zwischen den jeweiligen Situationen zurückzuführen seien (vgl. Amelang & Borkenau, 1984; Epstein, 1983, 1986; Magnusson, 1980; Mischel, 1984).

Das Resultat ist zum einen, daß heute eine Fragmentarisierung inhaltlich relevanter Problemstellungen in der Persönlichkeitspsychologie zu beobachten ist. Persönlichkeitspsychologen konzentrieren sich in ihren wissenschaftlichen Analysen meist auf einige spezifische, eingegrenzte Persönlichkeitskonstrukte wie etwa Selbstaufmerksamkeit, Extraversion, Geschlechtsrollen-Orientierungen oder generalisierte Kontrollüberzeugungen. Wie häufig beklagt wird (z.B. von Herrmann & Lantermann, 1985, Einleitung), fehlt es an übergreifenden theoretischen Entwürfen, die solche Konstrukte unter einheitlichen Perspektiven zu integrieren vermögen.

Zum anderen hat die Entwicklung der letzten Jahrzehnte zur Folge gehabt, daß viele persönlichkeitspsychologische Fragestellungen zunehmend von anderen Teildisziplinen aufgesogen wurden. Wesentlicher Grund ist hierfür auch, daß sich die Persönlichkeitspsychologie vorwiegend auf Persönlichkeitskonstrukte konzentriert hat (und dies großteils heute noch tut), die für möglichst alle oder zumindest eine Vielzahl menschlicher Lebenssituationen Relevanz beanspruchen. Auch diese Beschränkung auf entsprechend abstrakte Konstrukte mit oft geringem Erklärungswert hatte für die Entwicklung der Persönlichkeitspsychologie negative Folgen: Sie hat die substantielle Beschreibung und Erklärung individuellen Verhaltens und Erlebens in weiten Bereichen anderen Teildisziplinen der Psychologie überlassen, welche die Bedeutung bereichsspezifischer Invarianzen menschlicher Lebensäußerungen besser einzuschätzen wußten.

So wurde z.B. die Analyse habitueller Leistungsmotivation zur Domäne von Motivations-, Entwicklungs- und Pädagogischer Psychologie; dasselbe gilt für die

Forschung zu habituellen Leistungsemotionen (also z.B. zu Leistungsangst bzw. "Furcht vor Mißerfolg"); die Untersuchung von Einstellungen und habituellen Mustern sozialer Kognitionen sowie spezifisch sozialer Motivationen wurde der Sozialpsychologie überlassen; die Analyse bereichsspezifischer, habitueller Erwartungen und Ursachenzuschreibungen (anstelle generalisierter Kontrollüberzeugungen) der Motivations-, Klinischen und Pädagogischen Psychologie etc. Die Persönlichkeitspsychologie hat es bisher nicht vermocht, entsprechende Entwicklungen in anderen Teildisziplinen der Psychologie unter einer persönlichkeitspsychologischen Perspektive zu integrieren. Dies ist auch deshalb bedauerlich, weil diese anderen Teildisziplinen in persönlichkeitspsychologischer Hinsicht oft wenig differenziert vorgehen (für die Bereiche der Emotions- und Motivationspsychologie wird dies in Kap. 4 und 6 näher erläutert).

Notwendig ist es also, übergreifende persönlichkeitspsychologische Perspektiven zu entwickeln und gleichzeitig persönlichkeitspsychologisches Denken mit dem Denken in anderen Teildisziplinen der Psychologie zu integrieren. Nicht sinnvoll sind dabei allerdings Einzelversuche, die Theorien- und Befundlage der gesamten sonstigen Psychologie unter persönlichkeitspsychologischer Perspektive integrieren zu wollen: Solche Versuche führen fast zwangsläufig zu eher oberflächlichen Analysen der jeweiligen Einzelprobleme. Hier ist Eysenck (1967, Vorwort) zuzustimmen, der zutreffend feststellt, wer eine "vollständige Persönlichkeitspsychologie" konstruieren wolle, sei entweder ein Genie oder ein Scharlatan.

Die Frage nach der hier zu wählenden Strategie spricht offensichtlich einen speziellen Fall des Bandbreite-Fidelitäts-Dilemmas an: Eine zu hohe Breite des betrachteten Problembereichs wird mit einer eher flachen Analyse der implizierten Einzelprobleme erkauft. Dieses Buch konzentriert sich deshalb auf Überlegungen zu den Nahtstellen zwischen der Persönlichkeitspsychologie und zwei anderen, miteinander verknüpften und aus einer handlungstheoretischen Perspektive zentralen Teildisziplinen: *Emotionspsychologie* und *Motivationspsychologie*.

Die Motivationspsychologie hat in den letzten Jahrzehnten stetige Fortschritte gemacht (vgl. Heckhausen, 1980; Feather, 1982; Frese & Sabini, 1985; Kuhl, 1983a). Bei der Emotionspsychologie hingegen handelt es sich ähnlich wie bei der Persönlichkeitspsychologie um eine Disziplin, die gegenüber anderen Bereichen bis in die 80er Jahre hinein eher vernachlässigt worden ist (vgl. Scherer, 1981, 1984; Kuhl, 1983b). Hierfür lassen sich Gründe anführen, die speziell mit dem Gegenstand dieser Disziplin zu tun haben (s.u. Kap. 3.1). Im übrigen aber haben sich die zentralen Strömungen der Psychologie in den letzten Jahrzehnten auch dem Thema "Emotionen" gegenüber wenig wohlgesonnen verhalten: Emotionen als auf den ersten Blick oft irrational anmutende und zudem personinterne Phänomene konnten für behavioristische Ansätze nicht zum zentralen Gegenstand werden. Die "kognitive Wende" in der Psychologie mit ihrer Orientierung an einem rationalistischen, kognitivistischen Menschenbild (s.u. Kap. 5.2) aber schuf ebenfalls keine günstigen Voraussetzungen für eine Renaissance der Emotionspsychologie. Glücklicherweise zeichnet sich hier in den letzten Jahren eine Trendwende ab, wie sich an der steigenden Zahl emotionspsychologischer Publikationen ablesen läßt (obschon diese Trendwende vorläufig eher in einem Boom einzelner

Forschungsprogramme und weniger in einer kumulativ-einheitlichen Entwicklung dieser Teildisziplin zu bestehen scheint; s.u. Kap. 3).

Emotion und Motivation sind dabei als eng benachbarte Korrelate menschlichen Handelns anzusehen: Beide sind mit Gefühlen verknüpft und damit zentral im menschlichen Erleben; beide unterliegen ähnlichen Prozessen kortikaler Steuerung; beide stehen im direkten Dienst von Anpassungs- und Selbstbestimmungsfunktionen und entscheiden damit über menschliches Verhalten und seine Folgen; damit sind sie jeweils als zentrale Bereiche der Persönlichkeit anzusehen; und wegen der Parallelität ihrer Bedingungen zeigen sich auch in ihren Entwicklungsverläufen manche Gemeinsamkeiten.

Dennoch handelt es sich um distinkte psychische Phänomene. Dies ist von emotions- wie von motivationspsychologischer Seite oft nicht mit hinreichender Klarheit gesehen worden. Wesentlicher Grund hierfür dürfte sein, daß Emotions- und Motivationspsychologie trotz – oder wegen – ihrer inhaltlichen Nachbarschaft bei Versuchen, menschliches Handeln zu erklären, häufig eher konkurriert als kooperiert haben. Zielstellung dieses Buches muß es damit gleichzeitig sein, neben den Persönlichkeitsbezügen auch den Abgrenzungen, Gemeinsamkeiten und Verflechtungen von "Emotion" einerseits und "Motivation" andererseits nachzugehen.

Kapitelüberblick

Ein erstes Ziel dieses Buches ist es im Sinne dieser Überlegungen, einen Beitrag zur Entwicklung übergreifender persönlichkeitspsychologischer Modellbildung zu leisten. Notwendig ist es hierfür, bestimmte Einschränkungen traditioneller Sichtweisen der Begriffe "Persönlichkeit" und "Persönlichkeitsmerkmal" aufzugeben, zu denen insbesondere die Reduktion des Bereichs akzeptierter Persönlichkeitskonstrukte auf Verhaltensdispositionen und die zusätzliche Reduktion auf universelle (bei allen Menschen vorfindbare) und allgemeine (situationsgeneralisierte) Merkmale zählen. Hierauf wird in Kap. 1 eingegangen.

In Kap. 2 wird zunächst eine allgemeine Taxonomie menschlicher Persönlichkeitsmerkmale vorgestellt, die auf den Ausgangsüberlegungen des ersten Kapitels und Entwicklungen in anderen psychologischen Disziplinen basiert. Anschließend werden Rahmenüberlegungen zu den Verknüpfungen unterschiedlicher Teilsysteme menschlicher Persönlichkeit untereinander und mit den Umwelten der Person entwickelt. Als zentrale These ergibt sich, daß traditionelle, unidirektionale Modelle der Abfolge psychischer Prozesse aufzugeben sind: Personen stehen nicht nur mit ihren Umwelten in bidirektional-kausalen Wechselbeziehungen; auch die Person ihrerseits ist als ein System von hoch vernetzten, in wechselseitigen aktual- und ontogenetischen Verknüpfungen stehenden Teilsystemen aufzufassen. Abschließend wird auf einige grundlegende Prinzipien der Entwicklung menschlicher Persönlichkeit und die Rolle von fremd- und selbstbestimmten Lernvorgängen bei solcher Entwicklung eingegangen.

In den Kapiteln 3 bis 6 werden die allgemeinen Überlegungen der ersten beiden Kapitel für menschliche Emotion und Motivation konkretisiert, wobei jeweils auch Zusammenfassungen zugeordneter empirischer Befunde wesentliche erkenntnisleitende Gesichtspunkte liefern. Im Sinne der Notwendigkeit einer Verzahnung von Allgemeiner Psychologie und Persönlichkeitspsychologie (vgl. Eysenck, 1981) werden jeweils zunächst Modelle zur Aktualgenese von Emotion bzw. Motivation entwickelt (Kap. 3 und 5). Sie stehen großteils in der Tradition allgemeinen erwartungs-wert-theoretischen Denkens (vgl. Lewin, 1938; Heckhausen, 1980). Erwartungs-wert-theoretische Überlegungen werden dabei nicht nur zur Erklärung motivationaler Abläufe herangezogen, sondern auch in die Psychologie zukunftsgerichteter Emotionen übertragen. Diese Überlegungen aber werden gleichzeitig auch relativiert, indem – entgegen zeitgenössischem kognitivistischem Denken – Annahmen zu emotionalen und motivationalen Prozessen formuliert werden, die nicht von Kognitionen vermittelt werden und unter der Perspektive eines Bildes vom Menschen als zweckrational ausgerichtetem Wesen nicht erklärbar sind.

Anschließend wird jeweils auf die Persönlichkeitskorrelate und Persönlichkeitsbedingungen von emotionalen bzw. motivationalen Abläufen eingegangen (Kap. 4 und 6), wobei traditionelle Konzepte zu emotionalen und motivationalen Persönlichkeitsmerkmalen unter der Perspektive hier vorgenommener Modellbildungen interpretiert und integriert werden. Auf dieser Basis wird dann jeweils die ontogenetische Entwicklung solcher Abläufe und Persönlichkeitsmerkmale diskutiert; dabei zeigt sich, daß Emotions- und Motivationsentwicklung gleichzeitig immer auch zentrale Bestandteile der Persönlichkeitsentwicklung darstellen.

In Kap. 7 schließlich findet sich zunächst eine synoptische Zusammenfassung zu den Interrelationen von Emotion, Motivation und Persönlichkeit. Sie führt zu einem systemtheoretischen Modell der Funktionsbeziehungen menschlicher Persönlichkeit, das die Ausgangsüberlegungen der ersten beiden Kapitel weiter differenziert. Abschließend wird exemplarisch auf Folgerungen für pädagogisch-psychologische, organisations- und wirtschaftspsychologische sowie klinisch-psychologische Fragestellungen eingegangen. Als Beispiele werden die Entwicklung von Prüfungsangst in pädagogischen Institutionen, Probleme beruflicher Arbeitsmotivation und Probleme der Prävention und Therapie emotionaler und motivationaler Störungen herangezogen.

Hinweise für den Leser

Als Orientierungshilfe für den Leser befindet sich am Ende jedes Kapitels eine Zusammenfassung. Am Beginn jedes Kapitels steht eine kurze Einleitung, die Aufgabenstellungen und sachlogische Struktur des Kapitels erläutert. Dabei stellen Kapitel 1 und 2 (allgemeine persönlichkeitstheoretische Überlegungen), Kapitel 3 und 4 (Emotion und Persönlichkeit), Kapitel 5 und 6 (Motivation und Persönlichkeit) sowie Kapitel 7 (Synopse und Folgerungen) jeweils thematische Blöcke dar, die zwar sachlogisch aufeinander aufbauen, aber so geschrieben sind, daß sie auch unabhängig voneinander gelesen werden können. Der eilige Leser schließlich, der Redundanz zu vermeiden sucht, findet über Befundzusammenfassungen hinaus weiterführende theoretische Überlegungen vor allem in den folgenden Teilen des Buches: Kap. 1 (Persönlichkeitsbegriff); Kap. 2.1 (taxonomische Überlegungen zur Persönlichkeit); Kap. 3.3 ("ZWD-Modell" menschlicher Emotionen) sowie 4.2 (emotionsbezogene Persönlichkeit); Kap. 5.2 ("RSR-Modell" reflektiver Motivation) und 6.2 (motivationsbezogene Persönlichkeit); und Kap. 7.1 (systemtheoretische Synopse) sowie 7.2 (u.a. transaktionale Überlegungen zu Person-Umwelt-Bezügen in der Angstentwicklung).

Kapitel 1

PERSÖNLICHKEIT UND PERSÖNLICHKEITSMERKMALE

Die Persönlichkeitspsychologie ist mit einigen grundlegenden Problemen konfrontiert. Manche von ihnen teilt sie mit anderen Teildisziplinen von Psychologie, Pädagogik und Sozialwissenschaften; andere sind für sie spezifisch. Um einige dieser Probleme - so z.B. die Frage der Person- vs. Situationsbestimmtheit von Verhalten - haben sich in den letzten Jahrzehnten heftige Kontroversen entwikkelt (vgl. Pervin, 1985). Positionen in solchen Grundsatzfragen entscheiden oft darüber, welche Fragestellungen überhaupt als wissenschaftlich sinnvoll erachtet werden, welche Sachverhalte von der jeweiligen Disziplin analysiert werden und welche Methoden für entsprechende Analysen als zulässig angesehen werden. In der Persönlichkeitspsychologie betreffen solche Grundsatzprobleme u.a. (1) den begrifflichen Status von "Persönlichkeit" und damit den Bereich der Sachverhalte, die Gegenstand der Persönlichkeitspsychologie sein sollten, sowie gleichzeitig auch den Erklärungswert von "Persönlichkeit" für menschliches Erleben und Verhalten; und (2) die hiermit verknüpfte Frage, in welchen Beziehungen verschiedene Teilsysteme menschlicher Persönlichkeit untereinander sowie "Person" und "Persönlichkeit" einerseits und Umwelten der Person andererseits stehen.

In diesem Kapitel wird zunächst auf Probleme eingegangen, die an den begrifflichen Status von "Persönlichkeit" geknüpft sind. Zu ihnen zählen die folgenden Fragen: (a) Wie ist der Begriff "Persönlichkeit" zu definieren (Abschnitte 1.1, 1.2)? (b) Handelt es sich bei Persönlichkeitsmerkmalen grundsätzlich um "Dispositionen" zu Verhalten, wie häufig unterstellt wird (1.3)? (c) Wie sind Persönlichkeitsbegriffe zu einzelnen Persönlichkeitsmerkmalen sinnvoll zu konstruieren, in welchen möglichen Beziehungen stehen dabei einzelne Unterelemente von Persönlichkeitsmerkmalen, in welchen Relationen stehen solche Merkmale selber, und wie sind damit Strukturen menschlicher Persönlichkeit zu konzipieren (1.4, 1.5)? (d) Wie individuell oder universell sind Persönlichkeitsmerkmale, wie situationsspezifisch oder situationsgeneralisiert sind sie, und wie person-, situations- und zeitgeneralisiert sollten Persönlichkeitsmerkmale sein, welche die Persönlichkeitspsychologie sinnvollerweise untersuchen sollte (1.6, 1.7)?

Abschließend (1.8) wird in diesem Kapitel auf das auch für andere Wissenschaften grundlegende Problem eingegangen, inwieweit - hier am Beispiel der Persönlichkeitspsychologie skizziert - Versuche zu abgeschlossenen (erschöpfenden) Gegenstandstaxonomien und -theorien möglich und sinnvoll sind und welcher grundsätzliche heuristische Status Wissenschaften vom Menschen damit zukommt.

1.1 Was ist "Persönlichkeit"?

Der Begriff "Persönlichkeit" wird in der Alltagssprache wie in der Psychologie unterschiedlich verwendet. So kann z.B. Allport bereits 1938 von dreiundzwanzig verschiedenen alltagssprachlichen, philosophisch-theologischen, soziologischen und psychologischen Varianten dieses Begriffs berichten. Er selber fügt zwei weitere Begriffsdefinitionen hinzu (die anderen 25 Definitionen aus seiner oft zitierten Zusammenstellung von 50 Begriffsvarianten beziehen sich auf den Begriff "Person"; Allport, 1938, Kap. 2). Seitdem ist eine Fülle weiterer Definitionsvorschläge hinzugekommen (vgl. Herrmann, 1969, 1976). Mithin stellt sich die Frage, wie der Begriff "Persönlichkeit" sachgerecht zu verwenden ist. Antworten auf diese Frage haben weitreichende Konsequenzen z.B. für das Problem, welche Personmerkmale dem Begriff "Persönlichkeit" zu subsumieren sind und in welcher Weise "Verhalten" von Situation einerseits und "Persönlichkeit" andererseits gesteuert wird (s.u. und Magnusson, 1980; Mischel, 1984).

So wurden beispielsweise im Zuge der Konsistenz- und Interaktionismus-Debatten der letzten Zeit häufig nur Verhaltensdispositionen als Persönlichkeitsmerkmale angesehen (s.u. 1.3 und Epstein, 1979, 1983, 1986). Zweifel an der Nützlichkeit verhaltensdispositionaler Persönlichkeitskonstrukte führten dann konsequenterweise einige Autoren dazu, die Nützlichkeit des Begriffs "Persönlichkeit" und der Persönlichkeitspsychologie generell in Frage zu stellen (vgl. Shweder, 1975). Solchen restriktiven Persönlichkeitsbegriffen wird unten eine allgemeinere Persönlichkeitskonzeption gegenübergestellt werden.

Allgemein lassen sich in diesem Zusammenhang drei mögliche Strategien wissenschaftlicher Begriffsführung ausmachen:

(1) Neubezeichnung von Begriffsgegenständen. Um dem Sprachchaos unterschiedlicher Verwendungen ein und desselben Wortes zu entgehen, neigen einige Autoren dazu, den von ihnen favorisierten Bereich möglicher Begriffsgegenstände des betreffenden Wortes mit einer neuen sprachlichen Bezeichnung zu belegen. Dabei kann es sich sowohl um Substantive als auch um alphanumerische Kürzel handeln (wie z.B. Spearmans Bezeichnung "g" für den von ihm postulierten Generalfaktor menschlicher Intelligenz). In der Persönlichkeitspsychologie wird dieser Weg in vehementer Weise vor allem von Cattell verfochten und praktiziert, der eine Reihe psychologischer Gegenstände mit Neubezeichnungen belegte (vgl. Cattell, 1950, 1979, 1980, 1985 zu Begriffen wie "erg", "sem", "threptic" etc.).

Zugunsten eines solchen Vorgehens läßt sich anführen, daß auf diese Weise – bei hinreichend präziser und konsistenter Verwendung der neuen Bezeichnung – tatsächlich oft eindeutigeres wissenschaftliches Sprechen möglich wird. Ein schwerwiegender Nachteil aber liegt darin, daß sich solche sprachlichen Neuschöpfungen in der Regel nicht gegenüber den bereits eingeführten Bezeichnungen für die jeweiligen Begriffsgegenstände durchsetzen können. Außerhalb des direkten Einflußbereichs des jeweiligen Autors werden Umbezeichnungen meist weitgehend ignoriert. Und oft gilt sogar für den betreffenden Autor selber, daß er die alten neben den neuen Bezeichnungen weiterverwendet. So benutzt z.B. Cattell den Begriff "erg" und den eingeführten Begriff "Trieb" ("drive"), den er eigentlich durch die Bezeichnung "erg" ersetzen möchte, in austauschbarer Weise nebeneinander (u.a. Cattell, 1950, 1980). Das Resultat ist nicht eine Verringerung, sondern eine Vergrößerung von wissenschaftlichem Sprachchaos. Es scheint, daß sprachliche Neuschöpfungen zur Bezeichnung wissenschaftlicher Gegenstände in der Regel nur dann eine Chance haben, wenn sie sich auf neue Gegenstände beziehen, für die keine älteren Bezeichnungen verfügbar sind.

(2) Definitorische Abstinenz. Als Ausweg wird ab und zu vorgeschlagen, auf den Versuch einer Definition des betreffenden Begriffs zu verzichten. Oft wird damit gleichzeitig die Hoffnung verbunden, daß eine entsprechende Begriffseingrenzung sich als Resultat wissenschaftlicher Analysen des jeweiligen Gegenstandsbereichs später einmal quasi von selbst einstellen wird. So bezeichnet z.B. Herrmann (1969, S. 60) Persönlichkeit als das "letzte" Konstrukt der Persönlichkeitsforschung, das im günstigen Fall dann näher bestimmbar sein werde, wenn Beschreibungsmerkmale für Personen und Unterschiede zwischen ihnen näher erforscht sein werden.

Dennoch wird der Begriff "Persönlichkeit" in der Regel auch von solchen Autoren verwendet, wobei jeweils bestimmte Gegenstände von ihnen mit diesem Begriff bezeichnet werden und bestimmte andere nicht. In solchen Fällen kann keine Rede davon sein, daß der Persönlichkeitsbegriff nicht in irgendeiner Weise eingegrenzt wird. Allerdings treten dann an die Stelle expliziter Definitionen *implizite* Begriffsbestimmungen, die sich nur an den konkreten Begriffsverwendungen ablesen lassen. Die Gefahr impliziter Definitionen liegt bekanntermaßen in ihrer mangelnden Sichtbarkeit und Klarheit – mit der möglichen Konsequenz inkonsistenter, Verwirrung stiftender Begriffsführung.

Ein Beispiel ist der Persönlichkeitsbegriff von Cattell (1950, 1971, 1979). Ähnlich wie Herrmann verzichtet auch Cattell auf den Versuch einer expliziten Begriffsbestimmung mit dem Hinweis, ein solcher Versuch sei erst nach entsprechenden Fortschritten der Persönlichkeitspsychologie sinnvoll (1950, Kap. 1). Implizite verwendet er den Begriff "Persönlichkeit" dann auf unterschiedliche Weise, wobei er ihn z.B. (a) nur für Temperamentsmerkmale in Abgrenzung von Fähigkeits- oder Motivationsmerkmalen verwendet (z.B. 1971, Kap. 12; 1979, S.60, S.86), oft aber auch (b) sowohl für Temperaments als auch für Motivationsmerkmale (z.B. 1979, S. 127) oder (c) für Merkmale aller drei Bereiche gemeinsam (z.B. 1950, Kap. 3, 5; 1979, S. 159).

Um konsistente Begriffsführung möglich zu machen, scheint es prinzipiell günstiger, implizite Definitionen zu expliziten zu machen. Im übrigen sind Definitionen auch in expliziter Form modifizierbar und lassen sich nach entsprechenden wissenschaftlichen Fortschritten zunehmend präzisieren. (Zu betonen ist dies auch gegenüber den Verfechtern einer Einführung wissenschaftlicher Begriffe anhand von Reduktionssätzen, vgl. Carnap, 1936: Nicht nur über Reduktionssätze eingeführte und insoweit "offene" Begriffsbestimmungen, sondern auch explizite Definitionen lassen sich im Laufe der Wissenschaftsgeschichte anreichern und präzisieren.)

(3) Definition per Begriffskern. Konsequenz des Gesagten ist, daß Neudefinitionen für bekannte wissenschaftliche Gegenstände mit Hilfe sprachlicher Neuschöpfungen meist ebensowenig zu empfehlen sind wie ein Verzicht auf explizite Begriffsbestimmungen. Welche Auswege bieten sich an, wenn die jeweiligen Gegenstände bisher nur in inkonsistenter Weise mit Begriffen belegt wurden?

Ein erster heuristischer Gesichtspunkt ist hier, daß es in manchen Situationen notwendig sein kann, Definitionen an theoretischen oder programmatischen Erfordernissen auszurichten (vgl. beispielsweise zur theoretisch orientierten Definitionsgeschichte des Begriffs "Temperatur" Hempel, 1965). Ein zweiter Gesichtspunkt aber ist hier noch wichtiger: Wissenschaftliche Bezeichnungen sollen der möglichst problemlosen Veständigung innerhalb der Wissenschaftlergemeinde und zwischen Wissenschaftler und anderen Personen dienen. Sinnvoll ist es deshalb häufig, explizite Begriffsbestimmungen anhand der folgenden einfachen Regel vorzunehmen: *Begriffe sind vorzugsweise auf diejenigen Begriffsgegenstände zu beziehen, über deren Bezeichnung durch den betreffenden Begriff bei den Verwendern bereits Einigkeit besteht.* Der Bereich dieser Gegenstände könnte als kommunikativer "Kern" aller Gegenstandsbereiche bezeichnet werden, die von den verschiedenen Begriffsbenutzern mit dem jeweiligen Begriff bezeichnet werden. Im Sinne dieser Regel sollten wissenschaftliche Begriffe mithin so verwendet werden, daß gleichsam der größte gemeinsame Nenner der unterschiedlichen Verwendungen des jeweiligen Begriffs zur Definition des Begriffs dient.

Voraussetzung ist, daß ein gemeinsamer Nenner existiert. Gibt es keinen hinreichend großen Überlappungsbereich, so ist es wohl am besten, auf den betreffenden Begriff zu verzichten (persönlichkeitspsychologische Beispiele sind die Begriffe "Temperament" und "Motiv"; s.u. 2.1 und 5.1). Bei nicht nur wissenschaftlich, sondern auch alltagssprachlich verwendeten Begriffen dürfte es im übrigen günstig sein, wenn mit Hilfe entsprechender Begriffsdefinitionen der gemeinsame Kern nicht nur der wissenschaftlichen, sondern gleichzeitig auch der alltagssprachlichen Begriffsverwendungen getroffen wird. (Ist dies nicht der Fall, so ist der Wissenschaftler als Benutzer von Wissenschafts- *und* Alltagssprache zu doppelter Begriffsführung, zu unterschiedlichem Wortgebrauch in Wissenschafts- und Alltagssituationen gezwungen).

Läßt sich für den Begriff "Persönlichkeit" ein gemeinsamer Kern unterschiedlicher Definitionen ausmachen? Dies ist glücklicherweise der Fall (mit gewissen, bereits erwähnten Einschränkungen im Bereich verhaltensdispositionaler Sichtweisen; hierzu unten 1.3). Stellvertretend für viele andere seien hier die Persönlichkeitsdefinitionen von drei Autoren genannt, welche die Persönlichkeitspsychologie dieses Jahrhunderts entscheidend geprägt haben:

- Allport (1938, S. 49): "Personality is the dynamic organization within the individual of those psychophysical systems that determine his unique adjustments to his environments".
- Eysenck (1947, Kap. 1.6): Persönlichkeit ist "the integrated organization of the cognitive, affective, conative, and physical characteristics of an individual as it manifests itself in focal distinctness to others".
- Guilford (1964): Die Persönlichkeit eines Individuums ist "seine einzigartige Struktur von traits" (S. 6); ein "trait" ist "jeder abstrahierbare und relativ konstante Wesenszug, hinsichtlich dessen eine Person von anderen Personen unterscheidbar ist" (S. 7f.).

Drei Definitionsbestandteile sind diesen und weiteren Definitionen gemeinsam: (a) Bei "Persönlichkeit" handelt es sich um eine organisierte Menge von Merkmalen einer Person. (b) Diese Merkmale sind relativ überdauernd, also relativ zeitstabil (bei der Definition Allports geht dies eher aus den Erläuterungen zur Definition und ihrer Verwendung als aus der Definition selbst hervor). (c) Die betreffenden Merkmale sind charakteristisch für die einzelne Person, unterscheiden sie also von anderen Personen. Unterstellt wird dabei (auch wenn es in den genannten Definitionen implizit bleibt), daß jedem Menschen "Persönlichkeit" in diesem Sinne zukommt. Gleichzeitig scheinen diese drei Kriterien auch den alltäglichen Sprachgebrauch zu kennzeichnen (wenn man von denjenigen Begriffsführungen absieht, denen zufolge nur bestimmte Personen "Persönlichkeit haben" oder "eine Persönlichkeit sind"; hierzu Allport, 1938).

Diesem konzeptuellen Kern entsprechend soll der Begriff "Persönlichkeit" hier folgendermaßen definiert werden: Als *Persönlichkeit eines Menschen ist die Gesamtheit derjenigen Merkmale dieses Menschen zu bezeichnen, die (a) (mindestens relativ) zeitstabil sind und (b) ihn von anderen Menschen unterscheiden können.*

Aus dieser Definition folgt unmittelbar, daß diejenigen Merkmale von Personen als *Persönlichkeitsmerkmale* zu bezeichnen sind, die (a) mindestens relativ zeitstabil sind und (b) Personen voneinander unterscheiden können. Folgendes ist bei dieser Definition zu beachten:

(1) Persönlichkeit als System

Auch Relationen zwischen einzelnen Merkmalen sind als Merkmale zu betrachten. Eine Menge von Elementen, welche die Relationen zwischen diesen Elementen einschließt, wird üblicherweise als "System" bezeichnet (s.u. Kap. 7 und vgl. v. Bertalanffy, 1968; Ropohl, 1978). Dementsprechend handelt es sich bei der "Persönlichkeit" eines Menschen auch im Sinne der obigen Definition um ein "System" von Persönlichkeitsmerkmalen (bzw. eine "Organisation" in der Terminologie von Allport oder Eysenck); auf eine explizite Erwähnung dieses Gesichtspunktes kann insofern in Definitionen des Persönlichkeitsbegriffs verzichtet werden.

(2) Stabilität über Zeitpunkte

Persönlichkeitsmerkmale sind nach obiger Definition "mindestens relativ" zeitstabile Merkmale von Personen. Damit sind Persönlichkeitsmerkmale abgegrenzt von solchen Merkmalen, die von einem Moment zum nächsten Moment stark fluktuieren, also zeitlabil sind (aktuelle Stimmungslagen, physiologische Zustände etc.). Da aber auch die meisten zeitstabilen Merkmale wesentlichen Veränderungen über die Lebensspanne hinweg unterliegen, wird in der Definition nur *relative* Zeitstabilität gefordert. Es gibt wohl kein Merkmal, das bei allen Personen über den *gesamten* Lebenslauf hinweg vollständig stabil ist (selbst die in den Zellkernen gespeicherten genetischen Informationen oder die Geschlechtszugehörigkeit einer Person können sich verändern).

Merkmale, die an einem Menschen zu einem bestimmten Zeitpunkt beobachtbar sind, lassen sich generell auf einem Kontinuum von niedriger bis hoher Zeitstabilität ordnen. Unterschiedliche Merkmale sind unterschiedlichen Bereichen dieses Kontinuums zuzuordnen, wobei es keine sinnvolle Möglichkeit gibt, mittels definitorischer Festlegung dieses Kontinuum in präziser Weise in einen eher zeitlabilen und einen eher zeitstabilen Bereich zu teilen. Eine Lösung dieses

Problems ergibt sich auch dann nicht, wenn man Persönlichkeitsmerkmale als Verhaltensdispositionen auffaßt und definitorisch von episodischen Manifestationen solcher Dispositionen abgrenzt (wie z.B. von Fridhandler, 1986, argumentiert wird): Verhaltensdispositionen müssen nicht zeitstabil sein, sondern können selber mehr oder weniger vorübergehender, episodischer Art sein (Gefühle und Motivation sind klassische Beispiele; vgl. auch Ryle, 1949).

Dementsprechend ist die obige Persönlichkeitsdefinition ebenso wie andere zwangsläufig insofern randunscharf, als sie die Zuordnung von Phänomenen mittlerer Zeitstabilität (z.B. mit Fluktuationsintervallen von mehreren Monaten) offenlassen muß, während Merkmale mit höherer Stabilität wie auch solche mit niedrigerer eindeutig zuordbar sind.

Die Zeitstabilität einzelner Merkmale kann dabei interindividuell variieren. Aus differentieller Zeitstabilität kann folgen, daß ein inhaltlich definierter Sachverhalt bei bestimmten Personen als Persönlichkeitsmerkmal anzusehen sein kann, bei anderen hingegen nicht. Beispiel: Befindet sich eine Person permanent oder auch regelmäßig wiederkehrend in ängstlicher Stimmung, so ist ihre Angst als Persönlichkeitsmerkmal aufzufassen; die aktuelle und einmalige, schnell wieder abklingende Angstreaktion einer anderen Person auf eine drohende Katastrophe hin dagegen nicht.

(3) Variation zwischen Personen

Nach der obigen Definition sind Merkmale, die Personen voneinander unterscheiden können, "Persönlichkeitsmerkmale". Damit sind Persönlichkeitsmerkmale abgegrenzt von Merkmalen, die allen Mitgliedern unserer Spezies gemeinsam sind (uns aber von anderen Arten oder der nicht-organismischen Welt unterscheiden). Allerdings schließt die Definition nicht aus, daß das betreffende Persönlichkeitsmerkmal für mehr als eine Person charakteristisch ist: Gefordert ist nur, daß es die einzelne Person potentiell von anderen Personen unterscheidet. In diesem Sinne ist z.B. die Geschlechtszugehörigkeit als Persönlichkeitsmerkmal zu bezeichnen, obwohl man sie jeweils mit einer Hälfte der gesamten Menschheit teilt.

Interindividuelle Variation kann sich dabei auf die *Ausprägung* oder das *Vorhandensein* einzelner Merkmale beziehen. Beispiele: (a) Allen Menschen läßt sich "Intelligenz" zuschreiben, wobei Ausprägung und Struktur sich von Person zu Person unterscheiden. (b) Nur eine begrenzte Anzahl von Personen leidet unter Phenylketonurie; dabei ist diese Behinderung entweder vorhanden oder nicht vorhanden. (c) Ebenfalls begrenzt ist die Anzahl der Personen, die motiviert sind, Wintersport zu treiben; dabei ist die Ausprägung solcher Motivation von Person zu Person unterschiedlich. Im ersten Fall bezieht sich interindividuelle Variation auf Ausprägung, nicht aber auf Vorhandensein eines Merkmals; im zweiten Fall auf Vorhandensein, nicht aber auf Ausprägung eines Merkmals; und im dritten Fall sowohl auf Vorhandensein als auch auf Ausprägung.

Bisher sind von der Persönlichkeitspsychologie vor allem Merkmale der ersten Kategorie (universelle Merkmale) analysiert worden. Im Sinne einer nicht nur nomothetisch, sondern auch idiographisch orientierten Persönlichkeitswissenschaft aber sind verstärkt auch Merkmale zu untersuchen, die jeweils nur einer Gruppe von Menschen oder nur einzelnen Personen zukommen (s.u. 1.6 und vgl. Pervin, 1985).

(4) Konsistenz über Situationen?

Manche Persönlichkeitsbegriffe der letzten Zeit, die in den Diskussionen um die Konsistenz menschlicher Persönlichkeit eine Rolle gespielt haben, fordern Konsistenz von Persönlichkeitsmerkmalen bzw. ihren aktuellen Manifestationen über unterschiedliche Situationsbereiche hinweg (vgl. Mischel, 1968, 1984; Epstein, 1979, 1983, 1986). Die obige Persönlichkeitsdefinition hingegen impliziert keinerlei Einschränkungen bezüglich einer möglichen Variabilität von Persönlichkeitsmerkmalen über Situationsbereiche. Es läßt sich aus ihr auch nicht folgern, daß nur solche Merkmale als Persönlichkeitsmerkmale zu bezeichnen seien, die sich in unterschiedlichen Situationsarten jeweils in gleicher Weise im Verhalten manifestieren.

Sachverhalte, die sich an Personen beobachten lassen, können u.a. über Personen, Zeitpunkte und Situationen hinweg variieren. Die obige Persönlichkeitsdefinition impliziert, daß Persönlichkeitsmerkmale als spezielle personbezogene Sachverhalte über Personen hinweg variieren und über Zeitpunkte hinweg relativ stabil sind, während zum Ausmaß möglicher Variation zwischen Situationen keine Festlegung getroffen wird. Unter der Perspektive dieser allgemeinen Persönlichkeitsdefinition macht es deshalb keinen Sinn, aus Befunden zur Situationsspezifität von Verhalten zu folgern, solches Verhalten sei eher durch die "Situation" als durch die "Person" bzw. ihre Persönlichkeit bestimmt. Ein großer Teil situationistischer Argumentation in den Interaktionismusdebatten der 30er Jahre und der letzten beiden Jahrzehnte zielt insofern am Kern der Sache vorbei (vgl. auch Mischel, 1973; Magnusson, 1980; Amelang & Borkenau, 1984): Persönlichkeit selbst kann mehr oder minder situationsspezifisch organisiert sein. Auch eine Forderung nach maximaler Zeitkonstanz von Persönlichkeitsmerkmalen als Kriterium für die Nützlichkeit von Persönlichkeitskonstrukten und Persönlichkeitspsychologie (z.B. Costa & McCrae, 1980) aber ist im Lichte der obigen allgemeinen Definition nicht sinnvoll; Persönlichkeitsmerkmale können sich über Lebensabschnitte hinweg stark verändern.

(5) Inhalte von Persönlichkeitsmerkmalen

Auch bezüglich möglicher Inhaltsklassen personbezogener Merkmale, die als "Persönlichkeitsmerkmale" zu bezeichnen sind, impliziert die vorgeschlagene Definition keinerlei Einschränkungen (solange relative Zeitstabilität und interindividuelle Variation gegeben sind). Wie oben bereits erwähnt, wurden in jüngerer Zeit u.a. im Zuge der Konsistenz- und Interaktionismus-Debatten häufig nur verhaltensbezogene Merkmale als Persönlichkeitsmerkmale angesehen. Solche eingeschränkten Konzeptionen blieben allerdings häufig implizit; nur von wenigen Autoren wurden sie explizit formuliert. Eher implizit bleiben solche Vorstellungen z.B. in den Publikationen von Mischel, der wissenschaftshistorisch als vielleicht wichtigster Kritiker traditioneller Persönlichkeitsansätze anzusehen ist (vgl. Mischel, 1968, 1984; Mischel & Peake, 1982). Explizite Gleichsetzungn von Persönlichkeitsmerkmalen mit Verhaltensdispositionen hingegen finden sich bei Epstein, einem der wesentlichen, die Nützlichkeit von Persönlichkeitsbegriffen verteidigenden Opponenten Mischels; er meint beispielsweise, "that the concept of a trait refers to a broad, stable disposition to respond with a class of behaviors" (Epstein, 1986, S. 1199; vgl. auch Epstein, 1979; 1980; 1983, S. 360f.). Ähnliches gilt für den Verhaltenshäufigkeits-Ansatz von Buss und Craik (1983, 1984). Bei allen, zu Beginn recht großen theoretischen Gegensätzen war die Konsistenzdebatte der letzten Zeit also durchweg von eher restriktiven Persönlichkeitsbegriffen gekennzeichnet.

Die obige, allgemeinere Definition hingegen orientiert sich in expliziter Weise an den umfassenderen Persönlichkeitskonzeptionen von Pionieren wie Allport, Guilford oder Cattell. Sie versucht damit der Tatsache gerecht zu werden, daß nicht nur Verhalten, sondern z.B. auch Kognitionen, Emotionen und motivationale Abläufe und darüber hinaus auch körperliche Merkmale charakteristisch für Personen sein können, notwendige Bestandteile einer umfassenderen Beschreibung ihrer Individualität darstellen und damit auch unabhängig von ihren Verhaltenswirkungen als legitime Gegenstände einer Wissenschaft von der menschlichen Persönlichkeit anzusehen sind.

Eine Eingrenzung der empirischen Psychologie auf Verhaltensanalysen und damit auf direkt beobachtbare Phänomene mag generell für ihre Enwicklung ein notwendiges Stadium gewesen sein, hätte auf längere Sicht aber Fortschritte eher behindert als gefördert (wie z.B. Carnap aus der Außenperspektive eines Wissenschaftstheoretikers bereits in den 50er Jaren argumentierte; Carnap, 1956, S. 69ff.; vgl. zum fast zwangsläufigen Prozeß der Überwindung orthodox-behavioristischer Annahmen in der Allgemeinen Psychologie, der wesentlich von zunehmenden Theorie-Empirie-Konflikten gesteuert wurde, auch Atkinson, 1964). Ähnliches läßt sich für die Teildisziplin der Persönlichkeitspsychologie behaupten. Auch für sie läßt sich argumentieren, daß Verhalten als direkt beobachtbarer Größe gegenüber anderen psychischen Prozessen auf einer theoretischen Ebene kein "privilegierter Status" (Carnap, 1956) zukommt. Eingrenzungen auf verhaltensorientierte Persönlichkeitsbegriffe, wie sie gerade einige jüngste Ansätze wieder kennzeichnen (z.B. Buss & Craik, 1983, 1984), sind damit eher willkürlicher Art und theoretisch kaum zu rechtferigen.

Darüber hinaus entsprechen verhaltensorientierte Restriktionen des Persönlichkeitsbegriffs auch kaum mehr der *faktischen* Breite des Gegenstandsbereichs zeitgenössischer persönlichkeitspsychologischer Analysen. So ist in den letzten Jahren z.B. eine steigende Zahl persönlichkeitspsychologischer Arbeiten zu kognitiven Strukturen und Prozessen zu verzeichnen (vgl. Borkenau, 1986; Hampson, John & Goldberg, 1986; Pervin, 1985; Singer & Kolligian, 1987). Seit den bahnbrechenden Arbeiten von Cattell (Cattell & Scheier, 1961) und Spielberger (1966, 1972) werden daneben auch individuelle Emotionen zunehmend aus persönlichkeitspsychologischer Pespektive untersucht (vgl. Singer & Kolligian, 1987). *Theoretisch* fanden solche Strukturen und Prozesse in restringierten Persönlichkeitskonzeptionen der letzten Zeit allerdings eher als potentielle Determinanten individuellen Verhaltens ihren Platz, weniger hingegen als eigenständige Analysebereiche der Persönlichkeitspsychologie.

Hieraus ergibt sich z.B. die paradoxe Situation, daß Autoren wie Mischel und Epstein einerseits, wie oben erwähnt, mit verhaltensorientierten Pesönlichkeitsbegriffen operieren, andererseits aber gleichzeitig zu den exponierten Vertretern persönlichkeitspsychologischer Analysen von kognitiven Variablen (Mischel, 1973, 1979) bzw. Emotionen (Epstein, 1980) zählen. Im Sinne verhaltensorientierter Perspektiven wurden personinterne Phänomene von kognitiv-sozialen Lerntheoretikern wie Mischel und von Vetretern interaktionistischer Positionen (z.B. Magnusson, 1980) als "mediierende Prozesse" angesprochen, die zwischen Situation und Verhalten vermitteln, als mediierende "Personvariablen" (z.B. Mischel, 1979), nicht aber als Persönlichkeitsmerkmale im engeren Sinne. Es wird Zeit, der Abkehr von rein verhaltensorientierten Forschungsperspektiven auch auf der konzeptuellen Ebene Rechnung zu tragen und personinterne individuelle Phänomene dem Persönlichkeitsbegriff ebenso (wieder) zu subsumieren wie individuelles Verhalten.

Neben personintern-psychischen Strukturen und Prozessen sind – der obigen Definition zufolge – darüber hinaus aber auch indiduelle körperliche Merkmale als Persönlichkeitsmerkmale anzusehen. Die enge Verzahnung somatischer und psychischer Individualität des Menschen erlaubt es höchstens auf der analytischen Ebene, beide Bereiche zu trennen (für menschliche Emotion und Motivation ist hierauf in den nächsten Kapiteln noch einzugehen). Mit Ausnahme genetischer Individualität aber sind körperliche Merkmale von der Persönlichkeitspsychologie bisher wenig beachtet worden. Für eine umfassendere Wissenschaft der Persönlichkeit wird es notwendig sein, auch anatomisch-morphologische, physiologische und biochemisch-immunologische Individualitätsaspekte (Fahrenberg, 1986) zu berücksichtigen. Ähnliche Entwicklungen hin zu einer stärkeren Einbeziehung somatisch orientierter Perspektiven finden sich heute z.B. in der Klinischen Psychologie (vgl. Ehlers, Margraf & Roth, 1986; Fahrenberg, 1986) oder in der Psychobiologie menschlicher Entwicklung (Scarr & Kidd, 1983; Hall & Oppenheim, 1987). Eine ähnliche Öffnung auch der Persönlichkeitspsychologie könnte zur Entwicklung einer interdisziplinär orientierten "personality science" (Duke, 1986) beitragen, die sich in ähnlicher Weise wie die "cognitive science" der letzten Jahre nicht auf die engen Sichtweisen einer Einzelwissenschaft reduzieren läßt.

Unter inhaltlichen Gesichtspunkten geht die vorgeschlagene Persönlichkeitsdefinition also in programmatischer Weise über restriktive Ansätze hinaus. Gleichzeitig zielt sie damit auf eine Erweiterung des inhaltlichen Begriffskerns eingeschränkterer Ansätze der letzten Zeit (insofern orientiert sie sich nicht ausschließlich an der skizzierten Leitlinie einer "Definition per Begriffskern" üblicher Begriffsverwendungen, sondern auch an programmatischen Gesichtspunkten). Auf die Folgerungen für taxonomische Überlegungen zur menschlichen Persönlichkeit, die sich aus dieser Sichtweise des Persönlichkeitsbegriffs ergeben, ist in den nächsten Abschnitten und in Kap. 2 einzugehen.

1.2 Zum wissenschaftlichen Status von Persönlichkeitsbegriffen

In der Persönlichkeitspsychologie ist umstritten, welcher begriffliche und ontologische Status "Persönlichkeit", "Persönlichkeitsmerkmalen" und zugeordneten Konzepten zukommt. Vor allem die folgenden beiden konträren Positionen lassen sich ausmachen:

Naiver Empirismus

Die erste Position ließe sich als *naiver Empirismus* bezeichnen (vgl. auch Popper, 1958). Vertreter dieser Position meinen, Persönlichkeitsmerkmale seien vom Beobachter unabhängige Realität, die vom Wissenschaftler zu "entdecken" sei. Unterschiedliche Wissenschaftler müßten dabei im Prozeß der Entdeckung zu jeweils gleichen Realitätsbeschreibungen gelangen, wenn sie nur eine jeweils angemessene wissenschaftliche Methodik einsetzten. Einige führende Persönlichkeitstheoretiker dieses Jahrhunderts sind dieser Position zuzuordnen. So meint z.B. Allport (1938, S. 340): "Traits must be discovered" und formuliert als Kapitelüberschrift: "How are traits discovered?" (1938, Kap. 12). An solchen und ähnlichen Formulierungen läßt sich trotz der meist fehlenden Explikation wissenschaftstheoretischer Überzeugungen die Annahme erkennen, daß Persönlichkeitsmerkmale in der Realität so vorhanden seien, daß sie sich in interindividuell gültiger Weise "entdecken" lassen könnten.

Bei einigen Autoren ist diese Position gekoppelt mit der Überzeugung, daß sich mit dimensionsanalytischen (insbesondere faktorenanalytischen) Verfahren der Datenreduktion universale Strukturen menschlicher Persönlichkeit zuverlässig auffinden und erschöpfend beschreiben lassen. So versuchte z.B. Cattell, zu einer solchen Beschreibung u.a. in der folgenden Weise zu gelangen:

(1) Von Allport & Odbert (1936) übernimmt er eine aus Wörterbüchern extrahierte Liste von mehr als 4000 sprachlichen Bezeichnungen für Persönlichkeitsmerkmale. Dabei unterstellt er, "that any aspect of human behavior that affects the individual and his society is already represented by a symbol in the dictionary" (Cattell, 1950, S. 51). (2) Anschließend reduziert er diese Liste durch Elimination von Synonyma und die Bildung von Clustern interkorrelierender Variablen. Die resultierende Liste verbleibender Persönlichkeitsmerkmale, von ihm als "personality sphere" bezeichnet, sieht er als erschöpfende Beschreibung der Oberflächenstruktur menschlicher Persönlichkeit an (wobei er in diesem Kontext körperliche Merkmale sowie Fähigkeits- und Motivationsmerkmale nicht zur menschlichen Persönlichkeit zählt; Cattell, 1950, Kap. 3; 1979, Kap. 2). (3) Anhand der Liste verbliebener Merkmale läßt er Personen durch Bekannte einschätzen. Die gewonnenen Einschätzungen unterzieht er Faktorenanalysen; die resultierenden Faktoren betrachtet er als "source traits", die als funktionale Einheiten das jeweilige Kovariationsmuster von Persönlichkeitseinschätzungen bedingen und denen in diesem Sinne reale Existenz als ursächliche Determinanten ("determinants", "causes") menschlichen Verhaltens zukommt (vgl. Cattell, 1950, 1979, S. 18).

Ähnliche Vorgehensweisen finden sich auch in der Persönlichkeitspsychologie der jüngsten Zeit. Zu ihnen zählen der taxonomische, ausschließlich auf merkmalsbeschreibenden Adjektiven basierende Persönlichkeitsansatz von Peabody (1987) oder die Versuche verschiedener Autoren, anhand faktorenanalytischer Methodik "das" Modell menschlicher Persönlichkeit zu finden ("Fünf-Faktoren-Modell" der Persönlichkeit; vgl. Digman & Inoye, 1986; McCrae & Costa, 1987).

Konstruktivismus

Vertreter konstruktivistischer Positionen gehen davon aus, daß Persönlichkeitsmerkmale nicht einfach in der Wirklichkeit existieren und vom Wissenschaftler nur zu beobachten sind, sondern daß sie vom Wissenschaftler konstruiert werden (z.B. Schneewind, 1969, 1982; Herrmann, 1969, 1976). Diese Position wird u.a. auch von einigen profilierten Protagonisten faktorenanalytischen Vorgehens in der Persönlichkeitspsychologie vertreten. So meint z.B. Guilford (1964), bei Persönlichkeitsmerkmalen handele es sich um "Abstraktionen, die wir durch eine Auswahl aus Ganzheiten gewinnen ..." (1964, S. 27).

Die erstgenannte, empiristische Position ist insofern als "naiv" zu bezeichnen, als in die Abgrenzung und Beschreibung von Persönlichkeitsmerkmalen jeweils Beurteilungsschritte eingehen, die zunächst prinzipiell subjektiver Natur sind. Dies läßt sich exemplarisch für die skizzierte Vorgehensweise Cattells zur Ermittlung von Persönlichkeitsmerkmalen anhand von Fremdeinschätzungs-Daten skizzieren:

(1) Die Wahl einer Liste von persönlichkeitsbeschreibenden Begriffen der englischen Sprache unseres Jahrhunderts impliziert, daß alle diejenigen Merkmale im Vorfeld aus der Betrachtung ausgeschlossen werden, die nicht in dieser Sprache, wohl aber in anderen Sprachen bezeichnet werden (z.B. in Sprachen anderer Epochen und Kulturkreise). Darüber hinaus werden mit dieser Methode alle Merkmale ausgeschlossen, die von Alltagssprachen generell nicht mit Begriffen belegt werden. Beispiele sind individuelle Stile nonverbaler Kommunikation, die im Alltagsumgang nicht bewußt kategorisiert werden und infolgedessen keine selbständigen sprachlichen Bezeichnungen erfahren; unbewußte psychische Abläufe; oder individuelle Merkmale, die in der Alltagssprache nicht anhand einzelner summarischer Begriffe benannt werden, sondern von Fall zu Fall anhand komplexerer Beschreibungen (wie individuelle Ausprägung und Inhalte spezifischer Selbstkonzepte). Hinzu kommt, daß alltagssprachliche Begriffe die von ihnen bezeichneten Gegenstandsbereiche jeweils auf eine bestimmte Weise in einzelne Gegenstände zerlegen. Die resultierenden Gegenstandsabgrenzungen aber sind in der Regel unscharf (vgl. Borkenau, 1986), variieren u.U. erheblich zwischen verschiedenen Sprachbenutzern, und zudem stellen sie nicht immer die wissenschaftlich sinnvollsten Abgrenzungen dar.

(2) Auch in die zweite Phase des Cattellschen Vorgehens, die Zusammenfassungen synonymer bzw. ähnlicher Persönlichkeitsbegriffe, gehen zwangsläufig subjektive sprachliche Kategorisierungen ein, die nicht notwendigerweise von allen Benutzern der englischen Sprache geteilt werden.

(3) Die Wahl der Meßmethode (Einschätzungen von Personen durch Bekannte) hat zur Folge, daß nicht nur tatsächliche Merkmalsmuster, sondern auch subjektive Beurteilertheorien den resultierenden Korrelationsmatrizen zugrunde liegen.

(4) Die von Cattell favorisierte Variante faktorenanalytischer Methodik schließlich impliziert ein bestimmtes, zunächst abstraktes Modell der Wirklichkeit menschlicher Persönlichkeit. In seiner Anwendung auf die von den Beurteilern gelieferten Daten konstruiert Cattell einen Satz von in bestimmter Weise interkorrelierenden Faktoren, der durch das verwendete faktorenanalytische Modell einerseits und die Beurteilungsdaten andererseits bestimmt ist. Bei Zugrundelegung eines anderen Modells käme man zu anderen Faktorenstrukturen. (Im ungünstigsten Fall heißt dies in der Konsequenz, daß Cattell mit dem geschilderten Vorgehen nichts weiter geliefert hat als eine Beschreibung der Beurteilungs- und Persönlichkeitstheorien seiner Beurteiler-Stichprobe; vgl. hierzu Gigerenzer & Strube, 1978).

Zu den praktischen Konsequenzen zählt u.a., daß auf solcher und ähnlicher Basis entwickelte Instrumente der Persönlichkeitsdiagnostik sowohl aus theoretischer wie aus praktischer Perspektive eher willkürliche, heterogene Zusammenstellungen von unscharf definierten Persönlichkeitskonstrukten erfassen (so z.B. das MMPI; Hathaway & McKinley, 1951; Cattells 16-PF-Test; Cattell, Eber

& Tatsuoka, 1970; das Freiburger Persönlichkeitsinventar; Fahrenberg, Hampel & Selg, 1984; und generell die meisten umfassenderen Instrumente der zeitgenössischen Persönlichkeitsdiagnostik).

Die genannten Argumente lassen sich im übrigen nicht nur auf das Vorgehen von Cattell oder anderen Persönlichkeitspsychologen beziehen. Eine rationale Rekonstruktion wissenschaftlichen Vorgehens dürfte in jedem Fall aufzeigen können, daß wissenschaftliches Beobachten und Schlußfolgern zwangsläufig theoriegeladen ist: Theoretische Vorannahmen und begriffliche Kategorisierungen liegen dem Vorgang auch der einfachsten Beobachtung zugrunde (vgl. zu entsprechenden Rekonstruktionen für den Bereich von Physik und anderen Naturwissenschaften Sneed, 1971; Stegmüller, 1979). Hieraus folgt, daß die Position des naiven Empirismus weder (a) zur Produktion brauchbarer Modelle der Wirklichkeit des jeweiligen Gegenstandsbereichs taugt, noch (b) als Modell der Wirklichkeit wissenschaftlichen Vorgehens, noch (c) als präskriptives Modell für wünschenswertes wissenschaftliches Vorgehen.

Dasselbe ließe sich aber auch von einem auf die Spitze getriebenen Konstruktivismus behaupten (der allerdings in der Persönlichkeitspsychologie kaum jemals vertreten wurde). Während ein konsequenter naiver Empirismus behaupten würde, daß die Konstruktionen des Wissenschaftlers vollständig durch die Wirklichkeit determiniert sind, würde eine solche Position beinhalten, daß empirische Aussagen über die Wirklichkeit vom Wissenschaftler in *beliebiger* Weise konstruierbar seien, daß also der Konstruktionsphantasie des Wissenschaftlers keine Grenzen gesetzt seien. Dies aber ist offensichtlich auch nicht der Fall: Hat man einen Gegenstand ausgegrenzt und Kriterien für seine Beschreibung angegeben, so lassen sich auf dieser Basis empirisch gehaltvolle Beschreibungssätze nicht in beliebiger Weise gewinnen, da die Realität sich unangemessenen Konstruktionsversuchen gegenüber als widerständig erweist. Hat man z.B. "Intelligenz" theoretisch definiert und eine Meßmethode zu ihrer Beschreibung angegeben, so läßt sich auf der Basis kontrollierter Anwendungen dieser Methodik nicht für jede beliebige Person sinnvoll behaupten, daß ihr eine hohe Intelligenzausprägung zukomme.

Einerseits also sind Beobachtungen offensichtlich immer theoriegeladen; andererseits setzt die Wirklichkeit unangemessenen Konstruktionsversuchen des Wissenschaftlers Widerstand entgegen. Dementsprechend ist von folgendem auszugehen:

(1) Die empirische Wirklichkeit ist nicht amorph, sondern strukturiert.

(2) Zur Beschreibung dieser Wirklichkeit müssen Abstraktionen und Gegenstandsabgrenzungen vorgenommen werden. Dabei sind jeweils prinzipiell unendlich viele Gegenstandsabgrenzungen möglich; dies gilt selbst für materielle Sachverhalte, da sich raum-zeitliche Kontinua an prinzipiell unendlich vielen Punkten teilen lassen (vgl. Pekrun, 1983a, Kap. 1). Im Fall von Persönlichkeitsmerkmalen tritt zu der grundsätzlich unendlichen Fülle an Möglichkeiten, Verhalten und Erleben in unterschiedliche Segmente zu zerlegen, zusätzlich die Tatsache, daß solches Verhalten und Erleben sowie zugeordnete personinterne Strukturen sich in nicht a priori eingrenzbarer Weise im Laufe der weiteren Menschheitsevolution fortentwickeln werden (s.u. 1.8). Die resultierenden Beobachtungen und Beschrei-

bungen sind damit das Produkt eines unauflösbaren, nicht in seine Bestandteile zerlegbaren Zusammenwirkens von Realität einerseits und beobachtendem, mit Kategorien und theoretischen Annahmen an die Realität herantretendem Wissenschaftler andererseits. (Dies setzt auf der ontologischen Ebene voraus, daß Realität auch unabhängig vom beobachtenden Menschen existiert, impliziert aber auf der epistemologischen Ebene, daß eine solche "Realität an sich" prinzipiell nicht erkennbar ist).

(3) Sind entsprechende Gegenstandsabgrenzungen vorgenommen worden, so läßt sich bei intersubjektiver Übereinstimmung zu diesen Gegenstandsabgrenzungen und geeigneten Methoden der Gegenstandsbeobachtung jeweils nur eine bestimmte Bandbreite empirischer Aussagen in sinnvoller Weise vornehmen. Prüfungen an der Realität führen dann zu mehr oder minder eindeutigen Bestätigungen oder Widerlegungen solcher empirisch gehaltvollen Sätze.

Zu beachten ist dabei, daß unterschiedliche Realitätsbereiche offensichtlich in unterschiedlichem Ausmaß Druck zugunsten bestimmter Konstruktionsformen und zuungunsten anderer ausüben. Je geringer die Anzahl potentiell relevanter, faktisch vorhandener Gegenstandsmerkmale, je weniger komplex die Relationen zwischen diesen Merkmalen und je eindeutiger die jeweils vorhandenen begrifflichen Ausgrenzungsmittel seitens des Beobachters, desto eindeutiger sind Falsifikationen und Bestätigungen, und desto schneller ist intersubjektive Übereinstimmung zum Wahrheitsgehalt empirischer Sätze zu erlangen. Günstig ist dementsprechend die Situation in einigen grundlegenden Naturwissenschaften (wie Physik und Chemie). Ungünstiger ist die Situation in allen Disziplinen, die mit komplexen Strukturen zu tun haben; also z.B. Geologie und Meteorologie; vielen Zweigen der Biologie; der Forschung zu ökologischen Prozessen in unserer natürlichen Umwelt; und schließlich den meisten Wissenschaften vom Menschen. Dementsprechend dürfte die Haltung eines naiven Empirismus in den erstgenannten Disziplinen am wenigsten Schaden stiften, in Wissenschaften zu komplexen Strukturen aber erheblich mehr.

Dabei gilt insbesondere auch für die Psychologie, daß die Gefahr einer naiv-empiristischen Position vor allem darin liegt, daß sie zu einer gefährlichen Abstinenz gegenüber expliziter Theoriebildung verleiten kann: Eine solche Position verführt zu dem Glauben, Beobachtungen ohne Vorannahmen seien möglich, und die Realität werde dem Wissenschaftler schon adäquate und erschöpfende Gegenstandsstrukturierungen liefern, wenn er nur genau genug und ohne Voreingenommenheit hinsehe.

Diesen Überlegungen entsprechend handelt es sich bei Konzepten zu Persönlichkeitsmerkmalen ebenso wie beim Begriff "Persönlichkeit" prinzipiell um theoretische Konstrukte. Die praktische Schlußfolgerung ist folgende: Um sich selber und die jeweilige Leserschaft vor Mißverständnissen zu schützen, sollten psychologische Wissenschaftler sich des konstruktivistischen Charakters ihrer Beobachtungen und Erklärungen bewußt sein. Ihre subjektiven Vorannahmen und Gegenstandsabgrenzungen sollten sie soweit wie möglich nicht implizit lassen, sondern anhand expliziter Gegenstandsdefinitionen und Hypothesen offen zur Diskussion stellen.

Auf dem Hintergrund dieser allgemeinen Überlegungen läßt sich nun als nächstes diskutieren, welcher *spezifische* begriffliche Status Persönlichkeitskonstrukten (als spezieller Klasse psychologisch-wissenschaftlicher Konstrukte) zukommt.

1.3 Sind Persönlichkeitskonstrukte Dispositionsbegriffe?

Oft wird implizit oder explizit unterstellt, daß es sich bei Persönlichkeitsmerkmalen um *Dispositionen* zu Verhalten oder anderen Prozessen handelt (also um "Tendenzen", "Neigungen", "Bereitschaften", bestimmte Reaktionen zu zeigen; vgl. Hampshire, 1953; Tuomela, 1978a; Prior, 1985; Fridhandler, 1986). So definiert z.B. Allport (1938, Kap. 11) Persönlichkeitsmerkmale ("traits") als determinierende Tendenzen, die Verhaltensweisen zugrundeliegen. Eysenck (1947, S. 28) definiert traits als "observed constellations of individual action tendencies". Und Herrmann (1976) widmet ein ganzes Buch der Frage, inwieweit und in welcher Form Persönlichkeitskonstrukte als Dispositionsbegriffe wissenschaftlich verwendbar sind; dabei geht er offensichtlich von der Voraussetzung aus, daß es sich bei Persönlichkeitskonstrukten tatsächlich prinzipiell um Dispositionsbegriffe handelt.

Andere Autoren vertreten differenziertere Auffassungen, sehen aber ebenfalls Dispositionsbegriffe als die entscheidende Art von Persönlichkeitskonstrukten an. So unterscheidet z.B. Cattell (1950, 1979) zwischen einzelnen habituellen Verhaltensweisen ("trait elements") als eingegrenzten Persönlichkeitsmerkmalen, Gruppen von interkorrelierenden habituellen Verhaltensweisen ("surface traits") und dispositional zugrundeliegenden "source traits". Und auch in der persönlichkeitspsychologischen Literatur der 80er Jahre dominieren nach wie vor Auffassungen, die Persönlichkeitsmerkmale als Dispositionen ansehen (z.B. Buss & Craik, 1984).

Entscheidend für eine Beurteilung des persönlichkeitspsychologischen Nutzens von Dispositionsbegriffen ist die Frage, was genau unter einer "Disposition" und damit unter Dispositionsbegriffen zu versthen ist. Von persönlichkeitspsychologischer Seite wurde hierüber selten explizit nachgedacht; meist wurden bestimmte philosophische Deutungen unkritisch übernommen. Für psychologische Auffassungen wesentlich wurden insbesondere die wissenschaftstheoretisch bahnbrechenden Analysen Carnaps (1936). Carnap sieht Dispositionsbegriffe (1) als Beschreibungsbegriffe für Tendenzen eines Objekts oder Individuums, unter bestimmten Bedingungen bestimmte Reaktionen zu zeigen (Beispiel: die Eigenschaft von Zucker, sich aufzulösen, wenn er in Wasser getan wird). Dieser Auffassung zufolge handelt es sich bei Dispositionen um *situationsspezifische* Reaktionstendenzen. Entsprechende Tendenzen implizieren dabei, daß (2) die jeweilige Reaktion sich zu jedem beliebigen Zeitpunkt manifestieren kann, Dispositionen also zeitüberdauernd sind, und (3) dies bei Vorliegen der jeweiligen Bedingungen auch immer und ohne Ausnahme tut. Daneben besagen die Analysen Carnaps, daß es sich (4) bei Dispositionsbegriffen ausschließlich um abstrahierend-zusammenfassende Beschreibungen von individuellen Bedingungs-Reaktions-Gesetzmäßigkeiten handelt, nicht hingegen um Bezeichnungen von Objekteigenschaften, die solchen Regelmäßigkeiten mutmaßlich zugrundeliegen. An allen vier Punkten aber haben sich in den letzten Jahrzehnten Kontroversen entzündet. Dies ist kurz zu diskutieren, bevor der dispositionale Gehalt von Persönlichkeitsbegriffen analysiert werden kann:

(1) Situationsspezifität von Dispositionen

Nach konventioneller, auch innerhalb philosophisch-wissenschaftstheoretischer Debatten meist akzeptierter Auffassung (vgl. Tuomela, 1978a; Prior, 1985) handelt es sich bei Dispositionen grundsätzlich um Tendenzen, nur unter bestimmten Bedingungen bestimmte Reaktionen zu zeigen (so z.B. bei der "Zerbrechlichkeit" von Glas, immer dann zu zerbrechen, wenn es fallengelassen wird). In diesem Sinne beziehen sich Dispositionsbegriffe auf individuelle "Wenn-Dann"-Regelmäßigkeiten. Demgegenüber vertrat Hampshire (1953) für den Bereich charakterlicher Dispositionen die Auffassung, daß es sich bei solchen Dispositionen grundsätzlich um Tendenzen handelt, bestimmte Verhaltensweisen über breite Situationsbereiche hinweg zu zeigen (womit Dispositionsbegriffe nur noch auf Reaktionstendenzen, aber nicht mehr auf Situationsbedingungen bezogen werden).

Beide Auffassungen spiegeln sich in der persönlichkeitspsychologischen Literatur: Während Persönlichkeitsdispositionen üblicherweise als situationsspezifische Reaktionstendenzen gesehen werden (Averill, 1973; Herrmann, 1976; Fridhandler, 1986), konzeptualisieren Buss und Craik (1983, 1984) personbezogene Dispositionsbegriffe als summarische Zusammenfassungen individuellen Verhaltens einer bestimmten Kategorie, ohne sich mit solchen Begriffen auf antezedente Situationsbedingungen zu beziehen. Sinnvoller allerdings scheint es hier zu sein, dem Ansatz von Alston (1975) zu folgen und sowohl situationsspezifische wie auch situationsunspezifische Merkmalsbegriffe zuzulassen (also z.B. Konzepte zu allgemeiner, über Situationsbereiche hinweg generalisierter Angstneigung einerseits und zu situationsspezifischen Angstneigungen andererseits; s.u. 1.7).

(2) Zeitstabilität von Dispositionen

Der klassischen Auffassung zufolge stellen Dispositionen zeitpunktunabhängige Objekteigenschaften dar (in diesem Sinne ist "Zerbrechlichkeit" eine Eigenschaft von Glas, zu beliebigen Zeitpunkten zu zerbrechen, wenn es fallengelassen wird). Bestimmte physikalische Dispositionen allerdings lassen sich für einzelne Zeitpunkte bzw. -intervalle induzieren und dann wieder entfernen (z.B. induzierte Eigenschaften von Objekten, magnetisch zu sein; vgl. Hempel, 1960). In jüngerer Zeit haben sich deshalb Auffassungen durchgesetzt, die auch zeitpunktspezifische Dispositionen theoretisch zulassen (so bereits Hempel, 1960; vgl. auch Alston, 1978; Tuomela, 1978b). Für die Persönlichkeitspsychologie ist diese Problematik insofern nicht so wesentlich, als es sich bei Persönlichkeitsmerkmalen per Definition (s.o. 1.1) um relativ zeitstabile Phänomene handelt.

(3) Determinismus von Dispositionen

In der Sichtweise Carnaps handelt es sich bei Dispositionen um deterministische Wenn-Dann-Regelmäßigkeiten (in diesem Sinne impliziert Zerbrechlichkeit von Glas, daß Glas *immer* zerbricht, wenn es fallengelassen wird). Demgegenüber zieht bereits Hampshire (1953) die Möglichkeit in Betracht, daß Dispositionen sich auch bei Vorliegen geeigneter Bedingungen *nicht* immer in entsprechenden Reaktionen manifestieren. Seitdem haben eine Reihe von Autoren probabilistische Dispositionsbegriffe entwickelt (z.B. Mellor, 1978; Tuomela, 1978b). Für die Persönlichkeitspsychologie liegt es zumindest unter pragmatischen Gesichtspunkten auf der Hand, daß menschliche Reaktionstendenzen großteils nur in probabilistischen Termini zu beschreiben sind: Selbst unter günstigen Umständen wird es selten vorkommen, daß jemand in bestimmten Situationen *immer* und ohne Ausnahme sein für ihn typisches Vehaltensmuster zeigt (dem trägt vor allem der Verhaltenshäufigkeits-Ansatz von Buss und Craik Rechnung, der Verhaltensdispositionen über individuelle Frequenzen bestimmter Verhaltensweisen definiert; Buss & Craik, 1983, 1984).

(4) Abstraktheit vs. Konkretheit von Dispositionen

Wohl am heftigsten umstritten ist in der philosophischen Diskussion die Frage, welcher ontologische Status Dispositionen zukommt und welcher epistemologischen Natur dementsprechend Dispositionsbegriffe sind. In etwas vergröbernder Weise lassen sich hier zwei konträre Standpunkte ausmachen: Vertreter der ersten Position definieren Dispositionen ausschließlich als beobachtbare, individuelle Bedingungs-Reaktions-Gesetzmäßikeiten (z.B. Carnap, 1936, 1956; Hampshire, 1953; Ryle, 1949; Squires, 1968). Dispositionsbegriffe sind dieser Position entsprechend als abstrakte Begriffe aufzufassen, die solche individuellen Regelmäßigkeiten zusammenfassend bezeichnen. Sie sind damit innerhalb wissenschaftlicher Aussagensysteme zwischen der Beobachtungssprache und der theoretischen Sprache des jeweiligen Systems anzusiedeln, wobei sie je nach Sichtweise eher zu ersterer oder eher zu letzterer zu zählen sind (vgl. Carnap, 1956; Hempel, 1960).

Vertreter der zweiten Position hingegen identifizieren Dispositionen mit der jeweiligen realen "Basis", die für die betreffenden individuellen Reaktionen kausal verantwortlich gemacht werden kann. In diesem Sinne kann z.B. die molekulare Mikrostruktur von Objekten aus Glas als "Basis" eines Zerbrechens solcher Objekte (unter entsprechenden Bedingungen) angesehen werden (vgl. zu einer solchen "materialistischen" Position Cummins, 1974; Armstrong, 1978). Vertreter einer weniger scharf umreißbaren dritten Position schließlich kombinieren beide Sichweisen, indem sie zum einen Dispositionen als individuelle Reaktions-Regelmäßigkeiten definieren, zum anderen aber postulieren, daß solchen Regelmäßigkeiten immer eine reale Basis zugrundeliege. Dispositionsbegriffe bezeichnen in dieser dritten Sichtweise die jeweilige Reaktionstendenz, verweisen aber gleichzeitig auf die Existenz einer zugrundeliegenden Dispositionsbasis (vgl. O'Shaugnessy, 1970; Tuomela, 1978b; Prior, 1985).

Auch hier wieder lassen sich alle genannten philosophischen Positionen in der persönlichkeitspsychologischen Literatur wiederfinden. Dabei dominiert wohl die klassische, der Position Carnaps entsprechende Sichtweise, nach der es sich bei Begriffen zu Persönlichkeitsdispositionen um "quasi-hypothetische" Statements handelt (Averill, 1973; Herrmann, 1976; Fridhandler, 1986). Ein prominenter Vertreter der Gegenposition ist Allport (1938); seiner Auffassung zufolge sind verhaltensbezogene Dispositionen mit den konkreten psycho-physischen Strukturen gleichzusetzen, die dem jeweiligen individuellen Verhalten ursächlich zugrundeliegen und (zumindest prinzipiell) auch unabhängig von ihm beobachtbar sind. Der dritten Position schließlich läßt sich beispielsweise der Extraversionsbegriff Eysencks zuordnen: Inhaltlich und operational definiert Eysenck diesen Begriff zum einen anhand habitueller Erlebens- und Verhaltensweisen (dies läßt sich u.a. aus den Iteminhalten der von ihm konstruierten Extraversionsskalen ablesen). Zum anderen ordnet er ihm bestimmte zentralnervöse, überdauernde Zustände zu, die "extravertiertem" Erleben und Vehalten mutmaßlich zugrundeliegen (vgl. Eysenck & Eysenck, 1985).

Für alle vier genannten Problempunkte aber scheint wohl grundsätzlich zu gelten, daß ein Streit zwischen unterschiedlichen Auffassungen hier wenig fruchtbar ist: Alle skizzierten Alternativpositionen können jeweils für sich geltend machen, bestimmte Arten des wissenschaftlichen und alltäglichen Sprechens über Dispositionen korrekt zu repräsentieren. Den oben (1.1) vorgestellten Überlegungen zufolge ist es sinnvoll, Begriffe so zu verwenden, daß den bereits üblichen Verwendungsformen dieser Begriffe Rechnung getragen wird. Die einzig sinnvolle Schlußfolgerung für Dispositionsbegriffe ist, unterschiedliche Typen solcher Begriffe zuzulassen.

Für eine Einschätzung der persönlichkeitspsychologischen Nützlichkeit unterschiedlicher Dispositionsbegriffe ist dabei vor allem eine Differenzierung solcher Begriffe nach dem vierten oben genannten Gesichtspunkte, also ihrer jeweils implizierten Abstraktheit bzw. Konkretheit wesentlich. Dispositionsbegriffe, die ausschließlich induktiv-abstrahierende, zusammenfassende Beschreibungen habituell-individueller Reaktionen beinhalten, können in diesem Zusammenhang als *abstrakte Dispositionsbegriffe* bezeichnet werden ("rein hypothetisch-abstrahierende" Dispositionsbegriffe in Pekrun, 1986). Ein solcher Dispositionsbegriff liegt z.B. dann vor, wenn bei einer Person zu verschiedenen Zeitpunkten starke Angst beobachtet wird und aus diesen Beobachtungen gefolgert wird, diese Person sei "ängstlich" bzw. besitze die Disposition "Ängstlichkeit", also eine Tendenz, starke Ängste zu erleben. Begriffe hingegen, welche reale und überdauernde Personsachverhalte bezeichnen (z.B. bestimmte zentralnervöse Strukturen), die habituellen Reaktionen mutmaßlich zugrundeliegen, könnten in diesem Sinne als *konkrete Dispositionsbegriffe* bezeichnet werden ("strukturbezeichnende" Begriffe in Pekrun, 1986). Der dritten oben skizzierten Position schließlich entsprechen komplexe Dispositionsbegriffe, die Elemente abstrakter und konkreter Dispositionsbegriffe vereinen.

Ontologisch und epistemologisch gesehen ist dabei Dispositionen nur dann empirische "Realität" zuzusprechen, die über die jeweiligen habituellen Reaktionen hinausgeht und unabhängig von ihnen existiert, wenn diese Dispositionen in direkter oder indirekter Weise auch unabhängig von den zugeordneten Reaktionen beobachtbar sind (zu Kriterien empirischer Existenz von Sachverhalten Mellor, 1978). Die Art des Realitätsbezugs von abstrakten und konkreten Dispositionsbegriffen ist mithin unterschiedlich (obschon es sich in beiden Fällen wie bei allen wissenschaftlichen Begriffen um "theoretische Konstrukte" handelt; s.o. 1.2): Abstrakte Dispositionsbegiffe beziehen sich empirisch ausschließlich auf wiederholte Beobachtungen des jeweiligen Objekt- oder Personverhaltens; solchem Verhalten zugrundeliegende Strukturen werden von ihnen nicht bezeichnet (obschon die Existenz solcher Strukturen in der konkreten Begriffsverwendung häufig hypostasiert wird). Konkrete Dispositionsbegriffe hingegen bezeichnen die faktisch vorhandenen physikalischen oder psycho-physischen Strukturen, die (zumindest prinzipiell) unabhängig von der Beobachtung der jeweiligen Reaktionen empirisch vorfindbar sind.

Hieraus folgt unmittelbar, daß abstrakten und konkreten Dispositionsbegriffen unterschiedliche Brauchbarkeit für empirisch gehaltvolle *Erklärungen* zukommt. Auch bei Inhalten und Tragweite dispositionaler Verhaltenserklärungen handelt es sich um eine philosophisch-wissenschaftstheoretisch kontrovers diskutierte Problematik (vgl. Hempel, 1965; Squires, 1968; O'Shaugnessy, 1970; Tuomela, 1978b; Prior, 1985); dies wesentlich deshalb, weil unterschiedliche Autoren hier von meist implizit bleibenden, unterschiedlichen Dispositions- und Erklärungsbegriffen ausgehen. (Kommentare von psychologischer Seite gehen hier ebenfalls jeweils von einem bestimmten, meist abstrakten Dispositionsbegriff aus und gelangen dann in häufig etwas naiver Weise zu dem Schluß, dispositionale Erklärungen seien grundsätzlich tautologisch; z.B. Mischel, 1968, S. 42). Die philosophische Diskussion ist hier nicht im einzelnen nachzuzeichnen. Auszugehen aber ist von folgendem:

"Erklärungen" von individuellem Verhalten anhand abstrakter Dispositionsbegriffe sind tatsächlich mehr oder minder tautologischer Art. Sie stellen in der Regel zirkelhafte Scheinerklärungen dar, die das zu Erklärende (das jeweilige Verhalten) durch sich selbst (anhand von Abstraktionen aus Beobachtungen eben diesen Verhaltens) "erklären". Allerdings sind dabei zwei Fälle zu unterscheiden; nämlich Erklärungen eines aktuellen, zu einem bestimmten Zeitpunkt beobachtbaren Verhaltens; und Erklärungen habituellen, sich wiederholenden Verhaltens:

(a) Abstrakt-dispositionale Erklärungen von *Einzelreaktionen* sind vor allem für die Alltagskommunikation zentral ("Fritz hatte zu Zeitpunkt t_1 Angst, weil er ängstlich ist"). Für sie gilt, daß Explanandum (Einzelreaktion) und Explanans (individuelle Reaktionstendenz) auf unterschiedlichen Beobachtungsmengen beruhen: Eine Einzelreaktion kann aus einer einzelnen Beobachtung erschlossen werden, eine Reaktionstendenz hingegen nur aus einer größeren Zahl von Beobachtungen. Insoweit kann eine abstrakt-dispositionale Erklärung einer Einzelreaktion zwar nicht als eine Kausalerklärung angesehen werden (wie dies im Alltagssprechen wohl häufig unterstellt wird); dennoch aber liefert sie Informationen, die über bereits vorliegende Informationen zum Explanandum hinausgeht.

(b) Vollständig tautologisch hingegen sind Erklärungen von habituellem, sich *wiederholendem* Verhalten und Erleben anhand abstrakter Dispositionsbegriffe.

So handelt es sich z.B. dann um eine zirkelhafte Scheinerklärung, wenn jemand sagt, Fritz habe in bestimmten Situationen regelmäßig Angst, "weil" er "ängstlich" sei, wobei die "Ängstlichkeit" von Fritz aus seiner beobachteten Angst in sich wiederholenden Einzelsituationen gefolgert wird (vgl. auch Herrmann, 1976).

Mit konkreten Dispositionsbegriffen hingegen sind gehaltvolle, z.B. kausale Erklärungen grundsätzlich problemlos: Solche Begriffe beziehen sich auf Sachverhalte, die unabhängig vom zu erklärenden Verhalten beobachtbar sind; damit beruhen Eplanans und Explanandum auf getrennten Beobachtungsmengen. Aus der unterschiedlichen Brauchbarkeit verschiedener Dispositionsbegriffe folgt für die Persönlichkeitspsychologie zweierlei:

(1) Für *Erklärungen* sind konkrete Dispositionsbegriffe gegenüber abstrakten in jedem Fall vorzuziehen.

(2) Mit Herrmann (1976) ist davon auszugehen, daß Persönlichkeitspsychologen wie Alltagspersonen unabhängig von Erklärungen zuächst einfach *Beschreibungsbegriffe* für individuelles, überdauerndes Erleben und Verhalten benötigen. Herrmann zieht hieraus die Konsequenz, daß abstrakte Dispositionsbegriffe zum Arsenal des wissenschaftlichen Persönlichkeitspsychologen zählen sollten. Oben wurde erläutert, daß solche Dispositionsbegriffe zu tautologischen Erklärungsversuchen verführen. Dies tun sie deshalb, weil ihnen typischerweise ein über die Beobachtungsebene hinausgehender Bedeutungsüberschuß zugewiesen wird: Zum einen beinhalten sie in der Regel (im Sinne einer induktiven Generalisierung), daß die Person durch eine gesetzesartige Reaktions-Regelmäßigkeit gekennzeichnet ist, die entsprechende Reaktionen auch zu Zeitpunkten und in Situationen wahrscheinlich oder sicher macht, in denen sie gar nicht beobachtet worden ist. Zum anderen aber wird (wie bereits erwähnt) mit der Verwendung solcher Begriffe häufig konnotativ unterstellt, *daß* es eine dem jeweiligen Verhalten eindeutig zugrundeliegende psycho-physische Struktur gebe (ohne daß diese Struktur spezifiziert wird), und daß die betreffende Person infolgedessen das jeweilige Verhalten auch in zukünftigen Situationen zeigen werde.

Angesichts des geringen Erklärungsgehalts und der Gefahren mißbräuchlicher Verwendungen von abstrakten Dispositionsbegriffen sollte die Konsequenz gezogen werden (entgegen den Empfehlungen von Herrmann, 1976, oder Buss & Craik, 1984), auf die wissenschaftlich-psychologische Verwendung solcher Begriffe soweit wie möglich zu verzichten und sie zu ersetzen durch Begriffe, denen ein dispositionaler Bedeutungsüberschuß prinzipiell *nicht* zukommt. Solche Begriffe stellen dann schlicht zusammenfassende Beschreibungen beobachteten wiederholten Verhaltens dar – und nicht mehr. Für eindeutige Abgrenzungen solcher Begriffe von Dispositionsbegriffen läßt sich z.B. das Adjektiv *"habituell"* verwenden. In diesem Sinne sollte z.B. nicht von "Ängstlichkeitsdispositionen" gesprochen werden, sondern von "habitueller Angst"; statt von "Motiven" (als Dispositionen) von "habitueller Motivation" etc. Die Konsequenzen für einige Bereiche der Persönlichkeitspsychologie werden in den nachfolgenden Kapiteln zu diskutieren sein.

Entgehen läßt sich auf diese Weise auch Schlußproblemen der folgenden Art. Man stelle sich folgende Situation vor: (1) Man hat an einer bestimmten Person häufig starke Angst in unterschiedlichen Situationen beobachtet und zieht hieraus die Schlußfolgerung, diese Person sei hoch "ängstlich". Mit dieser Zuschreibung impliziert man in der Regel über eine zusammenfassende Beschreibung des Beobachteten hinaus, daß diese Person auch in zukünftigen Situationen häufig starke Angst zeigen werde. (2) Die Person wechselt in eine Umwelt mit andersartiger Situationsstruktur; man beobachtet sie weiter, und sie zeigt nur noch selten und in schwacher Weise Angst. Ist hieraus nun zu folgern, ihre "Ängstlichkeit" (als Disposition zum Erleben von Angst) sei verschwunden? (3) Die Person bewegt sich wieder in ihre alten Umwelten zurück – und zeigt wieder häufig starke Ängste. Hat sich ihre "Ängstlichkeit" jetzt wieder gesteigert, oder blieb sie konstant und manifestiert sich nur in der alten Umwelt wieder?

Mit diesem Beispiel soll folgendes deutlich gemacht werden: Abstrakte Dispositionsbegriffe verleiten dazu, die Ursachen für individuelles Verhalten und Erleben vornehmlich in der Person zu lokalisieren, weniger hingegen in situationalen Umständen. Angemessen ist eine solche Lokalisierung innerhalb der Person aber nur für die faktisch vorhandenen psycho-physischen Strukturen dieser Person; ihr habituelles Erleben und Verhalten hingegen ist als Produkt dieser Strukturen einerseits und der jeweiligen personexternen Situationen andererseits aufzufassen. Interindividuelle Verhaltensunterschiede können in diesem Sinne auf Personunterschiede, aber auch auf interindividuell unterschiedliche Situationen zurückgehen. Die Begriffe "habituelles Verhalten" bzw. "habituelles Erleben" tragen dieser Tatsache besser Rechnung als Dispositionsbegriffe, da sie keine Zuschreibungen des Verhaltens/Erlebens auf personseitige Ursachen implizieren.

Auf der Basis dieser Überlegungen kann nun schließlich auch die Frage beantwortet werden, ob Persönlichkeitskonstrukte als Dispositionsbegriffe zu konzipieren sind. Prinzipiell ist dies eine Frage von definitorischen Festlegungen einerseits und Nützlichkeitserwägungen andererseits. Was die Definitionsseite anbelangt, so folgt aus dem hier favorisierten Persönlichkeitsbegriff (s.o. 1.1) nicht, daß der Gegenstandsbereich des Begriffs "Persönlichkeitsmerkmale" auf dispositionelle Merkmale einzugrenzen ist. Und im Sinne wissenschaftlicher Brauchbarkeitskriterien spricht vor allem zweierlei *gegen* eine solche Einschränkung:

(1) Wie oben erläutert wurde, dürfte es wissenschaftlich zweckmäßig sein, abstrakte, mit induktiven Bedeutungsüberschüssen versehene Dispositionsbegriffe durch nicht-dispositionale Beschreibungsbegriffe zu ersetzen. Geschieht dies, so handelt es sich bei allen resultierenden Persönlichkeitsbegriffen für habituelles, individuelles Erleben und Verhalten zwar um persönlichkeitsbeschreibende Begriffe, nicht aber um Dispositionsbegriffe.

(2) Es gibt Merkmale von Personen, die weder als habituelles Erleben oder Verhalten noch als "Dispositionen" zu Erleben/Verhalten aufzufassen sind, die aber dennoch die eingangs (1.1) genannten allgemeinen Kriterien für Persönlichkeitsmerkmale erfüllen, da sie zeitüberdauernd sind und interindividuell variieren. Dies gilt für bestimmte körperliche Strukturen und für eine Reihe von psychischen Strukturen. So handelt es sich z.B. bei Gedächtnisinhalten nicht in jedem Fall um Inhalte, denen als primäre Funktion die Auslösung und Steuerung von Verhalten zuzuschreiben ist. Dennoch werden viele solcher Inhalte (z.B. die

"Selbstkonzepte" einer Person) in übereinstimmender Weise von vielen persönlichkeitspsychologischen Autoren als Persönlichkeitsmerkmale betrachtet (vgl. Singer & Kolligian, 1987).

Dementsprechend wird hier davon ausgegangen, daß es nicht zweckmäßig wäre, den Bereich möglicher Begriffsbildungen zu Persönlichkeitsmerkmalen auf persönlichkeitsbezogene Dispositionsbegriffe einzuschränken. Die Konsequenzen für eine allgemeine Taxonomie menschlicher Persönlichkeitsmerkmalen werden in Kap. 2 diskutiert. Im folgenden aber sind zunächst einige spezifische Probleme zu behandeln, die sich bei der Bildung von dispositionalen wie nicht-dispositionalen Persönlichkeitskonstrukten ergeben.

1.4 Relationen zwischen Merkmalselementen: Strukturelle und funktionale Homogenität

Die meisten wissenschaftlichen Konstrukte werden vom Wissenschaftler so konzipiert, daß der Zusammengesetztheit der jeweiligen Gegenstände aus Einzelelementen Rechnung getragen wird. Dies ist bei Persönlichkeitsmerkmalen nicht anders. Zwar lassen sich einzelne Persönlichkeitsmerkmale denken, die nicht aus einzelnen Unterelementen zusammengesetzt sind. Dies gilt insbesondere für Merkmale, deren Bestimmung sich eindeutig aus singulären, einelementigen Meßoperationen ergibt. Hierzu zählt z.B. die Körpergröße. Bereits das biologische "Geschlecht" einer Person aber stellt einen komplexeren Sachverhalt dar, und bei fast allen psychologisch relevanten Merkmalen handelt es sich um zusammengesetzte Gegenstände. So bezieht sich z.B. das Konstrukt "allgemeiner Neurotizismus" auf unterschiedliche Erlebensweisen in unterschiedlichen Situationen, das Konstrukt "allgemeines Selbstwertgefühl" auf eine bestimmte Gruppe selbstbezogener Kognitionen und das Konstrukt "Intelligenz" auf unterschiedliche Teilfähigkeiten.

In aller Regel lassen sich dabei die Einzelbestandteile von Persönlichkeitsmerkmalen ebenfalls aus Elementen zusammengesetzt denken, die ihrerseits gleichfalls weiter zerlegbar sind. In den meisten Fällen kann dieser gedankliche Zerlegungsprozeß bis in den mikrophysikalischen Bereich hinein fortgesetzt werden. So läßt sich z.B. habituelles "Erröten" als Bestandteil allgemeiner Ängstlichkeit in einzelne physiologische Prozeßkomponenten aufschlüsseln, die sich ihrerseits auf der biochemischen und schließlich der mikrophysikalischen Ebene prinzipiell weiter zergliedern lassen. Problematisch und hier nur zu erwähnen ist dabei das Problem, inwieweit die Gesetzmäßigkeiten einer höheren Ebene jeweils in der Weise gegenüber der nächstniedrigeren Ebene "versiegelt" sind (Hofstadter, 1985, S. 328), daß die Gegenstände dieser höheren Ebene ohne Rekurs auf niedrigere Ebenen hinreichend beschreibbar und erklärbar sind. Dies ist z.B. bei der chemischen Ebene (gegenüber der physikalischen Ebene) weitgehend der Fall. Für die Psychologie ist zu hoffen, daß ähnliches auch für die psychologische gegenüber der physiologischen Ebene gilt.

Bleiben wir also bei der Zusammengesetztheit von Persönlichkeitsmerkmalen aus *psychologisch* faßbaren Bestandteilen. Einzelelemente komplexerer Sachverhalte können in unterschiedlichem Ausmaß (a) zusammen auftreten, (b) auf gemeinsame Ursachen zurückgehen und (c) gemeinsame Wirkungen zeigen. Bei gemeinsamer Kovariation der jeweiligen Einzelelemente könnte man von *struktureller Homogenität* des jeweiligen zusammengesetzten Sachverhalts sprechen, bei gemeinsamen Ursachen von funktionaler Homogenität bezüglich der Ursachen (*Ursachen-Homogenität*) und bei gemeinsamen Wirkungen von funktionaler Homogenität bezüglich der Wirkungen (*Wirkungs-Homogenität*). Für Persönlichkeitsmerkmale ist wie für andere wissenschaftliche Gegenstände zu fordern, daß ihre Elemente in irgendeinem wissenschaftlich nützlichen Sinne etwas gemeinsam haben. Dabei kann es sich prinzipiell um alle drei genannten Arten von Gemeinsamkeit handeln:

(a) Um ein strukturell homogenes Merkmal handelt es sich z.B. bei "allgemeiner Intelligenz", bei der unterschiedliche Teilfähigkeiten interindividuell mehr oder weniger eindeutig kovariieren. (b) Würde man unterschiedliche Phänotypen, die auf ähnliche Genotypen zurückgehen, zu einem Konstrukt zusammenfassen, so wäre dieses Konstrukt funktional homogen bezüglich der Entstehungsursachen seiner Einzelelemente. Dasselbe gilt für Begriffe zu Krankheiten mit spezifischer Ursache, aber gegenseitig substituierbaren Symptomen. (c) Unterschiedliche kausale Attributionen zu bestimmten Ereigniskategorien lassen sich in der Weise ordnen, daß man sie nicht nach ihren Kovariationen kategorisiert, sondern jeweils Attributionen mit gemeinsamen Wirkungen zu einer Kategorie zusammenfaßt (dies führt dann zu Kategorisierungen von Attributionen entlang solcher Dimensionen wie "Stabilität" oder "Kontrollierbarkeit"; vgl. Weiner, 1979, 1982, 1985; Pekrun, 1981b; Peterson & Seligman, 1984).

Eine übliche und sinnvolle Basisforderung an Persönlichkeitskonstrukte ist hinreichende strukturelle Homogenität bezüglich der Elemente des jeweiligen Merkmals. Dies schlägt sich nieder in testtheoretisch-statistischen Forderungen nach hoher Konsistenz, faktorieller Homogenität, Eindimensionalität (im Sinne probabilistischer Testmodelle) etc. Zu warnen ist aber vor dem Trugschluß, strukturelle Homogenität würde in jedem Fall funktionale Homogenität implizieren: dies ist *nicht* der Fall (hierzu auch Pekrun, 1983a, Kap. 1).

So haben insbesondere faktorenanalytisch orientierte Vertreter einer empiristischen Position häufig die Auffassung vertreten, bei Faktoren – also strukturell homogenen Gebilden – handele es sich gleichzeitig um "funktionale Einheiten" (z.B. Thurstone, 1947; Cattell, 1950). Dabei wird dann vor allem unterstellt, daß eine Gruppe interindividuell korrelierender Einzelelemente (ein "surface trait" in der Terminologie Cattells) auf eine oder mehrere einheitliche Ursache(n) zurückgehe (von Cattell als "source traits" bezeichnet), die von den jeweils resultierenden Faktoren repräsentiert werden. Faktorenanalysen werden von Vertretern dieser Auffassung mithin nicht einfach als Mittel der Datenreduktion zu Beschreibungszwecken angesehen, sondern als Mittel zur Identifikation funktional homogener Sachverhalte. Hierfür aber ist faktorenanalytische Methodik aus vielerlei Gründen nicht geeignet: Die strukturelle Homogenität eines Sachverhalts muß *nicht* darauf zurückgehen, daß die Elemente dieses Sachverhalts auf gemeinsamen Ursachen basieren. Sie kann z.B. ebenso gut darauf zurückgehen, daß (a) alle Elemente ihre eigene Ursache haben, aber die Ursachen miteinander kovariieren; oder (b) die Elemente ihrerseits in Ursache-Wirkungs-Beziehungen stehen. Dementsprechend ist nicht davon auszugehen, daß einzelne "Faktoren" jeweils einzelne Ursachen für Kovariationen zwischen Elementen repräsentieren; ebenso gut können sie auf unterschiedlichen Ursachen oder auf Ursache-Wirkungs-Beziehungen zwischen den kovariierenden Elementen beruhen.

Ein prominentes Beispiel für die erstgenannte Alternativmöglichkeit liefert Cattell – als profilierter Vertreter einer faktorenanalytisch-empiristischen Position – selber (ohne allerdings den notwendigen Schluß zu ziehen, daß Faktorenanalyse kein allgemein taugliches Mittel zur Identifikation funktional homogener Sachverhalte ist): In seinen Analysen menschlicher Intelligenz (zusammenfassend Cattell, 1971) interpretiert er die Existenz eines Generalfaktors zur "kristallinen Intelligenz" so, daß dieser Faktor auf zwei unterschiedliche, aber korrelierende und deshalb in ihren Wirkungen konvergierende Ursachen zurückgehe; nämlich "fluide", großteils genetisch determinierte Intelligenz einerseits und den intellektuellen Anregungsgehalt von Entwicklungsumwelten andererseits. Cattells einleuchtender Argumentation zufolge handelt es sich bei kristalliner Intelligenz um ein strukturell homogenes Gebilde, das bezüglich seiner Ursachen inhomogen ist, da es auf unterschiedlichen, kovariierenden Ursachen basiert.

Beispiele für die zweite Alternativmöglichkeit (Ursache-Wirkungs-Beziehungen zwischen Elementen als Basis für strukturelle Homogenität) liefern viele faktorenanalytisch konstruierte Persönlichkeitsfragebögen, in denen z.B. manche Items Verhaltensweisen, andere hingegen Konsequenzen solcher Verhaltensweisen thematisieren. Zur Konsequenz hat dies, daß die grundlegenden Persönlichkeitsfaktoren in den insoweit großteils empiristisch orientierten Systemen von Guilford, Cattell und auch von Eysenck heterogene Mixturen aus Einzelelementen enthalten, die aus den unterschiedlichsten Gründen kovariieren, aber inhaltlich oft wenig miteinander gemeinsam haben (auszunehmen sind dabei u.a. Guilfords und Cattells theorieorientierte Analysen menschlicher Intelligenz; Guilford, 1967; Cattell, 1971). Ähnliches gilt für die Persönlichkeitskonstrukte, die sich in den Versuchen der letzten Jahre ergeben haben, auf faktorenanalytischem Wege und über unterschiedliche Datenmedien hinweg "das" empirische Modell menschlicher Persönlichkeit zu konstruieren ("Fünf-Faktoren-Modell" der Persönlichkeit; vgl. Digman & Inoye, 1986; McCrae, Costa & Busch, 1986; McCrae & Costa, 1987).

Diese Überlegungen lassen sich in der folgenden Weise verallgemeinern: Mit einem empiristischen, von impliziten Annahmen geleiteten Vorgehen der Gegenstandskonstruktion ist man in Gefahr, Gegenstände zu konstruieren, deren Elemente zwar jeweils aus irgendwelchen Gründen strukturell kovariieren, die aber weder inhaltlich-theoretische Deckungsfläche aufweisen noch ähnliche Wirkungen zeitigen. Praktisch ist zu folgern, daß man wissenschaftliche Gegenstände und mithin auch Persönlichkeitskonzepte vorzugsweise anhand expliziter theoretischer Überlegungen zu Gegenstandsstrukturen konstruieren sollte. Empirische Methoden der Kovariations- und Homogenitätsanalyse können dann zur Prüfung dieser theoretischen Annahmen dienen. Insbesondere ist in diesem Sinne zu fordern, daß wissenschaftliche Gegenstände so konstruiert werden, daß ihre Einzelelemente nicht nur (a) strukturell kovariieren, sondern auch (b) einen inhaltlich-theoretisch homogenen Bereich darstellen. Soweit die jeweiligen Konstrukte nicht nur deskriptiven, sondern auch explikativen Zwecken dienen, ist darüber hinaus zu fordern, daß für ihre Einzelelemente auch sinnvoll (c) Homogenität ihrer Wirkungen unterstellt werden kann.

Diese Basisnotwendigkeiten wissenschaftlicher Konstruktbildung werden mit dem Aufkommen komplexer, mit latenten Variablen arbeitender struktur- und bedingungsanalytischer Methodik (vgl. Bentler & Bonett, 1980; Jöreskog & Sörbom, 1984; Möbus & Schneider, 1986) gerade in jüngster Zeit wieder gerne mißachtet: Häufig werden beim Einsatz solcher Methodik "latente" Variablen konstruiert, die an inhaltlicher Heterogenität nichts zu wünschen übrig lassen, deren "manifeste" Einzelindikatoren unterschiedliche funktionale Außenbeziehungen aufweisen, und die damit weder strukturell-deskriptiv noch funktional interpretierbar sind. Dem Erkenntnisfortschritt in unserer Disziplin dienen solche Vorgehensweisen nicht (vgl. Pekrun, 1986, 1987d).

1.5 Relationen zwischen Persönlichkeitsmerkmalen

Im letzten Abschnitt wurde dargelegt, daß Unterelemente von einzelnen Persönlichkeitsmerkmalen in unterschiedlichen Beziehungen stehen können. Dies läßt sich auf Zusammenhänge zwischen Persönlichkeitsmerkmalen übertragen. Dementsprechend spielen auch hier "strukturelle" und "funktionale" Beziehungen eine Rolle. Gruppen von Persönlichkeitsmerkmalen können in diesem Sinne ebenso wie einzelne Persönlichkeitsmerkmale unterschiedlich homogen oder heterogen sein, wobei sich inhaltlich-theoretische Homogenität, strukturelle Homogenität, Ursachen-Homogenität und Wirkungs-Homogenität unterscheiden lassen.

Dies bedeutet, daß Kovariationen zwischen Persönlichkeitsmerkmalen ebenso wie Kovariationen zwischen Unterelementen von Persönlichkeitsmerkmalen aus unterschiedlichen Gründen zustandekommen können. Führt man Dimensionsanalysen solcher Kovariationen durch, so findet man dementsprechend ebenso wie bei Dimensionsanalysen von Unterelementen Dimensionen, die nicht in jedem Fall substantiell sinnvolle Konstrukte repräsentieren. In diesem Sinne ist z.B. bei Faktoren höherer Ordnung (Sekundärfaktoren etc.) ebenso wie bei Faktoren erster Ordnung im Einzelfall zu prüfen, inwieweit sie inhaltlich sinnvolle Konstrukte repräsentieren und welche Inhalte diesen Konstrukten zukommen.

Innerhalb der Persönlichkeitspsychologie der letzten Jahrzehnte dominieren Strukturmodelle, die menschliche Persönlichkeit als hierarchisch organisiert sehen. Dies gilt u.a. für die Modelle von Guilford (1964), Cattell (1979) und Eysenck (1967, 1981; Eysenck & Eysenck, 1985). Diese Strukturmodelle sind meist so konzipiert, daß sie unterschiedlichen Modellvarianten der Faktorenanalyse entsprechen. Oft wird dabei unterstellt (über die strukturellen Beschreibungsmodelle der Faktorenanalyse hinaus), daß Faktoren höherer Ordnung den jeweiligen Faktoren niedrigerer Ordnung kausal zugrundeliegen (so z.B. Cattell, 1971). Demgegenüber ist zu betonen, daß Persönlichkeitsmerkmale aus sehr unterschiedlichen Gründen in hierarchischen Beziehungen stehen können:

(1) Begriffliche Hierarchien. Persönlichkeitsmerkmale können u.a. nach ihrer Bereichsspezifität hierarchisch geordnet werden (vgl. auch Hampson, John & Goldberg, 1986). In diesem Sinne könnte z.B. davon gesprochen werden, daß

"allgemeine Ängstlichkeit" (als situationsgeneralisiertes Merkmal) prüfungsbezogener oder sozialer Ängstlichkeit (bereichsspezifischen Merkmalen) übergeordnet ist. Bei einer solchen hierarchischen Beziehung handelt es sich zunächst nur um *begriffliche* Über- und Unterordnungen: Der Gegenstandsbereich des Begriffs "Allgemeine Ängstlichkeit" schließt den Bereich des Begriffs "Prüfungsängstlichkeit" ein, ist also weiter als dieser.

(2) Absteigende Ursache-Wirkungs-Hierarchien. Persönlichkeitsmerkmale können nach ihren Ursache-Wirkungs-Beziehungen hierarchisch geordnet werden, wenn einzelnen Merkmalen jeweils eine größere Zahl anderer Merkmale ursächlich zugrundeliegen. Auf höheren Ebenen wären dann diejenigen Merkmale anzusiedeln, die jeweils auf eine Reihe anderer, untergeordneter Merkmale Einfluß nehmen. In diesem Sinne könnten z.B. habituelle kortikale Arousal-Niveaus einer Person als übergeordnete Merkmale betrachtet werden, die auf eine Vielzahl nachgeordneter Merkmale Effekte ausüben (vgl. Eysenck, 1967, 1981; Eysenck & Eysenck, 1985). Dies ist diejenige Art hierarchischer Persönlichkeitsstruktur, die namhafte Vertreter nomothetisch-struktureller Persönlichkeitspsychologie mit hierarchischen Faktorenanalysen zu ermitteln versuchten (z.B. Cattell, 1971).

(3) Aufsteigende Ursache-Wirkungs-Hierarchien. Persönlichkeitsmerkmale können nach ihren Ursache-Wirkungs-Beziehungen auch dann geordnet werden, wenn – in Umkehr der gerade diskutierten Möglichkeit – eine Reihe von Merkmalen jeweils auf ein einzelnes Merkmal Einfluß nimmt. In diesem Falle wären die einflußnehmenden Einzelmerkmale sinnvoll auf untergeordneten Hierarchieebenen anzuordnen, und das jeweils resultierende Merkmal auf einer übergeordneten Ebene. Eine solche Struktur entspricht formal der Möglichkeit (2) bei Umkehr der angenommenen Kausalrichtungen (vgl. hierzu auch Cattells "retikuläres" Modell hierarchischer Persönlichkeitsstrukturen; Cattell, 1979, Kap. 7). In dieser Weise läßt sich z.B. die Beziehung zwischen genetischen Einflußfaktoren und (polygenisch bedingten) Intelligenzmerkmalen konzeptualisieren: Viele Einzelgene liegen einer begrenzten Anzahl von Intelligenzdimensionen zugrunde.

(4) Rein empiristisch-deskriptive Hierarchien. Hierarchische Ordnungen von Persönlichkeitsmerkmalen können sich aus statistischen Klassifikationen bzw. Dimensionsanalysen von Merkmalen ergeben, *ohne* daß zwischen den Hierarchieebenen Ursache-Wirkungs-Beziehungen anzunehmen sind. Dies ist dann der Fall, wenn Elemente einer untergeordneten Ebene strukturell homogene Gruppen bilden, diese strukturelle Homogenität aber nicht auf gemeinsame Ursachen zurückgeht, sondern auf Ursache-Wirkungs-Beziehungen *innerhalb* der Merkmalsgruppen. Führt man dann dimensionale oder klassifikatorische Analysen durch, so gelangt man zu übergeordneten Merkmalen, die nichts weiter als die Verknüpfungen der jeweils untergeordneten Einzelmerkmale spiegeln. Bei diesen übergeordneten Merkmalen handelt es sich dann oft um Kontrukte, die wissenschaftlich kaum sinnvoll zu verwenden sind. Solche Merkmale resultieren oft aus Faktorenanalysen, bei denen nicht nach den Gründen für strukturelle Kovariationen gefragt wird; oft werden sie dann im Sinne kausaler Einflußgrößen (mit Kausalrichtung von höheren zu niedrigeren Ebenen) fehlinterpretiert.

(5) Hierarchien nach externen Kriterien. Schließlich können Persönlichkeitsmerkmale nach externen Kriterien hierarchisch geordnet werden, die nicht direkt aus den Inhalten und Relationen dieser Merkmale ableitbar sind. So ließen sich z.B. Persönlichkeitsmerkmale ihrer Identitätsrelevanz entsprechend ordnen, also nach der Bedeutsamkeit, die ihnen die jeweilige Person für ihre Identität zuspricht.

Für alle genannten Möglichkeiten hierarchischer Konzeptionen gilt, daß es in der Regel sinnvoll ist, die Übergänge zwischen Hierarchieebenen als fließend aufzufassen. Hieraus und aus der Zerlegbarkeit von Persönlichkeitsmerkmalen (s.o. 1.4) folgt, daß es sich bei Festlegungen der jeweils untersten Hierarchieebene um wissenschaftliche Konventionen handelt, weniger hingegen um empirisch prüfbare Annahmen. Zu widersprechen ist also Autoren, die empirisch falsifizierbare, verbindliche Zuordnungen von Merkmalen zu Hierarchieebenen für möglich und die jeweiligen Ebenen für eindeutig abgrenzbar halten (z.B. Cattell, 1979). Dementsprechend müßig ist auch ein Streit darüber, auf welcher dimensionsanalytischen Hierarchieebene die jeweils "primären" Persönlichkeitsmerkmale bzw. -faktoren angeordnet seien: Zu welchem Resultat man gelangt, hängt davon ab, wie eng umgrenzt die Elemente der jeweils gewählten Ausgangsebene sind. So kann man an spezifischen einzelnen Verhaltenseinschätzungen Dimensionsanalysen durchführen und die resultierenden Beurteilungsdimensionen als "primäre" Persönlichkeitsmerkmale betrachten; ebensogut aber lassen sich jeweils Verhaltenseinschätzungen auf der Ebene genau dieser Merkmale als Ausgangsbasis nehmen und Merkmale der nächsthöheren Ebene als "primär" betrachten.

Die Konsequenz ist (ebenso wie bei Strukturen innerhalb einzelner Persönlichkeitsmerkmale; s.o.), daß Strukturmodelle menschlicher Persönlichkeit nicht auf rein induktiv-empirischem Wege zu gewinnen sind. Sobald man versucht, auf ausschließlich empirischem Wege zu solchen Modellen zu gelangen, läßt man sich zwangsläufig von impliziten theoretischen Vorannahmen leiten. Sinnvoller ist es, die jeweiligen theoretischen Strukturannahmen von vornherein zu explizieren, also in expliziter Weise theoretische Strukturmodelle zum Startpunkt zu nehmen.

1.6 Persönlichkeitskonstrukte: idiographisch oder nomothetisch?

Ist für jede einzelne Person eine spezielle Persönlichkeitspsychologie erforderlich, ist also jede Person "ihr eigenes Gesetz", wie Allport (1938, Kap. 1) formuliert hat? Oder läßt sich die "Persönlichkeit" von Menschen anhand allgemeiner Gesetzmäßigkeiten beschreiben und erklären? Mit dieser Frage ist eine zweite eng verknüpft: Sind Persönlichkeitsmerkmale für jede Person einzigartig, oder werden sie von vielen bzw. allen Menschen geteilt? Sind dementsprechend Persönlichkeitskonstrukte personspezifisch oder universell zu konzipieren?

Ein entschiedener Verfechter eines (auch) idiographischen Standpunktes innerhalb der empirischen Persönlichkeitspsychologie ist Allport (1938; 1955). Er meint, daß "strictly speaking, no two persons ever have precisely the same trait"

(1938, S. 227). Auf der Basis dieser Annahme führt er eine Unterscheidung von "gemeinsamen" und "individuellen" Persönlichkeitsmerkmalen ein, die in der Folgezeit von vielen Autoren übernommen wurde. Bei "gemeinsamen Persönlichkeitsmerkmalen" handelt es sich im Sinne Allports um "those aspects of personality in respect to which most mature people within a given culture can be compared", d.h. um Abstraktionen, die von der charakteristischen Einzigartigkeit, die Allport prinzipiell jeder Person zuschreibt, absehen (1938, S. 299). Individuelle Merkmale sind hingegen solche, die nur einer einzelnen Person oder einer Anzahl von Personen zukommen. Als Beispiele für gemeinsame Merkmale führt Allport u.a. Impulsivität, Altruismus oder Geselligkeit an. Die Beispiele Allports für individuelle Merkmale hingegen sind weniger überzeugend. So nennt er als individuelle Merkmale einzelner historischer Personen z.B. die (vermeintliche) Gewohnheit Goethes, "meist zu widersprechen", die Gewohnheit Samuel Johnsons, "jedem zu widersprechen", die "sexuelle Grausamkeit von de Sade" etc. Bei solchen Beispielen handelt es sich kaum um Merkmale, die nur einer einzelnen Person oder einigen wenigen Personen zuzuschreiben sind: So lassen sich z.B. Gewohnheiten, anderen Personen mehr oder minder stark zu widersprechen, jedem Menschen zuschreiben; Allport nennt hier nicht für Goethe und Johnson einzigartige Merkmale, sondern individuelle Ausprägungen von Merkmalen, die allen sprechenden Menschen gemeinsam sind.

Die meisten persönlichkeitspsychologischen Autoren dieses Jahrhunderts vertreten allerdings - im Unterschied zu Allport - einen nomothetischen Standpunkt, indem sie entweder explizit abstreiten, daß individuelle Persönlichkeitsmerkmale und Merkmalszusammenhänge ein sinnvoller Gegenstand der Persönlichkeitspsychologie sind, oder indem sie entsprechende Möglichkeiten einfach nicht in ihre wissenschaftlichen Analysen einbeziehen. Erst in den letzten Jahren gewinnen idiographisch orientierte Arbeiten etwas an Reputation, ohne allerdings die Dominanz des nomothetischen Paradigmas brechen zu können (vgl. Bem & Allen, 1974; Bem & Funder, 1978; Kenrick & Stringfield, 1980; Lamiell, 1981; Mischel & Peake, 1982; Paunonen & Jackson, 1986). Was folgt aus dem hier vertretenen, gemäßigt-konstruktivistischen Standpunkt für das Problem nomothetischer vs. idiographischer Persönlichkeitspsychologie?

Diesem Standpunkt entsprechend werden empirisch-wissenschaftliche Konstruktionen (empirische Begriffe und empirische Behauptungen) von der Realität einerseits und Vorannahmen sowie Konstruktionsabsichten des Wissenschaftlers andererseits bestimmt. Hieraus folgen zwei Denkmöglichkeiten:

(a) Die Realität ist so strukturiert, daß den jeweiligen personenbezogenen Sachverhalten keine Individualität zukommt. In diesem Fall dürfte es nicht möglich sein, aus diesen nicht-individuellen Sachverhalten per Konstruktion in empirisch gehaltvoller Weise individuelle Sachverhalte zu gewinnen. Bei Beschreibungen und Erklärungen dieser Sachverhalte würde es sich mithin um Begriffe und Behauptungen handeln müssen, die sich auf mehrere oder alle Personen gemeinsam beziehen.

(b) Die Realität ist so strukturiert, daß den jeweiligen Sachverhalten Individualität zukommt. Wenn dies der Fall ist, sind gehaltvolle Konstruktionen zu individuellen Merkmalen und Zusammenhängen möglich. Vermutlich ist es in allen oder den meisten dieser Fälle aber auch möglich, per Abstraktion von der Individualität von Sachverhalten abzusehen. Es hängt dann von den Konstruktionszielen des Wissenschaftlers ab, ob er Begriffe zu "individuellen" oder "gemeinsamen" Merkmale konstruiert.

Zwischen den Möglichkeiten (a) und (b) läßt sich nicht direkt entscheiden, da – wie oben (1.2) erläutert – eine Realitätserforschung ohne präexistente Begriffe und Annahmen nicht möglich ist. Auf indirekte Weise aber läßt sich entscheiden: Immer dann, wenn empirisch gehaltvolle individuelle Sachverhaltskonstruktionen möglich sind, ist den zugrundeliegenden Sachverhalten Individualität zuzusprechen. Persönlichkeitsrelevante "Individualität" oder "Gemeinsamkeit" lassen sich dabei auf unterschiedliche Dinge beziehen, zu denen Persönlichkeitsmerkmale bzw. Ausprägungen von Persönlichkeitsmerkmalen zählen. Prinzipiell sind in diesem Sinne drei Arten von Persönlichkeitsmerkmalen zu unterscheiden: (a) Persönlichkeitsmerkmale, die allen Menschen zugeschrieben werden können (also *universelle* Merkmale). (b) Persönlichkeitsmerkmale, die mehreren, aber nicht allen Personen zukommen (sie könnte man als *partiell gemeinsame* Merkmale bezeichnen). (c) Persönlichkeitsmerkmale, die jeweils nur einer einzigen Person zukommen (*individuelle* Persönlichkeitsmerkmale).

Für alle drei Kategorien lassen sich unschwer empirische Beispiele finden: (a) Bei "Intelligenz", "Geschlecht", "Impulsivität" etc. handelt es sich um Merkmale, die allen Menschen (auch Neugeborenen) zugeschrieben werden können. (b) Bestimmte religiöse und politische Einstellungen, kulturell übliche Arten von Sozialverhalten oder spezifische berufliche Fähigkeiten können jeweils einer Gruppe von Menschen gemeinsam sein, aber werden nicht von allen Mitgliedern der Menschheit geteilt; bei ihnen handelt es sich um partiell gemeinsame Merkmale. (c) Schließlich lassen sich für jede Person Merkmale beschreiben, die mit hoher Wahrscheinlichkeit nur für diese Person charakteristisch sind. Hierzu zählen z.B. die Erbanlagen einer Person (die allerdings bei eineiigen Zwillingen – sieht man von Mutationen ab – identisch sind); ihr Bild von ihrer persönlichen Umgebung; ihr Wissen um die eigene Biographie und mithin eine Reihe von Bereichen ihres Selbstkonzeptes etc.

Wesentliche Persönlichkeitsbereiche umfassen also fraglos auch Merkmale, deren Existenz für die betreffende Person spezifisch ist. Von den jeweiligen Fragestellungen und Konstruktionsabsichten des Wissenschaftlers hängt es dann ab, ob er universelle, partiell gemeinsame oder individuelle Persönlichkeitsmerkmale untersucht. Kritisch ist dabei vor allem die Frage, ob eine Beschränkung der Persönlichkeitspsychologie auf Analysen zu universellen Merkmalen sinnvoll ist (wie dies von den meisten namhaften Vertretern nomothetischer Persönlichkeitspsychologie praktiziert wird; also z.B. von Cattell, 1979; Eysenck, 1967, 1981, Eysenck & Eysenck, 1985; Buss & Craik, 1984). Diese Frage wird im Anschluß an die nachfolgende Diskussion der Situationsgeneralisiertheit von Persönlichkeitsmerkmalen noch einmal aufgegriffen (s.u. 1.8).

1.7 Persönlichkeitskonstrukte: allgemein oder bereichsspezifisch?

Namhafte Vertreter eines nomothetischen Ansatzes in der Persönlichkeitspsychologie haben sich auf die Analyse von Persönlichkeitsmerkmalen beschränkt, die nicht nur universell vorhanden sind, sondern auch über eine Vielzahl von Situationen hinweg beobachtbar sind bzw. sich in beobachtbarem Verhalten ausdrükken (dies gilt u.a. für Guilford, Eysenck und Cattell). "Kreativität", "Intelligenz", "Extraversion", "Ich-Stärke" sind Beispiele für solche Merkmale, die man – im Unterschied zu situationsspezifischen Merkmalen – als *allgemeine* Merkmale bezeichnen könnte.

Dementsprechend wurde beispielsweise auch in der Konsistenzdebatte der letzten beiden Jahrzehnte meist davon ausgegangen, daß es sich bei Persönlichkeitsmerkmalen um Dispositionen handelt, die sich über eine Vielzahl von Situationen hinweg in ähnlicher Weise im Verhalten äußern (s.o. 1.1). Eine solche Sichtweise impliziert Situationskonsistenz von individuellem Verhalten. Das zentrale Resultat der empirischen Forschung zu dieser Annahme ist, daß in den untersuchten Verhaltensbereichen (z.B. Gewissenhaftigkeit und Freundlichkeit; Bem & Allen, 1974; Mischel & Peake, 1982) im allgemeinen sowohl transsituative Generalisiertheit wie auch Situationsspezifität nachweisbar sind (vgl. Epstein, 1983, 1986; Kleiter, 1987; zu Moderatorvariablen auch Amelang & Borkenau, 1984). Zwischen den Opponenten in der Konsistenzdebatte scheint dementsprechend auch mittlerweile Einigkeit zu bestehen, daß es von der jeweiligen Fragestellung abhängt, ob jeweils generalisierte oder situationsspezifische Verhaltensanteile zum Gegenstand empirischer Analysen gemacht werden (Mischel 1983; Epstein, 1983, 1986).

Das allgemeine Problem der Situationsspezifität von Persönlichkeitsmerkmalen aber ist damit erst ansatzweise gelöst: Bei individuellem Verhalten handelt es sich nur um einen eingegrenzten Teilbereich menschlicher Persönlichkeit. Was aber läßt sich generell, also über den Bereich verhaltensbezogener Merkmale hinaus, zur Situationsgeneralisiertheit von Persönlichkeitsmerkmalen annehmen?

Allgemeine Antworten sind hier wohl kaum möglich, da zwischen unterschiedlichen Arten von "Situationsspezifität" und der Situationsspezifität unterschiedlicher Arten von Persönlichkeitsmerkmalen zu differenzieren ist. "Situationsspezifität" kann sich beziehen auf (a) die Situationsgebundenheit des *Auftretens* von Persönlichkeitsmerkmalen, (b) die Situationsgebundenheit der *Inhalte* von Persönlichkeitsmerkmalen, und (c) die Situationsgebundenheit der *Wirkungen* von Merkmalen auf aktuelles Erleben und Verhalten. Dabei ist zu unterscheiden zwischen der Situationsgebundenheit von überdauernden Strukturen einerseits und habituellem Erleben und Verhalten andererseits:

Situationsgebundenheit unterschiedlicher Persönlichkeitsmerkmale

(1) Überdauernde Strukturen (körperliche Strukturen, Gedächtnisinhalte etc.) sind in ihrem *Auftreten* prinzipiell insofern situationsunabhängig, als sie zeitüberdauernd sind und die Person sie in beliebigen Situationen mit sich herumträgt. (Natürlich kann ihr Auftreten insoweit situationsabhängig sein, als die Situationen,

denen die Person ausgesetzt ist, sich auf Erwerb und Veränderung solcher Merkmale auswirken können. Sind solche Merkmale aber erst einmal erworben, so ist ihr Vorhandensein als solches unabhängig von den Einzelsituationen im aktuellen Zeitablauf, in denen die Person jeweils steht.)

Die Situationsgebundenheit der *Inhalte* von Persönlichkeitsstrukturen aber kann variieren, sofern es sich um Strukturen handelt, die Inhaltsrepräsentationen umfassen. In diesem Sinne läßt sich z.B. zwischen allgemeinen Selbstkonzepten einerseits und situationsbereichs-spezifischen Selbstkonzepten andererseits unterscheiden (vgl. Shavelson & Bolus, 1982; Pekrun, 1985f). Schließlich können auch die *Wirkungen* von Persönlichkeitsstrukturen auf aktuelles Verhalten und Erleben in unterschiedlichem Maße situationsgebunden sein. So dürfte sich z.B. das Ausmaß der allgemeinen Intelligenz einer Person in vielen unterschiedlichen Verhaltens- und Situationsbereichen auswirken. Im Gedächtnis gespeicherte Handlungsstrategien für das Verhalten gegenüber Vorgesetzten hingegen dürften nur in einer begrenzten Klasse von Situationen verhaltensrelevant werden. Strukturelle Merkmale können dementsprechend in ihren Inhalten und Wirkungen von hoher Allgemeinheit bis hin zu starker Situationsspezifität variieren.

(2) Habituelles Erleben und Verhalten. Anders als überdauernde Strukturen können Erlebens- und Verhaltensweisen in ihrem *Auftreten* situationsgebunden sein (wie von der oben zitierten Evidenz für unterschiedliche Verhaltensbereiche auch empirisch belegt wird). Situationsgebundenheit des Auftretens dürfte dabei die Regel sein: Erlebens- und Verhaltensweisen einer bestimmten Klasse setzen in ihrem Auftreten meist entsprechende situationale Möglichkeiten voraus. Dies gilt für manifestes Verhalten in noch stärkerem Maße als für personinterne Erlebensvorgänge. So tritt z.B. soziales Verhalten per Definition nur in sozialen Situationen auf, das habituelle Fahrverhalten eines Pkw-Benutzers nur in Fahrsituationen etc.

Allerdings sind auch Verhaltens- und Erlebensweisen denkbar, die von *äußeren* situationalen Umständen weitgehend unabhängig in ihrem Auftreten sind. Auf der Ebene manifesten Verhaltens gehören hierzu unwillkürliche Ausdrucksbewegungen, auf der Ebene personinternen Erlebens z.B. "frei flottierende" Emotionen. Im übrigen können sich Personen in der Situationsvariabilität ihres habituellen Verhaltens stark unterscheiden (vgl. Bem & Allen 1974; Bem & Funder, 1978; Mischel & Peake, 1982; Amelang & Borkenau, 1984), wobei sich hohe oder niedrige Variabilität auf von Person zu Person unterschiedliche Verhaltens- und Situationsbereiche beziehen kann.

Entgegen manchen Positionen in der Konsistenzdebatte der letzten Zeit ist dabei in trivialer Weise offensichtlich, daß menschliche Persönlichkeit in der Regel sowohl durch allgemeine wie durch situationsspezifische Verhaltens- und Erlebensformen gekennzeichnet ist. So ist es beispielsweise eine recht situationsübergreifende Verhaltensform der meisten Personen in unserem Kulturkreis, ein "Ja" nonverbal durch ein Nicken, ein "Nein" hingegen durch ein Kopfschütteln anzudeuten. Eher situationsspezifisch sind hingegen z.B. Gewohnheiten, als Fußgänger rote Ampeln im Straßenverkehr zu mißachten.

In ähnlicher Weise können auch die *Inhalte* von Erleben und Verhalten mehr oder minder situationsspezifisch sein. So können z.B. depressive Gefühle umfassend sein, indem sie sich nicht auf bestimmte Objekte richten; sie können sich aber auch in eingegrenzter Weise auf eine spezifische Klasse situationaler Gegebenheiten beziehen (z.B. auf Mißerfolge in einem bestimmten Leistungsbereich). Schließlich gilt auch für die *Wirkungen* von Verhalten und Erleben auf weiteres Erleben und Verhalten, daß solche Wirkungen eher genereller oder eher situationsspezifischer Art sein können. So können z.B. habituell starke Angstzustände einer Person zu Beeinträchtigungen im sonstigen Erleben und Verhalten in einer Vielzahl von Lebensbereichen führen, während die habituellen Empfindungen beim Hören einer bestimmten Beethoven-Sinfonie nur situativ begrenzte Wirkungen auf nachfolgendes Erleben und Verhalten zeitigt.

Zusammenfassend ist zu konstatieren, daß Persönlichkeitsmerkmale in ihrer Situationsspezifität stark variieren können. Anders formuliert: Die Realität menschlicher Persönlichkeit ist offensichtlich so beschaffen, daß sich Persönlichkeitsmerkmale in unterschiedlich situationsspezifischer Weise konstruieren lassen. Dabei lassen sich unterschiedliche Ebenen der Bereichsspezifität von Merkmalen und Merkmalskonstrukten unterscheiden:

Merkmalsebenen unterschiedlicher Situationsgeneralisiertheit

(a) Ebene höchster Generalisiertheit. Auf der allgemeinsten Ebene sind Merkmale anzusiedeln, die im Normalfall für alle oder die Mehrzahl an Lebenssituationen relevant sind. Hierzu gehören z.B. grundlegende Prozeßeigenschaften des zentralen Nervensystems (physiologisch bedingtes Tempo der zentralnervösen Informationsverarbeitung; habituelle physiologische Aktivation im Großhirn; habituelle Periodizität des Wach-Schlaf-Rhythmus etc.); allgemeine habituelle Emotionen (z.B. allgemeine habituelle Angst); allgemeine Charakteristika von Verhaltens- und Denkprozessen (z.B. allgemeine "Impulsivität"); etc.

(b) Zweite Ebene. Eine Ebene tiefer sind Merkmale zu lokalisieren, die sich auf umschriebene, große Klassen spezifischer Situationen beziehen. Hier sind u.a. alle Merkmale einzuordnen, die sich spezifisch auf soziale Situationen oder spezifisch auf Leistungssituationen beziehen, also z.B. "soziale Intelligenz", habituelle Anschlußmotivation oder habituelle soziale Angst (bzw. schul- und berufsbezogene Intelligenz, habituelle Leistungs- und Anstrengungsmotivation und habituelle Leistungsangst).

(c) Dritte und weitere Ebenen. Noch eine Ebene tiefer sind Merkmale einzuordnen, die sich auf Unterbereiche solcher allgemeinen Situationsklassen beziehen. So ließe sich z.B. die habituelle Anschlußmotivation gegenüber gleichgeschlechtlichen Altersgenossen von derjenigen gegenüber älteren Personen oder gegenüber dem anderen Geschlecht unterscheiden, und im Bereich leistungsbezogener Persönlichkeit könnte beispielsweise berufsbezogene Leistungsmotivation von der Motivation zu sportlichen Freizeitleistungen differenziert werden. Schließlich lassen sich auch diese Unterbereiche konzeptuell jeweils noch weiter untergliedern (so läßt sich z.B. bei Schülern sinnvoll zwischen den habituellen Anstrengungsbereitschaften in unterschiedlichen Schulfächern unterscheiden). Konzeptionell läßt

sich der Differenzierungsprozeß so weit fortsetzen, wie noch gemeinsame Merkmale unterschiedlicher Einzelsituationen aus Beobachtungen dieser Situationen abstrahierbar sind.

Konsequenzen für angemessene Konstruktbildungen

Angesichts der skizzierten Vielfalt konzeptueller Möglichkeiten stellt sich die Frage, welche Beschreibungsebene angemessen ist. Dies hängt zum einen von der Fragestellung ab (Epstein, 1983, 1986). So kann z.B. eine Persönlichkeitsbeschreibung anhand spezifischer Merkmale trotz höheren Informationsgehalts wegen ihres Aufwands unangemessen sein (bei wissenschaftlichen wie bei praktischen Aufgabenstellungen). Zum anderen aber sind auch hier die Art des Merkmals und der jeweils betrachtete Typus der Situationsgebundenheit entscheidend. Dies ist für kognitive Strukturen und individuelles Erleben/Verhalten kurz zu diskutieren:

(1) Konstruktbildungen zu kognitiven Strukturen. Oben wurde erläutert, daß individuelle kognitive Strukturen Inhalte unterschiedlicher Situationsspezifität umfassen können. Dies ist bei der Konstruktion entsprechender Merkmalskonstrukte zu berücksichtigen. Die Ebene niedrigster Situationsgeneralisiertheit, die noch sinnvolle Konstruktbildungen liefert, ist dabei dann erreicht, wenn jeweils die situationsbezogen detailliertesten Gedächtnisinhalte einer Person beschrieben werden. Dabei wird es sich in manchen Fällen um Repräsentationen ganzer Situationsklassen handeln (z.B. bei Situationen, welche die Person nur aus abstrakten Informationen kennt), in anderen Fällen hingegen um die Details einer eingegrenzten Gruppe von Situationen (z.B. bei spezifischen Handlungsplänen) oder sogar einer einzelnen Situation (wie bei Repräsentationen zu wichtigen Ereignissen des eigenen Lebens). Umgekehrt ist die allgemeinste, noch sinnvolle Beschreibungsebene diejenige, auf der die jeweils abstraktesten kognitiven Repräsentationen einer Person angesiedelt sind.

Beschreibungen hingegen, die zu spezifisch oder zu allgemein sind, denen also keine faktisch vorhandenen kognitiv-strukturellen Merkmale entsprechen, gehen an der Realität vorbei (bei einer empirischen Konstruktion solcher Merkmale anhand von Selbstberichtmethoden werden die betreffenden Beschreibungen nicht aus dem Gedächtnis abgerufen, sondern erst in der Befragungssituation erzeugt). Zu berücksichtigen ist im übrigen, daß Spezifität und Allgemeinheit nicht nur bei Verhalten (s.o.), sondern auch bei kognitiven Repräsentationen interindividuell variieren können. So besitzen z.B. bestimmte Personen differenzierte kognitive Repräsentationen ihrer Fähigkeiten zum Skilaufen, während andere für diesen Bereich globale Selbsteinschätzungen gespeichert haben.

(2) Konstruktbildungen zu Erleben und Verhalten. Habituelles Erleben und Verhalten läßt sich bezüglich seines *Auftretens* prinzipiell auf allgemeiner wie auf situationsspezifischer Ebene beschreiben. Welches sinnvolle maximal allgemeine und maximal spezifische Beschreibungsebenen sind, hängt dabei zum einen vom jeweils bevorzugten Kompromiß zwischen Bandbreite und Fidelität von Verhaltensbeschreibungen ab, zum anderen aber vom individuellen, faktisch vorhandenen Ausmaß an transsituativer Verhaltenskonsistenz (Mischel, 1983). Die gewähl-

te Beschreibungsebene ist dabei dann prinzipiell zu allgemein, wenn keinerlei bzw. keine hinreichende Konsistenz über die einbezogenen Situationsbereiche hinweg mehr beobachtbar ist. Sie ist dann unnötig spezifisch, wenn über die jeweils einzeln angesprochenen Situationsbereiche hinweg hinreichend hohe Verhaltens- und Erlebenskonstanz besteht (die eine Aggregierung über die Bereiche ohne größeren Informationsverlust erlaubt).

Da die *Inhalte* von habituellen Erlebensweisen gleichfalls - ähnlich wie Inhalte kognitiver Strukturen - eher generalisiert oder eher auf spezifische Objekte und Situationen bezogen sein können, lassen sich für die Konstruktion zugeordneter, inhaltsbezogener Merkmalsbegriffe ähnliche Kriterien anwenden wie für begriffliche Konzeptionen zu kognitiven Strukturen (s.o.).

Einheitliche Antworten auf die Frage nach der angemessenen Beschreibungsebene sind also nicht möglich. Eines aber ist eindeutig zu konstatieren: In vielen Fällen lassen sich mit Merkmalen mittlerer Beschreibungsebenen präzisere Beschreibungen, Erklärungen und Vorhersagen individuellen Verhaltens und Erlebens vornehmen als mit Merkmalen höherer Ebenen. So korrelieren z.B. spezifisch schulbezogene Merkmale von Kindern im Schulalter in konsistenter Weise enger mit ihren schulischen Leistungen, als dies für allgemeine Merkmale ihrer Persönlichkeit gilt (vgl. Pekrun, 1983a, 1987d). Führende Vertreter der Persönlichkeitspsychologie dieses Jahrhunderts aber haben sich auf die Analyse von Merkmalen der ersten und allenfalls noch der zweiten Ebene beschränkt (also Merkmale wie Extraversion, Neurotizismus, Ich-Stärke, Intelligenz, Impulsivität, generalisierte Kontrollüberzeugungen etc.).

Wie in der Einleitung bereits bemerkt wurde, hatte diese Beschränkung auf generalisierte Merkmale mit oft geringem Erklärungswert für die Persönlichkeitspsychologie zur Folge, daß sie eine umfassende Beschreibung und Erklärung individuellen Erlebens und Verhaltens in vielen Bereichen anderen Teildisziplinen der Psychologie überlassen hat, welche die Bedeutung bereichsspezifischer Invarianzen besser einzuschätzen wußten. Als Beispiele wurden u.a. spezifische Fähigkeiten und habituelle Leistungsmotivation genannt, die zum Gegenstand von Motivations-, Entwicklungs- und Pädagogischer Psychologie wurden; oder Einstellungen und habituelle Muster sozialer Kognitionen, die eher von der Sozialpsychologie als von der Persönlichkeitspsychologie analysiert wurden.

Ebenfalls bereits bemerkt worden ist, daß es die Persönlichkeitspsychologie bisher nicht vermocht hat, solche grundsätzlich persönlichkeitsorientierten Entwicklungen aus anderen Teildisziplinen unter übergeordneten persönlichkeitspsychologischen Perspektiven zu integrieren. Für zukünftige persönlichkeitspsychologische Forschung wird es diesen Überlegungen entsprechend notwendig sein, in verstärktem Maße Persönlichkeitskonstrukte mittlerer oder hoher Spezifität in ihre Analysen einzubeziehen.

1.8 Persönlichkeitspsychologie – eine unendliche Geschichte?

Oben wurde erläutert (1.6), daß es sich bei Persönlichkeitsmerkmalen zum Teil um individuelle Merkmale handelt, die jeweils nur für eine einzelne Person charakteristisch sind. Die Anzahl dieser Merkmale wird mit jedem neuen Mitglied der Menschheit vermehrt. Hieraus folgt, daß die Menge möglicher individueller Merkmale nicht abgrenzbar ist (unter der Bedingung, daß die Menschheit weiterexistiert). Mithin wäre der Versuch einer vollständigen Beschreibung menschlicher Persönlichkeiten schon deshalb zum Scheitern verurteilt, weil entsprechende Analysen mit jedem neuen Menschen weiterzuführen wären.

Allerdings kann es auch nicht Aufgabe wissenschaftlicher Persönlichkeitspsychologie sein, jedes einzelne Mitglied der Menschheit in allen Details seiner Individualität zu beschreiben. Wollte man eine solche Aufgabe gründlich erfüllen, so müßte man – überspitzt ausgedrückt – jedem Menschen einen Psychologen an die Seite stellen; die Anzahl erforderlicher Psychologen wäre dann kaum kleiner als die Zahl der jeweils lebenden Menschen. Eine vollständige Beschreibung und Erklärung aller jeweils vorfindbaren *individuellen* Persönlichkeitsmerkmale und Merkmalszusammenhänge kann also nicht das Ziel der Persönlichkeitspsychologie sein. (Ungeachtet dessen zählt es natürlich zu ihren Aufgaben, allgemein verwendbare Methoden zu entwickeln, die dem psychologischen Praktiker die Analyse des Einzelfalls ermöglichen.)

Sollte sich die Persönlichkeitspsychologie also auf die Analyse *universeller* Merkmale und Zusammenhänge beschränken? Würde sie dies tun, so könnte sie nur diejenigen Merkmale untersuchen, die über alle Kulturen und Epochen hinweg bei allen Mitgliedern unserer Spezies auffindbar sind. Sie müßte sich dann also auf diejenigen Merkmale konzentrieren, die dem gemeinsamen Genpool der Menschheit einerseits und den universalen Merkmalen unserer natürlichen Ökologie andererseits entspringen. Nun zeichnet es die Menschheit gegenüber anderen Arten aus, (a) im Zuge kultureller Evolution unterschiedliche Mechanismen der Umweltanpassung zu entwickeln (ohne die Notwendigkeit von Veränderungen des Genpools) und (b) sich darüber hinaus ihre Umwelten zu einem erheblichen Teil selbst zu gestalten. Konsequenz ist, daß auch "gemeinsame" Persönlichkeitsmerkmale großteils nicht universell auffindbar sind, sondern oft nur für Personen bestimmter Epochen, Kulturen, Subkulturen und Altersstufen charakteristisch sind. Eine Beschränkung auf Analysen universeller Persönlichkeitsmerkmale hätte zur Folge, daß nur ein Bruchteil menschlicher Persönlichkeit von der Persönlichkeitspsychologie beschrieben und erklärt werden könnte. Dementsprechend sollte es Aufgabe der Persönlichkeitspsychologie sein, neben *universellen* auch *partiell gemeinsame* Persönlichkeitsmerkmale zu analysieren.

Die kulturelle Evolution der Menschheit ist dabei ein in die Zukunft hinein fortschreitender Prozeß. Dementsprechend unterliegen Umwelten und Anpassungen von Menschen einem ständigen Wandel. Vor allem der Wandel gesellschaftlicher Umwelten hat zur Folge, daß auch die jeweils partiell gemeinsamen Persönlichkeitsmerkmale von Gesellschaftsmitgliedern einem epochalen Transformationsprozeß unterliegen. Ein Ende dieser kulturellen Evolution ist weder abzusehen noch zu wünschen. Dementsprechend ist zu erwarten, daß die Persönlichkeitspsychologie bereits im Laufe der nächsten Jahrhunderte mit Erlebensweisen, Verhaltensformen und Persönlichkeitsmerkmalen konfrontiert sein wird, die heute noch nicht bekannt sind. Hierzu wird auch beitragen, daß die genetischen Strukturen der Menschheit ebenfalls einem – wenn auch sehr viel langsameren – Wandlungsprozeß unterliegen.

Die Psychologie befindet sich hier in einer Situation, die der Situation anderer Wissenschaften von lebenden Objekten (z.B. der Biologie) strukturell ähnlich ist. Während die Biologie aber bei der Antizipation von Veränderungen einzelner Arten und Entstehungen neuer Arten lange Zeiträume zu überbrücken hat, wird die Psychologie in sehr viel kürzeren Zeiträumen mit jeweils neuen Phänomenen konfrontiert werden. Dementsprechend ist davon auszugehen, daß eine erschöpfende Analyse menschlicher Persönlichkeit prinzipiell nicht möglich sein wird – und zwar selbst dann nicht, wenn man sich auf die Untersuchung gemeinsamer Persönlichkeitsmerkmale beschränkt und von der Tatsache abstrahiert, daß "Persönlichkeitsmerkmale" von jedem Wissenschaftler auch für eine gegebene Kultur und Personengruppe in prinzipiell jeweils unterschiedlicher Weise konstruiert werden könnten (s.o. 1.2). Persönlichkeitspsychologie und Psychologie allgemein sehen sich hier immer neuen Konstruktionsaufgaben gegenüber, die von Epoche zu Epoche die Analyse neuer Gegenstandsbereiche nötig machen werden. Der Psychologie läßt sich deshalb – ebenso wie anderen Wissenschaften mit sich wandelnden Gegenstandsbereichen – prinzipiell nicht in demselben Sinne "nomothetischer" Charakter zusprechen, wie dies bei Wissenschaften möglich und sinnvoll ist, die – wie die Physik – mit Gegenstandsstrukturen zu tun haben, die über alle Zeit-Raum-Beschränkungen hinweg grundsätzlich konstant sind.

Praktisch folgt aus der Vielfalt der Konstruktionsmöglichkeiten und den Variationen und Wandlungen menschlicher Persönlichkeit vor allem, daß jeder Versuch unsinnig ist, erschöpfende Kategorisierungen von Persönlichkeitsmerkmalen und Merkmalszusammenhängen vornehmen zu wollen (wie dies einige Vertreter empiristischer Positionen versuchten; z.B. Cattell, 1950, 1979; Guilford, 1959; Peabody, 1987). Allerdings sollte man sich davor hüten, das Kind mit dem Bade auszuschütten und den Trugschluß zu ziehen, kumulative wissenschaftliche Bemühungen seien im Bereich von Persönlichkeitspsychologie und Psychologie allgemein nicht möglich, und auf ein intersubjektiv abgestimmtes, methodisch kontrolliertes Vorgehen könne insofern genauso gut verzichtet werden (wie der Wissenschaft vor allem von psychologischen und pädagogischen Praktikern in informellen Gesprächen oft entgegengehalten wird). Gerade *wegen* der beschriebenen Probleme persönlichkeitspsychologischer Aufgaben ist es notwendig, begriffliche Konstruktionen und methodisches Vorgehen intersubjektiv zu standardisieren und wissenschaftliche Bemühungen auf wesentliche Gegenstände zu konzentrieren. Nur so kann sichergestellt werden, daß sich eine – auch in der Persönlichkeitspsychologie mögliche – Kumulierung erhärteter Erkenntnisse einstellen wird.

1.9 Zusammenfassung: Plädoyer für eine theoriegeleitete Persönlichkeitspsychologie

Im ersten Abschnitt dieses Kapitels wird im Sinne einer konsensuellen "Definition per Begriffskern" "Persönlichkeit" definiert als die Gesamtheit derjenigen Merkmale eines Menschen, die relative Zeitstabilität zeigen und ihn von anderen Menschen unterscheiden können. Anschließend wird erläutert, daß es sich bei Begriffen und Theorien zu Persönlichkeitsmerkmalen ähnlich wie generell bei wissenschaftlichen Begriffen und Theorien um theoretische Konstruktionen handelt, deren Gehalt von einer Interaktion der Konstruktionsabsichten des Wissenschaftlers einerseits und der empirisch vorhandenen Realität andererseits bestimmt wird (Abschnitt 1.2). Aus der in diesem Zusammenhang vertretenen gemäßigt-konstruktivistischen Position und aus dem speziellen Status der meisten Wissenschaften vom Menschen folgt, daß Begriffs- und Theoriekonstruktionen sich auch in der Persönlichkeitspsychologie nach Möglichkeit nicht an impliziten Vorstellungen vom jeweiligen Gegenstand, sondern an expliziten Gegenstandsabgrenzungen orientieren sollten.

Dabei besteht auch im Bereich der Persönlichkeitspsychologie eine hohe Anzahl von Freiheitsgraden, die sich nur theoriegeleitet sinnvoll eingrenzen läßt. Erläutert wird hierzu folgendes: (a) Bei Persönlichkeitsmerkmalen handelt es sich *nicht* grundsätzlich um Dispositionen zu Verhalten. Zudem sind bestimmte Arten von Dispositionsbegriffen den heute in der Persönlichkeitspsychologie üblichen vorzuziehen (1.3). (b) Relationen zwischen Persönlichkeitsmerkmalen und zwischen Elementen von Persönlichkeitsmerkmalen sind in vielfältigerer Weise konzipierbar, als dies von empirischer Persönlichkeitspsychologie meist angenommen wurde (1.4, 1.5). (c) Persönlichkeitsmerkmale können prinzipiell personspezifisch, aber auch universell sein, und sie können sehr situationsspezifisch, aber auch sehr allgemein (situationsgeneralisiert) sein. Bereits aus begrifflichen Analysen folgt hier, daß bestimmte Positionen in der Konsistenzdebatte der letzten Zeit sich nicht halten lassen. Dabei werden Kriterien angegeben, welches Ausmaß an Individualität vs. Universalität und an Situationsspezifität vs. -generalisiertheit jeweils für wissenschaftlich sinnvoll verwendbare Persönlichkeitskonstrukte charakteristisch sein sollte (1.6, 1.7).

Abschließend wird darauf hingewiesen, daß es sich bei der Persönlichkeitspsychologie ebenso wie bei den meisten anderen Wissenschaften vom Menschen um einen prinzipiell offenen, in die Zukunft hineinschreitenden Konstruktions- und Erkenntnisprozeß handelt; Versuche zu erschöpfenden Taxonomien menschlicher Persönlichkeit und zu vollständigen Persönlichkeitstheorien sind aus prinzipiellen Gründen zum Scheitern verurteilt. In der Summe ergibt sich aus den Überlegungen dieses Kapitels, daß die Persönlichkeitspsychologie (1) sich von den herkömmlichen, unnötigen Restriktionen auf die enge Klasse dispositionaler, universeller und situationsgeneralisierter Persönlichkeitsmerkmale befreien sollte; und daß sie (2) soweit wie möglich ihre impliziten Annahmen und Gegenstandsabgrenzungen explizieren sollte, sich also in stärkerem Maße als bisher an explizit theoriegeleiteten Vorgehensweisen orientieren sollte.

Kapitel 2

PERSÖNLICHKEIT: BEREICHE, FUNKTIONSBEZIEHUNGEN UND ENTWICKLUNG

In der Einleitung wurde erläutert, daß es der Persönlichkeitspsychologie an übergreifenden Entwürfen fehlt, die es möglich machen, Entwicklungen zu einzelnen Persönlichkeitskonstrukten konzeptuell zu integrieren. In diesem Kapitel werden einige Überlegungen vorgestellt, die einen Beitrag zur Entwicklung solcher übergreifenden Perspektiven zu leisten versuchen. Ausgangspunkt ist die Einsicht, daß die Persönlichkeitspsychologie ohne ein Minimum an Vorstellungen zu zwei Fragen nicht auskommt: (a) Welche Inhaltsklassen von Persönlichkeitsmerkmalen sind zu unterscheiden?; und (b) in welchen Beziehungen stehen Persönlichkeitsmerkmale dieser Inhaltsklassen?

Auf der Basis der Persönlichkeitsdefinition und der Argumente des ersten Kapitels wird hier deshalb zunächst eine allgemeine Taxonomie menschlicher Persönlichkeitsmerkmale entwickelt (2.1). Anschließend wird diese Taxonomie für eine spezielle Gruppe von Persönlichkeitsmerkmalen näher differenziert, denen aus einer handlungstheoretischen Perspektive ein zentraler Stellenwert zukommt und die mithin auch für die emotions- und motivationspsychologischen Überlegungen der nachfolgenden Kapitel zentral sind: Zeit- und wertbezogene habituelle Kognitionen und Überzeugungen (u.a. Kontrollüberzeugungen einerseits und Valenzüberzeugungen andererseits; 2.2).

Im dritten und vierten Abschnitt wird dann auf Beziehungen zwischen Persönlichkeitsmerkmalen eingegangen. Dabei werden zunächst einige Rahmenüberlegungen zu Funktionsbeziehungen zwischen Teilsystemen menschlicher Persönlichkeit und zwischen Persönlichkeit und Umwelt entwickelt (2.3), und abschließend werden grundlegende Prinzipien der Persönlichkeitsentwicklung und der Rolle von Lernprozessen bei solcher Entwicklung diskutiert (2.4).

2.1 Eine Taxonomie menschlicher Pesönlichkeitsmerkmale

Welche Inhaltsbereiche menschlicher Persönlichkeitsmerkmale lassen sich unterscheiden? Im letzten Kapitel (1.3) wurde bereits folgendes diskutiert: (a) Traditionelle, "abstrakte" Dispositionsbegriffe sind von "konkreten" Dispositionsbegriffen zu unterscheiden. Bei ersteren handelt es sich um zusammenfassende Beschreibungen wiederholten Erlebens und Verhaltens; ihnen kommt kaum Erklärungskraft für Erleben und Verhalten zu, die über tautologische Erklärungen hinausginge. Letztere hingegen spezifizieren empirisch existierende, unabhängig vom Erleben und Verhalten beobachtbare Strukturen, die diesem Erleben/Verhalten ursächlich zugrundeliegen. (b) Da abstrakte Dispositionsbegriffe häufig mit einem ungerechtfertigten, explikativen Bedeutungsüberschuß versehen werden, sollten sie durch Begriffe mit eindeutig und ausschließlich deskriptivem Charakter ersetzt werden. Hierfür bieten sich Termini wie "habituelles Erleben" und "habituelles Verhalten" an. (c) Bei konkreten, strukturbezeichnenden Persönlichkeitsbegriffen kann es sich um dispositionelle Konzepte handeln. Es lassen sich aber auch psycho-physische Strukturen denken (und zugeordnete, strukturbezeichnende Persönlichkeitsbegriffe konstruieren), die sich nicht primär auf eine Verursachung von Erleben und Verhalten beziehen, sondern auch unabhängig von ihrer Erlebens- und Verhaltensrelevanz konstitutiv sind für menschliche Persönlichkeit.

Zusammengefaßt besagt dies, daß es nicht sinnvoll ist, Persönlichkeitsbegriffe primär als Dispositionsbegriffe – welcher Art auch immer – zu konstruieren. Sinnvoller ist es, nach den inhaltlichen Sachverhalten zu schauen, die einer Person zuschreibbar sind, relative Zeitstabilität zeigen und interindividuell variieren können, und diese Persönlichkeitssachverhalte zunächst anhand deskriptiver Begriffe zu belegen und zu klassifizieren. Erst auf einer solchen Basis ist es sinnvoll, Ursachen und Wirkungen solcher Sachverhalte zu analysieren.

Prinzipiell gibt es für personbezogene Sachverhalte zwei Möglichkeiten, sich in zeitüberdauernder Weise zu manifestieren: (1) Der betreffende Sachverhalt ist kontinuierlich vorhanden. (2) Der Sachverhalt ist nicht kontinuierlich vorhanden, sondern nur in zeitlich begrenzter Form, taucht aber – in einer für die Person charakteristischen Weise – wiederholt auf. Im ersten Fall handelt es sich um permanent oder semipermanent vorhandene Zustände und Strukturen einer Person; im zweiten Fall um habituell wiederkehrende Zustände oder Prozesse. Sachverhalte der ersten Kategorie können vereinfachend und zusammengefaßt als *überdauernde Strukturen* bezeichnet werden, Sachverhalte der zweiten Kategorie als *habituelle Prozesse*. Akzeptiert man zusätzlich eine – allerdings nur heuristisch eindeutig durchführbare – Trennung von physischen und psychischen Strukturen/Prozessen, so ergeben sich in programmatischer Weise (s.o. 1.1) *vier basale Klassen von Persönlichkeitsmerkmalen* (vgl. Tab. 2.1): körperliche Strukturen; habituelle körperliche Prozesse; psychische Strukturen; habituelle psychische und motorische Prozesse (habituelles Erleben und Verhalten).

Nicht ganz eindeutig zuordbar ist dabei u.a. manifestes (motorisches) Verhalten; traditionellen Klassifikationen entsprechend wird es hier der Kategorie psychischer Prozesse zugeordnet. Die vier Merkmalskategorien sind im folgenden der Reihe nach zu diskutieren (2.1.1 bis 2.1.3). Dabei ist jeweils auch zu erörtern, wo persönlichkeitspsychologische Forschungsdefizite auszumachen sind. Anschließend wird die vorliegende Taxonomie mit anderen Klassifikationssystemen verglichen (2.1.3). Exemplarisch werden für die großen Persönlichkeitssysteme dieses Jahrhunderts die Taxonomien von Cattell und Guilford und für jüngere, behavioral bzw. kognitiv orientierte Rekonzeptualisierungen die Ansätze von Mischel, Buss und Craik sowie Cantor und Kihlstrom diskutiert.

2.1.1 Körperliche Persönlichkeitsmerkmale

Körperliche Strukturen

Individuelle körperliche Strukturen umfassen zum einen die genetische, in den Zellkernen gespeicherte Ausstattung einer Person, zum anderen phänotypisch vorhandene, überdauernde anatomische Strukturen und physiologische (Dauer-) Zustände. Psychologisch wesentlich sind dabei vor allem (1) genetische Informationen, die der individuellen psychischen Entwicklung zugrundeliegen, und (2) diejenigen phänotypischen Strukturen, die Einfluß auf psychische Strukturen und Prozesse nehmen. Zu der letzteren Gruppe zählen insbesondere (2a) individuelle Makro- und Mikrocharakteristika des zentralen Nervensystems; und (2b) Merkmale derjenigen nicht-neuronalen Körpersysteme, die Einfluß auf das zentrale Nervensystem und damit auf Erleben und Verhalten nehmen (also Drüsenorgane, die den neurochemischen Haushalt regulieren; oder anatomische Strukturen, die wahrnehmbaren und damit psychisch relevanten Körperprozessen wie Kreislauf oder Magen-Darm-Tätigkeiten zugrundliegen; s.u. Kap. 3 und 5).

Insbesondere für individuelle Merkmale des zentralen Nervenssystems ist anzunehmen, daß sie für alle psychischen Prozesse von grundlegender Bedeutung sind. So kann z.B. vermutet werden, daß Mikrocharakteristika kortikaler, neuronaler Netzwerke für Umfang, Tempo und Qualität zentraler Informationsverarbeitung und -speicherung verantwortlich sind und damit die individuell-materielle Basis der "Intelligenz" einer Person konstituieren (vgl. Cattell, 1971; Hynd & Willis, 1985); und daß individuelle Ausgestaltungen limbischer Teilsysteme dem emotionalen Haushalt von Personen zugrundeliegen (s. Kap. 3). Gleichzeitig ist damit grundsätzlich anzunehmen, daß psychischen Störungen Dysfunktionen solcher körperlichen Strukturen zugrundeliegen können (Fahrenberg, 1986).

Die *genetische Individualität* des Menschen ist seit längerem Forschungsgegenstand der Persönlichkeitspsychologie (z.B. Fulker, 1981). Entsprechende Evidenz demonstriert, daß genetische Personunterschiede zu phänotypischer Variation nicht nur im Bereich kognitiver Fähigkeiten, sondern auch im Emotions- und Verhaltensbereich beitragen (s.u. 4.2, 6.2). Dennoch bestehen hier Forschungsdefizite. So hat insbesondere die Forschung zu Umweltbedingungen der Persönlichkeitsentwicklung genetische Faktoren und die Rolle von Gen-Umwelt-Korrelationen und -Interaktionen weitgehend ignoriert; viele Befunde bleiben damit kausal uninterpretierbar (vgl. Scarr & Kidd, 1983).

In noch stärkerem Maße gilt dies für die Rolle *phänotypischer körperlicher Strukturen*, die – mit Ausnahmen u.a. im Bereich von Intelligenz- und Extraversionsforschung (Hynd & Willis, 1985; Eysenck & Eysenck, 1985) – ungeachtet ihrer Relevanz für kognitive, emotionale, motivationale und behaviorale Individualität anderen Disziplinen überlassen wurden (Physiologische Psychologie, Klinische Psychologie oder Psychiatrie; vgl. auch Fahrenberg, 1986). Zukünftige Persönlichkeitsforschung sollte sich also in stärkerem Maße um die Interrelationen von individuellen körperlichen Strukturen und anderen Persönlichkeitsbereichen kümmern. Wie oben (1.1) bereits bemerkt wurde, ist erst auf einer solchen Basis eine interdisziplinäre Öffnung der Persönlichkeitspsychologie hin zu einer umfassenderen "personality science" (Duke, 1986) zu erwarten.

Habituelle körperliche Prozesse

Hierzu zählen alle diejenigen körperlichen Prozesse und Zustände, die mit individuell unterschiedlichen Frequenzen und Verlaufsformen wiederholt auftreten. Prinzipiell ist anzunehmen, daß solche Prozesse und Zustände ähnlich wie zugrundeliegende körperliche Strukturen (s.o.) in der Regel interindividuell variieren (zumindest oberhalb einer molekularen Ebene). Empirisch bekannt ist dies beispielsweise für die habituelle Produktion von Neurohormonen (Whybrow, 1984; McNeal & Cimbolic, 1986), für ereigniskorrelierte kortikale Potentiale (Hynd & Willis, 1985) oder für habituelle Aktivationsniveaus peripherer oder zentraler Art (Eysenck & Eysenck, 1985).

Psychologisch relevant sind dabei alle diejenigen habituellen Prozesse, die in direkten Wechselwirkungen mit psychischen Strukturen und Prozessen stehen. Solche psychologisch relevanten Prozesse sind vornehmlich denjenigen Funktionen der Person und des Organismus zuzuordnen, zu deren Erfüllung psychische und willkürlich-motorische Abläufe notwendig sind (z.B. Nahrungsaufnahme, Schutz vor Gefahren aus der Umwelt, Suche nach Sexualpartnern). Psychologisch weniger wesentlich dürften hingegen Abläufe sein, die automatisierte, rein körperinterne Funktionen regulieren. Zu Persönlichkeitsmerkmalen der psychologisch relevanteren Kategorie zählen z.B. die habituellen Charakteristika des neurohormonalen Stoffwechsels einer Person (die u.a. mit emotionalen Abläufen interagieren; s.u. Kap. 3); die habituellen kortikalen Aktivationsniveaus einer Person in unterschiedlichen Abschnitten des Wach-Schlaf-Zyklus; das habituelle, physiologische Tempo neuronaler Informationsübertragung im zentralen Nervensystem; habituelle peripher-viszerale physiologische Veränderungen ("arousal") etc.

Mit wenigen Ausnahmen wurden solche individuellen Prozesse und Prozeßmerkmale von der Persönlichkeitspsychologie ebenso ignoriert wie die zugrundeliegenden körperlichen Strukturen. Individualitätsorientierte Analysen finden sich mithin auch hier großteils in anderen Teildisziplinen (Physiologische und Klinische Psychologie sowie unterschiedliche Zweige von Biologie und Neurowissenschaften). Eine stärkere Rezeption der Entwicklungen in diesen Disziplinen dürfte gerade für ein angemessenes persönlichkeitspsychologisches Verständnis emotionaler und motivationaler Individualität vom Menschen entscheidend sein (vgl. Kap. 3 und 5).

Tabelle 2.1 Eine Taxonomie menschlicher Persönlichkeitsmerkmale

	Überdauernde Strukturen	*Habituelle Prozesse*
Körperliche Merkmale	Genetische Informationen Neuronale Strukturen Andere somatische Strukturen	Neurochemisch-zentraler und peripherer Stoffwechsel Zentrale und periphere Aktivationsniveaus
Psychische Merkmale	Deklarative kognitive Strukturen – Selbst-, Welt-, Umwelt-repräsentationen – Singuläre vs. schematische Repräsentationen – Repräsentationen von Identitäts-, Begriffs-, Objekt-Attribut-, Raum-, Zeit-, Kovariations- und Wertrelationen Prozedurale kognitive Strukturen – Prozedurale Wahrnehmungs- und Kognitionsschemata – Prozedurale Emotionsschemata – Prozedurale Motivationsschemata – Prozedurale Verhaltensschemata	Habituelle Wahrnehmungen Habituelle Kognitionen – selbst-, welt-, und umwelt-bezogene Kognitionen – singuläre vs. schematische Kognitionen – Kognitionen zu unter-schiedlichen Relationen Habituelle Emotionen Habituelle nicht-emotionale Gefühle Habituelle Motivationen Habituelles Verhalten

2.1.2 Kognitive Strukturen

Bei körperlichen Strukturen handelt es sich um physisch-substantiell fixierte, materielle Sachverhalte. Überdauernde psychische Strukturen hingegen bestehen aus gespeicherten Informationen (also aus Gedächtnisinhalten); damit können sie generell als *kognitive* Strukturen bezeichnet werden. Kognitive Strukturen umfassen sowohl Repräsentationen von Sachverhalten (Wissensbestände, Überzeugungen) als auch Programme (Pläne) zu motorischem Verhalten und psychischen Prozessen (z.B. problemlösendem Denken).

In ihrer zeitüberdauernden Existenz sind solche Strukturen als ebenso real zu betrachten wie somatische Strukturen, obschon die materiellen Formen ihrer Existenz heute erst in Ansätzen bekannt sind (Pribram, 1986; Woody, 1986). Die Unterschiede zwischen kognitiven und somatischen Strukturen können grundsätzlich mit den Unterschieden zwischen der "software" und der "hardware" eines Computers verglichen werden: Software besteht aus Informationen, Hardware hingegen fungiert als materielle Basis für die Verarbeitung und Speicherung solcher Informationen. Physikalisch gesehen können computergespeicherte Informationen z.B. mit der Konstellation magnetischer Partikel auf einer Diskette identisch sein; auf einer informationsbezogenen Betrachtungsebene hingegen wird Information von solchen Partikeln nur getragen und kann prinzipiell ohne Änderung des Informationsgehalts auch in anderen Medien gespeichert werden. In ähnlicher Weise können individuelle Mikrocharakteristika neuronaler Netzwerke als physikalische Basis informationeller, kognitiver Strukturen von Personen angesehen werden.

Allerdings sind Computer-Hardware und -Software in der Regel leichter zu trennen, als dies für körperliche und kognitive Strukturen von Menschen gilt: In vielen Fällen läßt sich nicht klar entscheiden, ob ein Sachverhalt eher der körperlichen oder der somatischen Seite zuzuordnen ist. Bei makroanatomisch vorhandenen Strukturen handelt es sich eindeutig um "hardware" (also z.B. bei der individuellen Ausgestaltung anatomisch nachweisbarer neuronaler Pfade im zentralen Nervensystem, der Größe und Leistungsfähigkeit des Herzmuskels oder der Absorptionsfähigkeit des Verdauungstrakts); und gespeicherte Informationen über die Außenwelt oder die eigene Person sind eindeutig als "software" anzusehen. In anderen Fällen hingegen ist die Zuordnung weniger klar. Handelt es sich z.B. bei angeborenen Mechanismen der Emotionsauslösung um "fest verdrahtete" (Scherer, 1984), anatomisch fixierte Strukturen, oder um "Programme", die auf prinzipiell dieselbe Weise gespeichert sind wie andere Gedächtnisinhalte? Handelt es sich bei den Strukturen, die der Auslösung von einfachen motorischen Reaktionen (z.B. Reflexen) zugrundeliegen, um "hardware" oder um "software"?

Generell ist für angeborene kognitive Strukturen (z.B. angeborene kognitive Schemata zum Erkennen bestimmter Stimuli) denkbar, daß es sich um modifizierbare Informationsspeicherungen handelt, die in derselben Weise physiologisch gebunden sind, wie dies für erfahrungsabhängige Gedächtnisinhalte gilt. Ebenso aber ist vorstellbar, daß es sich um nicht-modifizierbare, fest verschaltete neuronale Strukturen handeln kann. In ähnlicher Weise ist für gelernte Gedächtnisinhalte einerseits denkbar, daß sie in modifizierbarer und prinzipiell flüchtiger Weise im zentralen Nervensystem festgehalten sind (wobei längerfristige Speicherung wiederholtes Rehearsal voraussetzt). Andererseits ist aber auch nicht auszuschließen, daß sie in anatomisch fixierten, nicht oder nur unter bestimmten Bedingungen modifizierbaren Änderungen neuronaler Verknüpfungen bestehen können (vgl. Hawkins & Kandel, 1984; Gluck & Thompson, 1987).

Zu vermuten ist daneben auch, daß organismische "software" einerseits und Computer-Software andererseits sich in zentralen Charakeristika wie Permanenz, Zerstörbarkeit und Modifizierbarkeit unterscheiden (so läßt sich z.B. Computer-Software in der Regel problemlos löschen; für Gedächtnisinhalte gilt dies nicht). Klärungen dieser Probleme setzen eine – erst am Anfang stehende – interdisziplinäre Zusammenarbeit von Gedächtnis- bzw. Lernpsychologie und Neurophysiologie voraus (vgl. Rosenzweig, 1984; Davis & Squire, 1984; Woody, 1986). Auch ohne solche Klärungen aber dürfte es heuristisch nützlich sein, "fest verdrahtete" neuronale Mechanismen (als spezielle physische Strukturen) von Informationsspeicherungen (kognitiven Strukturen) zu unterscheiden.

Bei gespeicherten Informationen kann es sich prinzipiell um Informationen vom afferenten oder vom efferenten Typus handeln. Informationen vom *afferenten* Typus resultieren aus extero- oder interozeptiven Wahrnehmungen oder Kombinationen und Transformationen solcher Wahrnehmungen. Es handelt sich bei ihnen also um Repräsentationen von (tatsächlichen oder fiktiven) Sachverhalten. Häufig werden solche kognitiven Strukturen als "deklaratives", also mitteilbares Wissen bezeichnet (vgl. Anderson, 1983). Dieser Begriff ist mißverständlich, weil es sich (a) nicht nur um "Wissen" i.e.S., sondern auch um subjektive Überzeugungen, Normvorstellungen etc. handeln kann; (b) solches "Wissen" nicht in jedem Fall bewußtseinsfähig ist (vgl. Dixon, 1981); und (c) es sich nicht in jedem Fall um "Wissen" handeln muß, das in verbal mitteilbarer, "propositionaler" Form gespeichert ist oder in eine solche Form transformiert werden kann. Man könnte stattdessen von "repräsentierenden" oder mit Inhelder (1975) von "figurativen" kognitiven Strukturen sprechen. Da allerdings die Bezeichnung "deklarativ" sich weitgehend durchgesetzt hat, soll sie hier ebenfalls verwendet werden.

Deklarative Inhalte können prinzipiell allen sensorischen Modalitäten entsprechen, die den Menschen zukommen. Es kann sich also u.a. um visuelle oder akustische Inhalte handeln (zu den hiermit verbundenen Problemen Anderson, 1978, 1983; Pylyshyn, 1981). Dabei ist für Vorgang und Produkt der Speicherung anzunehmen, daß sie digitaler oder analoger Art sein können (vgl. Kosslyn, 1981, 1987). Zu vermuten ist deshalb, daß deklarative Strukturen auch bildhaft-analoger Art sein können und nicht in jedem Fall propositionale Form haben, wie dies von semantischen Netzwerk-Theorien für das menschliche Gedächtnis allgemein behauptet wurde (vgl. Johnson-Laird, Herrmann & Chaffin, 1984) und häufig von Theoretikern zu speziellen Strukturbereichen unkritisch übernommen wurde (u.a. im Gebiet der Selbstkonzeptpsychologie; z.B. Epstein, 1973).

Gespeicherte Informationen vom *efferenten* Typus beziehen sich auf Auslösung, Ausführung und Steuerung von psychischen Prozessen und manifestem Verhalten. Es handelt sich also um gespeicherte "Programme" oder "Pläne" ("Produktionen" in der Terminologie Andersons, 1982, 1983). Zusammen mit aktuellen psychischen Bedingungen und körperlichen Faktoren liegen sie dem Ablauf von Verhalten und psychischen Prozessen zugrunde. In Abhebung von "deklarativem" Wissen werden sie häufig als "prozedurales" Wissen bezeichnet (Anderson, 1983); mit Inhelder (1975) kann man sie auch als "operative" Strukturen bezeichnen. "Prozedurale" Strukturen können gleichzeitig auch "deklarativen" Charakter haben. Dies dürfte immer dann der Fall sein, wenn eine Person sich eine Vorstellung von den "Programmen" machen kann, die ihrem Erleben und Verhalten zugrundeliegen (und damit solche Programme auch aktiv verändern oder neu schöpfen kann). Im übrigen dürfte auch für prozedurale Strukturen gelten, daß Speicherungen und Speicherungsprodukte analoger oder digitaler Art sein können.

Wesentlich ist schließlich, daß weder deklarative noch prozedurale Informationen bewußtseinsfähig sein müssen. Dabei gilt insbesondere, daß diejenigen prozeduralen Strukturen, die der Auslösung und Steuerung von psychischen Vorgängen (Wahrnehmung, Denken, Emotion etc.) und von motorischen Koordinationen zugrundeliegen, zum großen Teil nicht bewußtseinsfähig sind. So hat der Mensch z.B. kein (direktes) Bewußtsein darüber, in welcher Weise und anhand welcher Pläne er sensorische Information zu Tiefenwahrnehmungen zusammenfügt; ist sich des Prozesses problemlösender Denkoperationen nicht bewußt (wohl hingegen der Zwischen- und Endprodukte solcher Operationen; vgl. Ericsson & Simon, 1980); kann sich nicht bewußt machen, wie bestimmte Kognitionen es anstellen, in ihm Gefühle auszulösen etc. Grundsätzlich kann Bewußtseinsfähigkeit als eher sekundäres Merkmal kognitiver Strukturen angesehen werden, das großteils von den subjektiven Bedeutungen und Bezügen gespeicherter Information abhängt; diese aber können sich über die Zeit hinweg verändern.

Angesichts der Einzigartigkeit genetischer Ausstattungen und individueller Lerngeschichten ist für alle Typen kognitiver Strukturen anzunehmen, daß sie von Person zu Person erheblich variieren können. Zieht man dies in Betracht, so sind solche Strukturen grundsätzlich als Persönlichkeitsmerkmale aufzufassen. Dennoch sind bisher nur einige Teilbereiche von der Persönlichkeitspsychologie thematisiert worden. Dies ist für deklarative und prozedurale Strukturen getrennt zu diskutieren.

Individuelle deklarative Strukturen

Wie oben erläutert wurde, bestehen deklarative Strukturen aus Repräsentationen von Wahrnehmungsinformation oder aus Kombinationen oder Transformationen solcher Information. Sie können mithin Repräsentationen faktisch wahrgenommener, vorgestellter oder symbolischer Realität umfassen. Ordnen lassen sie sich u.a. nach den folgenden Aspekten der jeweils repräsentierten Sachverhalte: (a) ihrer raum-zeitlichen Generalisiertheit; (b) ihrer Lokalisierung relativ zur Person; und (c) den jeweils repräsentierten Relationen innerhalb und zwischen solchen Sachverhalten.

(a) Generalisiertheit repräsentierter Sachverhalte

Repräsentationen singulärer Sachverhalte sind von Repräsentationen zu unterscheiden, die sich auf ganze Klassen von Sachverhalten beziehen. Diese Unterscheidung ähnelt der gedächtnispsychologischen Differenzierung von "episodischem" und "semantischem" Gedächtnis, mit der üblicherweise Repräsentationen einzelner Episoden von Repräsentationen zu Sachverhaltsklassen getrennt werden (vgl. Tulving, 1984, 1986). Allerdings können Repräsentationen auf beiden Seiten der Unterscheidung auch andere Formen annehmen, als dies vom Begriffspaar "episodisch" vs. "semantisch" nahegelegt wird: Repräsentationen singulärer Sachverhalte müssen sich nicht auf Ereignisse, sondern können sich z.B. auch auf Objekte beziehen; auch können sie ebenso wie Klassenrepräsentationen "semantische" Formen annehmen. Umgekehrt kann es sich bei Repräsentationen von Sachverhaltensklassen nicht nur um semantisch-propositionale, sondern auch um nicht-propositionale Speicherungen handeln (z.B. um bildhaft-analoge Repräsentationen prototypischer Objekte einer Klasse). Hier soll deshalb von deklarativen *singulären Repräsentationen* einerseits und deklarativen Klassenrepräsentationen oder – kürzer – deklarativen *Schemata* andererseits gesprochen werden.

(b) Lokalisierung repräsentierter Sachverhalte

Eine zweite Möglichkeit ist, kognitive Strukturen nach der Lokalisierung der repräsentierten Sachverhalte aus der Personperspektive zu ordnen. Im Sinne dieses Kriteriums lassen sich grob klassifizierend Repräsentationen der Welt im allgemeinen, der individuellen Umwelt und der eigenen Person (einschließlich ihrer Beziehungen zu Welt und Umwelt) unterscheiden (welt-, umwelt- und selbstbezogene kognitive Strukturen; vgl. auch Filipp, 1979; Schneewind, 1982). Soweit es sich dabei um schematische (nicht-singuläre) Inhalte handelt, könnte dementsprechend von "Weltschemata", "Umweltschemata" und "Selbstschemata" gesprochen werden.

Heuristisch unterscheiden lassen sich dabei Wissensbestände (objektivierbare Informationen) einerseits und Überzeugungen (Informationen eher subjektiver Art) andererseits. Dementsprechend handelt es sich bei weltbezogenen Repräsentationen z.B. um das geographische oder fremdsprachliche Wissen einer Person oder ihre allgemeinen normativen Überzeugungen zum Stellenwert politischer Ereignisse. Beispiele für umweltbezogene Repräsentationen sind das Wissen zu den Verhältnissen in (eigener) Familie und Berufsumwelt oder Überzeugungen zu Persönlichkeit und Verhalten von Personen in diesen Umwelten. Überdauernde selbstbezogene Repräsentationen schließlich, üblicherweise als "Selbstkonzepte" bezeichnet (vgl. Pekrun, 1985f, 1987a), können sich u.a. beziehen auf die eigene Lebensgeschichte (autobiographisches Gedächtnis); die eigene wahrscheinliche, mögliche und wünschenswerte Zukunft; eigene vorhandene Personmerkmale ("Real-Selbstkonzept"), mögliche Merkmale und wünschenswerte Merkmale ("Ideal-Selbstkonzept"; vgl. Higgins et al., 1986).

Von der Persönlichkeitspsychologie sind bisher vor allem selbstbezogene kognitive Strukturen untersucht worden. Allerdings ist die Selbstkonzeptforschung heute in weiten Bereichen den Traditionen anderer Teildisziplinen zuzuordnen (insbesondere der Sozialpsychologie; vgl. Markus & Wurf, 1987; und der Entwicklungs- und Pädagogischen Psychologie; Damon & Hart, 1982; Shavelson & Bolus, 1982; Pekrun, 1985f, 1987a). In noch stärkerem Maße gilt dies auch für individuelle welt- und umweltbezogene Strukturen, die bisher entweder generell kaum zum Gegenstand psychologischer Analysen wurden (wie z.B. die politischen oder geschichtlichen Wissensbestände von Personen) oder anderen Teildisziplinen außerhalb der Persönlichkeitspsychologie überlassen wurden (z.B. individuelle Umweltrepräsentationen der ökologischen Psychologie und der Entwicklungs- und Pädagogischen Psychologie; vgl. Moos, 1979; Pekrun, 1983a, 1985a, b; und religiöse oder politische Überzeugungen der Sozialpsychologie und der Politischen Psychologie.

(c) Repräsentierte Relationen

Eine dritte Möglichkeit der Klassifikation individueller deklarativer Strukturen orientiert sich an der Art der repräsentierten *Relationen* zwischen diesen Sachverhalten. Zu den psychologisch wesentlichen Relationstypen zählen u.a. Identitätsrelationen, begriffliche und Objekt-Attribut-Relationen, Kovariationsrelationen, räumliche Relationen, zeitliche Relationen und Wertrelationen:

(ca) Identitätsrelationen vom Typ "a = a","a ≠ b" spezifizieren die Konstanz eines Sachverhalts über Raum, Zeit und Kontext hinweg. Repräsentationen solcher Relationen sind als fundamentale kognitive Leistungen zu betrachten, die sachlogisch, phylogenetisch und ontogenetisch dem Erkennen und Speichern anderer Relationen vorausgehen. Untersucht worden sind solche Relationen bisher vor allem in der Entwicklungspsychologie (z.B. in der Forschung zur Entwicklung von "Objektkonstanz"). Darüber hinaus dürften Repräsentationen solcher Relationen aber auch für Persönlichkeitspsychologie, Sozialpsychologie und angewandte Teildisziplinen (insbesondere die Klinische Psychologie) von zentraler Bedeutung sein.

Wichtig wären zum einen Analysen zu interindividuellen Unterschieden in der erlebten Konstanz von Sachverhalten außerhalb der eigenen Person (in diesen Zusammenhang gehören z.B. auch klinische Phänomene der "Derealisation" von Objektbezügen), zum anderen Analysen zur erlebten Konstanz der eigenen Person selber. Anzunehmen ist, daß ein Bewußtsein eigener Identität als Person voraussetzt, daß die eigene Person als Sachverhalt erlebt wird, der über Zeit, Raum und Kontext hinweg in bestimmter Weise konstant ist. Individuellen Formen und Störungen in den kognitiven Repräsentationen der (objektiven) Identität der eigenen Person kommt potentiell ein erheblicher Erklärungswert für Persönlichkeitsunterschiede (z.B. in der Selbstbestimmtheit und Adaptabilität eigener Entwicklung) und für klinisch relevante Störungen zu. Systematische persönlicheitspsychologische Analysen hierzu fehlen bisher.

(cb) Begriffliche Relationen spezifizieren definitorische Beziehungen für Klassen von Sachverhalten. Individuelle Repräsentationen solcher Relationen dürften primär semantischer bzw. propositionaler Art sein, können aber auch andere (z.B. räumliche) Formen annehmen. Das Wissen einer Person um solche Relationen dürfte mithin großteils in semantischer bzw. propositionaler Form gespeichert sein; Netzwerk-Theorien des menschlichen Gedächtnisses finden hier einen angemessenen Gegenstand (vgl. Johnson-Laird, Herrmann & Chaffin, 1984). Beziehungen zwischen Begriff (Sachverhaltskategorie) und Definitionsbestandteilen (Einzelsachverhalten) müssen dabei nicht eindeutig fixiert sein; die jeweilige Sachverhaltskategorie kann "prototypischer" Art sein Cantor, Mischel & Schwartz, 1982; Rosch, 1978).

Anzunehmen ist, daß Personen sich nicht nur im Umfang ihres Begriffswissens unterscheiden (wie es sich z.B. an Unterschieden im Wortschatzumfang manifestiert), sondern auch in Struktur und Inhalten ihrer begrifflichen Schemata. Dennoch sind Repräsentationen begrifflicher Relationen bisher fast ausschließlich von der allgemeinen Denk-, Lern- und Gedächtnispsychologie sowie bestimmten Zweigen der Sozial- und Entwicklungspsychologie untersucht worden (also z.B. der entwicklungspsychologischen Forschung zur allgemeinen Begriffsentwicklung oder zur Entwicklung von spezifischen Konzepten wie "Freundschaft" oder "Krieg"; vgl. Oerter & Montada, 1982). Die Persönlichkeitspsychologie hingegen hat diesen Bereich von Persönlichkeitsmerkmalen vernachlässigt. Zu den wenigen Ausnahmen zählen der konstrukttheoretische Ansatz von Kelly (1955) und jüngere Analysen individuell-alltagstheoretischer Begriffe zu verhaltensbezogenen Persönlichkeitsmerkmalen (z.B. Borkenau, 1986; Hampson, John & Goldberg, 1986).

(cc) Objekt-Attribut-Relationen stehen mit begrifflichen Relationen in engem Zusammenhang: Bei abstrakt-schematischen attributiven Relationen kann es sich um begriffliche Relationen handeln. Allerdings können sich attributive Relationen nicht nur auf Sachverhaltsklassen beziehen, sondern auch auf singuläre Sachverhalte ("Meine Tante hat eine lange Nase"). Repräsentationen solcher Relationen können mithin schematischer wie singulärer Art sein. Interindividuelle Unterschiede in solchen Repräsentationen wurden bisher ebenfalls von der Persönlichkeitspsychologie vernachlässigt.

(cd) Kovariations-Relationen sind gleichfalls häufig, aber nicht immer begrifflich-definitorischer Art. Sie beziehen sich auf Sachverhalte, die über Raum, Zeit oder sonstige Dimensionen hinweg variieren können. Ein spezieller, wichtiger Fall sind Kovariationen zeitlicher Art (zu denen u.a. Ursache-Wirkungs-Relationen zählen; s.u. 2.2). Von der Persönlichkeitspsychologie wurden vor allem individuelle Repräsentationen bestimmter zeitlicher Kovariations-Relationen (z.B. "Kontrollüberzeugungen"; hierzu Abschnitt 2.2) und Repräsentationen von Kovariationen zwischen Persönlichkeitsmerkmalen untersucht ("implizite Persönlichkeitstheorien"; vgl. Schneewind, 1982; Hofer, 1985).

Dabei konzentrierte sich die Forschung zu "impliziten Persönlichkeitstheorien" bisher auf Repräsentationen von statischen Merkmalszusammenhängen, vernachlässigte also subjektive Theorien zu Entwicklung und funktionalen Bezügen von Persönlichkeitsmerkmalen. Untersucht wurden bisher auch vorwiegend Repräsentationen von allgemeingültigen Merkmalszusammenhängen oder Merkmalszusammenhängen bei anderen Personen, nicht hingegen Repräsentationen von Merkmalszusammenhängen und Merkmalsentwicklungen bei der *eigenen* Person. Da subjektive Theorien zur Entwicklung und zur Konfiguration der eigenen Persönlichkeit entscheidend für selbstbestimmte Persönlichkeitsentwicklung sein dürften, könnten wissenschaftliche Analysen solcher Theorien zu einem wichtigen Bestandteil zukünftiger Persönlichkeits-, Entwicklungs- und Selbstkonzeptpsychologie werden.

(ce) Räumliche Relationen. Repräsentationen räumlicher Relationen sind vor allem zum Gegenstand allgemein-wahrnehmungspsychologischer und (in jüngerer Zeit) "ökologisch"-psychologischer Untersuchungen geworden. Unterschiede zwischen Personen in Strukturen und Inhalten solcher Repräsentationen wurden bisher vernachlässigt (mit Ausnahme intelligenzpsychologischer Analysen von Fähigkeiten zu räumlichem Wahrnehmen und Denken).

(cf) Zeitliche Relationen können Zeitpunkte von Ereignissen, Zeitdauer zwischen Ereignissen sowie unterschiedliche Typen zeitbezogener Kovariationen zwischen Ereignissen spezifizieren, zu denen vor allem Ursache-Wirkungs-Beziehungen zählen. Repräsentationen zeitlicher Relationen sind für die Auslösung und Steuerung von Emotionen, Motivationen und Handlungen zentral; mithin kommt ihnen hier ein zentraler Stellenwert zu. Unten (2.2.1) wird deshalb ausführlicher auf sie eingegangen.

(cg) Wertrelationen schließlich spezifizieren die subjektiven Wertigkeiten (Valenzen) von Sachverhalten. In einem gewissen Sinne könnten sie als Spezialfälle von Objekt-Attribut-Relationen aufgefaßt werden. Im Unterschied zu anderen

Attributen aber ist der subjektive Wert von Sachverhalten nicht als objektivierbares Merkmal des jeweiligen Sachverhalts aufzufassen, sondern als eine subjektive, individuelle Zuschreibung und mithin als interaktives, gemeinsames Charakteristikum von zuschreibender Person und bewertetem Sachverhalt. Auch für Repräsentationen von Wertrelationen ist anzunehmen, daß sie für die Emotions-, Motivations- und Handlungsgenese zentral sind. Auch auf sie ist deshalb unten (2.2.2) näher einzugehen.

Individuelle prozedurale Strukturen

Prozedurale Strukturen umfassen die "Programme", "Pläne" (Miller, Galanter & Pribram, 1973), "Scripts" (Schank & Abelson, 1977), "Prozeduren" oder "Produktionen" (Anderson, 1983, 1987), die der Auslösung und Steuerung von Verhalten und psychischen Prozessen zugrundeliegen. Dementsprechend lassen sie sich u.a. nach den Kategorien solcher Abläufe gliedern. In diesem Sinne sind insbesondere perzeptive, kognitive, emotionale, motivationale und motorische prozedurale Strukturen zu unterscheiden.

Mit Anderson (1983) läßt sich bei solchen Strukturen zwischen "Bedingungskomponenten" einerseits und "Aktionskomponenten" andererseits unterscheiden. Die jeweiligen Bedingungskomponenten spezifizieren, welche Informationen intern vorliegen müssen, damit die Struktur aktiviert wird; die Aktionskomponenten enthalten Prozeßpläne, die bei Strukturaktivierung ausgeführt werden. In aller Regel sind solche Strukturen schematisierter Art (beziehen sich also jeweils auf Klassen von Bedingungen und Prozessen); mithin lassen sie sich im Regelfall als *prozedurale Schemata* bezeichnen.

Dabei spezifiziert z.B. ein prozedurales, motorisches Verhaltensschema, auf welche psychischen Auslöseereignisse (z.B. Wahrnehmungen oder Kognitionen) hin welche Sequenz von motorischen Reaktionen mit welchen Freiheitsgraden (Einflußmöglichkeiten während des Reaktionsablaufs) stattzufinden hat; ein prozedurales Emotionsschema beinhaltet, auf welche Wahrnehmung oder Kognition hin welche Emotion mit welcher Intensität und Verlaufsform stattzufinden hat (Kap. 3) etc. Ebenso wie deklarative Strukturen können auch prozedurale Strukturen hierarchisch organisiert sein. So kann z.B. die Funktion von Teilelementen der Reaktionssequenz einer motorischen Struktur darin bestehen, jeweils untergeordnete Einzelprogramme aufzurufen und abzuarbeiten (Miller, Galanter & Pribram, 1973).

Individuelle prozedurale Strukturen sind vor allem von der Motivations- und Handlungspsychologie untersucht worden (vgl. Kuhl, 1983a). Aus persönlichkeitspsychologischer Perspektive hingegen sind solche Strukturen bisher kaum analysiert worden. Traditionell-dispositionalen Sichtweisen von Persönlichkeit entsprechend (s.o. 1.3) hat sich die Persönlichkeitspsychologie bisher weitgehend darauf beschränkt, die Prozesse zu untersuchen, die auf solchen Strukturen basieren (also habituelles Erleben und Verhalten); prozedurale Grundlagen solcher Prozesse hingegen hat sie höchstens in ihrer Existenz hypostasiert. Es wird Zeit, daß sie sich – über dispositionale Unterstellungen hinaus – um die individuell gespeicherten Prozeduren und Pläne kümmert, die habituellem Erleben und Verhalten zugrundeliegen.

2.1.3 Habituelles Erleben und Verhalten

Bei Erleben und Verhalten handelt es sich dann um Persönlichkeitsmerkmale, wenn diese Prozesse in interindividuell variierender, für die einzelne Person charakteristischer Weise über das Leben oder einzelne Lebensabschnitte hinweg wiederholt auftreten. Dabei können u.a. Inhalte (Qualität), Frequenz, Intensität, Dauer und Verlaufsformen wesentliche Charakteristika interindividueller Variation sein. So kann es z.B. für eine bestimmte Person typisch sein, nur selten und in schwacher und kurzer Form Ärger zu erleben, während eine zweite Person Ärgerepisoden mit mittlerer Häufigkeit erlebt, wobei der Ärger jeweils lang andauert, eine dritte Person sich sehr häufig ärgert, der Ärger aber jeweils schnell wieder verraucht ist etc. (vgl. Kap. 4).

In persönlichkeitspsychologischen Analysen werden diese Charakteristika häufig hoffnungslos miteinander vermengt (vgl. Kap. 4 und Kap. 6). Dies läßt sich insbesondere an den Items traditioneller Persönlichkeitsinventare ablesen, die Ausprägungen von Persönlichkeitsmerkmalen typischerweise anhand unsystematischer Mixturen von individueller Frequenz, Intensität und Dauer der jeweiligen Erlebens- oder Verhaltensweise operationalisieren. Zu den wenigen Ausnahmen der Verhaltenshäufigkeits-Ansatz von Buss und Craik (1983, 1984; s.u. 2.1.4), der Ausprägungen verhaltensbezogener Merkmale explizit über die individuelle Frequenz des jeweiligen Verhaltens bestimmt (wobei allerdings andere Charakteristika wie Intensität oder Dauer vernachlässigt werden; s.u.).

Inhaltsklassen habitueller psychischer Prozesse sind zweckmäßigerweise so zu ordnen, wie dies auf allgemeinpsychologischer Ebene für die jeweiligen Einzelprozesse geschieht. Damit sind vor allem die folgenden, grundlegenden Inhaltskategorien habituellen Erlebens und Verhaltens zu unterscheiden:

(a) Habituelle Wahrnehmungen

Der Wahrnehmungsbegriff wird üblicherweise in zwei Varianten verwendet: Als "Wahrnehmung" wird zum einen die unmittelbare Verarbeitung sensorisch aufgenommener Information bezeichnet, zum anderen das Produkt solcher Verarbeitung (zu den Gefahren solcher begrifflichen Zweideutigkeit Zajonc, 1984a, 1984b, und zu den Problemen der Trennung psychischer "Prozesse" und "Produkte" Ericsson & Simon, 1980). Unter "Wahrnehmung" als Produkt sollen hier alle diejenigen internen, aktuellen Sachverhaltsrepräsentationen bezeichnet werden, die zeitlich und physikalisch direkt auf sensorisch aufgenommener Information basieren. "Wahrnehmung" als Prozeß umfaßt die Verarbeitungsschritte vom Rezeptor bis zur mehr oder weniger bewußtseinsfähigen internen Repräsentation.

Zwei Faktoren sorgen dafür, daß verschiedene Personen in der Regel unterschiedliche habituelle Wahrnehmungen zeigen: Zum einen unterscheiden sich ihre Umwelten und damit die Bereiche potentieller Wahrnehmungsinformation. Zum anderen werden ein und dieselben Sachverhalte von verschiedenen Personen in habituell unterschiedlicher Weise wahrgenommen: Prozesse des Erkennens oder Herstellens von Identitätsrelationen (Objekterkennen), räumlichen Relationen usw., die im Wahrnehmungsvorgang zu leisten sind, sind abhängig von der aktuellen emotionalen und motivationalen Lage einer Person sowie von den individuellen Objekt- und Relationsschemata, die im Wahrnehmungsprozeß aktiviert werden und "Wahrnehmung" als Produkt erst ermöglichen (Neisser, 1979).

Von der Persönlichkeitspsychologie sind interindividuelle Unterschiede habitueller Wahrnehmungen bisher kaum untersucht worden. Zwei Ausnahmen sind (1) die Forschungen zu Unterschieden in den sensorischen Fähigkeiten von Personen (Hör- und Sehschärfe, Tempo und Qualität des Erkennens verstümmelt dargebotener Objektinformation etc.; vgl. Guilford, 1964; Cattell, 1971); und (2) die Untersuchungen zu habituellen Wahrnehmungsschwellen beim Erkennen kritischer Stimuli, die Personen mit unterschiedlichen Modi der Angstbewältigung ("Represser" und "Sensitizer") unterscheiden (vgl. Krohne & Rogner, 1982).

(b) Habituelle Kognitionen

Der Kognitionsbegriff der zeitgenössischen Psychologie ist in (mindestens) zweifacher Weise mehrdeutig: Zum einen werden – ähnlich wie beim Wahrnehmungsbegriff – sowohl "Prozesse" als auch "Produkte" interner Informationsverarbeitung und -produktion als "Kognitionen" bezeichnet. Zum zweiten wird der Begriff häufig so weit gefaßt, daß ihm auch "Wahrnehmungen" subsumiert werden. Tatsächlich ist es nur heuristisch möglich, eine klare Grenze zwischen Wahrnehmungen und anderen internen Repräsentationen zu ziehen. Dennoch ist eine solche Grenzziehung nützlich. Dies u.a. deshalb, weil nur mit einem entsprechend eng präzisierten Kognitionsbegriff dem allgemeinen Sprechen vom "kognitiven Paradigma" in der Psychologie der letzten Jahrzehnte, von "kognitiven" Emotionstheorien, "kognitiven" Motivationstheorien etc. Rechnung getragen werden kann: Würde man auch "Wahrnehmungen" als "Kognitionen" bezeichnen, so wären viele behavioristische Ansätze als "kognitiv" zu bezeichnen, da sie stimulusperzeptive Prozesse durchaus theoretisch zulassen.

Wie wichtig eine klare definitorische Trennung von "Wahrnehmung" und "Kognition" ist, läßt sich z.B. auch an der Debatte um "nicht-kognitive" Auslösung von Emotionen belegen (s.u. Kap. 3 und vgl. die Kontroverse zwischen Zajonc und Lazarus; Zajonc, 1980, 1984a, 1984b; Lazarus, 1982; Lazarus, Coyne & Folkman, 1984; Plutchik, 1985). Auch die im ersten Kapitel erwähnte heuristische Regel schließlich, Begriffe im Sinne des "größten gemeinsamen Nenners" üblicher Begriffsführungen zu definieren, spricht für eine begrifflich-heuristische Trennung von Wahrnehmung und Kognition.

Als "Kognition" (im Produktsinne) soll hier deshalb jede interne Sachverhaltsrepräsentation verstanden werden, die nicht unmittelbar auf sensorisch aufgenommener Information beruht. "Kognition" als Prozeß ist dementsprechend die

Produktion solcher Repräsentationen (auf der Basis von Wahrnehmungen, vorangegangenen Kognitionen oder Gedächtnisinhalten).

Kognitionen basieren wesentlich auf Aktivierungen überdauernd gespeicherter Repräsentationen. Sie können sich damit ebenso wie jene (a) auf Sachverhalte der Welt im allgemeinen (weltbezogene Kognitionen), (b) auf Sachverhalte der individuellen Umwelt (umweltbezogene Kognitionen) sowie (c) auf die eigene Person (selbstbezogene Kognitionen) beziehen. Ebenso wie überdauernde Repräsentationen lassen sich aber auch aktuelle und habituelle Kognitionen nach den Typen repräsentierter Relationen klassifizieren. Unterscheiden lassen sich in diesem Sinne Identitätskognitionen, begriffliche Kognitionen, Objekt-Attribut-Kognitionen, Kovariationskognitionen, räumliche Kognitionen, Kognitionen zu Zeitrelationen (Erwartungen, Erinnerungen, Kausalattributionen; s.u. 2.2.1), und wertbezogene Kognitionen (Valenzkognitionen, normative Kognitionen, Zielkognitionen; s.u. 2.2.2).

Ähnlich wie bei überdauernden Schemata mit Repräsentationen solcher Relationen können dabei jeweils erhebliche inhaltliche Unterschiede zwischen Personen bestehen. Hinzu kommen Unterschiede in der habituellen Frequenz, Intensität und Dauer der jeweiligen Kognitionen. Schließlich bestehen auch in habituellen Prozessen der Informationsverarbeitung und -produktion, die zu "Kognitionen" als Produkten führen, erhebliche interindividuelle Unterschiede. Zu den Parametern dieser Unterschiede zählen u.a. typische und maximale Qualität solcher Prozesse. Zugrunde liegen hier (1) physiologisch gebundene Charakteristika des zentralen Nervensystems (die beispielsweise das Tempo zentralnervöser Informationsweitergabe beeinflusssen); (2) die jeweils verfügbaren deklarativen Strukturen ("Wissen"); und (3) die verfügbaren prozeduralen Strukturen (Problemlösepläne, "metakognitive" Routinen; vgl. Sternberg, 1985). Definiert man "Intelligenz" als die Gesamtheit individueller Fähigkeiten zum kognitiven Lösen von Problemen, so basiert Intelligenz in diesem Sinne auf physiologischen Merkmalen des zentralen Nervensystem einerseits und deklarativen und prozeduralen Strukturen andererseits (vgl. auch Cattell, 1971).

(c) Habituelle Emotionen

Der Emotionsbegriff ist umstritten; darauf wird in Kap. 3 näher eingegangen. Hier soll unter "Emotion" ein Erlebensprozeß verstanden werden, der neben spezifisch emotionalen Anteilen, die physiologisch an bestimmte subkortikale Zentren gebunden sind, auch emotionsspezifische Kognitionen sowie Wahrnehmungen physiologischer Veränderungen und muskulärer Ausdrucksmuster umfassen kann. Personen können sich dabei u.a. in Frequenz und Verlaufsform (Intensität, Dauer etc.) einzelner Emotionen unterscheiden. Solche individuellen Charakteristika im emotionalen Leben von Personen sind bisher weder von der Persönlichkeitspsychologie noch von der Emotionspsychologie in systematischer Weise untersucht worden (mit Ausnahmen wie den Arbeiten von Epstein, 1980, und Analysen zu bestimmten habituellen Einzelemotionen; vor allem zu Angst, Ärger und depressiver Traurigkeit; vgl. Spielberger, 1972; Zillmann, 1979; Peterson & Seligman, 1984; Einzelheiten in Kap. 4).

(d) Habituelle Motivationen

Der Motivationsbegriff ist ähnlich problematisch wie der Begriff "Emotion". Als "Motivation" sollen hier bestimmte verhaltensvorbereitende Prozesse bezeichnet werden, die in Handlungswünschen, Handlungsabsichten und Aktivierungen von Verhaltensschemata bestehen können; dies ist in Kap. 5 näher zu diskutieren. Personen unterscheiden sich in den Inhalten, Frequenzen, Intensitäten und Verlaufsformen von habituellen Prozessen dieser Art. Von der Motivationspsychologie wurde dem Rechnung getragen; bisher allerdings vornehmlich in Gestalt summarischer Motivbegriffe, deren konzeptueller Status problematisch ist (Kap. 6.1). Auch die Persönlichkeitspsychologie hat Ansätze zu interindividuellen Motivationsunterschieden vorzuweisen (z.B. Cattell, 1980, 1985; Maslow, 1954), die allerdings gegenüber allgemeinpsychologischer Forschung eher als rückständig zu bezeichnen sind (s.u. Kap. 6).

(e) Habituelles Verhalten

Als (manifestes) "Verhalten" soll hier jeder manifeste motorische Ablauf bezeichnet werden. Interindividuell variierende Parameter wiederholten Verhaltens sind als Persönlichkeitsmerkmale zu betrachten. Dabei kann es sich ähnlich wie bei habituellem Erleben u.a. um Parameter von Inhalten, Häufigkeit, Intensität, Verlaufsformen (Latenz, Persistenz, Frequenz von Verhaltenswechsel etc.) handeln.

Persönlichkeitskonstrukten zu habituellem Verhalten kommt inhaltlich und wissenschaftshistorisch eine Sonderstellung zu: Im Gegensatz zum Erleben und den kognitiven Strukturen einer Person kann ihr Verhalten vom Beobachter direkt registriert werden (ähnlich wie prinzipiell auch körperliche Strukturen und Abläufe). Behavioristische Ansätze zur Persönlichkeitserklärung haben sich deshalb auf diese Kategorie von Persönlichkeitsmerkmalen konzentriert (vgl. Hall & Lindzey, 1978; Mischel, 1981), während Verhalten in der traditionellen Persönlichkeitspsychologie eher als Ausdruck bzw. als Wirkung von Persönlichkeitsmerkmalen betrachtet wurde (z.B. Cattell, 1950, 1979).

Zu den zeitgenössischen Nachfahren behavioristischer Ansätze zählen eine Reihe von bereichsspezifischen Persönlichkeitsmodellen, die vor allem habituelles Sozialverhalten kategorisieren und Annahmen zur Struktur dieses Verhaltensbereichs machen. Ein Beispiel ist das Circumplex-Modell interpersonalen Verhaltens von Wiggins (1979). Ein allgemeineres Modell in der behavioristischen Nachfolge hingegen ist der Verhaltenshäufigkeits-Ansatz von Buss und Craik (zusammenfassend Buss & Craik, 1983, 1984), auf den unten (2.1.4) noch einzugehen ist.

Die hier vorgelegte, nicht-dispositionale Klassifikation von Persönlichkeitsmerkmalen orientiert sich vor allem an den Inhalten personbezogener Sachverhalte. Sie eröffnet damit gleichzeitig Möglichkeiten zu substantiellen Reinterpretationen von Persönlichkeitskonstrukten, die bisher meist in dispositionellen Begriffen konzeptualisiert wurden. Dies gilt beispielsweise für emotions- und motivationsbezogene Dispositionskonstrukte (wie "trait-Emotionen", "Motive" etc.); hierauf ist in den nächsten Kapiteln näher einzugehen. Es gilt aber auch für Konstrukte, die sich der vorgeschlagenen Klassifikation nicht nahtlos einfügen, da sie sich nicht primär an inhaltlichen Definitionskriterien orientieren. Zwei wichtige Beispiele sind individuelle Fähigkeiten, insbesondere "Intelligenz", einerseits und individuelles "Temperament" andererseits:

Fähigkeiten werden üblicherweise als Verhaltens- oder Erlebensdispositionen aufgefaßt, welche der maximalen Qualität von Verhalten, Denken oder anderen Prozessen und von entsprechenden Produkten zugrundeliegen. Sie bestimmen in diesem Sinne weniger, "was" jemand tut, als vielmehr, "wie gut" er etwas unter günstigen Randbedingungen (optinmaler Motivation etc.) tut. Zentral sind dabei individuelle Fähigkeiten zum kognitiven (gedanklichen) Problemlösen, die zusammenfassend als "Intelligenz" einer Person bezeichnet werden können. Auf der Basis der vorgestellten Taxonomie läßt sich der Begriff "Intelligenz" in nicht-dispositionalen Termini reinterpretieren und damit präzisieren. Wie oben bereits erwähnt, dürfte die maximale Qualität kognitiver Prozesse vor allem auf drei Gruppen von Persönlichkeitsmerkmalen beruhen, die in substantieller Weise überdauernd vorhanden sind: (a) individuellen physiologischen Charakteristika des zentralen Nervensystems (Cattell, 1971; Hynd & Willis, 1985); (b) deklarativen kognitiven Strukturen (die u.a. das Sachwissen einer Person umfassen); und (c) prozeduralen kognitiven Strukturen (also Prozeduren zu Denken, Handeln etc.). Eine Ausdifferenzierung dieser Sichtweise des Intelligenzbegriffs, die mit jüngeren Entwicklungen in der Intelligenzpsychologie konvergiert (vgl. Sternberg, 1985; s. auch Cantor & Kihlstrom, 1985), liegt jenseits der Ziele dieses Buches.

Temperament wird traditionell definiert als ein Bündel von Dispositionen, die bestimmen, "wie" jemand etwas tut (vgl. Cattell, 1950, 1979; Guilford, 1959; Goldsmith et al., 1987). Dies ist zunächst eine recht inhaltsleere Bestimmung. Faktisch werden dem Begriff Persönlichkeitsmerkmale der unterschiedlichsten inhaltlichen und formalen Kategorien subsumiert; und zwar u.a. (a) Energieniveau und Persistenz motorischen Verhaltens; (b) Gesamtausmaß einzelner Emotionen (z.B. Furcht/Angst) oder aller individuellen Emotionen; (c) Verlaufscharakteristika von Orientierungsreaktionen; (d) Zeitparameter von Wach-Schlaf- oder Eßrhythmen (in frühen Altersstufen); (e) spezifische Charakteristika von Sozialverhalten und Reaktionen auf soziale Stimuli (z.B. "Tröstbarkeit" bei Säuglingen); etc. (hierzu Goldsmith et al., 1987, und unten 2.1.4).

Es tauchen hier also von Autor zu Autor unterschiedliche Zuordnungen von Merkmalen auf, wobei die jeweiligen Merkmale sich auf die unterschiedlichsten Inhaltskategorien (von physiologischen Abläufen über Emotionen bis zu Verhalten) und jeweils verschiedene Parameter interindividueller Variation (Frequenzen, Intensität, Verlaufsformen etc.) beziehen können. Hinzu kommt, daß einige Autoren entsprechende Merkmale nur dann der Temperamentskategorie zuordnen, wenn anzunehmen ist, daß sie genetisch determiniert sind (z.B. Buss & Plomin, 1975), andere hingegen eine solche Eingrenzung nicht vornehmen (z.B. Thomas & Chess, 1977).

Bei "Temperament" handelt es sich damit um eine Persönlichkeitskategorie, für die ein kommunikativer "Begriffskern" (s.o. 1.1) kaum auszumachen ist. Mit gutem Recht könnte man argumentieren, daß eine solche begriffliche Kategorie soviel Konfusion stiftet, daß sie aufgegeben werden sollte. Will man dies nicht tun, so wäre es zunächst notwendig, in eindeutiger Weise zur genannten traditionellen Definition des Temperamentsbegriffs zurückzukehren. In einem zweiten Schritt wäre der Begriff dann inhaltlich zu reinterpretieren: Er bezieht sich offensichtlich auf individuelle *Verlaufsformen* habitueller Erlebens- und Verhaltensprozesse. Zu unterscheiden wären in diesem Sinne unterschiedliche Parameter von Verlaufsformen einerseits (Latenz, Intensität, Persistenz etc.) und die jeweiligen Inhaltsklassen habitueller Prozesse andererseits. Insbesondere müßten an die Stelle heute üblicher Mixturen Differenzierungen von kognitivem, emotionalem, motivationalem und verhaltensbezogenem Temperament treten, wobei innerhalb dieser Klassen den jeweiligen Einzelkategorien von kognitiven Abläufen, Emotionen etc. entsprechend weiter zu differenzieren wäre. Erst auf einer solchen konzeptuellen Basis könnte beispielsweise auch geklärt werden, inwieweit individuelle Verlaufsstile in Erleben und Verhalten über unterschiedliche Bereiche hinweg generalisiert sind (wie häufig unterstellt wird; vgl. Goldsmith et al, 1987) und welche spezifischen körperlichen und kognitiven Strukturen solchen Stilen zugrundeliegen.

2.1.4 Vergleiche mit anderen Taxonomien

Von traditionellen persönlichkeitspsychologischen Klassifikationen ist die oben vorgelegte Taxonomie recht weit entfernt, da sie sich primär an Inhaltskriterien orientiert, nach denen auch Allgemeine Psychologie, Sozialpsychologie, Entwicklungspsychologie und angewandte Teildisziplinen psychische Phänomene ordnen (vgl. auch Mischel, 1973). Traditionell-persönlichkeitspsychologische Ordnungsversuche fallen von Autor zu Autor unterschiedlich aus, sind in aller Regel aber mit Klassifikationen für psychische Prozesse und Strukturen, die außerhalb der Persönlichkeitspsychologie üblich sind, nur partiell in Einklang zu bringen. Wesentlich hängt dies auch mit der oben (1.3) diskutierten Tatsache zusammen, daß Persönlichkeitsmerkmale in der Persönlichkeitspsychologie häufig als generalisierte Verhaltensdispositionen konzipiert werden, die Sicht also auf Verhaltensdispositionen eingeschränkt wird. Stellvertretend für andere seien hier kurz die Ordnungsversuche von Guilford und Cattell diskutiert, bevor anschließend auf Bezüge zu den jüngeren, behavioral bzw. kognitiv orientierten Ansätzen von Buss und Craik (1983, 1984), Mischel (1973, 1981) sowie Cantor und Kihlstrom (1985) eingegangen wird.

Die Klassifikation von Guilford

Guilford (1959, 1964) unterscheidet die folgenden Inhaltskategorien menschlicher Persönlichkeitsmerkmale (1964, Kap. 1., S.8ff.; Kap. 14-17):

(1) *"Morphologische" Merkmale* wie Größe, Gewicht oder Hautfarbe. (2) *"Physiologische" Merkmale* wie Körpertemperatur oder habituelle Stoffwechselcharakteristika. Diese beiden Kategorien entsprechen partiell den oben vorgestellten Kategorien körperlicher Strukturen und Prozesse.

Allerdings werden einige zentrale individuell-somatische Charakteristika von Guilford nicht berücksichtigt (z.B. das genetische Potential einer Person).

(3) *"Bedürfnisse"*, definiert als "konstante Wünsche nach bestimmten Zuständen". (4) *"Interessen"*, d.h. "konstante Wünsche nach bestimmter Betätigung". (5) *"Einstellungen"* als "konstante Haltungen und Meinungen, die mit sozialen Sachverhalten zu tun haben". Merkmale dieser drei Kategorien sieht Guilford als "motivspendende" Merkmale, die zu erschließen seien aus dem, "was" eine Person tut. Der Kategorie "Bedürfnisse" ordnet er dabei sowohl organismisch bedingte Motivation als auch Leistungsmotivation, soziale Motivation (z.B. Anschlußmotivation) oder Bedürfnisse nach Selbstbestimmung zu, der Kategorie "Interessen" Motivationen zu bestimmten beruflichen und außerberuflichen Tätigkeiten wie auch Präferenzen für bestimmte Situationstypen (z.B. Risikosituationen) oder Objektarten (z.B. künstlerische Objekte), und der Kategorie "Einstellungen" subjektive Einschätzungen zu Sachverhalten politischer, ideologischer oder religiöser Art. Diese Zuordnungen entsprechen Guilfords nominalen Definitionen der drei Kategorien "motivspendender" Merkmale nur zum Teil; die Inhalte dieser Kategorien bleiben mithin weitgehend beliebig.

(4) *"Eignungen"*, definiert als Dispositionen, die bedingen, "wie gut" jemand etwas tut. Dieser Kategorie subsumiert Guilford Wahrnehmungsfähigkeiten, psychomotorische Fähigkeiten sowie Intelligenzdimensionen (Gedächtnisfähigkeiten, Denkfähigkeiten).

(5) *"Temperament"* als eine Art Restkategorie, die "von jeher unscharf abgegrenzt" worden sei (1964, S. 10) und damit zu tun habe, "wie" jemand etwas tut. Dabei können allerdings Merkmale, die mit dem "Wie" von Verhalten zu tun haben, in Guilfords Sicht auch den Kategorien körperlicher und "motivspendender" Merkmale zugeordnet sein (1964, Kap. 4). Inhaltlich füllt Guilford die Temperamentskategorie mit einer Mixtur von Konstrukten, die sich in empirisch-faktorenanalytischer Forschung ergeben haben und sich u.a. beziehen auf (a) das Ausmaß bestimmter habitueller Emotionen (z.B. "Fröhlichkeit vs. Depressivität"), (b) das Ausmaß bestimmter habitueller Motivationen (z.B. "Geselligkeitsbedürfnis"), (c) bestimmte habituelle Parameter von Motivationsbildung und -wechsel (z.B. "Impulsivität" vs. "Bedachtsamkeit"). Damit ist die Guilfordsche Kategorie "Temperament" von den drei "motivspendenden" Kategorien "Bedürfnisse", "Interessen" und "Einstellungen" inhaltlich kaum zu trennen (vgl. auch o. 2.1.3).

Im Vergleich zu der oben vorgeschlagenen Klassifikation zeigt sich, daß Guilford körperliche Merkmale und Fähigkeiten begrifflich ähnlich kategorisiert, andere Persönlichkeitsbereiche aber nur in unscharfer und selektiver Weise einbezieht. Unberücksichtigt bleiben vor allem (a) der Gesamtbereich kognitiv-struktureller Merkmale (soweit es sich nicht um Wissensbestände und prozedurale Schemata handelt, welche den von Guilford berücksichtigten Bereich intellektueller Fähigkeiten konstituieren, sondern z.B. um persönliches Umweltwissen, selbstbezogene Überzeugungen, prozedurale Schemata für tägliche Routinen etc.); (b) der Gesamtbereich habitueller Wahrnehmungen und Kognitionen; und (c) der Bereich habitueller Emotionen (mit wenigen Ausnahmen).

Die Klassifikation Cattells

Cattell (1950, 1971, 1979, 1985) differenziert zwischen drei breiten Inhaltskategorien von Persönlichkeitsmerkmalen: (1) *"Dynamische" (motivationale) Merkmale.* Dabei handelt es sich um habituelle Motivationen und Verhaltensweisen (in der Terminologie der hier vorgeschlagenen Klassifikation). Cattell (1950) ordnet in diese Kategorie generell diejenigen Merkmale ein, deren Verhaltensmanifestationen mit den jeweils vorhandenen Anreizen zu Verhalten variieren. (2) *Fähigkeiten*, die sich darin zeigen, "wie gut" eine Person ein Verhalten ausführt. Im Unterschied zu "dynamischen" Merkmalen variieren Parameter zugeordneter Verhaltensperformanz nicht mit den Anreizen, sondern mit der "Komplexität" der jeweiligen Aufgabenstellung. (3) *Temperament* als Restkategorie, der von Cattell alle diejenigen Merkmale zugeordnet werden, die nicht mit Anreiz oder Komplexität variieren, bei denen es sich also nicht um "dynamische" Merkmale oder Fähigkeiten handelt. (In Kap. 1 wurde bereits erwähnt, daß Cattell in jüngerer Zeit auch davon spricht - im Gegensatz zu seinen älteren Auffassungen - daß ausschließlich Temperamentsmerkmale, nicht aber dynamische und Fähigkeitsmerkmale dem Begriff "Persönlichkeit" zu subsumieren seien; Cattell, 1971, Kap.12; 1979).

Inhaltlich ordnet Cattell (1979, 1980) der Kategorie dynamischer Merkmale angeborene und erworbene "Triebe" bzw. "Interessen" (Cattells Termini für "Motivation") zu. Der Fähigkeitskategorie subsumiert er vor allem intellektuelle Fähigkeiten (vgl. Cattell, 1971). Seine Differenzierungen unterschiedlicher Arten und Dimensionen solcher Fähigkeiten sind sowohl empirisch wie theoretisch fundiert und orientieren sich - soweit möglich - an Inhaltskriterien, die auch allgemeinpsychologisch üblich sind (vgl. beispielsweise Cattells "Ability Dimension Analysis Chart"; 1971, Kap. 4). Dabei differenziert Cattell insbesondere zwischen (a) vermutlich genetisch determinierten, physiologisch-neuronal bzw. neurochemisch gebundenen allgemeinen Fähigkeiten (u.a. "fluide Intelligenz" als allgemeine kortikale Kapazität des Erkennens bzw. Bearbeitens und Produzierens von Relationen; "speed" als kortikale Kapazität zu - komplexitätsunabhängigem - kortikalem Tempo; "fluency" als Menge und Tempo der Aktivierung von Gedächtnisinhalten); und (b) erworbenen Fähigkeiten ("agencies", die sich unter bestimmten, kulturell definierten Entwicklungsbedingungen zu "kristalliner Intelligenz" verdichten). Zu möglichen funktionalen Bedingungen und neurophysiologischen Grundlagen solcher intellektuellen Fähigkeiten legt er elaborierte, konzeptuell bahnbrechende und großteils auch empirisch fundierte Überlegungen vor.

Die Temperamentskategorie hingegen füllt Cattell mit einer bunten, eher atheoretischen, auf empirisch-faktorenanalytischem Wege gewonnenen (und damit durch implizite Theoriebildungen bestimmten) Mischung von Konstrukten, die sich u.a. auf bestimmte habituelle Emotionen und Motivationen und bestimmte Parameter solcher Prozesse beziehen (vgl. Cattell, 1979, Kap. 2 und 3 zu einer Übersicht).

Im Unterschied zu Guilfords Ordnungsversuch bezieht Cattells drei-kategoriale Klassifikation somatisch-physiologische Merkmale nicht in den Gegenstandsbereich von "Persönlichkeit" ein (zu Ausnahmen Cattell, 1971). Im übrigen aber zeigen sich durchaus Ähnlichkeiten: Wie Guilford, so trennt auch Cattell zwischen fähigkeitsbezogenen und motivationalen Merkmalen und grenzt sie theoretisch von einer Restkategorie "Temperament" ab. Ähnlich wie Guilfords Klassifikation ist dabei auch diejenige von Cattell insofern problematisch, als sie eine Reihe wesentlicher Bereiche nicht in die Betrachtung einbezieht (beispielsweise alle diejenigen deklarativen kognitiven Strukturen, die nicht als Bestandteile menschlicher "Fähigkeiten" zu betrachten sind; also z.B. welt- und selbstbezogene subjektive Überzeugungen).

Zusammenfassend ist festzuhalten, daß traditionelle Klassifikationen von Persönlichkeitsmerkmalen, hier an den Persönlichkeitsmodellen von Guilford und Cattell exemplarisiert, vor allem in drei Punkten defizitär sind:

(1) Da sie Persönlichkeitsmerkmale vorzugsweise als Dispositionen auffassen, die aus habituellem Verhalten zu erschließen sind, gelingt ihnen keine klare und konsistente Trennung von überdauernd vorhandenen Strukturen einerseits und habituellen Prozessen andererseits. Dies zeigt sich auch auf der operationalen Ebene (vgl. u.a. Cattell & Scheier, 1961; einschränkend ist auch bei Guilford und Cattell zu berücksichtigen, daß dieser Kritikpunkt nicht für alle Konstruktbereiche

und nicht für alle Veröffentlichungen und Textpassagen dieser Autoren zutrifft).

(2) Sie orientieren sich großteils an idiosynkratisch-persönlichkeitspsychologischen Ordnungskriterien, die aus bestimmten Traditionen des Denkens über "Persönlichkeit" stammen (vgl. Eysenck, 1981). Die resultierenden Kategorienbildungen sind deshalb nur zum Teil kompatibel mit den Kategorienbildungen, die von denjenigen Teildisziplinen der Psychologie vorgenommen werden, die für die Analyse der jeweils zugeordneten Prozesse zuständig sind. Dies ist ein wesentlicher Grund für das bis heute zu konstatierende Schisma zwischen Allgemeiner Psychologie sowie Sozial- und Entwicklungspsychologie einerseits und Persönlichkeitspsychologie andererseits (und damit auch für die relative Unterentwicklung der Persönlichkeitspsychologie und ihre mangelnde Rezeption der Entwicklungen in anderen Teildisziplinen).

(3) Eine Reihe von wesentlichen Persönlichkeitsbereichen wurden von traditionellen Klassifikationen nicht berücksichtigt. Dies hat u.a. zur Folge, daß diese Bereiche anderen Teildisziplinen überlassen wurden (z.B. emotionsbezogene Persönlichkeitsmerkmale der Emotionspsychologie und der Klinischen Psychologie, s.u.), die ihrerseits aber eine adäquate Einordnung in den Gesamtkontext menschlicher Persönlichkeit nicht leisten können bzw. wollen. Die Folgen für die persönlichkeitspsychologische Praxis sind fatal (wie sich beispielsweise an den inhaltlichen Mängeln traditioneller Persönlichkeitsdiagnostik zeigt).

Größere Konvergenz mit der oben vorgeschlagenen Klassifikation zeigen jüngere behaviorale und kognitive Modelle, die von Autoren mit allgemein- oder sozialpsychologischer Orientierung stammen. Bekannt geworden sind vor allem der behaviorale Ansatz von Buss und Craik (1983, 1984) und die kognitiv orientierten Klassifikationen von Mischel (1973; 1981, Kap. 13) und Cantor und Kihlstrom (1985):

Der Verhaltenshäufigkeits-Ansatz von Buss und Craik

Buss und Craik gehen in ihrem "act frequency approach" zunächst ganz im Sinne traditioneller Konzeptionen davon aus, daß es sich bei Persönlichkeitsmerkmalen um Dispositionen zu Verhalten handelt. Inhaltlich und operational aber gehen sie über traditionelle Sichtweisen (s.o. 1.3) hinaus, indem sie Verhaltens-"Dispositionen" explizit mit habituellem Verhalten gleichsetzen, ihnen also die üblichen dispositionalen Bedeutungsüberschüsse (s.o. 1.3) nicht zuerkennen. Auf dieser Basis gelangen sie zu präzisen Häufigkeitsoperationalisierungen verhaltensbezogener Persönlichkeitsmerkmale (insbesondere für verschiedene Bereiche des Sozialverhaltens). Gleichzeitig ermöglicht ihnen dies eine entkrampfte Sichtweise der Zeitstabilität und Situationskonsistenz von habituellem Verhalten und menschlicher Persönlichkeit (Buss & Craik, 1983, S. 283ff.) Insoweit umfaßt dieser Ansatz Präzisierungen zur Kategorie habituellen Verhaltens (als einer Teilkategorie der oben vorgestellen Persönlichkeitskategorie). Problematisch aber ist an diesem Ansatz u.a. folgendes:

(a) Buss und Craik operationalisieren verhaltensbezogene Persönlichkeitsmerkmale anhand der Frequenz von Verhalten innerhalb definierter Zeitabschnitte, vernachlässigen aber andere Verhaltensparameter (Intensität, Persistenz etc.).

(b) Ihre Methode zur Gewinnung verhaltensbezogener Persönlichkeitskonstrukte sieht so aus, daß sie ihre *Versuchspersonen* entsprechende Klassifikationen durchführen lassen und diese dann übernehmen. Buss und Craik machen also die Kategorisierungen und damit die impliziten Persönlichkeitstheorien ihrer Versuchspersonen zum zentralen Fundament ihrer Merkmalsdefinitionen (vgl. Buss & Craik, 1984, S. 247ff., S. 269ff.). Ihr Vorgehen beinhaltet damit eine nur schwer nachvollziehbare Vermengung von naiv-theoretischen und wissenschaftlichen Konstruktbildungen (die im übrigen auch für andere persönlichkeitspsychologische Autoren der letzten Zeit typisch ist; z.B. Hampson, John & Goldberg, 1986). Ein solches Vorgehen hat u.a. zur Konsequenz, daß angesichts der Variationen impliziter Persönlichkeitstheorien auch die jeweiligen wissenschaftlichen Konstruktdefinitionen von Untersuchung zu Untersuchung variieren können.

(c) Andere Arten von Persönlichkeitsmerkmalen werden von diesem Ansatz nicht thematisiert. Dennoch präsentieren Buss & Craik ihre Analysen so, als handele es sich um einen umfassenden deskriptiven Zugriff auf menschliche Persönlichkeit. Faktisch hingegen handelt es sich um eine restringierte, auf eine Konzeptualisierung von habituellem Verhalten als *einer* speziellen Kategorie von Persönlichkeitsmerkmalen eingeschränkte Sichtweise.

Die sozialkognitiv-lerntheoretische Konzeption von Mischel

Mischel unterscheidet in seiner "cognitive social learning reconceptualization of personality" (1973, 1981) die folgenden Kategorien von Persönlichkeitsmerkmalen:

(1) "Konstruktionskompetenzen" zur Produktion von Verhaltensweisen und Kognitionen; sie bestehen in gedächtnismäßig gespeicherten Informationen. (2) Strategien der Kodierung von Wahrnehmungsinformation sowie persönliche Konstrukte, die der Informationskategorisierung dienen können (und zu denen Mischel z.B. implizite Persönlichkeitstheorien und Selbstkonzepte zählt). (3) Verhaltens-Ergebnis-Erwartungen und Situations-Ergebnis-Erwartungen als zwei Typen überdauernder, interindividuell variierender und in Mischels Sicht meist sehr situationsspezifischer Verhaltensdeterminanten (s.u. 2.2.1 zu diesen beiden Kategorien von Erwartungen). (4) Subjektive Wertigkeiten erwarteter, situations- oder verhaltensabhängiger Ereignisse, die den antizipierten Emotionen entsprechen, die von diesen Ereignissen ausgelöst werden. (5) Systeme und Pläne der Selbstregulation, die folgendes einschließen: Regeln der Spezifikation von (selbstgesetzten) Verhaltenszielen und Performanzstandards; Regeln zur Verarbeitung von Verhaltenskontingenzen und zu selbstverstärkenden und -bestrafenden Emotionen und Kognitionen; Pläne für Selbstinstruktionen und Handlungskontrolle; Pläne für zeitliche Strukturierung und Beendigung von selbstgesteuerten Verhaltenssequenzen.

Bei dieser Konzeption – von Mischel selbst als vorläufig bezeichnet (1973, S. 265) – handelt es sich also um einen Klassifikationsversuch, der sich ausschließlich auf kognitiv-strukturelle Persönlichkeitsmerkmale bezieht. Körperliche Merkmale, habituelle psychische Prozesse und habituelles Verhalten werden von Mischel nicht thematisiert (mit Ausnahme habitueller Wahrnehmungsstrategien in der dritten Kategorie sowie – je nach Textexegese – habitueller Emotionen in der Kategorie subjektiver Wertigkeiten). Dabei bezieht sich die Kategorie kognitiv-behavioraler Konstruktionskompetenzen offensichtlich generell auf prozedurales und deklaratives Wissen; die Kategorie "persönlicher Konstrukte" eher auf Teilbereiche stärker subjektiven, deklarativen Wissens; die Erwartungskategorie auf zwei spezielle Typen zeitbezogener Überzeugungen (andere Erwartungstypen werden von Mischel nicht thematisiert); die Wertigkeits-Kategorie auf Überzeugungen zu emotional-subjektiven Ereignisvalenzen (andere Valenztypen werden von Mischel nicht analysiert); und die Kategorie selbstregulatorischer Pläne auf prozedurale Schemata zur Selbststeuerung von Verhalten und affektiv-kognitiven Verhaltenskonsequenzen (also auf bestimmte motorische, kognitive und affektive Prozedurschemata).

Die erste Kategorie läßt sich mithin so interpretieren, daß sie die anderen vier Kategorien einschließt; die zweite Kategorie schließt die dritte und die vierte ein (auch bei "Erwartungen" und "Valenzen" handelt es sich um "persönliche Konstrukte"). Mischels Klassifikation ist damit eher unsystematisch, die Wahl und Abgrenzung der einzelnen Kategorien eher willkürlich (wie auch von Mischel selbst betont; 1973, S. 265).

Cantor und Kihlstrom: Persönlichkeit und "soziale Intelligenz"

Etwas umfassender als die Klassifikation Mischels, aber ebenfalls eher unsystematisch ist die jüngst vorgelegte Nachfolgekonzeption von Cantor und Kihlstrom (1985), in der drei Kategorien kognitiver Persönlichkeitsmerkmale differenziert werden: *deklarativ-semantische, deklarativ-episodische* und *prozedurale* Strukturen. Problematisch ist u.a. die unkritische Übernahme der gedächtnispsychologischen Unterscheidung semantischer vs. episodischer Gedächtnisinhalte, die in ihrer konzeptuellen Enge viele individuelle kognitive Strukturen aus der Betrachtung ausschließt (s.o. 2.1.2). Eher willkürlich und z.T. wenig plausibel muten auch die Zuordnungen einzelner Strukturbereiche zu diesen drei Kategorien an:

Der Kategorie deklarativ-semantischer Strukturen subsumieren Cantor und Kihlstrom implizite Persönlichkeitstheorien, soziale Begriffe und Verhaltensscripts; der Kategorie deklarativ-semantischer Strukturen Persongedächtnis und autobiographisches Gedächtnis; und der Kategorie prozeduraler Strukturen u.a. Kausalattributionen (die in der deklarativen Kategorie nicht erwähnt werden), Urteilsheuristiken, und Prozeduren des begrifflichen Kategorisierens, der Informationsintegration, der Urteilsbildung sowie des Enkodierens und Abrufens von Gedächtnismaterial. Auch hier bleiben eine Reihe wesentlicher kognitiver Strukturbereiche unberücksichtigt (z.B. das nicht spezifisch soziale Welt- und Umweltwissen einer Person, emotions- und motivationsbezogene Prozeduren oder Prozeduren zu Verhalten, das nicht spezifisch auf soziale Situationen bezogen ist).

Insgesamt zeigt sich, daß behavioral und kognitiv orientierte jüngere Konzeptionen einige Deckungsflächen mit Teilbereichen der oben vorgestellten Taxonomie aufweisen. Dabei beschränken sie sich ungeachtet anderslautender Programmatik jeweils auf relativ enge Ausschnitte menschlicher Persönlichkeit, stellen aber mit ihrer Orientierung an strukturell oder habituell vorhandenen Sachverhalten sowie verhaltens- und kognitionspsychologisch sinnvollen Ordnungskriterien Schritte in die richtige Richtung dar. Positiv heben sie sich damit von anderen Klassifikationsansätzen der letzten Zeit ab, die anhand induktiv-faktorenanalytischer Methodik versuchten, auf einer molaren, undifferenzierten Ebene allgemeingültige Strukturen menschlicher Persönlichkeit zu ermitteln (wie z.B. die Arbeiten zum "Fünf-Faktoren-Modell" der Persönlichkeit; s.o. 1.2 und vgl. Digman & Inoye, 1986; McCrae & Costa, 1987).

Die oben vorgestellte Taxonomie ist in diesem Sinne als ein Versuch zu verstehen, die genannten behavioralen und kognitiven Konzeptionen entlang den von Mischel (1973) dargelegten Leitlinien systematisch zu integrieren und zu erweitern. Für die Emotions- und Motivationsanalysen der nächsten Kapitel sind dabei bestimmte Kategorien wichtiger als andere. Vorbereitend für diese Analysen ist im nächsten Abschnitt auf einen Bereich kognitiver Strukturen differenzierter einzugehen, der für die Emotions- und Motivationsbildung zentral ist: Individuelle zeit- und wertbezogene Überzeugungen.

2.2 Zeit- und wertbezogene Überzeugungen und Kognitionen

Für das Erleben und Verhalten von Menschen sind kognitive Strukturen und Prozesse zentral, die Sachverhalte in zeitliche Relationen setzen und ihnen subjektive Wertigkeiten zuordnen. Spezifisch menschlich sind dabei insbesondere Fähigkeiten zu elaborierter Erinnerung und Antizipation und zu differenzierten Bewertungen, die nicht an das unmittelbare Erleben eines Ereignisses geknüpft sein müssen. Dem wurde bisher vor allem von allgemeiner Emotions- und Motivationspsychologie Rechnung getragen, wie sich an Erwartungs-Wert- und Kausalattributionstheorien zu menschlichen Emotionen einerseits (vgl. Lazarus, 1966; Peterson & Seligman, 1984; Schachter & Singer, 1962; Weiner, 1985; Zillmann, 1979) und Motivationen andererseits (Heckhausen, 1980; Weiner 1980; Heckhausen & Kuhl, 1985) ablesen läßt.

Von diesen Theorien wurden im Laufe der letzten drei Jahrzehnte wesentliche Konstruktentwicklungen zu aktuellen, zeit- und wertbezogenen Kognitionen vorgelegt. Zugeordnete überdauernde Persönlichkeitsstrukturen hingegen wurden von ihnen vernachlässigt (mit bestimmten Ausnahmen; z.B. dem Seligmanschen Konzept der "Attributionsstile", Seligman et al., 1979). Von der Persönlichkeitspsychologie wurde dem bisher wenig entgegengesetzt (vgl. auch Krampen, 1987). Zu den Ausnahmen gehört Rotters Konzept "generalisierter Erwartungen" der Person- vs. Umweltlokalisierung von Ereignisursachen ("locus of control of reinforcement"; Rotter, 1954, 1966) und jüngere Differenzierungen dieses Konzepts (vgl. Schneewind, 1985; Krampen, 1982, 1985, 1987). Daß sich die Persönlichkeitspsychologie mit überdauernden kognitiven Zeit- und Wertrepräsentationen bisher nicht systematisch auseinandergesetzt hat, dürfte wesentlich den im letzten Abschnitt diskutierten, idiosynkratisch-persönlichkeitspsychologischen Denkmustern zu Persönlichkeitsmerkmalen und der mangelnden Rezeption von Entwicklungen in anderen Teildisziplinen der Psychologie zuzuschreiben sein.

Die Vernachlässigung solcher Personmerkmale durch die Allgemeine Psychologie wie durch die Persönlichkeitspsychologie ist bedauerlich: Aus den allgemeinpsychologischen Befunden zu den Funktionen zeit- und wertbezogener aktueller Kognitionen läßt sich vermuten, daß solchen Merkmalen generell ein hoher Erklärungswert für Erlebens- und Verhaltensunterschiede zwischen Personen und entsprechende Persönlichkeitsentwicklung zukommt. Ablesen läßt sich dies auch an den Erfolgen der wenigen Forschungsprogramme, die sich bereits mit den Funktionen solcher Merkmale auseinandergesetzt haben (z.B. den Forschungen zu bereichsspezifischen Kontrollüberzeugungen; vgl. Krampen, 1982; oder den Untersuchungen der Seligman-Gruppe zum Stellenwert habitueller Attributionsmuster für die Entwicklung depressiver Störungen; Peterson & Seligman, 1984).

Wie sind zeit- und wertrepräsentierende Persönlichkeitsmerkmale zu konzeptualisieren? Den Überlegungen im letzten Abschnitt entsprechend kann es sich dabei zum einen um überdauernde Gedächtnisinhalte ("Überzeugungen"), zum anderen um habituelle Kognitionen handeln. Habituelle Kognitionen sind den allgemeinpsychologisch analysierten, aktuellen Einzelkognitionen direkt zuzuordnen: Wenn allgemeinpsychologisch z.B. bestimmte einzelne "Verhaltens-Folgen-Erwartungen" betrachtet werden, dann sind "habituelle Verhaltens-Folgen-Erwartungen" als wiederkehrende, für die Person typische Erwartungskognitionen als persönlichkeitspsychologische Gegenstücke anzusehen. Aktuelle wie habituelle Kognitionen lassen sich dabei nach den jeweils repräsentierten Inhalten ordnen, und dasselbe gilt für überdauernd gespeicherte Informationsbestände (s.o. 2.1.2). In diesem Sinne lassen sich z.B. aktuellen und habituellen "Verhaltens-Folgen-Erwartungen" auf der Ebene gespeicherter Repräsentationen "Verhaltens-Folgen-Überzeugungen" zuordnen. *Einzelne Kognitionen, habituelle Kognitionen* und *überdauernde Überzeugungen* zu Zeit- und Wertrelationen sind damit als *inhaltlich äquivalente* psychische Phänomene aufzufassen. Die Unterschiede liegen im zeitlichen Verlauf und in der zentralnervösen Gebundenheit ihrer Existenz (singuläre vs. wiederholte vs. überdauernd vorhandene Repräsentationen).

Auf der Basis dieser Überlegungen sind nun eine Reihe von zeit- und wertbezogenen kognitiven Persönlichkeitsmerkmalen und aktuellen Kognitionen zu diskutieren, die für die Emotions-, Motivations und Handlungsgenese wesentlich sind. Als erstes wird dabei auf zeitbezogene Repräsentationen eingegangen, anschließend auf Repräsentationen von Wertrelationen.

2.2.1 Erwartungen und Kausalattributionen: Eine integrierte Sichtweise

Grundbegriffe

Zeitliche Relationen beziehen sich im einfachsten Fall auf den zeitlichen Zusammenhang zwischen zwei Ereignissen. Zwei Ereignisse können gleichzeitig oder nacheinander stattfinden. Für entsprechende Repräsentationen der Aufeinanderfolge von Ereignissen ist anzunehmen, daß sie nicht symmetrisch zueinander sind, daß also z.B. Repräsentationen der Form "Wenn A, dann wird später B sein" eine andere Repräsentation darstellen als "Wenn B, dann war früher A" (auch wenn die repräsentierten Sachverhalte und Zeitabstände identisch sind; empirisch Sèvon, 1984). Zu unterscheiden ist in diesem Sinne zwischen Repräsentationen von Gleichzeitigkeits-Relationen ("A gleichzeitig mit B"), vorwärtsgerichteten zeitlichen Relationen ("A und später B") und rückwärtsgerichteten zeitlichen Relationen ("B und früher A"; vgl. Pekrun, 1983a, Kap. 5).

Überzeugungen und Kognitionen können nicht nur solche zweistelligen Relationen, sondern auch mehrstellige Relationen repräsentieren. Dabei können sie aus prinzipiell beliebigen Kombinationen der drei genannten zweistelligen Relationen zusammengesetzt sein, und darüber hinaus können sie neben zeitlichen auch andere Relationen umfassen. Beispiele: "Wenn A und gleichzeitig B, dann später C" (Kombination von Gleichzeitigkeitsrelation und vorwärtsgerichteter zeitlicher Relation); "Wenn A oder B, dann später C" (Kombination einer logischen Relation mit einer zeitlichen Relation; solche Kombinationen sind typisch für "kausale Schemata" mehrerer notwendiger Ursachen, hinreichender Ursachen etc.; Kelley, 1967).

Eine spezielle, wesentliche Form zwei- oder mehrstelliger zeitlicher Relationen sind Ursache-Wirkungs-Relationen. Auch bei ihnen kann es sich um vorwärts- oder rückwärtsgerichtete Relationen handeln (nicht hingegen um Gleichzeitigkeits-Relationen); also um Relationen der Form "Aus A als Ursache wird B folgen" bzw. "B als Wirkung wurde durch A verursacht".

Repräsentationen zeitlicher Relationen können dabei ebenso wie andere Repräsentationen (s.o. 2.1.) singulär-episodischer oder schematischer Art sein:

(a) Singuläre Repräsentationen zu Zeitrelationen beziehen sich auf einzelne Ereignisse (oder Ereignissequenzen). Einzelne Ereignisse sind subjektiv in Vergangenheit, Gegenwart oder Zukunft lokalisiert. Beziehen sich solche Repräsentationen auf *zukünftige Ereignisse*, so handelt es sich dabei immer auch um Repräsentationen von (mindestens einstelligen) vorwärtsgerichteten Zeitrelationen, da solche Repräsentationen eine Repräsentation der vorwärtsgerichteten Relation zwischen Gegenwart und den jeweiligen zukünftigen Ereignissen einschließen. (Eine Teilmenge der repräsentierten Ereignisse kann dabei auch in der Vergangenheit lokalisiert sein: "Gestern A, deshalb morgen B").

Singuläre Repräsentationen zukünftiger Ereignisse können in Übereinstimmung mit der Alltagssprache als *Erwartungen* bezeichnet werden. Soll dabei zwischen überdauernden Überzeugungen und einzelnen/habituellen Kognitionen getrennt werden, so läßt sich von "Erwartungsüberzeugungen" einerseits und einzelnen oder habituellen "Erwartungskognitionen" andererseits sprechen. Handelt es sich um den Spezialfall von Repräsentationen vorwärtsgerichteter Ursache-Wirkungs-Relationen, so kann von "kausalen Erwartungsüberzeugungen" bzw. Erwartungen gesprochen werden.

Bezieht sich eine singuläre Repräsentation hingegen auf *vergangene Ereignisse*, so handelt es sich immer auch um die Repräsentation von mindestens einer *rückwärtsgerichteten* Zeitrelation: Die Repräsentation eines Ereignisses als "vergangen" impliziert eine rückwärtsgerichtete Relation zwischen Gegenwart und Ereignis. In Anlehnung an die Alltagssprache kann eine solche Repräsentation allgemein als *Erinnerung* bezeichnet werden. Dabei ließe sich ähnlich wie bei "Erwartungen" zwischen "Erinnerungsüberzeugungen" einerseits und einzelnen oder habituellen "Erinnerungskognitionen" andererseits differenzieren. Ein spezieller, wesentlicher Fall sind "Erinnerungen", die sich auf rückwärtsgerichtete Ursache-Wirkungs-Relationen beziehen ("Wenn B als Wirkung, dann früher A als Ursache"). Im Anschluß an Heider (1958) und Kelley (1967) hat sich für solche Repräsentationen die Bezeichnung "Kausalattributionen" eingebürgert.

(b) Schematische Repräsentationen von Zeitrelationen. Weniger eindeutig sind dagegen die Vergangenheits-, Gegenwarts- und Zukunftsbezüge bei schematischen Repräsentationen zeitlicher Relationen einzuordnen. Hier sind zwei Möglichkeiten zu unterscheiden: (1) Es werden Klassen von Ereignissen repräsentiert, die jeweils ausschließlich in Vergangenheit, Gegenwart oder Zukunft lokalisiert sind. In diesem Fall ließe sich problemlos von schematischen, generalisierten "Erwartungen" und "Erinnerungen" sprechen (zum Konzept generalisierter Erwartungen auch Rotter, 1954, 1966). (2) Die Ereignisse der jeweils repräsentierten Ereignisklassen sind nicht speziell auf Vergangenheit, Gegenwart oder Zukunft bezogen

(z.B. "Immer wenn A, dann B"). In diesem Fall läßt sich nur nach der Art der Relationen zwischen den jeweiligen Ereignissen differenzieren. Spricht man dennoch von "Erwartungen" (bei vorwärtsgerichteten Relationen) oder "Erinnerungen" (bei rückwärtsgerichteten Relationen), so geht man über die Alltagsbegriffe "Erinnerung" bzw. "Erwartung" hinaus. So handelt es sich z.B. bei Überzeugungen, daß Anstrengungen von Personen zu Erfolgen führen, nicht um "Erwartungen" im alltagssprachlichen Sinne, sondern um Überzeugungen zu vorwärtsgerichteten Relationen zwischen Ereignissen (Verhaltensweisen und Erfolgen), die in Vergangenheit, Gegenwart oder Zukunft lokalisiert sein können. Da andere allgemeine Begriffe nicht zur Hand sind, soll hier aber auch bei Repräsentationen ohne spezifischen Gegenwarts-, Vergangenheits- oder Zukunftsbezug von (schematisierten) "Erwartungen" und "Erinnerungen" bzw. "Kausalattributionen" die Rede sein.

Forschungstraditionen

Für zukunftsbezogene Abläufe wie Motivation, Verhalten und zukunftsbezogene Emotionen (Angst, Hoffnung etc.) sind zukunftsbezogene Repräsentationen, also Erwartungsüberzeugungen und -kognitionen, als entscheidende Grundlage anzusehen (s. Kap. 3 bis 6). Vor allem für die Genese vergangenheitsbezogener Emotionen (Trauer, Schuldgefühle etc.) spielen daneben auch vergangenheitsbezogene Überzeugungen und Kognitionen (insbesondere Kausalattributionen) eine Rolle. Zu emotions- und motivationsbezogenen *Erwartungen* sind in den letzten drei Jahrzehnten von verschiedenen Forschungstraditionen eine Reihe von Konstrukten vorgeschlagen worden. Vor allem die folgenden vier Denktraditionen lassen sich hier ausmachen:

(1) Von *Erwartungs-Wert-Theorien* menschlicher Motivation wurden zwei Typen von aktuellen, verhaltensbezogenen Erwartungen thematisiert: Erwartungen, daß Verhalten bestimmte Folgen nach sich zieht (behavior-outcome expectancies; "Handlungs-Ergebnis-Erwartungen" in der Terminologie Heckhausens, 1977a, 1980); und Erwartungen, daß Verhaltensfolgen weitere Folgeereignisse produzieren (outcome-outcome expectancies; "Ergebnis-Folge-Erwartungen" in der Begriffsführung Heckhausens; vgl. Vroom, 1964; Atkinson, 1964; Feather, 1982; Heckhausen, 1980; Kuhl, 1983a).

(2) Der erwartungs-wert-theoretische Ansatz *Rotters* (1954) bezieht – im Unterschied zu anderen Modellen dieser Kategorie – nicht nur aktuelle Erwartungskognitionen, sondern auch "generalisierte Erwartungen", also überdauernde Erwartungsüberzeugungen ein. Forschungsstiftend wurde dabei vor allem Rotters Konzept des "locus of control of reinforcement", womit er generalisierte Erwartungen meint, zu welchen Anteilen Personfaktoren einerseits und personexterne Faktoren andererseits das Eintreten persönlich relevanter Ereignisse bedingen (vgl. Krampen, 1982; Pekrun, 1983a).

(3) *Kognitive Lerntheoretiker*, die aus der Tradition der Konditionierungsforschung stammen, haben neben Erwartungen zu Verhaltensfolgen (behavior-outcome expectancies) auch Erwartungen zu zukünftigen Folgen der gegenwärtigen Situation thematisiert (situation-outcome expectancies bzw. $S\text{-}S^*$ expectancies; Bolles, 1972). Von Heckhausen (1977a) und Pekrun (1983a, 1984b) wurde dieses Konstrukt in erwartungs-wert-theoretische Betrachtungsweisen integriert.

(4) Von verschiedenen Autoren (z.B. Kraak, 1976) wurde ein weiteres motivationsrelevantes Erwartungskonstrukt thematisiert: Erwartungen, intendierte Handlungen auch realisieren zu können. Dieses Konstrukt wurde von *Bandura* (1977) unter der Bezeichnung "Selbstwirksamkeits-Erwartungen" (self-efficacy expectations) popularisiert (andere Autoren sprechen auch von "Kompetenzerwartungen"; z.B. Schwarzer, 1981; Krampen, 1986a).

Bei *Kausalattributionen* hingegen – als den für Emotion und Motivation entscheidenden Repräsentationen *rückwärtsgerichteter* Relationen – handelt es sich gegenüber "Erwartungen" um einen jüngeren Forschungsgegenstand, der erst im Anschluß an Kelley (1967) größere Popularität gewann. Konstruktbildungen in diesem Bereich führten zu etwas anderen Dimensionierungen als Konzeptualisierungen im Erwartungsbereich. Emotions- und motivationspsychologisch wesentlich sind hier vor allem zwei Forschungstraditionen:

(1) Von *Weiner* und seiner Arbeitsgruppe wurden in theoretischen Analysen zu Leistungsmotivation und leistungsfolgenden Affekten die folgenden Dimensionen konzipiert, nach denen sich Kausalattributionen ordnen lassen: "Lokation" der jeweiligen Ursachen innerhalb vs. außerhalb der Person ("Internalität" vs. "Externalität" von Kausalattributionen); zeitliche "Stabilität" der jeweiligen Ursachen; und "Kontrollierbarkeit" von Ursachen (im Sinne der Möglichkeit zu intendierter Beeinflussung; Weiner et al., 1971; Weiner, 1979, 1980, 1982, 1985). Mit der Dimension der Kontrollierbarkeit sind dabei nicht mehr nur Beziehungen zwischen jeweils einer einzelnen Wirkung und einer einzelnen Ursache angesprochen: Kausale Sequenzen von persönlichen Einflüssen auf Ursachen, die ihrerseits Wirkungen produzieren, implizieren mindestens drei aufeinanderfolgende Ereignisse (Beeinflussung der Ursache, Ursache, Wirkung). Angesprochen sind mit dieser Dimension also nicht zwei-, sondern mindestens dreistellige zeitliche Relationen.

(2) *Seligman* und Mitarbeiter haben in ihrem "reformulierten" Modell gelernter Hilflosigkeit (Abramson, Seligman & Teasdale, 1978) die beiden älteren der Dimensionen Weiners übernommen (Lokation und Zeitstabilität; Weiner et al., 1971) und eine dritte hinzugefügt: die Generalisiertheit der jeweiligen Ursache-Wirkungs-Beziehungen über Situationen hinweg, von ihnen als "Globalität" bezeichnet. Im Unterschied zu Weiners Analysen thematisiert Seligman dabei primär nicht einzelne aktuelle Kausalattributionen, sondern überdauernde, rückwärtsgerichtete Kausalüberzeugungen (von ihm als "Atrributionsstile" bezeichnet; "Wenn X passiert ist, woran hat das dann typischerweise gelegen?"; vgl. Seligman et al., 1979).

Insgesamt zeigt sich, daß Erwartungen bisher vor allem nach der Lokalisierung der repräsentierten Ereignisse in einem gedachten Situations- und Handlungsablauf konzeptualisiert wurden, Kausalattributionen hingegen eher nach generellen Charakteristika der jeweils repräsentierten Ursachen. Gemeinsam ist Konstruktbildungen in beiden Bereichen nur die Dimension der Person- vs. Umweltlokalisierung von Bedingungen, die sowohl vom Rotterschen "locus-of-control"-Konzept als auch von den Dimensionierungen Weiners und Seligmans thematisiert wird.

Da sich kausale Erwartungen und kausale Attributionen im wesentlichen nur in der Gerichtetheit der repräsentierten Zeitrelationen (Vorwärts- versus Rückwärtsgerichtetheit) unterscheiden, nicht aber in der Struktur der repräsentierten Ereignissequenzen, dürften beide Perspektiven integrierbar sein. In einer solchen *erweiterten Sichtweise* können kausale Erwartungen und Attributionen zunächst (a) ihren Bezügen zu einer verallgemeinerten Handlungs- und Situationsstruktur entsprechend und innerhalb dieser Struktur (b) nach generellen Ereignis- und Relationscharakteristika geordnet werden:

Eine integrierte Taxonomie

Handlungs- und Situationssequenzen, auf die sich Kausalerwartungen und Kausalattributionen beziehen, können in allgemeiner Form folgendermaßen konzeptualisiert werden (in Erweiterung der Darstellungen von Heckhausen, 1977a, Pekrun; 1983a; und Krampen, 1986a; vgl. Abb. 2.1):

(a) Zielkognitionen ("Wünsche") können zur Bildung zielgerichteter Intentionen führen (Heckhausen & Kuhl, 1985). (b) Intentionen können ihrerseits die Realisierung von Handlungen zur Folge haben. (c) Handlungen können ein oder mehrere unmittelbare Folgeereignisse nach sich ziehen ("Folgen erster Stufe"). (d) Diese Handlungfolgen können weitere Folgeereignisse nach sich ziehen, die kausal-sequentiell in unterschiedlichen Stufen organisiert sein können, wobei auf jeder Stufe ein oder mehrere Folgeereignisse lokalisiert sein können (Folgen zweiter bis n-ter Stufe; Folgen n-ter Stufe stellen den Endpunkt der jeweils repräsentierten Ereignissequenz dar). (e) Personinterne Bedingungen (Fähigkeiten, Stimmungen etc.) können Einfluß nehmen auf Intentionsbildung, Handlungsrealisierung und auf Handlungsfolgen, soweit diese innerhalb der Person lokalisiert sind (wie beispielsweise Emotionen, Befriedigung von Bedürfnissen). (f) Situationsbedingungen können ebenfalls Einfluß auf Intentionsbildung und Handlungsrealisierung nehmen. (g) Folgeereignisse schließlich können nicht nur von der Person bzw. dem Zusammenwirken von Person und Situation, sondern auch vom Situationsablauf allein produziert werden.

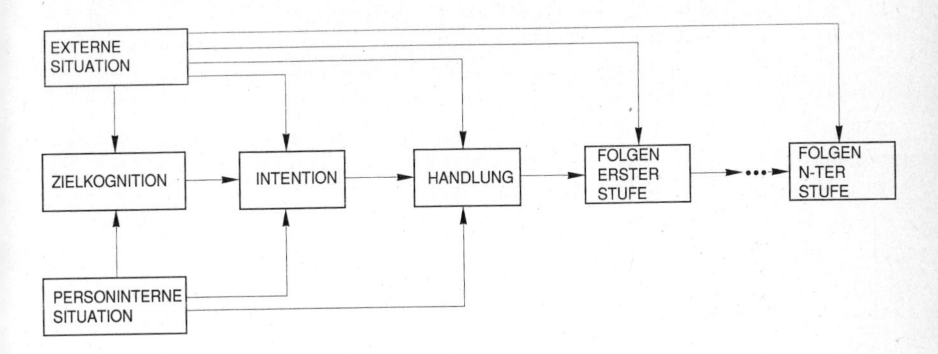

Abb. 2.1 **Basisstruktur menschlicher Handlungen**

Nicht nur kausale Erwartungen, sondern auch kausale Attributionen lassen sich nun den verschiedenen Ereignissequenzen innerhalb dieser Handlungs- und Situationsstruktur zuordnen. Quer zu diesem Gesichtspunkt lassen sie sich dann anhand von Charakteristika der jeweiligen Ursache-Wirkungs-Ereignisse beschreiben (also Lokation, Stabilität etc.). Dementsprechend sind Erwartungen und Attributionen hier zunächst nach den jeweils repräsentierten, handlungsbezogenen Einzelsequenzen zu ordnen. Dabei kann es sich jeweils um überdauernde Überzeugungen, singuläre Kognitionen oder habituelle Kognitionen handeln. Wesentlich sind dementsprechend vor allem die folgenden Konstrukte:

Erster taxonomischer Gesichtspunkt: Repräsentierte Ereignissequenz

(1) Einflüsse von Wünschen/Zielen auf Intentionen. Vorwärtsgerichtete Repräsentationen der Teilsequenz von Zielvorstellungen ("Wünschen") bis zur Intentionsbildung könnten als "Erwartungen von Intentionskontrolle" (*Intentionskontroll-Erwartungen*) bezeichnet werden. Dabei handelt es sich um Erwartungsüberzeugungen und -kognitionen, daß eigene Zielvorstellungen sich in Intentionen umsetzen lassen, also in konkrete, als selbstverpflichtend erlebte Handlungspläne, die das auszuführende Verhalten sowie die notwendigen Situationsbedingungen

und Zeitpunkte der Verhaltensrealisierung spezifizieren (s.u. 5.1). Das rückwärtsgerichtete Gegenstück sind aktuelle und habituelle Kausalattributionen von Intentionen auf eigene Wünsche und Zielvorstellungen bzw. entsprechende, rückwärtsgerichtete Kausalüberzeugungen. Solche Erwartungen, Attributionen und Überzeugungen dürften weniger im einzelnen Motivations- und Handlungsablauf als vielmehr in metamotivationalen Überlegungen zum eigenen Motivations- und Handlungshaushalt eine Rolle spielen. Zum psychologischen Forschungsgegenstand sind sie bisher noch nicht geworden.

(2) Einflüsse von Intentionen auf Handlungen: Erwartungsüberzeugungen und -kognitionen, daß Handlungsintentionen sich in Handlungen umsetzen lassen, intendierte Handlungen also realisierbar sind (*Handlungskontroll-Erwartungen*); und rückwärtsgerichtete Kausalüberzeugungen und -attributionen, daß eigenes Verhalten auf zugrundeliegende Intentionen zurückzuführen ist (und nicht auf äußere Umstände oder andere Faktoren).

Wie oben erwähnt, wurden Handlungskontroll-Erwartungen von Bandura (1977) unter der Bezeichnung "Selbstwirksamkeits-Erwartungen" zum häufig analysierten Forschungsgegenstand gemacht. Diese Bezeichnung allerdings ist mißverständlich: Gemeint sind nicht Erwartungen zur Gesamtwirksamkeit der eigenen Person (die z.B. ihre Erfolge in der Umwelt einschließt), sondern ausschließlich Erwartungen, intendierte Handlungen realisieren zu können – unabhängig von den Folgen dieser Handlungen (zu den Mißverständnissen um Banduras Konstrukt der "Selbstwirksamkeits-Erwartungen" auch Advances in Behavior Therapy and Research, 1978; Eastman & Marzillier, 1984; Bandura, 1984; Marzillier & Eastman, 1984). Aus denselben Gründen ist auch die Bezeichnung "Kompetenzerwartungen" (Schwarzer, 1981; Krampen, 1986a) mißverständlich.

Da aber auch die an anderer Stelle (Pekrun, 1984b) vorgeschlagene Bezeichnung "Absichts-Handlungs-Erwartung" auf Mißverständnisse stößt (Heckhausen, persönliche Mitteilung), soll hier die hoffentlich klarere Bezeichnung "Handlungskontroll-Erwartungen" (Erwartungen von persönlicher Handlungskontrolle) verwendet werden. Dabei sind auch hier einzelne Handlungskontroll-Erwartungen von ihren persönlichkeitspsychologischen Gegenstücken (habituelle Handlungskontroll-Erwartungen, Handlungskontroll-Überzeugungen) zu unterscheiden.

(3) Einflüsse von Handlungen auf Folgen: Erwartungsüberzeugungen und -kognitionen, daß eigenes Handeln bestimmte Folgen produziert (*Handlungs-Folgen-Erwartungen*); und rückwärtsgerichtete Kausalüberzeugungen und -attributionen, daß Ereignisse auf eigenes Handeln zurückzuführen sind. Konzepte zu Handlungs-Folgen-Erwartungen sind als zentrale Konstrukte weiter Bereiche bisheriger Motivationspsychologie anzusehen (vgl. Heckhausen, 1980); Attributionen von Erfolgen, Mißerfolgen und anderen Ereignissen auf eigene Anstrengungen wurden u.a. von der attributionstheoretischen Forschung zu Leistungsmotivationen und -emotionen analysiert (vgl. Brown & Weiner, 1984; Weiner, 1985).

(4) Einflüsse von Folgen auf Folgen höherer Stufen: Erwartungsüberzeugungen und -kognitionen, daß Handlungsfolgen oder Situationsfolgen weitere Folgeereignisse produzieren (*Folgen-Folgen-Erwartungen*); und rückwärtsgerichtete Kausal-

überzeugungen und -attributionen, daß Ereignisse auf vorauslaufende Handlungs- oder Situationsfolgen zurückzuführen sind (Beispiel: Erwartungen, daß berufliche Erfolge zu sozialer Anerkennung führen, bzw. Kausalattributionen solcher Anerkennung auf zugrundeliegende Erfolge).

(5) Einflüsse von Personfaktoren auf Handlungen/Folgen: Erwartungsüberzeugungen und -kognitionen, daß neben Zielkognitionen und Intentionsbildung auch weitere persönliche Faktoren Einfluß auf eigene Handlungen und ihre Folgen nehmen (also z.B. die Qualität von Handlungsschemata, sensumotorische Fähigkeiten, körperlicher und psychischer Zustand etc.); und entsprechende rückwärtsgerichtete Kausalüberzeugungen und -attributionen. Erwartungen zum Handlungseinfluß nicht-motivationaler Personfaktoren sind kaum zum Untersuchungsgegenstand geworden. Zugeordnete Kausalattributionen von Handlungsfolgen auf unterschiedliche Personfaktoren hingegen sind von attributionstheoretischen Emotions- und Motivationsmodellen analysiert worden (also z.B. Attributionen von Erfolg und Mißerfolg auf vorhandene oder fehlende eigene Begabung; vgl. Weiner, 1980, 1985).

(6) Einflüsse von Situationen auf Folgen: Erwartungsüberzeugungen und -kognitionen, daß nicht eigenes Handeln, sondern die Situation bestimmte Folgeereignisse produziert (*Situations-Folgen-Erwartungen*); und rückwärtsgerichtete Kausalüberzeugungen uund -attributionen, daß bestimmte Ereignisse auf situative Einflüsse zurückzuführen sind. Situations-Folgen-Erwartungen wurden von kognitiven Konditionierungstheoretikern (Bolles, 1972), bestimmten Emotionstheorien (z.B. Seligmans Signaltheorie der Angstentstehung; Seligman, 1975, Kap. 6), sowie Rotters "locus-of-control"-Konzept und seinen Nachfolgern thematisiert (das "locus-of-control"-Konstrukt schließt Erwartungsüberzeugungen zu personexternen Einflüssen, also Situationseinflüssen auf Ereignisse ein). Die Motivationspsychologie hat – infolge ihrer generellen Fixierung auf personinterne Verhaltensbedingungen – solche Erwartungen bisher vernachlässigt (mit Ausnahme des Modells von Heckhausen, 1977a).

Entsprechende Kausalattributionen von Ereignissen auf situative Ursachen hingegen wurden nicht nur von attributionstheoretischen Emotionstheorien (Schachter & Singer, 1962; Weiner, 1979, 1985; Brown & Weiner, 1984), sondern auch von attributionstheoretischer Motivationsforschung untersucht (dies gilt insbesondere für Attributionen von Erfolgen und Mißerfolgen auf Situationsfaktoren wie Aufgabenschwierigkeit und Zufall; vgl. Heckhausen, 1980; Weiner, 1980, 1985).

Diese Konzeptualisierung von kausalen Erwartungen, Attributionen und zugeordneten Erwartungs- und Attributionsüberzeugungen ist sicher nicht erschöpfend. Ein breites Spektrum emotions-, motivations- und handlungsrelevanter, zeitbezogener Repräsentationen aber dürfte sie abdecken. Kognitionspsychologisch zu beachten ist dabei, daß unterschiedliche Erwartungen, Attributionen und Überzeugungen der genannten Kategorien in integrierter oder kombinierter Form auftreten können:

(a) Auf die dargestellte Ereignissequenz bezogene Erwartungen und Attributionen müssen sich nicht auf zweistellige Relationen beschränken, sondern können mehr als zwei aufeinanderfolgende Ereignisse repräsentieren (z.B. dreistellige Erwartungen, daß Intentionen realisiert werden können und anschließendes Handeln zu Erfolg führt; oder dreistellige Kausalattributionen, daß ein Ereignis auf Ursachen zurückgeht, die mit eigenem Verhalten beeinflußbar sind; s.u.).

(b) Entsprechende Repräsentationen können sich auch in der Weise auf mehrstellige Relationen beziehen, daß zeitlich parallele Ereignisklassen gemeinsam repräsentiert werden. Dies ist z.B. immer dann der Fall, wenn verhaltensbezogene Erwartungen und Kausalattributionen im Sinne "kausaler Schemata" auf mehrere Verhaltensbedingungen gleichzeitig bezogen sind ("Wenn ich mich anstrenge *und* hinreichend begabt bin, werde ich bei dieser Aufgabe Erfolg haben"; "Mein Erfolg, den ich trotz fehlender Anstrengung bei dieser Aufgabe erzielt habe, geht darauf zurück, daß ich begabt bin *und* die Aufgabe leicht war" etc.; vgl. Nicholls, 1984). Ein ähnlicher Fall liegt vor, wenn Bedingungen jeweils mehrere Wirkungen zugeordnet werden ("Mein Verhalten wird dazu führen, daß bestimmte Personen sich aufregen, andere mich loben und ich meinen Zielen näherkomme").

Betrachtet man die empirische Forschung zu solchen mehrstelligen Repräsentationen, so zeigt sich auch an diesem Punkt wieder eine interessante Asymmetrie zwischen Erwartungs- und Attributionsforschung: von der Erwartungsforschung sind hier so gut wie ausschließlich Erwartungen zu einer Ursache mit mehreren *Wirkungen* untersucht worden (so in allen elaborierten, motivationsbezogenen Erwartungs-Wert-Modellen, die jeweils mehr als eine Verhaltensfolge theoretisch zulassen), nicht hingegen Erwartungen zum Zusammenwirken mehrerer *Bedingungen.* Von der Attributionsforschung hingegen sind – umgekehrt – so gut wie ausschließlich nur Attributionen jeweils einer Wirkung auf mehrere mögliche Ursachen untersucht worden, nicht jedoch Kausalattributionen von mehreren gemeinsam auftretenden Wirkungen auf zugrundeliegende Ursachen.

(c) Psycho-ökonomisch entscheidend schließlich ist auch die Möglichkeit zu "abgekürzten" Erwartungen und Kausalattributionen, die entfernt liegende Ereignisse der dargestellten Sequenz direkt miteinander verbinden, ohne die dazwischenliegenden Ereignisse zu repräsentieren. Hierzu zählen z.B. abkürzende Erwartungen, daß intendierte Ziele realisiert werden können, ohne daß die dazwischenliegenden Handlungsschritte mitkogniziert werden. Solche abgekürzten Repräsentationen können aus Habitualisierungen elaborierterer Kognitionssequenzen und Vereinfachungen von elaborierten Überzeugungen entstehen (s. Kap. 3.1.2 und 4.3). Anzunehmen ist darüber hinaus, daß solche "abgekürzten" Erwartungen bzw. Attributionen ontogenetische (und wohl auch phylogenetische) Vorläufer differenzierterer Repräsentationen darstellen. Differenzierung und Integration dürften auch in diesem Entwicklungsbereich gegenläufige Prozesse darstellen, welche die Entwicklung über die gesamte Lebensspanne hinweg kennzeichnen.

Zweiter taxonomischer Gesichtspunkt: Merkmale repräsentierter Ereignisse

Innerhalb der oben skizzierten, handlungsbezogenen Sequenzstruktur bzw. quer zu ihr lassen sich Erwartungen und Kausalattributionen nun nach weiteren emotions- und motivationsrelevanten Kriterien ordnen, die sich auf repräsentierte Charakteristika der jeweiligen Ereignisse beziehen. Solche Kriterien sind bisher – mit Ausnahme des Lokationsaspekts (Rotter, 1954, 1966) – fast ausschließlich zur Dimensionierung von Kausalattributionen verwendet worden (vgl. Pekrun,

1981b; Weiner, 1985), dürften aber für eine angemessene Analyse kausaler Erwartungen ebenso wesentlich sein:

(1) Lokation. Sowohl Bedingungen wie auch die jeweiligen Wirkungen können entweder (a) im Motivations- und Handlungsprozess oder (b) in anderen Personbedingungen und/oder (c) in der Situation lokalisiert sein. Dies gilt insbesondere für Bedingungen von Handlungen, Bedingungen von Handlungsfolgen und Handlungsfolgen selber; nicht hingegen für Handlungen (die eindeutig auf der Personseite lokalisiert sind). Für Bedingungen von Handlungen und Folgen ist eine Trennung von (a) Motivation und Handlung, (b) sonstigen Personfaktoren und (c) Situationsbedingungen in der obigen Klassifikation nach repräsentierten Ereignissequenzen bereits enthalten. Auch Handlungsfolgen aber lassen sich diesem Kriterium entsprechend ordnen; auch sie können in personexternen Ereignissen (z.B. dem Verhalten anderer Personen) oder personbezogenen Ereignissen (z.B. Emotionen, eigenen Fähigkeiten) liegen.

(2) Zeitgeneralisiertheit ("Stabilität". Diese Dimension wurde bisher ausschließlich – im Rahmen der Dimensionierung von Kausalattributionen – zur Kategorisierung von Bedingungen bezogen. Sie läßt sich aber ebensogut auf die jeweiligen Wirkungen beziehen (so können z.B. Handlungs- und Situationsfolgen mehr oder weniger langfristig anhalten; für die subjektive Bedeutsamkeit solcher Folgen dürfte dies wesentlich sein). Darüber hinaus schließlich könnte man auch die jeweils repräsentierten Relationen nach ihrer wahrgenommenen Zeitstabilität ordnen (in Verallgemeinerung der Überlegungen von Seligman und Mitarbeitern zur Situationsgeneralisiertheit solcher Relationen; s.u.): Es macht einen Unterschied, ob Ursache-Wirkungs-Verhältnisse als konstant oder als fluktuierend wahrgenommen werden.

Den allgemeinen Überlegungen zur Zeitstabilität von Sachverhalten entsprechend (s.o. 2.1) können Sachverhalte und Relationen dabei in der subjektiven Repräsentation entweder zeitstabil sein, indem sie überdauernd (permanent) vorhanden sind, oder indem sie in regelmäßiger Form wiederholt auftreten. In diesem Sinne kann es sich z.B. nicht nur bei "Fähigkeiten", sondern auch bei "Anstrengung" als Leistungsursachen um subjektiv "stabile" Bedingungen handeln (vgl. auch Weiner, 1979).

(3) Situationsgeneralisiertheit ("Globalität"). Auch Situationsgeneralisiertheit läßt sich auf repräsentierte Bedingungen, Wirkungen und Bedingungs-Wirkungs-Relationen beziehen. In diesem Sinne können Handlungen, Personfaktoren oder Situationskomponenten als Bedingungen wie als Wirkungen über mehr oder weniger viele Situationsbereiche hinweg in der subjektiven Repräsentation in ähnlicher Form auftreten. Dasselbe gilt für die jeweiligen Kausalrelationen: Ursachen (wie z.B. eigene Begabung) können als wirksam in nur wenigen oder in vielen unterschiedlichen Situationsbereichen angesehen werden (Abramson, Seligman & Teasdale, 1978). Dabei kann die unterstellte kausale Wirksamkeit von Ursachen auch dann situationsspezifisch sein, wenn diese Ursachen als solche situationsübergreifend vorhanden sind: Die Globalitäten von bedingenden Sachverhalten, bedingten Sachverhalten und Einflüssen ersterer auf letztere können (partiell) unabhängig voneinander variieren.

(4) Kontrollierbarkeit (Beeinflußbarkeit). Diese Dimension wurde in expliziter Weise von Weiner (1979) vorgeschlagen und auf die Beeinflußbarkeit von attribuierten Ursachen (bei Kausalattributionen) bezogen. Schneewind (1985) thematisiert "Beeinflußbarkeit" auch als Merkmal von Bedingungen in generalisierten Bedingungs-Ziel-Überzeugungen. Im übrigen wird "Kontrollierbarkeit" in impliziter Form von allen Erwartungs- und Attributionskonstrukten zu Handlungsfolgen angesprochen: Erwartungen zu Handlungseinflüssen auf Handlungsfolgen und Kausalattributionen von Ereignissen auf eigene Handlungen implizieren "Kontrolle" von Ereignissen durch eigenes Handeln.

Dementsprechend lassen sich Überzeugungen zu den Wirkungen eigenen Verhaltens auch zusammenfassend als *Kontrollüberzeugungen* bezeichnen (Krampen, 1982, 1985, 1987). Diese persönlichkeitspsychologisch übliche Verwendung des Begriffs "Kontrollüberzeugungen" sollte allerdings erweitert werden: Auch Überzeugungen zur Intentions- oder zur Handlungskontrolle (s.o.) sind ihm zu subsumieren.

Repräsentationen von "Kontrollierbarkeit" können neben den kontrollierten (bewirkten) Sachverhalten auch die jeweiligen Kontrollmaßnahmen (z.B. Handlungen) thematisieren; in solchen Fällen handelt es sich um Repräsentationen zwei- oder mehrstelliger Ereignisrelationen. Sie können sich aber auch auf eine attributive Zuordnung mehr oder weniger hoher "Kontrollierbarkeit" des jeweils kontrollierten Sachverhalts beschränken: Repräsentiert werden dann nicht die "Kontroll"-Relationen von Kontrollmaßnahmen und kontrolliertem Sachverhalt, sondern attributive Relationen zwischen Sachverhalt und "Kontrollierbarkeit" als Sachverhaltsmerkmal.

(5) Substituierbarkeit. Emotions- und motivationsrelevant ist schließlich auch die Ersetzbarkeit von Sachverhalten aus der subjektiven Perspektive. Repräsentationen von Substituierbarkeit beziehen sich vor allem auf die logische Relation "oder" (Substituierbarkeit entspricht der Relation "A oder B"). Die faktische Substituierbarkeit von Verhaltensweisen und bedürfnisbefriedigenden Verhaltensfolgen wurde unter dem Stichwort "Verschiebung" von Freud und nachfolgenden psychoanalytischen Autoren sowie von Dollard & Miller (1950) und Atkinson & Birch (1970) analysiert.

Perzipierte Substituierbarkeit von Bedingungen im Rahmen von (rückwärtsgerichteten) Kausalattributionen hingegen wurde erst von Kelley (1967) systematisch untersucht, und Bedingungs-Substituierbarkeit als Bestandteil von (vorwärtsgerichteten) Erwartungsüberzeugungen wurde bisher nur vereinzelt analysiert (z.B. von Cragin, 1983; Schneewind; 1985). Für perzipierte Substituierbarkeit ist dabei ebenso wie für faktische Substuierbarkeit anzunehmen, daß sie sich nicht nur auf Bedingungen, sondern u.a. auch auf konsumatorisches Verhalten oder Verhaltensfolgen beziehen kann. Anzunehmen ist damit, daß sie für subjektiv erlebte Kontrolle eigener Lebenszusammenhänge und subjektiv erlebten Handlungsspielraum zentral ist (vgl. Schneewind, 1985).

Im übrigen gilt hier ähnlich wie bei der Dimension der "Kontrollierbarkeit", daß Erwartungen, Kausalattributionen und entsprechende Überzeugungen Substituierbarkeits-Relationen nicht nur direkt repräsentieren können (z.B. "Wenn A oder B, dann C" vs. "Sowohl A als auch B sind notwendig, damit C"), sondern das jeweilige Ausmaß an Substituierbarkeit auch als Merkmal des betreffenden Sachverhalts thematisieren können ("A ist als Bedingung für B nicht substituierbar").

Der Nutzen dieser Taxonomie zu kausalen Überzeugungen und Kognitionen ist vor allem darin zu sehen, daß sie (a) Konstrukte zu Erwartungen einerseits und zu Kausalattributionen andererseits unter einer einheitlichen konzeptuellen Perspektive integriert, und daß sie (b) entsprechenden allgemeinpsychologischen Konstrukten die jeweiligen persönlichkeitspsychologischen Gegenstücke systematisch zuordnet. Auf diese Weise wird gleichzeitig sichtbar, welche Typen zeitrepräsentierender Kognitionen und Überzeugungen trotz zu vermutender Erlebens- und Verhaltensrelevanz bisher kaum in den Blick genommen worden sind. Dies gilt vor allem für die jeweiligen kognitiven *Persönlichkeitsmerkmale*, also Überzeugungen und habituelle Kognitionen zu kausal-zeitlichen Relationen (mit den oben erwähnten Ausnahmen). Auf den Stellenwert solcher Persönlichkeitsmerkmale wird in den Kap. 4 und 6 näher eingegangen.

2.2.2 Repräsentationen von Valenzen und Zielen

Repräsentationen subjektiver Werte (Valenzen) stellen eine Art *terra incognita* der Psychologie dar (Cragin, 1983). So haben z.B. kognitive Theorien menschlicher Motivation elaborierte Konzeptionen zu Erwartungskonstrukten vorgelegt (s.o.); Wertkonstrukten hingegen wurde zwar ein gleicher Erklärungsbeitrag zugesprochen (zumindest in Erwartungs-Wert-Theorien), systematisch analysiert aber wurden sie nicht. Dies hat wohl wesentlich damit zu tun, daß zeitbezogene Repräsentationen sich auf leicht benennbare, großteils direkt beobachtbare Ereignissequenzen beziehen, wertbezogene Repräsentationen hingegen subjektive Phänomene widerspiegeln, die begrifflich und theoretisch nur schwer zu fassen sind. Hier sind deshalb einige konzeptuelle Unterscheidungen zu treffen, die eine – wenn auch vorläufige – Eingrenzung des Begriffs "subjektive Valenz" beinhalten.

(1) Gefühlsbezogene vs. gefühlsneutrale Valenzen. Auszugehen ist zunächst davon, daß ein Erleben subjektiver Valenz (Bedeutsamkeit, Wertigkeit) von Sachverhalten eher gefühlsmäßiger oder eher kognitiver Art sein kann. "Gefühlen" wie Emotionen, körperbezogenen Bedürfniszuständen (Hunger, Durst etc.) oder Schmerz kommt im Erleben unmittelbare subjektive Valenz zu. Subjektiv bedeutsam kann ein Sachverhalt aber auch sein, wenn ihm Bedeutsamkeit in Form "kalter" Kognitionen zugeschrieben wird, ohne daß dies mit einem gefühlsmäßigen Erleben verknüpft ist. Man kann z.B. wissen, daß die Erreichung eines bestimmten Ziels wichtig ist, ohne daß dies Wissen mit einem emotionalen Erleben einhergehen muß.

Repräsentationen subjektiver Valenzen von Sachverhalten können sich deshalb auf zwei Arten valenzbezogener Eigenschaften von Sachverhalten beziehen: (a) die

Kraft solcher Sachverhalte zur Auslösung von Gefühlen (bzw. allgemein die Relation dieser Sachverhalte zu eigenen Gefühlen); oder (b) die "Bedeutsamkeit" dieser Sachverhalte im Sinne eines gefühlsneutralen Merkmals, das diesen Sachverhalten zugeschrieben wird (z.B. in propositionaler Form: "X ist wichtig für mich"). Valenzen der ersten Art könnten als *gefühlsbezogene* Valenzen bezeichnet werden, Valenzen der zweiten Art als "kognitive" Valenzen oder – vielleicht weniger mißverständlich – als *gefühlneutrale* Valenzen.

Bei Repräsentationen solcher Valenzen kann es sich wie bei anderen Repräsentationen um singuläre Kognitionen, habituelle Kognitionen oder überdauernde Überzeugungen handeln. Repräsentationen "gefühlter" Valenzen könnten als gefühlsbezogene Valenzkognitionen bzw. -überzeugungen bezeichnet werden, Repräsentationen zu "kognizierten" Valenzen dementsprechend als gefühlsneutrale Valenzkognitionen und -überzeugungen.

Nicht sinnvoll ist es, den Valenzbegriff auf einen der beiden genannten Valenztypen zu reduzieren. Dies geschieht z.B. typischerweise in der Leistungsmotivationsforschung. Mit McClelland et al. (1953) wird in diesem Forschungsbereich meist davon ausgegangen, daß Valenzen von Erfolg und Mißerfolg sich aus der Intensität und Qualität der jeweils antizipierten Erfolgs- und Mißerfolgsaffekte bestimmen, Valenzkognitionen also Affektantizipationen gleichzusetzen sind (so auch noch Heckhausen & Kuhl, 1985). Nicht sinnvoll ist es auch, statt von "gefühlsbezogenen" von "emotionalen" Valenzen zu sprechen (wie z.B. noch in Pekrun, 1984a, 1984b), da es neben Emotionen auch andere menschliche Gefühle gibt, die als unmittelbar bedeutsam erlebt werden können (vgl. Kap. 3.1).

Kognitionstheoretisch handelt es sich bei Valenzkognitionen und -überzeugungen um Repräsentationen von jeweils mindestens zwei Sachverhalten, die von einer zeitlichen oder einer attributiven Relation verknüpft werden. Im Falle gefühlsbezogener Valenzen sind dies der jeweilige Sachverhalt einerseits und ihm vorangehende, ihn begleitende oder ihm nachfolgende Gefühle andererseits; repräsentiert werden Sachverhalte und Gefühle sowie die zeitbezogene Koppelung zwischen beiden. Bei gefühlsneutralen Valenzen handelt es sich um Sachverhalt einerseits und das Sachverhaltsmerkmal "Bedeutsamkeit" andererseits sowie die Objekt-Attribut-Relation zwischen beiden. Repräsentationen gefühlsbezogener Valenzen sind insoweit als spezielle Fälle zeitbezogener Repräsentationen anzusehen, Repräsentationen gefühlsneutraler Valenzen als spezielle Fälle von Objekt-Attribut-Repräsentationen.

(2) Intrinsische vs. extrinsische Valenzen. Ein Sachverhalt kann subjektiv valent sein, weil er mit eigenen Gefühlen verbunden ist oder weil ihm unabhängig von seinen Beziehungen zu anderen Sachverhalten das Attribut "bedeutsam" zugeschrieben wird. In diesen beiden Fällen kann davon gesprochen werden, daß diesem Sachverhalt "um seiner selbst willen" Valenz zukommt. Ein Sachverhalt kann aber auch dadurch Valenz erlangen, daß er in Beziehung zu anderen Sachverhalten steht. Dabei dürfte es sich in der Regel um instrumentelle Beziehungen handeln: Ein an und für sich neutrales Objekt oder Ereignis erlangt Bedeutsamkeit, wenn es zur Herbeiführung eines bedeutsamen Objektes oder Ereignisses geeignet erscheint (vgl. auch Bailey, 1978).

Valenzen der ersteren Art werden als dem Sachverhalt inhärent erlebt, Valenzen der zweiten Art als dem Sachverhalt äußerlich. In Anlehnung an motivationstheoretisch und philosophisch übliche Terminologie (vgl. Kap. 5 und Bailey, 1978) wurde deshalb vorgeschlagen (Pekrun, 1983a, 1984b), diese Valenztypen als "intrinsische" Valenz einerseits und "extrinsische" Valenz andererseits zu bezeichnen. "Extrinsische", in der Regel gleichzeitig instrumentelle Valenzen dürften dabei eher gefühlsneutraler Art sein.

(3) Persönliche vs. überpersönliche Valenzen. Wenn ein Sachverhalt subjektiv valent ist, also für eine Person bedeutsam ist, ist er in diesem Sinne immer auch "persönlich" valent. In einem anderen Sinne läßt sich dennoch sinnvoll differenzieren zwischen (a) "persönlichen" Valenzen, die einem Sachverhalt zugeschrieben werden, weil er Konsequenzen für die eigene Person, eigenes Handeln etc. hat; und (b) "überpersönlichen" Valenzen, die einem Sachverhalt zugeschrieben werden, obwohl er keinen direkten Einfluß auf das eigene Leben hat. In die zweite Kategorie gehören z.B. (gefühlte) Betroffenheit und (kognitive) Bedeutsamkeitszuschreibungen, die sich auf geschichtliche Ereignisse oder politische Verhältnisse in entfernten Erdregionen beziehen, die mit dem eigenen Lebensvollzug nicht in direktem Zusammenhang stehen. In diese Kategorie zählen auch subjektiv akzeptierte, allgemeine Normen (Sollvorstellungen) zu Verhältnissen, die über den eigenen Handlungsrahmen hinausreichen (vgl. hierzu auch Oerters Begriff der "abstrakten" Valenz; z.B. Oerter, 1985).

(4) Positive, negative und neutrale Valenzen. Gefühle werden großteils als mehr oder minder positiv oder negativ erlebt (vgl. Kap. 3); dementsprechend läßt sich zwischen positiven und negativen gefühlsbezogenen Valenzen unterscheiden. Ebenso läßt sich bei "Bedeutsamkeit" oder "Wichtigkeit" als kognizierten Sachverhaltsattributen in der Regel zwischen positiver und negativer Wertigkeit unterscheiden; auch gefühlsneutrale Valenzen können also positives oder negatives Vorzeichen besitzen.

Positiv oder negativ können in diesem Sinne nicht nur intrinsische, sondern auch extrinsische Valenzen sein: Als positiv dürften instrumentelle Sachverhalte erlebt werden, die zur Herbeiführung anderer positiver Sachverhalte oder zur Vermeidung/Eliminierung negativer Sachverhalte beitragen; als negativ hingegen Sachverhalte, die positive Sachverhalte verhindern oder negative Sachverhalte herbeiführen.

Auch die Möglichkeit schließlich, daß Sachverhalte zwar subjektiv bedeutsam sind, aber weder als positiv noch als negativ eingestuft werden, sollte nicht von vornherein ausgeschlossen werden. Dies könnte z.B. dann der Fall sein, wenn zugeordnete Gefühle vorhanden sind, die nicht eindeutig als angenehm oder unangenehm erlebt werden. Im übrigen können Sachverhalten gleichzeitig negative und positive subjektive Valenzen zugeschrieben werden. Dies ist eine Quelle vieler motivationaler Konflikte (s.u. Kap. 5). Im emotionalen Bereich kann solche "Ambivalenz" zu "gemischten" Gefühlen, also Mixturen von positiven und negativen Emotionen führen (Kap. 3.2.2).

(5) Normative vs. nicht-normative Valenzen. Valenzen können (aber müssen nicht) darin bestehen, daß mögliche Sachverhalte nicht nur als gefühlsauslösend

oder bedeutsam erlebt werden, sondern darüber hinaus als "Sollzustände", als etwas Herbeizuführendes (bzw. als zu vermeidende oder zu eliminierende, negative "Sollzustände"). Generell lassen sich subjektive Valenzen, die subjektiv verbindliche, handlungsbezogene "Soll"-Relationen einschließen, als "normative" Valenzen bezeichnen. Normative Bewertungsmaßstäbe können sich auf eigenes Handeln und seine Folgen, auf fremdes Handeln oder auf Handlungen allgemein beziehen. Dementsprechend ist zwischen persönlichen und überpersönlichen normativen Valenzen zu unterscheiden.

Subjektive normative Valenzen von Handlungen, Handlungsfolgen und anderen Sachverhalten sind von Sozialpsychologie und Entwicklungspsychologie unter dem Gesichtspunkt überpersönlicher Normen thematisiert worden (z.B. in der Forschung zur moralischen Entwicklung). Emotions-, Motivations- und Persönlichkeitspsychologie hingegen haben sie nur am Rande ins Blickfeld genommen. Zu den Ausnahmen zählen: (a) Forschungen zu selbstgesetzten Standards für eigenes Verhalten ("Anspruchsniveaus", "persönliche Standards"), also zu persönlichen Normen. Entsprechende Analysen konzentrierten sich großteils auf den Bereich von Leistungsmotivation und Leistungshandeln (vgl. Heckhausen, 1980; Kuhl, 1983a). (b) Instrumentalitätstheoretische Motivationsmodelle, die neben Erwartungen und Valenzen Kognitionen zu Normen als dritten Typ motivationsbedingender Faktoren konzeptualisieren (Ajzen & Fishbein, 1973). Modelle der letzteren Art ignorieren den Valenzcharakter von subjektiven Normen (zu einer Diskussion auch Kuhl, 1983a, Kap. 4). Sinnvoller ist es, subjektive Normen dem Valenzbegriff zuzuordnen und als abstrakte Bewertungsmaßstäbe aufzufassen, die in der Weise motivations- und emotionsstiftend wirken, daß sie Handlungen und ihren Folgen normative Bedeutsamkeit verleihen.

(6) Valenzrepräsentationen in Zielkognitionen und Intentionen. Für die Genese von Motivation und Verhalten sind zwei Typen von Repräsentationen besonders wichtig, die sich wesentlich auf normative Valenzen beziehen: Zielkognitionen und Intentionen ("Wünsche" und "Absichten"; Heckhausen & Kuhl, 1985; s.u. Kap. 5). Beide Kognitionstypen beinhalten Repräsentationen von Ideal- oder Sollzuständen, deren Sollcharakter als mehr oder weniger verbindlich für eigenes Handeln erlebt wird. Bei diesen Ideal- oder Sollzuständen kann es sich um auszuführende Handlungen, um Merkmale von Handlungen (z.B. ihre moralische Angemessenheit) oder um herbeizuführende Handlungsfolgen handeln. Zielkognitionen und Intentionen unterscheiden sich dabei u.a. darin, daß Intentionen zusätzlich Repräsentationen von Verhaltensplan, Realisierungsbedingungen und Zeitpunkten der Realisierung umfassen können und im übrigen subjektiv verbindlicher sind (Einzelheiten in Kap. 5).

Für alle genannten Typen von Valenzüberzeugungen und -kognitionen gilt, daß sie singulärer oder schematischer Art sein können, also Valenzen von Einzelsachverhalten oder von Klassen von Sachverhalten repräsentieren können. Dies gilt auch für Ziel- und Absichtskognitionen zu (s. Kap. 5). Wesentlich ist schließlich, daß Valenzrepräsentationen mit anderen Typen von Repräsentationen integriert sein können. Beispiele hierfür liefern Ziel- und Absichtskognitionen, die typischerweise sowohl Valenzrepräsentationen als auch Repräsentationen von zukunftsbezogenen Zeitrelationen umfassen und mithin als integrierte Erwartungs-Wert-Kognitionen auftreten können (s.u. Kap.5).

Auf den allgemein- und persönlichkeitspsychologischen Stellenwert subjektiver Valenzen für Emotion, Motivation und Handeln ist in den nachfolgenden Kapiteln näher einzugehen. Zunächst aber sind im folgenden einige grundlegende Beziehungen zwischen den Teilsystemen menschlicher Persönlichkeit zu diskutieren, die in der oben (2.1) vorgestellten allgemeinen Merkmalstaxonomie deskriptiv voneinander abgegrenzt wurden.

2.3 Funktionale Beziehungen zwischen Persönlichkeitsmerkmalen

Persönlichkeitsmerkmale stehen untereinander in funktionalen und strukturellen Beziehungen. Funktionale Beziehungen gehen dabei strukturellen Beziehungen sachlogisch und empirisch voraus: "Strukturelle" Zusammenhänge, also Kovariationen zwischen Merkmalen gehen grundsätzlich auf Bedingungskonstellationen unterschiedlichen Typs zurück; also z.B. auf (a) eine Bedingtheit dieser Merkmale durch eine gemeinsame Ursache; (b) eine Bedingtheit durch Ursachen, die ihrerseits kovariieren; oder (c) Bedingungsbeziehungen zwischen den betreffenden Merkmalen selber (s.o. 1.4 zu Beispielen). Aus dieser sachlogischen Dominanz funktionaler über strukturelle Beziehungen ist zu folgern, daß die Persönlichkeitspsychologie sich in stärkerem Maße als bisher um die Analyse der Bedingungsbeziehungen zwischen Persönlichkeitsmerkmalen sowie Persönlichkeitsmerkmalen und anderen Größen kümmern sollte.

Eine zentrale Aufgabe der nachfolgenden Kapitel wird es in diesem Sinne sein, solche Bedingungsbeziehungen für die Bereiche menschlicher Emotion und Motivation näher zu analysieren. Eine aus diesen Analysen folgende Verallgemeinerung hin zu einem systemtheoretisch orientierten Rahmenmodell der Funktionsbeziehungen menschlicher Persönlichkeit wird dann in Kap. 7 vorgestellt. An dieser Stelle sind deshalb nur einige grundsätzliche Vorbemerkungen angebracht.

Vernetzungen zwischen psychischen Prozessen

Es ist anzunehmen, daß Persönlichkeitsmerkmale untereinander starke Ursache-Wirkungs-Vernetzungen zeigen, also in hohem Maße kausal verflochten sind. Dies gilt beispielsweise für habituelle psychische Prozesse (Wahrnehmung, Kognition, Emotion und andere Gefühle, Motivation). Bei solchen Prozessen handelt es sich um Teilsysteme menschlicher Persönlichkeit, die ebenso wie die jeweiligen aktuellen Einzelprozesse *vollständig* vernetzt sind: Jedes dieser Teilsysteme kann auf jedes andere in direkter Weise einwirken (Wahrnehmungen können auf Emotion, Motivation und Kognition direkten Einfluß ausüben; Emotionen auf Wahrnehmung, Motivation und Kognition etc.; s.u. Kap. 3 und 5). Hieraus folgt, daß jedes dieser Teilsysteme auch in indirekter Weise auf jedes andere dieser Teilsysteme Einfluß nehmen kann, wobei die jeweiligen anderen Subsysteme einen solchen indirekten Einfluß vermitteln können.

Eine solche Konzeption vollständiger Vernetzung von psychischen Abläufen impliziert eine Abkehr von traditionellen, unidirektionalen Modellen der Abfolge solcher Prozesse. Traditionelle Denkmuster gehen meist davon aus, daß (a) Wahrnehmungen Kognitionen auslösen, (b) Wahrnehmungen und Kognitionen der Bildung von Emotion und Motivation zugrundeliegen, und (c) Emotion und Motivation ihrerseits zu manifestem Verhalten führen. Im Gegensatz hierzu muß angenommen werden, daß alle in einem solchen Modell jeweils nachgeordneten Prozesse auf die theoretisch jeweils vorangehenden Prozesse zurückwirken können bzw. diesen vorausgehen können (s.u. Kap. 3 und 5; vgl. auch Kuhl, 1983b; Pekrun & Bruhn, 1986).

Entscheidend ist im übrigen, daß jeder der genannten psychischen Prozesse auf jeden anderen prinzipiell Einfluß nehmen *kann*. Damit wird nicht behauptet, daß dies in jedem Fall passiert. Es ist im Gegenteil anzunehmen, daß jeweils nur eine Teilmenge möglicher Bedingungsbeziehungen tatsächlich ins Spiel kommt (und innerhalb dieser Teilmenge nur einigen wenigen Beziehungen ein größerer kausaler Stellenwert zukommt). Auch dies wird in den nächsten Kapiteln näher zu diskutieren sein.

Grundsätzlich sind dabei Bedingungsbeziehungen zwischen habituellen Prozessen genauso zu konzeptualisieren wie Bedingungsbeziehungen zwischen aktuellen Einzelprozessen derselben Art (Voraussetzung ist allerdings, daß die Bedingungsbeziehungen über die jeweiligen Einzelprozesse hinweg invariant bleiben; s.u. 4.2). Beispiel: Führen einzelne Mißerfolgserwartungen in konsistenter Form zu einzelnen mißerfolgsbezogenen Angstprozessen, so läßt sich bei wiederholtem Auftreten solcher Kognitionen und Emotionen davon sprechen, daß "habituelle Mißerfolgserwartungen" zu "habitueller Mißerfolgsangst" führen (ihr also ursächlich zugrundeliegen).

Allgemein läßt sich in diesem Sinne formulieren, daß Bedingungsbeziehungen zwischen habituellen Prozessen den Bedingungsbeziehungen der jeweiligen aktuellen Einzelprozesse konzeptuell genau entsprechen, *Bedingungsbeziehungen habitueller und aktueller Art* also grundsätzlich *äquivalent* sind. Dies folgt aus der Äquivalenz von einander zugeordneten habituellen und einzelnen Prozessen: "Habituelle" Prozesse bestehen aus Wiederholungen von Einzelprozessen (s.o. 1.3, 2.1.2). Dementsprechend liegt auch der Unterschied zwischen entsprechenden Bedingungsbeziehungen grundsätzlich nur darin, daß bei einer Bedingungsbeziehung zwischen aktuellen Einzelprozessen ein singulärer, an ein einzelnes Zeitintervall gebundener Ursache-Wirkungs-Ablauf zu betrachten ist, bei Bedingungsbeziehungen zwischen habituellen Prozessen hingegen wiederholte Ursache-Wirkungs-Abläufe.

Psychische Prozesse, andere Prozesse und überdauernde Strukturen

Über interne Vernetzungen psychischer Prozesse hinaus läßt sich vermuten, daß solche Abläufe mit motorischem Verhalten, mit somatisch-physiologischen Prozessen und mit kognitiven und körperlichen Strukturen auf direktem oder

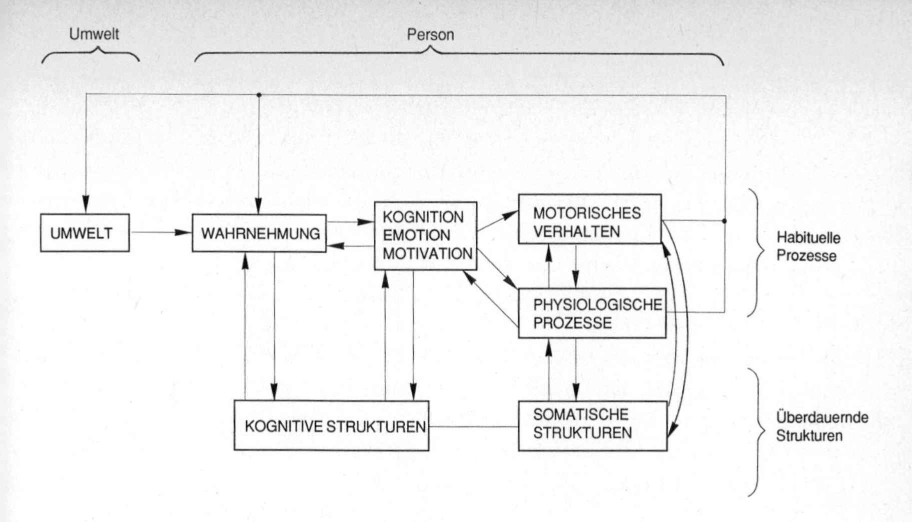

Abb. 2.2 Persönlichkeit: Grundlegende Funktionsbeziehungen

indirektem Wege in Wechselwirkungen treten können. Schließlich gilt auch für motorisches Verhalten, körperliche Prozesse und kognitive bzw. körperliche Strukturen, daß sie untereinander kausal verflochten sind. Auch dies ist im einzelnen in den nachfolgenden Kapiteln zu diskutieren. Bedingungsbeziehungen zwischen habituellen Prozessen einerseits und überdauernden Strukturen andererseits sind dabei von grundsätzlich etwas anderer Art als Bedingungsbeziehungen innerhalb des Bereichs habitueller Prozesse:

Überdauernde individuelle Strukturen nehmen Einfluß auf körperliche, psychische und motorische Prozesse, indem sie Orte, Inhalte und Verläufe solcher Prozesse (mit-)bestimmen. So bestimmen z.B. überdauernde, objektbezogene kognitive Schemata, in welcher Weise Wahrnehmungsinformation kodiert und kognitiv weiterverarbeitet wird (Neisser, 1979). In diesem Sinne sind überdauernde Strukturen nicht als auslösende "Ursachen" der jeweiligen Prozesse anzusehen, sondern eher als *Bedingungen* in einem weiteren Sinne (da üblicher Begriffsführung entsprechend nur Ereignisse bzw. Prozesse als "Ursachen" i.e.S. fungieren können; vgl. Hempel, 1965; Averill, 1973). Am Beispiel der Verarbeitung von Wahrnehmungsinformation: Das Eintreffen sensorischer Informationen wäre zusammen mit antezedenten psychischen Prozessen (z.B. Wahrnehmungsmotivation, emotionalen Abläufen) als Ursache resultierender kognitiver Verarbeitungsschritte anzusehen; kognitive Strukturen stellen Bedingungen dar, welche Inhalte und Formen der Verarbeitung mitbestimmen.

Umgekehrt aber können einzelne und damit auch habituelle Prozesse *ursächlich* auf überdauernde Strukturen einwirken und diese verändern, zerstören oder neu aufbauen. In diesem Sinne sind psychische Prozesse insbesondere für den Erwerb von kognitiven Strukturen (Gedächtnisinhalten) verantwortlich, soweit diese nicht angeboren sind.

Person und Umwelt

Schließlich stehen Persönlichkeitsmerkmale mit der *Umwelt der Person* in Wechselwirkung. Dabei sind jeweils informationelle und physikalische Einwirkungen zu unterscheiden. Die Umwelt einer Person nimmt auf Person und Persönlichkeitsmerkmale zum einen Einfluß, indem sie in *materieller*, physikalisch beschreibbarer Weise (a) auf motorisches Verhalten einwirkt (z.B. solchem Verhalten seine räumlich-materiellen Grenzen setzt), (b) physiologische Prozesse auslöst und beeinflußt (z.B. per Zufuhr von Wärmeenergie und Sauerstoff) und (c) in bestimmten Fällen auch direkten Einfluß auf somatische Strukturen nimmt (z.B. bei körperlichen Verletzungen oder Umwelteinflüssen auf das genetische Potential einer Person). Auf *informationelle* Weise nimmt die Umwelt Einfluß, indem sie Informationen liefert, die Wahrnehmungen bewirken und auf dem Wege über solche Wahrnehmungen Einfluß auf alle anderen Subsysteme menschlicher Persönlichkeit nehmen.

Entscheidend sind dabei vor allem wahrnehmungs- und kognitionsvermittelte Umwelteinflüsse auf die *kognitiven Strukturen* einer Person: Direkte Einflüsse der Umwelt auf habituelle Personprozesse wirken nur solange, wie die jeweilige Umweltkonfiguration Bestand hat; verändert sich die Umwelt, verändern sich auch die zugeordneten Prozesse. Einflüsse auf kognitive Strukturen und von solchen Strukturen vermittelte Einflüsse auf Erleben und Verhalten hingegen sind dauerhaft (soweit die betreffenden Strukturen dauerhaft sind). Sie wirken damit zeitlich über die Existenz der jeweiligen Umweltkonfiguration hinaus.

Ihrerseits nimmt die Person – umgekehrt – ebenfalls auf materiell-physikalischen und informationellen Wegen Einfluß auf ihre Umwelt. Dabei wirkt sie mit ihrem motorischen Verhalten und bestimmten physiologischen Prozessen (Atmung, Körperausscheidungen) in materieller Weise auf ihre Umwelt ein; informationelle Effekte produziert sie vor allem mit ihren motorischen Aktionen (insbesondere ihrer Ausdrucks- und Sprachmotorik). Einwirkungen auf die individuelle "Umwelt" können in Veränderungen vorhandener Umweltkonfigurationen bzw. der Schaffung neuer Umweltbestandteile bestehen. Sie können aber auch so aussehen, daß keine Weltbestandteile außerhalb der Person verändert oder geschaffen werden, sondern nur die Relationen zwischen Person und Welt verändert werden, indem die Person bestimmte Umwelten aufsucht und andere meidet (vgl. Endler & Magnusson, 1976; Emmons & Diener, 1986).

Zwischen Umwelt und Person bestehen also ebenso bidirektional-kausale Wechselwirkungen wie zwischen Teilsystemen der Person. Diese Annahme ist auf der programmatischen Ebene von Persönlichkeits- und Entwicklungspsychologie in den letzten Jahren schon fast zur Trivialität verkommen (obschon sie selten genug in direkter Weise empirisch geprüft wurde; vgl. auch Pekrun, 1987e). In diesen Teildisziplinen der Psychologie etwas in Vergessenheit geraten hingegen ist die Tatsache (die eher einem Soziologen trivial vorkommen mag), daß Wechselbeziehungen zwischen Person und Umwelt in aller Regel nicht symmetrisch sind: Im Normalfall dominieren Einflüsse der Umwelt auf die Person – oder umgekehrt (s.u. 7.2).

Eine "vollständige" Persönlichkeitstheorie hätte eine gründliche Explikation aller angedeuteten Bedingungsbeziehungen zum Inhalt. Dies ist nicht das Ziel dieses Buches. Auch ist fraglich, inwieweit ein solches Vorhaben sinnvoll wäre: Wie sich an Einzelversuchen zu umfassenden psychologischen Systemen zeigt, wird die Breite des Gegenstandsbereichs fast zwangsläufig mit einer eher "flachen", unpräzisen, ausschnitthaften Behandlung von Einzelgegenständen erkauft, die häufig hinter den Analysen dieser Gegenstände durch die zuständigen Einzeldisziplinen zurückbleibt (innerhalb der Persönlichkeitspsychologie gilt dies z.B. für die übergreifenden und quantitativ imposanten Bemühungen von Allport oder Cattell). Die nachfolgenden Kapitel werden sich deshalb auf die funktionalen und strukturellen Relationen solcher Persönlichkeitsmerkmale konzentrieren, die sich in direkter Weise auf emotionale und motivationale Phänomene beziehen.

2.4 Persönlichkeit, Entwicklung und Lernen

Als "Entwicklung" (im ontogenetischen Sinne) werden üblicherweise alle alterskorrelierten Veränderungen physischer oder psychischer Strukturen und Prozesse bezeichnet (vgl. Montada, 1982). Mit dem "Alter", also dem Zeitablauf über Lebensabschnitte und nicht über einzelne Sekunden oder Tage hinweg, können Veränderungen nur dann in Zusammenhang stehen, wenn die sich verändernden Sachverhalte innerhalb dieser Abschnitte relativ zeitkonstant sind. Dies können sie tun, indem sie entweder überdauernd vorhanden sind oder wiederholt auftreten.

Hieraus folgt – auf der Basis der im ersten Kapitel (1.1) diskutierten Persönlichkeitsdefinition –, daß es sich bei "Entwicklung" immer dann um die Entwicklung von Persönlichkeitsmerkmalen handelt, wenn die betreffenden, abschnittweise (semi-)permanenten Sachverhalte interindividuell variieren können. Personbezogene, psycho-physische Sachverhalte aber zeigen in aller Regel Variation zwischen Personen. Die Schlußfolgerung ist, daß *"Entwicklung" in der Regel mit "Persönlichkeitsentwicklung" gleichzusetzen ist.* (Natürlich ist es dennoch möglich und heuristisch oft auch sinnvoll, von individueller Merkmals- und Entwicklungsvariation zu abstrahieren und mithin Entwicklung *nicht* als Persönlichkeitsentwicklung zu analysieren).

"Entwicklung" und "Persönlichkeitsentwicklung" bestehen also in der Veränderung habitueller Prozesse und semipermanenter, überdauernder Strukturen. Wie kommen solche Veränderungen zustande? Üblicherweise wird hier angenommen, daß es sich dabei entweder um Reifungs- bzw. Involutionsprozesse oder um Lernvorgänge handelt. Bei näherer Betrachtung aber zeigt sich, daß dies nicht die einzigen Möglichkeiten sind. Die folgenden Denkmöglichkeiten zu (direkten) Entwicklungseinflüssen sind zu unterscheiden, wobei Merkmale der oben (2.1) vorgestellten Taxonomie als Einflußfaktoren wie als Produkte von Entwicklung fungieren können (systematisch hierzu Pekrun, 1986, Kap. 2.4):

(1) Entwicklung körperlicher Strukturen. Basis der Entwicklung anatomisch-physiologischer Strukturen einer Person sind zunächst die Veränderungspotentiale, die solchen Strukturen selber innewohnen. Sie bestehen vor allem in genetischen Informationen, die unter Zuhilfenahme externer Stoff- und Energiezufuhr zu körperlichen Reifungs- und Involutionsprozessen führen. Daneben können aber auch habituelle physiologische Prozesse (z.B. habituelle Fehlernährung, habituell hohe Aktivation) zu permanenten körperlichen Strukturänderungen führen, und dasselbe gilt grundsätzlich auch für habituelle psychische Abläufe (beispielsweise bei der Entwicklung psychosomatischer Störungen).

(2) Entwicklung habitueller körperlicher Prozesse. Auch für Entwicklungen körperlicher Prozesse sind Reifungs- und Involutionsvorgänge und damit Veränderungen zugrundeliegender körperlicher Strukturen zentral (z.B. bei der Entwicklung von Stoffwechselvorgängen auf der Basis der Reifung von Drüsenorganen). Daneben kann Entwicklung aber auch hier auf Einwirkungen habitueller psychischer Prozesse beruhen (Beispiel: Veränderungen habitueller Aktivationsmuster auf der Basis veränderter Wahrnehmungs-, Kognitions- und Gefühlsinhalte im Prozeß des Älterwerdens).

(3) Entwicklung kognitiver Strukturen. Für kognitive Strukturen (Gedächtnisinhalte) kann zunächst ähnlich wie für körperliche Strukturen angenommen werden, daß Entwicklungen auf ihnen innewohnendem, *eigenem Veränderungspotential* basieren können. Zu solchen Entwicklungen zählen vor allem Veränderungen von Gedächtnisspuren, die nicht durch psychische Prozesse (z.B. aktives Memorieren) zustandekommen, sondern rein gedächtnisintern ablaufen: Konsolidierung von Informationen nach der Überführung ins Gedächtnis (dies ist allerdings ein eher kurzfristiger, Stunden oder Tage umfassender Prozeß; vgl. Davis & Squire, 1984); Löschung nicht mehr aktivierter Gedächtnisinhalte (ein Prozeß, der sich über Jahre erstrecken kann und insoweit dem Entwicklungsbegriff zu subsumieren ist); eventuell gedächtnisinterne Modifikationen von Gedächtnisinhalten (ohne Aktivierung in Gestalt aktueller Kognitionen; eine bisher kaum untersuchte Möglichkeit).

Für die Entwicklung angeborener kognitiver Strukturen sind daneben auch genetische Informationen, also spezielle *körperliche Strukturen* und damit Reifungsvorgänge zentral. Im Unterschied zu körperlichen Strukturen können *körperliche Prozesse* nicht nur auf vererbte kognitive Strukturen, sondern auf alle Typen solcher Strukturen Einfluß nehmen (ein Beispiel liefern die Folgen habitueller, zentralnervöser Intoxikationen durch Alkohol oder andere Drogen).

Auch *psychische Prozesse* schließlich können auf alle Arten kognitiver Strukturen Einfluß nehmen. Diese letzte Möglichkeit ist derjenige Spezialfall, der üblicherweise als *Lernen* bezeichnet wird (s.u.). Umwelteinflüsse auf kognitive Strukturen werden vor allem durch Mechanismen dieser Art vermittelt.

(4) Entwicklung von Erleben und Verhalten. Als materielle Träger psychischer Abläufe sind körperliche Strukturen und Prozesse des zentralen Nervensy-

stems anzusehen. Dementsprechend entwickeln sich z.B. Tempo und Struktur zentralnervöser Informationsverarbeitung auf der Basis von körperlichen Strukturänderungen (also u.a. körperlichen Reifungs- und Involutionsprozessen) und auf der Basis physiologischer Abläufe (also beispielsweise Veränderungen des neurochemischen Stoffwechsels; s.u. Kap. 3.2). Entscheidende *inhaltliche* Grundlagen für die Entwicklung von Erleben und Verhalten aber sind Veränderungen der jeweils zugeordneten kognitiven Strukturen. Verändern sich beispielsweise emotionsrelevante kognitive Schemata, so verändern sich auch die Emotionen, die auf ihnen basieren (s.u. Kap. 4).

(5) Umwelteinflüsse. Bei den bisher diskutierten Möglichkeiten handelt es sich jeweils um Entwicklungsverursachung durch Faktoren, die innerhalb der Person lokalisiert sind. Hiervon zu trennen sind Veränderungen, die durch Umweltfaktoren bewirkt werden. In direkter Weise können Umweltfaktoren - wie im letzten Abschnitt diskutiert - vor allem Einfluß auf physiologische Abläufe und auf Wahrnehmungen ausüben. Daneben können sie auch körperliche Strukturen direkt beeinflussen (z.B. bei Verletzungen). Veränderungen von psychischen und physiologischen Abläufen, die in direkter Weise von Umweltfaktoren bewirkt werden, können zu Strukturänderungen kognitiver oder körperlicher Art führen (s.o.) und durch solche Strukturänderungen dauerhaft gemacht werden. Gehen sie hingegen nicht mit Strukturänderungen einher, so sind Umweltwirkungen nur so lange von Bestand, wie die betreffenden Umweltfaktoren ihren Einfluß ausüben. Entfallen diese Einflüsse, so entfallen auch die jeweiligen Änderungen in Erleben und Verhalten.

Fraglich ist deshalb, ob strukturneutrale Erlebens- und Verhaltensänderungen dem Entwicklungsbegriff subsumiert werden sollten. Auf der pädagogisch-psychologischen und praktischen Ebene ist damit ein fundamentales Problem von Erziehungsmaßnahmen verknüpft: Bewirken solche Maßnahmen - z.B. Lob und Strafe - nur Veränderungen habituellen Verhaltens und Erlebens ohne entsprechende Strukturänderungen, so verschwindet das betreffende Verhalten - also z.B. Gehorsam - sofort wieder, wenn die jeweilige Maßnahme entfällt. Erst bei gleichzeitig bewirkten Veränderungen von überdauernd existenten Strukturen ist zu erwarten, daß die jeweiligen Erziehungsbemühungen auch über den Zeitraum der betreffenden Maßnahmen hinaus verhaltens- und erlebenswirksam sind.

Aus der Vielfältigkeit und Vernetzung dieser Möglichkeiten direkter Entwicklungsverursachung folgt, daß Entwicklung jeweils auch in indirekter Weise durch weitere Faktoren verursacht oder mitbeeinflußt werden kann (vgl. Abb. 2.2). Dies bedeutet z.B., daß Entwicklungseinflüsse auf kognitive Abläufe auf dem Wege über resultierende Strukturänderungen jeweils weitere Strukturänderungen sowie Änderungen anderer habitueller Prozesse nach sich ziehen können. Auch impliziert dies, daß Umweltfaktoren nicht nur auf körperliche und psychische Prozesse, sondern - von diesen vermittelt - auch auf überdauernde psycho-physische Strukturen Einfluß nehmen können. In diesem Sinne werden z.B. Umwelteinflüsse auf kognitive Strukturen großteils von psychischen Abläufen vermittelt, wobei immer Wahrnehmungen der betreffenden Umweltsachverhalte, meist aber auch weitere, interpretatorische, emotionale und motivationale Prozesse an solchen Vermittlungsprozessen beteiligt sind (s.u. 4.3, 6.39).

"Entwicklung" und "Persönlichkeitsentwicklung" umfassen mithin - den diskutierten, vielfältigen Bedingungsvernetzungen von Persönlichkeitsmerkmalen entsprechend (s.o. 2.3) - potentiell sehr komplexe, miteinander verflochtene Abläufe. Glücklicherweise spielt im konkreten Fall jeweils nur eine Teilmenge der genannten Möglichkeiten eine größere Rolle (für die Ontogenese von Emotion und Motivation wird dies in Kap. 4 und 6 diskutiert). Wesentlich für die psychische Entwicklung sind dabei vor allem Veränderungen kognitiver Strukturen, die von psychischen Abläufen bewirkt werden. Wie oben bereits bemerkt, werden solche Veränderungen üblicherweise dem Begriff "Lernen" zugeordnet. Wegen ihres zentralen Stellenwerts auch für die emotions- und motivationsbezogene Persönlichkeitsentwicklung sind einige Grundprinzipien persönlichkeitsrelevanten Lernens im folgenden zu diskutieren.

Persönlichkeitsentwicklung und Lernen

Als "Lernen" ist im Sinne der obigen Begriffsführung jede kognitive Strukturänderung zu bezeichnen, die durch Wahrnehmung, Kognition, Emotion, Motivation oder andere psychische Abläufe hervorgerufen wird. Beispiele: (a) Aufbau eines deklarativen Personschemas auf der Basis wiederholter Wahrnehmungen einer bisher fremden Person. (b) Speicherung von Handlungsalternativen im Handlungsgedächtnis, nachdem in einer wichtigen Entscheidungssituation unterschiedliche Handlungsmöglichkeiten kalkuliert worden sind. (c) Aufbau eines prozeduralen Emotionsschemas, das bestimmte Wahrnehmungen mit der Auslösung einer bestimmten Emotion verknüpft, auf der Grundlage wiederholter Koppelungen der jeweiligen Wahrnehmungen mit der betreffenden Emotion (s.u. 4.3). (d) Aufbau und Verbesserung eines prozeduralen, motorischen Verhaltensschemas durch wiederholte Koppelungen bestimmter feinmotorischer Reaktionen (z.B. beim Üben eines Klavierstücks).

Zu unterscheiden ist dabei zwischen Lernvorgängen selber und lernabhängigen, sekundären Veränderungen andererseits. Bei *lernabhängigen* Veränderungen handelt es sich um alle diejenigen Veränderungen, die auf gelernten Änderungen kognitiver Strukturen beruhen. Beispiel: Änderungen von Emotion und Motivation auf der Basis gelernter Erwartungen. "Gelernt" sind in einem solchen Fall nicht die betreffenden Emotionen oder Motivationen, sondern die Erwartungsschemata, die ihrer Auslösung zugrundeliegen. (In einem ähnlichen Sinne kann die "Reifung" von körperlichen und kognitiven Strukturen unterschieden werden von reifungsabhängigen Entwicklungen derjenigen Prozesse, die auf den jeweils aufgebauten oder veränderten Strukturen beruhen).

Lernvorgänge lassen sich dabei u.a. nach ihren Strukturen, ihren Produkten, ihren Quellen und dem relativen Ausmaß an Selbst- vs. Fremdbestimmung ordnen:

Strukturen von Lernen

Im Sinne dieses Gesichtspunkts ist insbesondere zwischen deklarativem (informationsabhängigem, deklarativem) Lernen einerseits und prozeduralem (prozedurabhängigem) Lernen andererseits zu unterscheiden (vgl. Anderson, 1982, 1987). Bei *deklarativem, informationsabhängigem Lernen* werden Informationen, die im Zuge psychischer Prozesse intern repräsentiert, transformiert oder neu produziert wurden, in Gedächtnisinhalte gewandelt (ins Langzeitgedächtnis überführt). Informationsabhängiges, Informationen transportierendes Lernen führt zu Gedächtnisinhalten prinzipiell deklarativ-figurativen Charakters. (Dabei kann es sich natürlich auch um deklarative Repräsentationen von Prozeduren handeln: Deklaratives Wissen kann sich auf Prozeduren beziehen; s.o. 2.1).

Prozedurales, prozedurabhängiges Lernen hingegen besteht darin, daß "Prozeduren", also psychische, motorische oder physiologische Abläufe im Zuge von Übungsprozessen aufgebaut, gekoppelt, modifiziert oder differenziert werden und anschließend in Gestalt prozeduraler Schemata gespeichert werden, ohne daß gleichzeitig deklarative Repräsentationen dieser Prozeduren geschaffen und gespeichert werden müssen. Bei Schemaaktivierung können die betreffenden Prozeduren dann ausgeführt werden, ohne daß diese Prozeduren (bewußt oder unbewußt) kognitiv repräsentiert sind. Beispiele: Konditionierungsvorgänge ohne "awareness", bei denen über entsprechende CS-UCS-Koppelungen prozedurale Schemata aufgebaut werden, deren spätere Aktivierung zur unmittelbar CS-abhängigen Reaktionsauslösung führt (ohne kognitive, repräsentatorische Zwischenprozesse; vgl. Brewer, 1974); Verfeinerungen motorischer Schemata durch motorische Übung; Lernen von Erzeugungsregeln für die eigene Muttersprache ohne deklarative, berichtbare Repräsentationen dieser Regeln etc.

Zu bedenken ist dabei, daß Lernvorgänge häufig gleichzeitig informationellen wie prozeduralen Charakter besitzen (z.B. beim bewußten Lernen und Üben der Grammatik einer fremden Sprache, das zu intern gespeicherten Erzeugungsregeln führt, die sowohl deklarativ berichtbar als auch prozedural verwendbar sind). Darüber hinaus sehen Lernvorgänge häufig so aus, daß bestimmte Prozeduren zunächst auf deklarative Weise erworben werden, anschließend aber im Verlauf von Übung auf prozedurale Weise routinisiert werden (auch hierfür sind Sprachlernen und feinmotorisches Üben gute Beispiele).

Für den Erwerb bestimmter kognitiver Fertigkeiten werden solche Sequenzen von informations- und prozedurabhängigem Lernen von Fitts (1964) und von Anderson (1982, 1987) näher beschrieben. Anderson (1982) bezeichnet dabei in einem Drei-Phasen-Modell (a) informationsabhängiges Lernen als "deklarative Phase"; für nachfolgendes prozedurabhängiges Lernen differenziert er zwischen (b) einer Übergangsphase ("knowledge compilation"), die prozedurabhängige Wandlungen von deklarativer in prozedurale Information umfaßt, und (c) einer nachfolgenden, ausschließlich prozeduralen Lernphase.

Produkte von Lernen

Ihren Produkten entsprechend lassen sich Lernvorgänge nach denselben Inhaltskriterien ordnen wie diese Produkte selber (vgl. auch Gagné, 1984). Auf solche Kriterien wurde oben (2.1.2) bereits eingegangen. In diesem Sinne läßt sich z.B. das Lernen von deklarativen Inhalten einerseits und prozeduralen Inhalten andererseits unterscheiden. Um Produktkriterien handelt es sich beispielsweise auch bei den meisten derjenigen Kriterien, nach denen Pädagogik und (offizielle) Curricula institutionell veranstaltete Lernvorgänge klassifizieren (nämlich nach inhaltlich-stofflichen Zuordnungen).

Für die Emotions- und Motivationswirkungen gelernter kognitiver Strukturen ist daneben auch entscheidend, daß solche strukturellen Lernprodukte "stärker" oder "schwächer" sein können (vgl. auch Anderson, 1983). Die *Stärke einer Repräsentation* (einer "Gedächtnisspur") manifestiert sich in (a) der Aktivierbarkeit dieser Repräsentation (in Form von Erinnerungs- oder Erkennensleistungen); und (b) der Modifizierbarkeit der Repräsentation: Je stärker die Repräsentation ist, desto leichter ist sie aktivierbar und desto schwerer ist sie durch neue Informationen veränderbar. Eine Funktion der Repräsentationsstärke kann darüber hinaus die Intensität und Klarheit von Wahrnehmungen und Kognitionen sein, die sich bei Aktivierung der Repräsentation ergeben.

Abhängen dürfte die Stärke einer überdauernden Repräsentation vor allem von zwei Parametern zugrundeliegender Lernvorgänge: (a) Der Intensität des einzelnen Speicherungsvorgangs. Sie ist eine Funktion von Klarheit und Intensität der zu speichernden Wahrnehmungen oder Kognitionen und vom Ausmaß der im Wahrnehmungs-/Kognitionsprozeß und im Speicherungsprozeß berücksichtigten kognitiven Querverbindungen ("Tiefe" bzw. "Elaboriertheit" von Speicherungen). Beide Faktoren und damit die Intensität der Speicherung dürften wesentlich von der *Valenz* der jeweiligen Information abhängen. (b) Der Anzahl der Speicherungsvorgänge. Wiederholte Speicherungsvorgänge können insbesondere darin bestehen, daß die jeweilige Information intern wiederholt kogniziert wird ("rehearsal"); oder darin, daß die jeweilige Information wiederholt zugeführt wird (indem z.B. entsprechende Umweltwahrnehmungen sich wiederholen).

Quellen von Lernen

Entwicklungs- und persönlichkeitspsychologisch entscheidend ist schließlich aber auch eine Differenzierung von Lernvorgängen nach den Quellen, denen die jeweiligen Informationen und Prozeduren ursächlich zuzuordnen sind. Dies ist derjenige Ordnungsgesichtspunkt, der von traditionellen psychologischen Lerntheorien bevorzugt thematisiert wurde. Im Sinne dieses Gesichtspunkts lassen sich für *deklaratives, informationsabhängiges Lernen* u.a. die folgenden Grundkategorien unterscheiden (vgl. auch Pekrun, 1985a):

(a) Wahrnehmungsabhängiges Lernen. Dabei handelt es sich um Speicherungen von Informationen aus der Umwelt oder dem eigenen Körper. Solchen Speicherungen müssen Wahrnehmungen (aktuelle Repräsentationen der zu lernenden Umwelt- oder Körperaspekte) vorausgehen. Zusätzlich können andere psychische Prozesse an Informationstransformationen und -ergänzungen beteiligt sein, die vor der Speicherung vorgenommen werden. Unterscheiden läßt sich dabei Lernen auf der Basis direkter Information über den jeweils thematisierten Sachverhalt (*Beobachtungslernen*) von Lernen auf der Basis symbolischer, indirekter

Information (*symbolisches Wahrnehmungslernen*).

Ein motivations- und verhaltenspsychologisch wichtiger Spezialfall von Beobachtungslernen sind Vorgänge des *Modellernens* (s.u. 4.3). Ein anderer wichtiger Spezialfall sind Speicherungen von Informationen über Relationen zwischen Person und Umwelt. Die jeweiligen Umweltinformationen gelangen dabei auf exterozeptivem Wege ins zentrale Nervensystem, die personbezogenen Informationen auf extero- und/oder interozeptive Weise. Beispiele: (a) Lernvorgänge zu den Grenzen zwischen eigenem Körper und Umwelt; sie dürften für die Identitätsbildung entscheidend sein. (b) Vorgänge "klassischen" und "operanten" Konditionierens, soweit solche Vorgänge Repräsentationen der jeweiligen Stimuli, eigenen Verhaltensweisen und Verstärker einschließen. Dabei handelt es sich um den Aufbau von generalisierten, verhaltensbezogenen Erwartungsüberzeugungen (s.o. 2.2.1), also von deklarativen Schemata, die Verhaltensweisen, vorauslaufende situative Stimuli und nachfolgende Konsequenzen einschließlich ihrer zeitlichen Relationen repräsentieren (vgl. Kap. 4.3).

(b) Kognitionsabhängiges Lernen (intern-kognitives Lernen): Speicherung von Informationen, die nicht auf Wahrnehmungen beruhen, sondern intern vom zentralen Nervensystem produziert werden, also von kognitiven Prozessen. Beispiele: Speicherung der selbstgefundenen, gedanklichen Lösung eines mathematischen Problems; Speicherung der Ergebnisse eines Nachdenkens über Wert und Unwert gesellschaftlich geforderter Leistungen; Speicherung einer plötzlichen Einsicht über die Gründe für die Ähnlichkeit zweier Freunde; Speicherung des Ablaufs eines Traums; Speicherung des Erkennens eigener emotionaler Reaktionen auf bestimmte Situationen etc. Solche Lernvorgänge sind von der Psychologie etwas vernachlässigt worden (Ausnahmen finden sich vor allem in der Denk- und Kreativitätspsychologie). Für eine Analyse von selbstbestimmten Handlungs- und Lebensplänen und generell von individuell-kreativen, überdauernden Problemlösungen aber dürften sie entscheidend sein.

Die Unterscheidung von wahrnehmungs- und kognitionsabhängigem Lernen ist dabei natürlich eher heuristischer Natur: Wahrnehmungen sind in der Regel schemagesteuert, enthalten also eine Komponente intern produzierter Information; und in vielen Fällen sind sowohl Wahrnehmungs- als auch getrennt von ihnen produzierte interne Informationen gemeinsam an Lernvorgängen beteiligt. Dies ist z.B. immer dann der Fall, wenn Problemlösen nicht rein intern abläuft, sondern partiell nach außen verlagert wird, indem Problembestandteile symbolisch (z.B. schriftlich) oder materiell-direkt (bei materiell faßbaren Problemen) in der Welt außerhalb des eigenen Kopfes aufgesucht, fixiert, erzeugt oder transformiert werden.

Auch für *prozedurales Lernen* schließlich ist es möglich, nach den jeweiligen Quellen zu differenzieren. In einem höheren Maße als bei informationsabhängigem Lernen sind dabei Quelle und Produkt von Lernvorgängen einander direkt zugeordnet: Bei informationsabhängigem Lernen können Informationen aus Quellen stammen, die als solche mit dem jeweils gelernten Sachverhalt nichts zu tun haben. So wird z.B. beim symbolabhängigen Lernen fremdsprachlicher Vokabeln nicht etwas über das als Quelle vorhandene Vokabelbuch und seine Druckerschwärze gelernt, sondern über die auf symbolische Weise von ihm vermittelten Informationen. Prozedurabhängiges Lernen hingegen besteht darin, daß durch das Ausführen einer Prozedur eine prozedurales Schema aufgebaut oder modifiziert wird, das sich auf genau diese Prozedur bezieht (wobei dieser Vorgang – anders als bei informationsabhängigem Lernen – nicht von perzeptiv-kognitiven Repräsentationen der jeweiligen Prozedur vermittelt wird).

Die jeweiligen Prozeduren sind mithin als unmittelbare Quellen solcher Lernvorgänge anzusehen. Unterscheiden lassen sich dabei u.a. (a) Prozeduren, die Wahrnehmungen oder Kognitionen mit motorischen Reaktionen verknüpfen (z.B. beim klassischen Konditionieren solcher Reaktionen); (b) Prozeduren, die Wahrnehmungen/Kognitionen an andere Wahrnehmungen/Kognitionen koppeln (z.B. bei Habitualisierungen von Denkabläufen; vgl. Anderson, 1982); und (c) Prozeduren, die Wahrnehmungen oder Kognitionen mit der Auslösung von Emotionen oder Motivationen verknüpfen (s.u. Kap. 4.3 und 6.3).

Selbst- vs. fremdbestimmtes Lernen

Für die Persönlichkeitsentwicklung ist schließlich auch entscheidend, daß Lernen eher selbst- oder eher fremdbestimmt sein kann. Von *selbstbestimmtem Lernen* soll hier dann gesprochen werden, wenn der jeweilige Lernvorgang von der Person absichtlich initiiert und gesteuert wird, ihm also – in motivationstheoretischer Terminologie – eine "Motivation" zum Lernen zugrundeliegt. In diesem Sinne ist z.B. die zufällige Aufnahme und Speicherung fremdsprachlicher Information während eines Schulunterrichts nicht als selbstbestimmtes Lernen zu bezeichnen, wohl hingegen das intentionale Pauken von Vokabeln während nachmittäglicher Hausaufgaben (auch wenn entsprechende Lernintentionen ihrerseits partiell auf externe Einflüsse von Eltern und Schule zurückgehen, also partiell fremdbestimmt sind). Dabei gilt für alle Typen von Lernvorgängen, daß sie mehr oder minder selbstbestimmt sein können:

Wahrnehmungsabhängiges Lernen kann in der Weise selbstbestimmt sein, daß die jeweiligen Informationen aktiv und absichtlich aufgesucht oder produziert werden. In diesem Sinne kann z.B. Lernen zu Person-Umwelt-Relationen selbstbestimmt sein, indem eigene Handlungen mit der Absicht ausgeführt werden, ihre Wirkungen auf die Umwelt zu beobachten. *Kognitionsabhängiges Lernen*, also Lernen auf der Basis interner, selbstproduzierter Information, ist in einem gewissen Sinne immer "selbstbestimmt", da es primär von personinternen Abläufen und nur in indirekter Weise von Umweltfaktoren abhängt. Allerdings ist auch solches Lernen nur in einem Teil der Fälle "selbstbestimmt" im intentionalen Sinne (z.B. dann, wenn interne Problemlöseprozesse intentional durchgeführt werden oder Gedächtnisinhalte aktiv durchgearbeitet werden). In anderen Fällen hingegen findet kognitionsabhängiges Lernen nicht-intentional statt (wenn z.B. wiederkehrende Kognitionen automatisch zur Speicherung dieser Kognitionen führen).

Schließlich gilt auch für *prozedurabhängiges Lernen*, daß es mehr oder weniger stark "selbstbestimmt" sein kann. Zwar lassen sich in vielen Fällen weder Auslösung noch Ablauf solcher Vorgänge intentional auf direkte Weise steuern. Dies gilt z.B. in der Regel bei Prozessen der Verknüpfung von bestimmten

Wahrnehmungen und Kognitionen mit der Auslösung von Emotionen (s.u. Kap. 4.3). In anderen Fällen hingegen lassen sich solche Lernvorgänge intentional steuern; nämlich dann, wenn die jeweilige Prozedur intentional in Gang gesetzt und/oder gesteuert werden kann (Beispiel: Gezielt herbeigeführte Habitualisierung von bestimmten Denkprozessen – z.B. von Produktionen syntaktischer Sequenzen beim Sprachlernen – durch wiederholte Initiierung solcher Prozesse).

2.5 Zusammenfassung

In diesem Kapitel werden einige allgemeine persönlichkeitstheoretische Überlegungen zu Inhalten und Funktionsbeziehungen menschlicher Persönlichkeitsmerkmale vorgestellt, die auf dem in Kap. 1 vorgestellten Persönlichkeitsbegriff basieren. Zunächst wird eine allgemeine Taxonomie zu Persönlichkeitsmerkmalen entwickelt; als heuristischer Ausgangspunkt dienen Unterscheidungen zwischen körperlichen und psychischen Merkmalen und zwischen überdauernden Strukturen einerseits und habituellen Prozessen andererseits. Die resultierende vierkategoriale Taxonomie (körperliche Strukturen, habituelle körperliche Prozesse, psychische Strukturen, habituelles Erleben und Verhalten) wird dann – im Sinne einer Integration der Persönlichkeitspsychologie mit anderen psychologischen Disziplinen – nach Gesichtspunkten weiter differenziert, die auch in anderen Teildisziplinen der Psychologie üblich sind. Abschließend wird diese Taxonomie exmplarisch mit zwei traditionellen Persönlichkeitsklassifikationen (Guilford, Cattell) und mit den jüngeren, behavioral bzw. kognitiv orientierten Ansätzen von Buss und Craik, Mischel sowie Cantor und Kihlstrom verglichen.

Im zweiten Abschnitt wird die Taxonomie für diejenigen Kategorien von Kognitionen und kognitiven Strukturen näher differenziert, die für menschliche Emotion, Motivation und Handlung zentral sind: Kognitionen und Überzeugungen zu zeitlichen Relationen (inklusive Ursache-Wirkungs-Relationen) und zu valenzbezogenen Relationen. Dabei wird der Versuch unternommen, Konstrukte zu kausalen Erwartungen einerseits und zu Kausalattributionen andererseits anhand eines erweiterten Strukturmodells menschlicher Handlungen konzeptuell zu integrieren. Auf diese Weise zeigt sich auch deutlich, welche Typen kausaler Repräsentationen von der Allgemeinen Psychologie und insbesondere von der Persönlichkeitspsychologie bisher zu wenig beachtet worden sind (so z.B. Überzeugungen zu Möglichkeiten eigener Handlungskontrolle). Darüber hinaus werden Differenzierungen unterschiedlicher Typen subjektiver Valenzen eingeführt.

Anschließend (2.3) werden einige allgemeine Annahmen zu den Funktionsbeziehungen zwischen unterschiedlichen Teilsystemen menschlicher Persönlichkeit entwickelt (diese Analysen werden in den nächsten Kapiteln für die Bereiche Emotion und Motivation und in Kap. 7.1 in verallgemeinerter Weise weiter ausdifferenziert). Folgendes wird erläutert: (a) Psychische Prozesse aktueller oder habitueller Art sind hochgradig miteinander vernetzt; traditionelle, unidirektionale Modelle der Abfolge solcher Prozesse sind aufzugeben. (b) Prozesse und Strukturen der Person stehen ebenfalls in Wechselwirkungen. (c) Schließlich bestehen auch zwischen Person und Persönlichkeit einerseits und Personumwelten andererseits bidirektional-kausale Wechselwirkungen. Diese sind allerdings - dies wurde in der jüngeren Persönlichkeitspsychologie nicht hinreichend beachtet - großteils asymmetrischer Art.

Auf der Basis dieser Überlegungen werden zum Schluß (2.4) grundsätzliche Überlegungen zu menschlicher Entwicklung und Persönlichkeitsentwicklung vorgestellt. Zunächst wird erläutert, daß es sich bei "Entwicklung" (Ontogenese) faktisch immer auch um Persönlichkeitsentwicklung handelt; nur heuristisch läßt sich vom Persönlichkeitsaspekt menschlicher Entwicklung abstrahieren. Anschließend wird argumentiert, daß Reifungs- und Lernprozesse angesichts der Vielfalt an Funktionsbeziehungen der Teilsysteme menschlicher Persönlichkeit zwar zwei zentrale, aber nicht die einzigen Mechanismen menschlicher Entwicklung darstellen. Der Spezialfall menschlichen Lernens wird dann etwas näher diskutiert. Lernvorgänge lassen sich u.a. nach ihren Inhalten, ihren Strukturen und ihren Quellen differenzieren. Unter strukturellen Gesichtspunkten wird hier in Anlehnung an kognitionspsychologische Modellvorstellungen eine für alle Lernprozesse Gültigkeit beanspruchende Unterscheidung von informationsabhängigem und prozedurabhängigem Lernen eingeführt. Dem Kriterium der Quellen von Lernvorgängen entsprechend wird u.a. (a) differenziert zwischen Lernen auf der Basis von direkter Wahrnehmungsinformation (Beobachtungslernen), symbolischer Wahrnehmungsinformation und intern produzierter Information; und (b) zwischen selbstbestimmten und fremdbestimmten Lernprozessen.

Kapitel 3

EMOTION UND PERSÖNLICHKEIT: I. AKTUALGENESE

Im letzten Kapitel wurden allgemeine persönlichkeitstheoretische Überlegungen vorgestellt. Angesichts der Vielfalt menschlicher Persönlichkeitsmerkmale und ihrer Funktionsbeziehungen mußten sie sich zwangsläufig auf eher rahmentheoretische Annahmen beschränken. Im vorliegenden und den nächsten drei Kapiteln sind diese allgemeinen Überlegungen nun für zwei zentrale, miteinander verknüpfte Bereiche menschlicher Persönlichkeit zu konkretisieren: Emotion (in diesem und dem nächsten Kapitel) und Motivation (Kap. 5 und 6). Wesentliches Ziel ist dabei gleichzeitig, nicht (wie es so häufig geschieht) in idiosynkratisch-persönlichkeitspsychologisches Denken abzurutschen, sondern allgemein-, entwicklungs- und persönlichkeitspsychologische Perspektiven zu integrieren.

Aus diesem Ziel und aus den sachlogischen Notwendigkeiten ergibt sich fast zwangsläufig, in welcher Reihenfolge Probleme menschlicher Emotion hier zu diskutieren sind. Als Startpunkt ist zunächst eine Klärung des problematischen Begriffs "Emotion" zu unternehmen (3.1). Als nächstes ist es unumgänglich, zunächst Vorstellungen zur *Aktualgenese* von Emotionen und damit allgemeinpsychologische Überlegungen zu entwickeln (3.2, 3.3); ohne solche Vorstellungen sind Modellbildungen zu den *Persönlichkeits*-Korrelaten und -Bedingungen von Emotionen und zur emotionsbezogenen Persönlichkeitsentwicklung (Kap. 4) zum Scheitern verurteilt. Die Vernachlässigung dieser Notwendigkeit ist als zentraler Grund dafür anzusehen, daß die Persönlichkeitspsychologie bisher weder zu befriedigenden taxonomischen Ansätzen in diesem Bereich noch zu systematischen Erklärungen gelangte. Wesentliches Ziel ist dabei gleichzeitig, zu einer Integration unterschiedlicher theoretischer Perspektiven innerhalb der Emotionspsychologie beizutragen: Bei der zeitgenössischen Emotionspsychologie handelt es sich ähnlich wie bei der Persönlichkeitspsychologie um ein Feld von fragmentarisierten theoretischen Einzelansätzen und engen, einzelnen empirischen Forschungsprogrammen (mit Ausnahmen wie Scherer, 1984; vgl. auch Kuhl, 1983b; und s.u.).

Dabei wird zunächst auf allgemeine Prinzipien der Aktualgenese von Emotionen eingegangen, die Gültigkeit für alle menschlichen Emotionen beanspruchen (3.2). Anschließend (3.3) wird ein Modell zu den spezifischen Bedingungen einiger grundlegender Einzelemotionen skizziert ("Zeit-Wert-Distanz-Modell"; ZWD-Modell). Gleichzeitig soll mit diesem Modell ein Beitrag zu einer Verknüpfung der unterschiedlichen zeitgenössischen Einzelansätze zu spezifischen menschlichen Emotionen (depressiven Gefühlen, Angst etc.) geliefert werden.

Auf der Basis dieser terminologischen und aktualgenetischen Überlegungen kann dann im nächsten Kapitel auf den konzeptuellen Status emotionsbezogener

Persönlichkeitsmerkmale, auf die Persönlichkeitskorrelate und -bedingungen von Emotionen und auf emotionsbezogene Entwicklung eingegangen werden.

3.1 Begriffsklärungen: Was ist eine "Emotion"?

Der Begriff "Emotion" gehört zu denjenigen psychologischen Begriffen, bei denen ein Kern gemeinsamer Begriffsverwendungen nur unter Schwierigkeiten auszumachen ist. "Emotion" wurde u.a. definiert als physiologisch-periphere Aktivierung (z.B. Wenger, Jones & Jones, 1956) oder das Erleben solcher Aktivierung (James, 1884); zentralnervöse Aktivierung allgemeiner oder spezifischer (z.B. hypothalamischer) Art (Freud, 1915; Cannon, 1928); Handlungstendenz bzw. erlebte Handlungstendenz (McDougall, 1921; Arnold, 1960) etc. (zusammenfassend Kleinginna & Kleinginna, 1981). Unterschiedliche Definitionen spiegeln dabei die verschiedenen emotionstheoretischen Traditionen der Psychologie (vgl. Plutchik, 1980).

In jüngerer Zeit finden sich vor allem Komponentendefinitionen, die "Emotionen" unterschiedliche Bestandteile zuschreiben. Zahl und Art der Komponenten variieren dabei von Autor zu Autor. So definiert beispielsweise Plutchik (1980, 1985) "Emotion" als eine Sequenz von (1) kognitiven Situationseinschätzungen; (2) subjektivem Gefühl; (3) physiologischem Arousal; (4) Verhaltensimpuls; und (5) Verhalten. Izard (1971, 1977) bezieht die folgenden Komponenten in seinen Emotionsbegriff ein: (1) neurophysiologisch-zentralnervöse Prozesse; (2) subjektives Gefühlserleben; und (3) motorisches Verhalten instrumenteller und expressiver Art. Ähnlich ist die Begriffsführung von Lazarus (1975); "Emotionen" umfassen in seiner Sicht (1) subjektiven "Affekt"; (2) physiologische Veränderungen; und (3) Impulse zu expressivem und instrumentellem Verhalten. Scherer (1984) schließlich ist der Auffassung, daß die zeitgenössisch-wissenschaftliche Begriffsführung Emotionen vor allem die folgenden Bestandteile zuschreibe: (1) Kognitionen (insbesondere kognitive Situationseinschätzungen); (2) subjektive Gefühlszustände; (3) physiologische Aktivierung; (4) motivationale Tendenzen; und (5) Ausdrucksverhalten.

Gründe für die Problematik des Emotionsbegriffs

Das babylonische Sprachchaos um Begriffe wie "Emotion", "Affekt", "Stimmung", "Gefühl" etc. spiegelt zum einen schlicht den Zustand der Emotionspsychologie, die gegenüber anderen Teildisziplinen der Allgemeinen Psychologie (z.B. gegenüber der inhaltlich benachbarten Motivationspsychologie) lange Zeit eher zurückgeblieben war. Dies hat seine Ursache wesentlich in der Vernachlässigung emotionaler Prozesse in der Psychologie des letzten halben Jahrhunderts (vgl. Scherer, 1981), die aus der Dominanz verhaltensorientiert-behavioristischer Ansätze in den mittleren Jahrzehnten dieses Jahrhunderts und der anschließenden, bis in die achtziger Jahre reichenden Dominanz kognitiv-rationalistischer Ansätze zu erklären ist. Noch ein anderer, tiefer liegender Grund für die terminologischen Schwierigkeiten mit dem Emotionsbegriff aber läßt sich ausmachen (hierzu auch Pekrun, 1983a, Kap. 2):

Die meisten psychologischen Phänomene lassen sich definitorisch eingrenzen anhand von Referenzen auf objektivierbare Sachverhalte, die in der empirischen Welt außerhalb des subjektiven Bewußtseins beobachtbar sind. Dies gilt nicht nur für außerpsychische Prozesse wie manifestes Verhalten oder physiologische Veränderungen, sondern auch für Wahrnehmungen, Kognitionen, Gedächtnisinhalte und das Erleben physiologischer Prozesse: Alle diese psychischen Abläufe und Strukturen lassen sich definieren mit Hilfe von Verweisen auf die jeweiligen empirischen Gegenstände, die von ihnen repräsentiert werden (also z.B. anhand von Verweisen auf empirisch vorhandene räumliche Objekte bei räumlichen Wahrnehmungen, Kognitionen und Gedächtnisinhalten; oder auf reale physiologische Prozesse beim Erleben solcher Prozesse, also bei Gefühlen von Hunger, Durst, allgemeiner physiologischer Aktivierung etc.).

Bei subjektiven emotionalen Zuständen hingegen ist dies nicht möglich. Zieht man von einem solchen Zustand die möglicherweise vorhandenen kognitiven Anteile und möglicherweise vorhandenen Wahrnehmungen physiologischer Prozesse ab, so bleiben Erlebenskomponenten übrig, die nicht unter Verweis auf Außenweltsachverhalte beschreibbar sind. Reduziert man z.B. das Erleben von Angst um Kognitionen der Bedrohung und Wahrnehmungen physiologischer Aktivierung, so ergibt sich ein spezifischer, nur für "Angst" charakteristischer, aber nicht mit Referenz auf Außensachverhalte bestimmbarer Erlebensanteil (klinisch manifestiert sich dieser Erlebensanteil in emotionalen Zuständen, die von zugeordneten Kognitionen und Wahrnehmungen dissoziiert sind). Hierin liegt wohl ein fundamentaler Unterschied zwischen emotionalem Erleben und Repräsentationen von Sachverhalten, die außerhalb des zentralen Nervensystems lokalisiert sind (Außenweltsachverhalte, Körpervorgänge).

Im Sinne wissenschaftlicher Verständigungsmöglichkeiten ist es dennoch unumgänglich, den Emotionsbegriff zu präzisieren. Zwar fallen explizite Definitionen dieses Begriffs auch heute noch so unterschiedlich aus, daß Emotionstheorien sich von Autor zu Autor auf unterschiedliche Sachverhalte beziehen müßten. Sieht man aber die faktischen Begriffsverwendungen an, so ist die Lage zum Glück nicht ganz so dramatisch:

Begriffskerne des Emotionskonzepts

(a) Es besteht weitgehend Einigkeit darüber, daß eine begrenzte Zahl psychischer Einzelphänomene eindeutig Gegenstände der Emotionspsychologie sind. Zu diesen Einzelgegenständen zählen u.a. "Freude", "Traurigkeit", "Angst", "Ärger", "Scham" und "Ekel". Ihnen lassen sich andere Phänomene gegenüberstellen, die in der Regel nicht als Gegenstände der Emotionspsychologie angesehen werden: emotionslose, "kalte", auf Dinge ohne hohe persönliche Relevanz bezogene Wahrnehmungen, Kognitionen und Denkvorgänge; physiologisch-perzeptiv begründete psychische Phänomene wie "Hunger", "Durst", "Schmerz" etc. (Allerdings gibt es hier Ausnahmen; so ordnet z.B. Cattell "Hunger" und ähnliche Phänomene explizit als "Emotionen" ein; Cattell, 1979, S. 143).

(b) Viele Ein-Komponenten-Definitionen und so gut wie alle Mehr-Komponenten-Definitionen des Emotionsbegriffs fassen "Emotion" als ein spezifisches subjektives Erleben auf bzw. sehen ein solches Erleben als eine Komponente von Emotionen an. In ähnlicher Weise scheint für den alltäglichen Sprachgebrauch zu gelten, daß unter "Angst", "Ärger", "Freude" etc. eine spezielle Klasse von Erlebensprozessen zu verstehen ist. Alle anderen möglichen Gegenstände des Emotionsbegriffs tauchen sowohl in Ein- wie in Mehr-Komponenten-Definitionen seltener auf (am häufigsten finden sich neben subjektivem Erleben noch physiologische Aktivierung und Ausdrucksmotorik als Begriffsgegenstände; Kleinginna & Kleinginna, 1981).

Konsequenzen: Eine reduktive Emotionsdefinition

In der geschilderten Situation gibt es vor allem zwei Möglichkeiten, den Emotionsbegriff zu verwenden: (1) Eine erste Möglichkeit wäre, "Emotion" als komplexen, zusammengesetzten Sachverhalt zu definieren, dem (mindestens) diejenigen Komponenten zuzuordnen sind, über deren Einbeziehung relative Einigkeit erzielt werden könnte: subjektives emotionales Erleben, physiologische Aktivierung und Ausdrucksmotorik. (2) Eine zweite Möglichkeit ist, den Emotionsbegriff auf die Komponente subjektiven Erlebens zu reduzieren.

Die erstgenannte Möglichkeit hat den schwerwiegenden Nachteil, daß einzelne Komponenten der genannten Art empirisch jeweils nur sehr lose miteinander verknüpft sind (vgl. Reisenzein, 1983; Ekman, 1984): Emotionales Erleben kann mit oder ohne physiologische Aktivierung, Ausdrucksverhalten etc. auftreten; Aktivierung kann, aber muß nicht mit emotionalem Erleben verknüpft sein; ebenso können Aktivierung und Ausdrucksmotorik unabhängig voneinander variieren; und dasselbe gilt schließlich für weitere vorgeschlagene Komponenten (wie Handlungsintentionen, instrumentelle Handlungen etc.). Die Konsequenz ist, daß es sich bei einem Mehr-Komponenten-Begriff zwangsläufig eher um eine Bereichsangabe handelt; weniger hingegen um einen Begriff, der auf einen Sachverhalt verweist, über dessen Vorliegen anhand des Begriffs entschieden werden könnte. (Dies wäre nur dann anders, wenn man Regeln angeben würde, wieviele und welche Komponenten jeweils vorliegen müssen, damit von einer "Emotion" gesprochen werden kann; dadurch würde die Begriffsführung sicher nicht vereinfacht).

Dies spricht für die zweitgenannte, reduktive Begriffsführung. Zugunsten einer solchen Begriffseinschränkung lassen sich – unter der Perspektive kommunikativer *Nützlichkeit* möglicher Emotionsbegriffe – noch einige weitere Argumente anführen:

(a) Mehr-Komponenten-Definitionen beziehen – je nach Zahl und Art der Komponenten – Gegenstände in den Emotionsbegriff ein, die üblicherweise von anderen psychologischen Teildisziplinen behandelt werden (und dies in der Regel in differenzierterer Weise, als es die Emotionspsychologie bisher zu leisten vermochte). Nehmen wir als Beispiel die zitierte Emotionsdefinition von Plutchik (1980, 1985): Wenn nicht nur emotionales Erleben, sondern z.B. generell auch Kognitionen, Handlungsintentionen und instrumentelle Handlungen als Gegenstände der Emotionspsychologie reklamiert werden (und nicht als Gegenstände von Kognitions-, Motivations- und Handlungspsychologie), so ist geradezu von einem emotionspsychologischen Imperialismus zu sprechen (auch wenn die Ansprüche dieses Imperialismus von der zeitgenössischen Emotionspsychologie kaum eingelöst werden können; vgl. auch Kuhl, 1983b).

(b) Auf implizite oder explizite Weise geben auch die meisten Mehr-Komponenten-Definitionen der Erlebenskomponente eine Vorrangstellung. Dies zeigt sich insbesondere daran, daß diese Komponente oft als notwendig für das Vorliegen einer Emotion betrachtet wird, die anderen Komponenten hingegen nicht (so z.B. Plutchik, 1980).

(c) Als relativ fortgeschrittene Felder der Emotionspsychologie können heute die Psychologie von Angst, Depression und – in geringerem Maße – von Ärger gelten (vgl. Schwarzer, 1981; van der Ploeg, Schwarzer & Spielberger, 1982ff.; Peterson & Seligman, 1984; Zillmann, 1979). In mindestens einem dieser Felder (der Angstpsychologie) aber wird der Emotionsbegriff heute so gut wie ausschließlich auf die Erlebenskomponente angewendet (vgl. Spielberger, 1983; Schwarzer & Quast, 1985).

Aus den genannten Gründen soll der Emotionsbegriff hier ausschließlich auf die Komponente subjektiven, emotionalen Erlebens bezogen werden. Damit sind die terminologischen Probleme etwas reduziert. Ganz beseitigt aber sind sie nicht: Es ist davon auszugehen, daß emotionales Erleben seinerseits aus unterschiedlichen, separierbaren Komponenten bestehen kann. Dies sind (a) Kognitionen, die für die jeweilige Emotion spezifisch sind (z.B. Kognitionen der Bedrohung bei "Angst"); (b) Wahrnehmungen von physiologischer Aktivierung und von Ausdrucksmotorik in Gesicht und Stimme; und (c) ein jeweils emotionsspezifischer Erlebensanteil, der – dies wurde oben ausgeführt – anders als Körperwahrnehmungen und emotionsspezifische Kognitionen nicht aus Repräsentationen von Sachverhalten besteht, die sich außerhalb des Nervensystems befinden, sondern ausschließlich in zentralnervösen Prozessen begründet ist. (Diese Betrachtungsweise des Emotionsbegriffs entspricht im wesentlichen der Zweiteilung von "Angst" in "worry" und "emotionality", die von Liebert & Morris, 1967, vorgeschlagen wurde und sich heute in der Angstpsychologie weitgehend durchgesetzt hat. Dabei wird die "emotionality"-Komponente hier weiter zerlegt in ihre körperperzeptiven und affektiven Anteile; vgl. Pekrun, 1983a, und Rost & Schermer, 1985; und zusätzlich wird der Möglichkeit Rechnung getragen, daß propriozeptive Ausdruckswahrnehmungen Bestandteile von Emotionserleben sein können).

Die genannten Erlebenskomponenten treten häufig zusammen auf; dies muß aber nicht so sein. Dementsprechend korrelieren z.B. "worry" und "emotionality" (als Komponenten von "Angst") in der Regel nur in der Größenordnung von r = .40 bis .60 (vgl. Deffenbacher, 1980). Nun könnte man mit der Reduktion des Begriffsgegenstandes weiter fortfahren und emotionsspezifische Kognitionen sowie Aktivierungs- und Ausdruckswahrnehmungen aus dem Emotionsbegriff ausgrenzen. Damit aber würde man nicht nur (a) einen ganzheitlichen Erlebensvorgang begrifflich zerschneiden (dies ließe sich rechtfertigen), sondern sich auch (b) von der üblichen wissenschaftlichen und alltäglichen Begriffsführung zu weit entfernen.

Dementsprechend soll *Emotion* hier nun definiert werden als ein *spezifisches ganzheitliches Erleben, das bis zu drei Komponenten umfassen kann:* (a) einen für die jeweilige Emotion spezifischen, nicht-repräsentatorischen Erlebensanteil *(affektive Komponente)*; (b) für die jeweilige Emotion spezifische Kognitionen *(kognitive Komponente)*; und (c) Wahrnehmungen physiologischer und expressiver Abläufe *(körperperzeptive Komponente)*.

Vom Vorliegen einer "Emotion" soll dabei nur dann gesprochen werden, wenn der emotionsspezifische, nicht-kognitive und nicht-perzeptive Erlebensanteil vorliegt. In Übereinstimmung mit der Terminologie Scherers (1984) wurde dieser Erlebensanteil als "affektive" Emotionskomponente bezeichnet (Pekrun, 1983a); man könnte auch von der "Gefühlskomponente" sprechen. Die anderen beiden Komponenten hingegen können fehlen. Im Sinne dieser Definition umfassen Emotionen affektive Erlebensanteile (Gefühlsanteile), die jeweils als notwendige und hinreichende Komponenten anzusehen sind; daneben können sie auch kognitive und körperperzeptive Anteile enthalten, die allerdings weder notwendig noch hinreichend für das Vorliegen einer Emotion sind.

Emotion, Gefühl, Motivation: Terminologische Abgrenzungen

Abzugrenzen sind Emotionen von *anderen Gefühlen*, die ebenfalls Erlebenskomponenten der genannten Typen umfassen können (eine Aufgabe, die von der Emotionspsychologie bisher nicht geleistet wurde; vgl. Plutchik, 1980, Kap. 6). Als entscheidendes Hilfsmittel für eine solche Abgrenzung kann die obige Überlegung verwendet werden, daß affektive Anteile von Emotionen keine Sachverhalte repräsentieren, die außerhalb des zentralen Nervensystems lokalisiert sind. Andere Gefühle hingegen tun dies: Sowohl *bedürfnisbezogene Gefühle* (Hunger, Durst etc.) als auch körperlicher *Schmerz* repräsentieren bestimmte, physiologisch definierbare Zustände des Körpers. In diesem Sinne wird hier davon ausgegangen, daß *zwei Klassen von Gefühlen* zu unterscheiden sind: nicht-repräsentatorische Gefühle (Emotionen) einerseits und repräsentatorische Gefühle andererseits. Die letztere Kategorie umfaßt ihrerseits zum einen bedürfnisbezogene Gefühle und zum anderen Schmerzgefühle.

Abzugrenzen sind Emotionen auch von *Motivation* (auch hierzu finden sich in der emotionspsychologischen Literatur entweder keine Hinweise oder nur wolkige Formulierungen, wie beispielsweise von Plutchik, 1980, oder von Kleinginna & Kleinginna, 1981, moniert wird). Auf der Grundlage der oben vorgeschlagenen Emotionsdefinition und der unten (Kap. 5.1) vorzustellenden Motivationsdefinition ist diese Abgrenzung unproblematisch (während die obige Trennung von emotionalen und nicht-emotionalen Gefühlen durchaus ihre Probleme hat): Bei Emotionen und Motivationen handelt es sich um zwei unterschiedliche Kategorien psychischer Prozesse. "Emotionen" bestehen (primär) im Erleben affektiver Erregung, die physiologisch gesehen an bestimmte subkortikale Zentren des zentralen Nervensystems gebunden ist. Bei "Motivation" hingegen handelt es sich um spezifische deklarative Kognitionen (Handlungswünsche, Absichten) und um Aktivierungen von Verhaltensprogrammen (s.u. 5.1).

Zusammenhänge zwischen Emotion und Motivation sind mithin nicht begrifflicher Art; vielmehr handelt es sich bei solchen Zusammenhängen um funktionale und strukturelle Beziehungen zwischen zwei unterschiedlichen Klassen psychischer Prozesse. Solche Beziehungen bestehen wesentlich darin, daß Emotionen zur Aktivierung von Verhaltensprogrammen beitragen können; hierauf ist im folgenden (s.u. 3.2.3, 5.2) noch einzugehen.

3.2 Aktualgenese von Emotionen

3.2.1 Proximale Emotionsauslöser: Sind Kognitionen notwendig?

Ebenso wie andere Teildisziplinen der Psychologie ist auch die Emotionspsychologie dieses Jahrhunderts durch ein Nebeneinander verschiedener Entwicklungsstränge gekennzeichnet, die unterschiedlichen Basiskonzeptionen vom Menschen und damit unterschiedlichen psychologischen "Paradigmen" zuzuordnen sind. In noch stärkerem Maße als andere Bereiche ist die Emotionspsychologie dabei bis in die jüngste Zeit hinein durch mangelnde Integration theoretischer Perspektiven und mangelnde Kumulativität empirischer Erkenntnisse charakterisiert. Vor allem die folgenden Denktraditionen lassen sich ausmachen (zu Einzelheiten Plutchik, 1980):

(1) *Psychoanalytische* Emotionstheorien. Dabei handelt es sich im wesentlichen um die emotionstheoretischen Ansätze Freuds (z.B. 1915, 1926). Nur wenige Nachfolger Freuds haben emotionspsychologische Themen systematisch aufgearbeitet (beispielsweise Brenner, 1974; Bowlby, 1969, 1973). Psychoanalytische Denktradition und akademische Emotionspsychologie stehen dabei auch heute noch weitgehend unverbunden nebeneinander (mit wenigen Ausnahmen; z.B. Cattell, 1950). (2) *Neuroanatomische* und *psychophysiologische* Ansätze von Cannon (1929) bis zu den emotionsrelevanten Zweigen der jüngeren Hirnforschung und Psychophysiologie (vgl. Adler & Saupe, 1979; Creutzfeldt, 1983; McNeal & Cimbolic, 1986). (3) *Behavioristische* Emotionspsychologie (z.B. Solomon & Wynne, 1954; Mowrer, 1950). (4) *Evolutionstheoretische* und ethologische Ansätze (vgl. Plutchik, 1980). (5) *Kognitive* Emotionstheorien (z.B. Schachter & Singer, 1962; Lazarus, 1966; Mandler, 1984; Pekrun, 1984 ; Scherer, 1984, 1986).

Die Entwicklung akademisch-psychologischer Emotionsforschung des letzten halben Jahrhunderts ist dabei wesentlich dadurch bestimmt, daß von den 20ern bis in die 50er und 60er Jahre hinein behavioristische Ansätze das Feld beherrschten, die anschließend im Zuge der "kognitiven Wende" in der Psychologie schrittweise von kognitiven Theorien abgelöst wurden. Heute ist die (akademische) Emotionspsychologie von einer Dominanz kognitiver Emotionstheorien gekennzeichnet. Behavioristische Ansätze gingen von der Annahme aus, daß Emotionen ebenso wie Verhaltensreaktionen direkt und ohne kognitive Vermittlung von Situationsmerkmalen ("Stimuli") ausgelöst werden (in ungelernter oder gelernter Weise). Kognitive Emotionstheorien hingegen nehmen an, daß Kognitionen als unmittelbare Antezedenzien von Emotionen aufzufassen sind und Situationseinflüsse auf Emotionen kognitiv vermittelt werden. Dabei wird von fast allen kognitiven Theorien unterstellt, daß Kognitionen als *notwendige* Antezedenzien von Emotionen anzusehen sind, Emotionen also ohne vorauslaufende Kognitionen nicht zustandekommen.

Diese kognitiv-theoretische Basisannahme bleibt bei einigen Autoren implizit (und äußert sich dann im Nicht-Erwähnen und Nicht-Diskutieren anderer Möglichkeiten); andere hingegen explizieren sie. Zu den expliziten Verfechtern einer ausschließlich kognitivistischen Sicht der Emotionsgenese zählt z.B. Lazarus, der – nimmt man Zitierhäufigkeiten zum Maßstab – wohl neben Schachter als einflußreichster Emotions- und Streßtheoretiker der letzten 20 Jahre angesehen werden kann (vgl. hierzu die Kontroverse zwischen Lazarus und Zajonc; Zajonc,

1980, 1984a, 1984b; Lazarus, 1982; Lazarus, Coyne & Folkman, 1984; Plutchik, 1985). Behavioristische Positionen waren gezwungen, alle diejenigen emotionsbezogenen Phänomene auszublenden oder anhand komplizierter Zusatzannahmen einordbar zu machen, die aus den kognitiven Fähigkeiten von Menschen resultieren (also z.B. aus der Fähigkeit zur Antizipation zukünftiger Ereignisse). Mit der "kognitiven Wende" in der Emotionspsychologie sind viele Emotionstheorien in das andere Extrem gefallen – mit der Folge, daß sie ihrerseits alle diejenigen emotionalen Phänomene kaum erklären können, die ohne eine wesentliche Beteiligung von Neokortex und kognitiven Prozessen zustandekommen.

Ein solches Pendeln von einer Extremposition zur anderen ist typisch nicht nur für die Emotionspsychologie, sondern für die meisten Teildisziplinen der Psychologie (z.B. auch Motivationspsychologie, Sozialpsychologie und angewandte Disziplinen wie Klinische oder Pädagogische Psychologie; vgl. Pekrun, 1983a). Über die wissenschaftsbetrieblichen Ursachen soll hier nicht spekuliert werden (obschon wünschenswert wäre, daß wissenschaftspsychologische und -soziologische Analysen sich dieser Thematik stärker annehmen). Fest steht, daß solche Entwicklungen der Kumulation empirischen Wissens in unserer Disziplin im Wege stehen. Zu fordern wäre, daß ein Wechsel der "Paradigmen" wie in reiferen Wissenschaften so vonstatten geht, daß die Errungenschaften des jeweils zu überwindenden Paradigmas nicht aufgegeben, sondern integriert werden.

Im Sinne dieser Überlegung und der empirischen Befundlage (vgl. Zajonc, 1980, 1984a, 1984b) soll hier davon ausgegangen werden, daß Emotionen auch auf anderem Wege als über kognitive Prozesse ausgelöst werden können. Vor einer Betrachtung unterschiedlicher Möglichkeiten der Emotionsentstehung ist folgendes zu bedenken:

Aktualgenese unterschiedlicher Emotionskomponenten. Die oben skizzierten Komponenten von "Emotion" (affektive, kognitive, körperperzeptive Komponente) treten in der Regel zusammen auf; dies muß aber nicht so sein (s.o. 3.1). Dabei ist anzunehmen, daß unterschiedliche Emotionsanteile auf einer mikroanalytischen Ebene untereinander in Bedingungsbeziehungen stehen, von unterschiedlichen Mechanismen ausgelöst, aufrechterhalten und moduliert werden können sowie unterschiedliche Konsequenzen zeitigen. Die nachfolgenden Ausführungen beziehen sich deshalb zunächst ausschließlich auf die *affektive Emotionskomponente* (Gefühlskomponente).

Nimmt man eine solche Präzisierung nicht vor, sondern spricht nur generell von der Auslösung von Emotionen, so gerät man schnell in Schwierigkeiten. Sieht man beispielsweise Kognitionen als Emotionsbestandteile an und postuliert gleichzeitig, Kognitionen seien notwendige Emotionsbedingungen, so befindet man sich – wie Zajonc (1984a, 1984b) zu Recht argumentiert – in der Nähe tautologischer Aussagen. Dies ist als eine zentrale, theorieimmanente Schwäche vieler zeitgenössisch-kognitiver Emotionstheorien anzusehen. So meint z.B. Lazarus (1982), daß kognitive Einschätzungen (appraisals) als Antezedenzien wie auch als Bestandteile von Emotionen aufzufassen sind, ohne anzugeben, wann eine kognitive Einschätzung Antezedenz und wann Bestandteil einer Emotion ist.

Neurophysiologische Basis und Bewußtseinsstatus von Emotionen. Affektive Emotionsanteile sind auf einer physiologisch-neuroanatomischen Ebene vermutlich großteils oder vollständig zentralnervös-limbischen Zentren zuzuordnen (vgl. Adler & Saupe, 1979; Pribram, 1984; Wolf, 1985). Dabei ist davon auszugehen, daß ein affektives Emotionserleben dann existiert, wenn eines oder mehrere dieser Zentren erregt sind. Offenbleiben kann an dieser Stelle, ob es sich um "Zentren" im Sinne neuroanatomisch abgrenzbarer, einzelner Bereiche oder vielmehr um Systeme verknüpfter Neuronengruppen aus unterschiedlichen Bereichen handelt (hierzu auch Hobson, Lydic & Baghdoyan, 1986; Wolf, 1985). Gleichfalls von geringer Bedeutung für die nachfolgenden Überlegungen ist, inwieweit bestimmte Zentren bzw. Teilsysteme jeweils nur für eine oder für mehrere, in ihren affektiven Anteilen unterscheidbare Emotionen zuständig sind.

Ein affektives Emotionserleben ist in diesem Sinne mit subkortikal-limbischer Aktivation (oder Deaktivation) *physiologisch* gesehen identisch. Anders formuliert: Es stellt die subjektive Seite solcher Aktivation/Deaktivation dar. Ein solches Erleben kann bewußt sein; dies muß aber nicht der Fall sein. "Bewußtsein" ist als ein spezieller Zustand von Teilsystemen des zentralen Nervensystems anzusehen (insbesondere, aber nicht nur der Hirnrinde), der physiologisch auf die betroffenen Hirnregionen begrenzt ist, innerhalb dieser Regionen aber vermutlich jeweils nur bestimmte, von Fall zu Fall unterschiedliche Teilbereiche einbezieht (vgl. auch Pribram, 1986). Dabei dürfte es sich jeweils um Teilbereiche handeln, die sich in aktuellen Zuständen mit spezifischen Eigenschaften befinden (insbesondere mit hohem Aktivierungsgrad und mit hohem aktuellem Grad an Verknüpfungen zu anderen hoch aktivierten Zentren). "Bewußtsein" umfaßt dabei wohl in ganzheitlicher Weise die Zustände der einbezogenen Teilbereiche. Bei "Bewußtsein" handelt es sich insofern um einen ganzheitlichen Systemzustand des Gehirns, der jeweils unterschiedliche Systemteile umfaßt.

Bewußtes Emotionserleben kann im Sinne der oben vorgeschlagenen Emotionsdefinition (1) aus bewußten, miteinander verknüpften affektiven, kognitiven und physiologisch-perzeptiven Anteilen bestehen; (2) sich auf ein oder zwei dieser Komponenten beschränken, wobei die jeweils nicht einbezogenen Prozesse ebenfalls vorhanden, aber nicht bewußtseinsmäßig vertreten sind; oder (3) sich auf ein oder zwei Komponenten beschränken, wobei die jeweils anderen Komponenten *nicht* vorhanden sind (auch nicht in nicht-bewußter Weise). Definitionsgemäß ist dabei aber jeweils das Vorliegen affektiver Emotionskomponenten notwendig, damit von einer "Emotion" gesprochen werden kann (s.o. 3.1).

Auslöser, Randbedingungen und Modulatoren. Auslöser von Emotionen (emotionsproduzierende Ereignisse) sind zu unterscheiden von Randbedingungen, welche die Auslösung von Emotionen beeinflussen, und von Ereignissen, welche den weiteren Verlauf von Emotionen modulieren. Im folgenden soll zunächst nur von den *Auslösern affektiver Emotionskomponenten* die Rede sein, auf Randbedingungen und modulierende Faktoren wird im nächsten Abschnitt eingegangen.

Anzunehmen ist nun, daß nicht nur Kognitionen, sondern u.a. auch Wahrnehmungen und neurochemische Abläufe Emotionen auslösen können. Zu diskutieren sind daneben auch Möglichkeiten elektrostimulativ-artefizieller, peripher-physiologischer, ausdrucksproduzierter und motivationaler Emotionsauslösung. Solche unterschiedlichen, möglichen Emotionsauslöser werden im folgenden im Sinne einer Reihenfolge diskutiert, die von stimulusnahen über rein interne bis zu reaktionsnahen Faktoren fortschreitet. Zu beginnen ist folglich mit Möglichkeiten wahrnehmungsgesteuerter Emotionsinduktion:

(1) Wahrnehmungsgesteuerte Emotionsauslösung

Eine phylo- und ontogenetisch frühe Möglichkeit der Emotionsinduktion besteht wohl darin, daß Wahrnehmungen in direkter Weise die jeweiligen subkortikalen Emotionszentren aktivieren (also ohne Vermittlung kognitiver Prozesse). Kritisch für diese Behauptung ist die terminologische Grenzziehung zwischen "Wahrnehmung" und "Kognition" (vgl. Zajonc, 1984a, 1984b). Zajonc geht hier so weit, nur diejenigen Prozesse als "Wahrnehmung" zu bezeichnen, die sich im Rezeptor abspielen, jede Transformation sensorischen Inputs über diese Stufe hinaus aber bereits als "Kognition" (1980, S. 154; 1984a, S. 241). Für die These direkt wahrnehmungsgesteuerter Emotionsauslösung implizieren ein enger Wahrnehmungs- und ein weiter Kognitionsbegriff, daß sie eine starke empirische Behauptung darstellt (also durch viele mögliche Fälle falsifiziert werden könnte bzw. nur durch den Nachweis sehr spezifischer Fälle bestätigt werden kann). Eine so enge Wahrnehmungsdefinition aber wird der üblichen Begriffsführung in Psychologie und Alltagssprache nicht gerecht, die auch die direkten Repräsentationen sensorischen Inputs in den jeweiligen kortikalen Projektionsbereichen als "Wahrnehmung" bezeichnet.

Im letzten Kapitel (2.1.3) wurde bereits ausgeführt, daß hier deshalb unter "Wahrnehmung" die zeitlich und physikalisch direkte Repräsentation sensorisch aufgenommener Information verstanden werden soll, unter "Kognition" hingegen jede interne Repräsentation, die nicht zeitlich und physikalisch direkt Außenweltsachverhalte repräsentiert, d.h. nicht sensorisch, sondern intern produziert wird. Terminologisch nicht vermeidbar ist, daß Repräsentationen sensorischen Inputs dabei – je nach der angesprochenen Stufe der Informationsverarbeitung – in der Regel sowohl "perzeptive" als auch "kognitive" Anteile umfassen, die erlebnismäßig miteinander verschmolzen sind: Prozesse der Repräsentation sensorischen Inputs verlaufen schemagesteuert (vgl. Neisser, 1979); sensorisch nicht aufgenommene Informationen werden intern ergänzt, aufgenommene Informationen schemagerecht modifiziert.

Bei wahrnehmungsgesteuerter Emotionsauslösung ist nun zu unterscheiden zwischen angeborenen und gelernten Formen:

(1.1) Angeborene wahrnehmungsgesteuerte Emotionsauslösung. Emotionsauslösung dieser Art sieht so aus, daß die jeweilige Verknüpfung zwischen Wahrnehmung und affektivem Emotionserleben genetisch fixiert ist. Dies schließt nicht aus, daß solche Verknüpfungen durch Lernvorgänge spezifiziert, verstärkt, abgeschwächt oder beseitigt werden können (vgl. Delprato, 1980; McNally, 1987). Problematisch ist dabei die Frage, ob der Auslöseprozeß in Form von leicht modifizierbarer "software", also in Gestalt prozeduraler Emotionsschemata im Gehirn gespeichert ist, oder ob es sich um fest "verdrahtete" Verknüpfungen von

Wahrnehmungs- und Emotionszentren handelt. Vermutlich können beide Möglichkeiten eine Rolle spielen. Empirische Evidenz liegt dabei vor allem für spezifische Verknüpfungen von Wahrnehmungsbahnen zu subkortikalen, emotionsrelevanten Zentren vor. So finden sich z.B. beim Menschen (ebenso wie bei anderen Säugetieren) direkte Verbindungen von der Retina zu den hypothalamischen, suprachiasmatischen Nuclei (vgl. Moore, 1973).

Wahrnehmungsgesteuerte Emotionsauslösung kann dementsprechend auf unterschiedlichen Stufen der Verarbeitung sensorischer Information angesiedelt sein. In der phylogenetischen Entwicklung dürfte es überlebensgünstig gewesen sein, den implizierten Konflikt zwischen einer Verhinderung überflüssiger Emotionsauslösung einerseits und dem Tempo der Auslösung andererseits auf art- und situationsspezifisch jeweils unterschiedliche Weise zu lösen: Auf der retinalen Ebene sind Objekte noch nicht identifiziert, andererseits hat eine Emotionsinduktion von hier aus (ausgelöst z.B. über Veränderungen von Hell-Dunkel-Verhältnissen im Gesichtsfeld; Zajonc, 1984a, 1984b) den Vorzug hoher Geschwindigkeit, da kaum Zwischenprozesse involviert sind. Umgekehrt stellt Emotionsauslösung, die erst nach Objektidentifikation und -repräsentation in den kortikalen Projektionsflächen stattfindet, einerseits in höherem Maße sicher, daß Passung zwischen Stimulus und Emotion herrscht, ist andererseits aber langsamer (wenn auch nur um Bruchteile von Sekunden). Auch beim Menschen dürften verschiedene, innerhalb dieser Bandbreite liegende Möglichkeiten eine Rolle spielen:

(a) Plötzlich einsetzende, intensive Stimulation führt zu Schreckreaktionen; bestimmte olfaktorische und gustatorische Stimuli führen in angeborener Weise zu Ekel oder ähnlichen Gefühlen ("distaste"; Rozin & Fallon, 1987). Hierbei handelt es sich offensichtlich jeweils um direkte Auslösung von Emotionen durch sensorischen Input (also Emotionsauslösung, bevor kortikale Verarbeitung stattgefunden hat).

(b) Genetisch fixierter, wahrnehmungsgesteuerter Emotionsauslösung kann aber auch schemageleitetes Erkennen von Objekten einer bestimmten Klasse zugrundeliegen. Dies kann z.B. so aussehen, daß sowohl das jeweilige Objektschema als auch seine Verknüpfung mit subkortikalen Emotionsprozessen genetisch fixiert sind. Schemaaktivierungen durch schemakongruente Wahrnehmungen führen dann in fixierter Weise zu Emotionen. Derartige Fixierungen beherrschen das emotionale Leben phylogenetisch niedriger Arten und wurden auf dem Wege zum Menschen – im Sinne einer adaptiven Vergrößerung von Reaktionsspielräumen – zunehmend durch gelernte und kognitiv vermittelte Emotionsauslösung ersetzt (s.u.). Auch beim Menschen aber – insbesondere beim Neugeborenen – dürften solche nicht-gelernten Verknüpfungen eine große Rolle spielen.

So ist z.B. anzunehmen, daß die Häufung bestimmter Phobieobjekte (Schlangen, Spinnen etc.) auch beim Menschen auf genetisch fixierte, artspezifische und vermutlich interindividuell variierende Bereitschaften zurückgeht, auf entsprechende Objektwahrnehmungen mit Schreck bzw. Furcht zu reagieren (zur empirischen Evidenz McNally, 1987). Denkbar ist dabei jeweils, daß die Emotionsauslösung nicht an die volle Objektidentifikation geknüpft ist, sondern bereits dann stattfindet, wenn durch ein Minimum an Hinweisen (Muster von Schlängelbewegungen eines bestimmten Tempos und einer bestimmten Distanz) das jeweilige Schema aktiviert wird (vgl. auch Bennett-Levy & Marteau, 1984). Objektidentifikation und Emotion setzen in einem solchen Falle dann gleichzeitig ein.

(1.2) Gelernte wahrnehmungsgesteuerte Emotionsauslösung. Diese Möglichkeit der Emotionsauslösung wurde von behavioristischen Ansätzen thematisiert (vgl. Mowrer, 1950), von kognitiven Theorien hingegen vernachlässigt. Sie entsteht prinzipiell dadurch, daß emotionsauslösende Wahrnehmungen oder Kognitionen auf der Basis von Erfahrung durch (andere) Wahrnehmungen substituiert werden. Dabei könnte es sich um direkte, nicht durch kognitive Zwischenprozesse vermittelte Substitution einer Wahrnehmung durch eine andere handeln, die auf (a) wiederholten Kopplungen der zugrundeliegenden Stimuli und damit der resultierenden Wahrnehmungen und (b) anschließenden Verknüpfungen der Wahrnehmung des jeweiligen "konditionalen" Stimulus mit emotionsauslösenden neuronalen Mechanismen oder direkt mit subkortikalen Zentren beruht. Dies wäre eine emotionsbezogene Variante des von Pawlow beschriebenen Konditionierungstypus (Rachman, 1977).

Allerdings dürfte beim Menschen Wahrnehmungssubstitution wichtiger sein, die auf kognitiven Zwischenprozessen und Gedächtnisbildung beruht und typischerweise die folgenden Schritte umfaßt (s.u. 4.3 und vgl. Brewer, 1974):

(a) Es liegen Informationen vor, daß emotionsauslösende Sachverhalte durch andere Sachverhalte angekündigt werden oder mit anderen Sachverhalten korreliert sind. Die jeweiligen Sachverhalte müssen nicht empirisch real vorhanden sein; entscheidend ist ihre subjektive Repräsentation. (b) Die Kopplung zwischen ankündigendem und emotionsauslösendem Sachverhalt wird subjektiv in Form von Kognitionen (z.B. Erwartungen) repräsentiert; dabei können komplexe Denkprozesse beteiligt sein. (c) Diese Kognitionen werden gedächtnismäßig gespeichert. (d) Bei wiederholtem Durchlaufen des jeweiligen kognitiven Prozesses kommt es – solange dieser Prozeß in immer wieder derselben Form abläuft – zu Automatisierungen und Abkürzungen, bis schließlich die Wahrnehmung, die am Anfang des Prozesses steht, und die jeweilige Emotion direkt aneinandergekoppelt sind. Im Extremfall reicht dabei eine einmalige kognitive Verknüpfung von ankündigendem und emotionsauslösendem Sachverhalt (dies läßt sich z.B. im Paradigma des "traumatischen Vermeidungslernens" demonstrieren; vgl. Solomon & Wynne, 1954). (Voraussetzung hierfür ist vermutlich, daß (1) die betreffende Emotion stark genug ist und (2) die jeweilige kognitive Sachverhaltsverknüpfung subjektiv hinreichend eindeutig ist.)

In ähnlicher Weise läßt sich auch für andere, nicht auf zukünftige Ereignisse bezogene Formen kognitionsgesteuerter Emotionsauslösung (s.u. 3.3) annehmen, daß sie habitualisieren und mithin zu gelernt-wahnehmungsgesteuerter Emotionsauslösung führen können. Parallel zur wahrnehmungsgesteuerten Emotionsauslösung kann dabei in jedem Fall auch weiterhin der jeweilige kognitive Prozess stattfinden, an dessen Ende die Emotionsauslösung ursprünglich stand; er kann aber auch verzögert ablaufen oder ganz entfallen. Ändern sich schießlich zu einem späteren Zeitpunkt die Situationen und Ereignisse, so können entsprechende kognitive Prozesse in die gelernte Wahrnehmungs-Emotions-Koppelung eingreifen, diese verändern oder ganz eliminieren. Nach einer Phase kognitiv vermittelter Emotionsauslösung kann dann erneut Habitualisierung stattfinden. Es handelt sich hier also um spezielle Möglichkeiten abwechselnder Integration und Differenzierung in der menschlichen Entwicklung (s.u. 4.3).

Anzunehmen ist in diesem Sinne, daß sich wahrnehmungsgesteuerte Emotionsauslösung aus Habitualisierungen kognitiver Emotionsauslösung entwickeln kann. Im Sinne eines *Automatisierungs-Kurzschluß-Modells* der Emotionshabitualisierung umfassen solche Habitualisierungen grundsätzlich zwei Phasen: (a) Automatisierungen der jeweiligen kognitiven Prozesse (vgl. Shiffrin & Schneider, 1977); und (b) anschließende Verkürzungen, bis schließlich Wahrnehmung und Emotion "kurzgeschlossen" sind. Kognitive Automatisierung und das Entstehen entsprechender Prozedurschemata wurden bisher vor allem für Denkprozesse und andere kognitive Abläufe untersucht (Anderson, 1982, 1987); es wird Zeit, entsprechende Analysen für die Emotionspsychologie zu adaptieren (vgl. auch McNally, 1987).

(2) Kognitionsgesteuerte Emotionsauslösung

"Kognitionen" wurden oben als Sachverhalts-Repräsentationen definiert, die nicht direkt auf sensorischem Input basieren, sondern vom zentralen Nervensystem intern produziert werden. Bei der Fähigkeit zu internen, wahrnehmungsunabhängigen Repräsentationen handelt es sich um eine phylogenetisch relativ späte Errungenschaft, und auch ontogenetisch dürften Kognitionen erst mit zunehmendem Alter gegenüber Wahrnehmungen eine gleichberechtigte Rolle spielen. Von Kognitionen bewirkte Emotionsauslösung ist deshalb – gegenüber wahrnehmungsgesteuerter Auslösung – als phylo- und ontogenetisch spätere Form der Emotionsinduktion zu betrachten.

Der adaptiv-evolutionäre Sinn kognitionsgesteuerter Auslösung ist wohl darin zu sehen, daß anhand interner Repräsentationen zeitliche Distanzen zwischen gegenwärtiger Situation einerseits und zukünftigen oder vergangenen Situationen andererseits überbrückt werden können. Geht man davon aus, daß Emotionen wesentliche Grundlagen für Motivation und Handeln darstellen (s.u. 3.2.3), so kann kognitionsgesteuerte Emotionsauslösung mithin dazu dienen, die Voraussetzungen für Beeinflussungen zukünftiger Situationen oder für Bewältigungen der Folgen vergangener Situationen zu schaffen. Emotionsrelevant dürften in diesem Sinne vor allem zukunfts- und vergangenheitsbezogene Kognitionen sein, also z.B. Erwartungen zukünftiger und Kausalattributionen vergangener Ereignisse. Prototypische Beispiele sind angsteinflößende Erwartungen drohender Katastrophen oder Stolz auslösende Attributionen von Erfolgen auf eigene Fähigkeiten (vgl. Pekrun, 1984a; Weiner, 1985). Wegen des auch persönlichkeitspsychologisch zentralen Stellenwerts differentieller Emotionsauslösung durch unterschiedliche Kognitionen wird hierauf unten (3.3) noch einmal gesondert einzugehen sein.

Situationseinflüsse auf Emotionen werden im Fall kognitiver Emotionsauslösung nicht nur von Situationswahrnehmungen, sondern zusätzlich von kognitiven Zwischenprozessen vermittelt. Physiologisch gesehen lösen solche kognitiven Prozesse dann ein emotionales Erleben aus, indem sie über bestimmte neuronale Pfade Erregungen subkortikaler, insbesondere limbischer Zentren induzieren

(Pribram, 1984). Entsprechende neuronale Verbindungen existieren vor allem zwischen Frontal- und Schläfenlappen des Großhirns einerseits und limbischen Zentren andererseits (Adler & Saupe, 1979). Limbische Zentren können über solche Verbindungen entweder direkt erregt werden oder in indirekter Weise, indem Mechanismen gehemmt werden, deren Funktion die Inhibition von Erregungen in limbischen Zentren ist (s.u. 3.2.2 und vgl. Cannon, 1927; Stellar & Stellar, 1985).

Ebenso wie Wahrnehmungs-Emotions-Verbindungen können dabei vermutlich auch Kognitions-Emotions-Verbindungen genetisch fixiert oder gelernt sein:

(2.1) Angeborene kognitionsgesteuerte Emotionsauslösung. Wie bekommen Kognitionen Zugang zu affektiven, subkortikalen Emotionsprozessen? Es ist anzunehmen, daß entsprechende Verknüpfungen bereits zu frühen Zeitpunkten in der Ontogenese in genetisch fixierter Weise vorhanden sind (vgl. Scherer, 1984). Darüber hinaus ist anzunehmen, daß spezifische Typen von Kognitionen in genetisch programmierter Weise bestimmte Emotionsprozesse auslösen. So ist z.B. zu vermuten, daß Bedrohungskognitionen, die sich auf subjektiv negative zukünftige Ereignisse beziehen, in universeller, genetisch vorstrukturierter Weise "Angst" auslösen. Dabei ist denkbar, daß solche Kognitions-Emotions-Verbindungen ebenso wie Wahrnehmungs-Emotions-Verbindungen durch Lernvorgänge differenziert, verstärkt, abgeschwächt und im Extremfall auch eliminiert werden können (vgl. McNally, 1987). Kognitions-Emotions-Verknüpfungen werden für eine Reihe wesentlicher Emotionen in Abschnitt 3.3 ausführlicher diskutiert.

Zu beachten ist in diesem Zusammenhang, daß vermutlich jeweils die Verknüpfungen zwischen einer bestimmten Klasse von Kognitionen und dem jeweiligen subkortikalen Prozeß genetisch programmiert sind, entsprechende Kognitionen aber das Resultat längerer kognitiver Prozesse darstellen können. Nicht der gesamte Ablauf der Emotionsauslösung ist in solchen Fällen genetisch vorprogrammiert, sondern nur das letzte Glied in der Auslösungskette; für den Prozeß von der Situationswahrnehmung oder einer anfänglichen Kognition bis zur letztlich emotionsauslösenden Kognition bestehen prinzipiell alle Freiheitsgrade, die kognitiven Prozessen zukommen.

(2.2) Gelernte kognitionsgesteuerte Emotionsauslösung. Möglich ist, daß emotionsauslösende Kognitionen im Laufe von Lernprozessen von anderen Kognitionen substituiert werden, die auf diese Weise emotionsinduzierende Wirkungen erwerben. Wenn man davon ausgeht, daß nicht spezifische Einzelkognitionen in genetisch fixierter Weise Emotionen auslösen, sondern die Verbindungen zwischen kognitiven Schemata und subkortikalen, limbischen Prozessen genetisch programmiert sind, so kann es sich dabei vor allem um Lernvorgänge der folgenden beiden Arten handeln (s.u. 4.3):

(a) Das jeweilige angeborene kognitive Schema wird im Lernprozeß differenziert; dabei kann den resultierenden Einzelschemata unterschiedliche emotionsauslösende Kraft verliehen werden. (b) Habitualisierungen von Emotionsauslösung, die von kognitiven Zwischenprozessen vermittelt werden, können dazu führen, daß diese kognitiven Zwischenprozesse verkürzt werden. Das Resultat kann sein, daß ursprünglich am Anfang des Prozesses stehende Kognitionen nun direkt emotionsauslösende Funktion erlangen (ähnlich wie dies für Wahrnehmungen geschehen kann; s.o.).

Kognitionsgesteuerte Emotionsauslösung: Theorien und empirische Evidenz

Daß menschliche Emotionen großteils auf Interpretationen gegenwärtiger Situationen oder auf Gedanken zu vergangenen und zukünftigen Situationen beruhen, ist eine alltagstheoretisch wie psychologisch in ihrer Plausibilität kaum zu überbietende Annahme. Dennoch liegt nicht allzuviel Evidenz vor, welche diese Annahme auch empirisch-wissenschaftlich eindeutig untermauert (dies wird kognitiven Emotionstheorien von ihren Kritikern gerne entgegengehalten; z.B. von Beidel & Turner, 1986). Wesentlicher Grund hierfür ist, daß Kognition und Emotion eng und wechselseitig miteinander verschaltete, rein interne Prozesse darstellen, die sich empirisch nur schwer trennen und in eine eindeutige zeitlich-kausale Sequenz bringen lassen (Plutchik, 1985). Dementsprechend ist die Evidenz zu *korrelativen* Kognitions-Emotions-Zusammenhängen bei weitem umfangreicher als die Befundlage zu entsprechenden Bedingungsbeziehungen:

(a) Depressive Emotionen. Analysen zu den kognitiven Korrelaten depressiver Emotionen gehen vor allem auf die Ansätze von Beck und von Seligman und Mitarbeitern zurück. *Beck* (1967; Beck et al., 1979) behauptet, daß im Zentrum depressiver Störungen bestimmte fehlangepaßte Modi der Informationsverarbeitung stehen, die zu negativen Sichtweisen von eigener Person, Zukunft und Umwelt führen. *Seligman* und Mitarbeiter gehen in ihrer reformulierten Theorie zu Hilflosigkeit und Depression davon aus, daß Erwartungen zur Unkontrollierbarkeit bedeutsamer Ereignisse depressionsstiftend wirken, wobei solche Erwartungen ihrerseits auf ungünstige (internale, stabile, globale) Kausalattributionen vergangener negativer Ereignisse zurückgehen (denen entsprechende personspezifische "Attributionsstile" zugrundeliegen können; Abramson, Seligman & Teasdale, 1978; Metalsky, Halberstadt & Abramson, 1987).

Empirisch gehen depressive Emotionen tatsächlich einher mit vergleichsweise negativen Selbstkonzepten (und darüber hinaus mit hohen Diskrepanzen zwischen Ideal- und Realselbstkonzepten; Kuiper, MacDonald & Derry, 1983; Kuiper et al., 1985; Higgins et al., 1986); mit wenig optimistischen Erwartungen zukünftiger Ereignisse (vgl. Alloy & Ahrens, 1987; Pyszczynski, Holt & Greenberg, 1987); und mit wenig selbstwertdienlichen Kausalattributionen eingetretener Ereignisse (insbesondere mit hoher Internalität, Stabilität und Globalität eingetretener negativer Ereignisse; Peterson & Seligman, 1984; Tennen & Herzberger, 1987). Vor allem zu letzterem Punkt finden sich allerdings auch abweichende Befunde (vgl. Tennen & Herzberger, 1987).

(b) Angst. Studien zu kognitiven Korrelaten von Angst stammen großteils aus der Tradition des streß- und bewältigungstheoretischen Ansatzes von *Lazarus* (1966; Lazarus & Launier, 1978; Folkman et al., 1986). Lazarus geht davon aus, daß der Entstehung von Angst kognitive Einschätzungen der Gefahrenrelevanz von Situationen und der Kontrollierbarkeit der jeweils drohenden Gefahren zugrundeliegen. Dieser Denktradition entsprechen auch jüngere *erwartungs-werttheoretische Erklärungen* der Angstgenese (Bandura, 1977, 1986; Pekrun, 1983a,

1984a, 1985d). In Übereinstimmung mit entsprechenden Annahmen zeigt sich empirisch insbesondere, daß aktuelle wie habituelle Angst mit hohen Erwartungen drohender negativer Ereignisse verknüpft sind (Butler & Mathews, 1983; Bandura, 1983; Pekrun, 1984a, 1985a, d).

(c) Die attributionale Theorie Weiners. Nicht auf Angst oder Depression reduziert ist der attributionstheoretische Ansatz von Weiner (1979, 1980, 1985). Weiner thematisiert ereignisfolgende Emotionen und nimmt an, daß sie entweder direkt ereignisabhäng sind (einfache Emotionen wie Freude oder Traurigkeit) oder von der Kausalattribution des Ereignisses bestimmt werden (so z.B. Stolz von Erfolgsattributionen auf eigene Fähigkeiten, Scham von Mißerfolgsattributionen auf eigene Mängel, Ärger von Attributionen negativer Ereignisse auf andere Personen etc.). Empirisch ist insbesondere für leistungsfolgende Emotionen (Stolz, Scham etc.) und für soziale, durch Hilfeappelle ausgelöste Emotionen (Empathie, sozialer Ärger) belegt, daß sie mit Kausalattributionen entsprechender Ereignisse korreliert sein können (vgl. Pekrun, 1983b; Weiner, 1985; Reisenzein, 1986).

(d) Multiple Situationseinschätzungen und Emotion. Einige jüngere kognitive Emotionsmodelle analysieren über Erwartungen und Kausalattributionen hinaus weitere Typen kognitiver Situationseinschätzungen als mögliche Determinanten spezifischer Emotionen (beispielsweise Einschätzungen zu Erwartetheit, hedonischer Valenz oder normativer Angemessenheit der Situation). Eher deduktiv-theoretisch orientiert ist der *Komponenten-Prozeß-Ansatz von Scherer* (1983, 1984, 1986), stärker induktiv-empirisch ausgerichtet die Arbeiten von *Smith und Ellsworth* (1985, 1987). In korrelativen Analysen ergaben sich dabei jeweils eine Reihe von deutlichen Beziehungen zwischen spezifischen Typen kognitiver Einschätzungen einerseits und unterschiedlichen Emotionen andererseits (vgl. Scherer, 1986; Smith & Ellsworth, 1985, 1987).

(e) Kausaler Stellenwert von Kognitionen. Bei den – weitaus spärlicheren – Analysen des kausalen Stellenwerts von Kognitionen für die Emotionsgenese handelt es sich um experimentelle Studien zu vorgestellten oder induzierten Emotionen einerseits und Feldstudien andererseits. Untersuchungen zu Kognitions-Emotions-Beziehungen in experimentell variierten, *vorgestellten Situationen ("Szenarios")* wurden vor allem zur Prüfung attributionaler Emotionsmodelle durchgeführt; sie bestätigen meist recht eindeutig Eimflußmöglichkeiten von Kausalattributionen auf jeweils spezifische Emotionen (vgl. Weiner, Russell & Lerman, 1978; Reisenzein, 1986; Russell & McAuley, 1986). Allerdings bleibt bei den Reaktionen von Versuchspersonen in Szenario-Untersuchungen unklar, ob sie die reale Erlebenswelt von Personen oder aber nur die Kongruenz von naiven zu wissenschaftlichen Emotionstheorien spiegeln.

Experimentelle Laborstudien zu Kognitionseinflüssen wurden u.a. von Lazarus und Mitarbeitern in der Angst- und Streßforschung und von verschiedenen Autoren in attributionalen Analysen durchgeführt (vgl. Lazarus & Launier, 1978; Morris, Harris & Rovins, 1981; Weiner et al., 1987). Dabei zeigte sich, daß experimentelle Manipulationen der Bedrohlichkeit von Ereignissen oder von Erwartungen und Kausalattributionen zugeordnete Emotionseffekte produzieren können. Noch nicht belegt ist damit allerdings, daß kognitionsgesteuerte Emotionsauslösung auch außerhalb des Labors eines wesentliche Rolle spielt. Hinzu kommt, daß in den meisten Experimenten entweder die jeweiligen Kognitionen nur manipuliert, nicht aber direkt erhoben wurden (mit Ausnahmen wie Folkins, 1970), oder aber Kognitionen und Emotionen im Versuchsablauf gleichzeitig erfaßt wurden, womit eindeutige Kausalschlüsse zumindest erschwert sind.

Als letztlich entscheidende Evidenzquelle sind wohl aktualgenetische, längsschnittliche *Feldstudien* anzusehen, in denen Kognition und Emotion zu jeweils mehreren Zeitpunkten erfaßt und auf ihre wechselseitigen Einflüsse hin untersucht werden. Hier steht die empirische Forschung erst am Beginn (vgl. auch Kuiper & Higgins, 1985). Die wenigen vorliegenden Studien dieser Art beziehen sich großteils auf kausalattributionale Determinanten von leistungsfolgenden Emotionen bei Studenten (vgl. Covington & Omelich, 1979; Metalsky, Halberstadt & Abramson, 1987; Russell & McAuley, 1986, Studie 2). Die Evidenz aus diesen Studien ist bisher wenig konsistent: Während einige von ihnen deutliche Kognitionseffekte berichten (z.B. Metalsky, Halberstadt & Abramson, 1987), mahnen andere zur Skepsis (z.B. Covington & Omelich, 1979; vgl. hierzu die Kontroverse zwischen Covington und Weiner; insbesondere Covington & Omelich, 1984a, b; Brown & Weiner, 1984). Allerdings sind fast alle vorliegenden, kausalanalytischen Feldstudien mit methodischen Mängeln behaftet, die Schlußfolgerungen vorläufig kaum zulassen:

(a) Häufig bleibt unklar, inwieweit tatsächlich die jeweils emotionsrelevanten Kognitionstypen erfaßt wurden. So läßt sich z.B. spekulieren, daß Kausalattributionen eher für vergangenheitsbezogene, weniger hingegen – wie häufig unterstellt (Weiner, 1985) – für zukunftsgerichtete Emotionen wesentlich sind (vgl. Pekrun, 1984b und s.u. 3.3).

(b) In den meisten Analysen dieser Art bleibt offen, inwieweit für Kognitions- und Emotionserhebungen jeweils angemessene Erhebungszeitpunkte und -intervalle gewählt wurden (wie kritisch dieser Punkt ist, wird von Metalsky, Halberstadt & Abramson, 1987, empirisch demonstriert).

(c) Nur in Ausnahmefällen wurde stringente bedingungsanalytische Methodik verwendet, häufig dagegen der Informationsgehalt zeitgereihter Datensätze nicht ausgeschöpft (indem beispielsweise nur korrelativ-prädiktive Vorhersagebeziehungen oder nur eine Kausalrichtung aus jeweils zwei möglichen bivariaten Kausalrichtungen geprüft wurde; z.B. Peterson & Seligman, 1984, Studien 6, 7, 8).

(d) Fast alle aktualgenetisch-längsschnittlichen Feldstudien verwenden Analysemethoden, die auf die jeweiligen interindividuellen Werteverteilungen zurückgreifen (ähnlich wie entsprechende Studien in anderen Bereichen der Emotions-, Motivations- und Handlungsforschung). Stringente Theorieprüfungen aber setzen gerade in diesem Bereich intraindividuelle Analysen voraus, da interindividuell orientierte Analysen u.a. durch individuell variierende Basisfrequenzen und -intensitäten von Emotionen und variierende subjektive Selbstbericht-Anker belastet sind. (Dementsprechend können beispielsweise korrelative Beziehungen zwischen verschiedenen Emotionen auf der intraindividuellen Ebene andere Vorzeichen tragen als auf der interindividuellen Ebene. So fand z.B. Epstein, 1980, für Angst und depressive Emotionen auf einer interindividuellen Ebene positive Korrelationen, in intraindividuellen Analysen desselben Datensatzes hingegen *negative* Korrelationen).

Ungeachtet dieser Probleme aber spricht die empirische Evidenz insgesamt eindeutig dafür, daß kognitionsgesteuerte Emotionsauslösung als zentrale Möglichkeit aktueller Emotionsgenese anzusehen ist. Kognitionen sind in diesem Sinne zwar nicht als einzige Auslöser und damit nicht als *notwendige* Determinanten von Emotionen anzusehen, wohl aber als eine wesentliche Gruppe *möglicher* Determinanten.

(3) Elektrostimulative Emotionsauslösung

Emotionen können artifiziell induziert werden, indem die jeweiligen limbischen Zentren direkt elektrisch stimuliert werden (vgl. Hess, 1924; Olds & Milner, 1954; Olds & Olds, 1965; Stellar & Stellar, 1985). Mit dieser Methode wird in gewissem Sinne die natürliche Form wahrnehmungs- oder kognitionsgesteuerter Emotionsinduktion experimentell simuliert: Während im natürlichen Ablauf kortikale Prozesse über neuronale Verbindungen limbische Prozesse anhand neuronalelektrischer Mechanismen beeinflussen, geschieht dies in solchen Experimenten mittels extern in die jeweiligen Zentren geleiteter Potentiale. Außerhalb des Labors spielen derartige Formen der Emotionsauslösung naturgemäß keine Rolle.

(4) Neurochemische Emotionsauslösung

Prinzipiell ist davon auszugehen, daß Emotionen phylogenetisch entwickelt wurden, um (a) Repräsentationen von Ereignissen mit motorischen Reaktionen zu verknüpfen, und dies so zu tun, daß (b) die jeweiligen Reaktionen in Abhängigkeit vom jeweiligen Ereignis hinreichend energetisiert werden (vgl. Plutchik, 1980). Zentren bzw. Teilsysteme des limbischen Systems fungieren dabei jeweils als Schaltstellen, die veranlassen, daß motorische Reaktionssysteme expressiver und instrumenteller Art auf motivational-zentrale und physiologisch-periphere Weise mit Energie ausgestattet werden. Primäre Quellen der Emotionsinduktion dürften deshalb Ereignisrepräsentationen sein (also Wahrnehmungen und Kognitionen). Eingangs wurde bereits bemerkt, daß Wahrnehmung und Kognition Emotionen vor allem auslösen, indem sie über entsprechende neuronale Pfade Erregungen limbischer Zentren induzieren oder hemmen. Daneben aber ist denkbar, daß kortikale Abläufe auch über Eingriffe in neurochemische Homöostase-Systeme Erregungen limbischer Zentren bewirken können.

Eine solche – bisher nicht eindeutig belegte – Möglichkeit würde gleichzeitig dafür sprechen, daß limbische Prozesse von neurochemischen Substanzen auch unabhängig von perzeptiv-kognitiven Prozessen ausgelöst werden können. Dabei kann es sich um neuroendokrine Stoffe handeln, die von Drüsen innerhalb des Gehirns produziert werden, aber auch um Substanzen, die vom Körper aus die Blut-Hirn-Schranke passieren. Zu denken ist damit insbesondere an (a) intern produzierte neurochemische Stoffe (Thyroide, Corticosteroide, Katecholamine, ACTH etc.; vgl. Whybrow, 1984; McNeal & Cimbolic, 1986) und (b) extern zugeführte, neuronal wirksame Substanzen (Drogen wie Alkohol, Kaffee, LSD etc.). Eindeutig nachweisbar aber ist die Möglichkeit rein neurochemischer Emotionsauslösung bisher nur für einen sehr eingeschränkten Kreis von Stoffen (z.B. Opiate). Zwar ist auch für andere Substanzen klar, daß sie emotionale Prozesse modulieren (verstärken oder abschwächen) können. Sind sie aber in der Lage, limbisch-emotionale Erregung auch von sich aus in Gang zu setzen? Bewirkt z.B. ein Mangel an Thyroid-Hormonen depressive Zustände, moduliert er solche Zustände nur, oder ist er gar nur als Konsequenz von Depressionen aufzufassen (vgl. Whybrow, 1984)? Bewirkt Alkohol Emotionen, oder steigert bzw. dämpft er nur bereits vorhandene Emotionen?

Empirisch haben sich vor allem klinische Studien mit Zusammenhängen von Neurochemikalien und Emotionen befaßt. Sie sind primär zwei Forschungssträngen zuzuordnen: (a) Studien zur *natürlichen* Neurochemie emotionaler Störungen haben gezeigt, daß solche Störungen (insbesondere Depression und Manie) deutlich mit Veränderungen im neurochemischen Stoffwechsel korreliert sind. Unklar bleibt dabei aber vorläufig, in welchen Ursache-Wirkungs-Zusammenhängen Emotion und neurochemische Stoffwechseländerungen stehen (Carroll, 1982; Whybrow, 1984). (b) Die zahlreichen Untersuchungen zur emotionalen Wirksamkeit *zugeführter* neurochemischer Substanzen demonstrieren, daß die Zufuhr solcher Substanzen Emotionen modulieren kann, d.h. insbesondere zu einer Reduktion negativer Emotionen führen kann (vgl. Janke & Netter, 1983; McNeal & Cimbolic, 1986). Insbesondere Untersuchungen der letzteren Art zielten nicht primär auf eine Analyse emotions-*induzierender* Wirkungen neurochemikalischer Substanzen. Dementsprechend ist zwar nach wie vor anzunehmen, daß solche Substanzen Emotionen auslösen können. Unklar aber bleibt vorläufig, in welchem Umfang dies unter natürlichen Bedingungen geschieht. Für den größten Teil emotionalen Geschehens dürfte perzeptive und kognitive Auslösung wichtiger sein.

(5) Periphere Emotionsauslösung

Wie oben mehrmals betont worden ist, werden Emotionen – ihrem evolutionär-adaptiven Sinn entsprechend – wohl primär von perzeptiv-kognitiven Situationsrepräsentationen ausgelöst. Solche Emotionsinduktion kann anhand neuronal-elektrischer oder anhand neurochemischer Übertragungsmechanismen erfolgen; dementsprechend ist zu vermuten und partiell auch empirisch belegt (s.o.), daß wahrnehmungs- und kognitionsabhängige Elektrostimulationen und neurochemische Veränderungen Emotionen auslösen können. Gibt es darüber hinaus weitere Möglichkeiten?

James (1884) postulierte, daß Emotionen aus dem subjektiven Erleben peripherer, viszeraler und muskulärer Prozesse bestehen und mithin von solchen Prozessen ausgelöst werden. Eine ähnliche, eingeschränktere Theorie wurde von Lange (1885) vorgelegt. Diese als James-Lange-Theorie bekanntgewordene, kontraintuitive Position dominierte über Jahrzehnte hinweg die Emotionspsychologie. Die Theorie von James umfaßt zwei Basisannahmen (vgl. auch Cannon, 1927): (a) Viszeral-physiologische Prozesse können zur Emotionsauslösung führen; (b) muskuläre Prozesse können ebenfalls Emotionen auslösen. Das Vorliegen von viszeralen oder muskulären Abläufen wird dabei von James als *notwendige* Bedingung für Emotionsauslösung angesehen. Beide Basisannahmen führten getrennt zur experimentellen Überprüfungen und theoretischen Weiterentwicklungen, zu denen auf der einen Seite vor allem die physiologisch-kognitive Zwei-Faktoren-Theorie von Schachter & Singer (1962), auf der anderen Seite Ausdrucks-Rückmeldungs-Theorien (z.B. Leventhal, 1980, 1984; Ekman, 1984) zählen. Die umfangreiche Evidenz zu beiden Annahmen läßt sich folgendermaßen zusammenfassen:

(5.1) Physiologische Aktivation. Induktion physiologisch-viszeraler Aktivierung mit oder ohne Nahelegung von Attributionen solcher Aktivierung auf be-

stimmte Stimuli führt offensichtlich nur in Ausnahmefällen zur Auslösung von Emotionen. Auch die berichteten Ausnahmefälle aber lassen sich möglicherweise eher als Resultat kognitiver, z.B. durch die Fremdheit von Laborsituationen bewirkter Emotionsauslösung verstehen, bei der Aktivierung nur einen verstärkenden, also modulierenden Effekt zeitigt (vgl. Reisenzein, 1983). Physiologisch-viszerale Aktivierung ist mithin im Regelfall weder als notwendige Bedingung (wie von Schachter und Singer angenommen) noch als hinreichende Bedingung für Emotionen anzusehen (zusammenfassend Reisenzein, 1983). Schließen läßt sich aus der Evidenz nur, daß viszerale Aktivierung die Stärke erlebter Emotionen modulieren kann.

(5.2) Ausdruck. Die Möglichkeit einer Emotionsauslösung durch muskuläre Prozesse wurde vor allem für Einflüsse des Gesichtsausdrucks untersucht. Die resultierende Evidenz ist umstritten (vgl. Tourangeau & Ellsworth, 1979; Laird, 1984; Rutledge & Hupka, 1985; Winton, 1986; Matsumoto, 1987; McCanne & Anderson, 1987). Sie legt nahe, daß Vorhandensein oder Hemmung von ausdrucksmuskulären Prozessen Emotionen modulieren (verstärken und abschwächen) kann, daß aber auch eine willkürliche, über experimentelle Manipulationen herbeigeführte Ausdrucksproduktion vorher nicht vorhandene Emotionen erzeugen kann. Unklar ist vorläufig, inwieweit es sich dabei jeweils um diskrete, dem jeweiligen Ausdruck genau zugeordnete Emotionen handelt (vgl. Winton, 1986).

Ausdrucksabhängige Modulation von Emotionsabläufen dürfte charakteristisch auch für alltägliche Emotionen sein: Emotionen produzieren Ausdruck in Gesicht, Stimme etc.; diese Ausdrucksprozesse bzw. ihre Unterdrückung wirken modulierend auf die Emotion zurück (Ekman, 1984). Induktionen vorher nicht vorhandener Emotionen durch vorauslaufenden Ausdruck aber dürften auf psychologische Labors und sehr spezielle Alltagssituationen (z.B. von Schauspielern) beschränkt sein. Sollte auch diese Prozeßmöglichkeit im Alltag eine größere Rolle spielen, so müßten zwei Teilprozesse nachzuweisen sein; nämlich daß (1) emotionsrelevante Situationen ohne Vermittlung von Emotionen unwillkürliches Ausdrucksverhalten produzieren; und (2) dieses Ausdrucksverhalten seinerseits Emotionen erzeugt (so James, 1884). Für den ersten zu unterstellenden Teilprozeß aber liegt keinerlei positive Evidenz vor.

Zusammenfassend ist zu konstatieren, daß periphere Prozesse wohl modulierend auf Emotionen einwirken können, sie aber im Regelfall nicht erzeugen. Zusammenhänge von Emotionen und peripheren Prozessen sind umgekehrt eher so zu erklären, daß Emotionen zu Ausdrucksverhalten und peripherer Aktivierung führen (s.u. 3.2.3).

(6) Emotionsauslösung durch Motivation

"Motivation" kann zum einen aus Wünschen und Absichten zu bestimmten Handlungen bestehen ("deklarative Motivation"), zum anderen aus persistierenden Aktivierungen von Verhaltensprogrammen (Verhaltensschemata; "prozedurale Motivation"; s.u. 5.1). Vor allem für Handlungswünsche und -absichten ist zu vermuten (obschon empirisch bisher kaum belegbar), daß sie Emotionen auslösen können: Es handelt sich bei ihnen um spezifische Kognitionen, die neben Handlungsrepräsentationen auch Ziel- und Valenzrepräsentationen sowie Repräsentationen der Kontrollierbarkeit von Handlungen, Zielen und Nebenwirkungen umfassen können (2.2.2, 5.1). Für Kontrollerwartungen und Valenzkognitionen aber ist anzunehmen, daß sie für die Bildung von zukunftsbezogenen Emotionen entscheidend sind (also z.B. von Angst und Hoffnung; s. 3.2.1 und 3.3). Bei Emotionsauslösung durch solche kognitiven Wunsch- und Absichtskomponenten handelt es sich mithin um spezielle Fälle kognitionsgesteuerter Emotionsinduktion (s.o.). Die Funktion solcher Emotionsauslösung ist wohl vor allem darin zu sehen, daß ziel- und handlungsbezogene Emotionen den jeweiligen Motivationsprozeß unterstützen können (s.u. 3.2.3, 5.2).

Häufiger als wunsch- oder absichtsproduzierte Emotionen dürften allerdings Fälle sein, in denen vorauslaufende Kognitionen (insbesondere Erwartungs- und Valenzkognitionen) gleichzeitig emotionale und motivationale Abläufe auslösen. In solchen Fällen stehen Emotion und deklarative Motivation untereinander nicht in Auslösebeziehungen, obschon sie dann im aktuellen Erleben eng verschränkt sein dürften (s.u. 5.2.).

Für Aktivierungen von Verhaltensprogrammen ("prozedurale Motivation") hingegen ist anzunehmen daß sie eher von Emotionen herbeigeführt werden (s.u. 3.2.3), weniger hingegen ihrerseits Emotionen auslösen (in der Induktion von Motivation und Verhalten ist eine zentrale Funktion von Emotionen zu sehen; s.u. 3.2.3). Allerdings ist dabei zu bedenken, daß nicht nur die affektiven Anteile emotionaler Prozesse physiologisch gesehen an subkortikale Bereiche gebunden sind, sondern ähnliches auch für nicht-kognitive Anteile motivationaler Energetisierung von Verhalten gilt; auch sie sind partiell in subkortikalen Zentren zu lokalisieren (z.B. im Bereich des Hippocampus; vgl. Pribram & McGuiness, 1975; Tucker & Williamson, 1984). Angesichts der engen neuroanatomischen Nachbarschaft und der vielfältigen neuronalen Verknüpfungen subkortikaler Emotions- und Motivationszentren ist dementsprechend theoretisch denkbar, daß Emotionen von Verhaltensimpulsen (Aktivierungen von Verhaltensprogrammen) ausgelöst werden; wahrscheinlich ist dies nicht.

(7) Emotionsauslösung durch Emotionen?

Schließlich ist auch nicht völlig auszuschließen, daß Emotionen von vorangehenden Emotionen ausgelöst werden können. So ließe sich z.B. postulieren, daß Furchtreaktionen auf plötzlich und intensiv einsetzende Stimuli eine (kurze) Schreckreaktion vorausgeht, welche die anschließende Furchtreaktion automatisch auslöst. Anzunehmen ist aber eher, daß dies nicht der Fall ist, sondern daß Wahrnehmungen bzw. Kognitionen die jeweils nachfolgende Emotion produzieren. Vorauslaufende Emotionen können die Auslösung einer Emotion behindern oder begünstigen; es handelt sich bei ihnen also um aktuelle *Randbedingungen* der Auslösung nachfolgender Emotionen (s.u. 3.2.2). So kann eine Schreckreaktion eine nachfolgende Entstehung von Furcht begünstigen; ausgelöst aber wird Furcht von der Wahrnehmung und Interpretation der Situation. Dementsprechend geht Schreck z.B. dann *nicht* in Furcht über (sondern in Erleichterung), wenn der jeweilige schreckauslösende Stimulus als ungefährlich erkannt wird.

Zusammenfassung

Zusammenfassend ist festzuhalten, daß den obigen Annahmen entsprechend Emotionsprozesse auf direkte Weise vor allem von Wahrnehmungen und Kognitionen, daneben auch von neurochemischen Prozessen sowie artefiziell durch Elektrostimulation und periphere Prozesse ausgelöst werden können. Von Wahrnehmungen werden Emotionen dann ausgelöst, wenn zum einen bestimmte Situationen und zum anderen situationszugeordnete emotionale Prozedurschemata angeborener oder erworbener Art vorliegen. Wichtig ist dabei vor allem die Möglichkeit des Erwerbs solcher Emotionsauslösung auf der Basis wiederholter Situationsabläufe und zugeordneter kognitiver Habitualisierungen. Von Kognitionen dagegen können Emotionen auch unabhängig von aktuell vorliegenden Situationsbedingungen ausgelöst werden; wobei ebenfalls angeborene oder erworbene Prozedurschemata zugrundeliegen können. Wahrnehmungs- und kognitionsgesteuerte Emotionsauslösung konstituiert wohl den größten Teil natürlicher Emotionsabläufe. Neurochemische Induktion spielt demgegenüber vermutlich nur in Ausnahmefällen eine Rolle: bei bestimmten psychopathologischen Störungen (z.B. bipolaren Depressionen) und bei externer Zufuhr von bestimmten, neurochemisch wirksamen Stoffen (z.B. Opiaten). Möglichkeiten elektrostimulativer und peripherer Auslösung schließlich dürften weitgehend auf Laboranordnungen beschränkt sein.

Hieraus folgt, daß diejenigen Abläufe, die Wahrnehmungen, Kognitionen und neurochemische Prozesse produzieren, ebenfalls – auf jeweils indirekte Weise – Emotionen induzieren können. Wichtig ist vor allem die Möglichkeit, daß bestimmte Situationen und resultierende Situationswahrnehmungen nicht direkt, sondern erst über die Vermittlung kognitiver Prozesse Emotionen auslösen (vgl. u. Abb. 3.1). Dies ist diejenige Möglichkeit der Emotionsauslösung, die üblicherweise von kognitiven Emotionstheorien thematisiert wird (vgl. Lazarus & Launier, 1978; Scherer, 1984). Daneben können beispielsweise auch periphere Prozesse zwar nicht direkt, aber über ihren Einfluß auf perzeptiv-kognitive Abläufe und über Veränderungen des neuroendokrinen Stoffwechsels zur Auslösung von Emotionen beitragen (Beispiel: Auslösung von euphorischen Gefühlen durch allmählichen Entzug von Sauerstoff und nachfolgende Absenkung des Sauerstoffgehalts in den Blutbahnen des Gehirns; Pribram, 1984).

3.2.2 Verlauf, Modulation und Beendigung von Emotionen

Emotionsverläufe

Bei Emotionen handelt es sich um Prozesse, die über die Zeit hinweg eine quantitative und qualitative Dynamik zeigen. Diese aktualgenetische Dynamik von Emotionen ist selten analysiert worden (dies gilt weitgehend auch für motivationale Prozesse; zu den Ausnahmen zählt die dynamische Handlungstheorie von Atkinson & Birch, 1970). Einer der wenigen Autoren, die sich mit den Verlaufsformen emotionaler Prozesse befaßt haben, ist Ekman (z.B. 1984). Er ist der Auffassung, daß Emotionen (1) in der Regel nur Sekunden oder Minuten, maximal aber einige Stunden andauern, wobei (2) ihr quantitativer Verlauf (Intensitätsverlauf) immer folgendes Bild zeigt: (a) Einsetzen mit einer gewissen Latenz zur vorauslaufenden Stimulation; (b) Phase des Intensitätsanstiegs bis zum jeweiligen Maximum ("onset"); (c) Phase gleichbleibender, maximaler Intensität ("apex"); (d) Phase abnehmender Intensität bis zum Ende der Emotion ("offset"). Beide Annahmen sind nicht plausibel:

(1) Emotionsdauer

Die Alltagserfahrung zeigt, daß Emotionen sehr kurz sein können, sich aber auch kontinuierlich über einen längeren Zeitraum erstrecken können. So können z.B. "Angst" oder "Traurigkeit" ohne Unterbrechung über den gesamten Ablauf eines Tages hinweg anhalten (und eventuell auch während der Schlafphase). Ekman verweist solche länger andauernden Phänomene in die Kategorie "Stimmungen", vermag aber als einziges greifbares Kriterium für die Unterscheidung von "Emotionen" und "Stimmungen" nur die jeweilige Prozeßdauer zu nennen. Eine solche Separierung ist willkürlich und wenig nützlich, solange zwischen kürzeren und längeren emotionalen Prozessen keine fundamentaleren Unterschiede auszumachen sind (wie z.B. für Emotion einerseits und Motivation andererseits). Da dies nicht der Fall ist, sollten auch länger andauernde Erregungen emotionaler limbischer Zentren bzw. das Erleben solcher Erregungen als "Emotionen" bezeichnet werden. (Die Argumentation Ekmans legt nahe, daß er hier vom Verlauf der Ausdruckskorrelate subjektiven Emotionserlebens auf Verlaufsform und Dauer dieses Erlebens geschlossen hat; Ekman, 1984. Ein solcher Schluß aber ist problematisch: Eine Emotion kann auch dann noch anhalten, wenn der jeweilige Ausdruck – z.B. aufgrund neuromuskulärer Ermüdung – längst verschwunden ist. Darüber hinaus ist anzunehmen, daß Ekman die Dauer emotionalen Erlebens auch deswegen unterschätzt, weil seine empirischen Analysen sich großteils auf laborexperimentell produzierte, vermutlich schwache und kurzfristige Emotionen beziehen.)

Gestützt werden diese Überlegungen von Daten, die Scherer und Mitarbeiter in zwei großangelegten, interkulturellen Studien zum subjektiven Emotionserleben erhoben haben (vgl. Scherer, Wallbott & Summerfield, 1986). Auf der Basis retropsektiver, emotionsbezogener Selbstberichte zeigte sich, daß die mittlere Dauer erlebter Emotionen eine bis mehrere Stunden beträgt. Dabei ergaben sich interkulturell relativ konstante Differenzen zwischen unterschiedlichen Emotionen (so handelt es sich diesen Daten zufolge u.a. bei Freude und Traurigkeit um länger andauernde, bei Furcht und Ärger hingegen um eher kurzfristige Emotionen; Wallbott & Scherer, 1986a).

Problematisch ist allerdings die Frage, wie die "natürliche" Dauer von Emotionen aussieht, also derjenige Verlauf, der sich bei Ausschaltung bzw. Konstanthaltung von modulierenden Faktoren ergeben würde. Diese Frage dürfte empirisch nur schwer zu beantworten sein, da sich modulierende Einflüsse (Kognitionen etc.) kaum ausschalten lassen, ohne daß das zu beobachtende emotionale Erleben selber in Mitleidenschaft gezogen wird. Dementsprechend ist auch die Frage nicht ohne weiteres empirisch beantwortbar, ob und mit welcher Verlaufsform und -dauer Erregungen emotionaler Zentren und damit affektives Emotionserleben von selber abklingen, oder ob ein solches Abklingen prinzipiell durch andere Faktoren bewirkt wird (welche die jeweilige Erregung inhibieren; für motivationale Tendenzen wird dies von Atkinson & Birch, 1970, angenommen). Empirisch beobachten läßt sich die typische Dauer unterschiedlicher Emotionen wohl nur im natürlichen Kontext fortlaufender, variierender anderer psychischer Prozesse. Soweit diese Prozesse auf die jeweilige Emotion einwirken, ist dann allerdings nicht auszuschließen, daß Dauer und Verlaufsform der Emotion eher den Ablauf der jeweils einwirkenden Prozesse reflektieren.

(2) Verlaufsformen

Emotionen sind zeitlich begrenzt. Dies impliziert, daß sie einen Anfang und ein Ende nehmen. Was aber dazwischen passiert, ist offen. Der jeweilige Intensitätsverlauf kann – wie von Ekman angenommen – eingipflig sein; es kann sich aber ebenso gut um mehrgipflige Formen handeln (z.B. wellenförmige Verläufe mit durchschnittlich aufsteigender, absteigender oder konstanter Intensität sowie variierender oder konstanter Frequenz und Amplitude). Beispiel für einen mehrgipfligen Verlauf: Mißerfolgsbezogene Kognitionen während einer Prüfungssituation führen zu Angst während dieser Prüfung; diese Angst steigert sich jedesmal, wenn eine Einzelaufgabe zunächst als nicht lösbar erscheint, und sinkt jeweils etwas nach Lösung der betreffenden Aufgabe; insgesamt besteht bis zum Schluß der Prüfung ein hohes Angstniveau, das beim Ende der Prüfung steil abfällt (vgl. Deffenbacher, 1980; Jacobs, 1981).

Die wenigen empirischen Untersuchungen in diesem Bereich analysierten vor allem die Verläufe von Angst und depressiven Emotionen über den Tagesablauf hinweg. Dabei ergaben sich interindividuell stark variierende Verlaufsformen; am häufigsten zeigte sich ein Anstieg von Angst und depressiven Emotionen und eine Abnahme fröhlicher Stimmungen über den Tag hinweg (in nicht-klinischen Stichproben; vgl. Robbins & Tanck, 1987; Thayer, 1987). Scherer und Mitarbeiter konnten darüber hinaus beträchtliche Intensitätsunterschiede nicht nur für unterschiedliche Emotionen, sondern auch für Angehörige verschiedener Nationen nachweisen (Wallbott & Scherer, 1986a). Soweit hier nicht genetische Unterschiede zugrundeliegen, spricht dies für die Lernabhängigkeit auch der Verlaufsparameter von Emotionen (und nicht nur der jeweiligen kognitiven Inhalte von Emotionen, für die Lernabhängigkeit wohl die Regel darstellt; s.u. 4.3).

Modulierende Faktoren

Es ist anzunehmen, daß der Verlauf einer Emotion in jedem Einzelfall von einer Reihe aktueller Randbedingungen und modulierender Prozesse gesteuert wird, die für Aufrechterhaltung, Modulation und Beendigung affektiv-limbischen Geschehens verantwortlich sind. Neben der Eigendynamik emotionaler Abläufe und

Wechselwirkungen zwischen unterschiedlichen Emotionen dürften dabei vor allem diejenigen Faktoren wesentlich sein, die auch der ursprünglichen Auslösung einer Emotion zugrundeliegen können; also Wahrnehmungen, Kognitionen und neurochemische Veränderungen. Darüber hinaus aber dürften hier auch solche Faktoren eine Rolle spielen, denen für sich allein in der Regel keine emotionsinduzierende Kraft zukommt; also z.B. peripher-physiologische und -expressive Abläufe:

(1) Eigendynamik von Emotionen

Zunächst ist zu vermuten, daß eine ausgelöste Emotion einem Prozeß der Selbstmodulation unterliegt, d.h. auch dann eine Eigendynamik entfalten würde, wenn keine anderen Faktoren wirken würden. Dieser Eigendynamik dürften Trägheitsprinzipien zugrundeliegen (die möglicherweise von Emotion zu Emotion variieren). In diesem Sinne dürfte nach (einmaliger) Stimulation bzw. Disinhibition die Erregung eines limbischen Zentrums mit einer gewissen Latenz einsetzen, bis zu einem Maximum ansteigen und anschließend mehr oder weniger langsam wieder abklingen (dies ist die von Ekman, 1984, als allgemeingültig unterstellte Verlaufsform). Da affektive Emotionsprozesse sich immer im Kontext anderer psychischer Prozesse abspielen, wird diese Eigendynamik allerdings immer auch von den Einflüssen anderer Faktoren überlagert.

(2) Wechselwirkungen zwischen Emotionen

(2.1) Subkortikale Mechanismen: Ein einfaches Erregungs-Hemmungs-Modell. Unterschiedliche affektive Emotionsprozesse können gleichzeitig ablaufen; im subjektiven Erleben resultieren daraus Mixturen der jeweiligen Erlebensanteile (vgl. Blumberg & Izard, 1986; Plutchik, 1980; Smith & Ellsworth, 1987). Anzunehmen ist dabei, daß emotionsspezifische limbische Teilsysteme in komplexen, wechselseitigen Erregungs- und Hemmungsbeziehungen stehen. Im Sinne eines Erregungs-Hemmungs-Modells der Wechselwirkungen zwischen Emotionen ist dabei zunächst davon auszugehen, daß emotionsbezogene limbische Zentren bzw. Teilsysteme teils gleichsinnig, teils antagonistisch operieren. Auf der Basis dieser Annahme läßt sich u.a. folgendes vermuten:

(a) Die Erregung eines bestimmten Zentrums/Teilsystems verstärkt die Erregung nicht-antagonistischer anderer Zentren. Dies bedeutet, daß Emotionen die Auslösung nicht-antagonistischer, kompatibler anderer Emotionen begünstigen und ausgelöste kompatible Emotionen verstärken. So könnte beispielsweise Schreck oder Ekel eine Auslösung von Angst begünstigen.

(b) Gleichzeitig hemmt die Erregung eines Zentrums Erregungen antagonistischer anderer Zentren. Dies beinhaltet, daß Emotionen die Auslösung antagonistischer, inkompatibler anderer Emotionen erschweren und ausgelöste inkompatible Emotionen abschwächen bzw. beenden. In diesem Sinne kann z.B. Traurigkeit, die ansonsten angedauert hätte, durch ein Freude auslösendes Ereignis beendet werden – und umgekehrt.

(c) Möglicherweise befinden sich limbische Teilsysteme ständig in einem Zustand relativer Erregung einerseits und Hemmung andererseits. Wenn sich alle emotionsbezogenen Zentren auf dem Minimalniveau ihrer Erregungsmöglichkeiten befinden, werden keine bzw. nur sehr schwache Emotionen erlebt. Werden mehrere nicht-antagonistische Zentren über dieses Minimalniveau hinaus erregt bzw. enthemmt (z.B. durch geeignete situative Wahrnehmungen), so verstärken sich diese Erregungen und – auf der subjektiven Ebene – die entsprechenden Emotionen gegenseitig. Werden hingegen mehrere antagonistische Zentren erregt/enthemmt, so hemmen sich die betreffenden Erregungen und damit die zugeordneten, inkompatiblen Emotionen gegenseitig.

(d) Ist dabei ein Zentrum deutlich stärker erregt als antagonistische Zentren, so hemmt es Erregungen dieser Zentren vollständig, und die betreffenden konkurrierenden Emotionen kommen zum Erliegen. Sind hingegen mehrere antagonistische Zentren etwa gleichstark erregt, so vermag sich kein Zentrum durchzusetzen, und es resultieren Mixturen inkompatibler Emotionen (möglicherweise sind solche Mixturen instabil und damit flüchtiger Art, da früher oder später eines der jeweiligen antagonistischen Zentren die Oberhand gewinnt). Beispiel: Mixturen von Freude und Traurigkeit, die zwar gleichzeitig vorhanden sind, aber sich auf unterschiedliche Ereignisse beziehen; oder von Vorfreude auf ein Ereignis und Angst, daß es nicht eintreten wird. Auslösen solcher ambivalenten Mixturen können u.a. ambivalente, nicht hinreichend eindeutige Situationseinschätzungen sein.

Diese Überlegungen sind eher spekulativer Art (vgl. aber Stellar & Stellar, 1985). Der adaptiv-evolutionäre Stellenwert von Mechanismen der genannten Art dürfte darin liegen, daß es in vielen Situationen sinnvoll ist, bestimmte Reaktionssysteme zu aktivieren und gleichzeitig eine Aktivierung jeweils entgegengesetzter Reaktionssysteme zu unterdrücken (also z.B. in einer bedrohlichen Situation Fluchtreaktionen zu aktivieren und zur Erleichterung dieser Aufgabe gleichzeitig Kampfreaktionen zu inhibieren). Inkompatibel dürften in diesem Sinne vor allem positiv valente Emotionen (Freude, Stolz etc.) einerseits und negativ valente Emotionen (z.B. Traurigkeit, Angst, Ärger, Scham) andererseits sein. Daneben können aber wohl auch Emotionen gleicher Valenzrichtung inkompatibel sein (also beispielsweise Angst und Ärger).

Dabei ist hier im Auge zu behalten, daß auf der limbischen Ebene wohl nur einige wenige, "primäre" Emotionen spezifiziert sind (insbesondere Freude, Traurigkeit, Furcht/Angst, Ärger, Scham und Ekel), stärkere Differenzierungen also erst auf einer kortikalen Ebene und mithin in den jeweiligen kognitiven Emotionsanteilen stattfinden. Hieraus folgt, daß kognitive Differenzierungen "primärer" Emotionen untereinander jeweils kompatibel sein dürften (also z.B. gegenwartsbezogene Furcht einerseits und zukunftsbezogene Angst andererseits).

Indirekt gestützt werden diese Überlegungen vor allem von Analysen der intraindividuellen Beziehungen zwischen unterschiedlichen Emotionen. In den wenigen Studien dieser Art zeigte sich, daß (1) Auftreten und Ausmaß von positiven Emotionen einerseits und negativen Emotionen andererseits über unterschiedliche Zeitpunkte hinweg intraindividuell negativ korreliert sind (Diener & Iran-Nejad, 1986). Daneben ergab sich (2), daß dies nicht nur für Emotionen unterschiedlicher Valenzrichtung gilt, sondern auch für Emotionen derselben Valenzrichtung (also z.B. für Angst einerseits und depressive Gefühle andererseits; vgl. Epstein, 1980). Dies spricht zugunsten der obigen Annahmen zur Inkompatibilität von Emotionen unterschiedlicher wie gleichartiger Valenz. Darüber hinaus schließlich konnten Diener und Iran-Nejad (1986) demonstrieren, daß (3) Inkompatibilität dieser Art nur dann deutlich nachweisbar ist, wenn mindestens eine der jeweils inkompatiblen Emotionen von hoher Intensität ist. Dies stützt die oben formulierte Annahme (d), daß Hemmungen jeweils inkompatibler Emotionen nur dann vollständig sind, wenn die betreffende hemmende Emotion intensiv ist.

(2.2) Kortikale Mechanismen. Während zu limbisch gebundenen Wechselwirkungen zwischen Emotionen kaum direkte Evidenz vorliegt, ist über analoge Wechselwirkungen auf der Ebene der kortikalen Steuerung von Emotionen einiges bekannt. Dabei scheinen Wechselwirkungen auch auf dieser Ebene durch gleichzeitige Aktivation und wechselseitige Hemmungen zwischen antagonistischen Mechanismen gekennzeichnet zu sein. Dies läßt sich u.a. schließen aus der Evidenz zur Hemispherizität emotionsbezogener Prozesse und zu den Emotionsfolgen unilateraler kortikaler Läsionen (zusammenfassend Tucker, 1981; Davidson, 1984; Code, 1986):

(a) Die linke Kortexhälfte trägt offensichtlich stärker zur perzeptiv-kognitiven Auslösung positiver Emotionen bei als zur Auslösung negativer Emotionen; für die rechte Kortexhälfte gilt das Umgekehrte (wobei die rechte Hälfte insgesamt gesehen stärker zu negativen wie positiven Emotionen beiträgt als die linke Hälfte). (b) Bei Läsionen der linken Hirnhälfte kommt es zu erhöhter Frequenz und Intensität negativer emotionaler Zustände (Furcht, Depressivität); bei Läsionen der rechten Hirnhälfte vorzugsweise zu Indifferenz oder Euphorie.

Aus dieser Evidenz aber läßt sich folgern, daß auf der kortikalen Ebene (bzw. auf der limbischen Ebene oder auf beiden Ebenen) Erregungs-Hemmungs-Gleichgewichte über die Auslösung von Emotionen und ihre Stärke bestimmen. Würden nur Erregungen in der jeweils zuständigen Hirnhälfte über die Emotionssteuerung entscheiden, so müßten bei linksseitigen Läsionen positive Emotionen und bei rechtsseitigen Läsionen negative Emotionen reduziert auftreten, ohne daß es zu einem Überschießen der jeweils entgegengesetzten Emotionen käme. Solche entgegengesetzten Emotionen aber treten typischerweise auf. Die naheliegende Interpretation ist, daß im nicht-geschädigten Normalzustand ein überhohes Maß an positiven bzw. negativen Emotionen durch Hemmvorgänge verhindert wird, die von der jeweiligen anderen Hirnhälfte gesteuert werden.

Für die Lokalisierung der hemmenden Mechanismen gibt es vor allem drei Denkmöglichkeiten (in Erweiterung der Überlegungen von Tucker, 1981): (1) Die Hemmung findet direkt auf der kortikalen Ebene statt. Damit würde eine übermäßige perzeptiv-kognitive Auslösung derjenigen Emotionen verhindert, deren Auslösung an die jeweils andere Hirnhälfte gebunden ist. (2) Aktivitäten der jeweiligen Hirnhälfte hemmen diejenigen Emotionen direkt (über entsprechende kortikal-limbische neuronale Pfade), für deren Auslösung und Aufrechterhaltung die andere Hälfte zuständig ist. Hemmung und Erregung werden dann kortikal gesteuert, finden aber auf subkortikalen Ebenen statt, und zwar jeweils innerhalb der einzelnen, für die betreffenden Emotionen zuständigen Zentren bzw. Teilsysteme. (3) Die Aktivitäten der jeweiligen Hirnhälften halten die jeweils zugeordneten limbischen Emotionszentren ständig in einem gewissen Hemmungs- bzw. Erregungszustand; Erregungen dieser Zentren hemmen Erregungen der jeweils antagonistischen Zentren. Die jeweils prävalenten Emotionen ergeben sich dann aus dem kortikal (mit-)gesteuerten Erregungs-Hemmungs-Gleichgewicht zwischen den beteiligten limbischen Zentren. Auch in diesem Fall fänden die Hemmprozesse auf der limbischen Ebene statt, aber nicht jeweils innerhalb eines limbischen Zentrums, sondern zwischen den Zentren.

Anzunehmen ist, daß alle drei Möglichkeiten gleichzeitig eine Rolle spielen. Angesichts der engen neuronalen Verknüpfungen innerhalb des limbischen Systems und im Sinne des oben formulierten limbischen Erregungs-Hemmungs-Modells aber dürften die zweite und die dritte Möglichkeit und mithin Hemmungsprozesse in subkortikalen Bereichen entscheidend sein.

(3) Emotionsmodulation durch Wahrnehmungen und Kognitionen

Wahrnehmungen und Kognitionen sind als die entscheidenden Auslöser von Emotionen anzusehen (s.o.). Dementsprechend sind sie auch für Aufrechterhaltung, Modulation und Beendigung von Emotionen zentral. Dabei kann folgendes angenommen werden:

(a) Solange eine einzelne, emotionsauslösende Wahrnehmung/Kognition andauert, wird die Erregung der jeweiligen limbischen Zentren *aufrechterhalten.* Der Einfluß von Wahrnehmung/Kognition überlagert sich dabei der Eigendynamik der Emotion. Dies bedeutet insbesondere, daß das eigendynamische Absinken der Emotionsintensität bei andauernder Wahrnehmung/Kognition verzögert oder aufgeschoben wird.

Wahrnehmungen/Kognitionen aber sind flüchtige Phänomene; über eine Zeitdauer von mehr als einigen Sekunden hinaus üben sie deshalb vermutlich keinen konstanten Einfluß aus. Entscheidend ist deshalb auch die Frage, ob sie sich wiederholen. Tun sie dies, so dürften sie einen jeweils gleichsinnigen, ebenso wie bei der ursprünglichen Emotionsauslösung zeitlich verzögerten Effekt auf den Verlauf der Emotionsintensität ausüben. Dies dürfte dann zu wellenförmigen Intensitätsverläufen über die Zeit hinweg führen, wobei sich die Wahrnehmungs- bzw. Kognitionseinflüsse der Eigendynamik der Emotion überlagern.

(b) Die *Stärke des Einflusses* (bei Auslösung, Aufrechterhaltung und Modulation) hängt wesentlich von der Intensität und der inhaltlichen Prototypikalität der jeweiligen Wahrnehmung/Kognition ab. Der Emotionseffekt dürfte dabei umso stärker sein, (1) je intensiver die Wahrnehmung/Kognition ist, (2) je stärker die an sie gebundenen emotionsauslösenden Mechanismen sind und (3) je genauer die Wahrnehmungen/Kognitionen dem jeweiligen kognitiven Schema entsprechen, das die betreffenden emotionsauslösenden Prozeduren enthält (zu den Folgen vorhandener oder mangelnder Passung von Wahrnehmung/Kognition und Prozeduren allgemein auch Anderson, 1983). In diesem Sinne dürfte beispielsweise kognitionsgesteuerte Angst dann besonders intensiv sein, wenn ihr Antizipationen einer drohenden Katastrophe (z.B. eines Erdbebens) zugrundeliegen, die intensiv sind, in eindeutig gelernter Weise mit der Auslösung von Angst verknüpft sind und genau dem jeweiligen Schema zu Katastrophen und ihren Folgen entsprechen.

(c) Emotionen können von emotionsirrelevanten oder emotions-antagonistischen Wahrnehmungen/Kognitionen *beendet werden.* Dies könnte erstens so aussehen, daß für die betreffende Emotion irrelevante Wahrnehmungen/Kognitionen im Wahrnehmungs-/Kognitions-Strom die jeweils emotionsproduzierenden Wahrnehmungen/Kognitionen verdrängen. Damit entfällt der erregungsstiftende kognitive Einfluß auf den jeweiligen affektiven Emotionsprozeß, und dieser Prozeß klingt seiner Eigendynamik entsprechend ab. Die zweite Möglichkeit ist, daß emotionsantagonistische Wahrnehmungen/Kognitionen den Emotionsprozeß inhibieren (und damit rascher zum Ende bringen, als dies eigendynamisch passiert wäre). Die dritte Möglichkeit ist indirekter Art: Eine Wahrnehmung/Kognition löst eine zu der betreffenden Emotion antagonistische Emotion aus; diese zweite Emotion inhibiert die erste (s.o. Punkt 2).

(4) Emotionsmodulation durch neurochemische Abläufe

Neurochemische Auslösung von Emotionen dürfte – gegenüber perzeptiver und kognitiver Auslösung – ein weniger häufiges Phänomen sein (s.o.). Bei Aufrechterhaltung und Modulation aber dürfte der neurochemische Stoffwechsel eine große Rolle spielen (zumindest bei intensiven Emotionen; vgl. McNeal & Cimbolic, 1986). Anzunehmen ist vor allem, daß Emotionen in Abhängigkeit von ihrer Intensität und Dauer die jeweiligen Homöostase-Niveaus neuroendokriner Produktion verändern und diese ihrerseits aufrechterhaltend auf die jeweilige limbische Erregung zurückwirken (vgl. auch Whybrow, 1984).

(5) Emotionsmodulation durch periphere Abläufe

Periphere somatische und motorische Abläufe sind zwar für die Auslösung von Emotionen weniger wesentlich (s.o. 3.2.1); zu ihrer Modulation aber dürften sie entscheidend beitragen. Dies gilt vor allem für physiologisch-viszerale, daneben aber auch für neuromuskuläre Abläufe. *Physiologisch-viszerale Prozesse* können Emotionsanteile auf mehreren Wegen beeinflussen: (a) Periphere Stoffwechselprozesse können zum neurochemischen Status innerhalb des ZNS beitragen, der seinerseits auf Emotionen Einfluß nimmt (s.o.). Eine zweite Möglichkeit ist (b), daß physiologische Aktivierung, die von bestimmten Hirnstammzentren gesteuert wird (vgl. Tucker & Williamson, 1984), über diese Zentren Einfluß auf limbische, emotionsbezogene Bereiche nimmt. Wichtig ist schließlich (c) die Möglichkeit, daß Aktivierung wahrgenommen wird und solche Wahrnehmungen als Bestandteile von Emotionserleben (s.o. 3.1) dieses Erleben insgesamt verstärken.

Auch für *motorische Ausdrucksprozesse* (in Gesicht, Stimmuskulatur und anderen Körperbereichen) ist anzunehmen, daß sie Emotionen modulieren können. Dabei dürften emotionsbegleitende, zu der jeweiligen Emotion kongruente Ausdrucksprozesse die Emotion verstärken, eine Unterdrückung dieser Ausdrucksprozesse die Emotion abschwächen und antagonistische Ausdrucksprozesse die Emotionsintensität ebenfalls reduzieren (zur empirischen Evidenz Ekman, 1984; Matsumoto, 1987; McCanne & Anderson, 1987). Solche Modulationsprozesse können (a) durch direkte neuronale Verbindungen von der Ausdrucksmuskulatur oder den Innervationen dieser Muskulatur zu limbischen Zentren zustandekommen (vgl. Fuster, 1980); (b) von Einflüssen neuromuskulärer Innervation auf hypothalamische Zentren vermittelt werden, die ihrerseits auf das autonome Nervensystem und auf diesem Wege auf Emotionen einwirken (vgl. Ekman, Levenson & Friesen, 1983); oder (c) von propriozeptiven Wahrnehmungen des Ausdrucks und zugeordneten Kognitionen vermittelt werden.

(6) Weitere modulierende Faktoren

Denkbar ist schließlich auch, daß weitere psychische Prozesse emotionsmodulierende Wirkungen entfalten können. So ist z.B. möglich, daß Motivationsprozesse (Handlungswünsche und -absichten, aktivierte Zustände von Verhaltensschemata) verhaltensfördernde Emotionen begünstigen und verhaltensbehindernde Emotionen hemmen. Dies könnte auf subkortikaler Ebene in direkter Weise geschehen (oben wurde bereits darauf hingewiesen, daß z.B. zwischen motivationalen Zentren im Hippocampus und limbischen Emotionszentren enge neuroanatomische Verbindungen bestehen; vgl. Arnold, 1960; Pribram & McGuiness, 1975).

Wichtiger aber ist wohl die Möglichkeit, daß emotionsmodulierende Motivationseffekte von kognitiven Motivationskomponenten gestiftet werden, also z.B. von handlungsbezogenen Erwartungen und Valenzkognitionen: Solche Kognitionen können auch als Komponenten von Handlungswünschen und -absichten zugeordnete Emotionen nicht nur auslösen (s.o. 3.2.1), sondern auch ihren weiteren Verlauf modulieren. Bei entsprechender Auslösung von Emotionen handelt es sich um einen Spezialfall kognitionsgesteuerter Emotionsinduktion; dementsprechend handelt es sich hier um spezielle Fälle kognitionsgesteuerter Modulation von Emotionen (s.o. Punkt 3).

Vorauslaufende Randbedingungen der Emotionsauslösung

Zu berücksichtigen ist schließlich, daß auch der psychische und physiologische Zustand der Person, der *vor* der Emotionsauslösung besteht, Einfluß auf Auslösung und Verlauf von Emotionen nimmt. Emotionen stellen damit ebenso wie andere psychische Abläufe prinzipiell *zustandsabhängige* Prozesse dar (vgl. Thayer, 1987). Dabei dürften prinzipiell diejenigen Faktoren disponierend wirken, die auch modulierenden Einfluß nehmen können. Wesentlich sind dabei disponierende Wirkungen von vorauslaufenden Emotionen und Wahrnehmungen/Kognitionen:

(a) Vorauslaufende Emotionen. Eine vorauslaufende Emotion, die mit der ausgelösten Emotion kompatibel ist, dürfte die Emotionsauslösung begünstigen, während vorauslaufende antagonistische Emotionen die Auslösung eher erschweren. So kann z.B. vorauslaufende Angst die Entstehung von Traurigkeit begünstigen; vorauslaufende Freude kann die Entstehung von Traurigkeit behindern (verzögern, abschwächen etc.). Im Sinne des oben skizzierten, limbischen Erregungs-Hemmungs-Modells kann dies direkt auf der limbischen Ebene passieren, indem Erregungen limbischer Zentren die Erregung anderer Zentren begünstigen

bzw. hemmen (s.o.). Es können aber auch perzeptiv-kognitive oder physiologische Prozesse vermittelnd eingreifen, die dann ihrerseits als direkte Emotionsbedingungen anzusehen sind.

Auf einer theoretischen Ebene werden Sequenzen unterschiedlicher Emotionen insbesondere von der Erregungstransfer-Theorie Zillmanns (1979), dem Modell Barons (1977), der Theorie opponenter Prozesse von Solomon (1980) und der Reversal-Theorie Apters (1982) analysiert. Auf eine detaillierte Darstellung dieser partiell inkompatiblen Ansätze muß hier verzichtet werden (vgl. zur wenig konsistenten empirischen Befundlage auch Reisenzein, 1983; Branscombe, 1985; Sandvik, Diener & Larsen, 1985). Anzumerken ist aber, daß sich vor allem Annahmen der beiden erstgenannten Ansätze problemlos verknüpfen lassen:

Für Einflüsse vorauslaufender auf nachfolgende Emotionen sieht Zillmann Residualerregungen aus der vorauslaufenden Emotion als entscheidend an, Baron hingegen die Kompatibilität der Valenzen aufeinanderfolgender Emotionen. Das oben skizzierte Erregungs-Hemmungs-Modell wechselseitiger Emotionseinflüsse aber legt nahe, daß beide Parameter (Erregung und Valenzrichtung) eine Rolle spielen: Emotionsspezifische Erregungen eines bestimmten limbischen Bereichs verstärken anschließende Erregungen nicht-antagonistischer anderer Bereiche und hemmen anschließende Erregungen antagonistischer Bereiche. In diesem Sinne dürften Emotionen *kompatible* nachfolgende Emotionen begünstigen und inkompatible Emotionen behindern (empirisch wird diese Folgerung aus dem Erregungs-Hemmungs-Modell z.B. von Daten Branscombes, 1985, gestützt).

(b) Wahrnehmungen und Kognitionen. Wahrnehmungen oder Kognitionen einer bestimmten Kategorie begünstigen Wahrnehmungen/Kognitionen solcher Kategorien, die im Gedächtnis eng mit dieser Kategorie assoziiert sind. Dementsprechend erleichtert der jeweilige Wahrnehmungs- und Kognitionsstrom die Auslösung bestimmter Emotionen und behindert die Auslösung anderer. Dominieren z.B. im Bewußtseinsstrom Kognitionen zur eigenen Inkompetenz, so begünstigt dies Antizipationen von Mißerfolgen in bevorstehenden Prüfungssituationen und macht damit die Auslösung von Angst wahrscheinlicher als die Auslösung von Freude. Als vorauslaufende, disponierende Bedingungen wirken Wahrnehmungen und Kognitionen dabei immer auf indirekte Weise, indem sie diejenigen Wahrnehmungen/Kognitionen erleichtern oder behindern, die dann direkt zur Emotionsauslösung führen.

Zusammenfassung

Emotionen können unterschiedliche Verlaufsformen zeigen, die jeweils von einer Reihe von Randbedingungen und modulierenden Faktoren abhängen. Nicht nur für die Auslösung von Emotionen (s.o. 3.2.1), sondern auch für ihr weiteres Verlaufsschicksal dürften dabei Wahrnehmungen und Kognitionen entscheidend sein. Anders als bei der Emotionauslösung aber dürften für die Emotionsmodulation zusätzlich eine Reihe weiterer Faktoren zentral sein. Zu ihnen zählen vor allem neurochemische Prozesse, physiologisch-viszerale und neuromuskulär-expressive Abläufe, und die steigernden oder hemmenden Einflüsse gleichzeitiger anderer Emotionen. Verlaufsformen von Emotionen hängen damit in komplexer

Weise von vielen Faktoren ab. Diese können jeweils gleich- oder gegensinnig auf einen affektiven (limbischen) Emotionsprozeß einwirken, ihm variierende kognitive und körperperzeptive Komponenten hinzufügen und ihn mit anderen, parallel laufenden Emotionen mischen. Das Resultat ist, daß Emotionen auch im subjektiven Erleben sehr flüchtige oder sehr hartnäckige, in ihren Inhalten schillernde und ihrer Intensität oszillierende Phänomene darstellen können.

Dennoch ist die Komplexität emotionalen Geschehens mit den obigen Überlegungen (3.2.1, 3.2.2) noch nicht hinreichend skizziert: Emotionen können ihrerseits auf alle Prozesse zurückwirken, von denen sie abhängen. Als nächstes ist hier deshalb auf die (proximalen, aktualgenetischen) Wirkungen von Emotionen einzugehen.

3.2.3 Proximale Wirkungen von Emotionen

In Abschnitt 3.2.1 ist bereits angedeutet worden, daß der evolutionär-adaptive Stellenwert von Emotionen vermutlich in der Vermittlung zwischen Situationswahrnehmungen einerseits und instrumentellen oder expressiven motorischen Reaktionen andererseits liegt. Energetisierung und Auslösung geeigneter Reaktionen sind damit als zentrale Wirkungen von Emotionen anzusehen. Im einzelnen ist anzunehmen, daß sowohl verhaltensvorbereitende perzeptiv-kognitive, neurochemische, peripher-physiologische und motivationale Prozesse als auch expressives und instrumentelles Verhalten selber von Emotionen ausgelöst und beeinflußt werden können. In den Bereich verhaltensvorbereitender Prozesse sind dabei auch die Wirkungen emotionaler Abläufe auf andere, parallele und nachfolgende Emotionen einzuordnen (hierzu oben 3.2.2). Diese möglichen aktualgenetischen Wirkungen von Emotionen sind im folgenden der Reihe nach zu diskutieren.

(1) Emotionswirkungen auf Wahrnehmungen und Kognitionen

Affektive und andere Emotionskomponenten beeinflussen insbesondere (1.1) die Inhalte kognitiver Emotionsanteile, (1.2) Prozesse kognitiven Problemlösens und (1.3) Lern- und Gedächtnisabläufe. Entsprechende Effekte können direkter und indirekter Art (1.4) sein:

(1.1) Kognitive Emotionsanteile. Affektive Emotionsanteile verleihen Wahrnehmungen/Kognitionen emotionsspezifische Färbungen und beeinflussen damit die subjektive Erlebensqualität dieser Wahrnehmungen/Kognitionen.

(1.2) Denken und Problemlösen. Emotionen beanspruchen Aufmerksamkeit (zumindest oberhalb eines gewissen Intensitätsgrades). Dies gilt insbesondere für die jeweiligen kognitiven Emotionsanteile. Kognitive Emotionsanteile können direkt auf einen gedanklichen Problemlöseprozeß bezogen sein *(aufgabenbezogene Kognitionen)*; in einem solchen Fall sind zumindest keine *negativen* direkten Emotionseinflüsse auf Denkleistungen zu erwarten (Beispiel: Freude beim Durchdenken eines mathematischen Problems). Sie können sich aber auch auf die eigene Person, mögliche Erfolge und Mißerfolge beim Problemlösen oder andere

eher aufgabenferne Inhalte richten *(aufgabenirrelevante Kognitionen).*

Nimmt man an, daß die Kapazität des Arbeitsgedächtnisses begrenzt ist, so folgt hieraus, daß nicht direkt auf die Aufgabeninhalte bezogene Emotionen mit Denkleistungen interferieren. Ihr direkter Einfluß ist damit negativer Art. Empirisch untersucht und partiell bestätigt worden ist diese Annahme vor allem für Einflüsse von Prüfungsänsten auf Denkleistungen. Dabei ergaben sich in einer größeren Zahl von Untersuchungen negative Beziehungen vor allem für kognitive Anteile von Prüfungsangst (Sorgen über die eigene Kompetenz, drohende Mißerfolge etc.) einerseits und Leistungen in schwierigen oder komplexen Aufgabenbereichen andererseits (vgl. Sarason, 1980; Schwarzer, Schwarzer & Seipp, 1987; Pekrun, 1987b; Sarason et al., 1986). Zu erwarten sind solche Effekte aber nicht nur für Angst und andere negative Emotionen (z.B. depressiver Art), sondern ebenso auch für positive Emotionen (Christianson, 1986).

Zu bedenken ist dabei allerdings, daß sich solchen direkten Effekten gleichsinnige oder gegenläufige *indirekte Effekte* überlagern können, die insbesondere von positiven oder negativen Emotionseinflüssen auf motivationale Prozesse vermittelt sein können. So können (a) auf andere Tätigkeiten bezogene Emotionen die Denkmotivation reduzieren; (b) positive lösungsbezogene Emotionen die Motivation erhöhen (vgl. Carver & Scheier, 1984), womit sie gegenläufige, einerseits aufmerksamkeitsreduzierende, andererseits motivationserhöhende Effekte zeitigen können; und (c) negative, mißerfolgsbezogene Emotionen bestimmte Motivationsarten senken (z.B. intrinsisch-positive Motivation), andere hingegen erhöhen (z.B. Motivation zu Mißerfolgsmeidung). Hieraus resultieren je nach Situationstyp und relativer Stärke verschiedener Einzelmotivationen unterschiedliche Wirkungen auf Gesamtmotivation und damit auf Intensität und Persistenz von Denkbemühungen. Da solche komplexen, vermittelnden Prozesse in der Regel nicht analysiert wurden, ist es nicht verwunderlich, daß die Befundlage zu Emotions-Denkleistungs-Beziehungen insgesamt eher inkonsistent ist (Einzelheiten in Pekrun, 1987b, c, d).

(1.3) Lernen und Gedächtnis. Da Einprägung und Reproduktion von Gedächtnismaterial ebenfalls Aufmerksamkeit beanspruchen, dürften Emotionen ähnliche positive oder negative Effekte auf sie ausüben wie auf kognitives Problemlösen. Hinzu treten allerdings zustandsabhängige Stimmungskongruenz-Wirkungen gedächtnisspezifischer Art: (a) Bessere Reproduktion von gelerntem Material, wenn die Stimmung bei der Reproduktion der *Stimmung beim Einprägen* entspricht. Solche Effekte setzen voraus, daß Stimmungsbezüge beim Einprägen mitgespeichert werden und beim Reproduzieren wieder aktiviert werden (und damit die Zugänglichkeit des Gedächtnismaterials erhöhen). (b) Bessere Reproduktion von Material, wenn die emotionale Lage während der Reproduktion zu den jeweiligen *Stimmungsinhalten des Materials* kongruent ist.

Vor allem Kongruenzeffekte des zweiten Typus (Kongruenz von Emotion und Gedächtnismaterial) konnten empirisch konsistent belegt werden (zusammenfassend Blaney, 1986; Johnson & Magaro, 1987; vgl. auch Bower, 1981; Spies & Hesse, 1986). Verantwortlich für eine stimmungsabhängig höhere Zugänglichkeit von Gedächtnismaterial sind dabei offensichtlich vor allem die jeweiligen kognitiven Emotionsanteile (Rholes, Riskind & Lane, 1987).

Solche Stimmungskongruenz-Effekte führen dazu, daß emotionskongruente Wahrnehmungen und Kognitionen begünstigt, inkongruente Wahrnehmungen/Kognitionen hingegen eher erschwert werden (soweit die jeweiligen Wahrnehmungen/Kognitionen nicht eindeutig von situativen Einflüssen determiniert sind, sondern eher auf emotionsabhängiger Aktivierung kognitiver Schemata beruhen). In diesem Sinne werden jeweils Wahrnehmungen/Kognitionen begünstigt, die zur Aufrechterhaltung oder zu wiederholter Auslösung der betreffenden Emotion führen; diese Emotion führt unmittelbar anschließend wiederum zu entsprechenden Wahrnehmungen/Kognitionen etc. Dies impliziert eine Tendenz zur Selbstperpetuierung der jeweiligen Emotion, die über die Trägheit in der Eigendynamik des jeweils zugeordneten limbischen Prozesses hinausgeht. Der evolutionäre, adaptive Sinn dürfte in einer Zentrierung der Aufmerksamkeit auf die jeweiligen Emotionsobjekte liegen. In diesem Sinne handelt es sich hier um enge, *positive (gleichsinnige) Rückkopplungs-Schleifen* von Emotion und Wahrnehmung/Kognition, die wesentlich zur potentiellen Hartnäckigkeit vor allem von situationsgeneralisierten Emotionen (also z.B. von depressiven Emotionen) beitragen dürften.

(1.4) Indirekte Einflüsse. Emotionen beeinflussen Wahrnehmungen und Kognitionen schließlich auch auf indirekten Wegen. Wesentlich sind dabei vor allem motivationale Vermittlungsprozesse (s.o.). Daneben können aber auch expressive und physiologische Abläufe eine Rolle spielen: Emotionen können zu Ausdrucksverhalten und zu physiologisch-peripherer Aktivierung oder Deaktivierung führen. Solche Abläufe können wahrgenommen werden und insbesondere bei Abweichungen vom erwarteten Ablauf oder bei hoher Intensität zu kognitiven Interpretationsprozessen führen (vgl. Reisenzein, 1983). Resultierende Wahrnehmungen und Kognitionen können ihrerseits wiederum emotionswirksam werden; auch hier kann es sich also um positive Rückkopplungen handeln (die in diesem Falle von peripheren Prozessen vermittelt werden; zur Dynamik solcher Rückkopplungen in der Aktualgenese von Panikattacken Margraf, Ehlers & Roth, 1986).

(2) Emotionswirkungen auf neurochemische Abläufe

Für neurochemische Prozesse ist anzunehmen (obschon bis dato kaum belegbar), daß sie Emotionen nicht nur auslösen und modulieren können, sondern ihererseits auch vom Emotionserleben beeinflußt werden. Damit sind auch für Emotionen einerseits und den neurochemischen Stoffwechsel andererseits komplexe Rückkopplungs-Mechanismen anzunehmen (vgl. McNeal & Cimbolic, 1986).

(3) Emotionswirkungen auf periphere Abläufe

(3.1) Physiologisch-viszerale Prozesse werden von Emotionen vermutlich über hypothalamische Steuerungszentren beeinflußt. Auf diesem Wege können limbische Emotionsprozesse insbesondere zu einer stärkeren Aktivierung peripher-physiologischer Systeme führen; der Sinn solcher Aktivierung ist großteils in einer Energetisierung motorischer Reaktionen zu sehen. Meist wurde angenommen, daß es sich um ein Muster physiologischer Veränderungen handelt, das für unterschiedliche Emotionen weitgehend einheitlich ist. Dieses Veränderungsmuster wurde in der Regel als "arousal" oder "activation" bezeichnet (Duffy, 1962;

Schachter & Singer, 1962; beide Begriffe werden oft auch auf unterschiedliche Formen zentralnervöser Aktivierung angewendet; z.B. Pribram & McGuiness, 1975; Pribram 1984; Tucker & Williamson, 1984). Allerdings liegt mittlerweile Evidenz vor, daß solche Veränderungsmuster nicht nur personspezifisch sein können (Lacey, 1967; Fahrenberg, 1986), sondern auch Emotionsspezifität zeigen (Ekman, Levenson & Friesen, 1983; Wallbott & Scherer, 1986a. Veränderungsmuster können sich dabei nicht nur im relativen Ausmaß der Intensivierung verschiedener Prozesse unterscheiden; vielmehr können periphere Prozesse in emotionsabhängiger Weise gesteigert oder auch abgeschwächt werden (Arnold, 1960, Band 2, Kap. 7).

Zu schließen ist hieraus, daß emotionsabhängige Veränderungen physiologischer Prozesse unterschiedliche Funktionen erfüllen können, die sowohl in einer Begünstigung als auch in einer Behinderung motorischer Reaktionen liegen können. Anzunehmen ist in diesem Sinne, daß auch motorische *Reduktion* in bestimmten, individuellen Situationen sinnvoll sein kann (beispielsweise zugunsten einer Zentrierung auf Aufmerksamkeits- und Denkprozesse; vgl. auch Tucker & Williamson, 1984). Auch unter einer überindividuellen, evolutionären Perspektive macht eine solche Möglichkeit Sinn (Verhinderung der Weitergabe von Genen unzureichend angepaßter Organismen über Mechanismen chronischer Depression oder Furcht).

(3.2) Ausdrucksverhalten. Emotionen können eine jeweils zugeordnete Ausdrucksmotorik in Gesicht, Stimme und anderen Bereichen (Körperhaltung, Gang etc.) auslösen. Für Gesichtsmotorik und Stimme ist dies gut belegt (zusammenfassend Laird, 1984; Ekman, 1984; Scherer, 1986). Systematisch analysiert worden sind vor allem die Beziehungen von Emotionen zum Gesichtsausdruck. Dabei zeigte sich u.a. folgendes:

(a) Mindestens den Emotionen Freude, Traurigkeit, Angst, Ärger, Ekel und Scham ist jeweils ein spezifischer Gesichtsausdruck zugeordnet. (b) Emotionsintensität und Ausdrucksintensität korrelieren dabei positiv. (c) Emotionen lösen nicht in jedem Falle Ausdrucksreaktionen aus. Sie tun dies dann nicht oder nur in schwächerem Maße, wenn die jeweiligen Ausdrucksreaktionen unterdrückt werden oder wenn die emotionsauslösenden Situationen fiktiv sind (nur erinnert oder phantasiert werden). (d) Ausdrucksverhalten des Gesichts kann auch willentlich und emotions-unabhängig gesteuert werden; für willkürliche und unwillkürliche Ausdruckssteuerung sind dabei unterschiedliche efferente Bahnen vom Kortex zur Gesichtsmuskulatur verantwortlich.

Aus (b) und (c) folgt, daß *Wahrnehmungen von Ausdruck* zum einen zwar mögliche, aber nicht in jedem Fall vorhandene Bestandteile von Emotionen darstellen (s.o. 3.1), und zum anderen auch unabhängig von Emotionen auftreten können. Unklar bleiben aber u.a. die folgenden beiden Fragen: (1) Wird die jeweilige expressive Reaktion solange aufrechterhalten, wie die Emotion andauert? Ist also die Ausdrucksdauer mit der Emotionsdauer identisch? Es spricht einiges dafür, daß dies – zumindest für den Gesichtsausdruck – nicht der Fall ist: Emotionen können lange andauern; ein emotionaler Gesichtsausdruck hingegen hält in der Regel höchstens einige Minuten an (Ekman, 1984). Einem längeren

Verharren in einem bestimmten Gesichtsausdruck stehen wohl auch Prozesse muskulärer Ermüdung entgegen. Es wäre also irreführend, vom Verschwinden eines Ausdrucks auf das Verschwinden der auslösenden Emotion zu schließen (s.o. 3.2.2).

(2) Gehen alle Emotionen mit einer Veränderung des Ausdrucksverhaltens einher? Eine Antwort auf diese Frage hängt wesentlich davon ab, welche Phänomene man der Kategorie "Emotionen" subsumiert. Betrachtet man mit Ekman (1984) nur solche Sachverhalte als "Emotionen", denen ein spezifischer Ausdruck zugeordnet ist, so erledigt sich diese Frage auf definitorische Weise. Definiert man "Emotionen" ohne eine solche Einschränkung (also z.B. im Sinne der oben, 3.1, vorgeschlagenen Emotionsdefinition), so bleibt die Frage offen. Denkbar wären dann (a) Emotionen, denen ein *spezifischer* Ausdruck zugeordnet ist; (b) Emotionen, die zu *unspezifischem* Ausdrucksverhalten führen, das für mehrere Emotionen oder für Emotionen und andere Zustände gemeinsam charakteristisch ist (dies könnte z.B. für low-arousal-Emotionen wie "Erleichterung" oder "Langeweile" der Fall sein); und eventuelle auch (c) Emotionen, denen *kein* bestimmtes Ausdrucksverhalten eindeutig zugeordnet ist. Antworten auf diese Frage sind vor allem für eine Einschätzung der Kommunikationswirkungen von Emotionen wesentlich (vgl. Wallbott & Scherer, 1986b).

(4) Emotionswirkungen auf Motivation und instrumentelles Verhalten

Eine entscheidende Funktion von Emotionen ist die Auslösung und Energetisierung von instrumentellem Verhalten bzw. Impulsen zu solchem Verhalten. Zu unterscheiden sind dabei Einflüsse auf motivationale Handlungswünsche und -absichten ("deklarative Motivation"; 5.1), auf die Aktivierung von Verhaltensschemata ("prozedurale Motivation"), und auf die Ausführung von Verhalten. Dementsprechend sind vor allem die folgenden Einflußmechanismen anzunehmen (ausführlicher Kap. 5):

(a) Direkte Auslösung von Handlungswünschen und -absichten. Wünsche und Absichten können von Kognitionen gesteuert werden (also z.B. von kognitiven Situationseinschätzungen); sie können aber auch auf nicht-reflektive Weise entstehen. Direkte Wunsch- und Absichtsbildung auf der Basis von Gefühlen ist als *eine* entscheidende Form nicht-reflektiver Motivationsauslösung anzusehen (Kap. 5). Ihr dürften vor allem Habitualisierungen kognitiv vermittelter, gefühlsabhängiger Motivationsbildung zugrundeliegen.

(b) Direkte Aktivierung von Verhaltensschemata. Für aktivierte Zustände von Verhaltensschemata ("prozedurale Motivation"), die durch Emotionen herbeigeführt werden, ist zum einen denkbar, daß sie unspezifischer Art sein können (Intensivierung beliebiger Verhaltensimpulse). Hinreichende Spezifität der Verhaltensauslösung muß dann durch perzeptive/kognitive Steuerungen sichergestellt werden. Eine zweite Möglichkeit ist, daß solche Verhaltensschema-Aktivierung spezifisch erfolgt, also von "Furcht" Fluchtimpulse ausgelöst werden (Fluchtschemata aktiviert werden), von "Ekel" Ausstoßungs-Impulse, von "Ärger" Aggressionsimpulse etc.

(c) Indirekte Auslösung von Motivation. Emotionen können Motivation auslösen, indem sie (a) emotionskongruente kognitive Strukturen aktivieren und damit jeweils spezifische Kognitionen induzieren (s.o. 3.2.1), die ihrerseits (b) zu Motivation führen. Entscheidend dürften dabei vor allem die Emotionswirkungen auf motivationsproduzierende, gefühlsbezogene Valenzkognitionen zu Handlungen und ihren Folgen sein (vgl. auch McClelland et al., 1953). Beispiel: "Angst" kann in einem entsprechenden Situationskontext zur Aktivierung prüfungs- und mißerfolgsbezogener kognitiver Schemata führen; die resultierenden mißerfolgsbezogenen Kognitionen können prüfungsbezogene Vermeidungsmotivation auslösen (die im subjektiven Erleben dann eng mit den mißerfolgsbezogenen Kognitionen und den affektiven Angstanteilen verschränkt ist).

Diese Möglichkeit ist abzugrenzen von dem oben (3.2.1) bereits genannten, wohl sehr häufigen Fall, daß Emotion und Motivation gemeinsam auftreten, sich möglicherweise auch gegenseitig modulieren, aber gemeinsam von jeweils denselben Wahrnehmungen oder Kognitionen ausgelöst wurden. In einem solchen Fall stehen Emotion und Motivation untereinander *nicht* in Auslösebeziehungen. Beispiel: Die Ankündigung einer Prüfung kann antizipatorische, mißerfolgsbezogene Kognitionen auslösen; diese können sowohl zu prüfungsbezogener Angst als auch gleichzeitig zu prüfungsbezogener Mißerfolgsmeidungs-Motivation führen.

(d) Direkte Auslösung von Verhalten. Verhalten muß nicht in jedem Fall von motivationalen Prozessen vermittelt werden ("Verhaltensauslösung ohne Motivation"; Kap. 5). Neben Situationswahrnehmungen sind Gefühle dabei als zentrale Kategorie von Prozessen anzusehen, denen die Kraft zu direkter Vehaltensauslösung zukommen kann (zu Einzelheiten und Beispielen Kap. 5). Für solche emotionsproduzierte Verhaltensauslösung müssen zwei Bedingungen gegeben sein: (1) Es müssen prozedurale Verhaltensschemata vorliegen, welche die jeweilige Emotion direkt mit der betreffenden Verhaltensprozedur verknüpfen. Solche Schemata können angeboren sein. Entscheidender aber dürfte die Möglichkeit sein, daß sie im Zuge von Habitualisierung über entsprechende Automatisierungs- und Verkürzungsprozesse aus motivationsvermittelter Verhaltensauslösung entstehen. (2) Die jeweilige Situation muß so beschafffen sein, daß die Schemaaktivierung unmittelbar in Verhalten umgesetzt werden kann (im anderen Fall kommt es je nach vorhandenen Randbedingungen entweder nicht zu Verhalten, oder die Schemaaktivierung persistiert in Gestalt "prozeduraler Motivation" solange, bis die Möglichkeit zur Verhaltensausführung gegeben ist).

(e) Modulation von Motivation und Verhalten. Schließlich können Emotionen auch bereits vorhandene bzw. von anderen Faktoren bewirkte Motivations- und Verhaltensabläufe modulierend beeinflussen. Hierfür dürften zunächst dieselben Mechanismen wesentlich sein, die auch emotionsproduzierter Auslösung zugrundeliegen; also deklarativ-kognitiv vermittelte Effekte, Aktivierungen spezifischer Verhaltensschemata und unspezifische subkortikale, neuronale Aktivierungen. Darüber hinaus können Emotionen vermutlich Motivation modulieren, indem sie hypothalamische Zentren aktivieren, deren Aktivationsniveau seinerseits auf die Stärke von Verhaltensimpulsen Einfluß nimmt (vgl. Pribram & McGuiness, 1975). In einem ähnlichen Sinne schließlich können sie motorisches Verhalten auf indi-

rekte Weise modulieren, indem sie physiologisch-viszerale Veränderungen herbeiführen (Beschleunigung von Herzfrequenz, Erhöhung der Atmungsfrequenz etc.). Solche Veränderungen können ihrerseits günstige (oder ungünstige) Bedingungen für instrumentelles motorisches Verhalten schaffen, indem sie z.B. für eine hinreichende Versorgung des Muskelsystems mit Stoffwechselprodukten sorgen (vgl. Arnold, 1960).

Emotionen sind im Sinne dieser Überlegungen als eine entscheidende Klasse von Motivations- und Verhaltensauslösern anzusehen (neben anderen Faktoren wie Wahrnehmungen, Kognitionen, physiologischen Bedürfnissen etc.; Kap. 5). Sie dürften im Unterschied zu anderen Motivationsbedingungen vorwiegend solche Motivationsprozesse induzieren, stärken oder hemmen, die auf Sachverhalte bezogen sind, denen emotionale Bedeutsamkeit (gefühlsbezogene Valenz) zukommt. Angesichts der Komplexität möglicher direkter und indirekter Einflußmechanismen sind dabei allgemeingültige Aussagen über Einflußrichungen (z.B. über emotionsbedingte Motivationssteigerung oder -senkung) ebensowenig möglich wie bei Emotionseinflüssen auf kognitive Prozesse (s.o.).

Empirische Analysen aber haben die Komplexität vermittelnder Mechanismen auch hier in der Regel nicht in den Blick genommen (vgl. Berkowitz, 1987; Ridgeway & Waters, 1987). Dementsprechend zeigen sie, *daß* Emotionen beispielsweise prosoziales Verhalten oder Entscheidungsstile und Risikovermeidung beeinflussen können, bieten in ihren Resultaten aber ein insgesamt jeweils wenig konsistentes Bild. So wurden z.B. für positive wie negative Emotionen jeweils sowohl positive als auch negative Einflüsse auf Risikobereitschaften in Handlungsentscheidungen gefunden (vgl. Isen & Geva, 1987; Sjöberg & Winroth, 1986; Pietromonaco & Rook, 1987; und zur ebenfalls wenig konsistenten Befundlage im Bereich prosozialen Verhaltens Berkowitz, 1987; Cialdini et al., 1987).

Zusammenfassend ist festzuhalten, daß Emotionen auf alle psychischen und physiologischen Prozesse, die sie auslösen oder modulieren, ihrerseits zurückwirken können. Sie beeinflussen damit alle wesentlichen psychischen und psycho-physiologischen Systeme des Menschen. In diesem Sinne sind sie als zentrale Regulationsgrößen des seelischen Haushalts aufzufassen. Empirisch differenziert belegt ist dies für die Emotionsabhängigkeit von kognitiven Prozessen. Insbesondere die Einflüsse von Emotionen auf motivationale Systeme hingegen sind bisher nicht hinreichend systematisch untersucht worden. Ein wesentlicher Grund hierfür dürfte in dem allgemeinen, in der Einleitung bereits erwähnten Schisma zwischen Emotions- und Motivationsforschung liegen: Wohl wegen ihrer engen inhaltlichen Nachbarschaft haben sie sich häufig nicht als ergänzende, sondern als konkurrierende Wege zu den Determinanten menschlichen Denkens und Handelns aufgefaßt. So finden sich jeweils Dutzende theoretischer Modelle und etliche tausend empirische Analysen zu den emotionalen Determinanten kognitiver Leistungen einerseits (s.o.) und ihren motivationalen Determinanten andererseits, aber nur wenige Ansätze, die beide Perspektiven der Leistungserklärung systematisch integrieren (vgl. Pekrun, 1987c).

In der Summe besagen die vorgestellten Annahmen zur Aktualgenese von

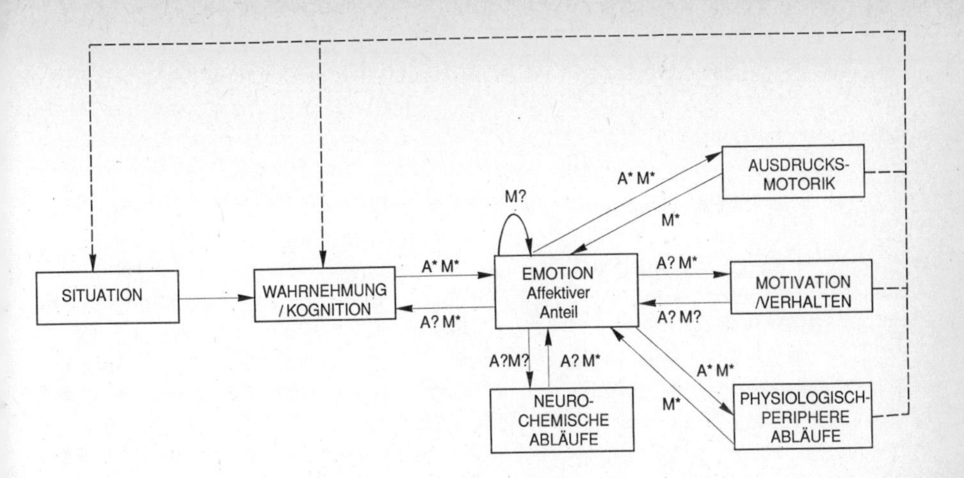

Abb. 3.1 Emotion: Auslöser, Modulatoren, Konsequenzen

A = Auslösung M = Modulation
* = empirisch konsistent belegt ? = empirisch offen

Emotionen, daß Emotionen in ein komplexes Geflecht vorauslaufender, modulierender und nachfolgender Bedingungen und Wirkungen eingebettet sein können (eine schematisierte Darstellung findet sich in Abb. 3.1). Allerdings dürfte in vielen Situationen nur jeweils ein Teil der angesprochenen Bedingungsbeziehungen eine Rolle spielen, die Komplexität also reduziert sein. Die Konsequenzen von Emotionen gehören dabei zum Teil denselben Kategorien an wie ihre Antezedenzien: Zwischen Emotionen und anderen psychischen Prozessen bestehen wechselseitige Beeinflussungen. So lösen Wahrnehmungen und Kognitionen Emotionen aus und modulieren sie, und sie können ihrerseits von Emotionen ausgelöst und moduliert werden; dasselbe gilt für neurochemische, peripher-physiologische und -expressive sowie motivationale und behaviorale Abläufe einerseits und Emotionen andererseits (zu einer systematischen Zusammenfassung Kap. 7.1).

Persönlichkeitspsychologisch wesentlich ist dabei, daß alle Annahmen der letzten Abschnitte Gültigkeit nicht nur für singuläre, sondern auch für habituelle Emotionen beanspruchen können: Ebenso wie singuläre Emotionen von singulären Wahrnehmungen/Kognitionen ausgelöst werden und auf diese zurückwirken, können habituelle Emotionen der jeweiligen Kategorie von habituellen Wahrnehmungen/Kognitionen ausgelöst werden und ihrerseits in habitueller Weise Wahrnehmungen/Kognitionen beeinflussen etc. Für *habituelle Emotionen* als Persönlichkeitsmerkmale gelten also prinzipiell dieselben Bedingungsbeziehungen wie für einmalige Emotionen. Dabei liegen allerdings singulären wie habituellen Emotionen jeweils nicht nur singuläre oder habituelle Prozesse zugrunde, sondern zusätzlich überdauernde, strukturelle Persönlichkeitsbedingungen. Hierauf ist im nächsten Kapitel einzugehen.

3.3 Spezielle Emotionspsychologie: Grundzüge des ZWD-Modells

3.3.1 Merkmale spezieller Emotionen

Welche menschlichen Emotionen gibt es? Diese Frage ist umstritten. Eine Reihe von Autoren schlagen im Sinne einer Psychologie "differentieller" Emotionen Differenzierungen verschiedener "primärer" Emotionen vor, auf denen Emotionsmixturen in Gestalt sekundärer oder tertiärer Emotionen basieren können (z.B. Izard, 1977; Plutchik, 1980). Dabei variieren die jeweils einbezogenen Emotionen von Autor zu Autor; explizite Kriterien für die Einbeziehung oder Ausgrenzung bestimmter Emotionsphänomene aber werden selten genannt. Zu den Ausnahmen zählen die Überlegungen von Plutchik (1980). Auf der Basis einer komplexen Emotionsdefinition (s.o. 3.1) ist Plutchik der Auffassung, daß (a) Emotionen auch bei den einfachsten Organismen anzutreffen sind, (b) "primäre" Emotionen auch beim Menschen diejenigen sind, die im Laufe der Evolution bei allen Arten eine Rolle gespielt haben, (c) Emotionen grundlegenden Anpassungsfunktionen von Organismen dienen und sich infolgedessen auch (d) diesen organismischen Funktionen entsprechend gruppieren lassen.

In diesem Sinne differenziert Plutchik (1980, Kap. 11) acht grundlegende Anpassungsfunktionen (Schutzsuche, Zerstörung, Reproduktion, hilfesuchende "Reintegration" nach negativen Erlebnissen, Inkorporation/Affiliation, Zurückstoßung, Exploration und Orientierung). Diesen Funktionen ordnet er acht "primäre" Emotionen zu (Furcht, Ärger, Freude, Traurigkeit, "Akzeptanz", Ekel, "Erwartung", Überraschung). Auch diese Liste "primärer" Emotionen aber ist nicht sehr hilfreich. Zwar ist sie aus einer Kategorisierung postulierter Emotionsfunktionen abgeleitet; diese aber ist ihrerseits offensichtlich eher willkürlich zusammengestellt (zu Einzelheiten Plutchik, 1980, S. 154ff.).

Solche Versuche, abgeschlossene und erschöpfende Auflistungen menschlicher Emotionen zu erstellen, sind vermutlich ebenso zum Scheitern verurteilt wie ältere Versuche, dies für menschliche Motivationsarten zu tun (z.B. McDougall, 1921; Murray, 1938). Allerdings könnte sich möglicherweise für physiologisch-neuroanatomisch lokalisierbare, grundlegende Emotionen dann eine Chance zu einer entsprechenden Taxonomisierung ergeben, wenn hinreichend viel über die physiologischen Grundlagen von Emotionen bekannt sein wird. Vorläufig ist dies nicht der Fall.

Dennoch kann natürlich auf Ordnungsversuche nicht verzichtet werden. An die Stelle aufzählender Kategorisierungen sollten dabei aber eher Dimensionierungen anhand allgemeiner Emotionscharakteristika treten. Solche Dimensionierungen sollten (a) Charakterisierungen beliebiger Emotionen erlauben und damit deskriptive Vergleiche unterschiedlicher Emotionen möglich machen; und sie sollten (b) nach Möglichkeit so angelegt sein, daß sie Emotionen gleichzeitig nach Merkmalen ordnen, die zu Auslösern und/oder Konsequenzen von Emotionen in systematischen Beziehungen stehen (in einem solchen Sinne kommt z.B. auch Plutchiks funktionsbezogener Kategorisierung ein heuristischer Wert zu). Mögliche Beschreibungsdimensionen können sich dabei auf ganzheitliche Charakteristika von Emotionen (s.u. Punkt 1, 2) oder auf Merkmale ihrer affektiven, perzeptiven und kognitiven Komponenten (Punkt 3, 4, 5) beziehen:

Beschreibungsdimensionen für Emotionen

*(1) Ganzheitliche Intensität.*Emotionen lassen sich anhand ihrer Intensitäten beschreiben. Intensität ist dabei in der Regel als skalares Merkmal aufzufassen, das quantitativen Veränderungen von qualitativ-kategorial konstanten Emotionsphänomenen zuzuordnen ist (problematisch und hier nur zu erwähnen ist dabei die Frage, ob und wann quantitative in qualitative Emotionsunterschiede umschlagen können).

(2) Ganzheitliche Valenz. Emotionen können nach ihrer subjektiven Valenz geordnet werden (vgl. Diener & Iran-Nejad, 1986). Unterscheiden lassen sich in diesem Sinne subjektiv positive, negative und neutrale Emotionen. Bei diesem Beschreibungsmerkmal stellt sich allerdings ein Problem: Es gibt offensichtlich Emotionen, die – je nach Situation – sowohl als positiv wie auch als negativ erlebt werden können. Dies gilt z.B. für "Angst", die üblicherweise als negativ, von bestimmten Personen in bestimmten Situationen aber auch als positiv empfunden wird (eine elaborierte Theorie des Umschlagens von positiven zu negativen Emotionsvalenzen oder umgekehrt wird von Apter, 1982 vorgelegt; vgl. zu Phänomenen positiver Angstvalenzen auch Zuckerman, 1984). Für präzise Kategorisierungen menschlicher Emotionen ist diese Beschreibungsdimension also eher problematisch. Im Sinne einer ersten Annäherung aber soll auch hier vereinfachend von "positiven", "negativen" und "neutralen" Emotionen gesprochen werden (s.u.).

(3) Inhalte affektiver Emotionskomponenten. Emotionen lassen sich nach den Inhalten ihrer Gefühlskomponenten ordnen. Da diese Komponenten in der Regel mit perzeptiven und kognitiven Anteilen zusammen auftreten, ist allerdings die Frage schwer zu beantworten, welche Kategorien hier zu unterscheiden sind und ob die Grenzen zwischen diesen Kategorien diskret oder fließend sind. Spekulativ läßt sich hier annehmen, daß limbische Emotionssysteme und expressive motorische Systeme evolutionär gemeinsam entwickelt wurden und einander systematisch zugeordnet sind. Ist dies der Fall, so sind insbesondere diejenigen affektiven Emotionskategorien zu unterscheiden, denen ein spezifisches Ausdrucksverhalten zugeordnet werden kann (also insbesondere Freude, Traurigkeit, Furcht/Angst, Ärger, Ekel und Scham; s.o. 3.2.3 und vgl. Ekman, 1984). Allerdings ist nicht auszuschließen, daß es weitere grundlegende, affektiv spezifische Emotionskategorien gibt, denen *kein* spezifisches Ausdrucksverhalten zugeordnet ist (s.o. 3.2.3).

(4) Inhalte körperperzeptiver Emotionskomponenten. Emotionen lassen sich nach ihren perzeptiven Anteilen ordnen, die auf Rückmeldungen von Ausdruck und peripheren physiologischen Prozessen beruhen. Dies führt insbesondere im Bereich von Ausdruckswahrnehmungen zu relativ klaren Klassifizierungen, da sich emotionales Ausdrucksverhalten gut klassifizieren läßt (s.o.). Großteils parallele Kategorisierungen lassen sich auch für interozeptiv-physiologische Erlebensanteile vornehmen (also für das Erleben emotionsspezifischer Aktivations- und Deaktivationssyndrome; hierzu Wallbott & Scherer, 1986a).

(5) Inhalte kognitiver Emotionskomponenten. Schließlich lassen sich Emotionen auch nach den Inhalten ihrer kognitiven Komponenten ordnen. Im Sinne dieses Gesichtspunkts lassen sich die folgenden Differenzierungen vornehmen:

(5.1) Kognitive Spezifität. Zu unterscheiden ist hier zunächst zwischen kognitiv *unspezifischen* Emotionen einerseits und kognitiv *spezifischen* Emotionen andererseits. Eine unspezifische Emotion liegt im aktuellen Ablauf dann vor, wenn dieser Emotion keine bestimmten perzeptiven oder kognitiven Inhalte zugeordnet sind, sondern die Bewußtseinsinhalte während der Emotion in beliebiger Weise variieren. Dies ist z.B. bei "frei flottierender" Freude oder Angst der Fall. Euphorische bzw. angstvolle Erlebensinhalte beziehen sich dann nicht auf bestimmte, eingeschränkte Sachverhalte, sondern färben alle auftretenden Kognitionen (und Wahrnehmungen) in gleicher Weise. Kognitiv spezifisch hingegen sind Freude, Angst oder andere Emotionen dann, wenn sie mit spezifischen Kognitionen gekoppelt sind (z.B. Kognitionen zu drohenden negativen Ereignissen bei Angst). Für kognitiv spezifische Emotionen lassen sich nun zwei weitere zentrale Unterscheidungsmerkmale einführen:

(5.2) Valenz kognizierter Sachverhalte. Zwar lassen sich Emotionen nicht nach ihren eigenen Valenzen in klarer Weise gruppieren (s.o.); wohl aber nach den subjektiven Valenzen der jeweils wahrgenommenen oder kognizierten Sachverhalte. So ist z.B. davon auszugehen, daß kognitive Angstanteile sich grundsätzlich auf subjektiv negativ valente Sachverhalte beziehen. Dies gilt auch dann, wenn diese Angst selbst als *positiv* valent erlebt wird: So kann z.B. die Angst vor einem Absturz beim Bergsteigen, der als negativ kogniziert wird, positiv empfunden und mithin aufgesucht werden.

(5.3) Zeitbezug kognizierter Sachverhalte. Im Sinne einer Dimensionierung von Emotionen anhand funktionaler Emotionsmerkmale ist darüber hinaus auch der Zeitbezug der jeweiligen kognitiven Emotionskomponenten entscheidend. Zwischen Vergangenheit, Gegenwart und Zukunft bestehen aus subjektiver Sicht fundamentale Unterschiede. Gegenwärtiges kann wahrgenommen werden; die Zeitdifferenz zu Vergangenheit und Zukunft hingegen muß kognitiv überbrückt werden: Ereignisse in Vergangenheit oder Zukunft können nicht wahrgenommen, sondern nur erinnert oder erwartet werden. Dabei unterscheiden sich nicht nur Gegenwart und Vergangenheit/Zukunft, sondern auch Vergangenheit einerseits und Zukunft andererseits in grundlegender Weise: Vergangene Ereignisse sind sicher, da sie entweder eingetreten sind oder nicht; dementsprechend kann man sich ihrer auch subjektiv sicher sein (soweit man sich der eigenen Erinnerungen sicher ist). Über zukünftige Ereignisse hingegen lassen sich prinzipiell nur Vermutungen anstellen; dementsprechend sind sie auch subjektiv in der Regel nur mehr oder weniger wahrscheinlich. Anzunehmen ist deshalb, daß *gegenwartsbezogene*, *vergangenheitsbezogene* und *zukunftsbezogene* Emotionen sich in ihren Inhalten, Auslösern und Konsequenzen deutlich unterscheiden.

Vorliegende Klassifikationen von Emotionen orientieren sich großteils an den beiden erstgenannten, ganzheitlichen Dimensionen (Intensität und Valenz), die sich u.a. auch an entsprechenden interindividuell-faktorenanalytischen Befunden ablesen lassen (vgl. Diener & Iran-Nejad, 1986). Beide Dimensionen haben den Nachteil, nicht eindeutig zwischen verschiedenen Emotionen differenzieren zu können, da prinzipiell wohl die meisten Emotionen jede Intensität und Valenzrichtung annehmen können. Zu Zwecken einer diskreten Emotionsklassifizierung wurden deshalb häufig die Kriterien 3 bzw. 4 verwendet (Inhalte von affektiven bzw. ausdrucks-perzpetiven Emotionskomponenten), wobei man sich in der Regel und der Einfachheit halber an Klassifikationen von emotionsbezogenem Gesichtsausdruck orientierte (z.B. Ekman, 1984; s.o.). Im Sinne einer Klassifikation aber, die gleichzeitig eine Ordnung nach funktionalen Bezügen erlaubt, dürfte vor allem der fünfte, bisher kaum berücksichtigte Gesichtspunkt zentral sein (Inhalte kognitiver Emotionsanteile): Emotionen werden primär von Wahrnehmungen und Kognitionen ausgelöst; will man ihre Aktual- und Ontogenese systematisch analysieren, so sollte man sie dementsprechend (auch) nach ihren kognitiven Inhalten klassifizieren.

Auf der Basis der beiden oben genannten Kriterien von Valenz und Zeitbezug kognizierter Sachverhalte ergibt sich dabei zunächst eine grobe Klassifikation von sechs Emotionskategorien (vergangenheits-, gegenwarts- und zukunftsbezogene Emotionen mit jeweils positiver oder negativer Valenzzuordnung), die im folgenden weiter zu differenzieren ist (s.u. Tab. 3.1, 3.2 und 3.3). Unterschiedliche, alltagssprachlich differenzierte oder im Ausdruck differenzierbare Emotionen lassen sich diesen Kategorien subsumieren, wobei sie je nach der Variabilität ihrer Zeitbezüge einer oder mehreren Kategorien zuzuordnen sind. Von den sechs oder sieben expressiv identifizierbaren Emotionen sind wohl Ekel und Überraschung grundsätzlich als gegenwartsbezogen einzuordnen, Furcht bzw. Angst als zukunftsbezogen und Ärger sowie Scham als gegenwarts- oder vergangenheitsbezogen. Die kognitiv recht variablen Emotionen Freude und Traurigkeit hingegen können sich sowohl auf gegenwärtige wie auf zukünftige oder vergangene Situationen beziehen.

Dabei trägt die Alltagssprache den Zeitbezügen von Emotionen offensichtlich in höherem Maße Rechnung als das (phylogenetisch wohl sehr alte) Ausdrucksverhalten. Dies zeigt sich beispielsweise an der sprachlichen Differenzierung (gegenwartsbezogener) "Furcht" von (zukunftsbezogener) "Angst" oder an der Abgrenzung (vergangenheitsbezogener) "Trauer" von anderen Arten von Traurigkeit.

Auf der Basis dieser taxonomischen Überlegungen soll nun im folgenden diskutiert werden (über die oben, 3.2.1, diskutierten allgemeinen Prinzipien hinaus), welche perzeptiv-kognitiven Auslösemechanismen für *unterschiedliche Emotionen* mit unterschiedlichen Zeitbezügen und Valenzen anzunehmen sind. Diese Überlegungen konzentrieren sich vor allem auch deshalb auf perzeptions- und kognitionsgesteuerte Emotionsauslösung, weil dies wohl die beiden zentralen Mechanismen der Emotionsgenese beim Menschen sind (s.o. 3.2.1).

3.3.2 Das ZWD-Modell zu perzeptiv-kognitiver Emotionsauslösung

In der Emotionspsychologie lassen sich allgemein zwei Gruppen theoretischer Ansätze unterscheiden: Theorien, die allgemeine Annahmen zu Antezedenzien und Konsequenzen von Emotionen enthalten (s.o. 3.2); und Theorien, die jeweils Genese oder Konsequenzen spezifischer Einzelemotionen behandeln. Theorien der ersten Gruppe können naturgemäß in der Regel nicht erklären, unter welchen Bedingungen genau welche Emotion entsteht. Theorien zu spezifischen Emotionen aber beziehen sich durchweg nur auf eine einzelne Emotion oder auf eingeschränkte Gruppen von Emotionen (zu den bemerkenswerten Ausnahmen zählen die die attributionstheoretischen Überlegungen Weiners, 1979, 1980, 1982, 1985; und der Komponenten-Prozeß-Ansatz von Scherer, 1983, 1984, 1986). Dieser Mangel an theoretischer Kohärenz spiegelt die Aufsplitterung der Emotionspsychologie in einzelne, voneinander abgekapselte Forschungsprogramme, zu denen auf der Seite allgemeiner Emotionspsychologie insbesondere die Forschungen zu physiologischen und neuroanatomischen Emotionsgrundlagen und die Forschung zu emotionskorreliertem Ausdrucksverhalten zählen (s.o. 3.2), und auf der Seite spezieller Emotionspsychologie vor allem die Depressionspsychologie (vgl. Peterson & Seligman, 1984; Ingram, 1985) und die Angstpsychologie (z.B. van der Ploeg, Schwarzer & Spielberger, 1982 ff.).

Notwendig ist es also, Annahmen unterschiedlicher emotionsbezogener Minitheorien zu integrieren. Für den Teilbereich perzeptiv-kognitiver Emotionsauslösung sind im folgenden einige in diese Richtung zielende Gedanken zu entwickeln *(Zeit-Wert-Distanz-Modell; "ZWD-Modell").* Erheblich erleichtert wird diese Aufgabe dadurch, daß die meisten kognitiven Emotionstheorien einen Kern gemeinsamer Konstrukte und Basisannahmen teilen: So gut wie alle Theorien dieser Art gehen davon aus, daß Emotionen durch jeweils spezifische Repräsentationen von Sachverhalten ausgelöst werden, wobei Repräsentationen zeitlicher Relationen üblicherweise als zentral angesehen werden (insbesondere vorwärtsgerichtete Kausalerwartungen und rückwärtsgerichtete Kausalattributionen). Vorliegende kognitive Emotionstheorien sind dementsprechend großteils als Erwartungs- oder attributionale Theorien anzusehen (s.o. 3.2.1). Dies gilt beispielsweise für die reformulierte Hilflosigkeits- und Depressionstheorie von Seligman (Abramson, Seligman & Teasdale, 1978), die Ansätze von Lazarus (1966; Lazarus & Launier, 1978), die attributionale Theorie Weiners (1979, 1980, 1985) oder die Angsttheorie Banduras (1977). Von zugeordneten empirischen Analysen wird die Emotionsrelevanz zeitbezogener kognitiver Repräsentationen weitgehend bestätigt (s.o. 3.2.1). Einige Ansätze umfassen daneben – in meist weniger systematischer Form – auch Annahmen zur Emotionswirksamkeit der subjektiven Valenz repräsentierter Sachverhalte (z.B. Abramson, Seligman & Teasdale, 1978); sie sind dementsprechend in ihrer Grundstruktur als Erwartungs-Wert- bzw. Attributions-Wert-Theorien anzusehen. Die im folgenden zu skizzierenden Annahmen gehen im Bereich vergangenheitsbezogener Emotionen vor allem auf die attributionalen Überlegungen Weiners (1979, 1985) und im Bereich zukunftsbezogener Emotionen auf ein formalisiertes Modell der Angstgenese (Pekrun, 1983a, 1984a, 1985a und d) zurück.

Gegenwartsbezogene Emotionen

Grundsätzlich gilt wohl für die meisten menschlichen Emotionen, daß sie sich sowohl auf vergangene oder zukünftige wie auf gegenwärtige Ereignisse beziehen können: Der kognitive Apparat des Menschen ist flexibel genug, Vergangenes oder Zukünftiges per Vorstellungskraft kognitiv in Gegenwärtiges zu transformieren. Wie oben bemerkt wurde, sind einige Emotionen dennoch genuin gegenwartsbezogen (und können sich dann erst nach entsprechenden kognitiven Transformationen auf Vergangenes oder Zukünftiges beziehen). Zu ihnen zählen Schreck, Überraschung oder Ekel (und im übrigen grundsätzlich auch nicht-emotionale bedürfnisbezogene Gefühle wie Hunger etc. sowie körperlicher Schmerz).

Für gegenwartsbezogene Emotionen dürfte weitgehend perzeptionsgesteuerte Auslösung typisch sein. Im Falle von Überraschung (und in bestimmten Fällen auch bei Schreck) tritt ein interner kognitiver Abgleich von vorliegender mit erwarteter Wahrnehmungsinformation als Emotionsgrundlage hinzu (vgl. Pekrun, 1983a, Postulat 36; Scherer, 1984). Wie oben bemerkt wurde, gilt allerdings grundsätzlich auch für gegenwartsbezogene Emotionen, daß sie auch kognitionsgesteuert auftreten können: An die Stelle der Wahrnehmungen, die solche Emotionen typischerweise auslösen, können Kognitionen entsprechenden Inhalts treten. Per Kognition (Vorstellung) können auf diese Weise Ereignisse oder Zustände emotionsauslösend wirken, die zwar gegenwärtig und damit zeitlich nicht entfernt sind, dafür aber *räumlich entfernt* sind. So kann z.B. die Mitteilung, daß ein Freund im Krankenhaus liegt, per Kognition dieser Tatsache gegenwartsbezogenes Mitgefühl auslösen. Unterscheiden lassen sich in diesem Sinne perzpeptions- und kognitionsgesteuerte gegenwartsbezogene Emotionen.

Vergangenheits- und zukunftsbezogene Emotionen: Ausgangsüberlegungen

Bei Emotionen mit Vergangenheits- oder Zukunftsbezug bestehen situationsbezogene Erlebensanteile grundsätzlich aus vergangenheits- oder zukunftsbezogenen Kognitionen. Mit Hilfe dieser Kognitionen werden – anders als bei gegenwartsbezogenen Emotionen – nicht nur eventuelle räumliche, sondern in erster Linie *zeitliche Entfernungen* überbrückt. Soweit solche Emotionen kognitionsgesteuert ausgelöst werden, handelt es sich auch bei den jeweiligen Auslösekognitionen grundsätzlich um Kognitionen, die sich auf subjektiv zeitlich entfernte Sachverhalte beziehen. Es handelt sich mithin bei Inhalten wie Auslösern um Kognitionen, die *zeitliche Relationen* repräsentieren.

Im Sinne einer Integration und Erweiterung vorliegender Einzeltheorien (s.o.) soll hier angenommen werden, daß kognitionsgesteuerte Auslösung vergangenheits- oder zukunftsbezogener Emotionen in jedem Fall auf drei Parametern beruht: (1) dem Typus der jeweils repräsentierten *zeitlichen Relation* (vgl. Kap. 2.2); der *subjektiven Valenz* des jeweils repäsentierten Sachverhalts (Kap. 2.2); und (3) der *subjektiven zeitlichen Distanz* des repräsentierten Sachverhalts (Entfernung vom gegenwärtigen Zeitpunkt). Zu vermuten ist, daß vor allem diese drei

Parameter darüber entscheiden, *welche Emotion* mit *welcher Intensität* ausgelöst wird (zu möglichen weiteren, für einzelne Emotionen spezifischen Parametern Scherer, 1984). Anzunehmen ist in diesem Sinne, daß sowohl Qualität als auch Quantität kognitionsgesteuerter, vergangenheits- oder zukunftsbezogener Emotionen wesentlich von diesen drei Parametern gesteuert werden. Dieser Grundgedanke des ZWD-Modells läßt sich in der folgenden Weise summarisch ausdrücken:

(1) $G_v, G_z = f(Z; V; D)$

wobei G_v, G_z = vergangenheits-/zukunftsbezogene Emotion
Z = Zeitkognition zu spezifischer Zeitrelation
V = subjektive Valenz
D = subjektive zeitliche Distanz

Im Falle vergangenheitsbezogener Emotionen (G_V) handelt es sich bei Repräsentationen spezifischer Zeitrelationen (Z) grundsätzlich um Repräsentationen rückwärtsgerichteter Relationen, also um *Erinnerungen* bzw. – bei kausalen rückwärtsgerichteten Relationen – um *Kausalattributionen.* Bei zukunftsbezogenen Emotionen (G_Z) hingegen handelt es sich um Repräsentationen vorwärtsgerichteter Relationen; also um nicht-kausale oder kausale *Erwartungen* (zur Einordnung dieser Begriffe Kap. 2.2.1).

Für den Distanzparameter des ZWD-Modells ist anzunehmen, daß er ausschließlich die Intensität von Emotionen reguliert, und zwar für alle Emotionen in grundsätzlich gleicher Weise: abnehmende Emotionsintensität mit zunehmender Distanz (Emotionen sind umso weniger intensiv, je weiter in der Vergangenheit bzw. in der Zukunft das jeweilige Ereignis liegt). Für spezifische Zeitrelationen und Valenz hingegen ist zu vermuten, daß sie sowohl Quantität als auch Qualität von Emotionen regulieren. Zwischen rückwärts- und vorwärtsgerichteten Zeitkognitionen besteht dabei wohl – wie oben erwähnt – insofern Asymmetrie, als vergangene Ereignisse subjektiv sicherer sind als zukünftige Ereignisse. Dementsprechend dürften sich auch vergangenheits- und zukunftsorientierte Emotionen wesentlich unterscheiden. Für diese beiden Klassen von Emotionen ist das ZWD-Modell deshalb im folgenden getrennt zu differenzieren.

ZWD-Modell zu vergangenheitsbezogenen Emotionen

Subjektive Zeitdistanz dürfte auch bei vergangenheitsbezogenen Emotionen nur den Intensitätsaspekt regulieren; der Typus repräsentierter Zeitrelationen und Valenzen hingegen bestimmt daneben vermutlich auch den qualitativen Charakter solcher Emotionen. Zu unterscheiden sind dabei vor allem (a) Repräsentationen nicht-kausaler Relationen (Erinnerungen, daß etwas passiert ist) von Repräsentationen kausaler rückwärtsgerichteter Relationen (Kausalattributionen); und (b) positive und negative subjektive Valenzen von vergangenen Ereignissen. Innerhalb der Kategorie kausaler Zuordnungen ist zusätzlich (mindestens) zwischen Ereignisattributionen auf die eigene Person einerseits und auf andere Personen oder situationale Umstände andererseits zu differenzieren. Auf der Basis dieser Unterscheidungen läßt sich nun folgendes annehmen:

(a) Nicht-kausale Erinnerungen an ein positiv valentes Ereignis lösen Freude aus (bei hinreichender Valenz und zeitlicher Nähe); nicht-kausale Erinnerungen negativer Ereignisse hingegen Traurigkeit (bzw. "Trauer" und ähnliche Emotionen). (b) Wird ein positives vergangenes Ereignis kausal auf die eigene Person (eigene Fähigkeiten, eigene Anstrengungen etc.) attribuiert, so ist Stolz die zugeordnete Emotion; bei Attribution eines negativen Ereignisses auf die eigene Person Scham. (c) Werden hingegen positive bzw. negative, eingetretene Ereignisse auf andere Personen oder situationale Umstände attribuiert, so resultieren Dankbarkeit bzw. Ärger (zur empirischen Evidenz im Bereich erfolgs- und mißerfolgsabhängiger Emotionen dieser Art Abschnitt 3.2.1 und Weiner, 1985; Brown & Weiner, 1984; kritisch Pekrun, 1983a).

Mit dieser Annahme werden einige der von Weiner (1979, 1980, 1982, 1985) vorgestellten Überlegungen zur attributionsabhängigen Entstehung leistungsbezogener und sozialer Emotionen (a) auf den Bereich *vergangenheitsbezogener Emotionen* eingeschränkt, aber (b) auf den *Gesamtbereich* vergangenheitsbezogener Emotionen erweitert. Gleichzeitig gelangt man damit zu der in Tab. 3.1 vorgestellten Taxonomie grundlegender vergangenheitsbezogener Emotionen.

Tabelle 3.1 Vergangenheitsbezogene Emotionen

Ereignis-valenz	Nicht-kausale Erinnerung	Kausalattributionen: Selbst	Kausalattributionen: Andere
positiv	Freude	Stolz	Dankbakeit
negativ	Traurigkeit /Trauer	Scham	Ärger

Die genannten Annahmen implizieren, daß für die kognitionsgesteuerte Auslösung vergangenheitsbezogener Emotionen primär die Lokationsdimension kausaler Attributionen entscheidend ist (s.o. 2.2). Darüber hinaus kann hier auch die Kontrollierbarkeit der jeweils kognizierten Ursachen eine Rolle spielen: Insbesondere Scham und Ärger resultieren vorzugsweise dann, wenn man für die jeweils attribuierten Ereignisursachen glaubt, daß sie kontrollierbar und damit vermeidbar gewesen wären (vgl. Weiner, 1985; Reisenzein, 1986).

Für Beziehungen zwischen Kausalattributionen und vergangenheitsbezogenen Emotionen ist darüber hinaus generell anzunehmen, daß hier das attributionale Prinzip "kognitiver Attributions-Emotions-Äquivalenz" gilt (Pekrun, 1983a, S. 403): Es nehmen diejenigen Kausalattributionen Einfluß auf bestimmte vergangenheitsbezogene Emotionen, deren Bedingungskomponente (kognizierte Ursachen) dem jeweiligen kognitiven Emotionsanteil entsprechen. Umgekehrt formuliert: Kausalattributionen tragen zur Auslösung solcher vergangenheitsbezogenen Emotionen bei, deren kognitive Komponenten den kognizierten Ursachen entsprechen (Beispiel: eine Attribution eines Mißerfolgs auf mangelnde Hilfestellungen durch eine andere Person löst Ärger über genau diese Person aus, Attributionen auf mangelnde eigene Fähigkeiten hingegen Scham über diesen Fähigkeitsmangel etc.).

Zieht man nun über qualitative Emotionsvariationen hinaus auch Intensitätsunterschiede in Betracht, so läßt sich zunächst für vergangenheitsbezogene Freude und Traurigkeit postulieren, daß sie positiv mit dem Ausmaß subjektiver Valenz und negativ mit der subjektiven Ereignisdistanz variieren. Parameter der Ereigniswahrscheinlichkeit hingegen dürften hier im Unterschied zu zukunftsorientierten Emotionen insofern keine Rolle spielen, als vergangene Ereignisse als solche typischerweise subjektiv sicher sind:

(2) $I(\text{Freude}_v) = V+ / D$

(3) $I(\text{Traurigkeit}_v) = V- / D$

wobei
I = Emotionsintensität
V+/V- = Ausmaß positiver/negativer Ereignisvalenz
D = Subjektive zeitliche Distanz

Für attributionsabhängige Emotionen ist anzunehmen, daß sie zusätzlich davon abhängen, in welchem Ausmaß und/oder mit welcher Wahrscheinlichkeit das jeweilige Ereignis in der subjektiven Sicht auf die jeweils kognizierten Ursachen zurückgeht:

(4) $I(\text{Stolz}) = K(\text{Selbst}) \cdot V+ / D$

(5) $I(\text{Scham}) = K(\text{Selbst}) \cdot V- / D$

(6) $I(\text{Dankbarkeit}) = K(\text{Andere}) \cdot V+ / D$

(7) $I(\text{Ärger}) = K(\text{Andere}) \cdot V- / D$

wobei
K = Kausalattribution (subjektives Ausmaß/subjektive Wahrscheinlichkeit, mit der das Ereignis auf die kognizierte Ursache zurückgeht)

Die in (1) bis (7) ausgedrückten Funktionsbeziehungen stellen dabei insofern auch auf der theoretischen Ebene Approximationen dar, als die Beziehungen zwischen den jeweiligen Auslöseparametern und der Emotionsintensität nicht linearer, sondern nur monotoner Art sein dürften. Insbesondere lassen sich für subjektive Valenz und Distanz einerseits und Emotionsintensität andererseits negativ bzw. positiv beschleunigte Funktionsbeziehungen vermuten (abnehmender inkrementeller Emotionseffekt bei zunehmender subjektiver Valenz, zunehmender inkrementeller Emotionseffekt bei zunehmender zeitlicher Nähe; vgl. Price & Barrell, 1984).

ZWD-Modell zu zukunftsbezogenen Emotionen

Zukunftsbezogene Emotionen unterscheiden sich von vergangenheits- oder gegenwartsbezogenen Emotionen vor allem dadurch, daß zukünftige Ereignisse in der Regel subjektiv nicht sicher, sondern nur mehr oder weniger wahrscheinlich sind. Dabei resultieren aus Kognitionen zu unterschiedlich wahrscheinlichen Ereignissen qualitativ unterschiedliche Emotionen. Zusätzlich in Rechnung zu stellen ist, daß nicht nur vergangene, sondern auch zukünftige Ereignisse in der subjektiven Sicht selbst- oder situationsverursacht eintreten können. Entscheidend sind nun hier allerdings nicht – wie von attributionalen Emotionstheorien nahegelegt (Weiner, 1979, 1980, 1982, 1985) – Kausalattributionen bereits eingetretener Ereignisse; direkte Grundlage zukunftsbezogener Emotionen sind vielmehr *Erwartungen zukünftiger Ereignisse.* Kausalattributionen können unter bestimmten Bedingungen zur Erwartungsbildung beitragen; Erwartungen können aber auch auf nicht-attributionale Weise entstehen (s.u. 4.3). Wenn Kausalattributionen bei der Erwartungsbildung eine Rolle spielen, können sie auf diesem Wege *indirekte* Effekte auf die erwartungsabhängige Entstehung zukunftsbezogener Emotionen ausüben (Kausalattribution – Erwartung – Emotion).

Bei Erwartungen zur Selbstverursachung zukünftiger Ereignisse handelt es sich primär um Handlungskontroll-Erwartungen und Handlungs-Folgen-Erwartungen; bei Erwartungen zur Situationsverursachung solcher Ereignisse um Situations-Folgen-Erwartungen (s.o. 2.2.1). Anzunehmen ist dabei, daß die Gesamterwartung eines zukünftigen Ereignisses (subjektive Gesamtwahrscheinlichkeit dieses Ereignisses) aus einem Zusammenspiel dieser einzelnen kausalen Erwartungen resultiert: Die Erwartung eines *negativen* Ereignisses ist dann hoch, wenn man glaubt, daß dieses Ereignis situativ bedingt wahrscheinlich ist, *und* wenn man gleichzeitig glaubt, daß man keine Möglichkeiten zur Verhinderung dieses Ereignisses hat (wenn man also denkt, daß das Ereignis nicht kontrollierbar ist). Dabei sind beide Erwartungskomponenten notwendig für das Entstehen einer negativen Gesamterwartung (ausführlicher Pekrun, 1984a). Die Erwartung eines *positiven* Ereignisses hingegen ist dann hoch, wenn man glaubt, daß dieses Ereignis situativ bedingt wahrscheinlich ist, *oder* daß man es selber herbeiführen kann; in diesem Fall reicht es also, wenn entweder Situations-Folgen-Erwartung oder Handlungskontroll- und Handlungs-Folgen-Erwartung hoch sind.

Für Erwartungen *positiver Ereignisse* läßt sich nun annehmen, daß sie bei hoher subjektiver Ereigniswahrscheinlichkeit prospektive Freude auslösen, bei mitt-

Tabelle 3.2 Zukunftsbezogene Emotionen: Positive Ereignisse

Situations-Folgen-Erwartung	Kontrollerwartung		
	niedrig	mittel	hoch
niedrig	Traurigkeit (Hoffnungslosigkeit)	Hoffnung	Vorfreude
mittel	Hoffung	Hoffnung	Vorfreude
hoch	Vorfreude	Vorfreude	Vorfreude

lerer Wahrscheinlichkeit Hoffnung, und bei subjektiver Sicherheit, daß das kognizierte Ereignis weder situativ eintreten wird noch von einem selbst herbeigeführt werden kann, prospektive Traurigkeit. Spezifisch zukunftsbezogen ist hier offensichtlich die Emotion "Hoffnung"; Freude und Traurigkeit hingegen können sich auch auf vergangene Ereignisse richten (s.o.). In ihren zukunftsbezogenen Varianten könnte Freude als "Vorfreude" bezeichnet werden, Traurigkeit hingegen (insbesondere bei hoher Ereignisvalenz) als "Hoffnungslosigkeit". Eine taxonomische Aufschlüsselung dieser drei Typen zukunftsbezogener Emotionen findet sich in Tab. 3.2.

Dabei ist zu differenzieren zwischen den beiden Erwartungsparametern, die der jeweiligen Gesamterwartung zugrundeliegen: (a) der Kontrollerwartung, daß man selbst das Ereignis herbeiführen kann (sie resultiert typischerweise aus einer prinzipiell multiplikativen Verknüpfung von Handlungskontroll-Erwartung einerseits und Handlungs-Folgen-Erwartung andererseits; Einzelheiten in Kap. 5); und (b) der Situations-Folgen-Erwartung, daß das Ereignis situativ bedingt eintreten wird (also auch ohne eigenes Zutun). Zusätzlich ist hier ebenso wie für vergangenheitsorientierte Emotionen anzunehmen, daß die Valenz des erwarteten Ereignisses einen positiv-monotonen und die subjektive Distanz einen negativ-monotonen Effekt auf die Emotionsstärke ausüben:

(8) $I\,(\text{Traurigkeit}_z) = [(1 - E_F) \cdot V+_F] \;/\; D_F$

(9) $I\,(\text{Hoffnung}) = [E_F \cdot (1 - E_F) \cdot V+_F] \;/\; D_F$

(10) $I\,(\text{Freude}_z) = E_F\, V+_F \;/ D_F$

wobei I = Emotionsintensität
E_F = Gesamterwartung von Ereignis F
$= E_{SF} \cdot (1 - E_{SF}) \cdot E_{IF}$
$= E_{SF} \cdot (1 - E_{SF}) \cdot (E_{IH}\, E_{HF})$

E_{SF} = Situations-Folgen-Erwartung (Kap. 2.2)
E_{IF} = Gesamt-Kontrollerwartung, daß das Ereignis F auf der Basis von Intention I herbeigeführt werden kann
E_{IH} = Handlungskontroll-Erwartung, daß Handlung H auf der Basis von Intention I realisiert werden kann
E_{HF} = Handlungs-Folgen-Erwartung, daß Handlung H zu Ereignis F führt
$V+_F$ = Ausmaß positiver Valenz von Ereignis F
D_F = Subjektive Zeitdistanz von Ereignis F
$E_F \cdot (1-E_F)$ = Unvorhersagbarkeit von Ereignis F

Für *negative Ereignisse* ist anzunehmen, daß bei subjektiver Sicherheit, daß ein solches Ereignis nicht eintreten wird, keine Emotion oder – falls dies zunächst anders aussah – Erleichterung eintritt. Ist das Ereignis situativ zu erwarten, aber subjektiv gut kontrollierbar, so dürften "Herausforderungs"-Emotionen resultieren, die prinzipiell der grundlegenden Emotion "Ärger" zuzuordnen sind (prospektiver Ärger über erwartete situative Barrieren). Ist das Ereignis situativ zu erwarten, aber die eigenen Kontrollmöglichkeiten sind unsicher, so ist das Ereignis insgesamt nicht vorhersagbar. Dies ist die typische Auslösesituation für Angst (ausführlicher hierzu Pekrun, 1984a). Wenn schließlich ein negatives Ereignis situativ zu erwarten ist und als eindeutig unkontrollierbar eingeschätzt wird, so resultiert auch hier prospektive Traurigkeit bzw. Hoffnungslosigkeit. Da in einem solchen Fall auch Handlungsmotivationen zur Ereignisbewältigung stark reduziert sind (s. Kap. 5), ist dies eine typische Basiskonstellation für depressive Symptome (zur empirischen Evidenz Garber, Miller & Abramson, 1980).

Tabelle 3.3 Zukunftsbezogene Emotionen: Negative Ereignisse

Situations-Folgen-Erwartung	Kontrollerwartung		
	niedrig	mittel	hoch
niedrig	(Erleichterung)	(Erleichterung)	(Erleichterung)
mittel	Angst	Angst	Ärger/ Herausforderung
hoch	Hoffnungslosigkeit	Angst	Ärger/Herausforderung

Zieht man auch hier Einflüsse von (negativen) Ereignisvalenzen und zeitlicher Entfernung des erwarteten Ereignisses in Betracht, so ergeben sich die folgenden Vermutungen zu Funktionsbeziehungen:

(11) $I(\text{Ärger}_z) = (E_{SF}\, E_{I\bar{F}}) \cdot V\text{-}_F / D_F$

(12) $I(\text{Angst}) = [E_F \cdot (1 - E_F)] \cdot V\text{-}_F / D_F$

(13) $I(\text{Traurigkeit}_z) = E_F\, V\text{-}_F / D_F$

wobei I = Emotionsintensität
E_F = Gesamterwartung von Ereignis F
$= E_{SF} \cdot (1 - E_{I\bar{F}})$
$= E_{SF} \cdot (1 - E_{IH}\, E_{H\bar{F}})$
E_{SF} = Situations-Folgen-Erwartung von Ereignis F
$E_{I\bar{F}}$ = Gesamtkontroll-Erwartung, daß Ereignis F verhindert werden kann
E_{IH} = Handlungskontroll-Erwartung, daß Handlung H auf der Basis von Intention I realisiert werden kann
$E_{H\bar{F}}$ = Handlungs-Folgenverhinderungs-Erwartung, daß Handlung H zur Verhinderung von Ereignis F führt
$V\text{-}_F$ = negative Valenz von Ereignis F
D_F = zeitliche Distanz von Ereignis F

Auch für diese Funktionsbeziehungen zu zukunftsbezogenen Emotionen (Formeln 8 bis 13) ist im übrigen anzunehmen, daß es sich bereits auf der theoretischen Ebene um eine vereinfachte Darstellung handelt. Es dürfte sich auch hier jeweils eher um beschleunigte als um lineare Funktionen bzw. – bei Angst – eher um Exponentialfunktionen handeln (Angstmaximum nicht bei mittlerer Ereigniswahrscheinlichkeit und damit maximaler Unvorhersagbarkeit wie in (12), sondern bei etwas höherer Ereigniswahrscheinlichkeit; vgl. Pekrun, 1984a).

3.3.3 ZWD-Modell: Gültigkeitsbereich und Implikationen

Gültigkeitsbereich des ZWD-Modells: Kognition und Habitualisierung

Die dargestellten Annahmen des ZWD-Modells beinhalten keinerlei Einschränkungen zu Reihenfolge und Art der kognitiven Prozesse, anhand derer Zeit- und Valenzinformationen verknüpft werden (anders als beispielsweise die mehrstufigen Einschätzungs-Modelle von Lazarus, 1966, oder Scherer, 1983, 1984). Solche Prozesse können z.B. mit situativ begründeten Informationen zu Ereigniswahrscheinlichkeiten beginnen, diese mit Valenzeinschätzungen gewichten und anschließend Kontrollierbarkeits-Erwägungen hinzufügen. Die Reihenfolge kann aber u.a. auch genau umgekehrt ablaufen. Schließlich ist auch parallele Informationsverarbeitung denkbar (insbesondere bei hohem Automatisierungsgrad). Mit welcher Art von Einschätzung der kognitive Prozeß begonnen wird, dürfte von den jeweils situativ vorhandenen Informationen einerseits und den jeweils aktivierten Gedächtnisbereichen andererseits abhängen (vgl. auch Kap. 5.2).

Dabei können modellentsprechende Verknüpfungsprozesse relativ bewußt ablaufen; typischerweise aber dürften solche Prozeduren der Informationsverabeitung weniger bewußt und damit weniger berichtbar sein als ihre kognitiven Produkte. Auch für Personen mit niedrigen mathematischen Fähigkeiten ist dabei anzunehmen, daß sie zu komplexen Informationstransformationen (wie vom Modell unterstellt) in der Lage sind (wie beispielsweise an menschlichen Fähigkeiten zu mentaler Rotation und ähnlichen kognitiven Operationen ablesbar ist; vgl. Kosslyn, 1987).

Prinzipiell ist für elaborierte kognitive Emotionsauslösung anzunehmen, daß sie großteils aus Differenzierungen ontogenetisch älterer und einfacherer perzeptiver Auslösung entsteht (s.u. 4.3). Umgekehrt aber kann sich kognitive zu perzeptiver Emotionsinduktion (zurück-)entwickeln. Im Sinne des oben (3.2.1) skizzierten *Automatisierungs-Kurzschluß-Modells* der Emotionshabitualisierung geschieht dies auf der Basis wiederholter gleichförmiger Emotionsabläufe so, daß die jeweiligen kognitiven Prozesse zunächst automatisiert und anschließend solange zunehmend verkürzt werden, bis Situationswahrnehmung und Emotion "kurzgeschlossen" sind. Basis hierfür sind entsprechende Integrationen kognitiver Wahrnehmungs- und Emotionsauslöse-Schemata. Ein Beispiel wäre ein Schüler, der einen Lehrer zunächst nur in Situationen fürchtet, in denen er an diesen Lehrer Erwartungen schulischer Mißerfolge knüpfen muß, der aber nach wiederholten Erfahrungen solcher Art schließlich sofort unangenehme Gefühle bekommt, wenn dieser Lehrer nur das Klassenzimmer betritt.

Da gleichförmig wiederholte Situationsabläufe für den menschlichen Alltag recht typisch sein dürften, trägt solcherart verkürzte Emotionsauslösung zu kognitiver Ökonomie und rascher Reaktionsbereitschaft bei. Gleichzeitig dürfte solche perzeptive Auslösung damit auch einen großen Teil alltäglichen Emotionsgeschehens kennzeichnen (entgegen den Annahmen der meisten kognitiven Emotionstheorien). Ändern sich dabei die jeweiligen Situationsabläufe, so dürfte es typischerweise zu entsprechenden kognitiven Redifferenzierungen der Emotionsauslösung kommen (s.o. 3.2.1).

Für alle Fälle habitualisiert-perzeptiver Emotionsauslösung beansprucht das ZWD-Modell nicht für Beschreibungen des aktualgenetisches Ablaufs Gültigkeit, sondern nur für die Konstellationen von zugeordneten Erwartungs-, Attributions- und Valenzschemata einerseits und Emotionsauslösung andererseits, also für die *Persönlichkeitskorrelate* solcher Emotionsauslösung. Am obigen Beispiel der habitualisierten Angst eines Schülers vor seinem Lehrer: Im Sinne des ZWD-Modells sollte hohen Erwartungs- und Valenzüberzeugungen zu negativen Lehrerreaktionen hohe habitualisierte Angst vor dem betreffenden Lehrer zugeordnet sein, niedrigen Erwartungs- und Valenzüberzeugungen hingegen niedrige Angst (ausführlicher unten 5.2).

Implikationen des ZWD-Modells

(1) Differentielle Bedingungen unterschiedlicher Emotionen. Anders als die meisten Theorien zu Einzelemotionen beinhaltet das ZWD-Modell Annahmen zu Unterschieden zwischen den Determinanten verschiedener Emotionen. Vor allem im Bereich zukunftsbezogener Emotionen ist bisher selten analysiert worden, wann genau welche Emotion auftritt. So wurden z.B. für Angst und depressive Emotionen von Angsttheorien einerseits und Depressionstheorien andererseits jeweils dieselben Determinanten verantwortlich gemacht (insbesondere negative Selbsteinschätzungen und Zukunftserwartungen; vgl. auch Garber, Miller & Abramson, 1980). Das ZWD-Modell macht hier deutlich, daß (a) depressive Emotionen (insbesondere Traurigkeit) sich auf ein Ausbleiben positiver wie auf ein Eintreten negativer Ereignisse beziehen können, während Angst typischerweise auf drohende negative Ereignisse gerichtet ist; und daß (b) auf negative Ereignisse bezogene Traurigkeit und Angst von denselben Typen subjektiver Erwartungen bestimmt werden, aber auf jeweils unterschiedliche Bereiche subjektiver Ereigniswahrscheinlichkeiten zurückgehen.

(2) Emotionsmischungen. Für das obige Beispiel von Traurigkeit einerseits und Angst andererseits ist dem ZWD-Modell entsprechend davon auszugehen, daß es bei mittlerer bis hoher situativer Ereigniswahrscheinlichkeit, aber niedriger Kontrollierbarkeit des betreffenden Ereignisses sowohl zu Angst als auch zu Hoffnungslosigkeit kommt (s. Tab. 3.1 und Formeln 12, 13). Generell folgt aus dem ZWD-Modell, daß Emotionsmischungen nicht nur daraus resultieren können, daß zu einem bestimmten Zeitpunkt Kognitionen zu verschiedenen Sachverhalten gleichzeitig vorliegen können, aus denen mehrere parallele Emotionen resultieren (s.o. 3.2.2). Vielmehr können auch Kognitionen zu einem einzelnen Ereignis Emotionsmischungen induzieren.

Im Bereich vergangenheitsbezogener Emotionen ist dies wohl insbesondere dann der Fall, wenn die jeweiligen Ereignisse auf mehr als eine Ursache attribuiert werden. Je nach subjektiven Anteilen unterschiedlicher Ursachen dürften dann unterschiedliche Emotionen unterschiedlich stark vertreten sein. Wird z.B. ein Erfolg primär auf eigene Fähigkeiten, daneben aber auch auf Hilfestellungen von anderen Personen zurückgeführt, so resultiert eine Mischung von Stolz und Dankbarkeit. Im Bereich zukunftsbezogener Emotionen hingegen spielen neben Verursachungskategorien vor allem – der subjektiven Asymmetrie von Vergangenheit und Zukunft entsprechend – die jeweiligen Ereignis- und Kontrollierbarkeits-Wahrscheinlichkeiten eine Rolle. Dabei dürften in bestimmten Wahrscheinlichkeitsbereichen Mischungen benachbarter Emotionen typisch sein (also z.B. Mischungen von Angst und Hoffnungslosigkeit oder von Angst und Ärger).

Aus den Annahmen (4) bis (13) läßt sich dabei ableiten, daß solche Mischungen dann auftreten können, wenn die jeweiligen Emotionen nicht maximal intensiv sind, hingegen dann *nicht* auftreten können, wenn eine bestimmte Emotion ihre maximale Intensität erreicht. Aus dem ZWD-Modell sind hier also Vermutungen abzuleiten, die mit den Hypothesen des oben (3.2.2) skizzierten Erregungs-Hemmungs-Modells zu Emotions-Wechselwirkungen in Einklang stehen.

Gleichzeitig liefert das ZWD-Modell damit über das skizzierte Erregungs-Hemmungs-Modell (3.2.2) hinaus einen zweiten theoretischen Rahmen zur Einordnung entsprechender empirischer Befunde (also z.B. der Daten von Diener & Iran-Nejad, 1986).

(3) Emotionsverläufe. Aus der Einbeziehung unterschiedlicher kognitiver Emotionsdeterminanten in das ZWD-Modell lassen sich Vorhersagen zu Emotionsverläufen über die Zeit hinweg ableiten. Dies gilt sowohl für aktual- wie für ontogenetische Emotionsentwicklungen. So folgen beispielsweise aus den z.T. gegenläufigen Effekten der unterschiedlichen, jeweils beteiligten Erwartungs- und Valenzparameter je nach Verlauf dieser Parameter unterschiedliche Emotionsverläufe in Abhängigkeit von der Nähe des jeweils erinnerten bzw. erwarteten Ereignisses (Verläufe konstanter, abnehmender, zunehmender oder variierender Emotionsintensität). Auf diesem Wege lassen sich beispielsweise differentielle Angstverläufe vor Prüfungen theoretisch aufklären (vgl. auch Becker, 1980; Pekrun, 1987d). Darüber hinaus ergeben sich Erklärungen zu ontogenetischen Sequenzen unterschiedlicher Emotionen (z.B. zu Abfolgen von Hoffnung, Angst und Depression auf der Basis kumulativer Mißerfolgserfahrungen).

(4) Persönlichkeits- und entwicklungspsychologische Implikationen. Schließlich resultieren aus dem ZWD-Modell eine Reihe von Implikationen für die Persönlichkeits- und die Entwicklungspsychologie menschlicher Emotionen. Folgerungen aus dem ZWD-Modell beziehen sich dabei auf die Korrelate habitueller Emotionsbildung, die Persönlichkeitsdeterminanten von Emotionen und entsprechende Bedingungen der Emotionsentwicklung. Auf diese Implikationen ist im nächsten Kapitel ausführlicher einzugehen (4.2, 4.3).

3.4 Zusammenfassung

Einleitend werden Aufgabenstellung und sachlogische Struktur dieses und des nächsten Kapitels (Kap. 4) erläutert. Im Anschluß daran werden "Emotionen" in Eingrenzung auf den kommunikativen Kern zeitgenössischer Begriffsverwendungen als Erlebensphänomene definiert, die neben spezifisch affektiven Anteilen kognitive und körperperzeptive Komponenten umfassen können (Abschnitt 3.1).

Im zweiten Abschnitt werden auf der Basis von summarischen Befunddiskussionen allgemeine Funktionsbeziehungen menschlicher Emotionen diskutiert. Dabei wird argumentiert, daß strikt kognitivistische Auffassungen zur Aktualgenese von Emotionen ebensowenig sinnvoll sind wie z.B. strikt behavioristische Denkmodelle: Emotionen können nicht nur von Kognitionen, sondern u.a. auch von Wahrnehmungen und von neurochemischen Abläufen ausgelöst werden (3.2.1). Wesentlich ist vor allem die Möglichkeit wahrnehmungsgesteuerter Auslösung, die im Zuge von Habitualisierung über Automatisierungen und Verkürzungen aus kognitiv vermittelter Emotionsinduktion entstehen kann (*Automatisierungs-Kurzschluß-Modell* der Emotionshabitualisierung).

Von den genannten und weiteren Faktoren können Emotionen auch aufrechterhalten und moduliert werden (3.2.2). Zentral sind dabei Einflüsse anderer Emotionen, für die ein einfaches *Erregungs-Hemmungs-Modell* zu Emotions-Wechselwirkungen formuliert wird. Darüber hinaus können Emotionen ihrerseits auf die erwähnten und weitere Größen zurückwirken (3.2.3). Als Schlußfolgerung ergibt sich, daß Emotionen in ein komplexes Geflecht vorauslaufender, auslösender, modulierender und bewirkter Faktoren eingebettet sind. Damit läßt sich hier für den Teilbereich menschlicher Emotionen die in Kap. 2.3 vorgestellte Rahmenthese näher belegen, daß es sich – entgegen traditionellen Auffassungen – bei psychischen Prozessen um Systeme mit (potentiell) hohem Vernetzungsgrad handelt.

Diese Überlegungen tragen zunächst allgemeinen Charakter, differenzieren also nicht zwischen unterschiedlichen Emotionen. Auf der Grundlage emotionstaxonomischer Überlegungen (3.3.1) werden deshalb anschließend die Grundzüge eines "Zeit-Wert-Distanz-Modells" (ZWD-Modell) zur Entstehung spezifischer Emotionen vorgestellt. In Erweiterung einer älteren Erwartungs-Wert-Konzeption der Angstgenese (Pekrun, 1984a) umfaßt dieses Modell Annahmen zur Entstehung einer Reihe von vergangenheits- und zukunftsbezogenen Emotionen (3.3.2). Als entscheidend werden dabei Kognitionen zu (a) vorwärts- und rückwärtsgerichteten zeitlichen Relationen (einschließlich Ursache-Wirkungs-Relationen), (b) Ereignisvalenzen und (c) zeitlichen Entfernungen der jeweiligen Ereignisse angesehen. Gleichzeitig wird mit diesem Modell versucht, einen Beitrag zur Integration unterschiedlicher kognitiver Theorien zu einzelnen Emotionen zu leisten. Abschließend (3.3.3) wird auf die allgemeinpsychologischen Implikationen dieses Modells eingegangen; sie beziehen sich u.a. auf differentielle Bedingungen und Mixturen unterschiedlicher Emotionen und auf Emotionsverläufe über die Zeit hinweg.

Kapitel 4

EMOTION UND PERSÖNLICHKEIT: II. PERSÖNLICHKEIT UND ENTWICKLUNG

Nachdem im letzten Kapitel die proximalen, aktualgenetischen Ursachen und Wirkungen von Emotionen diskutiert worden sind, kann in diesem Kapitel nun auf emotionsbezogene Persönlichkeitsbereiche und auf die ontogenetische Entwicklung von Emotionen eingegangen werden. Zu klären ist dabei zunächst der konzeptuelle Status emotionsbezogener Persönlichkeitsmerkmale (4.1); hierfür liefert die im ersten Kapitel vorgestellte Persönlichkeitstaxonomie eine theoretische Basis. Unterschieden werden zwei große Klassen solcher Persönlichkeitsmerkmale: Habituelle Emotionen einerseits und die Persönlichkeitsbedingungen von aktuellen wie habituellen Emotionen andererseits. Diese beiden Bereiche emotionsbezogener Persönlichkeit werden im folgenden nacheinander diskutiert (4.2.1, 4.2.2), wobei auch auf die persönlichkeitspsychologischen Implikationen des in Kap. 3 vorgestellten ZWD-Modells der Emotionsauslösung einzugehen ist (4.2.3).

Da Annahmen zur Aktualgenese *und* Annahmen zu den Trägerstrukturen (also den Persönlichkeitsbedingungen) von psychischen Prozessen sachlogische Voraussetzungen für eine befriedigende Behandlung der Ontogenese solcher Prozesse sind, kann als letztes Glied in der Kette der hier zu behandelnden emotionspsychologischen Probleme dann schließlich auch die ontogenetische Entwicklung (und Persönlichkeitsentwicklung) von Emotionen diskutiert werden (4.3).

4.1 Begriffsklärungen: Emotionsbezogene Persönlichkeitsmerkmale

Emotionen sind seit längerer Zeit Gegenstand der Persönlichkeitspsychologie. So haben z.B. traditionelle, dispositionsorientierte Ansätze in entsprechende Persönlichkeitsinventare meist auch emotionsbezogene Indikatoren einfließen lassen (also z.B. Fragen nach Häufigkeit, Intensität und Inhalten bestimmter Emotionen). In der Regel aber wurden Emotionsindikatoren dabei mit Indikatoren für andere Dinge vermengt und dem heterogenen Konstruktbereich "Temperament" zugeordnet (s.o. 2.1.4). Zu inhaltlich klaren Emotionskonstrukten gelangte man deshalb nur selten. Inhaltlich unscharf und heterogen blieben selbst solche Konzepte, die von ihren Konstrukteuren als direkt emotionsbezogen interpretiert wurden (vgl. beispielsweise faktische Inhalte und theoretische Interpretationen bei Cattells "source traits" zu "allgemeiner Emotionalität" und "freier Angst", 1950, Kap. 4; bzw. den Nachfolgekonstrukten in Cattell & Scheier, 1961; Cattell, 1972).

Auch der Emotionspsychologie aber fehlte es lange Zeit an klaren Konzepten zu den Persönlichkeitskorrelaten von Emotionen. Dies hängt wesentlich damit zusammen, daß die Emotionspsychologie sich um differentiell- und persönlichkeitspsychologische Aspekte von Emotionen wenig gekümmert hat. So befassen sich z.B. selbst in dem explizit "Emotion and Personality" betitelten, in mancher Hinsicht bahnbrechenden Werk von Arnold (1960) nur drei von 24 Kapiteln abschnittweise mit den Persönlichkeitsbezügen von Emotionen, und auch diese drei Kapitel liefern kaum Hinweise zum konzeptuellen Status emotionaler Persönlichkeitsmerkmale.

Zwar nicht inhaltlich, aber konzeptuell als bahnbrechend erwiesen hat sich hier die Arbeit von Cattell & Scheier (1961), in der erstmals klar zwischen "Emotionen" als aktuellen Zuständen bzw. Prozessen und "Emotionen" als Persönlichkeitsmerkmalen unterschieden wurde (vgl. auch Cattell, 1979, Kap. 1 und 5). Soweit Persönlichkeitsaspekte in der Emotionspsychologie thematisiert werden, hat sich diese Unterscheidung mittlerweile weitgehend durchgesetzt. Popularisiert wurde sie insbesondere von Spielberger (1966, 1972). Spielbergers Konzeption differenziert für den Bereich von Angstemotionen zwischen "state-Angst" als aktueller Emotion und "trait-Angst" als persönlichkeitsspezifischer Disposition, mit state-Angst auf bestimmte Situationen zu reagieren. Diese Konzeption hat Spielberger in entsprechende Meßinstrumente umgesetzt und auch auf andere Emotionsbereiche übertragen (insbesondere Ärger; vgl. Spielberger, 1983; Spielberger et al., 1983).

In ähnlicher Weise faßt z.B. Plutchik Tendenzen, in bestimmten Situationen in konsistenter Weise bestimmte Emotionen zu zeigen, als Persönlichkeitsmerkmale auf (Plutchik, 1980, S. 173ff.); und Ekman (1984) spricht von "emotionalen Persönlichkeitsmerkmalen", wenn bestimmte Emotionen über Lebensabschnitte oder das ganze Leben hinweg wiederholt auftreten. Solche Konzeptionen waren vorgezeichnet durch emotionspsychologische Instrumentenentwicklungen, die insbesondere im Bereich der Angstforschung schon von den 50er Jahren an zu inhaltlich relativ klaren Operationalisierungen für emotionale Persönlichkeitsmerkmale gelangten (mit gewissen Einschränkungen; vgl. Nicholls, 1976).

Problematisch aber ist an den Analysen von Cattell & Scheier (1961), Spielberger (1972) und anderen Autoren in ihrer Nachfolge, daß sie emotionale Persönlichkeitsmerkmale einerseits anhand summarischer Beschreibungen wiederholter Emotionsabläufe operationalisierten, andererseits aber dennoch als *Dispositionen* zu Emotionen auffaßten. Hier handelt es sich offensichtlich um den in Kap. 1.3 diskutierten Fall *rein abstrakter Dispositionsbegriffe:* Bezeichnet werden faktisch Parameter wiederholter Emotionsabläufe. Dennoch wird den betreffenden Konstrukten ein dispositionaler Bedeutungsüberschuß zugewiesen und damit so getan, als seien überdauernde Persönlichkeitsbedingungen bezeichnet, die aktueller Emotionsauslösung jeweils kausal zugrundeliegen. Besonders deutlich kommt dies in dem State-trait-Modell der Angst von Spielberger (1972) zum Ausdruck, das "trait-Angst" zusammen mit entsprechenden Situationsbedingungen als ursächliche

Determinanten aktueller Angstentstehung auffaßt (vgl. zu resultierenden Fehlinterpretationen von trait-Angst als ursächlicher Bedingung von state-Angst im Rahmen kausalanalytischer Modelle auch Hodapp, 1982). Sinnvoller ist es wohl, auf dispositionale Bedeutungszuweisungen dieser Art zu verzichten und damit konzeptuellen Unklarheiten von vornherein aus dem Wege zu gehen.

Eine solche klare, nicht-dispositionale Konzeptualisierung emotionsbezogener Persönlichkeitsmerkmale erweist sich als unproblematisch, wenn man von der oben (2.1) vorgeschlagenen allgemeinen Persönlichkeitstaxononmie ausgeht. Den Prinzipien dieser Taxonomie entsprechend sind zwei grundlegende Gruppen solcher Merkmale zu unterscheiden:

(1) Habituelle Emotionen. Dabei handelt es sich um emotionale Zustände und Prozesse, die in einem Lebensabschnitt einer Person oder über ihr gesamtes Leben hinweg in charakteristischer und konsistenter (also relativ zeitstabiler) Weise wiederholt auftauchen. Parameter interindividueller Variation können dabei u.a. Inhalte, Häufigkeiten, Intensitäten und Verlaufsformen der jeweiligen Emotionen sein (s.u. 4.2.1).

(2) Persönlichkeitsbedingungen von Emotionen. Von habituellen Emotionen zu unterscheiden sind die Persönlichkeitsbedingungen, die zusammen mit aktuellen Bedingungen situativer und interner Art (s.o. 3.2) der Genese einzelner wie habitueller Emotionen zugrundeliegen. Handeln kann es sich dabei um Merkmale aus allen vier Kategorien der oben (2.1) vorgestellten Merkmalskategorie; also um (a) körperliche Strukturen (z.B. emotionsbezogene Erbanlagen), (b) habituelle körperliche Prozesse (z.B. habituelle physiologische Aktivationsmuster), (c) kognitive Strukturen (beispielsweise Kontrollüberzeugungen zu emotionsrelevanten Situationen), und (d) habituelle, nicht-emotionale psychische Prozesse (z.B. habituelle Erwartungen von Mißerfolgen).

Traditionelle, dispositionale Konstrukte zu emotionsbezogenen Persönlichkeitsmerkmalen können im Sinne dieser beiden Kategorien reinterpretiert werden, wobei nur Merkmalen der zweiten Kategorie Erklärungskraft für die Emotionsentstehung zuzusprechen ist. Beide Kategorien von Persönlichkeitsmerkmalen sind im folgenden näher zu diskutieren (4.2.1, 4.2.2).

4.2 Persönlichkeitskorrelate und Persönlichkeitsbedingungen von Emotionen

4.2.1 Habituelle Emotionen als Persönlichkeitsmerkmale

Parameter habitueller Emotionen

Für habituelle Emotionen ist grundsätzlich anzunehmen, daß sie in Inhalten, Frequenzen und Verlaufsformen von Person zu Person variieren können. Es handelt sich bei ihnen also in jedem Fall um Persönlichkeitsmerkmale (ungeachtet gewisser universeller Grundmuster, die als Möglichkeitsrahmen interindividueller

Variation anzusehen sind; vgl. Wallbott & Scherer, 1986). Wesentliche personspezifische Parameter sind dabei (1) Inhalte, (2) Frequenzen, (3) Intensitäten und (4) Dauer der jeweiligen habituellen Emotion. Daneben können auch weitere Merkmale individueller Verlaufsformen eine Rolle spielen; also beispielsweise das individuelle Tempo des Intensitätsanstiegs bis zum Intensitätsmaximum (schnelle vs. verzögerte emotionale Erregbarkeit).

Aus diesen grundlegenden Merkmalen lassen sich andere Merkmale individueller Einzelemotionen ableiten, die auf jeweils zwei oder mehr Basismerkmalen basieren. Wesentlich sind (a) das globale Ausmaß individuell erlebter Emotionen einer bestimmten Inhaltskategorie; und (b) die individuelle Variablität einer Emotion über die Zeit hinweg, also Häufikeit und Ausmaß von Veränderungen der betreffenden Emotion. Das individuelle "Ausmaß" einer habituellen Emotion basiert in diesem Sinne auf Parametern von Frequenz, Intensität und Dauer, "Variablität" hingegen vor allem auf Frequenz und Amplitude von Intensitätsänderungen.

Schließlich lassen sich solche abgeleiteten Merkmale zu Einzelemotionen ihrerseits über unterschiedliche Emotionen hinweg zusammenfassen. Globale Merkmale des Emotionshaushalts einer Person sind in diesem Sinne u.a. (1) die durchschnittliche Intensität erlebter Emotionen (vgl. Larsen & Diener, 1987); und (2) die durchschnittliche Variabilität und Vielfalt im emotionalen Haushalt, die ihrerseits unterschiedliche Parameter umfaßt (vgl. zur "Bandbreite" individuellen Emotionserlebens als einem dieser Parameter Sommers & Scioli, 1986).

Traditionelle Ansätze zu habituellen Emotionen

Um dem charakteristischen Emotionserleben von Menschen und den neurophysiologischen Gegenbenheiten (Kap. 3) gerecht zu werden, sollten Persönlichkeitsmerkmale der oben genannten Einzelkategorien klar getrennt werden. Eine differenzierte emotionsbezogene Persönlichkeitsforschung und -diagnostik dieser Art aber existiert erst in Ansätzen. Nach wie vor dominieren globale, dispositionale Sichtweisen selbst dort, wo hinreichend deutlich zwischen unterschiedlichen Emotionen differenziert wird. So vermengt beispielsweise die herkömmliche Angst- und Depressionsdiagnostik in ihren Itemformulierungen typischerweise Parameter zu Frequenz, Intensität und Dauer in willkürlicher Weise (vgl. Rost & Schermer, 1985).

Traditionelle Konstrukte und diagnostische Methoden beziehen sich hier also meist auf das globale *Ausmaß* habitueller Emotionen. Betrachtet worden sind dabei vor allem negative Einzelemotionen wie habituelle Angst ("trait-Angst" bzw. "Ängstlichkeit"; Spielberger, 1972; Helmke, 1983; Pekrun, 1983a), habituelle depressive Emotionen ("Depressivität") und habitueller Ärger (Spielberger et al., 1983). Differenzierungen zu den individuellen Ausprägungen unterschiedlicher *Komponenten* von Einzelemotionen finden sich dabei vor allem in der Angstforschung. Hier werden heute üblicherweise das habituelle Ausmaß von kognitivem Angsterleben ("worry") einerseits und affektiv-physiologischem Erleben ("emotionality") andererseits getrennt (s.o. 3.1). Dabei zeigte sich in der vergleichsweise intensiv betriebenen Forschung zu habituellen Prüfungsängsten und ihren Leistungsfolgen, daß weitere Zerlegungen dieser Komponenten nützlich sein können, also eine Trennung affektiver von körperperzeptiven Anteilen sowie Differenzierungen unterschiedlicher Typen kognitiver Angstkomponenten (vgl. Schwarzer & Quast, 1985; Jerusalem, 1985).

Andere traditionelle Konstrukte und Methoden beziehen sich auf das globale Gesamtausmaß mehrerer oder aller negativer Emotionen. Hier sind insbesondere Konstrukte wie "Emotionalität", "Neurotizismus" (Eysenck & Eysenck, 1985) oder "negative Affektivität" (Watson & Clark, 1984) einzuordnen (vgl. auch Goldsmith et al., 1987). Differenzierungen der verschiedenen Einzelparameter individueller Emotionen hingegen finden sich bisher kaum. Eine wesentliche Ausnahme ist der Affektivitäts-Ansatz von Larsen und Diener (zusammenfassend Larsen & Diener, 1987):

Habituelle Emotionsintensität: Der Ansatz von Larsen und Diener

Larsen und Diener unterscheiden zwischen Frequenz und Intensität individueller Emotionen und nehmen an, daß habituelle Emotionsintensität (als individuelles "Temperament") über unterschiedliche Emotionen hinweg generalisiert ist, und zwar über Emotionen negativer wie positiver Art: Wer negative Emotionen intensiv erlebt, fühlt auch im positiven Falle mehr. Diese zunächst kontraintuitive Annahme konnten sie anhand längsschnittlicher Selbstberichtdaten zu habituellen, täglichen Emotionen belegen: Habituelle Intensitäten unterschiedlicher Einzelemotionen korrelierten in konsistenter Weise deutlich positiv (um $r = .40$), und zwar nicht nur innerhalb, sondern auch zwischen den Bereichen negativer und positiver Emotionen. Darüber hinaus ergaben sich für individuelle Emotionsintensitäten hohe Stabilitäten über Zeitpunkte und hohe Konsistenzen über Situationsbereiche hinweg.

Individuelle Emotionsintensität ist dabei offensichtlich mit spezifischen, emotionsfokussierenden Strategien der Verarbeitung situativer Informationen verknüpft, nicht hingegen mit der Qualität negativer oder positiver Alltagsereignisse (Larsen & Diener, 1987). Erklärungen für individuelle Intensitäten sind mithin eher in personinternen Bedingungen als in äußeren Lebensumständen zu suchen. Eine entscheidende Komponente scheint dabei zu sein, daß habituelle Emotionsintensität positiv mit der subjektiven Bedeutsamkeit alltäglicher Ereignisse korreliert ist (dies bestätigt die Annahmen des ZWD-Modells; s.o. 3.3). Darüber hinaus vermuten Larsen und Diener (1987), daß Personen mit hoher habitueller Emotionsintensität durch ein eher niedriges Basisniveau physiologischer Aktivation gekennzeichnet sind, das sie durch intensives Emotionserleben zu kompensieren suchen (wie ein solcher, wohl im wesentlichen nicht-intentionaler Mechanismus im einzelnen zustandekommen könnte, wird allerdings nicht von ihnen diskutiert).

Andere Parameter habitueller Emotionen

Aufgabe zukünftiger Forschung wird es sein, neben der Intensität habitueller Emotionen auch andere Parameter detailliert in den Blick zu nehmen. Wesentlich wären dabei vor allem Analysen zu Struktur, Determinanten und Konsequenzen von *Frequenzen* habitueller Emotionen. Konzeptuell wären solche Analysen dem

Verhaltenshäufigkeits-Ansatz von Buss und Craik (1983, 1984; s.o. 2.1.4) an die Seite zu stellen. Dabei ist für die Häufigkeiten unterschiedlicher Emotionen – im Gegensatz zu ihren Intensitäten (s.o.) – *nicht* anzunehmen, daß sie allgemein positiv korreliert sind. Dies folgt aus den zu vermutenden Funktionsbezügen und internen Strukturen emotionalen Geschehens (s.o. 3.2.1, 3.2.2):

(a) Dem oben (3.2.2) skizzierten *Erregungs-Hemmungs-Modell* zu Emotions-Wechselwirkungen entsprechend schließen sich gleichzeitige inkompatible Emotionen weitgehend aus. Hieraus folgt, daß hohe Frequenzen einer bestimmten Emotion hohe Frequenzen inkompatibler anderer Emotionen ausschließen (zumindest bei hoher Emotionsintensität): Wer z.B. ständig depressiv ist, hat wenig Möglichkeiten zu freudigen Stimmungen.

(b) Dem *ZWD-Modell der Emotionsauslösung* zufolge (s.o. 3.3) werden verschiedene Emotionen von unterschiedlichen Kognitionen ausgelöst, die untereinander partiell inkompatibel sind. So ist beispielsweise im Normalfall nicht denkbar, daß jemand niedrige und hohe Kontrollerwartungen zu einem bevorstehenden Ereignis hat. Hieraus folgt, daß hohe Frequenzen einer bestimmten Emotion hohe Frequenzen solcher Emotionen ausschließen, die von jeweils entgegengesetzten Kognitionen ausgelöst werden. Mithin ergibt sich auch aus dem ZWD-Modell, daß Frequenzparameter nicht in jedem Fall positiv korreliert sein können.

Diesen Überlegungen entsprechend sollten nicht nur Frequenzen negativer und positiver Emotionen eher negativ korreliert sein, sondern auch Frequenzen von einzelnen inkompatiblen Emotionen gleicher Valenzrichtung (also z.B. von Angst und Ärger; vgl. Kap. 3.2).

Ähnliche Annahmen könnte man auch für die *habituelle Dauer* individueller Emotionen formulieren: Hält eine Emotion jeweils lange an, so behindert dies die Entfaltung inkompatibler anderer Emotionen (s.o. 3.2.2). Aus den offensichtlich eher positiven Interrelationen habitueller Intensitäten unterschiedlicher Emotionen und den vermutlich großteils eher negativen Korrelationen von Frequenz und Dauer folgt für die *habituellen Gesamtausprägungen* inkompatibler Emotionen, daß sie eher niedrige Zusammenhänge aufweisen dürften. Von den Befunden aus intraindividuellen Analysen alltäglichen Emotionserlebens wird diese Schlußfolgerung partiell bestätigt (vgl. Diener & Iran-Nejad, 1986).

Hieraus folgt gleichzeitig auch, daß sinnvolle *emotionsbezogene Persönlichkeitstypologien* erstellt werden können. In diesem Sinne könnten nicht nur Personen mit vorwiegend positiver von Personen mit überwiegend negativer Emotionalität unterschieden werden, sondern beispielsweise auch – bezogen auf den Bereich negativer Emotionen – ängstliche von eher ärgerdominanten oder eher depressiv-emotionalen Personen.

Determinanten und Konsequenzen habitueller Emotionen

Einzelne und habituelle psychische Prozesse sind inhaltlich und konzeptuell äquivalent (s.o. 2.1). Hieraus folgt, daß habituellen Emotionen grundsätzlich dieselben Bedingungen und Konsequenzen zugeordnet sind wie aktuellen, an einen bestimmten, einzelnen Zeitpunkt gebundenen Emotionen. Für einzelne, aktuelle Emotionsabläufe ist anzunehmen, daß sie vor allem von Wahrnehmungen und Kognitionen ausgelöst werden (s.o. 3.2.1); dasselbe gilt naturgemäß auch für sich wiederholende Einzelemotionen. In diesem Sinne kann davon ausgegangen werden, daß aktuelle Emotionen von aktuellen Wahrnehmungen/Kognitionen ausgelöst werden, habituelle Emotionen hingegen von habituellen Wahrnehmungen/Kognitionen. Analoges gilt für die Konsequenzen von Emotionen: Aktuelle Emotionen wirken auf aktuelle Wahrnehmungen und Kognitionen zurück; darüber hinaus nehmen sie Einfluß auf physiologische Prozesse sowie auf Motivation und Verhalten. Dementsprechend wirken habituelle Emotionen auf habituelle Wahrnehmungen und Kognitionen ein, beeinflussen habituelle physiologische und motivationale Prozesse und zeitigen Effekte auf habituelles Verhalten.

Es ist hier also glücklicherweise nicht notwendig, die Psychologie der Emotionsdeterminanten und -konsequenzen auf einer persönlichkeitspsychologischen Ebene zu verdoppeln. Allerdings hat die Parallelität aktueller und habitueller Bedingungszusammenhänge auch ihre Grenzen: So ist vor allem davon auszugehen, daß bei *gleichförmiger* Wiederholung von Emotionsabläufen bestimmte Auslösemechanismen stärker als andere vetreten sein dürften. Insbesondere dürften in solchen Fällen Habitualisierungen eintreten (s.o. 3.2.1), die perzeptive gegenüber kognitiver Emotionsinduktion begünstigen (hierzu auch 4.2.4 und 4.3).

Zu bedenken ist schließlich, daß aktuellen wie habituellen Emotionen neben den jeweiligen momentanen Bedingungen immer auch mehr oder weniger über dauernde Persönlichkeitsbedingungen zugrundeliegen. Auf solche Emotionsbedingungen ist im folgenden Abschnitt einzugehen.

4.2.2 Persönlichkeitsbedingungen von Emotionen

Im letzten Kapitel (3.2) wurden die proximalen, personinternen Bedingungen diskutiert, die der Auslösung und Modulation von Emotionen zugrundeliegen. Als wesentliche (direkte) Auslöser sind Wahrnehmungen, Kognitionen und daneben neurochemische Prozesse anzusehen; als modulierende Faktoren zusätzlich u.a. viszeral-physiologische und expressiv-neuromuskuläre Abläufe sowie jeweils vorauslaufende oder parallele andere Emotionen. Diskutiert wurde auch, daß diese proximalen Bedingungen im aktualgenetischen Zeitablauf ihrerseits in ein Geflecht ihnen unmittelbar vorauslaufender, personinterner aktueller Bedingungen eingebettet sind. Darüber hinaus aber ist anzunehmen, daß (a) die jeweilige externe Situation und (b) Persönlichkeitsmerkmale Emotionsabläufen unmittelbar zugrundeliegen.

Externe, aktuell vorfindliche Situationen allerdings spielen dabei wohl nur dann eine Rolle, wenn die Emotionsauslösung von exterozeptiven Wahrnehmungen bewirkt wird (direkt oder unter Zwischenschaltung von Kognitionen), nicht hingegen, wenn ihr Interozeptionen, intern produzierte Kognitionen oder intern produzierte neurochemische Abläufe zugrundeliegen. Persönlichkeitsmerkmale aber sind in jedem Fall als notwendige Bedingungen der Emotionsentstehung und -modulation zu betrachten. Dabei können Merkmale aus allen vier Klassen der in

Kap. 2.1 vorgestellten Persönlichkeitstaxonomie als Grundlage emotionaler Prozesse fungieren:

(1) Emotionsbezogenes genetisches Potential

Allen vererbbaren Persönlichkeitsdeterminanten von Emotionen liegen individuelle genetische Strukturen zugrunde. Dies gilt insbesondere für somatische Strukturen im limbischen, neuroendokrinen und viszeralen Bereich einerseits und angeborene kognitive Mechanismen zu Emotionsauslösung und Emotionsausdruck andererseits (s.u.). Genetische Strukturen sind dabei als distale Determinanten zu betrachten, die über bisher weitgehend unbekannte Zwischenprozesse zur Bildung der genannten Strukturen und auf diesem Wege zum individuellen Emotionshaushalt beitragen. Für das Gesamtausmaß an depressiven Emotionen und Angst kann dabei als weitgehend gesichert gelten, daß Unterschiede zwischen Personen partiell auf genetische Unterschiede zurückgehen (Erblichkeitsschätzungen bis zu $H^2 = .60$; vgl. Fulker, 1981; Margraf, Ehlers & Roth, 1986).

Allerdings analysierten die meisten Erblichkeitsuntersuchungen in diesem Bereich nicht direkt die Erblichkeit von Emotionen, sondern die Erblichkeit von Syndromen wie "Neurotizismus" oder "Depression", die neben Emotionen bekanntlich auch andere Komponenten umfassen. Ungeklärt ist damit vorläufig auch, inwieweit spezifischen Emotionsparametern (Frequenz, Intensität etc.; s.o. 4.2.1) und unterschiedlichen Einzelemotionen jeweils spezifische genetische Variation zugrundeliegt, oder ob es sich eher um genetische Dispositionen zu allgemein erhöhter Emotionalität handelt. Fundierte Erklärungen sind hier wohl erst dann zu erwarten, wenn die (vermutlich komplexen) Mechanismen geklärt werden, die zwischen genetischen Strukturen einerseits und phänotyischen, genetisch mitbestimmten körperlichen und kognitiven Strukturen andererseits vermitteln (allgemein zu diesem Problem Scarr & Kidd, 1983).

(2) Phänotypisch-somatische Strukturen und Prozesse

Überdauernde körperliche Strukturen und wiederkehrende physiologische Prozesse sind als direkte physisch-materielle Grundlagen aktueller wie habitueller Emotionen anzusehen:

(2.1) Neuronale Strukturen sind innerhalb des zentralen Nervensystems als Träger affektiver Emotionsanteile anzusehen (s.o. 3.2.1). Dies scheint insbesondere für die neuronalen Strukturen des limbischen Systems zu gelten (Pribram, 1984). Die Existenz dieser Strukturen ist mithin Voraussetzung für emotionales Erleben. Anzunehmen ist, daß die Ausgestaltung dieser Strukturen interindividuell variiert (empirische Evidenz hierzu liegt allerdings offensichtlich – sieht man von Untersuchungen zu Läsionen ab – nicht vor). Dies ist schon deshalb zu vermuten, weil es offensichtlich kein Organ des menschlichen Körpers gibt, für das bekannt wäre, daß es interindividuell konstante Strukturen besitzt. Anzunehmen – obwohl bis dato ebenfalls kaum belegbar – ist weiterhin, daß diese Strukturunterschiede als eine unmittelbare Ursache von interindividuellen Unterschieden in limbisch-emotionalen Erregungsprozessen anzusehen sind.

Dem oben (3.2.2) skizzierten Erregungs-Hemmungs-Modell zu Emotions-Wechselwirkungen entsprechend ist dabei vor allem die Erregbarkeit und Hemmbarkeit limbischer Teilsysteme entscheidend. Vermutlich können Erregbarkeit und Hemmbarkeit dabei nicht nur interindividuell, sondern auch intraindividuell (zwischen verschiedenen Emotionszentren) variieren. Hier dürfte eine wesentliche somatische Ursache der interindividuellen Variationen in Häufigkeit und Intensität spezifischer Emotionen liegen. Möglich ist, daß dabei unterschiedliche Parameter von Erregungs-Hemmungs-Verläufen eine somatisch-strukturelle Grundlage haben (habituelles Tempo von Erregungsanstieg, Maximum der Erregungsintensität etc.; s.o. 4.2.1).

Nahegelegt wird die Möglichkeit interindividueller limbischer Strukturvariation von der oben genannten Evidenz zur Heritabilität habitueller Emotionen. Einschränkend ist allerdings zu bedenken, daß sich aus entsprechenden Befunden nicht eindeutig auf limbische Strukturen als Träger interindividueller Emotionsvariation schließen läßt: Solange hier nicht mehr über die Zwischenprozesse vom Geno- zum Phänotyp bekannt ist, kommen ebenso neuroendokrine Strukturen, genetisch determinierte Wahrnehmungs- und Kognitionsschemata oder genetisch bestimmte Mechanismen perzeptiv-kognitiver Emotionsauslösung als Substrate vererbter Unterschiede in Betracht (s.u.).

(2.2) Neuroendokrine Strukturen liegen dem neurochemischen Haushalt innerhalb des ZNS zugrunde, der seinerseits zur Emotionsauslösung und -modulation beiträgt (s.o. 3.2.1, 3.2.2). Für den neurochemischen Stoffwechsel ist bekannt, daß erhebliche interindividuelle Unterschiede existieren. Diese dürften ihrerseits zu interindividuellen Unterschieden einzelner und habitueller Emotionen beitragen. Dies gilt beispielsweise für depressive Emotionen (vgl. Whybrow, 1984).

(2.3) Hypothalamische und viszerale Strukturen fungieren gemeinsam als Grundlage von viszeral-physiologischen Aktivierungsprozessen, deren interozeptive Wahrnehmung als Teil emotionalen Erlebens anzusehen ist (3.1) und andere Komponenten von Emotionen zu modulieren vermag (insbesondere ihre limbisch gebundenen Bestandteile). Die Existenz dieser Strukturen ist damit Voraussetzung für physiologisch-perzeptive Emotionsanteile und wesentliche Prozesse der Modulierung anderer Emotionskomponenten. Interindividuelle Unterschiede dieser Strukturen dürften dementsprechend zu Emotionsunterschieden zwischen Personen beitragen.

(2.4) Neuromuskuläre Strukturen. Ähnliches gilt schließlich auch für die neuromuskulären Grundlagen emotionsspezifischen Ausdrucksverhaltens. Für interindividuelle Variationen neuromuskulärer Strukturen im Bereich von Gesichts- und Stimmausdruck ist anzunehmen, daß sie auf direktem Wege ausdrucksperzeptive Emotionsanteile und damit indirekt auch den sonstigen Emotionshaushalt beeinflussen können. Sieht man hier von Läsionen und anderen Beeinträchtigungen ab, so dürfte allerdings limbischen, neuroendokrinen und viszeralen Strukturen ein größerer Einfluß auf den individuellen Emotionshaushalt zukommen.

(3) Prozedurale Emotionsschemata

Emotionsauslösung basiert in den meisten Fällen auf Wahrnehmungen oder Kognitionen. Dem liegen Mechanismen zugrunde, die Wahrnehmung bzw. Kognition mit der Emotionsauslösung verknüpfen (s.o. 3.2.1). Bei solchen gespeicherten, prozeduralen Verknüpfungen handelt es sich um emotionsbezogene prozedurale Schemata. Ein solches Schema besteht prinzipiell aus zwei Arten von Speicherinhalten: einer deklarativen Repräsentation des jeweiligen Wahrnehmungs- bzw. Kognitionsinhalts; und der jeweiligen Prozedur der Emotionsauslösung (vgl. auch Fiske, 1982; Spies & Hesse, 1986). Repräsentationen von Wahrnehmungs- und Kognitionsinformationen sind dabei als Bedingungskomponenten solcher Schemata aufzufassen, Prozeduren der Emotionsauslösung als Aktionskomponenten (s.o. 2.1).

Eine Aktivierung eines solchen Emotionsschemas findet dann statt, wenn perzeptive oder kognitive Informationen schemaentsprechenden Inhalts auftauchen. Im Prozeß der Aktivierung wird die jeweilige Information "assimiliert", also schemaentsprechend selegiert und kodiert (wobei eventuell auch schemainkongruente Information unterdrückt wird). Ist die Information assimiliert und das Schema aktiviert, also in einen Zustand der Operationsbereitschaft versetzt, so setzt es die gespeicherte Prozedur in Gang und löst damit die jeweilige Emotion aus (unter der Voraussetzung, daß die Auslösung nicht von anderen aktivierten Schemata oder von anderen Emotionen unterdrückt wird und die jeweiligen limbischen Strukturen intakt sind). Grundsätzlich können solche Schemata angeboren oder gelernt sein (vgl. 3.2.1):

(3.1) Angeborene prozedurale Emotionsschemata. Beispiele für angeborene Schemata dieser Art finden sich nicht nur bei niedrigen Arten, sondern auch beim Menschen (s.o. 3.2.1). Zu ihnen zählen insbesondere alle Schemata perzeptiver oder kognitiver Emotionsauslösung, die dem emotionalen Erleben bereits zu Beginn ontogenetischer Differenzierungsprozesse zugrundeliegen (also vor der Geburt und in der Zeit unmittelbar danach; vgl. Trevarthen, 1984). Anzunehmen ist, daß solche Schemata ebenso wie andere strukturelle Emotionsgrundlagen prinzipiell als Persönlichkeitsmerkmale aufzufassen sind:

Emotionsbezogene Prozesse zeigen bereits bei Neugeborenen erhebliche interindividuelle Unterschiede (Trevarthen, 1984). Solche Unterschiede können zum Teil auf prä- und perinatale Einflüsse zurückgehen. Wesentliche Grundlage aber sind wohl vererbte Strukturunterschiede, die vermutlich nicht nur in subkortikalen neuronalen Strukturen zu lokalisieren sind (s.o.), sondern auch in vererbten perzeptiv-kognitive Schemata der Emotionsauslösung. In diesem Sinne ist zu vermuten, daß Personen in genetisch determinierter Weise differentiell auf "unkonditionale" Stimuli wie z.B. Tiefe, plötzliche und intensive Geräusche oder Objekte bestimmter Kategorien mit Emotionen reagieren (vgl. auch McNally, 1987).

(3.2) Gelernte prozedurale Emotionsschemata. An die Stelle von individuellen Wahrnehmungen oder Kognitionen, die in angeborener Weise Emotionen auslösen, können im Laufe von Lernprozessen andere Wahrnehmungen bzw. Kognitionen treten (s.o. 3.2.1). Dem liegt zugrunde, daß Repräsentationen von Wahr-

nehmungs- und Kognitionsinhalten in angeborenen emotionsauslösenden Schemata von anderen Repräsentationen ersetzt werden können; diese anderen Repräsentationen werden dabei mit der Prozedur der Emotionsauslösung verknüpft. Ein individuelles, gelerntes Schema dieser Art führt in derselben Weise zur Emotionsauslösung wie ein angeborenes Auslöseschema: Zugeordnete, situativ oder intern zugeführte Wahrnehmungs- oder Kognitionsinformation aktiviert das Schema; die Aktivierung führt zum Vollzug der Prozedur der Emotionsauslösung, wenn dem keine anderen Dinge im Wege stehen. Zur Möglichkeit erworbener, schemainduzierter Emotionsauslösung liegen eine Reihe von bestätigenden experimentellen Befunden vor (vgl. Fiske, 1982). Da Umwelten und Lernprozesse interindividuell variieren, unterscheiden sich gelernte Auslöseschemata von Person zu Person; auch bei ihnen handelt es sich also grundsätzlich um Persönlichkeitsmerkmale.

(4) Emotionsrelevante deklarative Strukturen

Prozedurale Schemata der Emotionsauslösung sind dadurch gekennzeichnet, daß sie deklarative Repräsentationen mit Auslöse- und Steuerungsprozeduren für Emotionen in zeitüberdauernder Form verknüpfen. Eine Aktivierung der jeweiligen Repräsentation führt dann jeweils zur Emotionsauslösung. Bei kognitiv vermittelter Auslösung aber liegt der Aktivierung zusätzlich eine Kette von Kognitionen zugrunde (z.B. Kausalattributionen, Erwartungskognitionen oder Valenzkognitionen; s.o. 3.3). Diese Kognitionen können vor allem aus drei Quellen stammen: (a) aus Situationsinformation, die über Wahrnehmungen aufgenommen wird; (b) aus intern produzierten Informationen in Gestalt jeweils vorauslaufender Kognitionen; und (c) aus der Aktivierung zugrundeliegender, überdauernder deklarativer Strukturen. Vor allem bei *habitueller* Emotionsauslösung kognitiv vermittelter Art dürfte die letztere Informationsquelle entscheidend sein. Habitualität von Kognitionsabläufen impliziert Stabilität bestimmter Parameter; diese Stabilität wird durch den überdauernden Charakter der jeweils zugrundeliegenden deklarativen Strukturen sichergestellt.

Deklarative Strukturen operieren dabei in prinzipiell ähnlicher Weise wie die jeweiligen prozeduralen Strukturen: Durch zugeordnete, aus externen oder internen Quellen stammende Information wird die betreffende Struktur aktiviert; diese Aktivierung wird als aktuelle Kognition erlebt und trägt zur Emotionsauslösung bei (s.u. Abb. 4.1).

Emotionsbezogene deklarative Strukturen können singulärer oder schematischer Art sein (s.o. 2.1). So handelt es sich z.B. bei überdauernden Repräsentationen des Todes eines Angehörigen um eine singulär-episodische, vergangenheitsbezogene Repräsentation, und ebenso bei Repräsentationen zu emotional relevanten, in der Zukunft liegenden Ereignissen des eigenen Lebens. Repräsentationen zu ganzen Klassen von emotionsrelevanten Ereignissen hingegen besitzen schematisierten Charakter (also z.B. Repräsentationen zu Erfolg und Mißerfolg oder zu typischen Verhaltensweisen anderer Personen) besitzen schematisierten Charakter. Im Sinne des ZWD-Modells (3.3) sind dabei Erinnerungen, Kausalattributionen, Erwartungen und Valenzkognitionen für die Emotionsauslösung entscheidend. Ihnen liegen individuelle Erinnerungs-, Attributions-, Erwartungs- und Valenzüberzeugungen zugrunde, die mithin als zentrale, emotionsbezogene deklarative Strukturen anzusehen sind (s.u. 4.2.3).

Empirische Evidenz. Über die somatischen und prozedural-kognitiven Persönlichkeitsbedingungen von Emotionen ist empirisch wenig bekannt. Zu emotionsrelevanten, individuellen deklarativen Überzeugungen hingegen liegen aus verschiedenen Forschungstraditionen eine Reihe von Befunden vor. In größerem Umfang ist vor allem der Stellenwert von Überzeugungsunterschieden für die Erklärung habitueller Angst und habitueller depressiver Gefühle untersucht worden:

Bei *habitueller Angst* ("trait-anxiety" in der Terminologie Spielbergers, 1972) kann es sich u.a. um soziale und leistungsbezogene Angst handeln. Empirisch analysiert worden sind hier insbesondere die überdauernden kognitiven Korrelate von leistungs- und prüfungsbezogener Angst ("test anxiety"; vgl. van der Ploeg, Schwarzer & Spielberger, 1982ff.). Die Befunde zeigen, daß mißerfolgsorientierte Überzeugungen und negative Überzeugungen zur eigenen Leistungsfähigkeit (negative Fähigkeits-Selbstkonzepte) mit habitueller Leistungs- und Prüfungsangst eng korreliert sind (s.o. 3.2.1). Die Bedingungsbeziehungen zwischen Mißerfolgsüberzeugungen und habitueller Prüfungsangst allerdings sind bisher nicht hinreichend geklärt worden (vgl. Pekrun, 1987b und d).

Die kognitiven Antezedenzien *habitueller depressiver Gefühle* sind u.a. von Beck (1967) und Seligman (vgl. Abramson, Seligman & Teasdale, 1978) thematisiert worden (s.o. 3.2.1). In ihrer Nachfolge hat sich in den letzten fünf, sechs Jahren eine lebhafte Forschung zu negativen Selbstkonzepten ("Selbst-Schemata") und ungünstigen Attributionsstilen entwickelt (insbesondere zu generalisierten Kausalattributionen von negativen selbstbezogenen Ereignissen auf internal-stabile und unkontrollierbare Faktoren), deren Befunde für deutliche Zusammenhänge solcher Überzeugungs- und Kognitionssysteme mit der Entwicklung von Depressionen sprechen (Kuiper & Higgins, 1985; Peterson & Seligman, 1984).

Zu den kognitiven Persönlichkeitsbedingungen anderer Emotionen hingegen ist sehr viel weniger bekannt (dies gilt insbesondere für den generell vernachlässigten Bereich *positiver* Emotionen). Auch theoretische und empirische Analysen zu kognitiv-strukturellen Bedingungen, die mehr als jeweils nur ein oder zwei Emotionen einbeziehen, finden sich selten (vgl. Higgins et al., 1986).

(5) Ausdrucksschemata und habituelles Ausdrucksverhalten

In Kap. 3 wurde diskutiert, daß Ausdrucksverhalten zwar in der Regel nicht von sich aus Emotionen auslöst, aber zu ihrer Modulierung beitragen kann. Dementsprechend ist anzunehmen, daß habituelles Ausdrucksverhalten bestimmten Prozessen habitueller Emotionsmodulierung zugrundeliegt. So könnte man z.B. vermuten, daß "expressive" Personen mit habituell offenem Emotionsausdruck auch subjektiv ihre Emotionen stärker ausleben, während "nicht-expressive" Personen, die offenen Emotionsausdruck intentional unterdrücken (Ekman, 1984), entsprechende Reduktionen im emotionalen Erleben erleiden. Der jeweilige individuelle Stil offenen Emotionsausdrucks dürfte stark kontextabhängig sein, sich jeweils nur auf einen Teilbereich von Emotionen beziehen und im übrigen großteils von der Lerngeschichte der Person abhängen. Zu vermuten ist z.B., daß entsprechende Ausdrucksdifferenzen sich eher in öffentlichen (sozialen) Situationen als in privaten Situationen (ohne Zuschauer) zeigen, und daß Frauen in unserer Gesellschaft offeneres Ausdrucksverhalten zeigen als Männer, da beiden Geschlechtern nach wie vor unterschiedliche "display rules" (Ekman, 1984) für Ausdrucksverhalten beigebracht werden (empirisch hierzu Wagner, MacDonald & Manstead, 1986).

Wirkt Ausdrucksverhalten tatsächlich verstärkend auf Emotionen und Unterdrückung abschwächend, so könnte dementsprechend resultieren, daß (a) in öffentlichen Situationen im Durchschnitt weniger starke Emotionen erlebt werden als in privaten Situationen und (b) Männer im Durchschnitt weniger starke Emotionen erleben als Frauen. Tatsächlich ist z.B. bekannt, daß männliche Schüler und Erwachsene im Durchschnitt bedeutend niedrigere habituelle Frequenzen und Intensitäten negativer Emotionen berichten (vgl. Gärtner-Harnach, 1972). Allerdings lassen sich solche Selbstberichtbefunde auch anders erklären (z.B. als Effekte unterschiedlicher Antworttendenzen; hierzu Helmke, 1983).

Ausdrucksverhalten können *angeborene Ausdrucksschemata* prozeduraler Art zugrundeliegen. Dies wird insbesondere von der Evidenz zum Ausdrucksverhalten blind geborener Kinder nahegelegt; solche Kinder zeigen Ausdrucksmuster, die mit denjenigen bei sehenden Kindern prinzipiell übereinstimmen (vgl. Plutchik, 1980). Die Aktivierung solcher Schemata durch entsprechende Emotionen führt in unwillkürlicher, d.h. nicht intentional oder kognitiv vermittelter Weise zu entsprechenden Ausdrucksmustern (sofern dem nicht andere Faktoren wie muskuläre Ermüdung, Lähmung oder intentionale Unterdrückung im Wege stehen). Ausdrucksmuster für verschiedene Emotionen zeigen zudem eine relativ hohe Universalität über Kulturen hinweg (insbesondere für Freude, Traurigkeit, Furcht/Angst, Ärger und Ekel; Plutchik, 1980). Hieraus läßt sich schließen, daß auch die zugrundeliegenden prozeduralen Ausdrucksschemata intra-artlich für diese Emotionen normiert sind. Zu vermuten ist allerdings, daß auch für die genannten Emotionen ein gewisser Spielraum verbleibt, der sich in interindividuellen Unterschieden angeborener Ausdrucksprogramme niederschlägt. Empirisch ist dies ungeklärt.

Ausdrucksverhalten kann aber auch auf intentionaler Produktion oder Hemmung von Ausdrucksmustern und damit auf *gelernten Prozedurschemata* basieren ("display rules"; Ekman, 1984). Für solche Schemata kann als sicher gelten, daß sie aufgrund differentieller Lerngeschichten interindividuell variieren, wie sich bereits in der Alltagserfahrung an der von Person zu Person unterschiedlichen habituellen Produktion oder Unterdrückung von Emotionsausdruck zeigt (empirisch Halberstadt, 1986).

(6) Habituelle Motivation und habituelles nicht-expressives Verhalten

Für motivationale Prozesse wurde oben (3.2) angenommen, daß sie auf Emotionen einwirken können. Damit dürften habituelle Prozesse dieser Art sowie – indirekt – die ihnen zugrundeliegenden Strukturen als Persönlichkeitsdeterminanten von Emotionsabläufen anzusehen sein. Wichtiger für die Emotionsgenese aber sind wohl diejenigen Emotionswirkungen von Motivation, die von motivationsproduziertem Verhalten und den Folgen solchen Verhaltens vermittelt werden. Damit sind habituelle Motivation und habituelles Verhalten ebenfalls zum Kreis möglicher Persönlichkeitsdeterminanten von Emotion zu zählen (auch über habituelles Ausdrucksverhalten hinaus). Beispiel: Wenn jemand habituell leistungsmotiviert ist, so wird er häufig Leistungshandlungen realisieren und häufig Erfolge oder Mißerfolge erleben (unter bestimmten Randbedingungen; Kap. 5). Wahrnehmungen dieser Erfolge und Mißerfolge können dann in habitueller Weise zu leistungsfolgenden Emotionen wie Freude, Traurigkeit, Stolz, Scham etc. führen (vgl. Weiner, 1979, 1985).

Diese Betrachtung von motivationalen und verhaltensbezogenen Persönlichkeitsfaktoren, die Emotionen indirekt zugrundeliegen, läßt sich ausdehnen: Habituelle Motivationen und Verhaltensweisen basieren auf bestimmten kognitiven Schemata, diese beruhen ihrerseits auf bestimmten körperlichen Strukturen; jene werden von wiederum anderen Strukturen und habituellen Prozessen beeinflußt etc. In diesem Sinne läßt sich der Auffassung zustimmen, daß die gesamte Persönlichkeit eines Menschen seinem emotionalen Erleben zugrundeliegt.

Der Beitrag unterschiedlicher Persönlichkeitsdeterminanten aber unterscheidet sich dabei nicht primär im Ausmaß des jeweils statistisch faßbaren Beitrags zur Emotionsvariation. (Dies wird z.B. von Cattell, 1979, nahegelegt, der aktuelles Verhalten und Erleben auf Linearkombinationen einer Vielzahl denkbarer Persönlichkeitsfaktoren zurückführt, die dann simultan und prinzipiell gleichberechtigt in die jeweilige Prädiktionsgleichung eingehen.) Vielmehr ist davon auszugehen, daß solche Persönlichkeitsmerkmale im aktualgenetischen wie im ontogenetischen Prozeß in kausal gestaffelter Weise Einfluß auf Emotionen nehmen. Aufgabe emotionsbezogener Persönlichkeitspsychologie sollte es deshalb sein, zunächst die proximalen Persönlichkeitsdeterminanten von Emotionen einer Analyse zu unterziehen und dabei die unterschiedlichen, bisher separierten Ansätze und Befunde zu solchen Determinanten aus Emotionsforschung, Klinischer Psychologie, Psychophysiologie etc. unter persönlichkeitspsychologischer Perspektive zu integrieren.

4.2.3 ZWD-Modell: Persönlichkeitspsychologische Implikationen

Im letzten Kapitel (3.3) wurde ein aktualgenetisches Modell kognitiver Emotionsauslösung vorgestellt ("ZWD-Modell"), in dem Kognitionen zu vergangenen und zukünftigen Ereignissen und zur subjektiven Valenz und Distanz dieser Ereignisse als emotionsentscheidend angesehen werden. Was folgt aus diesem Modell für die Entstehung habitueller Emotionen und für die Persönlichkeitsbedingen von Emotionen?

ZWD-Modell und habituelle Emotionen

Für habituelle Emotionen ist grundsätzlich davon auszugehen, daß sie aktuellen Emotionsabläufen inhaltlich und konzeptuell äquivalent sind (s.o. 4.2.1). Hieraus folgt, daß alle Annahmen des ZWD-Modells auch für die habituelle Emotionsbildung Gültigkeit beanspruchen. In diesem Sinne impliziert das ZWD-Modell, daß habituelle vergangenheitsorientierte Emotionen von jeweils spezifischen, habituellen Erinnerungen und Kausalattributionen bestimmt werden, habituelle zukunftsorientierte Emotionen von habituellen Erwartungskognitionen, und habituelle Emotionen aus beiden Kategorien von habituellen Valenz- und Distanzeinschätzungen.

Wie ebenfalls bereits angemerkt wurde (3.2.1, 3.3, 4.2.1), ist allerdings davon auszugehen, daß kognitionsgesteuerte Emotionsauslösung dann, wenn sie sich relativ gleichförmig wiederholt, im Laufe der Zeit Habitualisierungen unterliegt. In solchen Fällen wird kognitionsgesteuerte Emotionsentstehung zunehmend durch verkürzte und schließlich durch direkt wahrnehmungsgesteuerte Auslösung ersetzt. Grundlage hierfür sind prozedurale Emotionsschemata, die im Zuge der Habitualisierung gebildet werden (also im Zuge von Prozessen kognitiver Automatisierung und Abkürzung; s.u. 4.3). Für solcherart verkürzte Emotionsentstehung beansprucht das ZWD-Modell Gültigkeit nicht für die einzelne Aktualgenese, sondern nur für Konstellationen der jeweils zugeordneten, emotionsrelevanten deklarativen Strukturen (s.o. 3.3).

In diesem Sinne sollte z.B. auch für perzeptionsgesteuerte Angstauslösung gelten, daß der Frequenz und Intensität von Angst entsprechende Erwartungs- und Valenzüberzeugungen zugeordnet sind (also beispielsweise hohe mißerfolgsbezogene Erwartungs- und Valenzüberzeugungen bei hoher Prüfungsangst, niedrige Überzeugungen dieser Art bei niedriger Prüfungsangst). Sowohl für Situationsänderungen wie für Änderungen solcher Überzeugungen ist anzunehmen, daß sie habitualisiert-perzeptive Emotionsauslösung wieder "aufbrechen" und damit rekognitivieren können (s.o. 3.2.1).

ZWD-Modell und Persönlichkeitsbedingungen von Emotionen

Damit sind wir bei den Implikationen des ZWD-Modells zu den Persönlichkeitsbedingungen von Emotionen. Anzunehmen ist, daß emotionsproduzierende Kognitionen zwar aus unterschiedlichen Quellen stammen können, deklarative kognitive Strukturen aber wohl in jedem Fall über ihre Inhalte mitbestimmen. In diesem Sinne ist zu vermuten, daß aktuellen Erinnerungen, Kausalattributionen, Erwartungen und Valenzen überdauernde Erinnerungs-, Attributions-, Erwartungs- und Valenzüberzeugungen zugrundeliegen. Aus dem ZWD-Modell ist also abzuleiten, daß spezifischen Emotionen auf der Persönlichkeitsseite bestimmte *deklarative Überzeugungen* zugrundeliegen. Den jeweiligen aktuellen Kognitionen entsprechend sind dies insbesondere die folgenden Überzeugungstypen:

(a) Wesentlich für Vergangenheitsemotionen sind vor allem Überzeugungen zur Faktizität vergangener Ereignisse (Erinnerungsüberzeugungen), zum kausalen Zustandekommen von solchen Ereignissen bzw. Ereignissen im allgemeinen (Attributionsüberzeugungen) und zu ihrer subjektiven Bedeutsamkeit (Valenzüberzeugungen). Damit ist im Sinne des ZWD-Modells anzunehmen, daß individuelle, rückwärtsgerichtete depressive Emotionen auf Überzeugungen zu Inhalt, Häufigkeit und Bedeutsamkeit negativer vergangener Ereignisse beruhen; individuelle Schamgefühle zusätzlich auf Überzeugungen zur Selbstverursachung negativer Ereignisse etc. (s.o. 3.3).

(b) Zukunftsbezogene Emotionen dürften auf Überzeugungen zur Erwartbarkeit zukünftiger Ereignisse und zu den jeweils ereignisproduzierenden Kausalmechanismen basieren (also auf Erwartungs- und Kontrollüberzeugungen), daneben aber ebenfalls auf Valenzüberzeugungen. In diesem Sinne ist beispielsweise für individuelle Angst aktueller oder habitueller Art anzunehmen, daß sie zurückgeht auf (a) negative Situations-Folgen-Überzeugungen, (b) negative Handlungskontroll-Überzeugungen, (c) negative Handlungs-Folgen- und Folgen-Folgen-Überzeugungen und (d) Überzeugungen zur hohen subjektiven Bedeutsamkeit der jeweiligen Ereignisse (zu einer exemplarischen Konkretisierung Kap. 7.2).

Empirisch konnten die genannten angstbezogenen Annahmen auf zunächst korrelative Weise für die Bereiche habitueller Prüfungsangst und habitueller sozialer Angst in einer Reihe von Analysen bestätigt werden (vgl. Pekrun, 1983a, 1984a, 1985d, 1987b, d). Die zugrundeliegenden Daten stammen aus zwei Querschnittuntersuchungen zur Schülerpersönlichkeit (Pekrun, 1981, 1983a, 1984a) und zur sozialen Angst (Pekrun, 1985d), und aus einer Längsschnittuntersuchung zur allgemeinen und schulbezogenen Persönlichkeitsentwicklung im Jugendalter (Münchener Längsschnitt zur Persönlichkeitsentwicklung von Schülern; Pekrun, 1985a, 1986, 1987a, b, d).

Grundsätzlich lassen sich damit allen Annahmen des ZWD-Modells zu aktuellen, emotionsproduzierenden Kognitionen inhaltsgleiche Annahmen zu den jeweils zugrundeliegenden Gedächtnistrukturen an die Seite stellen. Dies soll hier nicht für jede Einzelemotion durchgespielt werden. Anzunehmen ist dabei allerdings, daß der Emotionseinfluß solcher Strukturen von verschiedenen Randbedingungen abhängt. Insbesondere ist zu vermuten, daß gespeicherte Überzeugungen umso stärker auf aktuelle Kognitionen und resultierende Emotionen durchschlagen, (a) je weniger eindeutig die Situation ist; (b) je stärker die betreffenden Überzeugungen sind, je höher also ihre Zugänglichkeit und Aktivierbarkeit ist (s.o. 2.4); und (c) je konsistenter und eindeutiger diese Überzeugungen sind. Emotionen dürften in diesem Sinne dann stark überzeugungsabhängig sein, wenn die aktuelle Situation als solche unklar ist, zugeordnete Überzeugungen aber schnell verfügbar, stark und konsistent sind.

Dabei gilt für Zeit- und Kausalparameter, daß situativ mehr oder minder eindeutige Informationen vorhanden sein können. Valenzparameter hingegen sind vermutlich in jedem Fall eher subjektiver Art. Mithin gilt, daß Valenzüberzeugungen im Unterschied zu Erwartungs- und Attributionsüberzeugungen in jedem Fall für kognitionsgesteuerte Emotionsgenese entscheidend sein dürften.

ZWD-Modell und emotionsbezogene Person-Situation-Interaktion

Den typischen Ablauf kognitionsgesteuerter Emotionsgenese hat man sich wohl so vorzustellen, daß zunächst eine bestimmte, externe oder interne Situation vorhanden ist und wahrgenommen wird. Bereits für solche Wahrnehmungen sind dabei interne psychische Größen, nämlich Wahrnehmungsschemata und die vorgängige psychische Lage entscheidend. Situationswahrnehmungen aktivieren jeweils zugeordnete, überdauernde Überzeugungen; Situationswahrnehmungen einerseits und Überzeugungsinhalte andererseits bestimmen gemeinsam über die Inhalte aktueller Erinnerungen, Kaulsalattributionen, Erwartungen und Valenzeinschätzungen. Diese aktuellen Kognitionen wiederum lösen dem ZWD-Modell entsprechend die jeweiligen aktuellen Emotionen aus (s.u. Abb. 4.1).

Im habitualisierten Fall oder bei angeboren-perzeptiver Emotionsauslösung ist diese Bedingungskette abgekürzt (Emotionsauslösung durch wahrnehmungsabhängige Aktivierung prozeduraler Emotionsschemata). Im übrigen können neurochemische und andere Prozesse einschließlich zugrundeliegender somatischer und sonstiger Persönlichkeitsbedingungen modulierend eingreifen (s.o. 4.2.2).

Diese Konzeption beinhaltet mithin, daß der Emotionsentstehung Interaktionen von Situation und Persönlichkeit zugrundeliegen: Vor allem Situationsinformationen einerseits und Überzeugungsinhalte andererseits bestimmen darüber, welche Emotion in einer gegebenen, fremdgesetzten, selbstgewählten oder selbstproduzierten Situation entsteht. In diesem Sinne hängt es z.B. bei identischer Situationsinformation von den jeweiligen positiven oder negativen Erwartungsüberzeugungen einer Person ab, ob sie Vorfreude auf einen Erfolg oder Angst vor einem Mißerfolg erlebt. Umgekehrt entscheiden Situationsinformationen darüber, ob – bei konstanten subjektiven Überzeugungen – situativ z.B. rückwärts- oder vorwärtsgerichtete Kognitionen und somit vergangenheits- oder zukunftsbezogene Emotionen erlebt werden.

In den letzten 15 Jahren habe eine Reihe von Autoren Ansätze zu emotionsbezogenen Umwelt-Person-Interaktionen entwickelt. Zu nennen sind insbesondere die Analysen von Endler (vgl. Endler, 1975) und Spielberger (z.B. 1972) zur Genese von Angst. Empirisch ist diesen Ansätzen nur mäßiger Erfolg beschieden (z.B. Mothersill, Dobson & Neufeld, 1986). Dies ist nicht verwunderlich: Es handelt sich um dispositionale Konzeptionen, die habituelle Ängste ("trait-Angst") als Indikatoren für emotionsdeterminierende, mit Situationen interagierende Persönlichkeitsdispositionen auffassen, ohne spezifizieren zu können, worin diese Dispositionen inhaltlich bestehen könnten (s.o. 4.1). Ansätze dieser Art arbeiten also mit rein abstrakten Dispositionen des im ersten Kapitel (1.3) kritisierten Typus.

In diesem Punkt unterscheidet sich das aus dem ZWD-Modell abzuleitende *interaktionale Emotionsmodell* grundlegend von dispositionalen Modellen: Nicht abstrakte Dispositionen, sondern spezifizierbare, konkret und überdauernd vorhandene Gedächtnisinhalte konstituieren die Persönlichkeitsseite emotionsbezogener Interaktionen von Situation und Person (zusammen mit den in Abschnitt 4.2.2 diskutierten somatischen Emotionsbedingungen). "Dispositionen" zu Emotionen sind damit inhaltlich spezifiziert. Eine solche Sichtweise eröffnet gleichzeitig Möglichkeiten zu kognitionstheoretisch fundierten Vorhersagen, in welcher Weise situative Informationen einerseits und situationsabhängige Aktivationen von Gedächtnisinhalten andererseits der Emotionsbildung zugrundeliegen.

Dem ZWD-Modell entsprechend sind also spezifische kognitive Strukturen von Personen als entscheidende Persönlichkeitsbedingungen ihrer individuellen Emotionen anzusehen. Hieraus folgt, daß individuelle Entwicklungen von Emotionen über die Lebensspanne hinweg großteils von der Entwicklung solcher Strukturen abhängen. Auf diese ontogenetische Folgerung aus dem ZWD-Modell ist im folgenden einzugehen.

4.3 Ontogenese von Emotionen

Emotionen und ihre Bedingungen entwickeln sich über die Lebensspanne hinweg. Von "Entwicklung" ist dabei sinnvollerweise nicht für die einzelne, zu einem bestimmten Zeitpunkt vorhandene Emotion und die einzelne, kurzfristig vorhandene Bedingungskonstellation zu sprechen, sondern für die jeweils in einem Lebensabschnitt typischerweise vorfindlichen Emotionen und überdauernden Emotionsbedingungen. Da habituelle Emotionen und überdauernde Emotionsbedingungen interindividuell variieren (s.o. 4.1), handelt es sich mithin bei der Ontogenese von Emotionen gleichzeitig um einen Bereich der Persönlichkeitsentwicklung (ebenso wie bei der Ontogenese anderer Phänomene; s.o. 2.4). Natürlich kann es heuristisch nützlich sein, vom individuellen Charakter emotionsbezogener Entwicklung zu abstrahieren, um nach Universalien der Emotionsentwicklung zu suchen. Des persönlichkeitsspezifischen Charakters der Verlaufsformen und der Produkte solcher Entwicklung sollte man sich aber auch hier bewußt sein.

Die Entwicklung von Emotionen ist von der Entwicklungspsychologie gegenüber der Entwicklung in anderen Bereichen vernachlässigt worden (z.B. gegenüber der Entwicklung von Sprache, Kognition oder Interaktion). Häufig wurde dabei eher die Entwicklung des Verstehens von Emotionen, also von *Kognitionen* über Emotionen, und die Entwicklung von Emotionsausdruck und emotionsbezogener Kommunikation als die Entwicklung von Emotionen selber untersucht (vgl. Harter, 1986; Zivin, 1986). Hinzu kommt, daß sich die Entwicklungspsychologie bisher fast ausschließlich auf die Emotionsentwicklung in den ersten drei, vier Lebensjahren konzentriert hat (vgl. Sroufe, 1984; Trevarthen, 1984; Lewis & Michalson, 1983; Lewis & Saarni, 1985). Befunde zu anderen Lebensabschnitten stammen vor allem aus der Pädagogischen Psychologie und der Klinischen Psychologie. Insgesamt ist zur Emotionsentwicklung in den ersten Lebensjahren einiges, zur Entwicklung danach aber nur in Teilbereichen und bei speziellen Personengruppen etwas bekannt.

Vor allem Sachverhalte aus zwei Kategorien "entwickeln" sich im Verlauf emotionsbezogener Ontogenese: die jeweiligen (habituellen) Emotionen und die Bedingungen dieser Emotionen. Beschreibende Entwicklungspsychologie hat den Entwicklungsverlauf von Emotionen zu analysieren. Erklärungen aber sind in der Entwicklung der einzelnen Bedingungsfaktoren zu suchen: Die Entwicklung von Emotionen ist abhängig von der Entwicklung überdauernder Strukturen, die

Emotionen zugrundeliegen. Dabei handelt es sich zum einen um körperliche und zum anderen um kognitive Strukturen (s.o. 4.2.2). Im Bereich körperlich begründeter Emotionsentwicklung sind wohl vor allem zentralnervöse Reifungsvorgänge entscheidend, im Bereich kognitiv begründeter Entwicklung hingegen vor allem der Lernerwerb kognitiver Strukturen (vgl. Kap. 2.4).

Im folgenden wird zunächst kurz auf reifungsabhängige Emotionsentwicklung eingegangen (4.3.1), anschließend ausführlicher auf lernabhängige Entwicklung. Zur lernabhängigen Emotionsentwicklung lassen sich aus dem ZWD-Modell (3.3) und seinen persönlichkeitspsychologischen Erweiterungen (4.2.3) eine Reihe von Folgerungen ableiten: Dem ZWD-Modell zufolge basieren Emotionen großteils auf bestimmten deklarativen Gedächtnisinhalten, und zwar insbesondere auf Erinnerungs-, Attributions-, Erwartungs- und Valenzüberzeugungen. Hieraus folgt, daß die Emotionsentwicklung über die Lebensspanne hinweg wesentlich von der Entwicklung solcher Überzeugungen abhängt. Dies ist hier getrennt für die genannten Überzeugungskategorien zu diskutieren (4.3.2 bis 4.3.3). Abschließend wird auf den Erwerb von prozeduralen Emotionsschemata eingegangen, die neben kognitionsgesteuerter auch der perzeptiven Emotionsbildung direkt zugrundeliegen (4.3.5). Eine über diese Analysen hinausgehende, exemplarische Betrachtung der Rolle spezifischer Entwicklungsumwelten für die Emotionsentwicklung schließlich findet sich in Kap. 7.2 (als Beispiel wird dort die relativ gut erforschte Entwicklung von Prüfungsängsten herangezogen).

4.3.1 Reifung, Kognition und Emotionsentwicklung: Eine kritische Bemerkung

Emotionen werden von bestimmten internen und externen Faktoren ausgelöst und gesteuert. Frequenz, Verlaufsparameter und Inhalte von Emotionen in einem bestimmten Lebensabschnitt sind deshalb abhängig davon, in welchem Ausmaß die jeweiligen Bedingungsfaktoren vorhanden und wirksam sind. Hypothesen zum Entwicklungsverlauf von Emotionen lassen sich mithin dann formulieren, wenn über den Entwicklungsverlauf der zugrundeliegenden Bedingungen etwas bekannt ist oder sinnvoll angenommen werden kann.

Dabei ist prinzipiell davon auszugehen, daß (1) verschiedene Auslösemechanismen unterschiedliche Entwicklungsverläufe nehmen können; und dementsprechend (2) verschiedene Emotionskomponenten, denen unterschiedliche Auslösemechanismen zugrundeliegen, ebenfalls unterschiedliche Entwicklungsverläufe zeigen können. Denkbar ist also, daß unterschiedliche angeborene Auslösemechanismen zu unterschiedlichen Zeitpunkten reifen und mithin zu unterschiedlichen Zeitpunkten zur Emotionsentstehung beitragen. Hieraus folgt, daß angeborene perzeptive oder neurochemische Auslösung einer Emotion bereits zu einem Zeitpunkt erfolgen könnte, zu dem kognitive Auslösung aufgrund mangelnder kortikaler Reifung noch nicht möglich ist. In einem solchen Fall dürften die resultierenden emotionalen Gefühle zu dem betreffenden Zeitpunkt noch nicht mit elaborierten kognitiven Emotionskomponenten einhergehen (vgl. auch Wolf, 1985; Izard & Haynes, 1986; Izard, Hembree & Huebner, 1987).

Ähnliches gilt grundsätzlich auch für Emotionsauslösung einerseits und die Entstehung von emotionskorrelierten Prozessen andererseits. So ist z.B. denkbar, daß emotionskorreliertes Ausdrucksverhalten bzw. die zugrundeliegenden kognitiven Prozedurschemata und neuromuskulär-somatischen Strukturen erst zu Zeitpunkten reifen, zu denen das zugeordnete Emotionserleben bereits vorhanden ist.

Problematisch ist damit die zentrale Vorannahme, mit der empirische Beobachtungen zur frühen Emotionsentwicklung üblicherweise interpretiert werden (vgl. Trevarthen, 1984; Zivin, 1986): Aus dem Auftreten von Ausdrucksverhalten, das für eine bestimmte Emotion typisch ist, lasse sich gleichzeitig schließen, daß genau zu diesem Zeitpunkt auch die jeweilige Emotion auftritt (und nicht früher oder später). In Frage steht damit auch eine zentrale Schlußfolgerung, die von vielen Autoren aus der Sequenzierung des Auftretens von Emotionsindikatoren in der frühen Kindheit gezogen wird: daß nämlich diese Abfolge zeige, daß kognitive Entwicklungen eine *notwendige* Voraussetzung für die Entwicklung der jeweiligen Emotion seien.

Die erstgenannte Annahme nun ist zwar plausibel (Korrelation von Ausdruck und Emotion). Solange ihr keine empirische Evidenz entgegensteht, läßt sie sich vielleicht akzeptieren. Zudem gäbe es ohne eine solche Annahme kaum eine Möglichkeit, überhaupt zu Aussagen über die frühe Emotionsentwicklung – vor der Möglichkeit verbaler Emotionsberichte – zu gelangen (solange eine direkte, hirnphysiologische Erfassung unterschiedlicher Emotionen nicht möglich ist). Andere Indikatoren – also insbesondere Maße peripherer physiologischer Aktivierung – scheiden angesichts ihrer bekanntermaßen geringen Emotionsspezifität und geringen Korrelation mit emotionalem Erleben aus (Reisenzein, 1983).

Dennoch ist natürlich denkbar, daß eine Reihe von primären Emotionen bereits dann auftreten, wenn entsprechend differenziertes Ausdrucksverhalten noch nicht vorhanden ist (mutmaßlich aufgrund noch unzulänglicher Reifung expressiver Möglichkeiten). Dies gilt insbesondere für diejenigen Emotionen, für die anzunehmen ist, daß angeborene perzeptive Auslöseschemata vorhanden sind, welche die Auslösung entsprechender Emotionen auf schemaentsprechende Wahrnehmungsinformation hin bereits zu sehr frühen Zeitpunkten erlauben (u.U. bereits vor der Geburt). Denkbar ist dies nicht nur für Freude und Traurigkeit (unterschiedlicher Gesichtsausdruck für Freude und "distress" zeigt sich bereits bei Neugeborenen), sondern auch für Angst, Ärger, Interesse und Ekel (für die sich ein spezifisches Ausdrucksverhalten erst später herausschält; vgl. Trevarthen, 1984).

Die zweite genannte Annahme hingegen ist weniger plausibel (kognitive Entwicklung als *notwendige* Determinante emotionaler Entwicklung). Es ist kaum anzunehmen, daß die Auslösung von Emotionen in jedem Fall von Kognitionen vermittelt wird (s.o. 3.2.1). Hieraus folgt, daß ebensowenig anzunehmen ist, daß die Emotionsentwicklung notwendig kognitive Entwicklung voraussetzt. Für alle oder die meisten primären Emotionen (wie Freude, Traurigkeit, Angst, Ärger, Ekel) ist anzunehmen, daß angeborene perzeptive Auslösemechanismen vorhanden sind, welche die Auslösung solcher Emotionen auch dann erlauben, wenn die jeweiligen kognitiven Auslösemechanismen noch nicht entwickelt sind. Wenn dann zusätzlich zu angeboren-perzeptiven Auslösemechanismen hinreichende Lernfähigkeiten vorhanden sind, ist darüber hinaus auch die Entwicklung gelernter perzeptiver Auslöseprozeduren möglich, bevor analoge Möglichkeiten zu kognitionsgesteuerter Induktion vorhanden sind. Dies dürfte noch innerhalb der ersten Monate nach der Geburt der Fall sein.

Auf diesem relativierenden Hintergrund sind die nun folgenden, kognitiv orientierten Entwicklungsanalysen zu interpretieren: Es ist zwar zu vermuten (und läßt sich aus kognitiven Emotionstheorien wie dem ZWD-Modell ableiten), daß die Emotionsentwicklung großteils vom Aufbau kognitiver Strukturen vermittelt wird. Für die frühe Entwicklung aber dürfte dies nur in eingeschränktem Maße gelten, und auch später können andere Möglichkeiten eine Rolle spielen. Dies gilt beispielsweise für genetisch gesteuerte Entwicklungen (insbesondere im Zuge von sexueller Reifung und von Involutionsprozessen in späteren Jahren). Hinzu kommen auch nach den ersten Lebensjahren Entwicklungsmechanismen, die auf physiologischen Prozessen basieren, welche nicht reifungsabhängig sind (so z.B. bei der Entwicklung von Drogenabhängigkeit oder psychosomatischen Symptomen, die beide auch Emotionsentwicklung implizieren; vgl. Solomon, 1980).

4.3.2 Lernabhängige Emotionsentwicklung: I. Erinnerungen und Kausalattributionen

Vorüberlegungen

Da nach der frühen Kindheit die gelernte perzeptive und kognitive Emotionsauslösung gegenüber der angeborenen und neurochemischen Auslösung im Regelfall dominieren dürfte (Kap. 3.2), sind für diese späteren Lebensabschnitte wohl primär diejenigen emotionsbezogenen Entwicklungen wichtig, die auf Erwerb und Modifikation deklarativer und prozeduraler Schemata basieren. Mit anderen Worten: Zentral für die spätere Emotionsentwicklung sind *Lernprozesse*.

Das Lernen von emotionsbezogenen deklarativen Strukturen ist dabei als Spezialfall informationsabhängigen, deklarativen Lernens anzusehen, und das Lernen prozeduraler Emotionsschemata als Spezialfall prozedurabhängigen Lernens (s.o. 2.4). Für deklaratives Lernen und seine Wirkung auf habituelle Emotionen ist allgemein folgender Kausalprozeß anzunehmen (vgl. Abb. 4.1):

(a) Im perzeptiv-kognitiven Apparat liegt Information in Gestalt von Wahrnehmungen oder Kognitionen vor. Diese Information kann aus der externen Situation stammen (in Form exterozeptiver Wahrnehmung), von internen somatischen Quellen geliefert werden (in Form interozeptiver Wahrnehmung) oder innerhalb des zentralen Nervensystems produziert werden (z.B. in Form von Denkprozessen; s.o. 2.4). Dabei können auch Informationen aus verschiedenen Quellen gleichzeitig eine Rolle spielen. (b) Diese Informationen nehmen Einfluß auf vorhandene überdauernde Strukturen bzw. führen zum Erwerb neuer Strukturen. (c) Spätere

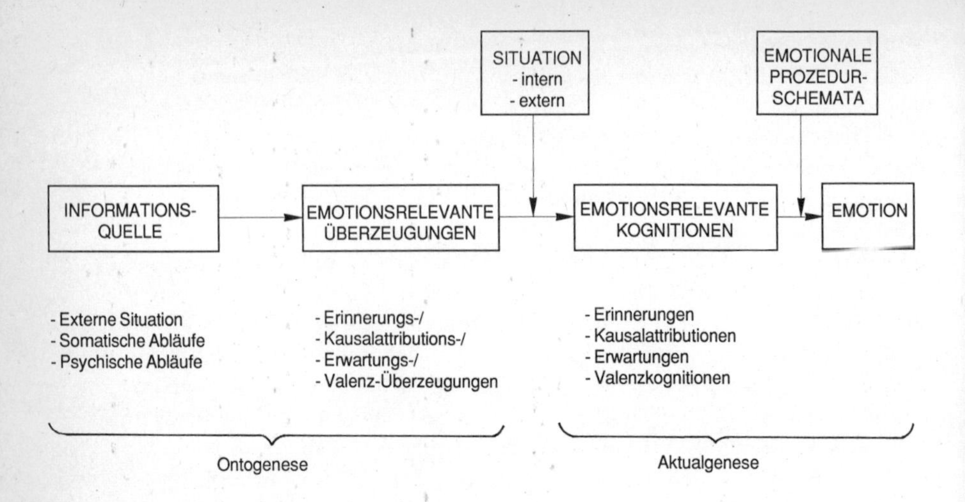

Abb. 4.1 Informationsabhängige Emotionsentwicklung

Aktivierungen dieser Strukturen auf der Basis externer oder interner Informationen (in Gestalt von Wahrnehmungen oder Kognitionen) führen zur Aktivierung zugeordneter Prozedurschemata; das Resultat sind ausgelöste Emotionen. Beispiel: Informationen aus der familiären und schulischen Umwelt führen zum Erwerb differenzierter Erwartungs- und Valenzüberzeugungen zu schulischem Erfolg und Mißerfolg; Aktivierungen dieser Überzeugungen vor einer nahenden schulischen Prüfungssituation führen zu Erwartungs- und Valenzkognitionen; das Zusammenspiel dieser Kognitionen führt zur Aktivierung eines angstauslösenden Mechanismus (Prozedurschema); das Resultat ist Angst vor der Prüfung (vgl. Pekrun, 1985a).

Dabei gelten für den Erwerb von kognitiven Strukturen einerseits und ihre Modifikation andererseits sowie für Lernvorgänge auf der Basis unterschiedlicher Informationsquellen zum Teil unterschiedliche Gesetzmäßigkeiten. Zu differenzieren ist damit auch hier zwischen unterschiedlichen Typen informationsabhängigen Lernens (Beobachtungslernen, symbolisches Wahrnehmungslernen, kognitionsabhängiges Lernen; Kap. 2.4). Dies ist hier zunächst für emotionsrelevante Erinnerungs- und Attributionsüberzeugungen und in den nächsten Abschnitten auch für Erwartungs- und Valenzüberzeugungen zu diskutieren.

(1) Erinnerungsüberzeugungen

Als "Erinnerungsüberzeugungen" wurden in Kap. 2.2 Überzeugungen definiert, die Ereignisse und rückwärtsgerichtete Zeitrelationen für diese Ereignisse repräsentieren. Zu unterscheiden sind dabei singuläre und generalisierte (schematische) Überzeugungen dieser Art.

(1.1) Singulär-episodische Erinnerungsüberzeugungen beziehen sich in der Regel auf einzelne vergangene Ereignisse. Sie können vor allem anhand direkter oder symbolischer Wahrnehmungsinformation erworben werden:

Beobachtungslernen. Ein Beobachtungslernen von Erwartungsüberzeugungen sieht so aus, daß (a) ein Ereignis bzw. eine Sequenz von Ereignissen direkt miterlebt wird, und (b) entsprechende Wahrnehmungsinformationen sowie zugeordnete, kognitiv erzeugte Zusatzinformationen (Ereignisinterpretationen) gespeichert werden. Dies setzt voraus, daß Ereignis und Speicherung direkt aufeinanderfolgen. Da in diesem Fall die jeweiligen Wahrnehmungen einmalig sind, ist die Valenz des betreffenden Ereignisses hier als Determinante der Verarbeitungstiefe und damit der Stärke der resultierenden Repräsentation besonders wichtig (in anderen Fällen kann fehlende Valenz durch häufige Wiederholung zumindest partiell kompensiert werden; s.o. 2.4).

Symbolisches Wahrnehmungslernen. Bei symbolischem Lernen von Erinnerungsüberzeugungen werden Ereignis bzw. Ereignissequenz nicht direkt miterlebt, sondern es werden symbolische Informationen über sie aufgenommen. Dies ist z.B. dann der Fall, wenn man von anderen Personen erfährt, daß ein naher Angehöriger gestorben ist. Im Unterschied zum Beobachtungslernen kann solches Lernen zu prinzipiell beliebigen Zeitpunkten nach dem Ereignis stattfinden und in prinzipiell beliebiger Weise wiederholt werden (bei wiederholtem Vorliegen der jeweiligen symbolischen Informationen).

Der dritte Typus deklarativen Lernens hingegen – *kognitionsabhängiges Lernen* (Lernen über intern-kognitiv produzierte Informationen; s.o. 2.4) – dürfte hier nicht so wesentlich sein. Solches Lernen könnte hier z.B. darin bestehen, daß aus dem Wissen über eine Reihe vergangener Ereignisse gefolgert wird, daß ein weiteres emotionsrelevantes Ereignis, zu dem direkt nichts bekannt ist, ebenfalls stattgefunden haben muß, und diese Schlußfolgerung anschließend gespeichert wird.

(1.2) Schematische Erinnerungsüberzeugungen beziehen sich auf Klassen von Ereignissen und rückwärtsgerichtete Relationen für diese Ereignisse (z.B. "Damals immer A"; "Wenn B, dann vorher immer A"). Ein Beobachtungslernen solcher Überzeugungen setzt wiederholte Wahrnehmungen des jeweiligen Ereignisablaufs voraus. Unter Abstraktion von möglichen Eigenheiten der einzelnen Ereignisabläufe werden Speicherungen dieser Wahrnehmungen dann sukzessive zu einem generalisierten, abstrahierenden Schema ausgebaut. Auf der Basis symbolischer oder intern-kognitiv produzierter Information hingegen lassen sich solche Schemata mit einem Schlag erwerben. So kann man z.B. aus Büchern erfahren, in welcher Weise sich Europäer in den letzten Jahrhunderten gegenüber Minderheiten verhalten haben, und diese Information in Form eines Schemas speichern, das bei Aktivierung Emotionen produziert.

(1.3) Erinnerungsüberzeugungen zu mehrstelligen Relationen. Etwas problematisch ist die Frage, wie singuläre oder schematische Erinnerungsüberzeugungen erworben werden, die nicht nur ein Ereignis, sondern zwei (oder mehr) Ereignisse bzw. Ereignisklassen einbeziehen und *rückwärtsgerichtete Relationen* zwischen diesen Ereignissen repräsentieren. Direkt beobachten lassen sich schließlich nur

*vorwärts*gerichtete zeitliche Relationen: Die Zeit läuft vorwärts und nicht rückwärts, und damit ist auch die Abfolge von Wahrnehmungen vorwärts- und nicht rückwärtsgerichtet (Kognitionen hingegen können sehr wohl die Zeitdimension entlang rückwärts wandern). Die folgenden Möglichkeiten sind zu unterscheiden:

Beobachtungslernen. Lernen rückwärtsgerichteter Zeitrelationen auf direkter Beobachtungsbasis scheidet aus. Allerdings ist denkbar, daß eine Ereignissequenz zunächst in vorwärtsgerichteter Form direkt beobachtet wird, aber anschließend kognitiv transformiert und in rückwärtsgerichteter Form gespeichert wird (Kombination von Beobachtungslernen und kognitionsabhängigem Lernen). Beispiel: Ein Autofahrer nimmt wahr, daß sich auf der Straße Glatteis befindet; anschließend kommt der Wagen ins Schleudern und landet an einem Baum. Nach dem Unfall wird das Glatteis als Ursache kogniziert, und in dieser rückwärtsgerichteten Form ("es passierte, weil vorher ...") wird die Episode gespeichert und löst auch später (nach Aktivierung als Erinnerungskognition) Ärger über den ungestreuten Zustand der Straße aus.

Symbolisches Wahrnehmungslernen. Auf der Basis symbolischer Information hingegen ist der Erwerb von Erinnerungsüberzeugungen mit rückwärtsgerichteten Relationen problemlos möglich. So kann einem von anderen Personen nahegelegt werden, daß einem bestimmten Einzelereignis oder Ereignissen einer bestimmten Klasse bestimmte andere Ereignisse vorausgelaufen sind (so z.B., wenn ein Lehrer einen Mißerfolg eines Schülers darauf zurückführt, daß dieser Schüler nicht nur faul, sondern auch unfähig sei, und der Schüler diese rückwärtsgerichtete Einschätzung übernimmt und im Gedächtnis speichert).

Kognitionsabhängiges Lernen. Schließlich aber ist das Lernen solcher Überzeugungen auch auf der Basis intern-kognitiv produzierter Informationen möglich. Dies geschieht insbesondere dann, wenn eine partielle Beobachtungsbasis bereits vorhanden ist und auf dieser Basis kognitive Schlußfolgerungen und Erweiterungen vorgenommen werden. Typischerweise dürfte dies so aussehen, daß ein bestimmtes Ereignis stattgefunden hat, anschließend aus anderen Beobachtungen oder allgemeinem Ereigniswissen gefolgert wird, daß ein bestimmtes anderes Ereignis vorausgelaufen sein muß, und beide Ereignisse einschließlich ihrer rückwärtsgerichteten Relation dann in gespeicherter Form repräsentiert werden.

(2) Kausalattributions-Überzeugungen

Bei Kausalattributions-Überzeugungen (kurz: Attributionsüberzeugungen) handelt es sich um Erinnerungsüberzeugungen, die rückwärtsgerichtete Kausalrelationen repräsentieren. Da Kausalrelationen immer mindestens zweistellig sind, beziehen sich solche Überzeugungen immer auf zwei Ereignisse bzw. Klassen von Ereignissen (Ursache und Wirkung). Wie Erinnerungsüberzeugungen allgemein können auch solche Überzeugungen singulär-episodischer oder schematischer Art sein ("Der Unfall geschah, weil man die Straße nicht gestreut hatte"; "Immer wenn ich einen Mißerfolg produziere, habe ich mich vorher nicht genügend angestrengt"). Für die Genese vergangenheitsbezogener Emotionen sind solche Überzeugungen und zugeordnete Kognitionen entscheidend (s.o. 3.3, 4.2.3).

In ähnlicher Weise wie generell für zwei- und mehrstellige Erinnerungsüberzeugungen (s.o.) ist für das Lernen von Kausalattributionsüberzeugungen folgendes anzunehmen:

Beobachtungslernen. Direkter Erwerb auf Beobachtungsbasis ist nicht möglich (da Wahrnehmungen vorwärtsgerichtet verlaufen). Wohl aber kann eine Ereignissequenz zunächst in vorwärtsgerichteter Form beobachtet werden und dann in der Weise kausal interpretiert werden, daß die späteren Ereignisse kausal auf die vorauslaufenden Ereignisse zurückgeführt werden, wobei die zeitlich späteren Ereignisse als Wirkungen und die zeitlich früheren Ereignisse als Ursachen kodiert werden. Die Informationsmuster, auf deren Basis solche Kausalattribuierungen typischerweise vorgenommen werden können, wurden in den letzten zwanzig Jahren von sozialpsychologischer Attributionsforschung intensiv analysiert (Kelley, 1967; Kelley & Michela, 1980; Einhorn & Hogarth, 1986; Hilton & Slugoski, 1986). Anschließend können die betreffenden Attributionen als rückwärtsgerichtete Kausalüberzeugungen gespeichert werden. Auf der Basis einer einzelnen Konstellation von Ereignissen ergibt sich dabei zunächst eine episodische Überzeugung; sie kann bei Wiederholungen zu einer schematischen Überzeugung generalisiert werden.

Symbolisches Wahrnehmungslernen. Auf der Basis symbolischer Information ist der Erwerb emotionsrelevanter, rückwärtsgerichteter Kausalüberzeugungen sowohl singulär episodischer als auch schematischer Art problemlos möglich. Kausalattributionen oder andere Inferenzprozeduren sind dabei nicht erforderlich.

Kognitionsabhängiges Lernen. Schließlich können solche Überzeugungen auch auf der Basis intern produzierter Information erworben werden. Voraussetzung ist im Regelfall, daß bereits Ereignisinformationen auf Beobachtungs- oder symbolischer Basis erworben wurden, die nun in Gestalt mehr oder weniger elaborierter, kausalattributiver Denkprozesse miteinander verknüpft werden. Die Grenzen zwischen wahrnehmungs- und kognitionsabhängigem Lernen sind in solchen Fällen fließend.

Im Extremfall kann kognitionsabhängiges Lernen hier aber auch so aussehen, daß nicht nur die jeweiligen kausalen Schlußfolgerungen, sondern auch die betreffenden Ereignisinformationen intern produziert werden. (Dies wäre z.B. der Fall, wenn ein Paranoiker die angstproduzierende Überzeugung erwirbt, daß vermeintliche, realiter nicht vorhandene Veränderungen seiner Körperorgane darauf zurückzuführen seien, daß seine vermeintlichen Verfolger ihn mit pathogener Bestrahlung bombardieren).

4.3.3 Lernabhängige Emotionsentwicklung: II. Erwartungsüberzeugungen

Für Aktual- und Ontogenese vergangenheitsbezogener Emotionen sind Erinnerungen und Kausalattributionen entscheidend, für zukunftsbezogene Emotionen wie Angst und Hoffnung hingegen Erwartungen und ihnen zugrundeliegende Erwartungsüberzeugungen. Wesentlich ist dabei auch hier der spezielle Fall *kausaler* Erwartungsüberzeugungen (soweit dabei eigene Absichten und Handlungen als Ursachen fungieren, können sie auch als *Kontrollüberzeugungen* angesehen werden; s.o. 2.2.1). Die Entwicklung zukunftsgerichteter Emotionen dürfte wesentlich vom Erwerb solcher Überzeugungen abhängen (ausführlicher hierzu Pekrun, 1983a, Kap. 5).

(1) Nicht-kausale Erwartungsüberzeugungen

Beobachtungslernen. Singuläre wie schematische Erwartungsüberzeugungen lassen sich auf der Basis direkter Wahrnehmungsinformation erwerben. Im Unterschied zum Beobachtungslernen von Erinnerungsüberzeugungen ist hier allerdings auch beim Lernen von singulär-episodischen Überzeugungen eine Generalisierungsleistung erforderlich: Der beobachtende Erwerb einer episodischen Erinnerung besteht darin, daß Gegenwärtiges beobachtet und in Vergangenes transformiert wird (und dementsprechend auch als Vergangenes gespeichert wird). Eine Vorstellung zu einem zukünftigen Ereignis aber läßt sich nicht erwerben, indem einfach Beobachtetes und damit Gegenwärtiges gespeichert wird. Notwendig ist vielmehr eine Schlußfolgerung von Gegenwärtigem auf Zukünftiges. Beispiel: Eine Person beobachtet, daß ihre Großeltern und Eltern relativ früh sterben. Diese Beobachtung generalisiert sie in der Weise zu einer emotionsrelevanten Erwartungsüberzeugung, daß sie auch für den eigenen Tod annimmt, daß er relativ früh erfolgen wird, und diese Annahme speichert.

In ähnlicher Weise werden schematische Erwartungsüberzeugungen beobachtend so erworben, daß einzelne Ereignisse oder Ereignissequenzen wahrgenommen werden, zunächst einzeln gespeichert und dann zu einem vorwärtsgerichteten Schema generalisiert werden.

Symbolisches Wahrnehmungslernen. Auch emotionsbezogene Erwartungsüberzeugungen lassen sich auf der Basis symbolischer Information besonders ökonomisch, also ohne kompliziertere Beobachtungs- und Inferenzprozeduren erwerben. So kann man die zu erwartende Tatsache des eigenen Todes schlicht dem Lehrsatz im Biologiebuch entnehmen, daß alle Lebewesen sterblich sind.

Kognitionsabhängiges Lernen. Schließlich ist auch hier die Möglichkeit zu bedenken, daß Erwartungsüberzeugungen intern produziert werden. So lassen sich z.B. aus eigenem Wissen zu den Folgen eines Krieges Erwartungen generieren, welche Konsequenzen sich für die eigene Person und die eigene Familie ergeben würden; diese Erwartungen können dann bei Aktivierung Zukunftsängste oder antizipatorische Traurigkeit produzieren.

(2) Kausale Erwartungsüberzeugungen

Als Spezialfall von Erwartungsüberzeugungen repräsentieren kausale Erwartungsüberzeugungen vorwärtsgerichtete Zeitrelationen zu Ursache-Wirkungs-Verhältnissen. Da jeweils mindestens eine Ursache und eine Wirkung impliziert sind, handelt es sich ebenso wie bei rückwärtsgerichteten Kausalüberzeugungen (s.o.) um Repräsentationen von mindestens zweistelligen Relationen. Insbesondere für solche Kausalerwartungen wurde von attributionalen Emotions- und Motivationstheorien angenommen, daß Kausalattributionen der jeweiligen Wirkungen auf die jeweiligen Ursachen als notwendige Antezedenzien anzusehen sind (vgl. Heckhausen 1980; Weiner, 1980, 1982, 1985; Brown & Weiner, 1984). Diese Annahme läßt sich weder theoretisch noch empirisch halten (ausführlicher hierzu Pekrun, 1983a, Kap. 5): Kausalattributionen sind für die Genese nicht-kausaler Erwartungen gar nicht und für die Genese kausaler Erwartungen nur in speziellen Fällen erforderlich. Anzunehmen ist folgendes:

Beobachtungslernen. Für beobachtendes Lernen kausaler Erwartungsüberzeugungen sind drei Fälle zu unterscheiden: (a) Ursache und Wirkung folgen in direkter Weise raum-zeitlich aufeinander. Dies führt unmittelbar zur Kognition einer Kausalbeziehung ("phänomenale Kausalität"; Michotte, 1947). Diese Ursache-Wirkungs-Kognition kann gespeichert und als kausale Erwartungsüberzeugung auf zukünftige Ereignisse oder Ereignisse allgemein generalisiert werden. Beispiel: Ein Kind nimmt wiederholt wahr, daß es mit bestimmten motorischen Bewegungen einer Rassel Geräusche entlocken kann (dies impliziert phänomenale Kausalität). Diese Wahrnehmungen werden gespeichert, in Gestalt einer kausalen Erwartungsüberzeugung generalisiert und bei zukünftigen Gelegenheiten aktiviert; die Folge ist jeweils freudige Erwartung des Rasselgeräuschs.

(b) Ursache und Wirkung folgen nicht in direkter Weise raum-zeitlich aufeinander, sondern liegen entfernter. In diesem Fall lassen sich die jeweiligen Ereignisse dennoch dann als Ursache und Wirkung wahrnehmen und in dieser Form speichern, wenn bereits vor der Beobachtung eine Hypothese zu diesem Ursache-Wirkungs-Verhältnis vorhanden ist, das zeitlich frühere Ereignis dementsprechend bereits in der Wahrnehmung als Ursache kodiert wird und das spätere Ereignis anschließend als Wirkung. Der Ablauf kann dann in dieser Form gespeichert und auf zukünftige Ursache-Wirkungs-Relationen bzw. Ursache-Wirkungs-Relationen generell verallgemeinert werden. Auch in diesem Fall sind Kausalattributionen, also rückwärtsgerichtete Kausalkognitionen, für die Erwartungsgenese nicht erforderlich. Beispiel: Ein Schüler nimmt an, daß seine Anstrengungen Erfolg in einer wichtigen Prüfung bewirken werden. Er nimmt seine Anstrengungen wahr, kodiert sie prospektiv als mutmaßliche Erfolgsursachen, erlebt später Erfolg, speichert den Vorgang und generalisiert ihn in Gestalt einer episodischen, kausalen Erwartungsüberzeugung zu einer weiteren, in der Zukunft liegenden Prüfung.

(c) Ursache und Wirkung folgen raum-zeitlich nicht direkt aufeinander, und es existiert keine vorauslaufende Kausalhypothese. Dies ist derjenige Fall, bei dem Kausalattributionen zur Entwicklung kausaler Erwartungen erforderlich sind: In diesem Fall kann das frühere Ereignis erst dann als Ursache erkannt werden, wenn es vorüber ist und die Wirkung eingetreten ist. Der Aufbau einer entsprechenden Kausalerwartung zu nachfolgenden Episoden setzt dann voraus, daß das bewirkte Ereignis kausal auf das jeweils frühere Ereignis zurückgeführt wird. Diese Möglichkeit dürfte immer dann wichtig sein, wenn es sich um Erwartungsbildung auf der Basis neuer Situationen handelt, zu denen noch keine Kausalhypothesen vorliegen.

Symbolisches Wahrnehmungslernen. Auf der Basis symbolischer Informationen lassen sich auch Kausalerwartungen direkt lernen; Kausalattributionen oder andere Inferenzprozeduren sind nicht erforderlich.

Kognitionsabhängiges Lernen. Schließlich können emotionsbezogene Ursache Wirkungs-Erwartungen auch intern auf der Grundlage von Denkprozessen produziert werden. Kausalattributionen können, aber müssen dabei nicht vermittelnd eingreifen.

Kausalattributionen sind also nur in einem Fall von emotionsbezogenem Erwartungserwerb erforderlich: beim Beobachtungslernen von Kausalerwartungen, das weder mit phänomenalen noch mit geplanten, sondern mit nachträglichen Kausalschlüssen verknüpft ist. Eine Rolle spielen können sie aber auch bei anderen Formen des Erwartungserwerbs; insbesondere dann, wenn Ereignisse erklärungsbedürftig sind, da sie (a) bedeutsam sind und (b) vorausgehenden Erwartungen zuwiderlaufen (vgl. Wong & Weiner, 1981; Pekrun, 1983a).

4.3.4 Lernabhängige Emotionsentwicklung: III. Valenzüberzeugungen

Während Erinnerungen, Kausalattributionen und Erwartungen für jeweils spezifische Gruppen von Emotionen entscheidend sind, ist die Valenz potentieller Emotionsobjekte dem ZWD-Modell (3.3) zufolge in jedem Fall als entscheidende Emotionsdeterminante anzusehen. Emotionsrelevante Valenzüberzeugungen können sich auf intrinsische oder extrinsische Valenzen von Sachverhalten beziehen, also auf Valenzen, die dem Sachverhalt um seiner selbst willen zugeschrieben werden, oder um Valenzen, die dem Sachverhalten wegen seiner Instrumentalität für die Herbeiführung oder Vermeidung anderer Ereignisse/Objekte zukommen (Kap. 2.2). Dem Erwerb von Überzeugungen zu extrinsischen und intrinsischen Valenzen liegen z.T. unterschiedliche Entwicklungsmechanismen zugrunde. Einfacher einzuordnen ist dabei die Entwicklung extrinsischer Valenzen:

(1) Überzeugungen zu extrinsischen Valenzen

Extrinsische Valenzen sind in der Regel instrumenteller Art; Überzeugungen zu solchen Valenzen beinhalten, daß ein Sachverhalt bedeutsam ist, weil er zur Herbeiführung oder Vermeidung anderer Sachverhalte dienen kann. Bei Überzeugungen zu solchen Valenzen handelt es sich dementsprechend um spezielle Fälle von Erwartungsüberzeugungen: Sie beinhalten Erwartungen, daß die jeweiligen Sachverhalte für andere Sachverhalte instrumentell sind; mithin repräsentieren sie vorwärtsgerichtete Kausalrelationen. Der Erwerb solcher Valenzüberzeugungen dürfte sich deshalb in ähnlicher Weise vollziehen wie der Erwerb anderer kausaler Erwartungsüberzeugungen.

Beispiel: Ein Schüler beobachtet im Laufe seiner Schulzeit, daß bestimmte Schulnoten Reaktionen auf Elternseite nach sich ziehen, die ihn emotional nicht kalt lassen. Diese Beobachtungen speichert er in Form mehr oder weniger generalisierter Überzeugungen zu den extrinsischen, elternbezogenen Valenzen von schulischem Erfolg und Mißerfolg. Als Resultat dieser Überzeugungen kann bereits die Antizipation eines Erfolgs oder Mißerfolgs elternbezogene Hoffnungen oder Ängste auslösen (vgl. Pekrun, 1985a).

(2) Überzeugungen zu intrinsischen Valenzen

Etwas anders sieht der Erwerb von intrinsischen Valenzen aus, also von Valenzen, die einen Sachverhalt um seiner selbst willen als bedeutsam erscheinen lassen. Zu unterscheiden sind dabei gefühlsbezogene ("affektive") und gefühlsneutrale ("nicht-affektive") intrinsische Valenzen (s.o. 2.2.2). Zum Erwerb entsprechender Überzeugungen ist folgendes anzunehmen:

(2.1) Gefühlsbezogene intrinsische Valenzen

Überzeugungen zu solchen Valenzen umfassen Repräsentationen von zeitlichen Beziehungen zwischen Sachverhalten und begleitenden, vorauslaufenden, oder nachfolgenden eigenen Gefühlen emotionaler oder anderer Art. Auch solche Überzeugungen können prinzipiell auf der Basis von Beobachtungsinformation, symbolischer Information oder intern produzierter Information erworben werden. Dabei sind Lernvorgänge auf der Basis gleichzeitiger Gefühle von Lernvorgängen zu vorauslaufenden oder nachfolgenden Gefühlen zu unterscheiden.

Beobachtungslernen. Überzeugungen zu *parallel* zum Sachverhalt laufenden Gefühlen können beobachtend erworben werden, indem die Gleichzeitigkeit von Sachverhalt und Gefühl direkt wahrgenommen wird. Eine solche Wahrnehmung dürfte die Repräsentation einer Kopplung von Sachverhalt und eigenem Gefühl erlauben, ohne daß Inferenzschlüsse erforderlich sind. Wird der Zusammenhang dabei in dem Sinne kausal interpretiert, daß der Sachverhalt die beobachteten Gefühle erzeugt, so dürfte es sich um unmittelbar erlebte, "phänomenale" Kausalitätsrepräsentationen handeln. Beispiele: (a) Ein bestimmtes Verhalten wird ausgeführt und lustvoll oder aversiv erlebt; die wahrgenommene Kopplung zwischen Verhalten und Gefühl wird als Überzeugung zur gefühlsbezogenen Valenz dieses Verhaltens gespeichert. (b) Das Hören eines Musikstück geht mit eigenen Gefühlen einher; die Kopplung von Musik und eigenem Gefühl wird gespeichert. (Wie die jeweiligen prozeduralen Koppelungen von Sachverhalt und Gefühl ontogenetisch zustandekommen, wird unten diskutiert).

Gehen hingegen die Gefühle dem Ereignis *voran*, so sind Schlüsse vom Ereignis als Ursache auf die Gefühle als Wirkungen erforderlich. Dies setzt die Erkenntnis voraus, daß die jeweiligen Gefühle antizipatorischer Art sind und von der Erwartung des betreffenden Ereignisses produziert werden. Beispiel: Jemand kann Wochenendausflüge oder einen Urlaub als hoch valent erleben, weil ihre

Erwartung zu Vorfreude führt (die eventuell jeweils größer ist als die Freude am Urlaub selber). Die Kopplung von vorauslaufendem Gefühl und nachfolgendem Sachverhalt kann dann als Überzeugung zur gefühlsbezogenen Valenz eines solchen Sachverhalts gespeichert werden.

Werden die Gefühle *nach* dem jeweiligen Ereignis erlebt, so sind ebenfalls Schlüsse vom Sachverhalt als Ursache auf die Gefühle als Wirkungen erforderlich. Diese Schlüsse können ähnlich erfolgen wie beim Erwerb kausaler Erwartungen. Grundsätzlich ließe sich hier sogar argumentieren, daß es sich bei Repräsentationen nachfolgender Gefühle eigentlich um Repräsentationen extrinsisch-instrumenteller Valenzen des betreffenden Sachverhalts handelt, da der Sachverhalt "instrumentell" zur Herbeiführung der jeweiligen Gefühle ist (vgl. Bailey, 1978). Allerdings dürfte dies in der Regel nicht in einem solchen instrumentellen Sinne erlebt werden; Ereignis und Gefühl dürften auch bei zeitlichem Vorausgehen des Ereignisses in der Regel als phänomenal direkt gekoppelt erlebt werden.

Wesentlich ist dementsprechend auch hier die Möglichkeit "phänomenaler" Kausalitätswahrnehmung: Wenn Ereigniswahrnehmung und Gefühl zeitlich direkt aufeinanderfolgen, kann sich Kausalitätswahrnehmung unmittelbar einstellen. Dies dürfte insbesondere dann der Fall sein, wenn das Ereignis auch in der jeweiligen kognitiven Gefühlskomponente repräsentiert ist. Beispiel: Lob des Lehrers führt unmittelbar anschließend zum Erleben von Freude; der kognitive Anteil von Freude besteht aus der andauernden Repräsentation dieses Lobes; Lob und Freude sind damit phänomenal aneinander gekoppelt; dieser Zusammenhang wird – insbesondere bei Wiederholung – zu einer schematischen Valenzüberzeugung erweitert und in dieser Form gespeichert.

Daneben ist schließlich denkbar, daß Überzeugungen zu gefühlsbezogenen Valenzen nicht nur auf der Basis beobachtender Kopplungen von Ereignissen und eigenen Gefühlen, sondern auch anhand der Beobachtung solcher Kopplungen bei *anderen Personen* erworben werden können *(Modellernen).* Hierbei sind allerdings mindestens zwei, über reine Beobachtung hinausreichende Inferenzen erforderlich: Zum einen muß aus dem Ausdrucksverhalten oder den sprachlichen Mitteilungen der anderen Person und dem situativen Kontext auf das Vorliegen eines Gefühls geschlossen werden; zum anderen muß für die Ereignis-Gefühls-Kopplung bei der anderen Person geschlossen werden, daß diese Kopplung auch für die *eigenen* Gefühle gelten wird. Bei einer so erworbenen Valenzüberzeugung handelt es sich dann subjektiv solange um eine eher theoretische, spekulative Überzeugung, wie die jeweiligen ereignisbezogenen Gefühle nicht selbst erlebt worden sind.

Symbolisches Wahrnehmungslernen. Ähnlich wie für das Lernen gefühlsbezogener Valenzen anhand von Beobachtungen anderer Personen gilt auch für entsprechendes Lernen auf der Basis symbolischer Information, daß die resultierenden Überzeugungen subjektiv als eher hypothetisch erlebt werden dürften. Beispiel: Ein Kind erfährt von den Eltern, daß sexuelle Beziehungen zum anderen Geschlecht von positiven Emotionen begleitet sind; anschließend generalisiert und speichert es diese Information in Form einer Überzeugung zur positiven emotionalen Valenz zukünftiger eigener sexueller Beziehungen. Oder: Man erfährt aus zuverlässiger Quelle, daß bestimmte Speisen eines fremden Landes, die man noch nicht kennt, nicht genießbar sind, und speichert diese Information als Überzeugung zur gefühlsbezogenen Valenz solcher Speisen (in diesem Beipiel handelt es sich allerdings nicht um Überzeugungserwerb zu emotionalen, sondern zu - nahe verwandten - bedürfnisbezogenen Gefühlen).

Kognitionsabhängiges Lernen. Kognitive Schlußfolgerungen können auch bei den bereits genannten Formen des Lernens gefühlsbezogener Valenzüberzeugungen eine Rolle spielen. Daneben gibt es theoretisch die Möglichkeit, auf der Basis eigenen Nachdenkens auf mögliche Ereignis-Gefühls-Kopplungen zu schließen und die Resultate solchen Nachdenkens zu speichern.

(2.2) Gefühlsneutrale intrinsische Valenzen

Gefühlsneutrale Valenzen bestehen darin, daß einem Sachverhalt bewertende Attribute wie "persönlich wichtig", "gut", "schlecht" etc. zugeschrieben werden, ohne daß dies mit Gefühlen verknüpft sein muß, die auf den jeweiligen Sachverhalt bezogen sind (s.o. 2.2.2). Der Erwerb solcher Überzeugungen dürfte erst zu späteren Entwicklungszeitpunkten möglich sein, da es sich bei solchen Überzeugungen vermutlich großteils um Objekt-Attribut-Speicherungen propositionaler Art handelt. Dabei gilt, daß rein beobachtendes Lernen solcher Überzeugungen prinzipiell nicht möglich ist, da es sich bei der "Wichtigkeit" oder dem moralischen "Wert" eines Sachverhalts um abstrakte Merkmale handelt, die dem Sachverhalt nicht inhärent sind und dementsprechend nicht wahrnehmbar, sondern nur kognitiv zuschreibbar sind. Ein Lernen solcher Überzeugungen setzt also symbolische Informationen aus der Umwelt oder dem eigenen Nachdenken voraus.

Unterscheiden läßt sich dabei zwischen dem Erwerb normativer und nicht-normativer Valenzen. *Normative Valenzen* können persönlicher oder überpersönlicher Art sein. Die Entwicklung überpersönlicher (allgemeiner) normativer Valenzen wurde in der Forschung zur moralisch-kognitiven Entwicklung theoretisch und empirisch analysiert (vgl. Oerter & Montada, 1982). Sehr viel weniger ist bekannt zum Erwerb von persönlichen normativen Valenzen, also normativen Valenzen zu eigenem Verhalten und seinen Folgen, die aus fremd- oder selbstgesetzten Standards für Verhalten und Verhaltensfolgen (Anspruchsniveaus) resultieren (vgl. Heckhausen, 1980, Kap. 13).

Überzeugungen zu *nicht-normativen* gefühlsneutralen Valenzen beziehen sich auf die "Wichtigkeit" von Sachverhalten unabhängig von Bewertungsmaßstäben oder assoziierten Gefühlen. Korrelate von Wichtigkeitskognitionen wurden von Cragin (1983) empirisch analysiert; als bedeutsam für die eingeschätzte "Wichtigkeit" ("importance") von Sachverhalten erwiesen sich vor allem (1) die Anzahl kognitiver Assoziationen dieses Sachverhalts mit anderen Sachverhalten, (2) die Instrumentalität dieser Sachverhalte zur Herbeiführung anderer Sachverhalte und (3) die Nicht-Substituierbarkeit dieser Sachverhalte für die Herbeiführung anderer Sachverhalte. Bei den beiden letztgenannten Faktoren handelt es sich jeweils um extrinsische, instrumentelle Valenzen. In Übereinstimmung mit diesen Befunden und darüber hinausgehend ist allgemein anzunehmen, daß gefühlsneutrale, nicht-normative Valenzüberzeugungen auf dreierlei Weise erworben werden können:

(a) Generalisierung auf der Basis instrumenteller oder normativer Valenzen: Wird einem Sachverhalt zunächst "Wichtigkeit" zugeschrieben, weil er instrumentelle oder normative Funktionen besitzt, so kann sich diese Wichtigkeitseinschätzung in bestimmten Fällen von der Instrumentalitäts- oder Normativitätseinschätzung lösen und unabhängig von ihr weiterexistieren (auch dann, wenn der Sachverhalt faktisch keine instrumentellen oder normativen Funktionen mehr erfüllt). (b) Generalisierung auf der Basis affektiver Valenzen: Ist ein Sachverhalt mit Gefühlen verknüpft, so kann dies zur Zuschreibung des Merkmals "wichtig" führen; diese Zuschreibung kann sich von Repräsentationen der jeweiligen Gefühle dissoziieren und auch dann weiterbestehen, wenn diese faktisch nicht mehr vorhanden sind. (c) Übernommene Zuschreibung: Aus symbolischer Information (also z.B. aus Mitteilungen anderer Personen) kann gelernt werden, daß einem Sachverhalt unabhängig von seinem Gefühlswert, seiner moralischen Bedeutung oder seinem instrumentellen Wert Wichtigkeit zukommt; dies kann in Gestalt einer nicht-normativen, nicht-instrumentellen und nicht-affektiven Valenzüberzeugung gespeichert werden.

Auf diese Weise gelernte Wichtigkeits-Zuschreibungen sind allerdings abstrakt, da ihnen Bezüge zu moralischen Bewertungssystemen, Instrumentalitätseinschätzungen oder eigenen Gefühlen fehlen bzw. abhanden gekommen sind. Fraglich ist deshalb, inwieweit ihnen ein Stellenwert für die Auslösung von Emotionen zukommt.

4.3.5 Lernabhängige Emotionsentwicklung: IV. Prozedurale Emotionsschemata

Emotionsrelevante Überzeugungen tragen zur kognitionsgesteuerten Emotionsentstehung bei, indem sie von Situationswahrnehmungen oder kognitiven Prozessen aktiviert werden und damit zu aktuellen Kognitionen führen, die ihrerseits dann direkt emotionsauslösend wirken (s.o. 4.2). Wie aber erlangen Kognitionen die Kraft zur Auslösung von Emotionen? Hier wurde in Kap. 3 angenommen, daß prozedurale Emotionsschemata als direkte Grundlage von kognitionsgesteuerter wie auch von direkt wahrnehmungsgesteuerter Emotionsinduktion anzusehen sind.

Solche Schemata verknüpfen deklarative Repräsentationen von emotionsrelevanten Sachverhalten mit Auslöse- und Modulationsprozeduren für Emotionen, wobei sich Auslöseschemata mit Wahrnehmungsinhalten von Auslöseschemata mit Kognitionsinhalten theoretisch unterscheiden lassen. Wahrnehmungsbezogene Auslöseschemata werden durch Wahrnehmungsinformation aktiviert; ihre Aktivierung führt gleichzeitig zu aktueller Wahrnehmung und zur Emotionsauslösung. Analoges gilt für kognitionsbezogene Auslöseschemata. Die Aktivierung von Auslöseschemata, die auf der Basis von Kognitionen arbeiten, ist dabei generell als Endpunkt kognitiv vermittelter Emotionsauslösung anzusehen; nach Erreichung dieses Endpunkts wird die Emotion ausgelöst (s.o. 3.2.1). Anzunehmen ist, daß bereits das Neugeborene mit einer Reihe von angeborenen Schemata der Emotionsauslösung ausgestattet ist. Im Zuge von Reifungsprozessen können sich diese Mechanismen der Emotionsauslösung weiterentwickeln, und neue können hinzutreten.

Theoretisch denkbar wäre nun, daß Emotionslernen prinzipiell immer darin besteht, daß Möglichkeiten zu Kognitionen und kognitiven Transformationen erworben werden, die vor die jeweiligen genetisch determinierten, wahrnehmungs- oder kognitionsgesteuerten Auslösemechanismen geschaltet werden und auf diese Weise Emotionsauslösung auch auf vormals neutrale Stimuli hin erlauben. Dies würde bedeuten, daß gelernte Emotionsauslösung in jedem Fall von kognitiven Zwischenprozessen vermittelt wird. In diesem Sinne müßte z.B. gelernte Auslösung von Angst immer eine Kalkulation von situationsbezogenen Erwartungsinformationen, handlungsbezogenen Erwartungsinformationen und Valenzinformationen vorausgehen (s.o. 3.3). Dies aber ist aus einer Reihe von Gründen unwahrscheinlich (s.o. 3.2.1):

(a) Es wäre psychisch äußerst unökonomisch, in jeder sich wiederholenden Situation zunächst elaborierte kognitive Prozesse zu veranstalten, bevor emotional reagiert wird. (b) Auch für den Menschen ist anzunehmen, daß bereits das *Lernen* von Wahrnehmungs-Emotions- oder Kognitions-Emotions-Kopplungen ohne kognitive Zwischenprozesse stattfinden kann. Dabei könnte es sich um Prozesse der Konditionierung ohne Erwartungsbildung handeln, wie sie von Hawkins und Kandel (1984) für einfache Organismen detailliert beschrieben wurden (vgl. auch Gluck & Thompson, 1987), oder auch um Lerneffekte auf der Basis wiederholter Stimulusdarbietungen, die ebenfalls ohne kognitive Zwischenprozesse ablaufen können (vgl. Zajonc & Markus, 1982). Dementsprechend ist auch für so gelernte Auslösung von Emotionen anzunehmen, daß sie nicht von Kognitionen vermittelt wird.

Es ist also davon auszugehen, daß prozedurale, emotionsauslösende Schemata im Zuge von Lernprozessen verändert werden können. Bei solchen Lernprozessen kann es sich sowohl um informations- wie um prozedurabhängiges (übungsabhängiges) Lernen handeln. Dies ist für wahrnehmungs- und kognitionsbezogene Prozedurschemata getrennt zu diskutieren.

(1) Prozedurschemata wahrnehmungsgesteuerter Emotionsauslösung

Solche Prozedurschemata können vermutlich vor allem durch Differenzierung, Konditionierung, Habitualisierung (s.o. 3.2.1) und wiederholte Aktivierung erworben bzw. modifiziert werden:

– *Differenzierung.* Eine erste Möglichkeit besteht darin, daß angeborene Schemata wahrnehmungsgesteuerter Emotionsauslösung im Zuge von wiederholten Aktivierungsprozeduren differenziert werden. Dies kann so aussehen, daß Unterschiede zwischen verschiedenen schemaentsprechenden Sachverhalten gelernt werden und das Schema sich dementsprechend aufspaltet in eine Reihe von Einzelschemata, die Repräsentationen jeweils eines dieser Sachverhalte mit der Emotionsauslösung verknüpfen.

– *Klassische Konditionierung.* "Konditionierung" von Emotionen kann vermutlich auch beim Menschen mit oder ohne kognitive Zwischenprozesse ablaufen.

Klassische Konditionierung ohne kognitive Zwischenprozesse sieht so aus, daß (1) Wahrnehmungen zunächst neutraler Stimuli (CS) mit Wahrnehmungen emotionsauslösender Stimuli (UCS) und der Emotionsauslösung selber so verknüpft werden, daß (2) ein neuer zusätzlicher Auslösemechanismus entwickelt wird, der Repräsentationen des vormals neutralen Stimulus (CS) mit der gespeicherten Prozedur der Emotionsauslösung beinhaltet. Zu den Voraussetzungen zählen vor allem hinreichend kurze CS-UCS-Intervalle. Mögliche physiologische Trägermechanismen werden von Zajonc (1984a, 1984b, Hawkins & Kandel (1984) und Gluck und Thompson (1987) diskutiert.

Abzugrenzen ist diese Möglichkeit von kognitiv vermittelter "Konditionierung" (s.o. 3.2.1). Solche Konditionierung sieht so aus, daß zunächst Erwartungen gebildet werden, daß dem CS der UCS folgt. Auf diesem Wege erworbene Auslöseschemata verknüpfen nicht die Wahrnehmung des CS direkt mit der Emotionsauslösung, sondern verknüpfen (1) die CS-Wahrnehmung mit der Erwartung des UCS, und (2) die Erwartung des UCS mit der Emotionsauslösung. Kognitiv vermittelte Konditionierung basiert also auf dem Erwerb von CS-UCS-Erwartungsüberzeugungen; resultierende Emotionsauslösung ist primär kognitionsgesteuert (erwartungsgesteuert) und nur in indirekter Weise wahrnehmungsgesteuert (vgl. Brewer, 1974). Allerdings kann ein so erworbenes Schema später per Habitualisierung zu einem wahrnehmungsgesteuerten Schema vereinfacht werden:

– *Habitualisierung kognitionsgesteuerter Emotionsauslösung.* Dies ist eine Möglichkeit des Erwerbs automatisierter, perzeptionsabhängiger Emotionsauslösung, deren Häufigkeit und Wichtigkeit kaum überschätzt werden kann. Entsprechendes Lernen setzt voraus, daß wiederholt Emotionsauslösung stattfindet, die auf der Basis von Situationswahrnehmungen abläuft und durch kognitive Zwischenprozesse vermittelt wird (also durch mehr oder minder elaborierte Situations- und Valenzeinschätzungen etc.). Im Sinne des in Kap. 3 bereits diskutierten *Automatisierungs-Kurzschluß-Modells* der Emotionshabitualisierung dürften Wiederholungen solcher Abläufe (Wahrnehmung – kognitive Zwischenprozesse – Emotion) zunächst dazu führen, daß die jeweils implizierten kognitiven Prozesse zunehmend schneller, automatisierter und weniger bewußt ablaufen (zur Routinisierung von Kognitionsabläufen auch Anderson, 1982, 1987). In der nächsten Stufe dürfte dieser Prozeß Verkürzungen unterliegen; nur noch bestimmte, zentrale Kognitionen vermitteln dann zwischen Wahrnehmung und Emotion.

Das Resultat ist schließlich eine so weitgehende Verkürzung, daß Repräsentationen des jeweiligen Wahrnehmungsinhalts direkt an die Prozedur der Emotionsauslösung geknüpft werden. Aktivierungen eines so aufgebauten perzeptiven Auslöseschemas führen dann zur Emotionsauslösung auf Wahrnehmungsbasis, also ohne vermittelnde Kognitionsprozesse. Dabei ist folgendes zu beachten:

(a) Auch nach der Automatisierung und Verkürzung der Emotionsauslösung kann der betreffende kognitive Prozeß noch stattfinden. Allerdings läuft er dann parallel oder zeitversetzt zur Emotionsauslösung, für die Auslösung hat er damit keine kausale Funktion mehr (wohl aber möglicherweise für die Modulation der Emotion und für kognitive Emotionsanteile). Dies kann subjektiv so fehlinterpretiert werden, als seien die betreffenden Kognitionen ursächlich für die Emotionsauslösung gewesen (pseudoreflektive Emotionsauslösung; vgl. allgemein zum Problem irregeleiteter Introspektionen auch Nisbett & Wilson, 1977; Ericsson & Simon, 1980).

(b) Verändert sich die jeweilige Situationskonstellation, auf der die Emotionsauslösung basiert, und verändern sich damit auch die jeweiligen kognitiven Einschätzungen, so kann die Verknüpfung zwischen Wahrnehmung und Emotionsauslösung wieder aufgebrochen werden. Emotionsauslösung wird dann wieder von kognitiven Zwischenprozessen vermittelt (Neueinschätzungen der Situation etc.); es hat also eine Redifferenzierung (Rekognitivierung) stattgefunden. Stabilisieren sich die Situationsverhältnisse wieder, so kann es wiederum zu einer Habitualisierung kommen etc. Entwicklungsprozesse dieser Art können also so aussehen, daß *Differenzierung* (Kognitivierung) und *Habitualisierung* (Automatisierung, Verkürzung, Perzeptualisierung) einander abwechseln. Dieser Wechselprozeß kann über die gesamte Lebensspanne hin andauern.

(c) Problematisch, aber klinisch von erheblicher Bedeutung schließlich ist die Frage, unter welchen Bedingungen erworbene automatisiert-perzeptive Emotionsauslösung irreversibel ist, Redifferenzierungen also auch bei veränderter Situationskonstellation nicht erfolgen (können). Dies dürfte insbesondere dann der Fall sein, wenn (1) das erworbene Schema sehr "stark" ist, da es häufig vom Situationsablauf bestätigt worden ist und/oder die jeweiligen Speicherungsvorgänge sehr intensiv waren (s.o. 2.4 zu Parametern der Stärke von Schemata); und/oder wenn (2) das Schema keiner Realitätskonfrontation mehr ausgesetzt wird, weil es sekundär zu erworbenem Verhalten geführt hat, das solche Realitätskonfrontation verhindert (der klassische Fall ist "angstkonservierendes" Vermeidungsverhalten; vgl. Solomon & Wynne, 1954).

– *Reine Wiederholungseffekte.* Eine letzte Möglichkeit nicht des Erwerbs, wohl aber der Veränderung von Auslöseschemata besteht darin, daß wiederholte Aktivierungen solcher Schemata per se zu dauerhaften Schemaänderungen führen können. Dabei handelt es sich offensichtlich um rein prozedurabhängige Veränderungen. Insbesondere zwei Wiederholungswirkungen dieser Art wurden empirisch beobachtet (zusammenfassend Solomon, 1980):

(a) *Abschwächung der Emotionsauslösung* im Sinne geringerer Emotionsintensität nach wiederholter Auslösung ("Habituation" der ausgelösten Emotion). (b) *Verstärkung emotionaler Nacheffekte:* mit der Zahl der Wiederholungen zunehmende Stärke jeweils entgegengesetzter Emotionen, die nach Beendigung der ersten Emotion bzw. dem Wegfall des Auslösestimulus für die erste Emotion auftreten. Beide Effekte treten gemeinsam auf und sind offensichtlich daran gebunden, daß bestimmte Zeitintervalle zwischen den Wiederholungen nicht überschritten werden. Wenig bekannt ist bisher zum Allgemeinheitsgrad, zur langfristigen Reversibilität und zu physiologisch-neuronalen Substraten solcher prozedurabhängigen Effekte (kritisch auch Sandvik, Diener & Larsen, 1985).

(2) Prozedurschemata kognitionsgesteuerter Emotionsauslösung

Für Schemata zu kognitionsgesteuerter Auslösung ist zunächst fraglich, ob es genetisch determinierte, in Reifungsprozessen entwickelte Schemata dieser Art gibt, oder ob solche Schemata sich prinzipiell aus perzeptiven Auslöseschemata entwickeln. Dieser Frage ist eine andere sachlogisch vorgeordnet: Gibt es angeborene Kognitionen (Vorstellungen, Gedanken) und Überzeugungen? Gibt es z.B. Erwartungsüberzeugungen, die genetisch determiniert reifen und dann auch ohne Lernprozesse verfügbar sind (lernunabhängige Erwartungen)? Man kann spekulieren, daß dies bei höheren Arten tatsächlich der Fall ist (angeboren-kognitive Emotionsauslösung wurde in Kap. 3.2.1 als eine Form der Emotionsauslösung diskutiert; vgl. auch Scherer, 1984). Wie auch immer der primäre Erwerb solcher Emotionsauslösung tatsächlich aussieht, anzunehmen ist, daß bereits vorhandene Auslöseschemata dieser Art modifiziert werden können und auf ihrer Basis neue Auslöseschemata erworben werden können.

Ähnlich wie für perzeptive Auslöseschemata ist dabei anzunehmen, daß solche Schemata auf dem Wege von *Differenzierungen* bereits vorhandener Schemata erworben werden können. Klassische Konditionierung ohne kognitive Vermittlung hingegen entfällt hier schon aus konzeptuellen Gründen: Eine Übertragung emotionsauslösender Funktionen von einer Kognition auf eine andere impliziert in jedem Fall kognitive Prozesse. Von zentraler Wichtigkeit aber dürfte auch hier die Möglichkeit sein, daß *Habitualisierungen* von elaborierter kognitionsvermittelter Auslösung dazu führen, daß Kognitionen, die vormals an früheren Punkten eines entsprechenden Kognitionsprozesses lokalisiert waren, nun unmittelbar emotionsauslösende Kraft erwerben können.

Denkbar ist schließlich, daß auch im Falle kognitionsgesteuerter Emotionsauslösung Veränderungen durch *Wiederholungen der Auslöseprozedur* herbeigeführt werden können. So könnte z.B. wiederholte erwartungsgesteuerte Auslösung von Angst in ähnlicher Weise zu einer Abschwächung der Angstauslöse-Prozedur und einer Verstärkung von Prozeduren zu emotionalen Nacheffekten führen, wie dies für perzeptionsgesteuerte Angstauslösung der Fall sein kann (vgl. Epstein, 1967).

4.3.6 Schlußfolgerung: Person, Umwelt und Emotionsentwicklung

Zusammenfassend ist hier zu konstatieren, daß die Entwicklung wahrnehmungs- und kognitionsgesteuerter Emotionsauslösung großteils von informations- und prozedurabhängigem Lernen kognitiver Strukturen getragen wird. Dies hat entscheidende Konsequenzen für Konzeptualisierungen von selbst- und umweltgesteuerten Einflüssen auf die Emotionsentwicklung: Soweit sie nicht durch somatische (z.B. neurochemische) Faktoren gesteuert werden (wie bei selbstgesteuertem Drogengenuß, umweltgesteuerter Medikamentenzufuhr etc.), werden *selbstgesteuerte und umweltabhängige Einflüsse auf die Emotionsentwicklung von Aufbau und Veränderung kognitiver Strukturen vermittelt.*

Beispiel: Aus den Annahmen des ZWD-Modells (3.3) und den obigen Überlegungen zur Emotionsentwicklung folgt, daß die Entwicklung von habitueller Angst vom Aufbau bestimmter negativer Erwartungs- und Valenzüberzeugungen sowie prozedurabhängigen Veränderungen angstbezogener Auslöseschemata getragen wird. Umwelteinflüsse auf die Angstentwicklung werden wirksam, indem sie solche Strukturen beeinflussen. Dies tun sie insbesondere, indem sie Erfahrungen setzen oder ermöglichen, die in kognitiven Strukturen repräsentiert werden und in Gestalt solcher Repräsentationen emotionsrelevant werden. Deklarative und prozedurale kognitive Strukturen sind mithin als zentrale *Nahtstelle für Entwicklungseinflüsse auf Emotionen* anzusehen.

Auf der Basis dieser Schlußfolgerung lassen sich theoretische Modelle zu Umwelteinflüssen auf die Entwicklung einzelner Emotionsbereiche konstruieren und die – eher spärlichen – empirischen Befunde zu solchen Einflüssen einordnen. Dies kann hier nicht für alle wesentlichen Einzelemotionen demonstriert werden. Am weitesten fortgeschritten ist in diesem Bereich wohl die Forschung zu den Umweltdeterminanten von Angstentwicklungen. Exemplarisch wird deshalb in Kap. 7.2 ein Modell zu den Beziehungen zwischen Entwicklungsumwelten und der Entwicklung von Prüfungsängsten vorgestellt, das die hier in allgemeiner Form vorgestellten Überlegungen konkretisiert.

4.4 Zusammenfassung

Nachdem im letzten Kapitel aktualgenetische Emotionsprobleme diskutiert wurden, wird hier auf Persönlichkeitskorrelate und -bedingungen sowie die Ontogenese menschlicher Emotionen eingegangen. Als Voraussetzung hierfür wird zunächst der konzeptuelle Status emotionsbezogener Persönlichkeitsmerkmale diskutiert (4.1). Im Sinne der in Kap. 2 vorgestellten Persönlichkeitstaxonomie werden zwei Gruppen emotionsbezogener Persönlichkeitsmerkmale unterschieden: habituelle Emotionen einerseits und strukturelle oder prozessuale Persönlichkeitsbedingungen von Emotionen andererseits. Zurückgewiesen werden diejenigen emotionspsychologischen Konzepte zu "trait-Emotionen", die Begriffen zu habituellen Emotionen einen dispositionalen Bedeutungsüberschuß zuweisen.

In Abschnitt 4.2.1 wird dann auf habituelle Emotionen eingegangen; sie konstituieren den engeren Bereich emotionaler Persönlichkeit. Erläutert wird, daß habituelle Emotionen in jedem Fall interindividuell variieren, wobei unterschiedliche Inhalts-, Frequenz-, Intensitäts- und Verlaufsparameter als wesentliche Persönlichkeitsmerkmale aufzufassen sind. Differenzierte Analysen aber liegen hierzu bisher weder von emotions- noch von persönlichkeitspsychologischer Seite vor (mit wenigen Ausnahmen). Aus dem in Kap. 3 skizzierten Erregungs-Hemmungs-Modell zu Emotions-Wechselwirkungen und dem ZWD-Modell zu kognitionsgesteuerter Emotionsinduktion (3.3) werden Annahmen zu Beziehungen zwischen solchen Persönlichkeitsmerkmalen abgeleitet. Daneben wird diskutiert, daß habituellen Emotionen prinzipiell dieselben Bedingungen und Wirkungen zuzuschreiben sind wie aktuellen Einzelemotionen (mit gewissen Einschränkungen); eine persönlichkeitspsychologische Verdoppelung aktualgenetischer Emotionspsychologie erweist sich somit als überflüssig.

Anschließend (4.2.2) wird auf die Persönlichkeitsbedingungen von Emotionen eingegangen, die als distale Determinanten der aktuellen wie der habituellen Emotionsbildung aufzufassen sind. Zu ihnen zählen insbesondere (a) individuelle genetische Strukturen, (b) eine Reihe von phänotypischen körperlichen Strukturen, (c) prozedurale kognitive Schemata der Emotionsauslösung, und (d) bestimmte deklarative kognitive Strukturen.

In einer nachfolgenden Diskussion der persönlichkeitspsychologischen Implikationen des ZWD-Modells (4.2.3) werden diese Überlegungen weiter differenziert. Insbesondere wird angenommen, daß es sich bei den kognitiven Persönlichkeitsgrundlagen von Emotionen großteils um jeweils spezifische Typen subjektiver Überzeugungen handelt (Erinnerungs-, Kausalattributions-, Erwartungs- und Valenzüberzeugungen). Diese Sichtweise eröffnet gleichzeitig Perspektiven für inhaltliche Reinterpretationen von Person-Umwelt-Interaktionen in der Emotionsentstehung.

Nachdem die Trägerstrukturen menschlicher Emotionen diskutiert sind, kann dann schließlich auf die Ontogenese von Emotionen eingegangen werden (4.3). Zunächst wird klargestellt, daß es sich auch bei emotionsbezogener Ontogenese grundsätzlich um einen Bereich der Persönlichkeitsentwicklung handelt. Diskutiert wird dann, daß Emotionsentwicklungen von der Entwicklung der jeweiligen Trägerstrukturen abhängen. Im Sinne einer explikativen Entwicklungspsychologie wird im folgenden die Entwicklung solcher Strukturen analysiert, wobei vor allem ontogenetischen Folgerungen aus dem ZWD-Modell nachgegangen wird.

Nach einer kritischen Bemerkung zu kognitivistischen Sichtweisen früher Emotionsentwicklung (4.3.1) werden deshalb vor allem Entwicklungen von emotionsrelevanten deklarativen und prozeduralen Strukturen diskutiert (4.3.2 bis 4.3.5). Argumentiert wird u.a., daß – im Gegensatz zu den Annahmen attributionaler Emotionsmodelle – Kausalattributionen bei solchen Entwicklungen nur in speziellen Fällen eine Rolle spielen. Abschließend wird betont (4.3.6), daß Umwelt- und Personeinflüsse auf die Emotionsentwicklung großteils vom Erwerb kognitiver Strukturen abhängen (eine Exemplarisierung für den Bereich der Angstentwicklung und Hinweise zu klinisch-psychologischen Folgerungen finden sich in Kap. 7).

Kapitel 5

MOTIVATION UND PERSÖNLICHKEIT: I. AKTUALGENESE

In der Einleitung wurde bereits darauf hingewiesen, daß Emotion und Motivation eng benachbart sind: Beide sind mit Gefühlen verknüpft und damit zentral für menschliches Erleben; sie werden auf ähnliche Weise kortikal gesteuert, dienen gemeinsam Anpassungs- und Selbstbestimmungsfunktionen und entscheiden damit gemeinsam über Handlungen und ihre Folgen; und angesichts der Parallelität ihrer Bedingungen zeigen sie auch in ihren Entwicklungsverläufen manche Ähnlichkeiten. Dennoch handelt es sich um abgrenzbare psychische Phänomene, die man deutlich unterscheiden sollte.

Ebenfalls bereits erwähnt worden ist, daß dies sowohl von emotions- wie von motivationspsychologischer Seite nicht immer mit hinreichender Klarheit geschehen ist. Dies läßt sich z.B. an zeitgenössisch-"imperialistischen", den Motivationsbereich inkorporierenden Emotionsbegriffen ablesen (Kap. 3.1). Auch drängt sich der Eindruck auf, daß Emotions- und Motivationspsychologie trotz ihrer inhaltlichen Verflechtungen bei Erklärungen menschlichen Handelns häufig eher Konkurrenz als Kooperation gezeigt haben. Als prototypisches Beispiel wurden oben (3.2) die Forschungen zu Prüfungsangst einerseits und Leistungsmotivation andererseits genannt: Beide Bereiche haben sich z.T. recht ähnlicher, in manchen Fällen sogar identischer Konstrukte und Indikatoren bedient (so wurde z.B. die Leistungsmotivations-Komponente "Furcht vor Mißerfolg" häufig anhand von Prüfungsangst-Fragebögen operationalisiert; vgl. Heckhausen, 1980). Dennoch wurden von der Prüfungsangstforschung Analysen zu Atkinsons Risikowahlmodell oder anderen Motivationsmodellen meist ignoriert, und umgekehrt hat die Motivationsforschung Fortschritte im Prüfungsangstbereich selten zur Kenntnis genommen (vgl. auch Hagtvet, 1984).

Da Motivation mit Emotion also eng verwandt ist, ergeben sich hier für Überlegungen zur Motivation ganz ähnliche sachlogische Notwendigkeiten wie bei den Emotionsanalysen der letzten beiden Kapitel: Zunächst ist zu klären, was unter "Motivation" zu verstehen ist (Abschnitt 5.1). Anschließend kann auf unterschiedliche Formen der Aktualgenese von Motivation und ihrer Konsequenzen eingegangen werden (5.2, 5.3). Vorgestellt wird dabei u.a. ein integratives Modell zu kognitionsgesteuerter Motivationsauslösung (RSR-Modell; 5.2.3 – 5.2.5). Eine solche Betrachtung aktualgenetischer Determinanten ist auch in diesem Bereich als notwendige Voraussetzung für angemessene Analysen zu Persönlichkeitskorrelaten und -bedingungen anzusehen. Auf der Basis dieser aktualgenetischen Betrachtungen ist dann im nächsten Kapitel auf motivationsbezogene Persönlichkeit und die Entwicklung von Motivation einzugehen. Eine synoptische Diskusion der Interrelationen von Emotion und Motivation schließlich findet sich in Kap. 7.1.

5.1 Begriffsklärungen: Was ist "Motivation"?

Auf den ersten Blick scheint der Begriff "Motivation" eindeutiger zu sein als beispielsweise der Emotionsbegriff (s.o. 3.1): "Motivation" wird üblicherweise definiert als psychische Kraft (Verhaltenstendenz, Verhaltenspotential), die Intensität, Persistenz und Zielrichtung von Verhalten zugrundeliegt (vgl. Lewin, 1938; Atkinson, 1964; Heckhausen, 1980). Dies aber ist eine abstrakte Definition, die zudem zu tautologischen Erklärungsversuchen verführt: Ein bestimmtes Verhalten wird durch eine entsprechende Motivation bewirkt; diese Motivation aber ist aus Charakteristika des Verhaltens zu erschließen (zur Zirkularität des Motivationsbegriffs auch Heckhausen, 1980, S. 26ff.). "Motivation" ist in dieser allgemeinen Form offensichtlich ein Dispositionsbegriff. Zwar handelt es sich bei Motivation in diesem Sinne um aktuelle, nicht um überdauernde Dispositionen; die Probleme aber sind dieselben wie bei dispositionalen Persönlichkeitsbegriffen (s. Kap. 1.3). Auf den zweiten Blick verliert sich deshalb die Eindeutigkeit des Motivationsbegriffs: Was genau ist eine "Kraft", eine "Tendenz", die Verhaltensmerkmalen wie Intensität, Persistenz und Zielrichtung zugrundeliegt?

In dieser Situation bieten sich zwei Möglichkeiten an: Zum einen kann man den Begriff "Motivation" als eine Art Bereichsangabe verwenden, die einen mehr oder weniger willkürlich bestimmten Teilbereich der Prozesse, die Verhalten zugrundeliegen, bezeichnet. Dies tun z.B. Heckhausen und Kuhl (1985), indem sie "motivationale" Prozesse, die zur Bildung einer Verhaltensabsicht führen, von "volitionalen" Prozessen trennen, welche die Umsetzung der Absicht in Verhalten steuern. Das Resultat einer solchen Begriffsführung kann sein, daß man den Motivationsbegriff zwar einerseits als Bereichsangabe verwendet, andererseits aber den alten, dispositionalen Motivationsbegriff durch die Hintertür wieder einführt (so beispielsweise Kuhl, 1983a, z.B. S. 232ff., S. 309ff.).

Zum anderen könnte man versuchen, den dispositionalen Motivationsbegriff inhaltlich beizubehalten, aber eindeutig die spezifischen Gruppen verhaltensdeterminierender Prozesse zu benennen, die mit ihm bezeichnet werden sollen, um ihn zu präzisieren, ihn stärker in der Realität zu verankern und von seinem tautologischen Charakter zu befreien. Nur mit einem solchen Motivationsbegriff, nicht hingegen mit "Motivation" als Bereichsangabe läßt sich auch sinnvoll davon sprechen, daß jemand eine "Motivation" habe, "motiviert" sei etc.; und nur mit einem solchen Motivationsbegriff läßt sich z.B. "Emotion" von "Motivation" klar abgrenzen (s.o. 3.1). Auf der Basis dieser Überlegungen ist "Motivation" im folgenden zu definieren. Notwendig sind dabei einige grundlegende konzeptuelle Differenzierungen:

Selektionsmotivation und Realisationsmotivation

Wie u.a. von Mento, Cartledge und Locke (1980) und Kuhl (1983a) argumentiert wird, muß zwischen Motivation, die mit der Wahl zwischen Handlungsalternativen verknüpft ist, und Motivation, welche die Bildung und Ausführung resultierender Absichten steuert, unterschieden werden: Handlungswahl, Handlungsvorbereitung und Handlungsrealisierung werden von zum Teil unterschiedlichen Vorgängen bewirkt. Motivation der ersten Art wird von Kuhl (1983a) als "Selektionsmotivation", solche der zweiten Art als "Realisationsmotivation" bezeichnet. Heckhausen und Mitarbeiter (1986) hingegen bezeichnen Motivation der ersten Art allgemein als "Motivation", solche des zweiten Typs hingegen als "Volition" ("Wollen"). Diese zweite Begriffsführung ist einerseits griffiger, führt aber andererseits zu Problemen:

(1) Im Sinne eines solcherart eingegrenzten Motivationsbegriff und einer solchen Dichotomisierung müßte die Motivationspsychologie bisheriger Art in eine Motivations- und eine Volitionspsychologie zerlegt werden. Fraglich ist, ob dies wünschenswert wäre. (2) Ein so reduzierter Motivationsbegriff würde der Alltagssprache nicht mehr gerecht: Hoch "motiviert" zum Handeln ist man alltagssprachlich gerade dann, wenn man etwas besonders stark "will" und feste Absichten gebildet hat. (3) Der Willens- und Volitionsbegriff seinerseits bezieht sich der üblichen Begriffsführung nach eher auf bewußtseinsfähige, "kontrollierte" Abläufe (vgl. auch Norman & Shallice, 1986). Im Sinne eines erweiterten Motivationsbegriffs aber muß Motivation zur Ausführung eines Verhaltens nicht bewußtseinsfähig und kontrollierbar sein (s.u.). Im Sinne eines solchen Motivationsbegriffs handelt es sich bei "Volition" dementsprechend nicht um ein Synonym zu "Realisationsmotivation", sondern eher um einen Teilbereich (s.u.).

Aus diesen Überlegungen resultieren vor allem zwei definitorische Möglichkeiten: (1) den Motivationsbegriff auf den Bereich von Handlungswahl-Motivation zu reduzieren, den Gegenstandsbereich des Volitionsbegriff aber auf nicht-bewußte, automatisierte Tendenzen zur Verhaltesausführung auszudehnen und dementsprechend zwischen "Motivation" und "Volition" zu differenzieren; oder (2) den alten, weiteren Motivationsbegriff beizubehalten, zwischen Selektions- und Realisationsmotivation zu differenzieren und "Volition" als deklarativen Teilbereich von Realisationsmotivation anzusehen. Im Sinne konsensueller Begriffsführung (s.o. 1.1) und zur Vermeidung von Mißverständnissen soll hier die zweite Alternative bevorzugt werden, also die alte Kuhlsche Begriffsführung übernommen werden. Gesprochen werden soll also von "Selektionsmotivation" ("Wahlmotivation") einerseits und "Realisationsmotivation" ("Performanzmotivation") andererseits (vgl. auch Mento, Cartledge & Locke, 1980).

Zu unterscheiden sind im Sinne dieser Begriffsführung drei große Phasen der Motivations- und Verhaltensgenese (s. Abb. 5.1):

(1) Phase der *Selektionsmotivation:* Anregung handlungsbezogener Kognitionen und Bildung von Handlungswünschen (bzw. direkte Aktivierung von Verhaltensschemata; s.u.). Eine anschließende Selektion zwischen Handlungswünschen (bzw. Selektion zwischen aktivierten Verhaltensschemata) leitet über zur zweiten Phase:

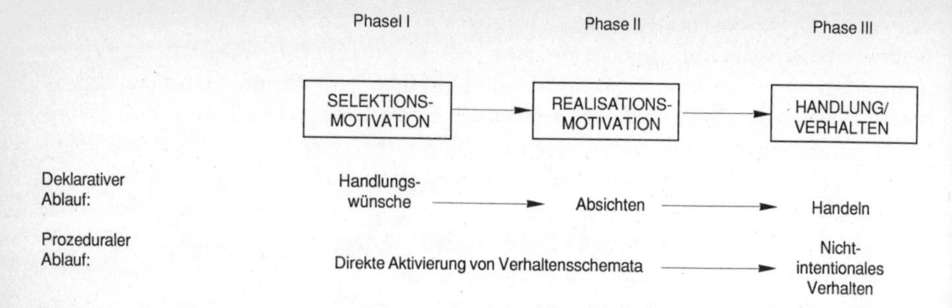

Abb. 5.1 Motivation und Verhalten: Phasen und Grundbegriffe

(2) Phase der *Realisationsmotivation:* Selektion zwischen Handlungswünschen und damit Bildung von Handlungsabsichten sowie anschließende Differenzierungen dieser Absichten (bzw. direkte Selektion zwischen aktivierten Verhaltensschemata; s.u.).

(3) Phase der *Verhaltensausführung* (Exekutionsphase).

Soweit Motivation subjektiv erlebbar ist, kann damit unterschieden werden zwischen *Wünschen* (Selektionsmotivation), *Wollen* (Realisationsmotivation) und *Handeln* (Absichtsrealisierung, Handlungsausführung). Vor allem die zweite und dritte Phase können sich dabei stark überlappen: Die Ausführung ausgedehnterer Verhaltenssequenzen kann motivationaler Kontrolle unterliegen. Im übrigen können die implizierten Prozesse auch kurzgeschlossen sein; die erste oder die ersten beiden Phasen können entfallen (s.u.).

Deklarative und prozedurale Motivation

Über die Differenzierung von Selektions- und Realisationsmotivation hinaus soll hier unterschieden werden zwischen Motivation, die bewußtseinsfähige, deklarative Repräsentationen (Kognitionen) beinhaltet, und Motivation, die aus aktivierten, prozeduralen Verhaltensschemata (Verhaltensprogrammen) besteht. Ebenso wie Prozeduren generell (Anderson, 1983) muß Motivation der letzteren Art nicht bewußtseinsfähig sein. Von kognitiven Motivationstheorien wird solche Motivation vernachlässigt (vgl. Blankenship, 1985). Der erstgenannte Motivationstyp soll hier als *deklarative Motivation* bezeichnet werden, der zweite Motivationstyp als *prozedurale Motivation.*

Mit dieser begrifflichen Differenzierung wird die Unterscheidung deklarativer und prozeduraler Inhalte, die für das Langzeitgedächtnis üblich ist, auf das Arbeitsgedächtnis übertragen: Deklarative Motivation besteht aus bewußtseinsfähigen Kognitionen im Arbeitsgedächtnis. Pozedurale Motivation hingegen umfaßt Verhaltensprogramme, die aus dem Langzeitgedächtnis aktiviert werden, in aktivierter Form Bestandteil des Arbeitsgedächtnisses sind und in dieser Form wie Motivation generell im Arbeitsgedächtnis bis zur Ausführung des jeweiligen Verhaltens persistieren können (vgl. Norman & Shallice, 1986). Aktuelles Verhalten, dessen Gründe nicht bewußt sind, beruht oft auf einer Akkumulation persistierender prozeduraler Motivationen (vieles Alltagsverhalten liefert Beispiele: der gedankenlose, "automatische" Griff nach der Zigarette, nachdem eine bestimmte Zeitspanne seit der letzten verstrichen ist, etc.; vgl. auch Atkinson & Birch, 1970).

Selektionsmotivation ist damit nun näher zu *definieren* als ein Prozess bzw. ein sich über die Zeit erstreckender Zustand, der die folgenden Komponenten umfassen kann: (1) Deklarative Repräsentationen von Handlungsmöglichkeiten (Handlungswünsche; *deklarative Selektionsmotivation*); und/oder (2) Aktivierungen zugeordneter prozeduraler Verhaltensschemata, falls solche existieren (also Versetzung dieser Schemata in einen Bereitschaftszustand; *prozedurale Selektionsmotivation*). Deklarative Selektionsmotivation kann dabei neben Repräsentationen von Handlungsmöglichkeiten auch Repräsentationen zu Valenzen und Realisierbarkeit von Handlungen, Zielen und nicht angezielten Handlungsfolgen (Nebenwirkungen) umfassen.

Eine "motivationale Tendenz" dieser Art, die sich auf eine Verhaltensmöglichkeit bezieht, liegt theoretisch der positiven oder negativen Selektion dieser Verhaltensmöglichkeit zugrunde (s.u.). Die Existenz solcher motivationalen Tendenzen wurde häufig nur postuliert bzw. aus der Selektion zwischen Verhaltensalternativen geschlossen (z.B. in der Feldtheorie Lewins, 1935, 1936, 1938; im Risikowahlmodell Atkinsons, 1957; dem erwartungs-wert-theoretischen Modell Heckhausens, 1977a; oder der Theorie zur Handlungsdynamik von Atkinson & Birch, 1970). Die obige Definition hingegen impliziert, daß solche Tendenzen nicht abstrakte, im luftleeren Raum angesiedelte Gebilde sind, sondern daß es sich bei ihnen um Aktivierungen kognitiver Strukturen handelt. Unterstellt wird dabei für solche Strukturaktivierungen, daß sie alle Trägheits- und sonstigen Eigenschaften besitzen können, die motivationalen Tendenzen zuzuschreiben sind.

Motivation, die der Selektion von Handlungsalternativen zugrundeliegt, kann zu Realisationsmotivation führen, der vorbereitende und begleitend-kontrollierende Funktionen für die Handlungsausführung zukommen (Kuhl, 1983a). *Realisationsmotivation* ist in diesem Sinne zu *definieren* als ein Prozeß bzw. Zustand, der ebenfalls deklarativer oder prozeduraler Art sein kann und aus den folgenden Komponenten bestehen kann:

(1) *Deklarative Realisationsmotivation* ("Volition", "Wollen") besteht aus *Absichten*. Dabei handelt es sich um spezifische Kognitionen, für die zwei Komponenten konstitutiv sind (vgl. Pekrun, 1983a): (a) Die deklarative Repräsentation der jeweiligen Handlungsmöglichkeit. (b) Ein Erleben dieser Handlungsmöglichkeit als auszuführend, also eine Art Selbstverpflichtung gegenüber dieser Handlungsmöglichkeit ("aktuelles Moment" im Sinne von Ach, 1910; "commitment" gegenüber einer Handlung; vgl. Klinger, 1975). Ein solches Selbstverpflichtungs-Erleben besteht seinerseits zum einen aus einem spezifischen Gefühl, das sich ebenso wie die Gefühlsanteile von Emotionen nicht näher definieren läßt, da es sich um ein intern produziertes Ereignis handelt, das nicht aus einer

Repräsentation von beobachtbaren Sachverhalten besteht und nicht auf bestimmte Körperzonen verweist (wie z.B. Hunger, Durst oder Schmerz dies tun; vgl. o. 3.1). Zum anderen kann ein solches Erleben eine zur Handlungsrepräsentation tretende kognitive Repräsentation der Absichtsrelation zwischen Ich (eigener Person) und Handlung umfassen, die in sprachlicher Form dem Statement "Ich will diese Handlung ausführen" entspricht.

Weitere mögliche, aber – im Unterschied zu Handlungsrepräsentation und Selbstverpflichtungserleben – nicht notwendige Absichtskomponenten sind (c) Repräsentationen von Situationen (Ist-Zustände); von Zielen (Soll-Zustände); von sonstigen Handlungsfolgen, die mit der jeweiligen Handlung verknüpft sind (Nebenwirkungen); von Erwartbarkeit und subjektiven Valenzen dieser Ziele und Handlungsfolgen; und von einzusetzenden Handlungsmitteln (Aktionspläne, Anstrengungsgrad etc.; vgl. auch Dörner, 1982).

(2) *Prozedurale Realisationsmotivation.* Zusätzlich oder alternativ zu Absichtskognitionen kann eine Realisationsmotivation ebenso wie eine Selektionsmotivation aus der Aktivierung prozeduraler Verhaltensschemata bestehen (prozedurale Realisationsmotivation). Fraglich ist allerdings, inwieweit und in welcher Weise sich Schemaaktivierungen, die der Realisierung eines Verhaltens unmittelbar vorausgehen, von denjenigen Aktivierungen unterscheiden, die als Grundlage der vorangehenden Wahl zwischen Handlungsmöglichkeiten dienen. Offenzulassen ist hier also, inwieweit im Bereich prozeduraler Motivation tatsächlich sinnvoll zwischen Selektions- und Realisationsmotivation zu unterscheiden ist.

Diese Konzeption des Motivationsbegriffs unterscheidet sich vor allem in folgendem Punkt von den meisten Motivationsmodellen der letzten Jahrzehnte: Während andere, "kognitive" Motivationstheorien der letzten Zeit davon ausgingen, daß es sich bei "Motivation" in jedem Fall um kognitiv vermittelte Phänomene handelt, läßt die obige Konzeption die Möglichkeit zu, daß Motivation auch ohne kognitive Repräsentationen auskommen kann. "Motivation" kann in diesem Sinne beispielsweise aus persistierenden Aktivierungen prozeduraler Schemata bestehen, die unmittelbar von Wahrnehmungen ausgelöst werden (s.u.). "Motivation" kann damit repräsentatorische, bewußtseinsfähige Kognitionen umfassen, muß es aber nicht. Den motivationalen Charakteristika nicht-intentionalen Verhaltens wird man mit einer solchen Sichtweise wohl eher gerecht als mit reduktiven, ausschließlich kognitivistischen Sichtweisen.

Im Sinne dieser Konzeption führt deklarative Motivation zu intentionalem Verhalten (*"Handeln"*), prozedurale Motivation hingegen zu nicht-intentionalem Verhalten. Für deklarative Motivation schließlich ist eine weitere Differenzierung wesentlich, die sich auf Zielrepräsentationen als Bestandteile solcher Motivation bezieht: die Unterscheidung zwischen *intrinsischer* und *extrinsischer* Motivation.

Intrinsische und extrinsische Motivation

Die Begriffe "intrinsische" und "extrinsische" Motivation werden in der Literatur unterschiedlich verwendet. Von Erwartungs-Wert-Theoretikern wurde unter "intrinsischer" Motivation häufig Motivation verstanden, die auf eine jeweils dominierende Klasse von Handlungszielen gerichtet ist (z.B. Leistungsziele beim

Leistungshandeln), und unter "extrinsischer" Motivation Tendenzen, die auf Nebenziele oder Konsequenzen der Handlungsziele gerichtet sind (also z.B. zusätzliche soziale Ziele beim Leistungshandeln wie: dem Versuchsleiter einen Gefallen zu tun, anderen Versuchspersonen zu imponieren etc.). Ein zentrales Problem einer solchen Konzeption ist die Frage, welches die jeweils einer Handlung direkt zuzuordnende Klasse von Zielen ist.

Heckhausen (1980, Kap. 12) versucht deshalb, intrinsische Motivationen von extrinsischen in der Weise präziser abzugrenzen, daß er eine "Gleichthematik" von Handlung und Ziel als Kriterium intrinsischer Motivation einführt. Solche "Gleichthematik" soll dann vorliegen, wenn Handlung und Ziel "thematisch übereinstimmen", so daß das Handeln "um seiner eigenen Thematik willen erfolgt" (1980, S. 610). Bei dieser Lösung handelt es sich vermutlich um eine Scheinlösung, da sie wohl einen definitorischen Zirkel impliziert: Wodurch wird eine Handlung z.B. zu einer – von Heckhausen als Beispiel herangezogenen – "Leistungshandlung", die dann bei Verfolgung von "gleichthematischen Zielen", also Leistungszielen, "intrisisch motiviert" ist? Offensichtlich erst durch Rekurs auf die Ziele dieser Handlungen – der Tätigkeit selber läßt sich ihr leistungsthematischer Charakter nicht entnehmen. Noch entscheidender ist allerdings, daß mit solchen, in der Tradition verstärkungstheoretisch-behavioristischen Denkens stehenden Konzeptionen – zumindest implizit – die Möglichkeit von Handlungen ignoriert oder für unwesentlich erachtet wird, die nicht auf Ziele außerhalb dieser Handlungen orientiert sind (so z.B. Atkinson, 1964; oder Heckhausen, der nicht zielorientierte Handlungen auf den Bereich "kurzweiliger Aktivitäten" reduziert sieht; 1980, S. 608; zugelassen wird diese Möglichkeit hingegen in einer jüngeren erwartungs-wert-theoretischen Konzeption von Heckhausen & Kuhl, 1985).

Andere, hier nicht näher zu diskutierende Ansätze bezeichnen Motivation dann als "intrinsisch", wenn es zur Herstellung bzw. Wiederherstellung eines optimalen Aktivationsniveaus (Berlyne, 1960, 1971) oder einer Kongruenz zwischen einlaufender Information und existierenden kognitiven Strukturen (Hunt, 1965) dient, oder wenn es als selbstverursacht erlebt wird (z.B. DeCharms, 1968); und als "extrinsisch" jeweils im gegenteiligen Fall. Auch in solchen Konzeptionen wird eine Motivation mithin dann als "intrinsisch" bezeichnet, wenn sie mit bestimmten handlungsexternen Ursachen oder Konsequenzen verknüpft ist.

Hier soll dagegen eine Motivation dann als *intrinsisch* bezeichnet werden, *wenn das Motivationsziel subjektiv in der jeweiligen Handlung besteht*, die Handlung also subjektiv ihr eigenes Ziel darstellt, indem sie in entsprechenden Handlungswünschen als Ziel repräsentiert ist. Als *extrinsisch* hingegen soll sie bezeichnet werden, *wenn die Ziele subjektiv außerhalb der Handlung liegen*. Eine Handlung ist in diesem Sinne intrinsisch motiviert, wenn ihr intrinsische Valenz zukommt (s.o. 2.2); diese kann in Gefühlen bestehen, die mit der Handlung verknüpft sind, oder in kognitiven Einschätzungen der Handlung als bedeutsam um ihrer selbst willen. Extrinsisch motiviert hingegen ist eine Handlung dementsprechend dann, wenn sie als instrumentell zur Erreichung anderer Ziele eingeschätzt wird.

Entscheidend für die begriffliche Zuordnung sind dabei jeweils nicht die tatsächlich mit der Handlung verknüpften Gefühle oder mit ihr erreichten Ziele, sondern die antizipatorische *Repräsentation* von intrinsischen bzw. extrinsischen Valenzen. Im Unterschied zu den Annahmen anderer Autoren (z.B. Apter, 1982) ist dabei zu vermuten, daß intrinsische und extrinsische Motivation sich nicht generell ausschließen, sondern gleichzeitig vorhanden sein können. Dies kann z.B. so aussehen, daß eine Handlung gleichzeitig wegen ihres Eigenwerts und wegen antizipierter Folgen angestrebt wird; die Gesamtvalenz der Handlung dürfte sich in diesem Fall erhöhen (s.u.). Es kann aber auch so aussehen, daß Handlung und Folgen unterschiedliche Valenzen zukommen (indem z.B. die jeweiligen Folgen als positiv valent antizipiert werden, die Handlung aber als zu anstrengend und damit als negativ valent erlebt wird). Von kognitiven Analysen und Vergleichsprozeduren für solche ambivalenten Wertigkeiten dürfte es dann abhängen, ob Tendenzen zur Handlungsausführung entstehen oder nicht (s.u.).

5.2 Aktualgenese von Motivation: Proximale Motivationsauslöser

5.2.1 Problemstellung

Bei den meisten Motivationstheorien der letzten Jahrzehnte handelt es sich um Erwartungs-Wert-Modelle, also um Modelle, die Motivation anhand von Erwartungs- und Valenzkonstrukten zu erklären versuchen. Dies gilt insbesondere für die folgenden Traditionen motivationspsychologischer Theoriebildung:

(a) Neobehavioristische Theorien in der Nachfolge Tolmans (z.B. die "soziale Lerntheorie" Rotters, 1954, 1966). (b) Entscheidungstheoretische Ansätze (z.B. Edwards, 1954; Jaccard & Sheng, 1984). (c) Instrumentalitätstheoretische Modelle, die zunächst im Rahmen organisationspsychologischer Fragestellungen entwickelt wurden (Vroom, 1964; Wanous, Keon & Latack, 1983), aber mittlerweile auch auf andere Problemstellungen angewendet werden (z.B. Krampen, 1986b, 1986c). (d) Theorien in der gestalttheoretischen Tradition, die in Lewinschem Denken ihren Ausgangspunkt nahmen (Lewin, 1935, 1936, 1938). Zu ihnen zählen u.a. die Theorie der resultierenden Valenz von Festinger (Festinger, 1942; Cartwright & Festinger, 1943), das Risikowahlmodell Atkinsons (1957, 1964), das generalisierte kognitive Modell der Leistungsmotivation von Heckhausen (1977a), das Valenz-Potenz-Aktivierungs-Modell von Kuhl (1983a) und schließlich attributionale Motivationsmodelle (Weiner, 1980, 1982, 1985).

Alle diese Modelle erklären Motivation als Resultat einer kognitiven Verknüpfung der subjektiven Erwartungen und Wertigkeiten von Handlungsfolgen. Dabei wird angenommen, daß eine Motivation umso stärker ausfällt, je höher jeweils Folgenerwartungen und -wertigkeiten sind; und in der Regel wird unterstellt, daß die Verknüpfung von Erwartungen und Wertigkeiten einem multiplikativen Muster folgt (dies impliziert, daß sowohl Erwartung als auch Wert *notwendige* Motivationsvoraussetzungen darstellen). Insbesondere das generalisierte Modell Heckhausens (1977a) beinhaltet dabei erhebliche Fortschritte gegenüber älteren Modellen. Dennoch sind die vorliegenden Modelle dieser Klasse in einer Reihe von Punkten zu kritisieren:

(1) Motivation als reflektives, rationales Phänomen. Traditionelle Erwartungs-Wert-Modelle nehmen an, daß Motivation in jedem Fall von Erwartungs- und Valenzkognitionen vermittelt wird, daß motivationale Prozesse also immer reflektiv ablaufen. Die meisten dieser Modelle haben dabei unterstellt, daß Erwartungs- und Valenzkognitionen in zweckrationaler Weise so verknüpft werden, daß das Ergebnis (Motivation) eine Handlungsselektion nach dem Prinzip maximalen erwarteten Nutzens zuläßt (Motivationsbildung also nach Prinzipien multiplikativer Erwartungs-Wert-Verknüpfungen erklärbar ist; vgl. auch Aschenbrenner, 1984). In der Regel wurde also unterstellt, daß Motivation deklarativer Art ist, und daß es sich dabei um reflektive und zweckrationale psychische Prozesse handelt.

Die Auffassung, daß *Reflektivität* notwendiges Charakteristikum solcher psychischen Abläufe sei, ist dabei generell der Dominanz des "kognitiven Paradigmas" in der Psychologie der letzten Zeit zuzuordnen. Eine Konzeptualisierung von Motivation als *zweckrational* läßt sich u.a. in behavioristische Theoriebildung zurückverfolgen (vgl. die Motivationsmodelle von Hull, 1943, 1952) und hat sich in die kognitive Motivationspsychologie fortgepflanzt. Entgegen diesen paradigmatischen Basisannahmen aber ist ähnlich wie für andere psychische Abläufe (z.B. Emotionen, Kap. 3) auch für Motivation davon auszugehen, daß nicht alle derartigen Prozesse kognitiv vermittelt werden und zweckrational ausgerichtet sind. Es ist im Gegenteil anzunehmen, daß Reflektivität und Rationalität nur einen Bruchteil alltäglichen Motivationsgeschehens kennzeichnen (s.u. 5.2.2, 5.2.5).

(2) Selektions- vs. Realisationsmotivation. In fast allen Erwartungs-Wert-Modellen wird der Motivationsbegriff im alten, eindimensionalen Sinne verwendet (Motivation als Tendenz, die Zielrichtung, Intensität und Persistenz von Verhalten zugrundeliegt; s.o.). Es wird also nicht zwischen Selektions- und Realisationsmotivation unterschieden (mit Ausnahme der Modelle von Mento et al., 1980; Kuhl, 1983a; Heckhausen & Kuhl, 1985; Heckhausen et al., 1986). Dies führt zu einem vermeintlichen Widerspruch zwischen Erwartungs-Wert-Theorien einerseits und Zieltheorie (Locke, 1968; Locke et al., 1981) sowie Modellen der Anstrengungskalkulation (Meyer, 1973; Kukla, 1972) andererseits (vgl. Mento, Cartledge & Locke, 1980; Locke, Motowidlo & Bobko, 1986):

Von Erwartungs-Wert-Modellen wird behauptet, daß nicht nur die Präferenz für eine wählbare Handlungsmöglichkeit, sondern auch Intensität und Persistenz der Handlungsrealisierung eine *positive* Funktion der Erwartungshöhe sind (und zusätzlich natürlich auch eine positive Funktion der Valenzhöhe). Es wird also von ihnen behauptet, daß Handlungsintensität und -persistenz mit der (subjektiven) Wahrscheinlichkeit von Erfolg ansteigen. Zieltheorie und Modelle der Anstrengungskalkulation hingegen postulieren (und können dies auch empirisch gut belegen; Mento, Steel & Karren, 1987; Tubbs, 1986), daß Anstrengungsintensität und -persistenz mit der Schwierigkeit der Zielerreichung ansteigen. Da subjektive Schwierigkeit und subjektive Erfolgserwartung in aller Regel in einer inversen (negativ-monotonen) Beziehung stehen, läuft dies auf die Annahme einer *negativen* Relation zwischen Erwartung einerseits und Handlungsintensität und

-persistenz andererseits hinaus (steigende Anstrengung mit steigender Schwierigkeit bzw. sinkender Erfolgserwartung).

Dieser Widerspruch löst sich (partiell) auf, wenn man traditionellen Erwartungs-Wert-Modellen die Selektion zwischen Handlungsalternativen als Gültigkeitsbereich zuweist (Wahl der Handlungsalternativen mit maximalem erwarteten Nutzen, also maximalem Erwartungs-Wert-Produkt), Ziel- und Anstrengungskalkulationstheorie hingegen Intensität und Persistenz der Realisierung einer bereits gewählten Handlungsalternative (Mento, Cartledge & Locke, 1980; s.u. 5.2.3 und 7.3). Zu unterscheiden ist damit zwischen Selektions- und Realisationsmotivation (s.o. 5.1). Unten (5.2.3) ist darzustellen, in welcher Weise sich beide Motivationstypen und Modellarten in einer erweiterten erwartungs-wert-theoretischen Perspektive integrieren lassen.

(3) Extrinsische vs. intrinsische Motivation. Erwartungs-Wert-Modelle haben in aller Regel unterstellt, daß Motivation immer auf Verhaltensfolgen gerichtet ist, daß es sich bei Motivation also immer um "extrinsische" Motivation handelt (zu den Begriffen "intrinsische" und "extrinsische" Motivation o. 5.1). Dementsprechend vermögen sie nur die Bildung extrinsischer Motivation, nicht hingegen die Entstehung intrinsischer Motivation zu erklären.

(4) Motivationale Erwartungen und Valenzen. Die meisten Erwartungs-Wert-Theorien haben sich auf eine Diskussion von Erwartungen zu Verhaltensfolgen beschränkt. Dabei wurden in der Regel nur ein oder höchstens zwei zeitlich gestaffelte Stufen von Verhaltensfolgen konzeptuell einbezogen (eine wichtige Ausnahme ist das Modell zukunftsorientierter Motivation von Raynor, 1969, 1982). Es gibt aber eine Reihe weiterer, vermutlich motivational relevanter Typen von Erwartungen, zu denen insbesondere die folgenden zählen (s.o. 2.2):

(a) Situations-Folgen-Erwartungen. Sie wurden im Anschluß an Bolles (1972) erstmals von Heckhausen (1977a) in erwartungs-wert-theoretische Modellbildung integriert. (b) Handlungskontroll-Erwartungen (Erwartungen, bestimmte Handlungen realisieren zu können). Solche Erwartungen wurden von Bandura (1977) unter der Bezeichnung "Selbstwirksamkeits-Erwartungen" popularisiert (s.o. 2.2). (c) Intentionskontroll-Erwartungen (Erwartungen, Handlungen zugrundeliegende Absichten bilden und kontrollieren zu können; s.o. 2.2). Während sich Handlungskontroll-Erwartungen auf die antizipierte Umsetzbarkeit von Absichten (Realisationsmotivation) in Handlungen beziehen, repräsentieren Intentionskontroll-Erwartungen die Umsetzbarkeit von Wünschen (Selektionsmotivation) in konkrete Handlungsabsichten (Realisationsmotivation). Solche Erwartungen und ihr möglicher motivationaler Stellenwert sind bisher nicht analysiert worden.

Während von Erwartungs-Wert-Theorien Erwartungskognitionen in differenzierter Weise konzeptualisiert worden sind, sind Valenzkognitionen von ihnen bisher nicht systematisch analysiert worden (vgl. Reykowski, 1982; Cragin, 1983). In der Regel wurde schlicht davon ausgegangen, daß motivationale Valenzen von Antizipationen der Affekte konstituiert werden, die mit Handlungsfolgen einhergehen (so in der Nachfolge von McClelland et al., 1953, z.B. Atkinson, 1957, 1964; Heckhausen, 1977a; Heckhausen & Kuhl, 1985). Es wurden also nur handlungsextrinsische, gefühlsbezogene Valenzen in die Betrachtung einbezogen. Der Stellenwert handlungs-intrinsischer sowie gefühlsneutraler, nicht-affektiver Valenzen blieb ungeklärt (zu den grundlegenden Problemen einer Taxonomie von Valenztypen auch Bailey, 1978).

(5) Aktualgenetische Motivationsdynamik. Erwartungs-Wert-Theorien haben die Entstehung motivationaler Tendenzen auf der Basis von Verknüpfungen von Erwartungs- und Wertkognitionen untersucht. Das weitere Verlaufsschicksal solcher Tendenzen aber ist von ihnen nicht näher untersucht worden (also Verlaufsform, Perseveration, Kumulation oder direkte gegenseitige Beeinflussungen von motivationalen Tendenzen, wie sie die dynamische Handlungstheorie von Atkinson & Birch, 1970, thematisiert).

(6) Motivationale Persönlichkeitsmerkmale und ontogenetische Motivationsdynamik. Die meisten Erwartungs-Wert-Theorien betrachten interindividuelle Unterschiede motivationaler Abläufe entweder überhaupt nicht, oder sie beziehen summarische "Motiv"-Konstrukte der unten (6.1) zu kritisierenden Form ein (so z.B. das Risikowahlmodell Atkinsons, 1957). Dies gilt im übrigen nicht nur für Erwartungs-Wert-Theorien, sondern generell für die zeitgenössische Motivationspsychologie (mit Ausnahme bestimmter persönlichkeitspsychologischer Ansätze wie Cattell, 1950, 1980, 1985; oder Maslow, 1954). In Entsprechung hierzu haben Erwartungs-Wert-Theorien auch die Auswirkungen aktueller Motivationsabläufe auf Bildung und Veränderung motivationaler Persönlichkeitsmerkmale und damit auf die langfristige Motivationsentwicklung nicht systematisch thematisiert.

Zusammenfassend läßt sich sagen, daß traditionelle Erwartungs-Wert-Modelle im Unterschied zu ihrem Anspruch nur für eine spezielle, recht eng umschriebene Klasse motivationaler Phänomene Gültigkeit beanspruchen können: nämlich für die aktualgenetische Auslösung (nicht aber die nachfolgende Verlaufsdynamik) von extrinsischer, auf zweckrationale Weise kognitionsgesteuerter Selektionsmotivation. Für solche Motivation hat sich zumindest die erwartungs-wert-theoretische Grundannahme, daß Erwartungen und Valenzen entscheidende Antezedenzien von Motivation darstellen, sowohl laborexperimentell wie in Felduntersuchungen in den unterschiedlichsten Motivationsbereichen auch immer wieder bestätigt (z.B. im Bereich von Anstrengungs- und Leistungsmotivation; Cervone & Peake, 1986; Heckhausen & Rheinberg, 1980; Pekrun, 1983a, 1984b, 1986; im Bereich politischer Handlungsmotivation; Krampen, 1986b; oder im Bereich von Therapiemotivation; Maddux, Norton & Stoltenberg, 1986; zu Übersichten Heckhausen, 1980; Feather, 1982; Kuhl, 1983a; Krampen, 1987; Pekrun, 1987d).

Alle anderen aktualgenetischen Motivationsprobleme hingegen werden von Erwartungs-Wert-Theorien und damit vom Hauptstrang zeitgenössischer Motivationspsychologie nicht thematisiert. In Anbetracht der genannten Kritikpunkte könnte man deshalb in Versuchung kommen, mit der erwartungs-wert-theoretischen Denktradition zu brechen und zu versuchen, Motivationsphänomene in anderer Weise umfassender zu erklären. Damit aber würde man die Errungenschaften dieser Denktradition über Bord werfen und einen der alten Fehler wissenschaftlicher Psychologie perpetuieren: Theorien und empirisches Wissen nicht in kumulativer Weise zu erweitern und Theorien nicht so zu konstruieren, daß sie (valide) ältere Theorien als Spezialfälle einschließen, sondern je nach

Mode von einem "Paradigma" zum nächsten, dann zum übernächsten und dann vielleicht wieder zum ersten zurückzuschwenken (vgl. Pekrun, 1983a, Kap. 1; Kuhl, 1983a). Sinnvoller scheint es, den Annahmen traditioneller Modelle den ihnen zukommenden Gültigkeitsbereich zuzuweisen und im übrigen erwartungs-wert-theoretisches Denken den genannten Kritikpunkten entsprechend zu erweitern. Demzufolge sind erwartungs-wert-theoretische Modelle entlang der folgenden strategischen Linien zu modifizieren:

(a) Sie sollten möglichst präzise Angaben darüber enthalten, unter welchen Bedingungen Motivation tatsächlich erwartungs- und wertgesteuert entsteht, und unter welchen Bedingungen dies in einer subjektiv zweckrationalen Art und Weise geschieht (nicht-kognitionsgesteuerte Motivationsbildung hingegen liegt großteils außerhalb der Erklärungskraft von Erwartungs-Wert-Theorien; s.u.).

(b) Sie sollten nicht nur Erklärungen für Selektionsmotivation, sondern auch für Realisationsmotivation liefern, und nicht nur Erklärungen für extrinsische, sondern auch für intrinsische Motivation.

(c) Sie sollten Erwartungen und Valenzen hinreichend differenziert konzeptualisieren und klare Annahmen darüber formulieren, in welcher Weise die jeweiligen Parameter kognitiv verknüpft werden (hierzu auch Kuhl, 1983a; Heckhausen & Kuhl, 1985).

(d) Schließlich sollten sie die Persönlichkeitsbedingungen von erwartungs- und wertgesteuerter Motivationsbildung einbeziehen und die jeweiligen Implikationen für ontogenetische Motivationsentwicklung analysieren.

In den folgenden Abschnitten dieses Kapitels werden Überlegungen vorgestellt, die sich an diesen Forderungen zu orientieren versuchen (RSR-Modell; 5.2.3 – 5.2.5). Sie knüpfen an ältere Modellbildungen an (Pekrun, 1983a, 1984b) und erweitern sie. Zurückgegriffen wird dabei auf die Terminologie zu Erwartungs- und Valenzkognitionen sowie zugeordneten Überzeugungen, die in Kap. 2.2 vorgestellt wurde und bereits in den Emotionsanalysen der letzten beiden Kapitel Verwendung fand. Neben erwartungs-wert-theoretischen Annahmen sollen dabei auch Möglichkeiten zu Motivationsprozessen diskutiert werden, die nicht von Erwartungs- und Valenzkognitionen vermittelt werden (5.2.2, 5.2.5).

5.2.2 Auslösung von Motivation

Kognitive Motivationstheorien sind davon ausgegangen, daß Motivation von Kognitionen ausgelöst und gesteuert wird (Heckhausen, 1980). Im Gegensatz zu dieser kognitiv-theoretischen Basisannahme aber ist zu vermuten, daß Selektions- und Realisationsmotivation nicht nur kognitionsgesteuert ausgelöst werden können, sondern auch direkt von Wahrnehmungen und Gefühlen sowie eventuell auch von neurochemischen und peripher-physiologischen Abläufen (ähnlich wie dies für Emotionen gilt; s.o. 3.2.1). Daneben ist auch zu diskutieren, ob Verhalten auch gänzlich *ohne* vorangehende Motivation auftreten kann. Diese unterschiedlichen Möglichkeiten sind im folgenden der Reihe nach zu analysieren, bevor in den nächsten Abschnitten eine integrative Theorie zum speziellen Fall reflektiv-rationaler Selektions- und Realisationsmotivation (RSR-Modell) vorgestellt wird. Dabei ist jeweils zwischen Selektions- und anschließender Realisationsmotivation zu differenzieren, soweit anzunehmen ist, daß diese beiden Motivationsphasen aktualgenetisch tatsächlich getrennt sind.

(1) Wahrnehmungsgesteuerte Motivationsauslösung

(1.1) Angeborene wahrnehmungsgesteuerte Motivationsauslösung. Nicht nur bei infrahumanen Arten, sondern auch beim Menschen gibt es wohl grundsätzlich die Möglichkeit, daß motivationale Tendenzen in angeborener Weise direkt von intero- oder exterozeptiven Wahrnehmungen ausgelöst werden. Für deklarative Motivation, also bewußtseinsfähige Handlungswünsche und Absichten, ist allerdings fraglich, inwieweit perzeptionsgesteuerte Auslösung genetisch programmiert sein kann. Perzeptionsgesteuerte *prozedurale* Motivation hingegen, also eine wahrnehmungsabhängige Aktivierung von gespeicherten, prozeduralen Verhaltensschemata, dürfte in genetisch vorgeprägter Weise typisch vor allem für frühe Altersabschnitte sein.

Voraussetzung sind angeborene Verhaltensschemata, deren Bedingungskomponenten Wahrnehmungsinhalte repräsentieren. Wahrnehmungsabhängige, persistierende Aktivierungen solcher Schemata sind dann als prozedural-motivationale Tendenz aufzufassen. In den frühen Stadien kognitiver Reifung, in denen kognitive Prozesse nur in eingeschränkter Form möglich sind und Lernprozesse erst am Anfang stehen, dürfte solche perzeptionsgesteuerte Motivationsauslösung einen entscheidenden Bestandteil des psychischen Repertoires darstellen.

Für die Möglichkeit angeborener Motivationsauslösung spricht also vor allem, daß das Neugeborene ohne solche Möglichkeiten der Aktivierung von Verhaltensprogrammen kaum überlebensfähig wäre. Auch bei Erwachsenen aber dürfte angeborene, wahrnehmungsgesteuerte Verhaltensschema-Aktivierung bei bestimmten, physiologisch grundlegenden Motivationssystemen eine Rolle spielen (also z.B. bei Motivation zu Nahrungsaufnahme oder sexuellem Verhalten). Dennoch ist diese Möglichkeit von der Motivationspsychologie der letzten Jahrzehnte weitgehend ignoriert worden.

(1.2) Gelernte wahrnehmungsgesteuerte Motivationsauslösung. Ähnlich wie für Emotionen (Kap. 3) ist auch für Motivationen anzunehmen, daß sie in gelernter Weise direkt von Wahrnehmungen herbeigeführt werden können. Zwei Arten prozedurabhängigen Lernens können zum Aufbau entsprechender Wahrnehmungs-Motivations-Schemata führen: (a) Klassische Konditionierung, d.h. Substitution einer Wahrnehmung mit motivationsauslösender Funktion durch eine andere Wahrnehmung aufgrund häufiger Kopplung beider Wahrnehmungen (vgl. Kap. 4.3, 6.3). (b) Habitualisierung von kognitiv vermittelter Motivationsauslösung, d.h. Automatisierung und anschließende Verkürzung von Wahrnehmungs-Kognitions-Motivations-Prozessen auf der Basis eines wiederholten Durchlaufens solcher Prozesse, das zum Aufbau eines einfachen Wahrnehmungs-Motivations-Schemas führt. (Die Verkürzung kann auch soweit gehen, daß ein Wahrneh-

mungs-Verhaltens-Schema aufgebaut wird, das eine wahrnehmungsgesteuerte Auslösung von Verhalten *ohne* motivationale Vermittlung erlaubt; s.u.).

Für *deklarative* Motivationen werden von solchen Lernprozessen Schemata aufgebaut, die Wahrnehmungen unmittelbar mit Handlungswünschen oder sogar direkt mit Handlungsabsichten verknüpfen, ohne daß kognitive Prozesse (z.B. Erwartungs- und Wertkalkulationen) vermittelnd eingreifen müssen. Aktivierungen dieser Schemata durch schemakongruente Wahrnehmungen produzieren unmittelbar Handlungswünsche bzw. -absichten. Einzuordnen sind hier auch prozeduralisierte Komponenten von ansonsten kognitionsvermittelter Motivations- und Verhaltenssteuerung; also z.B. erworbene Prozeduren der Anpassung investierter Anstrengungen an die Schwierigkeit des jeweiligen Handlungsschrittes.

Für *prozedurale* Motivation werden mit solchen Lernprozessen Verhaltensschemata erworben, die Situationswahrnehmungen unmittelbar mit Verhaltensprogrammen verknüpfen. Aktivierungen solcher Schemata auf der Basis schemakongruenter Wahrnehmungen führen unmittelbar zur Überführung der betreffenden Verhaltensprogramme aus dem Langzeit- ins Arbeitsgedächtnis (also ohne Vermittlung von kognitiven Zwischenprozessen wie Erwartungs- und Valenzkognitionen oder Handlungswünschen und -absichten).

Die Habitualisierung geht dabei relativ wenig weit, wenn auf ihrer Basis Wahrnehmungen direkt zur Auslösung von Handlungswünschen führen (bis zum Verhalten müssen dann noch Absichtsbildung und Aktivierung von Verhaltensprogrammen folgen). Sie geht etwas weiter, wenn Wahrnehmungen direkt zu Absichten führen; und noch weiter, wenn Wahrnehmungen direkt zu Aktivierungen von Verhaltensprogrammen (prozeduralen Verhaltensschemata) führen. Der Extremfall ist schließlich der, daß Wahrnehmungen unter Umgehung von motivationalen Prozessen in direkter Weise nicht nur zur Aktivierung von Verhaltensprogrammen, sondern direkt zu Verhalten führen (also zur Exekution eines Verhaltensprogramms).

Gelernte wahrnehmungsgesteuerte Motivationsauslösung wurde von behavioristischer Motivationspsychologie thematisiert, von kognitiver Motivationspsychologie hingegen bisher ebenso wie angeborene Auslösung eher ignoriert. Auszunehmen sind u.a. die Überlegungen zur Gewohnheitsbildung von Kuhl (1983a) und Pekrun (1983a, 1984b; vgl. auch Fazio et al., 1986).

(1.3) Wahrnehmungsgesteuerte Motivationsauslösung auf Vorsatzbasis. Eine wichtige, für Motivation spezifische Art direkter, wahrnehmungsgesteuerter Auslösung beruht auf der Möglichkeit, daß nicht ausgeführte Absichten als Vorsätze gespeichert werden können. Anknüpfend an Ach (1910) und Kuhl (1983a) kann hierzu folgendes angenommen werden:

(a) Wenn die Ausführungsbedingungen einer Absicht durch die gegenwärtige Situation nicht erfüllt sind oder der Ausführung der Absicht die Ausführung von anderen Absichten vorgeordnet wird, so wird diese Absicht dann aufgegeben, wenn die Ausführungsbedingungen in der Zukunft nicht mehr gegeben sein werden (eventuell wird dann aber eine Ersatzabsicht zur Weiterverfolgung des jeweiligen Ziels gebildet). (b) Werden die Chancen für eine momentan nicht ausführbare Absicht hingegen so eingeschätzt, daß die Ausführungsbedingungen für diese Absicht auch in der Zukunft bzw. überhaupt nur in der Zukunft gegeben sein werden, so wird die Absicht in das Langzeitgedächtnis überführt. Eine solche im Gedächtnis gespeicherte Absicht ist mit Ach (1910) und in Übereinstimmung mit der Alltagssprache als *Vorsatz* zu bezeichnen. (c) Sind die Ausführungsbedingungen für einen Vorsatz zu einem späteren Zeitpunkt in einer Situation gegeben und wird dies wahrgenommen, so führt diese Situationswahrnehmung zur Aktivierung der zu ihr kongruenten Bedingungskomponente des Vorsatzes und damit zur Aktivierung des gesamten Vorsatzes. Der aktivierte Vorsatz ist dann wieder als aktuelle Absicht zu betrachten und wird auch als solche erlebt.

Eine solche Vorsatzaktivierung kann dabei nicht nur über Aktivierungen von gespeicherten Bedingungskomponenten laufen, sondern auch über Aktivierungen anderer Komponenten (z.B. Handlungs- oder Zielrepräsentationen). Auch Aktivierungen solcher Komponenten können durch jeweils kongruente Situationswahrnehmungen herbeigeführt werden. So kann man sich z.B. eines Vorsatzes, einen Brief zu schreiben, erinnern und ihn als Absicht wiederbeleben, wenn man selber einen Brief erhält (Wahrnehmung einer Situation, die der Zielsituation ähnlich ist, und Vorsatzaktivierung durch Aktivierung der Zielrepräsentation). Anderes Beispiel: Man sieht, wie ein Freund sein Auto repariert, erinnert sich seines Vorsatzes zu einer Reparatur am eigenen Auto, womit er als Absicht reaktiviert ist (Wahrnehmung einer Handlung, die der im Vorsatz repräsentierten Handlung ähnlich ist, und Vorsatzaktivierung über eine Aktivierung der Handlungsrepräsentations-Komponente).

Sind entsprechende Vorsätze vorhanden, so kann also eine Situationswahrnehmung unmittelbar zu einer Absichtskognition und damit zu deklarativer *Realisationsmotivation* (Volition) führen. Ähnliches läßt sich – über die Analysen von Kuhl (1983a) hinausgehend – aber auch für Handlungswünsche, also für deklarative *Selektionsmotivation* annehmen:

(a) Hat sich ein Handlungswunsch (eine selektionsmotivationale "Tendenz") gegenüber konkurrierenden Wünschen nicht durchgesetzt, so kann er im Langzeitgedächtnis gespeichert werden, falls er stark genug ist und die Handlung auch später ausgeführt werden kann. (b) Bei Aktivierung durch geeignete Situationswahrnehmungen wird der gespeicherte Handlungswunsch reaktiviert; er kann dann entweder direkt in eine Absicht umgesetzt werden oder zunächst in eine Konkurrenz mit anderen, gleichzeitig vorhandenen Handlungswünschen eintreten. Auch dabei können Aktivierungen durch Kongruenz von Situation einerseits und unterschiedlichen Komponenten des gespeicherten Handlungswunsches (Handlungsrepräsentation, Repräsentationen von Zielen oder Ausführungsbedingungen) andererseits herbeigeführt werden.

Schließlich ist natürlich in ähnlicher Weise für Ziel-, Erwartungs- und Valenzkognitionen, die der Wunsch- und Absichtsbildung vorausgehen, anzunehmen, daß sie sich auf der Basis von gespeicherten Repräsentationen aktualgenetisch bilden können (s.u. Punkt 2 und Kap. 6.2).

Zu bedenken ist, daß gespeicherte Handlungswünsche und -absichten in aktivierter Weise ebenso wie gespeicherte Ziel-, Erwartungs- und Valenzrepräsentationen (Kap. 2.2) sowohl *singulärer* als auch *schematischer* Art sein können. Zwischen singulären und schematischen Wünschen/Absichten bestehen erhebliche qualitative Unterschiede, die von der Motivationspsychologie bisher kaum berücksichtigt worden sind. Nur eine singuläre Handlungsabsicht nämlich, also eine Absicht, die sich auf die Realisierung einer einmaligen Handlung richtet, kann nach ihrer aktualgenetischen Entstehung vollständig in Handlung umgesetzt und damit erledigt werden. Eine solche Absicht muß nur dann mittel- oder langfristig gespeichert werden, wenn es – aus welchen Gründen auch immer – nicht unmittelbar zur Handlungsausführung kommt.

Schematische, generalisierte Absichten hingegen implizieren, daß *immer* bei Vorliegen bestimmter Bedingungen eine bestimmte Art von Handlungen auszuführen ist ("Ich beabsichtige, mir in Zukunft jeden Sonntag mehr Zeit für meine Kinder zu nehmen"). Wenn sich eine solche Absicht gebildet hat, so ist sie durch eine einzelne Ausführung nicht zu erledigen, sondern muß in jedem Fall – unabhängig von der Möglichkeit zur sofortigen Umsetzung in eine einzelne Handlung – in den Langzeitspeicher überführt werden. Sie wird dann jedesmal wieder aktiviert, wenn die entsprechenden Situationsbedingungen vorliegen.

Zu beachten ist schließlich, daß Vorsatzbildung und anschließende wahrnehmungsgesteuerte Motivationsauslösung in den Bereich *deklarativer* Motivation gehören. In diesem Sinne kann deklarative Motivation nach aktualgenetischer Bildung in Gestalt von Vorsätzen im Langzeitgedächtnis "aufgehoben" und "konserviert" werden. Bei prozeduraler Motivation, die aus Aktivierung von Verhaltensschemata besteht, geht dies nicht. Ist die Aktivierung erst einmal abgeklungen, so bleiben im Verhaltensschema wohl auch dann keine weiteren Spuren zurück, wenn das betreffende Verhaltensprogramm nicht ausgeführt werden konnte. Passieren aber kann in einer solchen, nicht dem prozeduralen Routineablauf entsprechenden Situation etwas anderes: Die Existenz der Schemaaktivierung und die mangelnde Möglichkeit zur Ausführung können in deklarativer Weise bewußt werden, und auf dieser Basis kann ein deklarativer Vorsatz zur späteren Realisierung gefaßt werden. (Notwendig hierfür ist, daß zunächst die höheren Hierarchieebenen des Schemas in deklarative Kognitionen umgesetzt werden.)

Handlungswünsche und Absichten, die im Langzeitgedächtnis gespeichert sind, können im Sinne dieser Überlegungen (relative) Zeitstabilität aufweisen. Darüber hinaus ist anzunehmen, daß sie von Person zu Person variieren. Sie erfüllen damit alle Kriterien, die an Persönlichkeitsmerkmale anzulegen sind. Unter einer persönlichkeitspsychologischen Perspektive wird deshalb im nächsten Kapitel (6.2) noch einmal auf sie eingegangen.

(2) Kognitionsgesteuerte Motivationsauslösung

Kognitionsgesteuerte Motivationsauslösung ("reflektive" Auslösung) beinhaltet, daß zwischen die Ereignisse, die einen motivationalen Prozeß einleiten, und die Auslösung von Motivation Kognitionen geschaltet sind, die über Wahrnehmungen der aktuellen Situation hinausgehen. Dabei gilt, daß sowohl Selektions- als auch Realisationsmotivation – und zwar partiell unabhängig voneinander – durch Kognitionen vermittelt werden können. Weiterhin ist anzunehmen, daß es sich bei reflektiv vermittelter Motivation eher um *deklarative* Motivation handelt, also um (selektionsorientierte) Handlungswünsche und (realisationsorientierte) Handlungsabsichten, weniger hingegen um prozedurale Motivation. (Für prozedurale Motivation ist anzunehmen, daß sie von Wahrnehmungen oder über andere Auslöser induziert wird oder von deklarativer Realisationsmotivation, also Absichten in Gang gesetzt wird.)

Deklarative Selektionsmotivation. Reflektive Auslösung von deklarativer Selektionsmotivation (also von Handlungswünschen) dürfte prinzipiell so aussehen, daß von Situationswahrnehmungen und/oder von internen Abläufen bestimmte Kognitionen ausgelöst werden, die dann ihrerseits zur Bildung von Handlungswünschen führen. Bei Selektionsmotivation lassen sich in diesem Sinne heuristisch zwei Teilphasen unterscheiden (s.u. Abb. 5.2): (1) eine Phase der *Anregung handlungsbezogener Kognitionen*; und (2) eine Phase der Kalkulation von Handlungsalternativen und damit der *Bildung von Handlungswünschen.* Die folgenden Typen handlungsbezogener Kognitionen dürften dabei wesentlich sein:

(a) Zielrepräsentationen ("Zielwünsche"). (b) Handlungsrepräsentationen. (c) Situationsrepräsentationen (insbesondere Kognitionen zu situativen Ausführungsbedingungen von Handlungen). (d) Erwartungen (zur Realisierbarkeit von Zielen und Handlungen; und zu Situationsfolgen sowie nicht angezielten Handlungsfolgen, also Nebenwirkungen). (e) Valenzkognitionen (zu Valenzen von Zielen, Handlungen, Nebenwirkungen und Situationsfolgen). In den nächsten Abschnitten wird ausführlicher darauf eingegangen, in welcher Weise solche Kognitionen zwischen perzeptiven oder internen Auslösebedingungen einerseits und Handlungswünschen (Selektionsmotivation) andererseits vermitteln.

Deklarative Realisationsmotivation (Volition). Reflektive Auslösung von deklarativer Realisationsmotivation (Absichten) beinhaltet, daß Absichten aus aktuellen Handlungswünschen entstehen (nicht hingegen unmittelbar aus der Aktivierung von Vorsätzen; s.o. Punkt 1). Der Prozeß der Selektion zwischen Handlungswünschen kann dabei von bewußten Kognitionen zu Auswahlkriterien geleitet sein; er kann aber auch in nicht-bewußter Weise rein prozedural erfolgen. Der Selektionsprozeß kann also reflektiv oder nicht-reflektiv erfolgen.

An die Absichtsbildung kann sich eine Phase weiterer Absichtsdifferenzierung anschließen, die eine Kalkulation situativer Möglichkeiten und einzusetzender Handlungsmittel beinhaltet. Hierzu gehört insbesondere auch eine Kalkulation notwendiger Anstrengung. In diesem Sinne folgen bei kognitionsgesteuerter Motivation auf (1) die Anregungsphase und (2) die Phase der Wunschbildung (3) eine Phase der *Absichtsbildung* und (4) eine Phase der Bildung von Detailplänen und damit der *Absichtsdifferenzierung* und *Anstrengungskalkulation* (s Abb. 5.2; ausführlicher 5.2.3, 5.2.4).

Kognitionsgesteuerte Motivationsauslösung kann im übrigen ebenso wie wahrnehmungsgesteuerte Auslösung sowohl angeborene wie gelernte Komponenten umfassen:

(2.1) Angeborene Komponenten. Bestimmte Prozeßkomponenten dürften auch bei kognitionsvermittelter Motivations- und Verhaltensauslösung auf genetisch determinierten Schemata deklarativer und prozeduraler Art beruhen. Man kann

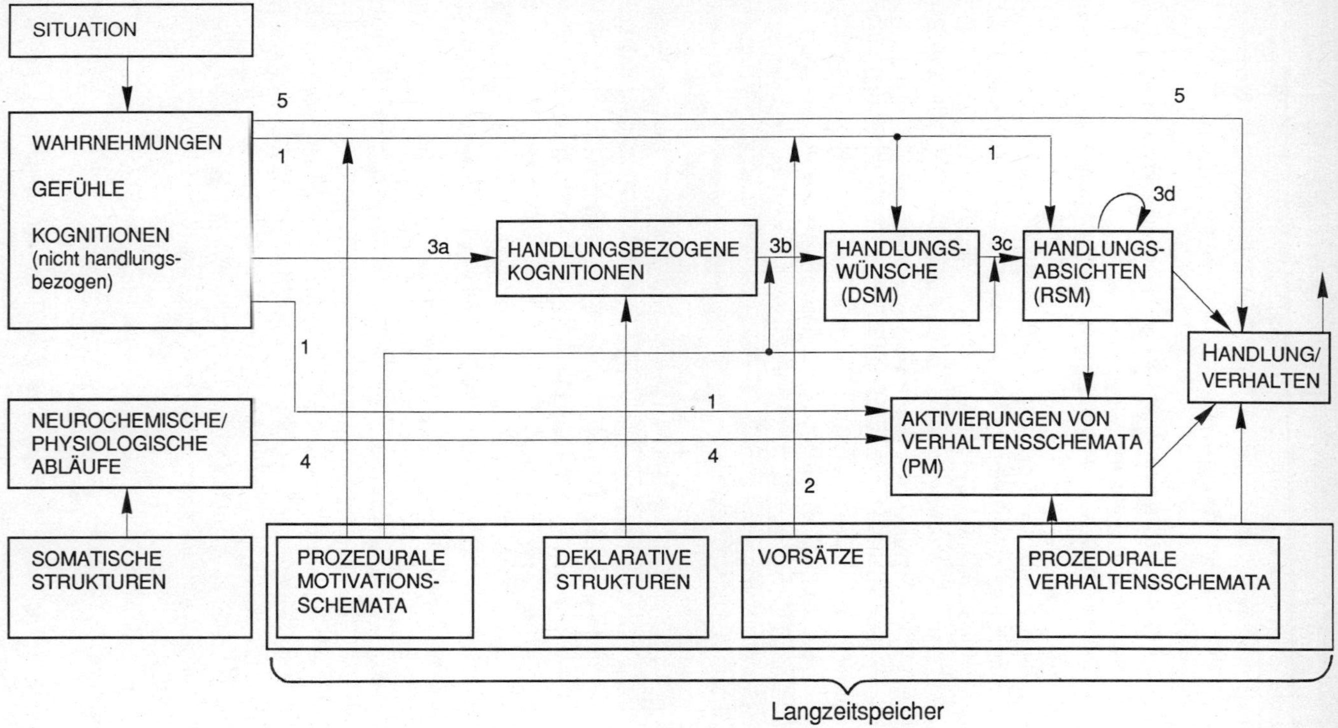

Abb. 5.2 Auslösung von Motivation und Verhalten (ohne Rückwirkungen)

Legende zu Abb. 5.2

DSM/DRM = Deklarative Selektionsmotivation/Deklarative Realisationsmotivation
PM = Prozedurale Motivation

1 = Wahrnehmungs-/gefühlsgesteuerte Auslösung
2 = Wahrnehmungsgesteuerte Auslösung auf Vorsatzbasis
3 = Kognitionsgesteuerte Auslösung
4 = Physiologische Auslösung
5 = Verhalten ohne Motivation

3a = Anregungsphase
3b = Wunschbildung
3c = Absichtsbildung
3d = Absichtsdifferenzierung

spekulieren, daß hierzu Komponenten der folgenden Typen zählen können:

(a) Deklarative Valenzschemata, die bestimmten, insbesondere physiologienahen Ereignissen/Objekten (z.B. Nahrungsmitteln) gefühlsbezogene Valenzen zuordnen und dementsprechend grundlegend für die Bildung entsprechender Handlungswünsche sind.

(b) Prozedurale Kognitionsschemata, die Standard-Verknüpfungsprozeduren für Erwartungs- und Valenzkognitionen bereitstellen (vor allem Verknüpfungen propositionaler, additiver und multiplikativer Art; s.u.).

(c) Prozeduren der Bildung von Verhaltenswünschen auf der Basis zielbezogener Erwartungs- und Valenzkognitionen, der Bildung von Verhaltensabsichten (einschließlich Selbstverpflichtungsgefühlen) auf der Basis von Verhaltenswünschen, und der Aktivierung von Verhaltensschemata auf der Basis von Absichten. Dabei handelt es sich möglicherweise zum Teil nicht um spezifische prozedurale Schemata, sondern um generelle Struktureigenschaften des kognitiven Systems. Dies gilt vor allem für die Prozeduren, die über die Zulassung konkurrierender Handlungswünsche zur Absichtsbildung entscheiden (zu Modellen allgemeiner, strukturbedingter Auswahlkriterien für Ausführungstendenzen Anderson, 1983; Norman & Shallice, 1986).

(d) Bestimmte Prozeduren der Ausführungskontrolle, die z.B. im Handlungsablauf eine automatische Anpassung investierter Anstrengung an den perzipierten Schwierigkeitsgrad einer Aufgabe erlauben (vgl. Kuhl, 1983a).

(2.2) Gelernte Komponenten. Die Inhalte von Erwartungen, Valenzkognitionen, Handlungswünschen und Absichten sind vermutlich zum größten Teil gelernt (zu den Ausnahmen können u.a. körperbezogene Valenzen zählen; s.o.). Dasselbe gilt für die meisten prozeduralen Verhaltensprogramme. Auch die Prozeduren für Verknüpfungen dieser Motivationsbestandteile und Auslösungen der jeweils nächsten Schritte im Motivationsprozeß aber dürften zum Teil gelernt sein. Dies ist am deutlichsten sichtbar bei rationalen, expliziten, bewußt gesteuerten Prozeduren der Entscheidung zwischen Handlungsalternativen (z.B. professionellen Prozeduren von Kosten-Nutzen-Entscheidungen im betriebswirtschaftlichen Bereich).

(3) Motivationsauslösung durch Gefühle

In Kap. 3.2 wurde bereits erwähnt, daß Handlungswünsche und Handlungsabsichten unmittelbar von Gefühlen ausgelöst werden können (ohne vorangehende

Kalkulation von Handlungszielen, Erwartungen und Valenzen). Dies dürfte insbesondere für intensive Gefühle gelten; also für intensive Emotionen, intensive bedürfnisbezogene Gefühle und intensiven Schmerz. In diesem Sinne kann z.B. starker Ärger unmittelbar den Wunsch oder die Absicht auslösen, einen Gegenstand zu zerstören (und eine Suche nach einem geeigneten Objekt einleiten, das anschließend demoliert wird). Anderes Beispiel: Sexuelle Bedürfnisse können unmittelbar einen Handlungswunsch nach sexueller Betätigung auslösen (wobei die Bedürfnisbefriedigung dabei vielleicht als faktisches Triebziel anzusehen ist, aber nicht als Handlungsziel kogniziert werden muß; die Wunschbildung kann unmittelbar erfolgen, also ohne vorherige Kognitionen zu handlungsexternen Zielen). Von Gefühlen kann insofern vor allem *intrinsische deklarative Motivation* ausgelöst werden, also Wünsche und Absichten zu Handlungen, die nicht um handlungsexterner Ziele willen als anstrebenswert gesehen werden.

Gefühle können aber auch *prozedurale Motivation* unmittelbar auslösen, also Aktivierungen von Verhaltensprogrammen. So kann z.B. im Sinne des oben genannten Beispiels starker Ärger ein Verhaltensprogramm zum Zerschlagen eines Porzellangegenstands unter Umgehung von Wunsch- und Absichtsbildung direkt in einen aktivierten, nicht bewußten Zustand versetzen, der dann zu entsprechendem Verhalten führt, wenn geeignetes Prozellan in Greifweite gerät.

Schließlich können Gefühle unmittelbar zur *Ausführung eines Verhaltensprogramms* führen (Aktivierung mit unmittelbarer Ausführung), *ohne* daß Wünsche, Absichten oder Phasen der Programmaktivierung vorangehen müssen (direkte Verhaltensauslösung durch Gefühle; vgl. auch Kap. 3.2). Dies gilt z.B. für jede Art von unwillkürlichem, von Gefühlen produziertem Ausdrucksverhalten (im Unterschied zu motivational gesteuertem, willkürlichem Ausdrucksverhalten; vgl. Ekman, 1984). Grundlage sind in diesem Fall genetisch determinierte Prozedurschemata, die Emotionen mit dem jeweiligen motorischen Ausdrucksprogramm verknüpfen (s. Kap. 3). Affektive Verhaltensauslösung kann aber auch gelernt worden sein. So kann jemand z.B. gelernt haben, auf Angst in bestimmten sozialen Situationen unmittelbar mit dem Griff zum Bierglas oder mit Rückzug aus der Situation zu reagieren.

Basis affektiver Motivations- oder Verhaltensauslösung dürften in jedem Fall prozedurale Motivations- bzw. Verhaltensschemata sein, die das jeweilige Gefühl mit Motivation bzw. Verhalten verknüpfen. Die Bedingungskomponenten solcher Schemata repräsentieren das betreffende Gefühl, die Aktionskomponenten Motivation bzw. Verhalten. Soweit solche Schemata nicht angeboren sind, dürften sie auch hier wieder im Zuge von Habitualisierung durch Automatisierungen und Verkürzungen ursprünglich elaborierterer, kognitiv vermittelter Motivations- und Verhaltensauslösung entstehen (ähnlich wie die Schemata, die wahrnehmungsgesteuerter Motivations- und Verhaltensauslösung zugrundeliegen; s.o. und vgl. Kap. 4.3 zum Automatisierungs-Kurzschluß-Lernen von Prozedurschemata).

Möglichkeiten zu affektiver Motivations- und Verhaltensauslösung wurden bisher eher von der Emotionspsychologie, weniger hingegen von der Motivationspsychologie berücksichtigt (vgl. Plutchik, 1980; Scherer, 1984). So haben insbesondere kognitive Motivationstheorien den Einfluß von Emotionen und anderen

Gefühlen konzeptuell darauf eingeschränkt, daß antizipierte Gefühle zwar Handlungsfolgen Valenz verleihen, zur Motivations- und Verhaltensbildung aber in jedem Fall Erwartungs-Wert- oder ähnliche Kalkulationen erforderlich sind (vgl. Atkinson, 1964; Heckhausen, 1980). Umgekehrt sind allerdings viele Emotionspsychologen im Zuge "imperialistischer" Emotionspsychologie (Kap. 3) von der ebenso einseitigen und irrigen Annahme ausgegangen, daß Emotionen als einzige oder primäre Motivations- und Verhaltensursachen anzusehen seien (z.B. Izard, 1977; Plutchik, 1980).

(4) *Andere Möglichkeiten der Motivationsauslösung*

Denkbar ist vor allem für prozedurale Motivation, daß solche Motivation prinzipiell auch von anderen Mechanismen als Wahrnehmung, Kognition und Gefühl ausgelöst werden kann. Aus der tierexperimentellen Forschung ist beispielweise bekannt, daß eine Elektrostimulation spezifischer Hirnareale bestimmte grundlegende Verhaltensweisen auslösen kann (z.B. Freßverhalten; vgl. Stellar & Stellar, 1985). Ungeklärt ist dabei, inwieweit es sich jeweils tatsächlich um eine Aktivierung spezifischer Verhaltensprogramme oder vielmehr um eine eher unspezifische Aktivierung eines größeren Bereichs möglicher Verhaltensweisen handelt (vgl. Schneider & Schmalt, 1981). Zudem ist dies eine artefizielle Möglichkeit, die in der Wirklichkeit außerhalb des Labors kaum eine Rolle spielt (ebenso wie elektrostimulative Auslösung von Emotionen; s.o. 3.2.1): Unter normalen Bedingungen werden Erregungen kortikaler oder subkortikaler Zentren von Wahrnehmungen und Kognitionen sowie anderen Prozessen innerhalb und außerhalb des zentralen Nervensystems ausgelöst, nicht hingegen durch direkte Reizung.

Auch für neurochemische Stoffe und Veränderungen im neurochemischen (insbesondere neurohormonalen) Stoffwechsel schließlich ist bekannt, daß sie zu Aktivierungen grundlegender Verhaltensprogramme führen können (z.B. im Bereich des Trinkverhaltens; Schneider & Schmalt, 1981, Kap. 4 und 5). Für eine Ausführung des Verhaltens scheinen im übrigen sowohl bei elektrostimulativen wie bei neurochemischen Mechanismen Wahrnehmungen entsprechender Objekte in der Umwelt notwendig zu sein (die vermutlich als Bedingungskomponenten in den jeweiligen Verhaltensprogrammen gespeichert sind).

(5) *Verhalten ohne Motivation*

"Motivation" besteht in verhaltensvorbereitenden Prozessen deklarativer und prozeduraler Art. Die Funktion solcher Prozesse liegt in der Selektion zwischen Verhaltensalternativen und der Bereitstellung von Verhaltensschemata im Arbeitsgedächtnis. Den obigen Überlegungen zufolge aber gibt es Situationen, in denen solche vorbereitenden, vermittelnden Prozesse entfallen – eine Möglichkeit, die von der Motivationspsychologie weitgehend ignoriert wird. Nicht-motiviertes Verhalten hat drei Dinge zur Voraussetzung (vgl. auch 3.2.3):

(a) Es liegt ein aktueller, nicht-motivationaler psychischer Zustand vor, der genau der Bedingungskomponente eines prozeduralen Verhaltensschemas entspricht. Wie oben erläutert, kann es sich dabei vor allem um Wahrnehmungen oder Gefühle handeln. (b) Es ist jeweils nur ein einziges Verhaltensschema vorhanden, dessen Bedingungskomponente der jeweiligen Wahrnehmung bzw. dem Gefühl entspricht (im anderen Fall werden mehrere Verhaltensschemata aktiviert, zwischen denen selegiert werden muß; damit wäre vor die Verhaltensausführung ein motivationaler Prozeß geschaltet). (c) Die jeweilige Situation erlaubt es, das betreffende Verhalten unmittelbar auszuführen (ist diese Voraussetzung nicht gegeben, so kommt es entweder nicht zur Verhaltensausführung, oder die Schemaaktivierung persistiert in Gestalt prozeduraler Motivation solange, bis das Verhalten ausgeführt werden kann).

Sind diese Voraussetzungen erfüllt, so wird das betreffende, im Langzeitgedächtnis gespeicherte Verhaltensschema nicht nur aktiviert (und damit zum Bestandteil des Arbeitsgedächtnisses), sondern es wird auch unmittelbar mit der Ausführung begonnen. Grundsätzlich entspricht diese Möglichkeit – im Gegensatz zu kognitiv-motivational vermittelter Verhaltensauslösung – der behavioristischen Vorstellung unmittelbarer Reaktionsauslösung durch Reize. Im Unterschied zu behavioristischen Annahmen wird hier allerdings unterstellt, daß solche Reaktionsauslösung von spezifizierbaren internen Strukturen und Prozessen getragen wird.

Entscheidend ist die Frage, unter welchen Bedingungen jeweils welche der genannten Möglichkeiten der Motivations- bzw. Verhaltensinduktion eine Rolle spielen. Bemerkt werden kann schon hier, daß wahrnehmungs- und gefühlsgesteuerte Modi der Motivationsbildung im motivationalen Alltagsgeschehen ebenso wichtig sein dürften wie reflektiv vermittelte Motivationsauslösung. Allerdings sind als wesentliche Basis für wahrnehmungs- und gefühlsgesteuerte Auslösung Habitualisierungen kognitiv vermittelter Motivation anzusehen (den obigen Überlegungen entsprechend); solcher Motivation gebührt mithin eine gewisse theoretische Vorrangstellung. In den nächsten beiden Abschnitten wird deshalb zunächst der Fall reflektiv-rationaler Motivationsauslösung einer näheren Analyse unterzogen. Im Anschluß daran wird dann auf die Frage eingegangen, welche Randbedingungen jeweils zu welchem Typus der Motivations- und Verhaltensauslösung führen (5.2.5).

5.2.3 Reflektive Motivationsauslösung: Das RSR-Modell

Der spezielle Fall reflektiver (kognitionsgesteuerter) Motivationsauslösung liegt dann vor, wenn motivationsrelevante Kognitionen der Motivationsauslösung vorangehen und ihr zugrundeliegen. Bei so ausgelöster Motivation dürfte es sich prinzipiell um *deklarative* Selektions- bzw. Realisationsmotivation handeln, also um Handlungswünsche und Handlungsabsichten; dies wurde oben diskutiert. Reflektiv ausgelöste Selektionsmotivation ist der klassische Gegenstand von motivationalen Erwartungs-Wert-Theorien (s.o. 4.2.1); reflektiv ausgelöste Realisationsmotivation der Gegenstand von Achs (1910) "Schwierigkeitsgesetz der Motivation", Zieltheorie (Locke et al., 1981) und Modellen der Anstrengungskalkulation (Kukla, 1972; Meyer, 1973).

Heuristisch nützlich für die Analyse reflektiv vermittelter Motivation ist es, zunächst vom idealisierten Modell eines zweckrational kalkulierenden Menschen auszugehen und anschließend mögliche Einschränkungen faktischer Zweckrationalität zu diskutieren. Selektionsmotivation wird dabei üblicherweise dann als *subjektiv zweckrational* bezeichnet, wenn ihre Stärke dem subjektiv erwarteten Nutzen entspricht, der mit der betreffenden Handlungsalternative verbunden ist (so daß der Alternative mit dem höchsten subjektiv erwarteten Nutzen die höchste Selektionsmotivation zugeordnet wird). In ähnlicher Weise kann Realisationsmotivation dann als subjektiv zweckrational bezeichnet werden, wenn der implizierte Anstrengungsgrad genau demjenigen Ausmaß an Anstrengung entspricht, das mit dem höchsten subjektiv erwarteten Nutzen aller möglichen Anstrengungsgrade bei der betreffenden Handlung einhergeht.

Im folgenden wird zunächst auf rational vermittelte Selektionsmotivation, auf rational vermittelte Realisationsmotivation und auf ein integriertes Modell reflektiv-rationaler Selektions- und Realisationsmotivation (RSR-Modell) eingegangen. Anschließend werden mögliche prozessuale Abfolgen der implizierten kognitiven Einzelbestandteile diskutiert (5.2.4). Auf mögliche Einschränkungen subjektiver Rationalität von reflektiv vermittelter Motivation schließlich wird in Abschnitt 5.2.5 eingegangen.

RSR-Teilmodell zur Selektionsmotivation

Phase 1: Anregung handlungsbezogener Kognitionen

Dem Abwägen von Handlungsalternativen muß eine Anregung handlungsbezogener Kognitionen vorausgehen. Auf prozessuale Probleme dieser Phase ist unten noch gesondert einzugehen (5.2.4). Die jeweils angeregten und damit verfügbaren Situations-, Handlungs-, Ziel- und Folgenkognitionen konstituieren die Datenbasis, die selektionsmotivationalen Kalkulationsprozessen zugrundeliegt.

Phase 2: Kalkulation von Handlungsalternativen und Wunschbildung

In dieser Phase werden Handlungsziele, situative Möglichkeiten, Handlungsalternativen, Nebenwirkungen und zugeordnete Valenzen abgewogen und entsprechende Handlungswünsche gebildet (also deklarative Selektionsmotivation). Zu reflektiv-zweckrational vermittelter Motivation dieser Art wurde bereits an anderer Stelle (Pekrun, 1983a, 1984b) ein formalisiertes Modell vorgestellt, das ältere erwartungs-wert-theoretische Modelle zu dieser Motivationskategorie zu integrieren und zu erweitern sucht. Von anderen Modellen unterscheidet es sich vor allem in der simultanen Berücksichtigung folgender Punkte:

(a) Neben Erwartungen zu Handlungsfolgen können auch Erwartungen zu Situationsfolgen für die Motivationsbildung relevant sein (dies wurde erstmals von Heckhausen, 1977a, systematisch analysiert; vgl. auch Kraak, 1976). (b) Darüber hinaus sind auch Handlungskontroll-Erwartungen (s.o. 2.2.1) zu berücksichtigen, also Erwartungen, intendierte Handlungen – unabhängig von ihren Folgen –

realisieren zu können (dieser Aspekt wird auch von Kuhls VPA-Modell berücksichtigt; Kuhl, 1983a). (c) Traditionelle Erwartungs-Wert-Theorien gehen davon aus, daß eine bestimmte Handlung in der subjektiven Antizipation nur *eine* Handlungsfolge produzieren kann (so auch noch das Prozeßmodell von Heckhausen und Kuhl, 1985). Im Gegensatz hierzu ist anzunehmen, daß in vielen Fällen mehrere unmittelbare Handlungsfolgen antizipiert werden (vgl. Pekrun, 1983a, Kap. 5). (d) Antizipationen von Handlungs- und Situationsfolgen können sich nicht nur auf Handlungsfolgen erster Stufe ("Ergebnisse" in der Terminologie Heckhausens, 1977a, 1980) und zweiter Stufe beziehen, sondern auch auf Folgen entfernter liegender Folgenstufen (dies wurde erstmals von Raynor, 1969, in seinem Modell zukunftsorientierter Motivation systematisch berücksichtigt). (e) Motivation kann sich nicht nur auf extrinsisch-folgenbezogene Valenzen, sondern auch auf intrinsische Valenzen der jeweiligen Handlung beziehen; die Möglichkeit intrinsischer Motivation ist in erwartungs-wert-theoretische Modellbildung zu integrieren.

Das vorliegende Modell geht nun ähnlich wie andere Erwartungs-Wert-Ansätze davon aus, daß reflektiv-rational vermittelte Selektionsmotivation sich auf der Basis von kognitiven Verknüpfungen der jeweiligen Erwartungen und Valenzen bildet. Für entsprechende Verknüpfungsprozeduren ist dabei zu unterstellen, daß sie prinzipiell additiver und multiplikativer Art sind, und daß subjektiv jeweils alle diejenigen Erwartungen und Valenzen einbezogen werden, die angeregt wurden und damit kognitiv verfügbar sind.

Die "Zweckrationalität" eines solchen motivationalen Ablaufes ist dementsprechend in einem doppelten Sinne relativiert und subjektiv: Sie bezieht sich auf *subjektive* Erwartungen und Valenzen (unabhängig von ihrer Kongruenz zur Wirklichkeit), und sie bezieht sich auf die jeweils subjektiv *verfügbare* Datenbasis (die von Motivationsprozeß zu Motivationsprozeß unterschiedlich umfangreich sein kann; vgl. auch Cervone & Peake, 1986). Ein Vermittlungsprozeß kann in diesem Sinne auch dann subjektiv zweckrational ablaufen, wenn Erwartungen und subjektive Valenzen auf Fehleinschätzungen der Wirklichkeit beruhen und/oder nur ein Teil der objektiv verfügbaren Daten subjektiv umgesetzt wird. Zu den Verknüpfungen subjektiv verfügbarer Erwartungs- und Valenzinformationen wird nun folgendes vermutet:

Verknüpfungen von Erwartungen und Valenzen. Für Erwartungen wird angenommen, daß sie Wahrscheinlichkeitsrelationen repräsentieren. Großteils repräsentieren sie zusätzlich auch kausale Relationen; dies gilt insbesondere für Handlungs-Folgen-, Situations-Folgen- und Folgen-Folgen-Erwartungen, die jeweils implizieren, daß ein vorangehendes Ereignis ein nachfolgendes Ereignis bewirkt. Auch Repräsentationen kausaler Relationen entsprechen dabei subjektiven Wahrscheinlichkeiten, nämlich Wahrscheinlichkeiten, daß bestimmte Ursachen bestimmte Folgen produzieren werden. (Darüber hinaus können motivationale Erwartungen auch Ausprägungsrelationen repräsentieren; diese Möglichkeit wird im vorliegenden Teilmodell zunächst noch vernachlässigt).

Dementsprechend wird hier ähnlich wie für emotionsrelevante Erwartungen (Kap. 3) angenommen, daß indirekte Erwartungen (Erwartungen, daß Ereignisse spätere Ereignisse durch die Vermittlung dazwischenliegender Ereignisse produzieren) sich aus multiplikativen Verknüpfungen der subjektiven Wahrscheinlichkeiten ergeben, welche den jeweiligen direkten Erwartungen zugeordnet sind *(Prinzip der Erwartungsmultiplikation).* Darüber hinaus wird ebenso wie für emotionsrelevante Valenzen (Kap. 3) angenommen, daß die subjektive Gesamtvalenz eines Ereignisses oder Objekts sich aus einer additiven Verknüpfung der subjektiven Einzelvalenzen dieses Ereignisses/Objekts ergibt *(Prinzip der Valenzaddition).*

Diese beiden Prinzipien liegen in der einen oder anderen Variante so gut wie allen formalisierten, motivationalen Erwartungs-Wert-Theorien zugrunde (vgl. Wahba & House, 1974; Heckhausen, 1980; Feather, 1982; Kuhl, 1983a). Beide Prinzipien sind allerdings eher als Idealisierungen faktischer Kognitionsabläufe anzusehen. So ist insbesondere für Valenzen anzunehmen, daß ihr inkrementeller Wert mit zunehmender Zahl und Stärke der Einzelvalenzen eines Sachverhalts sinkt.

Erwartungsüberschuß-Prinzip extrinsischer Handlungsvalenz. Eine Handlung, die (ausschließlich) zur Herbeiführung eines bestimmten Sachverhalts (Ereignisses, Objekts) dient, macht nur dann Sinn, wenn dieser Sachverhalt nicht von selbst eintritt, die Handlung also notwendig ist (und dies auch so erlebt wird). Diese einfache Tatsache wurde erstmals – in noch etwas restringierter Form – von Heckhausen (1977a) in motivationstheoretische Modellbildung systematisch einbezogen (vgl. aber auch Kraak, 1976, und s. Pekrun, 1983a, Kap. 5). Seitdem ist sie wieder etwas in Vergessenheit geraten. In allgemeiner Form kann hierzu angenommen werden, daß der instrumentelle Wert einer Handlung zur Herbeiführung eines Sachverhalts umso größer ist, je mehr die Wahrscheinlichkeit handlungsbedingten Eintretens des Sachverhalts die Wahrscheinlichkeit übersteigt, daß der Sachverhalt sich auch ohne Zutun eigenen Handelns einstellen wird. Die beiden folgenden Extremfälle sind dabei denkbar (beide dürften recht häufig sein):

(a) Man glaubt, daß ein Sachverhalt sich *auch ohne eigenes Handeln* einstellen wird (durch die "Situation", also physikalische Umstände, andere Personen etc. herbeigeführt wird) und eigenes Handeln die Wahrscheinlichkeit für ein Eintreten des Sachverhalts nicht erhöht. Dies ist insbesondere immer dann der Fall, wenn man glaubt, keinen Einfluß auf den Gang der Ereignissse nehmen zu können (und dies auch nicht zu müssen, soweit es sich jeweils um positive Ereignisse handelt). Unter solchen Umständen kommt eigenem Handeln keinerlei subjektiver, instrumenteller Wert zur Herbeiführung des Sachverhalts zu. (b) Man glaubt, daß der jeweilige Sachverhalt sich *unter keinen Umständen ohne eigenes Handeln* einstellen wird, durch eigenes Handeln hingegen mit Sicherheit herbeigeführt werden kann. In diesem Fall ist die instrumentelle Valenz der Handlung hoch. Alle anderen möglichen Fälle sind zwischen diesen beiden Extrema anzusiedeln.

Entscheidend ist dieser Überlegung zufolge die subjektive Differenz zwischen (1) der bedingten Wahrscheinlichkeit, daß der Sachverhalt eintritt, wenn man handelt, und (2) der bedingten Wahrscheinlichkeit, daß der Sachverhalt eintritt, wenn man nicht handelt. Die erstgenannte Wahrscheinlichkeit entspricht im Regelfall einer kausalen Handlungs-Folgen-Erwartung, die zweite in jedem Fall einer kausalen Situations-Folgen-Erwartung. Die Differenz zwischen beiden wird im vorliegenden Modell als *handlungsbezogener Erwartungsüberschuß* bezeichnet.

In diesem Sinne wird hier angenommen, daß die extrinsische Valenz einer Handlung bezüglich einer bestimmten Handlungsfolge umso größer ist, je größer der zugeordnete Erwartungsüberschuß ist, daß die Handlung diese Folge mit höherer Wahrscheinlichkeit produziert, als die Situation allein es tun würde. Zusätzlich aber ist anzunehmen, daß die jeweilige extrinsische Handlungsvalenz auch von der Gesamtvalenz der jeweiligen Handlungsfolge abhängt. Diese kann sich ihrerseits aus einer additiven Verknüpfung intrinsischer und extrinsischer Einzelvalenzen ergeben, wenn mehrere solcher Folgenvalenzen kogniziert werden.

Beide genannten Komponenten dürften dabei notwendig, aber allein jeweils nicht hinreichend sein: Wird die Handlung nicht als zielführend kogniziert, so ist ihr auch bei hoher Wertigkeit des Ziels keine extrinsische, auf dieses Ziel bezogene Valenz zuzusprechen. Wird ihr – umgekehrt – Instrumentalität zugesprochen, aber für ein subjektiv wertloses Ereignis, so kommt ihr insofern ebenfalls keine Valenz zu. Anzunehmen ist mithin, daß beide Komponenten in prinzipiell multiplikativer Verknüpfung der betreffenden extrinsischen Handlungsvalenz zugrundeliegen:

$$Ve_{HF} = EÜ_{HF,SF} \sum V_F \quad (1)$$

wobei

Ve_{HF} = einzelne extrinsische Valenz von Handlung H bezüglich Folge F

$EÜ_{HF,SF}$ = $E_{HF} - E_{SF}$ = "Erwartungsüberschuß"

E_{HF} = Erwartung, daß Handlung H Folge F nach sich zieht

E_{SF} = Erwartung, daß die Situation S Folge F nach sich zieht

V_F = einzelne Valenz von Folge F

Diese Überlegungen lassen sich für extrinsische Valenzen von Handlungsfolgen und generell für extrinsische Valenzen von beliebigen Sachverhalten verallgemeinern (Pekrun, 1983a, Kap. 5; 1984b). Zu beachten ist an Formel (1), daß es sich um eine verkürzte Schreibweise handelt (ausführlicher Pekrun, 1983a): Bezieht sich die jeweilige extrinsische Handlungsvalenz auf eine Folge nicht der ersten, sondern einer höheren Folgenstufe, so geht die jeweilige Handlungs-Folgen-Erwartung – dem Prinzip der Erwartungsmultiplikation entsprechend – aus einer grundsätzlich multiplikativen Verknüpfung der implizierten direkten Erwartungen hervor.

Erwartungs-Wert-Prinzipien reflektiv-rationaler Selektionsmotivation. Für die Stärke einer deklarativen Selektionsmotivation (also eines "Handlungswunsches") nimmt das Modell an, daß sie von der antizipierten Realisierbarkeit der betreffenden Handlung einerseits und der Gesamtvalenz dieser Handlung andererseits abhängt. Bei der ersten Komponente handelt es sich um die jeweilige "Handlungskontroll-Erwartung", also die Erwartung, die betreffende Handlung in der intendierten Form auch realisieren zu können. Popularisiert wurde dieses Konstrukt unter der eher mißverständlichen Bezeichnung "Selbstwirksamkeits-Erwartung" von Bandura (1977; hierzu Kap. 2.2).

Für die zweite Komponente (die Gesamtvalenz der Handlung) unterstellt das Modell, daß sie sich aus einer additiven Verknüpfung der Einzelvalenzen der betreffenden Handlung ergibt (falls mehrere solcher Einzelvalenzen vorliegen). Dabei kann es sich sowohl um intrinsische wie um extrinsische Handlungsvalenzen, um affektive und nicht-affektive und um normative und nicht-normative Valenzen handeln (zu diesen Valenzarten Kap. 2.2.).

Für Handlungskontroll-Erwartung einerseits und Gesamtvalenz andererseits postuliert das Modell, daß beide als notwendige, allein aber jeweils nicht hinreichende Determinanten von Selektionsmotivation aufzufassen sind. Darüber hinaus impliziert Formel (2), daß positive Handlungsvalenzen die resultierende Selektionsmotivation stärken, negative Valenzen sie hingegen schwächen. Bei gleichzeitigem Vorliegen von positiven und negativen Valenzen ist die resultierende Selektionsmotivation dann positiv, wenn die positiven Valenzen insgesamt dominieren, und dann negativ, wenn die negativen Valenzen dominieren. Positive Selektionsmotivation ist dabei inhaltlich als Wunsch zur Ausführung der Handlung aufzufassen, negative Selektionsmotivation als Wunsch zur Nicht-Ausführung der Handlung.

(2) $$M_H = E_{IH} \left[\sum Vi_H + \sum Ve_H \right] = E_{IH} \; V_{gH}$$

wobei
M_H = resultierende Selektionsmotivation für Handlung H
E_{IH} = Handlungskontrollerwartung, daß Intention I zur zur Realisierung von Handlung H führt
V_{iH} = intrinsische Einzelvalenz von Handlung H
V_{eH} = extrinsische Einzelvalenz von Handlung H
V_{gH} = Gesamtvalenz von Handlung H

Setzt man für die extrinsischen Valenzen (Ve) Formel (1) ein, so ergibt sich eine vollständigere Schreibweise:

(3) $$M_H = E_{IH} \left[\sum Vi_H + \sum EÜ_{HF,\,SF} \; V_F \right]$$

Aus dem in (2) bzw. (3) formalisierten Modell der Selektionsmotivation lassen sich Teilmodelle für Einzelkomponenten der jeweiligen Selektionsmotivation ableiten, die auf einzelne Teilziele gerichtet sind. Während die gesamte, auf eine Handlungsmöglichkeit bezogene Selektionsmotivation der traditionellen Begriffsführung entsprechend als "resultierende" Selektionsmotivation zu bezeichnen ist (vgl.

Atkinson, 1964), kann eine solche Motivationskomponente als *"Einzelmotivation"* für die Selektion der betreffenden Handlungsmöglichkeit bezeichnet werden. Im Erleben könnte es sich bei solchen Einzelmotivationen um integrierte Erwartungs-Wert-Kognitionen handeln (von Heckhausen & Kuhl, 1985, im Unterschied zu "wishes", also Zielkognitionen, als "wants" bezeichnet). Unterscheiden lassen sich dabei intrinsische Einzelmotivationen, die auf die Handlung selbst gerichtet sind, und extrinsische Einzelmotivationen, die auf Handlungsfolgen gerichtet sind:

(4)

$$Mi_H = E_{IH} \, Vi_H$$

$$Me_H = E_{IH} \, Ve_{HF}$$

wobei

Mi_H = intrinsische Einzel-Selektionsmotivation zu Handlung H
Me_H = extrinsische Einzel-Selektionsmotivation zu Handlung H
Vi_H = intrinsische Einzelvalenz von Handlung H
Ve_{HF} = extrinsische Einzelvalenz von Handlung H bezüglich Folge F

Bei der in den Formeln (1) bis (4) fixierten Theorie handelt es sich um ein Erwartungs-Wert-Modell von hohem Allgemeinheitsgrad, aus dem sich die meisten motivationalen Erwartungs-Wert-Theorien der letzten Jahrzehnte als spezielle Fälle ableiten lassen. Nimmt man z.B. an, daß die Handlungskontroll-Erwartung konstant und damit irrelevant ist, die Motivation ausschließlich extrinsisch ist, sich also nur auf Handlungsfolgen richtet, dabei nur Folgen erster Stufe zu berücksichtigen sind und Situationsfolgen keine Rolle spielen, so ergibt sich die Basisstruktur, die dem Modell resultierender Valenz von Festinger (1942) und dem Risikowahlmodell Atkinsons (1957) zugrundeliegt. Läßt man zusätzlich Folgen beliebig vieler Stufen zu, so entspricht dies dem Modell zukunftsorientierter Motivation von Raynor (1969). Läßt man stattdessen nur zwei Folgenstufen zu und berücksichtigt explizit auch das Nicht-Eintreten von Sachverhalten als mögliche Handlungsfolge, so erhält man die Basisstruktur instrumentalitätstheoretischer Modelle (Vroom, 1964). Läßt man dem Modell entsprechend zusätzlich auch einen Einfluß antizipierter Situationsfolgen zu, so resultiert die Grundstruktur des erweiterten Modells von Heckhausen (1977a) etc.

RSR-Teilmodell zur Realisationsmotivation

Wie oben (5.1, 5.2.2) bereits diskutiert wurde, besteht Realisationsmotivation darin, daß aus Handlungswünschen Absichten gebildet und anschließend differenziert werden. Absichtsdifferenzierungen können dabei sowohl vor als auch noch während einer Handlung vorgenommen werden. Wie oben schon angesprochen wurde, beinhalten sie vor allem Kalkulationen zu notwendigen Handlungsmitteln, also u.a. zum notwendigen Ausmaß an Anstrengungsintensität und -persistenz. Formale Prinzipien der Absichtsbildung und der Anstrengungskalkulation sind im folgenden getrennt zu diskutieren. Im Anschluß an die obige Diskussion reflektiv-rationaler Selektionsmotivation werden beide Phasen im folgenden fortlaufend weiternumeriert.

Phase 3: Entscheidung und Absichtsbildung

Handlungswünsche, die der Absichtsbildung zugrundeliegen, können sich auf unmittelbar auszuführende oder auf später auszuführende Handlungen beziehen. In beiden Fällen kann es passieren, daß die gewünschte Handlung mit anderen Handlungswünschen oder auch mit bereits existierenden Handlungsabsichten kollidiert, wenn die betreffenden Handlungen sich gegenseitig behindern (indem sie z.B. nicht gleichzeitig ausführbar sind, die eine Handlung die Grundlage für eine zweite zerstört etc.). Wichtig ist dabei, daß Handlungswünsche in vielen Fällen nicht nur mit anderen Handlungswünschen, sondern auch mit bereits gebildeten Absichten in Konkurrenz treten müssen (eine Tatsache, die meist vernachlässigt wird): Für die motivationalen, vorbereitenden Prozesse zu einer einzelnen Handlung lassen sich die Phasen von Selektions- und Realisationsmotivation relativ klar unterscheiden; parallele Motivationsprozesse zu verschiedenen Handlungen aber können sich in recht unterschiedlichen Stadien befinden. Zu unterscheiden sind hier nun die folgenden Möglichkeiten:

(1) Es liegen ein oder mehrere Handlungswünsche vor, die untereinander und mit existierenden Absichten *kompatibel* sind. In diesem Fall können alle Handlungswünsche problemlos und direkt in Absichten transformiert werden.

(2) Es existieren ein oder mehrere Handlungswünsche, die untereinander und/oder mit vorhandenen Absichten *nicht kompatibel* sind. In diesem Fall wird zunächst der Versuch gemacht, die Handlungswünsche untereinander bzw. mit den existierenden Absichten zu harmonisieren. Dies kann insbesondere in der Weise geschehen, daß die gewünschte Ausführung von Handlungen, die nicht gleichzeitig ausführbar sind, antizipatorisch auf unterschiedliche Zeitpunkte verteilt wird (Dörner, 1982; Oerter & Hoffmann, 1987). In Abhängigkeit vom Ausgang solcher Modifikations- und Harmonisierungsversuche sind dann zwei Fälle zu unterscheiden:

(2a) Gelingt die Harmonisierung, so werden die betreffenden Handlungswünsche in Absichten gewandelt. Im Falle zeitlicher Reihung erhalten dabei die Handlungswünsche mit höherer Motivationsstärke Priorität.

(2b) Gelingt die Harmonisierung nicht, so hat bei einem Konflikt zwischen Handlungswünschen mit existierenden Absichten ein Handlungswunsch nur dann eine Durchsetzungschance, wenn er selber sehr stark und die entgegenstehenden Absichten sehr schwach sind: Absichten haben gegenüber Handlungswünschen im Regelfall eine höhere Stärke, da sie eine mehr oder minder deutliche Selbstverpflichtung zur Handlungsausführung als integralen Bestandteil enthalten (s.o. 5.1). Bei einem Konflikt von Handlungswünschen mit anderen, inkompatiblen Handlungswünschen schließlich setzt sich derjenige Handlungswunsch durch und wird in eine Absicht gewandelt, der die höchste Motivationsstärke hat. Für den

Spezialfall einer Menge von untereinander teils kompatiblen, teils inkompatiblen Handlungswünschen läßt sich zu dies zu der These verallgemeinern, daß diejenige Untermenge an Handlungswünschen selegiert und in Absichten umgesetzt wird, der die höchste Gesamtsumme an Motivationsstärken und damit die höchste Gesamtsumme von Erwartungs-Wert-Produkten zukommt (Pekrun, 1983a, Postulat 22). Notwendig hierfür dürfte allerdings im Regelfall eine zweckrational orientierte, metamotivationale Entscheidungssteuerung sein (s.u. 5.2.4).

Angenommen wird hier also, daß ein Konflikt zwischen Handlungswünschen bei rationaler Motivationsbildung anhand des Kriteriums der Motivationsstärke und damit nach subjektiv zweckrationalen Kriterien gelöst wird. Dies entspricht üblichem motivationstheoretischem Denken und insbesondere dem "Prinzip der Handlung" von Atkinson & Birch (1970). Kuhl (1983a, S. 311f.) wendet gegen dieses Prinzip sinngemäß ein, daß mit ihm nicht erklärt werden könne, wie sich motivationale Tendenzen trotz negativer affektiver Valenz durchsetzen und zu Absichten werden können (als Beispiel nennt er den Gang zum Zahnarzt). Als Alternative nimmt er an, daß Konflikte zwischen Handlungswünschen durch von Fall zu Fall unterschiedliche Zulassungsregeln (Regeln der Zulassung zur Absichtsbildung) entschieden würden. (Allerdings spezifiziert er nicht, welche Arten von Zulassungsregeln es im einzelnen geben könnte und wann welche Zulassungsregel eingesetzt wird).

Kuhls Kritik zielt auf eine offensichtliche Schwachstelle traditioneller Motivationsmodelle: Traditionelle Modelle ziehen nur affektive Valenzen als motivational relevant in Betracht; Handlungen, die von anderen Valenzen motiviert werden, können sie dementsprechend nicht erklären. Kuhl zieht nun hieraus nicht die Konsequenz, den Valenzbegriff und damit den Gültigkeitsbereich von Erwartungs-Wert-Theorien zu erweitern. Stattdessen postuliert er unterschiedliche Arten von Selektionsmotivation (1983a, Kap. 10), zwischen denen dann anhand von Zulassungsregeln entschieden werden muß, da sie intern nicht direkt miteinander verglichen werden können.

Diese Betrachtungsweise führt zu unnötigen Komplikationen. Sparsamere Erklärungen ergeben sich, wenn man – wie im vorliegenden Modell – den Valenzbegriff erweitert, annimmt, daß unterschiedliche Valenzarten und resultierende Motivationen in ihrer Stärke verglichen und kumuliert werden können, und daß Entscheidungen zwischen Handlungswünschen anhand des Stärkekriteriums gefällt werden. Dem vorliegenden Modell entsprechend kann es dabei z.B. durchaus so sein, daß eine Selektionsmotivation (z.B. zum Zahnarzt zu gehen), die an gefühlsneutralen Valenzen orientiert ist (der allgemeinen Wertigkeit von Gesundheitserhaltung), als stärker erlebt wird als eine konkurrierende Motivation (den Zahnarztbesuch zu vermeiden), die an affektiven Valenzen orientiert ist (nämlich dem antizipierten Schmerz beim Bohren).

Phase 4: Absichtsdifferenzierung und Anstrengungskalkulation

Hat sich eine Absicht gebildet, so ist der Prozeß deklarativer Realisationsmotivation in vielen Fällen noch nicht abgeschlossen. Insbesondere für zweckrational vermittelte Realisationsmotivation ist nämlich anzunehmen, daß vor oder neben die Handlungsausführung u.a. eine Kalkulation des auszuführenden Grades an Anstrengung (Intensität und Persistenz der Handlungsausführung) geschaltet wird. Für diese Kalkulation wird von unterschiedlichen Autoren angenommen, daß der intendierte Anstrengungsgrad mit der wahrgenommenen Schwierigkeit der jeweiligen Aufgabe wächst – es sei denn, die Aufgabe wird auch bei hoher Anstrengung für nicht lösbar gehalten (Ach, 1910; Kukla, 1972; Locke, 1968; Locke et al., 1981; Meyer, 1973). In dieser Annahme steckt der Gedanke, daß die subjektive Erfolgswahrscheinlichkeit zwar einerseits mit der Aufgabenschwierigkeit sinkt, andererseits aber bei konstanter Schwierigkeit vom Grad investierter Anstrengung abhängig ist, und zwar in der Regel in Gestalt einer positiv-monotonen Beziehung (höhere Erfolgswahrscheinlichkeit bei höherer Anstrengung).

Dieser Gedanke kann für ein allgemeines Modell zweckrationaler Realisationsmotivation verwendet werden. Einige Restriktionen der genannten älteren Modelle aber müssen aufgegeben werden. Sie liegen vor allem in folgendem: (a) Die wahrgenommene Realisierbarkeit unterschiedlicher Anstrengungsgrade wurde von diesen Modellen nicht in Rechnung gestellt. (b) Auch die unterschiedliche subjektive Wertigkeit verschiedener Anstrengungsgrade wurde von diesen Modellen nicht systematisch berücksichtigt (oft wurde einfach unterstellt, daß Anstrengung intrinsisch negativ valent ist). (c) Schließlich haben sich diese Modelle auf den Fall beschränkt, daß die Realisationsmotivation sich jeweils nur auf Handlungsfolgen, und zwar jeweils nur auf einzelne unmittelbare Handlungsfolgen richtet – nämlich Erfolge beim Lösen der jeweiligen Problemstellungen. Berücksichtigt wurde mithin nur Realisationsmotivation *extrinsischer* Art.

Diese Restriktionen lassen sich aufheben, wenn man für subjektiv zweckrationale Realisationsmotivation annimmt, daß eine Wahl zwischen möglichen Anstrengungsgraden so erfolgt, daß der Anstrengungsgrad mit dem höchsten subjektiv erwarteten Gesamtnutzen gewählt wird. Dabei lassen sich alle oben vorgestellten Annahmen zum Zustandekommen einer Selektionsmotivation, die auf eine Handlungsmöglichkeit gerichtet ist, prinzipiell auf die Bildung der Realisationsmotivation zu einem bestimmten Anstrengungsgrad übertragen. Der obigen Kritik an älteren Modellen entsprechend ist dabei folgendes in Rechnung zu stellen:

(a) Unterschiedliche Anstrengungsgrade können als unterschiedlich gut realisierbar erlebt werden (so kann jemand z.B. antizipieren, in einem bestimmten Handlungsbereich und einer bestimmten Situation ein mittleres, aber nicht ein hohes Maß an Anstrengung realisieren zu können).

(b) Unterschiedliche Anstrengungsgrade können mit unterschiedlichen subjektiven Valenzen verknüpft sein. Im Unterschied zur vorgängigen Auffassung kann es sich dabei auch bei hoher Anstrengung nicht nur um negative, sondern auch um positive Valenzen handeln (z.B. wohltuende Erschöpfung nach körperlicher Anstrengung), und nicht nur um nicht-normative, sondern auch um normative Valenzen (z.B. im generellen Sinne von Anstrengung als Pflichterfüllung).

(c) Mit unterschiedlichen, antizipierten Anstrengungsgraden können unterschiedliche Handlungs-Folgen-Erwartungen verknüpft sein, wobei meist von positiv-monotonen Beziehungen auszugehen ist (allerdings nicht immer: auch in der Alltagstheorie ist die Möglichkeit beeinträchtigender Übermotivation bekannt).

Im Sinne dieser Überlegungen läßt sich das Erwartungs-Wert-Prinzip der Selektionsmotivation (s.o.) nun auf Realisationsmotivation übertragen:

(5) $$RM_{Ay} = EI_{Ay} \left[\sum Vi_{Ay} + \sum EÜ_{AyF,SF} \, V_F \right]$$

wobei

RM_{Ay} = Realisationsmotivation zur Realisierung von Anstrengungsgrad Ay

E_{IAy} = Anstrengungskontroll-Erwartung, daß Anstrengungsgrad Ay auf der Basis von Intention I realisiert werden kann

Vi_{Ay} = intrinsische Einzelvalenz von Anstrengungsgrad Ay

$EÜ_{AyF,SF}$ = $E_{AyF} - E_{SF}$

= Erwartungsüberschuß, daß mit Anstrengungsgrad Ay die Folge F produziert werden wird vs. daß die Situation S die Folge F auch ohne eigene Anstrengung produziert

V_F = Gesamtvalenz der Folge F

Bei der Interpretation von (5) ist zweierlei zu bedenken: (a) Gegenüber der jeweils vorangehenden Selektionsmotivation (s.o. Formel 3) müssen nicht alle subjektiven Parameter einer Änderung bzw. Differenzierung unterliegen. Insbesondere ist anzunehmen, daß Erwartungen zu den zeitlichen Relationen zwischen Folgen verschiedener Folgenstufen nicht auf den jeweils zugrundegelegten Anstrengungsgrad zu relativieren sind: Zwar dürfte die Wahrscheinlichkeit einer unmittelbaren Handlungsfolge (z.B. Erfolg) vom Grad investierter Anstrengung abhängen, weniger hingegen die Wahrscheinlichkeit, daß diese Folge weitere Folgen produziert (also z.B. soziale Reaktionen auf den Erfolg). Anstrengungsrelative Differenzierungen kausaler Handlungs-Folgen-Erwartungen dürften deshalb primär auf eine kognizierte Anstrengungsabhängigkeit von Erwartungen zu unmittelbar handlungsabhängigen Folgen zurückgehen.

(b) Im Unterschied zu den Parametern der Anstrengungskontroll-Erwartung, der intrinsischen Anstrengungsvalenz und der Handlungsfolgen-Erwartungen (bzw. Erwartungsüberschüsse) nimmt das Modell für die Valenzen von Handlungsfolgen von vornherein nicht an, daß sie anstrengungsabhängig sind. Es handelt sich damit innerhalb des Modells und des Prozesses der Anstrengungskalkulation um konstante Größen, die man insofern grundsätzlich auch aus dem Modell entfernen könnte. Mit gutem Grund sind sie dennoch im Modell belassen worden: Anzunehmen ist, daß die relative Stärke einer Realisationsmotivation, in die noch keine Anstrengungskalkulation eingegangen ist, der relativen Stärke der Selektionsmotivation entspricht, aus der sie sich entwickelt hat. Findet dann Anstrengungskalkulation statt, so handelt es sich um Differenzierungen der ursprünglichen Motivationsstärke nach oben oder nach unten (vgl. auch Kuhl, 1983a, Kap. 10). Dementsprechend beruht die Motivationsstärke auch nach der

Absichtsbildung nicht nur auf den subjektiv anstrengungsabhängigen Parametern, sondern auch auf den anstrengungsunabhängigen Größen.

Dieses Erwartungs-Wert-Modell subjektiv zweckrationaler Realisationsmotivation besagt, daß Anstrengungskalkulation nicht nur (a) die Kalkulation der Einflüsse verschiedener Anstrengungsgrade auf die Erzielung von Handlungsfolgen beinhaltet, sondern auch die Kalkulation von (b) der Realisierbarkeit unterschiedlicher Anstrengungsgrade und (c) der Valenzen unterschiedlicher Anstrengungsgrade. Die Kalkulation der Folgenproduktivität von Anstrengungsgraden (also z.B. die Kalkulation anstrengungsabhängiger Erfolgswahrscheinlichkeiten) kann dabei ihrerseits auf Einschätzungen eigener Fähigkeiten und der Schwierigkeiten der Folgenproduktion beruhen (Fähigkeit und Aufgabenschwierigkeit; Ach, 1910; Heider, 1958; Kukla, 1972; Meyer, 1973).

Auch der wahrgenommenen Realisierbarkeit von Anstrengungsgraden (Anstrengungskontroll-Erwartungen) aber können Fähigkeitseinschätzungen zugrundeliegen. Im Unterschied zu anderen Handlungskontroll-Erwartungen handelt es sich dabei nicht um Einschätzungen qualitativer Aspekte eigener Handlungsmöglichkeiten, sondern um Einschätzungen von Fähigkeiten zu Intensität und Persistenz von Handlungsanstrengung (*Anstrengungskompetenzen*; vgl. Schmidt, 1985). Anstrengungskontroll-Erwartungen dürften im übrigen nicht nur von Einschätzungen überdauernder Anstrengungskompetenzen, sondern auch von Einschätzungen aktueller, situativer und personseitiger Bedingungen abhängen (also z.B. aktueller Müdigkeit, Ablenkbarkeit etc.).

Aus diesem allgemeinen Modell zweckrationaler Realisationsmotivation lassen sich nun andere Ansätze und Modelle als spezielle Fälle ableiten (ähnlich wie aus dem obigen Modell zur Selektionsmotivation). Interessant sind u.a. die folgenden Möglichkeiten (vgl. auch Thomas, 1983):

(1) Die Grundstruktur der Modelle von Kukla (1972) und Meyer (1973) resultiert, wenn man folgendes annimmt: (a) Die Anstrengungs-Kontroll-Erwartung ist für unterschiedliche Anstrengungsgrade gleich hoch (alle Anstrengungsgrade werden als gleichermaßen realisierbar erlebt). (b) Die intrinsische Valenz dieser Anstrengungsgrade ist ebenfalls gleich (nämlich gleichermaßen negativ). (c) Nur eine Kategorie von Handlungsfolgen ist zu betrachten, nämlich anstrengungsabhängige Erfolge und Mißerfolge, wobei die Erfolgswahrscheinlichkeit positiv mit der intendierten Anstrengung und negativ mit der wahrgenommenen Aufgabenschwierigkeit variiert.

In diesem Fall läßt sich (5) auf die folgende Form reduzieren: $RM_{Ay} = f(E_{AyF})$, da alle anderen Größen als konstant angenommen werden. Steigt dabei die Erfolgswahrscheinlichkeit positiv-monoton mit dem antizipierten Anstrengungsgrad (Voraussetzung hierfür ist, daß perzipierte Fähigkeit und Aufgabenschwierigkeit weder extrem hoch noch extrem niedrig sind), so folgt, daß *maximale Anstrengung* intendiert wird.

(2) Nimmt man hingegen an, daß zusätzlich die eingeschätzte Realisierbarkeit unterschiedlicher Anstrengungsgrade variiert, und nimmt man an, daß die Beziehung zwischen Anstrengungsausprägung und eingeschätzter Realisierbarkeit negativ-monoton ist (gute Realisierbarkeit niedriger, schlechte Realisierbarkeit hoher

Anstrengung), so resultiert aus dem Modell eine gänzlich andere Vorhersage: Hohe Anstrengung ist dann mit hoher Erfolgserwartung, aber niedriger Realisierbarkeit, niedrige Anstrengung mit hoher Realisierbarkeit, aber niedriger Erfolgserwartung verknüpft; in beiden Fällen ergibt sich eine insgesamt niedrige Realisationsmotivation für den betreffenden Anstrengungsgrad.

Ihr Maximum erreicht die Realisationsmotivation unter solchen Bedingungen nicht für hohe, sondern für mittlere Anstrengung (die in diesem Fall zwar nur mit mittlerer Erfolgserwartung, aber dafür auch mit mittlerer Realisierbarkeit verknüpft ist). Intendiert wird dementsprechend *mittlere Anstrengung.* Gemäß (5) läßt sich dieser Fall in folgender Weise charakterisieren: $RM_{Ay} = f(EI_{Ay} \times E_{AyF})$, da alle anderen Größen konstant bleiben.

Dieselbe Lage ergibt sich, wenn (a) statt der Realisierbarkeit die Valenz von Anstrengung zusätzlich zur Erfolgserwartung variiert und (b) eine negativ-monotone Beziehung zwischen positiver Valenz und Anstrengungsgrad angenommen wird (mit dem Anstrengungsgrad steigende Aversivität). In diesem Fall gilt $RM_{Ay} = f(Vi_{Ay} \times E_{AyF})$. Da Anstrengungsvalenz und Erfolgserwartung hier gegenläufig operieren, dürfte auch in diesem Fall die Realisationsmotivation für mittlere Anstrengung maximal sein und dementsprechend *mittlere Anstrengung* intendiert werden.

(3) Eine andere Situation ergibt sich, wenn mit der betreffenden Handlung keine Folgen angestrebt werden. Bei solch einer *intrinsischen* Realisationsmotivation spielen nur Valenz und Realisierbarkeit von Anstrengung eine Rolle. Dabei kann es durchaus sein, daß die Valenz bis zu einem gewissen Punkt mit der Anstrengungsausprägung steigt (also z.B. konzentriertes, intensives und damit anstrengendes Klavierspielen befriedigender ist als vielleicht ebenso korrektes, aber weniger investives Spiel). Zu charakterisieren ist diese Möglichkeit als $RM_{Ay} = f(E_{IAy} \times Vi_{Ay})$.

(4) Ein häufiger Fall ist schließlich der, daß Handlungen zwar um ihrer Folgen willen durchgeführt werden, aber keine erlebte Anstrengung kosten, sondern ohne Mühen durchgeführt werden können. Dies gilt für einen großen Teil täglicher Verrichtungen: Bei vielen solcher Handlungen ist das Eintreten der jeweiligen Folgen unabhängig vom Grad der investierten Anstrengung, soweit ein Minimum an Anstrengung investiert wird. Ist dabei gleichzeitig ein höheres Anstrengungsniveau, das über die minimal notwendige Anstrengung hinausgeht, subjektiv negativ valent (und das dürfte bei solch extrinsisch motivierten Tätigkeiten die Regel sein), so ist die Realisationsmotivation für minimale Anstrengung am höchsten. Falls Anstrengungskalkulation in einem solchen Fall überhaupt stattfindet, kann sie sich auf die Einschätzung beschränken, daß minimale Anstrengung vollständig ausreicht. Formal gilt in diesem Fall wie in Fall (3): $RM_{Ay} = f(EI_{Ay} \times Vi_{Ay})$, wobei allerdings $Vi_{Ay} = Vi\text{-}_{Ay}$ (die Anstrengungsvalenz wird ausschließlich durch die negative Anstrengungsvalenz Vi- bestimmt).

Die Quintessenz dieser Überlegungen ist in diesem Sinne vor allem, daß eine Reihe von Randbedingungen bekannt sein müssen, bevor man sinnvolle Vorhersagen zu Anstrengungskalkulationen und Anstrengungsinvestitionen machen kann. Zieht man dies in Betracht, so lassen sich einige Inkonsistenzen in der empirischen Befundlage aufklären (vgl. Garland, 1984; Erez & Zidon, 1984). Diese Problematik, die u.a. für die betriebspsychologische Analyse von Arbeitsmotivation zentral ist, wird in Kap. 7.3 noch einmal aufgegriffen.

Im übrigen ist natürlich zu bedenken, daß es sich auch bei "Anstrengungskalkulation" nicht immer um einen deklarativen, bewußtseinsfähigen, der Verhaltensausführung vorgeschalteten Prozeß handelt: Viele Prozesse der Adaption von investierter Anstrengung an die Umstände sind prozeduralisiert und finden dementsprechend erst im Vollzug des jeweiligen Verhaltens statt (Ach, 1910, ging sogar so weit anzunehmen, daß Prozesse der Anstrengungsadaption immer unwillkürlich ablaufen).

RSR-Modell: integrierte Version

Die obigen Modelle zu zweckrational vermittelter Selektions- und Realisationsmotivation sind formal vollständig äquivalent (vgl. Formeln 3 und 5). Sie unterscheiden sich nur in den Inhalten handlungsbezogener Parameter: Während es im Modell der Selektionsmotivation um die Selektion zwischen inhaltlich unterschiedlichen Handlungsmöglichkeiten geht, ist Gegenstand des Modells zur Realisationsmotivation die Wahl zwischen möglichen Anstrengungsgraden für eine bereits gewählte Handlung. In beiden Fällen handelt es sich um Selektionsprobleme; genauer gesagt um das Problem der Bestimmung von Motivationsstärken für Handlungs- bzw. Anstrengungsalternativen, die der Wahl zwischen diesen Handlungs- oder Anstrengungsalternativen zugrundeliegen. In einer verallgemeinerten Version lassen sich deshalb beide Modelle in folgender Weise integrieren:

(6) $$M_{HxAy} = E_{IHxAy} \left[\sum Vi_{HxAy} + \sum EÜ_{HxAyF,\,SF} \, V_F \right]$$

wobei
M_{HxAy} = Motivation zu Handlung x mit Anstrengungsgrad y
E_{IHxAy} = Handlungskontrollerwartung, daß auf der Basis von Intention I Handlung x mit Anstrengungsgrad y realisiert werden kann
Vi_{HxAy} = intrinsische Einzelvalenz von Handlung x mit Anstrengungsgrad y
$EÜ_{HxAyF,\,SF}$ = $E_{HxAyF} - E_{SF}$
= Erwartungsüberschuß, daß Handlung x mit Anstrengungsgrad y die Folge F produziert vs. daß die Situation die Folge F auch ohne eigenes Handeln produziert
V_F = Gesamtvalenz der Folge F

In verkürzter Schreibweise ergibt sich (7):

$$(7) \quad M_{HxAy} = E_{IHxAy} \left[\sum Vi_{HxAy} + \sum Ve_{HxAy, F} \right]$$

$$= E_{IHxAy} \, Vg_{HxAy}$$

wobei Ve_{HxAy} = Extrinsische, auf Folge F gerichtete Einzelvalenz von Handlung x mit Anstrengungsgrad y

Vi_{HxAy} = Intrinsische Einzelvalenz von Handlung x mit Anstrengungsgrad y

Vg_{HxAy} = Gesamtvalenz von Handlung x mit Anstrengungsgrad y

Bei dieser integrierten Modellversion handelt es sich zunächst um einen Formalismus: Deklarative "Motivation" existiert nur in Gestalt von Selektionsmotivation (Handlungswünschen) oder Realisationsmotivation (Handlungsabsichten). Der Wert von (6) als Formalismus liegt darin, daß sich das Teilmodell zur Selektionsmotivation (3) und das Teilmodell zur Realisationsmotivation (5) als spezielle Fälle aus ihm ableiten lassen: Ignoriert man den Einfluß unterschiedlicher Anstrengungsgrade, indem man den Anstrengungsindex y in (6) konstanthält, so ergibt sich das Modell der Selektionsmotivation (3). Hält man hingegen die betrachtete Handlung konstant und läßt nur den Anstrengungsgrad variieren, so ergibt sich das Modell der Realisationsmotivation (5).

Der Wert der integrierten Modellversion (6) aber geht über diesen formalen Gesichtspunkt hinaus: Sie legt nämlich den Gedanken nahe, daß die Selektion von Handlungen und die Selektion von Anstrengungsgraden integriert sein können. Was dann selegiert wird, ist eine Kombination von Handlung und Anstrengungsgrad, anders gesagt: eine Handlungsvariante mit einer bestimmten Anstrengungsausprägung, die gleichzeitig (a) anderen Handlungen und (b) anderen Anstrengungsvarianten derselben Handlung gegenübersteht.

Solche integrierte Handlungs- und Anstrengungsselektion ist von der Motivationspsychologie bisher nicht analysiert worden. Voraussetzung einer solchen Analyse ist die konzeptuelle Trennung von Handlung (Zielrichtung) und damit Selektionsmotivation einerseits und Anstrengungsgrad (Intensität und Persistenz) und damit Realisationsmotivation andererseits. Soweit aber Selektions- und Realisationsmotivation überhaupt konzeptuell getrennt wurden, wurde Selektionsmotivation die Selektion von Handlungen, nicht aber von Anstrengungsgraden, und Realisationsmotivation die Einschätzung notwendiger Anstrengungsgrade, nicht hingegen von alternativen Handlungen zugeordnet.

Welcher Phase im Motivationsablauf ist integrierte Handlungs- und Anstrengungsselektion zuzuordnen? Die Bildung einer Absicht beinhaltet, daß eine Entscheidung zugunsten der betreffenden Handlung gefallen ist. Im nachfolgenden Prozeß der Realisationsmotivation (also der Differenzierung und Modifikation einer Absicht) kann es mithin nur um die Selektion von Anstrengungsaufwand, Teilhandlungen etc. gehen. Integrierte Handlungs- und Anstrengungsselektion muß also *vor* der Absichtsbildung stattfinden. Mithin ist sie dem Bereich der Selektionsmotivation zuzuordnen.

Diesen Überlegungen zufolge muß sich das Abwägen von Handlungsalternativen vor der Absichtsbildung nicht auf generelle Vorstellungen von den jeweiligen Handlungen beschränken, sondern kann die bei diesen Handlungen möglichen bzw. notwendigen Anstrengungsgrade mit einbeziehen. Dies erhöht natürlich die Zahl der Alternativen und damit den kognitiven Aufwand: Handelt es sich z.B. um zwei Handlungsmöglichkeiten mit jeweils drei gedachten Anstrengungsausprägungen, so ist nicht zwischen zwei Handlungsalternativen (wie im Teilmodell der Selektionsmotivation, Formel 3), sondern zwischen sechs Möglichkeiten zu selegieren. In vielen Fällen dürfte es dennoch so sein, daß zunächst das zur Folgenerreichung notwendige Anstrengungsmaß und die intrinsische Valenz dieses Anstrengungsgrades kalkuliert wird, bevor eine Entscheidung für die betreffende Handlung getroffen wird.

So wird man sich z.B. vor der Entscheidung für eine sonntägliche Bergtour überlegen, welches Maß an Anstrengung bis zur Erreichung des Gipfels investiert werden muß und wie unangenehm diese Anstrengung werden wird; vor der Entscheidung zwischen verschiedenen beruflichen Möglichkeiten überlegt man sich, in welcher Relation jeweils Anstrengung (Intensität und Zeitbedarf von Berufshandlungen) sowie negative oder positive Valenz solcher Anstrengung zum materiellen und immateriellen Gewinn steht, der mit der jeweiligen Position verbunden ist; vor der Entscheidung zum Schreiben eines Buches kalkuliert man, in welcher Weise unterschiedliche Inhaltspläne für dieses Buch mit unterschiedlicher Anstrengung, unterschiedlichen Publikationsmöglichkeiten und unterschiedlichen Wirkungen auf die Leser verknüpft sein werden; etc.

5.2.4 RSR-Modell: Implizierte kognitive Prozesse

Bei den oben dargestellten, formalisierten Komponenten des RSR-Modells handelt es sich wie bei den Hypothesen fast aller Erwartungs-Wert-Modelle um relativ "statische" Annahmen: Es werden zwar Komponenten und Resultate von Erwartungs-Wert-Verknüpfungen spezifiziert; damit aber wird nicht gesagt, welche kognitiven Prozesse im einzelnen in welcher Reihenfolge ablaufen. Was läßt sich hierzu vermuten? Darauf ist kurz einzugehen, wobei auch hier Teilprozesse der angenommenen, vierphasigen Ablaufsequenz getrennt zu diskutieren sind.

Phase 1: Anregung handlungsbezogener Kognitionen

Am Beginn von Prozessen der Auslösung deklarativer Motivation steht die Aktualgenese von motivationsrelevanten Kognitionen, die Prozesse des Kalkulierens von Handlungsalternativen einleiten können. Zentral sind dabei Zielkognitionen (Zielwünsche), Handlungskognitionen und Folgenkognitionen, und zwar insbesondere ziel-, handlungs- und folgenbezogene Erwartungs- und Valenzkognitionen. Hinzu treten situationsbezogene Erwartungen und Valenzen.

Dabei gibt es keinen Grund zu der Annahme, daß Zielkognitionen in jedem Fall am Anfang des Prozesses stehen müssen (diese Ablaufannahme ist für das prozessuale VPA-Modell von Kuhl zentral; Kuhl, 1983a). Zielkognitionen dürften nur dann in jedem Fall am Beginn stehen, wenn intensive bedürfnisbezogene Gefühle vorliegen, die solche Kognitionen ständig auslösen. Ebensogut aber können z.B. situativ angeregte Handlungskognitionen am Anfang des Prozesses stehen. So kann man beispielsweise sehen, wie jemand etwas tut; realisieren, daß man dies auch tun könnte; und dann erst überlegen, welche wünschenswerten Konsequenzen man damit erzielen könnte (ähnlich war oben, 3.3.3, zur Flexibilität von kognitiven Prozessen argumentiert worden, die Emotionen auslösen).

Am Beginn des Prozesses stehende Kognitionen können dabei insbesondere (a) von der Situation und damit von exterozeptiven Wahrnehmungen, (b) von interozeptiven Wahrnehmungen, (c) von Gefühlen und (d) von vorangehenden Kognitionen ausgelöst werden. Der Inhalt solcher einleitenden Kognitionen kann damit zum einen aus den genannten vorauslaufenden Prozessen stammen (also z.B. aus der externen Situation). Zum anderen kann es sich um Aktivierungen von gespeicherten, deklarativen Ziel-, Handlungs-, Situations-, und Folgenrepräsentationen handeln. So kann z.B. eine Erwartung auf einer aktuellen Mitteilung durch eine andere Person beruhen, ebenso aber auf einer gespeicherten Erwartungsüberzeugung, daß in Situationen der vorliegenden Art dieses oder jenes passieren wird. In vielen Fällen dürften beide Komponenten zusammenspielen (s.u. 6.2 zu Person-Situation-Interaktionen in der Motivationsbildung).

Sind handlungsbezogene Kognitionen ausgelöst, so können diese Kognitionen, aber auch parallel weiterlaufende Wahrnehmungs- und Gefühlsprozesse weitere motivationsrelevante Kognitionen auslösen. Dies gilt für die gesamte Zeitspanne eines motivationalen Prozesses. Es kann sich insoweit um ein äußerst dynamisches und vielfältiges Geschehen handeln, bei dem in vielen Fällen eine Vorhersage schwierig sein dürfte, welche Kognitionen entwickelt werden und Eingang in entsprechende motivationale Kalkulationsprozesse finden. In den meisten motivationspsychologischen und entscheidungstheoretischen Arbeiten wurde diesem Problem aus dem Wege gegangen, indem die jeweiligen Untersuchungspersonen vor standardisierte, konstante Situationen gestellt wurden oder mit fixierten Listen von Handlungen, Konsequenzen und Attributen konfrontiert wurden.

Die Abfolge einzelner Kognitionen dürfte dabei wesentlich davon abhängen, welche Handlungs- und Folgenstruktur situativ vorgegeben oder im Gedächtnis gespeichert ist. Einige mögliche Typen solcher Strukturen sind in Abb. 5.3 angedeutet. Gedächtnismäßig könnten solche Strukturen in netzwerkartiger Form gespeichert sein (vgl. Kuhl, 1983a). Eine sukzessive Aktivierung von Netzwerkteilen führt dann zu einer entsprechenden Kognitionsfolge. Dabei gilt folgendes:

(a) Je nach Startpunkt kann die jeweilige Struktur von rechts nach links (d.h. von späteren Folgen zu früheren, also zeitlich rückwärts) oder von links nach rechts (zeitlich vorwärts) durchlaufen werden. Beide Richtungen können auch abwechseln (z.B. in Struktur 2 zurück von F31 über F21 und F11 zu H und von da über F12 nach F22). (b) Eventuell können auch Teile der Struktur parallel bearbeitet werden. (c) Zwischen Teilen der Struktur kann hin- und hergesprun-

Beispiel 1
(Lineare Struktur)

H → F_{11} → F_{21} → F_{31}

Beispiel 2
(Verzweigte Struktur)

H → F_{11} → F_{21}
H → F_{12} → F_{22} → F_{31}
H → F_{13}
F_{22} → F_{32}

Beispiel 3
(Vernetzte Struktur)

H → F_{11} → F_{21}
H → F_{12} → F_{22}
F_{11} → F_{22}
F_{12} → F_{21}

Abb. 5.3 Sequenzen von Handlungsfolgen: Beispiele

H = Handlung
F_{ij} = Folge Nr. j auf Folgenstufe i

gen werden, wenn entsprechende assoziative Verknüpfungen bestehen.

Nur angemerkt werden kann hier, daß Folgenstrukturen des Typs 3 (Vernetztheit von Folgenketten) von Erwartungs-Wert-Modellen nicht berücksichtigt wurden und auch von der Denkpsychologie bisher vernachlässigt wurden (vgl. Schott, Neeb & Wieberg, 1984). Der spannenden Frage, in welcher Weise sich Repräsentationen solcher vernetzten Handlungs- und Folgenstrukturen in erwartungswert-theoretische Modellbildung integrieren lassen, kann an dieser Stelle nicht weiter nachgegangen werden.

Phase 2: Kalkulation von Handlungsalternativen und Wunschbildung

Die jeweils vorhandenen Erwartungs- und Valenzkognitionen werden den dargestellten Verknüpfungsannahmen entsprechend kognitiv kombiniert; dabei handelt es sich grundsätzlich um Operationen von additivem und multiplikativem Format. Gegen diese Basisannahme erwartungs-wert-theoretischer Modelle ließe sich (1) einwenden, daß zumindest ab einer gewissen Zahl von Handlungsfolgen und Valenzen der Kalkulationsaufwand so hoch würde, daß er auch bei explizit geplanter, reflektiver Kalkulation für das menschliche Gehirn nicht zu leisten wäre. Dieser Einwand ist nicht gerechtfertigt:

Zum einen geht in den Kalkulationsprozeß immer nur eine begrenzte Zahl von Erwartungen und Valenzkognitionen ein (nämlich die jeweils gerade angeregten). Zum zweiten dürfte es sich in der Regel nicht um bewußtes Zuweisen von Wahrscheinlichkeits- und Valenzwerten und anschließendes bewußtes Addieren oder Multiplizieren handeln, sondern um automatisierte Verrechnungsprozeduren, wie sie auch in anderen Kognitionsbereichen zu unterstellen sind (z.B. bei Tiefenwahrnehmungen oder mentaler Rotation; vgl. Anderson, 1978; Kosslyn, 1981, 1987). Die Kapazität des menschlichen Gehirns zu solchen prozeduralisierten Informationskombinationen dürfte außerordentlich hoch sein (vgl. auch Clark, 1984).

Und zum dritten sollte man sich diesen Prozeß nicht so vorstellen, daß zu einem bestimmten Zeitpunkt im Aktualprozeß eine abgeschlossene Menge von Erwartungs- und Wertinformationen im Arbeitsgedächtnis vorliegt und dann auf einen Schlag verrechnet wird. Vielmehr kann es sich um einen extendierten Prozeß handeln, bei dem Zwischenergebnisse bewußt oder nicht-bewußt gespeichert und weiterverwendet werden können. Bereits gebildeten Zwischenprodukten können also weitere Informationen hinzugefügt werden, wobei die prinzipielle Persistenz (Trägheit) motivationaler Kognitionen im Arbeitsgedächtnis von Vorteil ist (vgl. Heckhausen & Kuhls, 1985, Konzept des "top spin" solcher Kognitionen). Insofern handelt es sich um einen prinzipiell offenen Prozeß, der sich über Sekunden oder Minuten, aber auch über Stunden oder Tage erstrecken kann. Und insofern ist auch davon auszugehen, daß Phase 1 (Anregung) und Phase 2 (Verrechnung) nur definitorisch trennbar sind, faktisch aber ineinanderfließen (also z.B. während des Vorgangs des Abwägens neue Kognitionen angeregt werden, die dann in die weitere Kalkulation eingehen).

Ein weiterer möglicher Einwand ist (2), daß die erwartungs-wert-theoretische Annahme der Kalkulation von Produktsummen nicht prüfbar ist, da dies Operationalisierungen voraussetzt, die sich mindestens auf Intervallskalenniveau bewegen, solche Operationalisierungen aber nicht verfügbar sind. (Kuhl, 1982, hat hieraus die Konsequenz gezogen, auf Modelle mit additiven und multiplikativen Annahmen zu verzichten. Stattdessen stellt er aussagenlogisch formulierte Modellannahmen vor, die allerdings großteils wiederum mit quasi-additiven und quasi-multiplikativen Verknüpfungen arbeiten).

Auch dieser Einwand ist – und zwar unabhängig von der Herstellbarkeit geeigneter Skalenniveaus – nicht stichhaltig: Er trifft nicht Erwartungs-Wert-Modelle als solche, sondern die Methoden, die zu ihrer Überprüfung eingesetzt werden. Nimmt man an, daß erwartungs-wert-theoretische Annahmen die Wirklichkeit beschreiben, so sollte man diese Annahmen beibehalten und Methoden suchen, die sie prüfen können. Im übrigen lassen sich zumindest näherungsweise Modellprüfungen auch mit Operationalisierungen vornehmen, deren Rational- oder Intervallskaliertheit nicht völlig gesichert ist (vgl. zu diesem Problemkreis auch Dohmen, Doll & Orth, 1986; Krampen, 1986b).

Ein eher motivationstheoretischer Einwand (3) hingegen ist sehr viel ernster zu nehmen: Es ist zu vermuten, daß auch reflektive, rationale Wahl zwischen Handlungsalternativen in bestimmten Fällen nicht von nutzenorientierten Produktsummenregeln bestimmt ist, sondern von anderen Entscheidungsregeln (z.B. nicht-kompensatorischen, nicht-additiven Regeln konjunktiver oder disjunktiver Art; vgl. Fischhoff, Goitein & Shapira, 1982). Zwar ist denkbar, daß sich einige solcher Regeln erwartungs-wert-theoretisch reinterpretieren lassen. Eine Reihe von Fällen aber dürfte übrigbleiben, bei denen rationale Entscheidungen weder präskriptiv noch deskriptiv Erwartungs-Wert-Regeln entsprechen. Zwar haben es die Proponenten alternativer Regeln (z.B. Kahnemann & Tversky, 1979) bisher nicht vermocht, ähnlich geschlossene Theoriebildungen vorzulegen, wie dies für die Klasse der Erwartungs-Wert-Theorien gilt (einschließlich entscheidungstheoretischer SEU-Modelle). Ernstzunehmen ist dies dennoch. Was vorläufig fehlt, ist eine übergreifende Theorie, die erklärt, unter welchen Bedingungen (rationale) Alternativen zu kompensatorischen Produktsummen-Regeln die Wirklichkeit menschlicher Entscheidungen charakterisieren.

Mögliche prinzipielle Probleme für Erwartungs-Wert-Modelle des klassischen Typus könnten sich schließlich (4) auch ergeben, wenn man Entscheidungen analysieren will, die sich auf der Grundlage von Repräsentationen zu vernetzten Handlungs- und Folgenstrukturen vollziehen. Ein sich ergebendes Problem ist z.B., daß das schlichte Prinzip der Erwartungsmultiplikation für Erwartungen zu höheren Folgenstufen (s.o.) in solchen Fällen nicht mehr ohne weiteres anwendbar ist.

Trotz dieser möglichen Kritikpunkte aber sollte formalisierte Erwartungs-Wert-Theoriebildung zur Selektionsmotivation weiterbetrieben werden. Dabei sind die implizierten, kognitionspsychologischen Grundannahmen in stärkerem Maße als bisher Prüfungen zu unterziehen. Zieht man sich hingegen auf lose formulierte, "weiche" Ablaufmodelle ohne formalisierte Annahmen zu Erwartungs-Wert-Verknüpfungen zurück, so ist dies sicherlich als Rückschritt zu werten: Der unschlagbare Vorteil formalisierter Modelle ist es, die Anzahl an Freiheitsgraden und Möglichkeiten zu Post-hoc-Erklärungen in erträglichen Grenzen zu halten.

Phase 3: Entscheidung und Absichtsbildung

Das Resultat der beschriebenen Kalkulationsprozesse ist Selektionsmotivation (Handlungswünsche). Zwischen konkurrierenden Selektionsmotivationen kommt es auf prozedurale oder auf reflektierte Weise zu einer Entscheidung, die prinzipiell dem "Prinzip der Handlung" folgt (Atkinson & Birch, 1970). Auf die implizierten Prozesse wurde oben (5.2.3) bereits eingegangen.

Phase 4: Absichtsdifferenzierung und Anstrengungskalkulation

Nachdem sich eine Absicht gebildet hat, findet eine Kalkulation des notwendigen Anstrengungsgrades statt (gemäß Formel 5), falls dies nicht schon beim Abwägen von Handlungsalternativen geschehen ist (s.o. Formel 6). Für die dabei ablaufenden kognitiven Prozesse gelten prinzipiell dieselben Argumente wie für die Kalkulation von Handlungsalternativen: Auch Prozesse der Anstrengungskalkulation können eher bewußt und kontrolliert oder eher automatisiert sein, wobei je nach Anregung mit Kognitionen zu intrinsischen Valenzen, Folgenträchtigkeit und Notwendigkeit verschiedener Anstrengungsgrade oder zur Realisierbarkeit von Anstrengung begonnen werden kann.

Im übrigen können während dieser Phase zusätzliche Erwartungs- und Wertkognitionen auftreten, welche die Stärke der Absicht erhöhen oder auch vermindern können (z.B. "Anreizaufschaukelung" im Sinne von Kuhl, 1983a, Kap. 10). Dabei kann die Absicht zusätzliche Wahrnehmungen und Kognitionen zu ihren Gunsten beeinflussen, da sie eine absichtsgerechte Enkodierung einlaufender Informationen begünstigt (will man einen Brief einwerfen, so sieht man lauter Briefkästen auf dem Wege, die man sonst nicht beachten würde; s.u. 4.3).

Motivationaler Gesamtprozeß und Metamotivation

Für den motivationalen Gesamtprozeß ist entscheidend, daß er an verschiedenen Punkten unterbrochen oder abgebrochen werden kann, wenn die Bedingungen für eine Weiterführung nicht vorliegen (dies kann hier nur verkürzt dargestellt werden):

(a) Zu Beginn angeregte Zielkognitionen führen dann nicht unmittelbar zur Kalkulation entsprechender Handlungsmöglichkeiten, wenn zielführende Handlungsmöglichkeiten nicht gesehen werden und entsprechende Handlungs-Ziel-Kognitionen sich nicht entwickeln können. Bei hinreichender Wichtigkeit des Ziels können diese Zielkognitionen (Wünsche) dennoch zunächst im Arbeitsgedächtnis persistieren (hierzu auch Heckhausen & Kuhl, 1985) und dann, wenn sie doch von aktuell relevanten Inhalten verdrängt werden, ins Langzeitgedächtnis überführt werden. Dort können sie wiederholt aktiviert werden, wobei eine Suche nach Handlungsmöglichkeiten weiterhin erfolglos bleibt oder auch nicht. Der motivationale Prozeß kann dementsprechend endlos an diesem Punkt verharren oder auch weitergeführt werden.

Wird die gespeicherte Zielkognition hingegen nicht wieder aktiviert, so gerät sie ebenso wie andere Inhalte des Langzeitgedächtnisses früher oder später in einen nicht mehr aktivierbaren Zustand, und der Prozeß ist damit beendet.

(b) In ähnlicher Weise können auch Handlungswünsche (Selektionsmotivation), die sich gegenüber anderen Handlungswünschen nicht durchsetzen konnten, im Arbeits- bzw. im Langzeitgedächtnis überdauern. Dasselbe gilt für Absichten (Realisationsmotivation), die nicht in Verhaltensausführung umgesetzt werden können; auch sie können zunächst als aktuelle Absichten, etwas jetzt noch zu tun, im Arbeitsgedächtnis persistieren und/oder als "Vorsätze" (s.o. 5.2.2) im Langzeitgedächtnis gespeichert und später reaktiviert werden. Diese Überlegungen implizieren, daß der Gesamtprozeß sich auch über Jahre oder Jahrzehnte erstrekken kann (so kann man sich z.B. bei der Eheschließung vornehmen, seinen Enkeln später einmal zu erzählen...; oder sich mit 20 entscheiden, Bundeskanzler werden zu wollen).

Wesentlich ist darüber hinaus schließlich, daß ein motivationales Wägen wohl nur dann vorgenommen wird, wenn hinreichende Anreize positiver oder negativer Art kogniziert werden (also hinreichend hohe positive oder negative Situations-, Handlungs-, Ziel- oder Folgenvalenzen). Liegen entsprechende Valenzkognitionen vor, dürfte ein Motivationsprozeß dann allerdings auf der Basis entsprechender Kalkulations- und Verknüpfungsprozeduren ablaufen können, ohne daß ihm seinerseits eine übergeordnete Motivation zum Abwägen und Entscheiden ("Motivation zur Motivation"; *Metamotivation*) zugrundeliegen muß.

Heckhausen et al. (1986) unterstellen hier für die Phasen von Selektionsmotivation und Absichtsbildung, daß sie in jedem Fall von einer zur Entscheidung drängenden "Fazittendenz" gesteuert werden, die dafür sorgt, daß man nicht endlos im Prozeß des selektionsorientierten Abwägens verharrt. Realistischer aber ist wohl die Annahme, daß Fortgang und Beendigung motivationalen Wägens im Regelfall von automatisierten Kalkulations- und Verknüpfungsprozeduren getragen und gesteuert werden. Dementsprechend finden sie normalerweise einfach dann ihr Ende, wenn die jeweils angeregten Kognitionen gewichtet und verknüpft worden sind.

Übergeordnete, von metamotivationalen Tendenzen getragene Steuerungsmechanismen hingegen dürften erst dann notwendig werden, wenn der Regelablauf gestört wird. "Metamotivation" dürfte dabei vor allem aus Wünschen und Absichten bestehen, einen Entscheidungsprozeß zu verkürzen, abzubrechen oder auch zu verlängern. Vier typische Situationen hierfür sind die folgenden:

(1) Fehlende Teilinformationen. Wenn subjektiv der Eindruck entsteht, daß keine hinreichenden Informationen für Handlungseinschätzungen und -entscheidungen vorliegen, kann eine Metamotivation entstehen, den Prozeß des Abwägens zu unterbrechen und zunächst zusätzliche Informationen einzuholen. Die Motivation hierzu dürfte umso größer sein, je höher die Handlungs- und Folgenvalenzen und damit die Wichtigkeit einer richtigen Entscheidung ist.

(2) Gleichstarke inkompatible Handlungswünsche. Eine zweite typische Situation ist, daß sich zwei inkompatible Handlungswünsche gebildet haben, die beide gleich stark sind. In einem solchen Fall ist eine (rationale) Handlungsentscheidung nicht möglich, und es besteht tatsächlich die Gefahr endlosen Deliberierens. Dementsprechend kann dann die Tendenz entstehen, eine Entscheidung in der einen oder anderen Richtung einfach deshalb zu fällen, damit ein Wägen ohne Ende verhindert wird. Besteht gleichzeitig der Eindruck, daß nicht alle objektiv einholbaren Informationen auch subjektiv verfügbar sind, so kann aber auch hier zunächst ein Aufschub mit dem Ziel zusätzlicher Informationsgewinnung erfolgen.

(3) Hoher Entscheidungsdruck. Situationen mit hohem Entscheidungsdruck sind dadurch gekennzeichnet, daß bei rechtzeitiger Entscheidung einiges zu gewinnen ist (oder größerer Schaden abgewendet wird), bei zu später Entscheidung hingegen der Nutzen in jedem Fall geringer bzw. der Schaden größer ausfällt. Zieht sich ein motivationaler Prozeß zu lange hin, so dürfte in solchen Situation eine Metamotivation entstehen, nur zentrale Informationen zu berücksichtigen, extendierteres Abwägen zu unterbinden und zu raschen Entscheidungen zu gelangen.

(4) Negative Metamotivation. Ein interessanter Fall schließlich kann dann entstehen, wenn Handlungen, Situationen oder Folgen nicht nur mit positiven, sondern auch mit starken negativen Valenzen veknüpft sind. In einem solchen Fall kann die Tendenz entstehen, entsprechenden Kognitionen und damit einem Wäge- und Entscheidungsprozeß möglichst aus dem Wege zu gehen (metamotivationale Meidenstendenz). Das Resultat kann sein, daß entweder (a) Handlungswünsche gar nicht erst gebildet werden (und man bei negativen Situationsfolgen dann "blind in sein Verderben rennt"); oder (b) Entscheidungen aufgeschoben werden; oder (c) Entscheidungen hastig und ohne näheres Hinsehen gefällt werden.

Vor allem die letztgenannte Situation kann mithin dazu führen, daß kognitionsgesteuerte Motivation Kriterien subjektiver Zweckrationalität nicht mehr entspricht. Darüber hinaus sind einige weitere Situationen denkbar, in denen Motivation und Handeln Kriterien subjektiver Rationalität nicht mehr folgen. Hierauf ist im folgenden einzugehen.

5.2.5 Gültigkeitsbereich des RSR-Modells: Wann verläuft Motivation reflektiv und rational?

Das in den letzten beiden Abschnitten vorgestellte Motivationsmodell kann nur für den Teilbereich kognitionsgesteuerter und gleichzeitig subjektiv rationaler Motivation volle Gültigkeit beanspruchen. Entscheidend ist damit die Frage, wann diese beiden Bedingungen gegeben sind. Wie zu zeigen sein wird, sind Reflektivität und subjektive Rationalität dabei als Motivationsmerkmale aufzufassen, die unabhängig voneinander sind. Darüber hinaus sind beide Merkmale als Kontinua anzusehen: Motivation und Handeln verlaufen jeweils *mehr oder weniger* reflektiv bzw. rational. Dichotomisiert man diese beiden Kontinua, so ergibt sich eine heuristisch nützliche Klassifikation von vier grundlegenden Typen menschlicher Motivation (vgl. Pekrun, 1984b):

Reflektiv-rationale Motivation

Dies ist die vom RSR-Modell thematisierte Möglichkeit. Entsprechende Motivation ist grundsätzlich *deklarativer* Art (s.o. 5.2.3). Anzunehmen ist, daß für reflektive und (subjektiv) rationale Motivationsauslösung die folgenden Bedingungen Voraussetzung sind:

(1) Das *Arbeitsgedächtnis* befindet sich in einem arbeitsfähigen Zustand (dies setzt physische Intaktheit und die Abwesenheit von Zuständen wie hoher Drogenspiegel, hohes Fieber, starke Müdigkeit etc. voraus).

(2) Die *Situation* ist nicht sehr vertraut. Mit anderen Worten: Es liegen keine Prozedurschemata vor, die habitualisiert-nichtreflektive Motivationsauslösung erlauben.

(3) Es werden hinreichend hohe *Ziel-, Handlungs- oder Situationsvalenzen* kogniziert. Ist diese Voraussetzung nicht erfüllt, so dürfte ein Prozeß motivationalen Abwägens gar nicht erst in Gang kommen bzw. nicht weitergeführt werden (bei fehlenden Valenzen), oder aber verkürzt ablaufen (bei schwachen Valenzen; s.o. 5.2.4 und vgl. empirisch auch Kuhl & Beckmann, 1983).

(4) Es ist eine hinreichende *Entscheidungszeit* vorhanden (im anderen Fall ist man zu verkürzter Entscheidungsfindung gezwungen; s.o. 5.2.4).

(5) Es liegt *keine negative Metamotivation* zur Vermeidung eines Kognitionsprozesses des Abwägens vor. Wie oben (5.2.4) bereits bemerkt wurde, kann solche Motivation dann entstehen, wenn Handlung und/oder Folgen nicht nur positiv, sondern auch mit starken negativen Valenzen besetzt sind. Hieraus kann resultieren, daß ein Entscheidungsprozeß, der diese negativen Valenzen einbezieht, selber als negativ valent erlebt wird. Eine mögliche Folge ist ein Ignorieren kognizierter negativer Valenzen im Entscheidungsprozeß; eine andere mögliche

Folge ist, daß der Wägungsprozeß verkürzt abläuft. Beide Fälle implizieren Verletzungen subjektiver Rationalität.

An der Liste dieser zu vermutenden Bedingungen sieht man, daß es sich bei reflektiv-rationaler Motivation wohl tatsächlich um ein Phänomen mit eingeschränkter Häufigkeit handelt: Solche Motivation spielt vorzugsweise bei neuen, wichtigen und positiv besetzten Entscheidungen mit hinreichender Entscheidungszeit eine Rolle.

Irreflektiv-rationale Motivation

Aus dem diskutierten Sonderstatus reflektiv-rationaler Motivation könnte man folgern, daß motivationsbezogene Rationalität ein eher seltenes Phänomen darstellt, menschliches Streben, Wollen und Handeln also grundsätzlich eher irrationaler Art ist. Dies aber wäre ein Fehlschluß: Motivation und Handeln können auch dann die beschriebenen Kriterien subjektiver Zweckrationalität erfüllen, wenn sie nicht oder nur in eingeschränkter Weise kognitiv vermittelt werden. Dies gilt für (1) wahrnehmungsgesteuerte Motivationsauslösung (s.o. 5.2.2), (2) gefühlsgesteuerte Motivationsauslösung (3.2.3, 5.2.2), und (3) verkürzt ablaufende reflektive Motivationsauslösung.

Solche Arten der Motivationsauslösung erfüllen trotz mangelnder Reflektivität dann Kriterien subjektiver Rationalität, wenn gleichzeitig motivationsrelevante Überzeugungen (Erwartungs- und Valenzüberzeugungen) vorhanden sind, deren Konstellation zueinander und zur Stärke der ausgelösten Motivation zweckrationale Kriterien erfüllt. Entsprechende Konstellationen können vor allem durch Habitualisierung, also Automatisierung und Verkürzung von reflektiv vermittelten, zweckrationalen Motivationsprozessen entstehen, an deren Anfang ursprünglich bestimmte Wahrnehmungen oder Gefühle standen, die nach dem Prozeß der Habitualisierung unmittelbar motivationsauslösend wirken (s.o. 3.2.3, 5.2.2). Das Resultat solcher Habitualisierung sind prozedurale Schemata wahrnehmungs- bzw. gefühlsgesteuerter Motivationsauslösung.

Zugeordnete Erwartungs- und Valenzrepräsentationen aber können auch nach der Bildung solcher Prozedurschemata weiterexistieren, und zwar entweder (a) getrennt von diesen Schemata oder (b) in sie integriert. In ersterem Fall kann es zeitversetzt zur Motivationsinduktion zusätzlich zur Auslösung entsprechender Erwartungs- und Valenzkognitionen kommen, indem die betreffenden Erwartungs- und Valenzüberzeugungen ebenfalls aktiviert werden; die Motivationsauslösung kann aber auch gänzlich ohne entsprechende Kognitionen ablaufen. Im zweiten Fall (integrierte Prozedur-, Erwartungs- und Valenzschemata) kommt es bei Schemaaktivierung durch geeignete Wahrnehmungen oder Gefühle gleichzeitig zur Auslösung von Motivation und von Erwartungs- und Valenzkognitionen. Finden zeitversetzt oder parallel zur Motivationsauslösung zugeordnete Erwartungs- und Valenzkognitionen statt, so kann sich subjektiv der Eindruck aufdrängen, die Motivationsauslösung sei reflektiv vermittelt gewesen ("pseudoreflektive" Motivationsinduktion; vgl. auch Kuhl, 1983a).

Irreflektive Motivationsauslösung erfüllt in diesem Sinne z.B. dann Kriterien der Zweckrationalität, wenn Situation A ein Prozedurschema zugeordnet ist, das für die unmittelbare Auslösung starker Motivation sorgt, und zusätzlich Erwartungs- und Valenzüberzeugungen, die einem erfolgreichen Handlungsausgang hohe Wahrscheinlichkeit und Valenz zusprechen, Situation B hingegen Prozedur-, Erwartungs- und Valenzstrukturen, die schwache Motivation auslösen sowie Repräsentationen von geringer Folgenwahrscheinlichkeit und geringer Folgenvalenz enthalten. Werden dabei parallel zur Motivationsauslösung oder nachträglich die jeweiligen Erwartungs- und Valenzüberzeugungen aktiviert, so kann dies zu gerechtfertigten, rationalen Begründungen für eigenes Verhalten führen.

Der Gedanke, daß auch irreflektive Motivation rational sein kann, läßt sich im übrigen ausdehnen: Auch Verhalten, das gänzlich ohne motivationale Vermittlung stattfindet (unüberlegtes, vollständig spontanes Verhalten; s.o. 5.2.2), kann Rationalitätskriterien erfüllen; z.B. dann, wenn es aus Habitualisierungen reflektivzweckrationaler Abläufe entstanden ist und die zugeordneten Überzeugungen noch existieren.

Reflektiv-irrationale Motivation

Dabei handelt es sich um deklarative Motivation, die von kognitiven Abläufen gesteuert wird, welche Rationalitätskriterien nicht entsprechen. Notwendige Bedingung hierfür ist zunächst (1) ebenso wie bei rationaler, reflektiv vermittelter Motivation, daß es sich um eine Situation handelt, die neue Komponenten enthält und für die deshalb keine hinreichend habitualisierten Motivationsprozeduren bereitstehen. Unter dieser Voraussetzung dürfte es zu nicht-rationaler Auslösung dann kommen, wenn hinreichende Voraussetzungen für rational-reflektive Motivation (s.o.) nicht gegeben sind. Typisch dürften dementsprechend die folgenden zusätzlichen Bedingungen sein (die auch zusammentreffen können):

(2) *Physische Unfähigkeit* zu kognitiven Verknüpfungen von Erwartungs- und Wertkognitionen nach Rationalitätskriterien (z.B. aufgrund von Hirnschädigungen, hohem Fieber, Einnahme von Alkohol und Drogen oder sehr intensiven Gefühlszuständen; vgl. Zillmann, 1979).

(3) *Zu geringe Ziel- und Handlungsvalenzen* können – dies wurde oben bereits bemerkt – dazu führen, daß ein Motivationsprozeß zwar eingeleitet wird, daß aber wegen der Unwichtigkeit einer korrekten Entscheidung nicht alle subjektiv verfügbaren Informationen genutzt werden. So kann man z.B. den Prozeß des Abwägens zwischen verschiedenen Bestellmöglichkeiten in einem Restaurant rasch beenden (indem man einfach die erste akzeptable Alternative wählt), wenn es einem relativ unwichtig ist, was auf den Tisch kommt. Solch eine Abkürzung der Entscheidungsprozedur kann auf automatisierten Prozeduren beruhen; sie kann aber auch von einer mehr oder weniger bewußten Metamotivation gesteuert werden, rasch zu wählen, um sich schneller wieder dem Gespräch zu widmen. (In solchen Fällen steht "Metamotivation" jeweils im Dienste anderer Ziele und Handlungen).

(4) *Restringierte Entscheidungszeit.* In vielen Situationen stehen nur Sekunden oder Bruchteile von Sekunden für Entscheidungen zwischen Handlungsalternativen zur Verfügung (z.B. im Straßenverkehr oder in zwischenmenschlicher Interaktion). Auch in solchen Fällen kann es (in einem weiteren Sinne) sehr

"rational" sein, rasche und damit vergleichsweise unüberlegte Entscheidungen zu treffen. Dies impliziert, daß die Metamotivation, die einer Abkürzung des Entscheidungsprozesses zugrundeliegen kann (s.o. 5.2.4), Rationalitätskriterien erfüllen kann, obwohl die resultierende Verhaltensentscheidung subjektiv suboptimal und somit im Sinne von Erwartungs-Wert-Modellen "irrational" ist.

In diesem Sinne kann eine *Metamotivation*, die in einen Entscheidungsprozeß eingreift, dann als *"rational"* bezeichnet werden, wenn die verfügbare Entscheidungszeit so genutzt wird, daß der Nutzen des Entscheidungsprozesses maximiert wird (was z.B. implizieren kann, wichtige Handlungsfolgen zuerst zu kalkulieren) und die Kosten minimiert werden (was impliziert, die vorhandene Entscheidungszeit zu nutzen, aber den Entscheidungsprozeß abzubrechen, bevor die Situation sich so ändert, daß das jeweilige Verhalten nicht länger möglich ist oder nicht länger die gewünschten Folgen produziert).

(5) *Negative Metamotivation,* also Motivation, ausgewogene Reflektionen zu Handlungen und ihren Folgen zu vermeiden. Wie ebenfalls bereits erwähnt, kann solche Motivation aus stark negativen Valenzen von Handlungen bzw. Handlungsfolgen resultieren. Dies kann dann dazu führen, daß man sich auf die kognizierten positiven Aspekte beschränkt und unerwünschte Nebeneffekte (z.B. die Aversivität implizierter Anstrengungen) antizipatorisch einfach ausblendet.

Irreflektiv-irrationale Motivation

Der letzte Fall schließlich ist der, daß die Auslösung von Motivation weder von Kognitionen vermittelt wird noch Kriterien subjektiver Rationalität entspricht. Dabei kann es sich ebenso wie bei irreflektiver Auslösung, die rationalen Kriterien entspricht, vor allem um wahrnehmungs- oder gefühlsgesteuerte Motivationsinduktion handeln. Solche Motivationsinduktion kann "irrational" sein, indem sie entweder (a) vorhandenen Erwartungs- und Valenzüberzeugungen zuwiderläuft und damit vorhandenen subjektiven Rationalitätskriterien widerspricht; oder indem (b) zugeordnete Rationalitätskriterien schlicht nicht vorhanden sind. Diese beiden Fälle sind strikt zu unterscheiden:

(1) *Überzeugungskonträre Motivations- und Verhaltensauslösung* ohne Vermittlung aktueller Kognitionen setzt voraus, daß starke prozedurale Schemata vorhanden sind, die sich Situationsänderungen bzw. Veränderungen von subjektiven Erwartungen und Valenzen nicht anpassen. Entsprechende Schemata können gelernt oder genetisch determiniert sein und sowohl für alltägliches als auch für klinisch relevantes "pathologisches" Verhalten charakteristisch sein. Vor allem intensive Gefühle können zu solcher Motivations- und Verhaltensauslösung führen (zu einem Modell Zillmann, 1979). Ein typischer Fall ist Vermeidungsverhalten, das entgegen besserem Erwartungs- und Valenzwissen situativ bzw. durch intensive Angstgefühle ausgelöst wird. Beispiel: Genetisch determinierte Vermeidungsmotivation beim Fallschirmspringen, die sich im Konflikt befindet mit sicherem subjektivem Wissen, daß Fallschirmspringen weniger riskant ist als Autofahren.

(2) Der Fall *fehlender subjektiver Rationalitätskriterien* hingegen liegt dann vor, wenn ein Verhaltensprogramm vorhanden ist und durch Wahrnehmungen oder Gefühle ausgelöst werden kann, aber weder situativ noch im Gedächtnis

subjektive Erwartungs- und Valenzinformationen vorliegen. Dieser Fall dürfte vor allem für frühe Stadien ontogenetischer Entwicklung typisch sein (situativ ausgelöste Motivation und Verhalten bei Neugeborenen). Er kann aber auch für bestimmte pathologische Entwicklungen charakteristisch sein (z.B. bei hirnorganischen Schädigungen).

Zusammenfassend ist festzuhalten, daß Reflektivität und subjektive Rationalität als Aspekte menschlicher Motivation und menschlichen Handelns anzusehen sind, die partiell unabhängig voneinander variieren: Auch überlegtes Handeln kann (subjektiv) irrational sein, und andererseits kann auch unüberlegtes, also spontanes oder gewohnheitsgeleitetes Verhalten Rationalitätskriterien entsprechen. Motivationen und Handlungsweisen, die sowohl überlegt als auch subjektiv rational sind, stellen dabei im Alltag eher die Ausnahme dar: Voraussetzung für sie ist, daß die jeweilige Handlungsentscheidung hinreichend wichtig ist, die Entscheidungssituation neu ist bzw. neue Komponenten enthält, und die Entscheidung weder zeitlich-situativ noch metamotivational unter Druck steht. In vielen Alltagssituationen sind eine oder mehrere dieser Bedingungen nicht gegeben. Da aber auch unüberlegtes Handeln Rationalitätskriterien entsprechen kann, sollte man – wie oben erläutert – hieraus nicht den Fehlschluß ziehen, der Mensch sei in seinem Streben und Handeln ein überwiegend irrationales Wesen.

5.3 Proximale Wirkungen von Motivation

Aufgabe von *Emotionen* ist es typischerweise, verhaltens*vorbereitende* Prozesse perzeptiv-kognitiver, physiologischer und motivationaler Art in Gang zu setzen (s.o. 3.2.3). Die primäre Funktion von *Motivation* hingegen ist, Verhalten und Handeln direkt auszulösen und ihren Verlauf zu steuern. Motivation ist also als direkte Verhaltens- und Handlungsdeterminante anzusehen; insofern ist sie im Regelfall "näher am Verhalten", als Emotionen es sind. Allerdings gibt es hier Ausnahmen: In bestimmten Fällen können Emotionen auch direkt zur Auslösung von Verhalten führen (insbesondere bei stark prozeduralisiertem Verhalten; s.o. 3.2.3). Umgekehrt gilt für Motivation, daß ihr nicht nur vehaltensauslösende und -steuernde, sondern auch verhaltensvorbereitende Funktionen zukommen. Zum Teil stehen solche vorbereitenden Funktionen gleichzeitig auch im Dienste der Selbstmodulation motivationaler Prozesse. Zu diskutieren sind hier also nicht nur Motivationsffekte auf Verhalten und Handeln, sondern vorgeordnet auch Effekte auf verhaltensvorbereitende Prozesse (Wahrnehmungen/Kognitionen, körperliche Abläufe, Emotionen und andere Motivationsprozesse).

Motivationseffekte (1): Wahrnehmung und Kognition

Motivation besteht in ihren deklarativen Varianten aus bestimmten handlungsorientierten Kognitionen (Handlungswünschen, Handlungsabsichten). Allgemein läßt sich im Sinne von Aktivations- und Netzwerktheorien des menschlichen Gedächtnisses annehmen, daß vorliegende Kognitionen eine Aktivierung inhaltsentsprechender kognitiver Strukturen und damit eine Auslösung inhaltsähnlicher oder sonstwie assoziierter Kognitionen erleichtern, eine Aktivierung bzw. Auslösung anderer Strukturbereiche/Kognitionen hingegen eher erschweren. In demselben Sinne dürften vorliegende Kognitionen generell eine kognitionsentsprechende Enkodierung einlaufender Informationen und damit kognitionsentsprechende Wahrnehmungen begünstigen.

Für perzeptiv-kognitive Motivationseffekte folgt hieraus, daß Handlungswünsche und Handlungsabsichten jeweils zugeordnete Wahrnehmungen und Kognitionen begünstigen. Dies impliziert, daß Wünsche und Absichten ähnlich wie Emotionen (s.o. 3.2.3) bereits aus allgemeinen kognitionspsychologischen Gründen einer Tendenz zur Selbstperpetuierung unterliegen. (Darüber hinaus ist vor allem für Handlungsabsichten anzunehmen, daß Persistenz solcher Kognitionen durch spezielle kognitive Abschirmmechanismen begünstigt werden kann; hierzu Kuhl, 1983a; und empirisch auch Gollwitzer, 1986).

In einem direkteren Sinne beeinflußt Motivation Wahrnehmungen und Kognitionen natürlich dann, wenn das Motivationsziel selber in perzeptiv-kognitiven Prozessen besteht, wenn also Absichten zu bestimmten Wahrnehmungen oder Denkprozessen bestehen. Absichten zum Nachdenken können ebenso zum beabsichtigten Nachdenken führen, wie Absichten zu motorischem Verhalten solches Verhalten generieren können. Motiviertes Wahrnehmen und Denken sind insofern als spezielle Fälle motivierten Verhaltens anzusehen (s.u.). Dabei kann sich motiviertes Wahrnehmen und Nachdenken in bestimmten Fällen auch auf den Motivationsprozeß selber oder auf jeweils einzuholende und zu kalkulierende Handlungsinformationen beziehen (Metamotivation; s.o. 5.2.4).

Effekte von Motivation auf *kognitive Leistungen* können in diesem Sinne ähnlich komplex und vielfältig sein wie entsprechende Effekte von Emotionen (s.o. 3.2.3). Wesentlich sein dürften (a) allgemeine Kongruenz- und Aktivierungseffekte von Motivation auf Gedächtnisleistungen, (b) allgemeine (negative) Effekte von motivationalen Kognitionen auf die übrigbleibende Kapazität des Arbeitsgedächtnisses, und (c) spezifische Effekte von Motivation zum Nachdenken auf resultierende kognitive Leistungen. Hinzu kommen (d) indirekte Effekte, die z.B. von wunsch- oder absichtsinduzierten Emotionen vermittelt werden können (s.o. 3.2.1).

Anzunehmen ist dabei insbesondere, daß Effekte des Typs (c) unter bestimmten Randbedingungen eher positiv sind, während Einschränkungen der Arbeitsspeicherkapazität (Möglichkeit b) sich eher negativ auswirken dürften (dabei dürften Wünsche oder Absichten insbesondere dann von der jeweiligen kognitiven Aufgabe ablenken, wenn sie auf andersthematische Ziele und Handlungen gerichtet sind). Gedächtnis- und emotionsvermittelte Effekte (a, d) hingegen können sowohl positiver wie negativer Art sein (vgl. Kap. 3.2). Die jeweiligen Gesamteffekte dürften – ähnlich wie bei Emotionseinflüssen auf kognitive Leistungen (3.2.3) – vom Zusammenspiel dieser z.T. gegenläufig operierenden Mechanismen abhängen.

Motivationseffekte (2): Körperliche Prozesse

Vor allem für Realisationsmotivation deklarativer oder prozeduraler Art ist anzunehmen, daß sie somatische Prozesse in Gang setzen kann, welche die Ausführung des jeweiligen Verhaltens begünstigen. Dies gilt vermutlich sowohl für aktivitätsorientierten neurochemischen Stoffwechsel (vgl. Pribram & McGuiness, 1975) wie auch für peripher-physiologische und neuromuskuläre Aktivierung unspezifischer oder spezifischer Art (Beispiele sind der Speichelfluß vor beabsichtigter Nahrungsaufnahme oder flucht- und angriffsvorbereitende, zentrale Ausschüttungen spezifischer Neurotransmitter; vgl. auch Gray, 1987).

Motivationseffekte (3): Emotionen

Emotionen können Wünsche und Absichten auslösen sowie Verhaltensprogramme aktivieren (s.o. 5.2.2). Kann – umgekehrt – Motivation emotionale Gefühle induzieren? Kann beispielsweise nicht nur Angst zu Vermeidensmotivation führen, sondern auch – umgekehrt – Vemeidensmotivation zu Angst? Hierzu wurde oben (3.2.1) bereits angenommen, daß solche Effekte durchaus denkbar sind: Wünsche und Absichten enthalten typischerweise Erwartungs- und Valenzrepräsentationen; diese aber liegen der Bildung (zukunftsgerichteter) Emotionen zugrunde (s.o. 3.3). Häufiger dürfte allerdings sein, daß die betreffenden Erwartungs- und Valenzkognitionen bereits *vor* den jeweiligen Handlungswünschen und -absichten vorhanden sind und dann sowohl Emotion als auch Motivation parallel zueinander auslösen (3.2.1; vgl. auch Pekrun, 1987c).

Eine weitere Denkmöglichkeit ist, daß solche Einflüsse von motivationsabhängigen, also durch Motivation ausgelösten Kognitionen vermittelt werden. So kann z.B. eine bereits bestehende Handlungsabsicht zu weiteren Erwartungs- und Valenzkognitionen führen, die ihrerseits die Vorfreude auf das Erreichen eines Handlungsziels oder die Sorge um ein mögliches Verfehlen verstärken kann.

Wichtig sind schließlich indirekte Effekte von Motivation auf Gefühle, die von motivationsabhängigem Verhalten vermittelt werden: Sowohl die Ausführung von Verhalten als auch das Erreichen oder Verfehlen von Handlungszielen können emotionsstiftend wirken. Insbesondere Wahrnehmungen und Kognitionen zu eingetretenen Handlungsfolgen jeglicher Art sind als zentrale Emotionsauslöser zu betrachten (Kap. 3).

Motivationseffekte (4): Andere Motivationsabläufe

Starke Handlungswünsche und -absichten können Motivation zu anderen Handlungen dadurch unterdrücken, daß sie (a) Aufmerksamkeit beanspruchen (also den Arbeitsspeicher okkupieren), und darüber hinaus (b) wunsch- und absichtsgerechte Wahrnehmungen und Kognitionen begünstigen und andere Wahrnehmungen/Kognitionen behindern (s.o.). Behindert werden dabei wohl vor allem *inkompatible* andere Wünsche und Absichten.

Solche Effekte können in der selektionsorientierten Phase des Abwägens zwischen Handlungsalternativen Prozeduren und metamotivationalen Tendenzen zu einem möglichst neutralen Abwägen entgegenwirken. In der realisationsorientierten Phase der Entscheidung zwischen Handlungswünschen (Absichtsbildung), der Absichtsdifferenzierung und der Ausführungskontrolle (Handlungsphase) hingegen kann eine *aktive* Unterdrückung anderer motivationaler Tendenzen hinzukommen, welche eine Konzentration auf die gebildete Absicht und ihre Ausführung begünstigt (vgl. Kuhl, 1983a, Kap. 10).

Inhibitorische Effekte auf andere, inkompatible Motivationen sind dabei nicht nur für deklarative Motivation, sondern auch für persistierende Aktivierungen von Verhaltensschemata, also für prozedurale Motivation anzunehmen (vgl. auch Norman & Shallice, 1986).

Motivationseffekte (5): Verhalten und Handeln

Die Funktion der bisher besprochenen Arten proximaler Motivationswirkungen dürfte vor allem in der Vorbereitung des jeweils angestrebten Verhaltens zu sehen sein. Die zentrale Wirkung von Motivation aber liegt darin, daß nun tatsächlich zielgerichtet gehandelt wird (bei deklarativer Motivation) bzw. Verhaltensweisen generiert werden, die ohne intentionale Vermittlung auskommen (bei prozeduraler Motivation). Als direkte Verhaltens- und Handelnsdeterminante ist dabei die jeweilige *Realisationsmotivation* anzusehen (der ihrerseits Selektionsmotivation zugrundeliegen kann; s.o. 5.2.2). Für *prozedurale Realisationsmotivation* ist nun anzunehmen, daß drei Bedingungen notwendig und zusammen hinreichend für die Auslösung von Verhalten sind:

(a) Die neuromuskulären und sonstigen somatischen Verhaltensvoraussetzungen sind intakt; (b) das jeweilige Verhaltensschema ist über eine kritische Schwelle hinaus aktiviert (dies setzt voraus, daß Schemata zu anderem, inkompatiblem Verhalten nicht stärker aktiviert sind); (c) die jeweiligen Situationswahrnehmungen entsprechen den Ausführungsbedingungen des Schemas (also seinen Bedingungskomponenten). Sind diese Voraussetzungen erfüllt, so wird mit der Ausführung des betreffenen Verhaltens begonnen. Grundlage der weiteren Verhaltensausführung sind dann typischerweise Komponenten des jeweiligen molaren Verhaltensschemas ("source scheme"; Norman & Shallice, 1986), die ihrerseits im Regelfall großteils hierarchisch organisiert sind und in Gestalt von hierarchisch-sequentiellen Rückkopplungs-Schleifen zwischen Wahrnehmung und Verhalten den Verhaltensablauf steuern. Ein solcher Prozeß kann sich ohne bewußte und kognitiv kontrollierte Steuerung abspielen, also in automatisiert-prozeduralisierter Form. Vor allem bei Störungen aber, also z.B. bei fehlenden Ausführungsbedingungen für Teilschritte, können sich solch automatisierter Verhaltensausführung auch bewußte Steuerungsprozesse überlagern (Norman & Shallice, 1986).

Ähnliches ist für Handlungsabsichten, also *deklarative Realisationsmotivation* anzunehmen. Auch hier sind Intaktheit funktioneller Strukturen, hinreichende Absichtsstärke und Wahrnehmungen hinreichend angemessener situativer Ausführungsbedingungen notwendige Voraussetzungen für eine Verhaltensauslösung. Wenn dabei eine Absicht zunächst nicht hinreichend stark ist, aber durch metamotivational gesteuerte Maßnahmen (z.B. subjektive Valenzerhöhung durch ein Fokussieren auf positive Folgenanreize) sukzessive erhöht wird, so kann das Erreichen der kritischen Absichtsstärke subjektiv als "Entschluß" zum unmittelbaren Handeln erlebt werden (vgl. Kuhl, 1983a). Liegen die genannten Bedingungen vor, so wird die jeweilige Handlung in Gang gesetzt. Auch hier können dann wieder unterschiedliche, hierarchisch organisierte Steuerungsebenen die zeitlich extendierte Ausführung kontrollieren, wobei neben bewußten, kontrollierten, eventuell erst während der Handlungsausführung durchdachten Teilschritten auch vorhandene, prozeduralisierte Verhaltensschemata eingesetzt werden können (insbesondere bei hierarchisch untergeordneten, sensumotorischen Einzelschritten des jeweiligen Handlungsablaufs).

Beendigung der Verhaltensausführung. Die Verhaltensausführung findet schließlich irgendwann ihr Ende (eventuell nach längeren Unterbrechungen mit einem Warten auf geeignete Ausführungsbedingungen für Teilschritte oder einer Konstruktion solcher Bedingungen). Vier Fälle sind hier wesentlich:

(a) Prozedural motiviertes Verhalten findet dann sein Ende, wenn in dem jeweiligen Verhaltensschema Ziel- oder andere Stopp-Bedingungen repräsentiert sind. Eine zweite Möglichkeit ist, daß das Schema sequentiell so organisiert ist, daß das betreffende Verhalten einfach nach Durchlaufen der Sequenz sein Ende findet.

(b) Deklarativ-extrinsisch motiviertes, also zielgerichtetes Handeln wird (spätestens) dann beendet, wenn das in der jeweiligen Absicht repräsentierte Handlungsziel erreicht ist (Voraussetzung hierfür ist, daß es sich um ein erreichbares Ziel handelt).

(c) Auch deklarativ-intrinsisch motiviertes Handeln aber, das definitionsgemäß nicht auf handlungsexterne Ziele gerichtet ist, findet irgendwann auch ohne Eingriffe von außen sein Ende. Mit Atkinson und Birch (1970) könnte man hier annehmen, daß die zugrundeliegende Realisationsmotivation in jedem Fall durch die Handlungsausführung allmählich reduziert ("konsumiert") wird. Eine stärker kognitiv orientierte Erklärung wäre, daß sich mit zunehmender Handlungsdauer die motivierenden Handlungsvalenzen reduzieren oder sogar ins Negative umschlagen. So kann z.B. ein Dauerlauf, der zunächst positive Emotionen produziert, als zunehmend weniger erfreulich und mit längerer Laufdauer schließlich als aversiv erlebt werden. Eine solche valenzorientierte Erklärung trägt wohl auch besser der Möglichkeit Rechnung, daß intrinsische Realisationsmotivation sich nicht in jedem Fall während der Handlungsausführung reduzieren muß, sondern sich an bestimmten Handlungspunkten zunächst sogar erhöhen kann (z.B. beim Übergang von einer langweiligen zu einer spannenden Passage beim Spielen eines Klavierstücks oder beim Schreiben eines Buches).

Im übrigen kann eine "konsumatorische" Reduktion positiv-intrinsischer Realisationsmotivation und vor allem der Aufbau negativer, aversionsorientiert-intrinsischer Motivation auch bei primär extrinsisch motivierten Handlungen dazu führen, daß sie vor der Zielerreichung abgebrochen werden. Dies dürfte dann passieren, wenn die verbleibende Realisationsmotivation bereits vor der Zielerrreichung unter eine kritische Schwelle sinkt (wenn jemand also beispielsweise Dauerläufe als Herzinfarkt-Prävention betreibt, ihn aber vor Erreichen des gesteckten Kilometerziels einfach die Lust verläßt).

(d) Alle Arten motivierten Verhaltens schließlich können ein jähes und vorschnelles Ende finden, wenn eine neu gebildete, stärkere Realisationsmotivation zu einem anderen (inkompatiblen) Verhalten die alte Motivation verdrängt. Dies kann insbesondere dann passieren, wenn die externe oder interne Situation sich zwischenzeitlich verändert hat und dadurch andere Motivationen angeregt werden (in diesem Sinne können z.B. nicht-erwartete Katastrophen und sonstige Störungen dazu führen, daß man alles andere stehen und liegen läßt).

Im ersten und zweiten genannten Fall (Zielerreichung) findet die zugrundeliegende Realisationsmotivation mit der Zielerreichung ebenfalls ein schnelles Ende; im dritten Fall (intrinsisch motiviertes Verhalten) handelt es sich eher um eine allmähliche Motivationsreduktion; im vierten Fall aber (erzwungener Abbruch) kann die noch vorhandene Motivation im Arbeitsgedächtnis weiter persistieren oder in Gestalt von Vorsätzen ins Langzeitgedächtnis überführt werden (s.o. 5.2.2 und Kap. 6).

Handlungsfolgen und Rückkopplungen

Ganz oder partiell ausgeführte Handlungen schließlich können Folgen produzieren. Diese können in der Umwelt, aber auch in der eigenen Person lokalisiert sein. Insbesondere können Handlungen und ihre Folgen kognitive Einschätzungen des eigenen Tuns und zugeordnete Emotionen nach sich ziehen. Allerdings ist nicht für alle Handlungen und Handlungsfolgen anzunehmen, daß sie zu kognitiven und emotionalen Bewertungen führen: Bei Routinehandlungen, deren Verlauf und Folgen vorhandenen Erwartungen entsprechen, sind nachträgliche Bewertungen überflüssig. Nützlich hingegen sind sie dann, wenn (a) bisher keine Handlungs- und Folgenerwartungen vorlagen (also insbesondere bei neuen Handlungen oder alten Handlungen in neuen Situationen), oder (b) Handlungsverlauf bzw. Folgen erwartungswidrig ausfallen. In beiden Fällen dürften Bewertungsprozesse umso elaborierter ablaufen und zugeordnete Emotionen umso intensiver ausfallen, (1) je subjektiv wichtiger Handlung bzw. Folgen sind, und (2) je mehr es sich um *negative* Abweichungen von vorhandenen Erwartungen handelt (empirisch z.B. Wong & Weiner, 1981).

Bei resultierenden Kognitionen kann es sich u.a. um Kognitionen der Zielerreichung und Kausalattributionen von Folgen auf Handlungen oder andere Bedingungen handeln (s.o. 3.3). Von Handlungen und ihren Folgen produzierte Emotionen sind dementsprechend prinzipiell *gegenwarts-* oder *vergangenheitsorientierter* Art (gegenwarts- bzw. rückwärtsorientierte Freude, Traurigkeit, Stolz, Scham etc.; Kap. 3.3). Auf der Basis solcher Kognitionen und Emotionen können sich zukunftsorientierte, motivationsrelevante Kognitionen bilden, also insbesondere Erwartungs- und Valenzkognitionen; im Sinne der obigen Überlegungen zu Motivationsdeterminanten (4.2) kann dies unmittelbar zu erneuter Motivationsbildung und anschließendem Verhalten führen. Es handelt sich hier also um Rückkopplungsprozesse zwischen Motivation und Verhalten, die von retro- und prospektiven, handlungsbezogenen Kognitionen und Emotionen vermittelt werden. (Analoge Rückkopplungen können im übrigen auch innerhalb der Handlungsausführung eine Rolle spielen, wenn Bewertungen von Teilschritten und des Erreichens oder Verfehlens von Teilzielen auf die Realisationsmotivation zur Fortführung der Handlung zurückwirken.)

Wichtig ist daneben, daß restrospektive Handlungs- und Folgenkognitionen überdauernd existierende, handlungsbezogene kognitive Strukturen modifizieren können bzw. zum Neuerwerb solcher Strukturen führen können. Handlungsbezogene Erwartungs- und Valenzüberzeugungen werden großteils auf diesem Wege gelernt. Überzeugungen dieser Art sind als wesentliche Persönlichkeitsbedingungen von Motivation anzusehen; Aktivierungen solcher peri- oder postaktional erworbenen Überzeugungen beeinflussen nachfolgende Motivations- und Handlungsabläufe (Kap. 6). Damit können Rückwirkungen von Verhalten und Handeln auf Motivation nicht nur kurz- oder mittelfristiger, sondern auch langfristiger Art sein, wobei langfristige Rückkopplungsprozesse von Aufbau und Modifikation kognitiver Strukturen getragen werden (hierzu auch Kap. 7.1).

5.4 Zusammenfassung

Auch in diesem Kapitel werden zunächst Begriffsklärungen vorgenommen, bevor dann – als Basis für die in Kap. 6 folgenden persönlichkeits- und entwicklungspsychologischen Analysen – aktualgenetische Motivationsprobleme diskutiert werden. Als Grundlage für eine Definition des Begriffs "Motivation" (5.1) wird zunächst Kuhls Differenzierung von Selektionsmotivation ("Wahlmotivation") und Realisationsmotivation ("Performanzmotivation") übernommen, also von Motivation, die der Wahl zwischen Handlungsalternativen zugrundliegt, einerseits und Motivation zur Verhaltensausführung andererseits. Darüber hinaus wird eine Unterscheidung von deklarativer Motivation und prozeduraler Motivation eingeführt. Deklarative Motivation wird dann näher definiert als Handlungswünsche (deklarative Selektionsmotivation) und Handlungsabsichten (deklarative Realisationsmotivation, "Volition"), prozedurale Motivation als persistierende Aktivierungen von Verhaltensschemata. Abgelehnt wird hingegen der übliche, aktualgenetisch-dispositionale Motivationsbegriff.

Im zweiten Abschnitt wird die Aktualgenese von Motivation diskutiert. Zunächst werden einige kritische Punkte traditioneller Motivationstheorien analysiert (5.2.1), zu denen u.a. generalisierende Reflektivitäts- und Rationalitätsunterstellungen und eine Vernachlässigung persönlichkeits- und entwicklungspsychologischer Motivationsprobleme zählen. Im Sinne einer Relativierung kognitivistischer Positionen wird dann erläutert (5.2.2), daß Motivation nicht nur von Kognitionen, sondern z.B. auch von Wahrnehmungen und emotionalen oder nicht-emotionalen Gefühlen ausgelöst werden kann. Ähnlich wie im Emotionsbereich sind für wahrnehmungs- oder gefühlsgesteuerte Auslösung auch hier angeborene oder erworbene Prozedurschemata der Motivationsauslösung entscheidend, die insbesondere aus Habitualisierungen reflektiv vermittelter Motivation entstehen können.

Für den Fall kognitionsgesteuerter Motivationsauslösung wird anschließend (5.2.3) ein erweitertes Erwartungs-Wert-Modell (RSR-Modell) vorgestellt. Es umfaßt (a) ein Teilmodell zur Selektionsmotivation, aus dem sich die meisten bekannten Erwartungs-Wert-Modelle als spezielle Fälle ableiten lassen; (b) ein Teilmodell zur Realisationsmotivation, das erwartungs-wert-theoretisches Denken auf diesen Bereich überträgt und mit zieltheoretischen Annahmen und Modellen zur Anstrengungskalkulation zu integrieren sucht; und (c) ein integriertes Modell zu deklarativer Selektions- und Realisationsmotivation. Deutlich wird dabei u.a., daß sich Beziehungen zwischen Zielschwierigkeiten und Realisationsmotivation – anders als meist angenommen – nur unter einer Reihe empirischer Randannahmen befriedigend analysieren lassen.

In Abschnitt 5.2.4 wird auf die kognitiven Prozesse eingegangen, die diesem formalisierten Modell zuzuordnen sind. Erläutert wird u.a., daß Motivation vermutlich nur in speziellen Fällen metamotivationaler Steuerung unterliegt. Es schließt sich eine Diskussion der kritischen Frage an, unter welchen Bedingungen Motivation tatsächlich reflektiv und subjektiv zweckrational verläuft. Argumentiert wird, daß reflektiv-rationales Wünschen, Wollen und Handeln eher die Ausnahme darstellen. Da auch nicht-reflektive Motivation Rationalitätskriterien genügen kann, ist hieraus allerdings nicht der Fehlschluß zu ziehen, der Mensch sei in seinem Streben und Handeln grundsätzlich eher irrational.

Abschließend wird auf die proximalen Konsequenzen von Motivation eingegangen. Diskutiert werden zunächst Wirkungen auf verhaltensvorbereitende, motivationsabhängige Prozesse, zu denen u.a. kognitive, körperliche und emotionale Abläufe zählen können. Eingegangen wird dann auf die Funktionen von Motivation für menschliches Verhalten und Handeln. Erläutert wird u.a., daß Motivation und Handeln über postaktionale und damit gleichzeitig prämotivationale Kognitionen und Emotionen in komplexen, kurz-, mittel- oder langfristigen Rückkopplungsprozessen stehen (diese Thematik wird in Kap. 7 noch einmal aufgegriffen).

Kapitel 6

MOTIVATION UND PERSÖNLICHKEIT: II. PERSÖNLICHKEIT UND ENTWICKLUNG

Im letzten Kapitel wurden proximale, aktualgenetische Bedingungen und Wirkungen von Motivation diskutiert. Auf dieser Basis kann nun auf motivationale Bestandteile menschlicher Persönlichkeit und die Entwicklung solcher Bestandteile eingegangen werden. Grundlage dafür sind auch hier wieder die allgemeinen persönlichkeits- und entwicklungstheoretischen Überlegungen der Kap. 1 und 2. Als erstes wird auf den konzeptuellen Status motivationaler Persönlichkeitsmerkmale eingegangen (6.1), wobei zwei Arten solcher Merkmale unterschieden werden: habituelle Motivation einerseits und Persönlichkeitsbedingungen aktueller wie habitueller Motivation andererseits. Analog dem Vorgehen im Emotionsbereich (Kap. 4) werden dann zunächst individuelle Parameter habitueller Motivation diskutiert (6.2.1), bevor auf die Persönlichkeitsbedingungen von Motivation eingegangen wird (6.2.2). Zu analysieren sind in diesem Kontext auch die persönlichkeitspsychologischen Implikationen des im letzten Kapitel vorgestellten RSR-Modells zu kognitionsgesteuerter Motivationsauslösung (6.2.3). Auf dieser Basis können abschließend Probleme der Ontogenese menschlicher Motivation diskutiert werden (6.3). Zeigen wird sich dabei, daß nicht nur die Aktualgenese, sondern auch die Persönlichkeitskorrelate und -bedingungen und die Ontogenese von Motivation und Emotion einige Ähnlichkeiten und Verflechtungen aufweisen.

6.1 Begriffsklärungen: Motivationsbezogene Persönlichkeitsmerkmale

Gegenüber anderen Bereichen der Allgemeinen Psychologie zeichnet es die Motivationspsychologie aus, spätestens seit den fünfziger Jahren interindividuelle Unterschiede in aktualgenetischen Prozessen systematisch in ihre Untersuchungen einbezogen zu haben. Dies ist wohl vor allem das Verdienst von McClelland und Mitarbeitern, die ihrerseits an Konzeptionen Murrays anknüpften (vgl. McClelland u.a., 1953; Atkinson, 1964; Murray, 1938; und zu einem problemgeschichtlichen Überblick Heckhausen, 1980). Dabei wurde dem aktualgenetischen Motivationskonzept auf der Seite zeitstabiler interindividueller Unterschiede der Begriff des "Motivs" an die Seite gestellt. In der motivationspsychologischen Begriffsführung der letzten Zeit handelt es sich also bei "Motiven" um Persönlichkeitsmerkmale – im Gegensatz zur alltagssprachlichen Bedeutung dieses Begriffs

("Motiv" als aktueller Beweggrund für eine Handlung) oder zu älteren psychologischen Begriffsführungen (die den Motivbegriff beispielsweise im Sinne des heutigen Motivationsbegriffs verwendeten; vgl. Woodworth, 1921).

Im übrigen aber ist der Motivbegriff in der Motivationspsychologie um einiges unklarer geblieben als der Motivationsbegriff. Dies schlägt sich insbesondere darin nieder, daß dieser Begriff wahlweise bezogen wurde auf interindividuelle Unterschiede in einzelnen *Komponenten* von Motivationsprozessen (z.B. den subjektiven Valenzen von Handlungsfolgen; vgl. McClelland u.a., 1953; Atkinson, 1964; oder den Kausalattributionen von Handlungsfolgen; Weiner, 1980) oder auf die individuelle *Gesamtausprägung* bestimmter motivationsbezogener Prozesse (im Sinne eines Konglomerats einzelner Teilkomponenten solcher Prozesse).

Die letztere Begriffsführung, also ein "summarischer" Motivbegriff (Heckhausen, 1977b), ist als die praktisch entscheidende anzusehen: Die üblicherweise verwendeten projektiven Motivmaße greifen implizite auf einen summarischen Motivbegriff zurück. Dies zeigt sich an den empirischen Indikatorisierungen der jeweiligen Motivkonstrukte: In der Regel werden Motivmaße gebildet, indem Indikatoren für interindividuelle Unterschiede in verschiedenen motivationalen Teilprozessen gebildet und die Indikatorwerte aufaddiert werden. So gehen z.B. in Heckhausens Maße zu "Hoffnung auf Erfolg" und "Furcht vor Mißerfolg" nicht nur die motivationalen Tendenzen selber ein, die in den jeweiligen leistungsthematischen Erzählungen berichtet werden, sondern zusätzlich auch Kategorien zu Antezedenzien und Konsequenzen solcher Tendenzen, also z.B. zu Erwartungs- und Valenzkognitionen, Verhalten, Verhaltensfolgen, sozialen Reaktionen auf Verhaltensfolgen oder resultierenden Emotionen (vgl. Heckhausen, 1980, Kap. 6; und zu den Kontroversen um projektive Verfahren der Motivmessung Schmalt, 1976; McClelland, 1980; Halisch, 1986).

Angesichts dieses unbefriedigenden definitorischen Status wurde von Heckhausen (1977b) die programmatische Forderung erhoben, den summarischen Motivbegriff aufzulösen und stattdessen den interindividuellen Unterschieden in einzelnen Teilprozessen von Motivationsabläufen getrennte Persönlichkeitsbegriffe zuzuweisen (vgl. auch Heckhausen, 1980, S. 620). Diesen Überlegungen entsprechend wurde kürzlich eine Konzeption motivationaler Persönlichkeitsmerkmale entwickelt (Pekrun, 1983a, 1984b), die diese Forderung partiell einzulösen versucht. Diese Konzeption stellt (1) unterschiedlichen Valenzkognitionen entsprechende Valenzüberzeugungen und unterschiedlichen Erwartungskognitionen zugeordnete Erwartungsüberzeugungen als Persönlichkeitsbedingungen von Motivation konzeptuell an die Seite; und sie grenzt (2) den Motivbegriff auf interindividuelle Unterschiede in motivationalen Tendenzen selber ein. Im nächsten Abschnitt (6.2) ist diese Sichtweise der Persönlichkeitskorrelate und -bedingungen von Motivation weiter zu differenzieren.

Zunächst aber ist hier ein weiterer, ebenfalls zentraler Schwachpunkt der üblichen Varianten des Motivbegriffs zu diskutieren: Einerseits werden "Motive" in der Regel konzeptualisiert als Persönlichkeitsdispositionen, die in situativ "angeregter" Form der aktuellen Motivationsbildung zugrundeliegen (vgl. Atkinson, 1964). Andererseits aber werden die überdauernd existierenden Strukturen, auf die sich solche Dispositionsbegriffe beziehen könnten, nicht näher bezeichnet. Es handelt sich also bei Motivkonzepten in der Regel um rein hypothetische Dispositionsbegriffe (vgl. Kap. 1.3). Faktisch sind sie dabei gleichzeitig vom abstrahierenden Typ, da sie anhand von Zusammenfassungen beobachtbarer aktueller Prozesse in der Empirie verankert werden: Anhand der üblichen Operationalisierungen werden "Motive" gemessen, indem Gedankenstichproben motivationaler Abläufe gezogen und über entsprechende Verschlüsselungsprozeduren in summarische Motivmaße verrechnet werden. Erklärt man dann Unterschiede zwischen Personen in aktuellen Motivationsabläufen anhand solcher Motivmaße, so handelt es sich grundsätzlich um zirkelhafte Scheinerklärungen: Das zu erklärende Geschehen wird durch Stichproben aus Geschehen von eben dieser Art "erklärt" (Einzelheiten zum Problem des tautologischen Charakters dieses Typs dispositionaler Erklärungen in Kap. 1.3).

Das traurige Resultat ist, daß wohl die meisten Befunde, welche die Motivationspsychologie zu Motivkorrelaten und -konsequenzen zutage gefördert hat, in ihrem wissenschaftlichen Wert eher zweifelhaft sind (zum Teilbereich leistungsbezogener Motivforschung auch Pekrun, 1987d). Wie oben erwähnt wurde, ist an anderer Stelle (Pekrun, 1983a, 1984b) die konzeptuelle Konsequenz gezogen worden, den Motivbegriff einzuschränken, nur noch habituelle motivationale Tendenzen mit ihm zu bezeichnen und auf Verwendungen als Dispositionsbegriff zu verzichten. Da er aber üblicherweise im summarischen und dispositionalen Sinne verwendet wird, setzt man sich mit einer solchen Eingrenzung der Gefahr semantischer Mißverständnisse aus. Sinnvoller ist es wohl, den Begriff des "Motivs" aus dem Begriffsarsenal wissenschaftlicher Psychologie ganz zu streichen. Im Sinne der in den ersten beiden Kapiteln diskutierten, nicht-dispositionalen Persönlichkeitskonzeption sollte er dann durch Begriffe ersetzt werden, die jeweils (a) interindividuelle Unterschiede in einzelnen motivationalen Teilprozessen oder (b) die Persönlichkeitsbedingungen dieser Teilprozesse beschreiben.

Dementsprechend sind hier nun – auf der Basis der in Kap. 2 vorgestellten Persönlichkeitstaxonomie – zwei Arten motivationaler Persönlichkeitsmerkmale zu unterscheiden: (a) habituelle motivationsbezogene Prozesse (habituelle Motivation, habituelle Antezedenzien von Motivation, habituelle Konsequenzen von Motivation); und (b) somatische und kognitive Persönlichkeitsbedingungen, die singulären und habituellen Motivationsabläufen zugrundeliegen.

Festzuhalten ist hier also, daß aktueller "Motivation" *habituelle Motivationen* als Persönlichkeitsmerkmale unmittelbar an die Seite zu stellen sind. Ebenso wie bei aktueller Motivation sind dabei habituelle Selektionsmotivation und Realisationsmotivation sowie habituelle intrinsische und extrinsische Motivation zu differenzieren. Habituelle Motivationen dieser Kategorien können sich in einer Reihe von Parametern von Person zu Person unterscheiden; hierauf ist im folgenden einzugehen.

6.2 Persönlichkeitskorrelate und Persönlichkeitsbedingungen von Motivation

6.2.1 Habituelle Motivation

Individuelle Parameter habitueller Motivation

Alle im letzten Kapitel diskutierten Motivationsprozesse können nicht nur einmalig, sondern auch in habitueller Form auftreten. Und für alle solche habituellen Prozesse gilt, daß sie sich von Person zu Person unterscheiden können; dementsprechend handelt es sich grundsätzlich um Persönlichkeitsmerkmale (s.o. 1.1). Ähnlich wie bei habituellen Emotionen (Kap. 4) lassen sich interindividuelle Unterschiede dabei auf verschiedene Parameter beziehen: Inhalte, Frequenz, Intensität, Dauer, weitere Verlaufsformparameter etc.

Oben (6.1) wurde erläutert, daß der traditionelle, summarische Persönlichkeitsbegriff des "Motivs" zugunsten von Konstrukten zu einzelnen Teilprozessen und ihren Parametern aufzulösen ist. In diesem Sinne ist generell zu unterscheiden zwischen (1) habitueller deklarativer Selektionsmotivation (habituelle Handlungswünsche); (2) habitueller deklarativer Realisationsmotivation (habituelle Absichten); und (3) habitueller prozeduraler Motivation (habituelle Zustände der Aktivierung von Verhaltensprogrammen). Unterschiede zwischen Personen in diesen Kategorien können sich nun auf unterschiedliche Motivationsparameter beziehen:

(1) Inhalte habitueller Motivation

Bei den individuellen Inhalten habitueller Motivation handelt es sich um die jeweils vorhandenen habituellen, kognitiven Inhalte von Handlungswünschen und -absichten bzw. aktivierten Verhaltensschemata. Im Sinne dieses Kriteriums lassen sich beispielsweise die folgenden großen Motivationsklassen unterscheiden: (a) Habituelle *bedürfnisbezogene* Handlungswünsche, Absichten und Schemaaktivierungen (z.B. habituelle Eßmotivation, habituelle sexuelle Motivation, habituelle Wünsche zu Drogeneinnahme). (b) Habituelle *leistungsbezogene* Motivationen (Erfolgs- und Mißerfolgsmotivation; vgl. Heckhausen, 1980). (c) Habituelle *soziale* Motivationen (Wünsche und Absichten zu Anschluß, Macht etc.; Hill, 1987; McClelland, 1975). (d) Habituelle *selbstbezogene* Motivationen (z.B. habituelle Motivation zur Identitätsbewahrung; vgl. Gollwitzer & Wicklund, 1985; oder habituelle Motivation zur Erreichung selbstgesetzter Entwicklungsziele).

Differenzieren läßt sich im Sinne des Inhaltskriteriums auch zwischen habituellen *intrinsischen* und *extrinsischen* Motivationen und damit zwischen Personen, die in bestimmten Motivationsbereichen eher intrinsische Motivation zeigen (im Alltagsbegriff "Genießertypen") und solchen, deren Motivationsbildung in habitueller Weise eher extrinsisch, also eher ziel- und folgenorientiert ist. Hier zuzuordnen ist z.B. auch das von Apter (1982) vorgeschlagene Konstrukt "metamotivationaler Dominanz" von "paratelischen" (intrinsischen) vs. "telischen" (extrinsischen) Motivationsbildungen. (Dieses Konstrukt ist allerdings mit einigen

Problemen verknüpft, zu denen u.a. der unterstellte, aber nicht belegte dispositionale Gehalt solcher "metamotivationalen" Gewohnheiten zählt; kritisch auch Eckblad, 1981, Kap. 3).

Ein weiterer zentraler, anhand von Inhaltskriterien zu definierender Persönlichkeitsbereich ist im relativen Ausmaß *motivationaler Gegenwarts- und Zukunftsorientierungen* zu sehen. Als motivational eher zukunftsorientiert kann jemand dann bezeichnet werden, wenn seine Handlungswünsche und -absichten sich auf entfernt liegende Ziele beziehen, als eher gegenwartsorientiert hingegen, wenn sie eher Repräsentationen von kurzfristigen Zielen umfassen. In bestimmten Bereichen eher extrinsisch motivierte Personen dürften in diesen Bereichen gleichzeitig auch motivational stärker zukunftsorientiert sein als vorwiegend intrinsisch motivierte Personen.

Eine wesentliche *Folge* des relativen Ausmaßes an motivationaler Zukunftsorientierung ist im habituellen Ausmaß an (faktischem) *Belohnungsaufschub* zu sehen, also in der Wahl von Handlungsalternativen mit später eintretenden, dafür aber vielleicht umfassenderen Belohnungen. Allerdings hängt habitueller Belohnungsaufschub nicht nur von der relativen Stärke zukunftsbezogener Motivation ab, sondern auch von kognitiven Strategien ihrer Durchsetzung in der konkreten Handlungsausführung und -kontrolle (vgl. Kuhl, 1983a, Kap. 8, 10).

Im übrigen gilt wohl, daß nur einige grundlegende körperbezogene Inhaltskategorien habitueller Motivation in eindeutiger Weise universell fixiert sind, also über Kulturen und Epochen hinweg bei allen Personen zu beobachten sind. Möglicherweise trifft dies auch für einige basale Motivationen sozialer Art zu (z.B. für habituelle Anschlußmotivation – "Bindungsmotivation" – bei Neugeborenen; vgl. auch Goldsmith, 1983). Alle anderen Inhaltskategorien dürften in ihrem Auftreten und ihrer Ausgestaltung zeit- und kulturabhängig sein. Bei entsprechender habitueller Motivation handelt es sich dann nicht um universelle, sondern nur um partiell gemeinsame Klassen von Persönlichkeitsmerkmalen, die jeweils für bestimmte Kulturen charakteristischer sind als für andere. Nicht sinnvoll ist es deshalb, ohne Spezifikation der jeweiligen Epochen, Kulturen, Altersstufen etc. universal gültige, erschöpfende Listen von Inhaltskategorien habitueller Motivation aufstellen zu wollen, wie dies z.B. Murray (1938) oder Maslow (1954) versuchten (hierzu auch Heckhausen, 1963).

(2) Frequenzen habitueller Motivation

Neben der Frage, welchen Inhaltskategorien die habituellen Motivationen einer Person zugeordnet werden müssen, sind natürlich die Frequenzen dieser Motivationen als wesentliche persönliche Charakteristika anzusehen. Unterscheiden lassen sich Personen in diesem Sinne nach der absoluten Häufigkeit von leistungsbezogenen, sozialen oder anderen Motivationen innerhalb eines definierten Zeitraums. Für – bisher fehlende – Operationalisierungen solcher Persönlichkeitsmerkmale könnte der Häufigkeitsansatz von Buss und Craik (1983, 1984; s. Kap. 2.1) vom Verhaltens- in den Motivationsbereich übertragen werden.

Zu trennen ist dabei zwischen der Häufigkeit von motivationalen Episoden einerseits und der Häufigkeit motivationaler Teilprozesse innerhalb einzelner

Episoden andererseits. So neigen z.B. manche Personen dazu, Zielwünsche, Handlungswünsche und Absichten innerhalb einer einzelnen motivationalen Episode ständig zu wiederholen und hin- und herzuwenden, bevor es zur Verhaltensausführung kommt, während andere zügig Absichten bilden und zu Taten schreiten. Das relative Ausmaß solchen Perseverierens motivationaler Teilprozesse bildet (im Sinne des Ausmaßes an habitueller "Zielzentrierung" und "Planungszentrierung") einen Bestandteil des von Kuhl vorgeschlagenen Konstrukts überdauernder Lage- vs. Handlungsorientierung (Kuhl, 1983a, 1984; s.u.).

Im übrigen ist auch für Häufigkeiten von motivationalen Episoden oder von Teilprozessen innerhalb von Episoden anzunehmen, daß interindividuelle Unterschiede jeweils für bestimmte Situations- und Motivationsbereiche spezifisch sein können: Persönlichkeit dürfte auch in diesem Bereich großteils situationsspezifisch organisiert sein. Zu vermuten ist also beispielsweise, daß Personen, die in bestimmten Bereichen häufig intrinsisch motiviert sind, dennoch in anderen Bereichen eher ziel- und zweckorientiert vorgehen können. Zu vermuten ist in diesem Sinne auch, daß habituelle Lage- vs. Handlungsorientierungen großteils bereichsspezifisch organisiert sind: In bestimmten Situations- und Handlungsbereichen ist man entscheidungsfreudig, in anderen hingegen nicht (zu leistungsmotivationaler Lage- vs. Handlungsorientierung Pekrun, 1987d, 1987f).

(3) Intensität und Dauer habitueller Motivation

Auch bei habitueller Intensität und habitueller Dauer von Motivation handelt es sich um zentrale Persönlichkeitsmerkmale. So kann eine bestimmte Person sehr intensive und langandauernde Motivation (also z.B. intensive und persistente Handlungswünsche) einer bestimmten Kategorie erleben, während eine andere Person bei gleicher Frequenz eher kurze und weniger intensive Motivation dieser Art erlebt. Ähnlich wie im Bereich von Frequenzparametern fehlt es allerdings auch hier weitgehend an systematischen Konstruktbildungen und empirischen Analysen.

Ein (auch) Parametern der Dauer zuzuordnendes Konstrukt ist das erwähnte Kuhlsche Konzept individueller Lage- vs. Handlungsorientierung: Perseverieren motivationale Teilprozesse innerhalb einzelner motivationaler Episoden, so dauern diese Episoden länger an. Dabei bezieht sich das Konstrukt der Lage- vs. Handlungsorientierung nicht nur auf Perseverationen innerhalb motivationaler, präaktionaler Episoden, sondern auch auf das Perseverieren von postaktionalen Kognitionen, die durch Handlungsfolgen ausgelöst werden und das Entstehen neuer motivationaler Prozesse behindern (und damit auch auf die habituelle Latenz erneuter Motivationsauslösung Einfluß nehmen; s.u.). Ganz klar ist der persönlichkeitstheoretische Status des Konstrukts der Lage- vs. Handlungsorientierung allerdings nicht einzuordnen, da Kuhl selber es in unterschiedlichen Variationen verwendet (vgl. z.B. Kuhl, 1983a, S. 253f. und 1984a, S. 112f.).

Anzumerken ist auch, daß Kuhl unter Lage- vs. Handlungsorientierung (als Persönlichkeitsmerkmal) nicht einfach das individuelle Ausmaß habituellen Perseverierens motivationsbezogener Kognitionen versteht, sondern "metakognitive Dispositionen" (ähnlich wie Apter, 1982, mit seinen oben erwähnten Konstruktbildungen), die aktueller Lage- vs. Handlungsorientierung dispositional zugrundeliegen (Kuhl, 1983a, Kap. 9). Da er nicht spezifiziert, welche über habituelles Perseverieren hinausgehenden Sachverhalte diese "Dispositionen" konstituieren, handelt es sich mithin um rein abstrakte Dispositionsbegriffe der in Kap. 1.3 kritisierten Art. Solange überdauernd existierende, unabhängig von einzelnen Motivationsabläufen beobachtbare Inhalte von Lage- vs. Handlungsorientierung nicht spezifiziert sind, ist es dementsprechend wohl auch bei diesem Konstrukt sinnvoller, auf eine Zuweisung dispositionaler Bedeutungsüberschüsse zu verzichten (und in diesem Sinne von "habitueller Lage- vs. Handlungsorientierung" zu sprechen).

Im übrigen ist an dieser Stelle noch einmal zu betonen, daß Motivation nicht nur im Arbeitsgedächtnis persistieren kann: Deklarative Motivation (Ziel- und Handlungswünsche, Absichten) kann in überdauernder Form auch im Langzeitgedächtnis gespeichert werden (s.o. 5.2.3). Bei gespeicherten Wünschen und Absichten handelt es sich allerdings nicht mehr um habituelle Motivationsprozesse oder -zustände, sondern um strukturelle Fixierungen und dementsprechend um kognitiv-strukturelle Persönlichkeitsmerkmale. Sie können reaktiviert werden und damit Motivationsabläufe (wieder) auslösen (s.o. 5.2.3). Da sie insofern als Persönlichkeits*bedingungen* von Motivationsprozessen aufzufassen sind, wird im nächsten Abschnitt auf sie eingegangen.

(4) Andere Basisparameter habitueller Motivation

Neben individuellen Inhalten, Frequenzen und Dauer habitueller Motivation können weitere personspezifische Motivationsparameter eine Rolle spielen. Hierzu zählt z.B. die habituelle *Latenz* von situationaler Anregung bis zur Motivationsauslösung, das habituelle *Tempo des Anstiegs* der Stärke einer Motivation von der Auslösung bis zum Motivationsmaximum (das beispielsweise von habituellen Prozessen der Valenzaufschaukelung bestimmt sein kann), und das habituelle *Tempo der Reduktion* einer Motivation nach Verdrängung durch eine andere Motivation oder nach Verhaltensausführung bzw. Zielerreichung (individuelle "Trägheit" von Motivation). Dysfunktional dürften in vielen Situationen vor allem eine hohe Auslösungslatenz und ein zu geringer Motivationsabbau nach Zielerreichung sein.

(5) Abgeleitete Parameter: Variabilität, Gesamtausmaß, Bandbreite

Ähnlich wie bei anderen habituellen Prozessen (s.o. 4.2) lassen sich aus den Basisparametern Inhalt, Frequenz, Intensität, Dauer etc. weitere psychologisch relevante Parameter ableiten. Zu ihnen zählen beispielsweise Parameter der *Variabilität* von Motivation einer bestimmten Inhaltsklasse, die vor allem aus Frequenzen und Intensitäten abzuleiten sind. Hohe Variabilität kann in diesem Sinne vor allem darin bestehen, daß eine bestimmte Motivation in erratischer Weise unter entsprechenden Situationsbedingungen mal gar nicht oder schwach, dann aber wieder sehr stark auftritt. Ein Beispiel wäre ein Ehemann, der abwechselnd mal stark motiviert ist, seiner Frau Zuwendung entgegenzubringen, dann aber wieder absolutes Desinteresse zeigt.

Aus allen drei zentralen Basisparametern - Frequenz, Intensität, Dauer von Motivation einer bestimmten Inhaltsklasse - resultiert das *Gesamtausmaß* habitueller Motivation dieser Kategorie. Wesentlich sind darüber hinaus schließlich auch individuelle Kennzeichen des motivationalen Gesamthaushalts (also über unterschiedliche motivationale Inhaltsklassen hinweg). Zu solchen Parametern zählen u.a. (a) die habituelle Häufigkeit des Wechsels zwischen verschiedenen Motivationen; (b) die durchschnittliche Intensität von Motivation (ähnlich wie im Emotionsbereich ist anzunehmen, daß Personen hier stark differerieren; vgl. Larsen & Diener, 1987; s.o. 4.2); und (c) die Anzahl unterschiedlicher Motivationen in einem bestimmten Lebensabschnitt, also die individuelle motivationale *Bandbreite* (Komplexität) einer Person. Der letztgenannte Parameter (Bandbreite), also insbesondere die individuelle Vielfältigkeit von Handlungswünschen und -absichten, dürfte wesentlich über die Differenziertheit von resultierenden Handlungen und selbstbestimmten Lebensräumen einer Person entscheiden.

Traditionelle Konstrukte zu habitueller Motivation (beispielsweise traditionelle Motivkonstrukte) sind großteils der Kategorie abgeleiteter Parameter zuzuordnen, da sie sich typischerweise auf Gesamtausprägungen habitueller Motivationen bestimmter Inhaltsklassen beziehen. Allerdings sind hier ebenso wie in anderen Persönlichkeitsbereichen unterschiedliche Ausgangsparameter (Frequenz, Intensität, Dauer) meist hoffnungslos vermengt worden. Dies zeigt sich am deutlichsten in den Operationalisierungen von Konstrukten wie "Leistungsmotiv", "Machtmotiv" etc. (vgl. Heckhausen, 1980). Systematische persönlichkeitstheoretische Analysen einzelner Parameter hingegen sind hier nicht einmal in Ansätzen sichtbar (anders als in den Bereichen habituellen Verhaltens oder habitueller Emotion; s.o. 2.1.4, 4.2).

(6) Habituelle Reflektivität und Rationalität

Auch habituelle Modi der Motivationsauslösung schließlich sind als zentrale Persönlichkeitsmerkmale anzusehen. Ihnen sind individuelle Modi der Verhaltensauslösung und -steuerung an die Seite zu stellen. Wesentlich sind hier vor allem das relative Ausmaß an (a) habitueller *Reflektivität vs. Irreflektivität* und (b) habitueller subjektiver *Rationalität vs. Irrationalität* von Motivationsabläufen und damit auch von Handlungen. Eine Person ist in diesem Sinne in einem bestimmten Motivations- und Handlungsbereich als "reflektiv" zu bezeichnen, wenn sie mit Bedacht an ihre Handlungen herangeht, ihr Tun und Lassen abwägt und sich nicht auf impulsiv entstehende, von Wahrnehmungen und Gefühlen aufgedrängte Handlungstendenzen verläßt. Sie ist als (subjektiv) "rational" in ihrem Wünschen, Wollen und Handeln zu bezeichnen, wenn sie die Informationen, die ihr jeweils subjektiv zur Verfügung stehen, ausschöpft und ihren Überzeugungen sowie rationalen Entscheidungsregeln entsprechend (a) Handlungswünsche bildet, (b) zwischen Handlungswünschen selegiert und Absichten bildet, und (c) diese Absichten in die Tat umsetzt.

Reflektivität und subjektive Rationalität in zentralen Lebensvollzügen können in diesem Sinne nicht nur als Beschreibungsmerkmale für Persönlichkeit, sondern auch als Ziele für Persönlichkeitsentwicklung (und dementsprechend auch als

Erziehungsziele) aufgefaßt werden (mögliche Kritik sollte hier mitbedenken, daß im vorliegenden Motivationsmodell nicht nur hedonistische Kriterien, sondern auch normative Valenzen als motivationsentscheidend betrachtet werden; s.o. 2.2, 5.2). Sowohl für Reflektivität als auch für Rationalität läßt sich dabei – den drei grundlegenden Phasen des Motivations- und Handlungsprozesses entsprechend – Reflektivität und Rationalität des Wünschens (Selektionsmotivation), des Wollens und Planens (Realisationsmotivation) und des Handelns (Absichtsrealisation) unterscheiden (zur individuellen Reflektivität und Differenziertheit von Zielbildungen einerseits und Handlungsplanungen andererseits auch Frese, Stewart & Hannover, 1987).

Die genannten motivationalen Persönlichkeitsmerkmale sind z.T. sachlogisch abhängig voneinander. So implizieren z.B. eine habituell hohe Latenz der Motivationsauslösung und ein langsamer Motivationsanstieg, daß motivationale Episoden typischerweise von relativ langer Dauer sind; eine habituell hohe Zukunftsorientierung in einem bestimmten Motivationsbereich impliziert, daß Ziele zeitlich entfernt sind und damit Motivation ebenfalls länger andauern muß bzw. häufiger wieder angeregt werden muß; etc.

Darüber hinaus gilt für viele der genannten persönlichkeitsspezifischen Parameter, daß je nach Situationsbedingungen sowohl ein Zuwenig als auch ein Zuviel dysfunktional sein kann. So können beispielsweise sowohl zu hohe als auch zu niedrige Frequenz, Intensität und Dauer von habituellen Motivationsabläufen unangemessen sein: Sehr niedrige Frequenzen und Intensitäten dürften wesentlich auf mangelnden Wahrnehmungen hinreichend starker Valenzen beruhen; resultierende "motivationslose" Zustände stellen eine zentrale Form depressiver Symptomatik dar. Zu hohe Intensität und Dauer von Motivationsepisoden hingegen können vor allem dann, wenn Perseverationen innerhalb der Einzelepisoden beteiligt sind und ursächlich für ihre lange Dauer sind, ebenfalls einen Mangel an ausgeführtem Verhalten zur Folge haben und auf diesem Wege ebenfalls depressive Symptomatik produzieren. Analog gilt z.B. auch für Lageorientierung oder Reflektivität, daß je nach Entscheidungszeit, Handlungswichtigkeit etc. ein zu niedriges wie ein zu hohes Ausmaß kognitiven Deliberierens unangemessen sein können.

Im übrigen ist zu bedenken, daß habituelle Motivation weitgehend von der Lerngeschichte der Person abhängig ist (s.u. 6.3). Für alle genannten Kategorien von Persönlichkeitsmerkmalen ist deshalb anzunehmen, daß sie großteils situations- und bereichsspezifisch organisiert sind. Dies ist bei entsprechenden Konstruktbildungen zu berücksichtigen. Für die Zukunft bleibt in diesem Bereich einiges zu tun: Wie oben bemerkt, sind in der bisherigen Forschung Persönlichkeitsmerkmale der genannten Arten meist in summarischen Motivkonstrukten untergegangen; mit systematischen Analysen würde hier also großteils Neuland betreten.

Abschließend ist hier noch einmal darauf hinzuweisen, daß "aktuelle" und "habituelle" Motivation in derselben Weise in ihren funktionalen Bezügen äquivalent sind, wie dies für andere aktuelle und habituelle psychische Prozesse gilt (s.o. 2.3, 4.2). Dies impliziert, daß habitueller Motivation prinzipiell dieselben Auslöser und Konsequenzen zuzuordnen sind wie aktueller Motivation.

Da aktuelle Motivation vor allem von Wahrnehmungen, Gefühlen und Kognitionen ausgelöst werden kann, ist in diesem Sinne für habituelle Motivation davon auszugehen, daß sie primär von habituellen Wahrnehmungen, Gefühlen und Kognitionen ausgelöst wird. Als entscheidende proximale Konsequenzen aktueller Motivation sind Verhalten bzw. Handeln anzusehen; dementsprechend stellen habituelles Verhalten und Handeln die entscheidenden Wirkungen habitueller Motivation dar. Anzunehmen ist dabei auch, daß habituelle Motivation ähnlich wie aktuelle Motivation in unterschiedlichem Ausmaß reflektiv (kognitionsgesteuert) und subjektiv rational verläuft; auf entsprechende interindividuelle Unterschiede wurde oben bereits hingewiesen.

Ähnlich wie bei habituellen Emotionen (4.2) sind der funktionalen Isomorphie habitueller und aktueller Abläufe aber auch hier Grenzen gesetzt: Habituelle, also wiederkehrende Motivation dürfte bei höheren Frequenzen und gleichförmigem Ablauf Habitualisierungen unterliegen. In solchen Fällen dürfte es sich grundsätzlich eher um prozeduralisierte und damit wahrnehmungs- und gefühlsgesteuerte Formen der Motivationsauslösung handeln, weniger hingegen um reflektive Auslösung (s.o. 5.2.2).

6.2.2 Persönlichkeitsbedingungen von Motivation

Ebenso wie für Emotionen (Kap. 4.2) gilt auch für singuläre und habituelle Motivation, daß die jeweiligen proximalen Auslöser ihrerseits auf distalere Bedingungen zurückgehen, zu denen vor allem zwei Gruppen von Faktoren zählen: (a) die jeweiligen externen Situationsbedingungen; und (b) Persönlichkeitsmerkmale. Situationsfaktoren können, aber müssen dabei nicht am Anfang eines Motivationsablaufes stehen. Sie tun dies z.B. dann nicht, wenn eine Motivationsbildung auf körperinterne physiologische Zustände oder intern begründete kognitive Prozesse zurückgeht. Persönlichkeitsmerkmale hingegen sind auch hier in jedem Fall als notwendige Bedingungen anzusehen. Dabei ist grundsätzlich davon auszugehen, daß Emotion und Motivation als wesentlich präaktionale Prozesse nicht nur in ihrer Aktualgenese, sondern auch in ihren Persönlichkeitsbedingungen einige Ähnlichkeiten zeigen. Vor allem die folgenden Merkmalsbereiche zählen zu den Persönlichkeitsbedingungen von Motivation:

(1) Motivationsbezogenes genetisches Potential

Das genetische Potential einer Person liegt ontogenetisch zum einen der individuellen Ausgestaltung zentralnervös-neuronaler und -endokriner Strukturen zugrunde, zum anderen den angeborenen Komponenten von Prozedurschemata zu wahrnehmungs-, gefühls- oder kognitionsgesteuerter Motivationsauslösung (s.o. 5.2). Ebenso wie andere somatische Faktoren wurden auch genetische Einflüsse von den Hauptlinien zeitgenössischer Motivationspsychologie eher ignoriert (so findet sich z.B. in Heckhausens, 1980, ansonsten umfassendem und präzisem Überblick zur Motivationspsychologie dieses Jahrhunderts kein Hinweis auf mögliche genetische Grundlagen von Motivation).

Dennoch ist für einige grundlegende Motivationsbereiche bekannt, daß interindividuelle Unterschiede in Motivationsfrequenz und -intensität von genetischen Faktoren mitbestimmt werden. Positive Evidenz liegt dabei z.B. für Anschlußmotivation (zumindest bei Kindern) und Impulsivität vor (vgl. Buss & Plomin, 1975, 1984; Fulker, 1981; Goldsmith, 1983; Wilson & Matheny, 1986). Unklar bleibt aber in jedem Fall, über welche Mechanismen hier genetische Unterschiede ihren Einfluß entfalten; inwieweit sie also z.B. jeweils zu Unterschieden in neuronalen und neuroendokrinen Strukturen oder aber zu Unterschieden in angeborenen Prozedurschemata der Motivationsauslösung führen (vgl. Scarr & Kidd, 1983). Unklar bleibt damit auch, in welcher Weise Interaktionen und Korrelationen von genetischen und anderen Einflüssen zur Entwicklung interindividueller Motivationsunterschiede beitragen.

(2) Phänotypisch-somatische Strukturen und Prozesse

Somatische Strukturen des zentralen Nervensystems sind als Orte motivationaler Abläufe anzusehen. Ihre Existenz, physiologische Intaktheit und individuelle Ausgestaltung sind damit notwendige Voraussetzungen für Motivation. Beteiligt sind dabei nicht nur der Neokortex, sondern auch subkortikale Zentren (insbesondere Strukturen von Hypothalamus und limbischem System; vgl. Adler & Saupe, 1979; Pribram & McGuiness, 1975; Tucker & Williamson, 1984) und neuroendokrine Strukturen (Schneider & Schmalt, 1981). Nur für einige biologisch begründete Motivationssysteme ist dabei halbwegs geklärt, welche Strukturen im einzelnen beteiligt sind (insbesondere für Hunger und Durst; Schneider & Schmalt, 1981). Noch weniger ist dementsprechend zu interindividuellen Unterschieden in solchen Strukturen bekannt.

(3) Prozedurale Motivations- und Verhaltensschemata

Motivationsbezogene, prozedurale Strukturen ermöglichen – hierauf wurde in Kap. 5.2 bereits eingegangen – eine schemagesteuerte, automatisierte Auslösung von Motivation (also von Handlungswünschen und Absichten bei deklarativer Selektions- und Realisationsmotivation; und von Verhaltensprogrammen bei prozeduraler Motivation). Die Auslösung sieht bei deklarativer Motivation so aus, daß vorliegende Informationen und andere Zustände die Bedingungskomponente eines solchen Schemas und damit das Schema insgesamt aktivieren, wenn sie in der Bedingungskomponente repräsentiert sind und damit inhaltlich kongruent zum

Schema sind (s.o. 5.2). Die Aktionskomponente solcher Schemata enthält deklarative Repräsentationen der Inhalte von Wünschen und Absichten, also Repräsentationen von Zielen, Handlungen, Folgen etc. Entsprechend schematisierte Motivation kann insbesondere von Wahrnehmungen oder Gefühlen herbeigeführt werden (s.o. 5.2); in diesem Sinne lassen sich prozedurale Wahrnehmungs-Motivations-Schemata von prozeduralen Gefühls-Motivations-Schemata unterscheiden.

Für prozedurale Motivation hingegen, also persistierende Aktivierungen von Verhaltensschemata, ist nicht anzunehmen, daß spezielle prozedurale Motivationsschemata zwischen Auslösern und Motivation vermitteln müssen. Vielmehr dürfte Motivationsauslösung hier so aussehen, daß von den jeweiligen Auslösern einfach das betreffende Verhaltensschema aktiviert wird. Voraussetzung ist, daß im Verhaltensschema die jeweiligen Auslösebedingungen als Bedingungskomponente des Schemas repräsentiert sind (also insbesondere Wahrnehmungs-, Gefühls- und Kognitionsinhalte). Schemaaktivierungen persistieren dann in Gestalt "prozeduraler Motivation" insbesondere dann, wenn zum einen die Ausführung anderer Verhaltensweisen vorgeordnet wird oder geeignetete Situationsbedingungen aktuell nicht gegeben sind, zum anderen aber das Schema wiederholt angeregt wird (s.o. 5.2).

Motivations- und verhaltensbezogene Prozedurschemata können angeboren oder erlernt sein; auch hierauf wurde oben (5.2) bereits eingegangen. Dabei kann angesichts der Individualität von Lerngeschichten vor allem für erworbene Prozedurschemata als sicher gelten, daß sie sich von Person zu Person in ihren Inhalten und Strukturen und ihrem Stellenwert im motivationalen Gesamthaushalt stark unterscheiden. Besitzt eine Person ein reichhaltiges Repertoire solcher automatisierten Routinen, so kann dies zur Folge haben, daß die habituelle Reflektivität ihrer Motivationsprozesse gering ist. Dies gilt insbesondere dann, wenn für viele Situationen entsprechende Schemata vorliegen, die Bedingungskomponenten dieser Schemata hinreichend spezifisch sind und die Schemata stark genug sind, um sich gegenüber Tendenzen zum Reflektieren rasch durchzusetzen.

Wenn hingegen das Repertoire weniger elaboriert ist, die jeweiligen Bedingungskomponenten zu unspezifisch sind und die Schemata schwach sind, müssen Motivationsprozesse zwangsläufig reflektiv ablaufen. Neben dem jeweiligen Repertoire prozeduraler Motivationsschemata dürften dabei auch individuelle Stile metamotivationaler Steuerung von Motivation darüber entscheiden, welche Formen habitueller Motivationsauslösung jeweils charakteristisch für eine bestimmte Person in einem bestimmten Motivationsbereich sind.

(4) Motivationsrelevante deklarative Strukturen

Deklarative kognitive Strukturen liegen (a) den Inhalten von motivationsauslösenden kognitiven Abläufen (z.B. Erwartungs- und Valenzkognitionen) und (b) den resultierenden Inhalten von deklarativer Motivation (Handlungswünsche, Absichten) zugrunde. Aktivierungen solcher Überzeugungen führen – u.U. in Kombination mit aktueller, situativ vorliegender Information – zu aktuellen Ziel- und Erwartungskognitionen, Handlungswünschen und Absichten. Den verschiedenen Typen motivationaler Erwartungs- und Valenzkognitionen einerseits und deklarativer Motivation andererseits (5.2) können dabei jeweils zugeordnete Typen kognitiver Strukturen zugrundeliegen:

(a) Ziel-, Erwartungs- und Valenzkognitionen können auf individuelle *Ziel-, Erwartungs- und Valenzüberzeugungen* zurückgehen. (b) Handlungswünsche und -absichten können zum einen auf individuellem *Handlungswissen* zu situativ jeweils möglichen Handlungen, ihren Inhalten und Strukturen basieren, zum anderen auch auf bereits früher gebildeten, im Langzeitgedächtnis *gespeicherten Handlungswünschen* und *gespeicherten Absichten* (letztere sind als "Vorsätze" zu bezeichnen; s.o. 5.2). Aus dem RSR-Modell zu reflektiv-rationaler Motivation (Kap. 5) lassen sich eine Reihe von Konzeptualisierungen zu solchen Persönlichkeitsmerkmalen ableiten, auf die unten (6.2.3) einzugehen ist.

Empirisch ist auch zu solchen deklarativ-kognitiven Persönlichkeitsbedingungen von Motivation relativ wenig bekannt. Nur Beziehungen zwischen *Erwartungsüberzeugungen* (insbesondere Kontrollüberzeugungen) einerseits und Motivationsindikatoren andererseits sind häufiger analysiert worden (vor allem in der Tradition der sozialen Lerntheorie Rotters, 1954, 1966; vgl. Krampen, 1982, 1987). Dabei handelt es sich großteils um Studien mit korrelativen oder prädiktiven Designs, die nur schwache Schlüsse auf Bedingungszusammenhänge zulassen. Immerhin zeigte sich in entsprechenden Labor- wie in Feldstudien, daß handlungs- und folgenbezogene Erwartungsüberzeugungen deutliche Korrelationen mit Motivationsvariablen zeigen. Dies wurde insbesondere für generalisierte und bereichsspezifische Handlungs-Folgen-Überzeugungen (also z.B. generalisierte Folgenerwartungen im Sinne des Rotterschen Konzepts generalisierter Kontrollerwartungen; s.o. 2.2.1) in unterschiedlichen Motivations- und Handlungsbereichen demonstriert (vgl. Krampen, 1987; Pekrun, 1987d).

(5) Habituelle psychische Prozesse

Schließlich sind auch die jeweiligen habituellen Auslöseprozesse als Persönlichkeitsbedingungen habitueller Motivation aufzufassen; also vor allem habituelle motivationsauslösende Wahrnehmungen, Kognitionen und Gefühle (s.o. 5.2). Diese sind ebenfalls auf Persönlichkeitsbedingungen zurückzuführen (vgl. Kap. 3 zu den Persönlichkeitsbedingungen von Gefühlen), die ihrerseits wiederum auf bestimmten Persönlichkeitsmerkmalen basieren etc. Da die Bestandteile der Gesamtpersönlichkeit zumindest im ontogenetischen Prozeß kausal miteinander verknüpft sind, kann ähnlich wie im Emotionsbereich (Kap. 4.2) auch bei Motivation davon ausgegangen werden, daß weite Bereiche der Persönlichkeit direkt oder indirekt zum Motivationsgeschehen beitragen. Untersucht werden aber sollten zunächst die genannten, eher proximalen Persönlichkeitsbedingungen. Mit Ausnahme der Forschungen zu handlungsbezogenen Erwartungsüberzeugungen (s.o.) ist dies eine Aufgabe, die bisher weder von der Motivations- noch von der Persönlichkeitspsychologie systematisch angegangen wurde.

6.2.3 RSR-Modell: Persönlichkeitspsychologische Implikationen

RSR-Modell und habituelle Motivation

Was folgt aus dem Modell zu reflektiv vermittelter Motivation (RSR-Modell), das im letzten Kapitel (5.2) diskutiert wurde, zu den Persönlichkeitskorrelaten und -bedingungen von Motivation? Zunächst ist hier festzuhalten, daß – der allgemeinen Äquivalenz habitueller und aktueller Prozesse entsprechend – alle Annahmen des Modells nicht nur für die aktuelle, sondern auch für habituelle Motivationsbildungen Gültigkeit beanspruchen. Zu bedenken ist dabei, daß Motivationsbildung dann, wenn sie sich in gleichförmiger Weise häufig wiederholt, Habitualisierungen unterliegen kann (s.o. 6.2.1). In solchen Fällen handelt es sich häufig nicht mehr um reflektive Motivationsauslösung, und das RSR-Modell ist nicht mehr direkt anwendbar. Zugeordnete kognitive Strukturen aber können parallel weiterexistieren und in Konstellationen zueinander und zur Stärke habitueller Motivation stehen, die den Annahmen des Modells entsprechen (s.o. 5.2.5). In welchem Ausmaß dem RSR-Modell Gültigkeit für den individuellen Motivationshaushalt einzelner Personen zukommt, dürfte dabei direkt vom relativen Ausmaß ihrer habituellen, motivationsbezogenen Reflektivität und Rationalität abhängen (6.2.2); diese beiden Konstrukte sind den Grundannahmen des RSR-Modells direkt zuzuordnen.

Auf der Basis der allgemeinen Annahme, daß aktuelle Kognitionen mehr oder minder stark von überdauernden kognitiven Strukturen beeinflußt werden (s.o. 4.2.3), lassen sich darüber hinaus nun spezifische Annahmen zu den kognitiven Persönlichkeitsbedingungen ableiten, die der kognitionsgesteuerten Bildung deklarativer Motivation zugrundeliegen:

RSR-Modell und kognitive Persönlichkeitsbedingungen von Motivation

Wissen und Überzeugungen. Dem RSR-Modell zufolge sind es Kognitionen zu Zielen, Situationen, Handlungen, Handlungsplänen und nicht angezielten Handlungsfolgen (Nebenwirkungen), die über die kognitionsgesteuerte Aktualgenese von Selektions- und Realisationsmotivation bestimmen. Auf der Persönlichkeitsseite ist damit subjektives *Ziel-, Situations- und Handlungswissen* zu Zielen, situativen Handlungsmöglichkeiten und Handlungsstrukturen als entscheidende Motivationsgrundlage anzusehen. Für die Bildung und Differenzierung von Handlungsabsichten ist dabei auch Wissen zu den Detailstrukturen von Handlungen und ihren Verknüpfungen mit Situationsbedingungen wesentlich.

Als zentral werden entsprechende handlungs- und situationsbezogene Erwartungs- und Valenzkognitionen angesehen (s.o. 5.2.3, Formeln 1 bis 7). Diesen Kognitionen dürften ähnlich wie im Emotionsbereich (4.2.3) jeweils solche *Erwartungs- und Valenzüberzeugungen* zugrundeliegen, die den betreffenden aktuellen Kognitionen inhaltlich zugeordnet sind. Da solche Überzeugungen auch für die Emotionsgenese zentral sind, wurde in Kap. 2.2 bereits in allgemeiner Form taxonomisch auf sie eingegangen. Motivational entscheidend sind in diesem Sinne (a) Handlungskontroll-Überzeugungen (Überzeugungen zur Realisierbarkeit intendierter Handlungen); (b) Handlungs-Folgen-Überzeugungen; (c) Folgen-Folgen-

Überzeugungen; (d) Situations-Folgen-Überzeugungen; und (d) Valenzüberzeugungen zu den intrinsischen und extrinsischen, gefühlsbezogenen und gefühlsneutralen, normativen und nicht-normativen Valenzen von Handlungen und ihren angezielten oder nicht angezielten Folgen. Handlungsbezogene Erwartungsüberzeugungen (Handlungskontroll-Überzeugungen; Handlungs-Folgen-Überzeugungen) konstituieren dabei den Bereich individueller "Kontrollüberzeugungen" (Kap. 2.2). Für eine intentionale Beeinflussung eigener Motivationsabläufe (Metamotivation, Motivationskontrolle) dürften darüber hinaus auch individuelle Überzeugungen zur Intentionskontrolle zentral sein (Intentionskontroll-Überzeugungen).

Der motivationale Stellenwert dieser Überzeugungstypen konnte im Bereich der Persönlichkeit von Schülern in einer Reihe von quer- und längsschnittlichen Analysen belegt werden (zusammenfassend Pekrun, 1987d). Deutliche Korrelationen mit Maßen habitueller, schulbezogener Anstrengungsmotivation ergaben sich dabei insbesondere für (a) Anstrengungskontroll-Überzeugungen (also Überzeugungen, intendierte Anstrengungen auch konzentriert und persistent realisieren zu können); (b) Anstrengungs-Folgen-Überzeugungen zum Stellenwert schulischer Lern- und Prüfungsanstrengung für Erfolge und Mißerfolge, Selbstbewertungen und soziale Reaktionen von Eltern, Lehrern und Mitschülern; (c) Folgen-Folgen-Überzeugungen zum Stellenwert schulischer Leistungsresultate für die weitere Schul- und Berufskarriere und für soziale Anerkennung durch Bezugspersonen; und (d) Valenzüberzeugungen zu den affektiven und nicht-affektiven Valenzen von Anstrengungsfolgen der genannten Kategorien (Pekrun, 1981a, 1983a, 1984b, 1987d).

Gespeicherte Wünsche und Absichten. Handlungswünsche und -absichten können nicht nur aus aktuellen kognitiven Verknüpfungen in überzeugungsgeleiteter Weise entstehen: Sie können auch zustandekommen, indem früher gebildete und anschließend gespeicherte Wünsche bzw. gespeicherte Absichten (Vorsätze) situativ (re-)aktiviert werden (s.o. 5.2). Angesichts der interindividuellen Unterschiede in Wünschen und Absichten handelt es sich bei Vorsätzen bzw. gespeicherten Wünschen dann, wenn sie Zeitstabilität zeigen und damit über Lebensabschnitte hinweg relativ stabil sind, ebenso wie bei individuellem Ziel- und Handlungswissen grundsätzlich um Persönlichkeitsmerkmale.

Vorsätze und gespeicherte Wünsche können dabei ebenso wie andere Inhalte des deklarativen Gedächtnisses singulärer oder schematischer Art sein. Singuläre Wünsche/Vorsätze können entweder (a) von vornherein für die Zukunft geplant worden und deshalb gespeichert worden sein; oder aber (b) aus einem Aufschub momentan nicht realisierbarer Wünsche und Absichten resultieren (s.o. 5.2). Schematische (generalisierte) Wünsche/Absichten hingegen beziehen sich grundsätzlich immer (auch) auf zukünftige Situationen, können also in einer einzelnen motivationalen Episode nicht abgearbeitet werden (z.B. "Immer wenn ich einen hilfsbedürftigen Passanten sehe, werde ich ihn über die Straße geleiten"; "In den nächsten Jahren werde ich in jeder Prüfungssituation versuchen, mein Bestes zu geben").

Generalisierte und integrierte kognitive Strukturen. Wesentlich ist, daß alle Typen motivationsbezogener kognitiver Strukturen mehr oder weniger *generalisiert* und mehr oder weniger *integriert* sein können:

Motivationsbezogene *Erwartungs- und Valenzüberzeugungen* können unterschiedliche Grade an situationsbezogener Generalisiertheit aufweisen; dementsprechend lassen sie sich auch hierarchisch ordnen. Auf oberen Hierarchieebenen sind dabei generalisierte Überzeugungen anzusiedeln, auf unteren Ebenen bereichsspezifische Überzeugungen. Am weitesten fortgeschritten sind entsprechende Konstruktbildungen im Bereich von Handlungs-Folgen-Überzeugungen; hier wurde das Rottersche Konstrukt generalisierter Erwartungen zum "locus of control of reinforcement" in den letzten zwanzig Jahren in bereichspezifischer Weise differenziert (z.B. für den Bereich leistungsbezogener Kontrollüberzeugungen; vgl. Crandall, Katkovsky & Crandall, 1965; Krampen, 1982; Pekrun, 1987d).

Ein zweiter Aspekt ist, daß Überzeugungen zu den unterschiedlichen Bestandteilen von Handlungssequenzen untereinander und mit prozeduralen Schemata integriert sein können. Motivational wesentlich sind u.a. die folgenden Typen integrierter Überzeugungsstrukturen:

(a) Folgenüberzeugungen zur Erreichbarkeit von Handlungszielen, die zwischen den beiden Bestandteilen von Handlungs- und Folgenkontrolle (Handlungsrealisierung, Handlungs-Folgen-Zusammenhänge) nicht differenzieren (im Unterschied zu Handlungskontroll- und Handlungs-Folgen-Überzeugungen). Solche Überzeugungen könnte man je nach Ausgestaltung als individuellen *Handlungsoptimismus* vs. *Handlungspessimismus* bezeichnen. Ontogenetisch dürften differenziertere Überzeugungen aus solchen integrierten Strukturen hervorgehen. (b) *Erwartungsüberschuß-Überzeugungen*, die Überzeugungen zu Handlungs- und Situationsfolgen integrieren (s.o. 5.2.3). (c) Integrierte *Erwartungs-Wert-Überzeugungen* zu bestimmten Handlungen oder Folgen. (d) Integrierte *deklarativ-prozedurale Schemata*, die sowohl deklarative als auch prozedurale Bestandteile umfassen.

Solche integrierten motivationalen Überzeugungsstrukturen sind im Unterschied zu differenzierten Strukturen dadurch gekennzeichnet, daß eine Aktivierung gleichzeitig auch automatisch zur Aktivierung aller integrierten Bestandteile führt. So führt z.B. eine Aktivierung integrierter Erwartungs-Wert-Überzeugungen zu einer integrierten Erwartungs-Wert-Kognition (also einer Kognition, die gleichzeitig vorwärtsgerichtete zeitliche Relationen und Valenzen eines Sachverhalts repräsentiert); und Aktivierungen von integrierten deklarativ-prozeduralen Motivationsschemata ziehen gleichzeitige Auslösungen von Motivation und Erwartungs-Wert-Kognitionen nach sich (pseudoreflektive Motivationsauslösung; s.o. 5.2). Dementsprechend können Aktivierungen integrierter Strukturen erhebliche Verkürzungen elaborierterer Erwartungs-Wert-Kalkulationen produzieren. Ontogenetisch entstehen solche Strukturen aus Habitualisierungen motivationaler Kognitionsabläufe, also aus wiederholten Verknüpfungen der zugeordneten Einzelkognitionen (s.o. 5.2).

Schließlich gilt auch für *gespeicherte Handlungswünsche und Absichten*, daß sie mehr oder minder bereichsgeneralisiert und integriert sein können. Damit können sie ebenso wie Erwartungs- und Valenzüberzeugungen auch hierarchisch organisiert sein. In oberen Hierarchieebenen können z.B. allgemeine Vorsätze zur Einhaltung bestimmter fremd- oder selbstgesetzter Normen angesiedelt sein. Einzuordnen sind hier auch *Lebenspläne* des Einzelnen, also komplexe Vorsätze, die an kritischen Entscheidungspunkten im Leben aktiviert und modifiziert werden und entscheidenden Einfluß auf die individuelle Entwicklung über die Lebensspanne hinweg nehmen können (vgl. auch Little, 1983; Emmons, 1986).

RSR-Modell und motivationale Person-Situation-Interaktion
Für Wissens- und Überzeugungsstrukturen der genannten Kategorien ist ähnlich wie im Emotionsbereich anzunehmen, daß sie typischerweise in Interaktion mit der aktuellen Situation aktualgenetischen Prozessen zugrundeliegen, hier also der Anregung von Motivation. Ihr Einfluß dürfte dabei auch hier davon abhängen, daß sie von inhaltlich zugeordneter Situationsinformation direkt oder indirekt aktiviert werden, wobei ihre Wirkung vermutlich umso stärker ausfällt, je weniger eindeutig die Situation und je stärker und konsistenter die jeweilige Überzeugung ist (vgl. 4.2.3). Kognitive Strukturen sind damit auch im Motivationsbereich als die entscheidenden personseitigen Bestandteile von Person-Umwelt-Interaktionen in der Motivationsbildung anzusehen.

In einem solchen, aus der eingangs vorgestellten Persönlichkeitstaxonomie (Kap. 2.1) einerseits und dem RSR-Modell andererseits folgenden *interaktionalen Motivationsmodell* sind es also nicht dispositionale, inhaltlich nicht recht präzisierte "Motive" (s.o. 6.1), die auf der Persönlichkeitsseite der Motivationsgenese zugrundeliegen, sondern spezifische, überdauernd existierende Gedächtnisinhalte.

Dabei ist davon auszugehen, daß kognitive Strukturen der Motivationsbildung zugrundeliegen, diese aber ihrerseits auf Strukturbildungen zurückwirken. Solche Rückwirkungen von Motivation auf kognitive Strukturen dürften allerdings großteils nicht direkter Art sein, sondern von Erfahrungen mit motivationsabhängigen Handlungsversuchen, ausgeführten Handlungen und resultierenden Handlungsfolgen vermittelt werden. Wie sich solch ein Erwerb motivationsrelevanter Gedächtnisinhalte auf der Basis von Motivations- und Handlungsabläufen vollziehen kann, ist im nächsten Abschnitt zu diskutieren.

6.3 Ontogenese von Motivation

Ähnlich wie bei der Emotionsentwicklung (Kap. 4.3) ist auch bei der Entwicklung von Motivation die Genese von Inhalten, Frequenzen und Verlaufsformen von Motivation einerseits und die Entwicklung von personseitigen Motivationsbedingungen andererseits zu unterscheiden. Beschreibende Entwicklungspsychologie kann sich auf Analysen zum quantitativen und qualitativen Verlauf auftretender Motivation beschränken. Erklärende Entwicklungspsychologie muß sich der Entwicklung von Motivationsbedingungen widmen (vgl. auch Heckhausen, 1980, Kap. 13): Kennt man den Verlauf solcher Bedingungen, so kann man Motivationsverläufe erklären und vorhersagen und damit einschätzen, inwieweit entwickelte Motivation jeweils auf stabilen internen Strukturen beruht, oder inwieweit sie eher von den Zufällen biographischer Umweltkonstellationen abhängt. Im übrigen gilt, daß Motivation und ihre Bedingungen zwischen Personen variieren; insofern handelt es sich auch bei der Motivationsentwicklung faktisch um einen Bereich der Persönlichkeitsentwicklung (s. auch Kap. 2.4 und 4.3).

Entwicklungspsychologisch entscheidend sind also Aufbau und Veränderung der *Bedingungen* von Motivation. Solche Bedingungen und die Mechanismen ihrer Einflüsse wurden im letzten und in diesem Kapitel diskutiert (5.2, 6.2); hier sind nun einige Prinzipien ihrer Ontogenese zu skizzieren.

Entwicklung somatischer Strukturen

Somatische Strukturen sind als Träger von Motivationsabläufen anzusehen (5.2.2); ihre Entwicklung ist deshalb für die Motivationsgenese zentral. Solche Entwicklung wird vor allem bewirkt von (a) genetisch determinierten Reifungs- und Involutionsprozessen; und (b) habituellen physiologischen Abläufen, die sich in neuronalen und neuroendokrinen Strukturänderungen niederschlagen (vgl. Kap. 2.4). Bereits das Neugeborene verfügt über eine Reihe von Motivationssystemen (z.B. Motivation zu Nahrungsaufnahme, Sozialkontakt und motorischer Aktivität); sie dürften von pränatalen Strukturreifungen vorbereitet werden, während somatische Grundlagen anderer Motivationsbereiche erst später reifen (z.B. die neuroendokrinen Grundlagen sexueller Motivation). Dabei gilt wohl nur für Motivationssysteme, die von physiologisch begründeten Bedürfnissen gesteuert werden, daß sie in starkem Maße von der Entwicklung spezifischer neuronaler, neuroendokriner oder sonstiger somatischer Strukturen abhängen. Alle anderen Motivationssysteme (z.B. leistungsbezogene, soziale und selbstbezogene Motivation) hingegen basieren auf der somatischen Seite wohl im wesentlichen nur auf der generellen Reifung bzw. Involution des zentralen Nervensystems (insbesondere des Neokortex, des Kleinhirns und des limbischen Systems) und der Willkürmotorik.

Von der Motivationspsychologie der letzten Zeit sind die somatischen Entwicklungsgrundlagen menschlicher Motivation weitgehend ignoriert worden. Sie hat sich auf die Entwicklung von "höheren" Motivationssystemen (Leistungsmotivation, prosoziale Motivation, Machtmotivation etc.) beschränkt. Dementsprechend wenig hat sie auch beizutragen zur Analyse problematischer Entwicklungen körperbezogener Motivationssysteme (also z.B. Motivation zu Über- oder Unterernährung, zu Drogengebrauch etc.; vgl. Solomon, 1980; Silbereisen & Reitzle, 1987).

Entwicklung angeborener kognitiver Strukturen

Zentral für die Aktualgenese von Motivation sind Prozedurschemata, welche die Motivationsauslösung an Wahrnehmungen, Gefühle, Kognitionen und andere Vorgänge knüpfen (s.o. 5.2, 6.2). Zum Teil sind solche Schemata genetisch determiniert oder entwickeln sich aus Differenzierungen von genetisch determinierten Schemata. Vor allem die Motivationssysteme des Neugeborenen bestehen großteils aus genetisch bestimmten, reifungsabhängigen Schemata, die Motivation (beim Neugeborenen vor allem prozedurale Motivation, also Aktivierung von Verhaltensprogrammen) an bestimmte Gefühle (vor allem bedürfnisbezogene Gefühle wie Hunger, Durst etc.), Wahrnehmungen (z.B. Geruch und taktile Wahrnehmungen der Mutterbrust) und neurochemische Prozesse (z.B. hormonal vermittelte Sättigungssignale) knüpfen. Die weitere Entwicklung solcher Auslöseschemata dürfte durch (a) reifungsabhängige Differenzierung von vorhandenen Auslöseschemata, (b) reifungsabhängigen Aufbau weiterer Auslöseschemata (z.B. zu sexueller Motivation) und (c) lernabhängige Differenzierung dieser Schemata bestimmt sein. Daneben können prozedurale Auslöseschemata aber auch über Lernvorgänge erworben werden (s.u.).

Problematisch ist die Frage, inwieweit auch spezifische deklarative motivationsbezogene Strukturen genetisch determiniert sein können und sich dementsprechend reifungsabhängig entwickeln können (also deklarative Handlungsrepräsentationen, Zielüberzeugungen, Valenzüberzeugungen etc.; s.o. 4.3). Zu vermuten ist, daß solche Strukturen gelernt werden müssen.

Entwicklung lernabhängiger deklarativer Strukturen

Bei deklarativen Strukturen, die Motivation zugrundeliegen, handelt es sich vor allem um (a) Erwartungs- und Valenzüberzeugungen zu Handlungen und Handlungsfolgen einerseits und (b) gespeicherte deklarative Motivation (Vorsätze; gespeicherte Handlungswünsche) andererseits (s.o. 6.2):

(a) Erwartungs- und Valenzüberzeugungen. Auf den Erwerb von Erwartungs- und Valenzüberzeugungen wurde in Kapitel 4.3 bereits in allgemeiner Weise eingegangen, da solche Überzeugungen auch für die Emotionsentwicklung zentral sind. Motivationsrelevant sind vor allem Erwartungs- und Valenzüberzeugungen, die sich auf Handlungen und Handlungsfolgen beziehen; die in Kap. 4 präsentierten Überlegungen aber gelten auch für solche Überzeugungen. Dementsprechend kann für motivationsbezogenen Überzeugungserwerb zusammenfassend folgendes angenommen werden:

(aa) Erwartungsüberzeugungen. Motivationale Erwartungsüberzeugungen können über Beobachtungslernen, anhand symbolischer Wahrnehmungsinformation oder anhand kognitiv-intern produzierter Information erworben oder modifiziert werden. Zugrundeliegende Informationen müssen sich dabei auf Handlungen bzw. Handlungsfolgen beziehen. Beobachtender Erwartungserwerb kann sich deshalb auf Wahrnehmungen eigenen Verhaltens und seiner Folgen stützen (also auf selbstbeobachtendes Lernen; hier sind die meisten Vorgänge "operanten Konditionierens" einzuordnen). Er kann aber auch auf Wahrnehmungen des Verhaltens anderer Personen und seiner Folgen basieren ("Modellernen").

Zentral ist dabei Lernen anhand eigenen Verhaltens und seiner Folgen (selbstbeobachtendes Lernen). Dies gilt vor allem für Erwartungen zu denjenigen Bestandteilen von Handlungssequenzen, die man nur in der Selbsterfahrung hinreichend eindeutig und glaubwürdig erfahren kann; also für Erwartungen zur eigenen Realisierbarkeit von Handlungen (Handlungskontroll-Erwartungen) und zu internen Folgen von Handlungen (Handlungs-Folgen-Erwartungen zu internen

Handlungsfolgen wie Bedürfnisbefriedigung, Emotionen, Selbstbewertungen etc.).

Soweit es sich bei motivationsrelevanten Erwartungen um *kausale* Erwartungen handelt, kann der Erwerb entsprechender Überzeugungen auch auf Kausalattributionen eingetretener Ereignisse (Handlungen, Handlungsfolgen) zurückgreifen. Dies muß allerdings nur dann geschehen, wenn keine phänomenalen oder kausalschematisch vorgeplanten Kausalwahrnehmungen zur Überzeugungsbildung bereitstehen (Kap. 4.3 und Pekrun, 1983a, Kap. 5).

Die bisherige Entwicklungspsychologie menschlicher Motivation hat sich weitgehend auf Untersuchungen zum Erwerb motivationsrelevanter Erwartungs- und Kausalattributionssysteme konzentriert (zuungunsten von Analysen anderer Entwicklungsbedingungen). So beziehen sich z.B. von den zwölf Entwicklungsmerkmalen, die Heckhausen (1980, Kap. 13) für die Entwicklung von Leistungsmotivation nennt, acht auf die Entwicklung leistungsbezogener Erwartungen und Kausalattributionen (und die anderen vier auf zugeordneten Valenzerwerb).

(ab) Valenzüberzeugungen. Motivationsrelevante Valenzüberzeugungen können ebenso wie Valenzüberzeugungen generell (Kap. 4.3) und ebenso wie Erwartungsüberzeugungen anhand von Beobachtung, symbolischer Information oder intern produzierter Information erworben werden. Zentral ist dabei der Aufbau intrinsischer, gefühlsbezogener Valenzen von Handlungen und Handlungsfolgen; der Erwerb solcher Valenzen erfolgt vorzugsweise anhand selbstbeobachtenden Lernens der Zusammenhänge von eigenen Handlungen bzw. ihren Folgen mit der Auslösung eigener Gefühle (Einzelheiten in Kap. 4.3).

(b) Gespeicherte Wünsche und Absichten. Gespeicherte Handlungswünsche und Absichten können zum einen daraus resultieren, daß Wünsche/Absichten aktualgenetisch gebildet werden, sich gegenüber anderen Motivationen oder der Realität zunächst nicht durchsetzen können, aber so wichtig sind, daß sie im Langzeitgedächtnis für eine mögliche spätere Realisierung aufbewahrt werden (s.o. 5.2, 6.2.3). Solche Wünsche und Absichten sind zunächst singulärer Art, beziehen sich also auf eine einzelne Ausführung der einzelnen, zunächst verhinderten Handlung.

Speicherungen singulärer Wünsche/Vorsätze können zweitens aber auch entstehen, indem sie aktualgenetisch gebildet werden, aber nicht sofort ausgeführt werden können, weil sie sich von vornherein auf ein erst später anzustrebendes Ziel bzw. eine erst später auszuführende Handlung beziehen. So kann jemand sich z.B. vornehmen, für den möglichen Fall eines hohen Lottogewinns eine Reise zu machen, seine Schulden zu bezahlen und ein Haus zu bauen. Der Erwerb von gespeicherten Wünschen bzw. Absichten kann drittens schließlich darin bestehen, daß vorhandene Wünsche/Vorsätze generalisiert werden; was resultiert, sind schematische Wünsche/Vorsätze, die sich auf die wiederholte Realisierung bestimmter Ziele in bestimmten Situationen richten (s.o. 6.2.3).

Entwicklung lernabhängiger prozeduraler Strukturen

Prozedurale Schemata der Motivationsauslösung können vermutlich in ähnlicher Weise lernend erworben werden wie Prozeduren der Auslösung von Emotionen (Kap. 4.3). Solches Lernen dürfte prozedurabhängig sein ("übungsabhängig"; s.o. 2.4), wobei die folgenden Mechanismen eine Rolle spielen können:

(a) Differenzierung vorhandener Auslöseschemata. Dabei kann es sich zum einen um Differenzierungen der jeweiligen Bedingungskomponenten (Repräsentationen von Wahrnehmungen, Gefühlen etc.) handeln. Solche Differenzierungen sind davon abhängig, daß die jeweils repräsentierten Wahrnehmungen, Gefühle etc. sich differenzieren. Eine zweite Möglichkeit sind Schemadifferenzierungen aufgrund von Differenzierungen der jeweiligen Aktionskomponenten, also von deklarativen Handlungsrepräsentationen (bei Auslöseschemata zu deklarativer Motivation) und prozeduralen Verhaltensschemata (bei prozeduraler Motivation).

(b) Klassische Konditionierung. Bei "klassischer Konditionierung" im engeren Sinne handelt es sich um einen prozedurabhängigen Lernprozeß, der ohne Bewußtheit oder kognitive Zwischenprozesse abläuft und bei dem vormals neutrale Stimuli - Wahrnehmungen, Gefühle - per zeitlicher Kopplung die motivationsauslösende Funktion von bereits vorhandenen Motivationsauslösern übernehmen (hierzu und zu kognitionsabhängigem "klassischem Konditionieren" Kap. 4.3). Vorgänge "operanten" Konditionierens von Motivation hingegen sind wohl grundsätzlich eher dem Bereich informationsabhängigen Lernens von deklarativen Strukturen, genauer: von Überzeugungen zu extrinsischen Verhaltensvalenzen zuzuordnen ("operantes Konditionieren" baut Erwartungen auf, daß auf Verhalten Verstärker folgen; vgl. Brewer, 1974, zu der hier recht konsistenten Befundlage).

(c) Habitualisierung. Motivationale Auslöseschemata können wohl - ähnlich wie analoge Emotionsschemata (Kap. 4.3) - durch Habitualisierung kognitiv vermittelter Auslösung erworben werden. Analog zu entsprechenden Überlegungen im Emotionsbereich (3.2.1, 4.3) läßt sich hier ein einfaches *Automatisierungs-Kurzschluß-Modell* der Motivationshabitualisierung formulieren: Ein wiederholtes Durchlaufen derselben kognitiven Vermittlungssequenz hat zur Folge, daß dieser Prozeß routinisiert wird, Einzelschritte der Sequenz zusammengefaßt werden und auf diese Weise Verkürzungen stattfinden. Diese Verkürzungen können schließlich dazu führen, daß die jeweils am Beginn der Sequenz stehenden Wahrnehmungen oder Gefühle unmittelbar motivationsauslösende Funktion erlangen und die ehemals reflektive, deklarative Motivationsauslösung nun prozeduralisiert ist und ohne vermittelnde Kognitionen abläuft. Dabei können deklarative Komponenten in ein so erworbenes Auslöseschema integriert bleiben; eine Schemaaktivierung führt dann zu pseudoreflektiver Motivation (s.o. 5.2, 6.2.3). Situationsänderungen können ein Aufbrechen solcher Schemata über wieder einsetzende reflektive Vermittlung erzwingen (Redifferenzierung; vgl. Kap. 4.3).

(d) Effekte wiederholter Aktivierung. Schließlich gilt möglicherweise nicht nur für Emotion, sondern auch für Motivation, daß wiederholte Auslösung per se bereits die zugrundeliegenden Prozedurschemata verändern kann (im Emotionsbereich handelt es sich dabei großteils um habituationsähnliche Effekte; s.o. 4.3). Allerdings ist dies fraglich: Während beispielsweise eine Abschwächung von Emo-

tionen in wiederkehrenden Situationen unter bestimmten Bedingungen als adaptiv angesehen werden kann (nämlich dann, wenn diese Emotionen eher handlungsstörend wirken), ist ein situationsangemessenes Verhalten und damit eine gleichbleibend starke Aktivierung entsprechender Verhaltensprogramme auch in wiederkehrenden Situationen existentiell notwendig.

Einflüsse von Person und Entwicklungsumwelten

Was folgt aus diesen Überlegungen für die Rolle von Person und Umwelt bei der Motivationsentwicklung? Umwelten nehmen Einfluß auf solche Entwicklung, indem sie motivationsrelevante Erfahrungen ermöglichen, setzen und vermitteln: Umwelten nehmen *erstens* Einfluß, indem sie bestimmte Möglichkeiten zu eigenem Handeln bereitstellen und andere nicht. Wird dann eigenes Verhalten diesen Möglichkeiten entsprechend ausgeführt, so kommt es zu prozedurabhängigem Lernen von Auslöseschemata und zum Erwerb deklarativer Repräsentationen von eigenen Handlungsmöglichkeiten und selbstproduzierten Handlungsfolgen. Die Umwelt nimmt *zweitens* Einfluß, indem sie auf Handlungen der Person reagiert, indem also Handlungsfolgen gesetzt werden, die von Handlung einerseits und Situation (Umwelt) andererseits abhängig sind (z.B. Reaktionen der Eltern auf eine Lüge). Beobachtungen solcher Folgen führen zu entsprechenden Handlungs-Folgen-Überzeugungen (also z.B. Überzeugungen zu den sozialen Folgen normabweichenden Verhaltens).

Die Umwelt nimmt *drittens* Einfluß, indem sie allgemeine Informationen zu menschlichem Handeln und seinen Folgen bereitstellt; sei es in Gestalt der Handlungen anderer Personen, sei es in Form symbolischer Informationen. Im Sinne dieser dritten Einflußmöglichkeit können Umwelten sich sowohl auf das Lernen motivationaler Erwartungs- und Valenzüberzeugungen als auch auf die Wunsch- und Vorsatzbildung auswirken: Erwartungs- und Valenzinformationen aus der Umwelt können in Gestalt von Erwartungsüberzeugungen und Valenzüberzeugungen gespeichert werden, die dann später zur Aktualgenese von Motivation beitragen. Sie können aber auch unmittelbar zur Genese von Handlungswünschen und Absichten führen, die dann ihrerseits unter bestimmten Bedingungen (s.o.) im Gedächtnis gespeichert werden.

Ähnlich wie bei Umwelteinflüssen auf die Emotionsentwicklung (Kap. 4.3) lassen sich diese Überlegungen in der folgenden zentralen These zusammenfassen: *Person- und Umwelteinflüsse auf die Motivationsentwicklung werden von Aufbau und Modifikation motivationsbezogener kognitiver Strukturen vermittelt.* Umwelten nehmen Einfluß auf prozedurale Auslöseschemata, auf handlungsbezogene Erwartungs- und Valenzüberzeugungen und auf gespeicherte Wünsche und Absichten; diese aber liegen ihrerseits der singulären oder habituellen Aktualgenese von Motivation zugrunde.

6.4 Zusammenfassung

Aufgabe dieses Kapitels ist es, auf der Basis der aktualgenetischen Analysen des letzten Kapitels persönlichkeits- und entwicklungspsychologische Probleme menschlicher Motivation zu analysieren. Zunächst werden deshalb konzeptuelle Probleme motivationaler Persönlichkeitskonstrukte diskutiert (6.1). Auf der Grundlage der in Kap. 2 vorgestellten Persönlichkeitstaxonomie werden dabei (ähnlich dem Vorgehen im Emotionsbereich) zwei Gruppen motivationaler Persönlichkeitsmerkmale voneinander abgegrenzt: Parameter habitueller Motivation; und persönlichkeitsseitige Bedingungen von Motivation. Vorgeschlagen wird, daß differenzierte Konstrukte aus diesen beiden Bereichen an die Stelle gängiger, dispositionaler und summarischer Motivbegriffe gesetzt werden.

Im zweiten Abschnitt wird dann näher auf Persönlichkeitskorrelate und -bedingungen von Motivation eingegangen. Als erstes werden individuelle Parameter habitueller Motivation diskutiert. Zu entsprechenden Basisparametern zählen u.a. individuelle Inhalte, Frequenzen, Intensität und Dauer von Motivationsepisoden und von Prozessen innerhalb von Episoden. Aus solchen Basisparametern sind übergeordnete Parameter abzuleiten (z.B. Gesamtausprägung, Variabilität und Bandbreite individueller Motivation), und auch persönlichkeits- und bereichsspezifische Ausprägungen der Reflektivität und subjektiven Rationalität von Motivation und Handeln sind hier zuzuordnen. Im Zuge dieser Analysen werden einige verstreute, in der Literatur vorgeschlagene motivationale Persönlichkeitskonstrukte (Kuhls Konzept individueller Lage- vs. Handlungsorientierung; Apters Konstrukte zu "metamotivationalen" Tendenzen) als Parameter habitueller Motivation reinterpretiert. Traditionelle Motivkonstrukte hingegen haben hier unterschiedliche individuelle Parameter meist hoffnungslos vermengt; differenzierte persönlichkeitspsychologische Analysen sind hier noch stärker als im Verhaltens- oder Emotionsbereich Aufgabe der Zukunft.

Anschließend (6.2.2) werden die Persönlichkeitsbedingungen von aktueller wie habitueller Motivation diskutiert. Als zentrale individuelle Bedingungen sind (a) motivationsbezogene genetische Informationen, (b) individuelle Ausgestaltungen des zentralen Nervensystems, (c) deklarative kognitive Strukturen und (d) prozedurale Motivationsschemata anzusehen. Deklarative Strukturen sind dabei vor allem als Basis kognitionsgesteuerter, deklarativer Motivation anzusehen, prozedurale Strukturen hingegen primär als Grundlage der angeborenen oder habitualisierten, verkürzt-wahrnehmungsgesteuerten oder gefühlsgesteuerten Auslösung von Motivation. In einer Analyse der persönlichkeitspsychologischen Implikationen des RSR-Modells (6.2.3) wird dann auf den Bereich motivationsbezogener deklarativer Strukturen etwas näher eingegangen. Zentral sind den Annahmen des Modells entsprechend ziel-, handlungs- und situationsbezogene Erwartungs- und Valenzüberzeugungen (sie sind auch für die Emotionsgenese entscheidend; Kap. 4). Einzuordnen sind hier aber auch individuelle Vorsätze, die vor allem in ihren generalisierten Varianten ("Lebenspläne") als wesentliche Grundlage der Verfolgung individueller Ziele über die Lebensspanne hinweg anzusehen sind. Erläutert wird, daß vor allem solche Strukturen als personseitige Faktoren von Person-Umwelt-Interaktionen in der Motivationsgenese anzusehen sind.

Auf der Basis dieser Überlegungen kann dann abschließend auf Prinzipien der Ontogenese menschlicher Motivation eingegangen werden. Diskutiert wird vor allem die Entwicklung deklarativer und prozeduraler, motivationsbestimmender kognitiver Strukturen. Die in Kap. 4 vorgestellten Schlußfolgerungen zur Entwicklung kognitiver Grundlagen von Emotionen können dabei großteils in den Motivationsbereich übertragen werden. Als zentrales Resultat ergibt sich ähnlich wie im Emotionsbereich, daß Person- und Umwelteinflüsse auf die Motivationsentwicklung wesentlich vom Erwerb spezifischer kognitiver Strukturen vermittelt werden.

Kapitel 7

AUSBLICK: PERSÖNLICHKEIT ALS SYSTEM UND FOLGERUNGEN

In den letzten vier Kapiteln sind Emotion und Motivation in ihren allgemein-, persönlichkeits- und entwicklungspsychologischen Bezügen diskutiert worden. Aufgabe des vorliegenden Kapitels ist es, diese Analysen synoptisch zusammenzufassen, Schlußfolgerungen zu ziehen und exemplarisch auf Implikationen für angewandte Bereiche der Psychologie einzugehen. Zunächst also werden hier noch einmal gebündelt die Interrelationen von Emotion, Motivation und Persönlichkeit diskutiert (7.1), wobei die emotions- und motivationsspezifischen Analysen der letzten Kapitel auf die allgemeinen persönlichkeitstheoretischen Überlegungen der Kap. 1 und 2 zurückzubeziehen sind. Als hilfreich für diese Aufgabe werden sich einige metatheoretische Konzepte der allgemeinen Systemtheorie erweisen. Anschließend wird auf pädagogisch-psychologische Folgerungen eingegangen (7.2); als Beispiel wird die Entwicklung leistungsbezogener Ängste herangezogen. Organisations- und wirtschaftspsychologische Implikationen werden am Beispiel von Strukturen und Determinanten von Arbeitsmotivation analysiert (7.3). In Abschnitt 7.4 schließlich werden klinisch-psychologische Folgerungen zu Ätiologie, Prävention und Therapie emotions- und motivationsbezogener Störungen diskutiert.

7.1 Emotion, Motivation, Persönlichkeit: Auf dem Wege zu einer systemtheoretischen Persönlichkeitskonzeption

Persönlichkeit als System

Eingangs (1.1) ist bereits bemerkt worden, daß "Persönlichkeit" im Sinne der hier bevorzugten Persönlichkeitsdefinition als ein *System* aufzufassen ist: Persönlichkeit umfaßt Merkmale von Personen und die Relationen zwischen solchen Merkmalen. "Systeme" aber werden üblicherweise definiert als (abgegrenzte) Mengen von Elementen, die Relationen zwischen diesen Elementen einschließen (vgl. Ropohl, 1978; Friedrich, 1984). Betrachtet man "Persönlichkeit" dabei unabhängig von der Zeitdimension und mithin unter einer strukturell-taxonomischen Perspektive, so läßt sie sich als *statisches* System ansehen. Diese Betrachtungsweise wurde von manchen klassisch-taxonomischen Ansätzen bevorzugt (ein Beispiel ist die Konzeption Guilfords, 1959; s.o. 2.1.4). Faktisch aber handelt es sich bei Person und Persönlichkeit um *dynamische* Systeme, die über die Zeit hinweg Verhalten zeigen und sich verändern.

Im Sinne allgemeiner systemtheoretischer Terminologie (Einführungen in v. Bertalanffy, 1969; Ropohl, 1978; Friedrich, 1984) weisen Person bzw. Persönlichkeit darüber hinaus eine Reihe spezifischer Kennzeichen auf, die in den letzten Kapiteln in differenzierter Weise zur Sprache kamen und hier nun summarisch zu diskutieren sind: Es handelt sich um *komplizierte* bzw. *komplexe* Systeme (Ropohl, 1978, S. 30), da die Anzahl zu betrachtender Elemente und Relationen hoch ist. Dabei stehen nicht nur Personsystem und Umwelt (s.o. 2.3), sondern auch Subsysteme untereinander in hochgradig vernetzten Funktionsbeziehungen, bei denen es sich großteils um *Rückkopplungs-Beziehungen* handelt. Rückkopplungen können dabei unterschiedliche lange Zeit beanspruchen. Heuristisch lassen sich *kurzfristige* (aktualgenetische), *mittelfristige* und *langfristige* (ontogenetische) Rückkopplungen unterscheiden (s.u.).

Rückkopplungen basieren z.T. auf eigenständigen Funktionen der jeweiligen Subsysteme; in solchen Fällen kommen sie ohne Regelungen durch andere Subsysteme oder die Umwelt aus (Beispiele liefern viele Wechselwirkungen zwischen Wahrnehmungen/Kognitionen einerseits und Emotionen andererseits; s.o. 3.2). In anderen Fällen hingegen werden Funktionsbeziehungen und Rückkopplungen durch system- bzw. subsystemexterne Zielvorgaben gesteuert (z.b. Verhalten durch Motivation und Motivation ihrerseits unter bestimmten Bedingungen durch Metamotivation; 5.2.4). Da Zielvorgaben für solche Regelungen großteils aus der Person selber stammen, ist sie als partiell *selbstregelndes* System und schon deswegen auch als *aktives* System aufzufassen: Eingangsgrößen aus der Umwelt werden nicht unabhängig vom aktuellen Systemzustand in Verhalten übertragen, sondern es hängt vom Entwicklungsstand und der aktuellen psycho-physischen Lage ab, welches Verhalten gezeigt wird.

Selbsttätige oder außengeregelte *negative Rückkopplungen* können dabei Subsysteme oder das Gesamtsystem im Gleichgewicht und damit *stabil* halten. (Negative Rückkopplungen bestehen darin, daß sich Einflüssen einer Größe auf eine andere gegensinnige Rückwirkungen der zweiten auf die erste Größe kompensatorisch überlagern; von "Stabilität" eines Systems/Subsystems spricht man dann, wenn System bzw. Systemverhalten dazu tendieren, immer wieder dieselben Ausprägungen anzunehmen.) Stabilität kann in diesem Sinne vorliegen, obwohl der Mensch insgesamt als *instabiles* System anzusehen ist: Einflüsse von außen können sowohl seinen Körper als auch seine Psyche dauerhaft aus der Normallage bringen (so ist der Mensch z.b. körperlich darauf angewiesen, daß ein bestimmter Temperaturbereich an der Körperoberfläche nicht über- oder unterschritten wird; und psychisch kann er durch traumatische, nicht assimilierbare Erfahrungen ebenfalls für den Rest seines Lebens aus dem Gleichgewicht gebracht werden).

Wesentlich insbesondere für klinische Fragstellungen ist damit gleichzeitig die Frage, wie jeweils der *Einzugsbereich stabiler Zustände* aussieht, also derjenige Bereich an Abweichungen von der Normallage, innerhalb dessen der Mensch bzw. Subsysteme selbsttätig, über Selbstregelungen oder über Außenregelungen ins Gleichgewicht zurückgebracht werden können. Da schließlich Menschen lernen und reifen können, sich also ihre Persönlichkeitselemente und deren Relationen über die Zeit hinweg verändern, ist der Mensch als *flexibles* System (Ropohl, 1978) anzusehen, wobei Richtung und Tempo von Systemänderungen partiell selbstgesteuert sind (insbesondere bei selbstbestimmtem Lernen; s.o. 2.4).

Entscheidend sind im Sinne der Analysen dieses Buches vor allem zwei der genannten Systemmerkmale des Menschen: (a) die hochgradige Vernetztheit von Subsystemen untereinander und mit der Umwelt (in Gestalt von Vorwärts-, aber auch von Rückwärtskopplungen); und (b) das hohe Ausmaß an Selbststeuerung.

Vernetztheit impliziert dabei, daß durch system- oder subsystemexterne Eingangsgrößen in der Regel mehrere Subsysteme beeinflußt werden. Hinzu kommt, daß unterschiedliche, simultan beeinflußte Subsysteme jeweils unterschiedlich reagieren können; in systemtheoretischer Terminologie handelt es sich also um *spontan organisierte* Systeme (vgl. Friedrich, 1984; so kann z.b. eine Erhöhung der antizipierten Wahrscheinlichkeit eines Ereignisses bestimmte Emotionen – z.b. antizipatorische Traurigkeit – reduzieren, gleichzeitig aber bestimmte Arten von Motivation erhöhen, wobei Emotion und Motivation interagieren können; vgl. Kap. 3).

Reaktionen und Aktionen eines Subsystems *können* dabei davon abhängen, in welchen Zuständen sich andere Subsysteme befinden. (So hängen z.b. die Einflüsse von Wahrnehmungsinformation auf resultierende Emotionen davon ab, anhand welcher Inhalte des Subsystems überdauernder Überzeugungen diese Information interpretiert wird; s.o. 4.2.3). Die Komplexität resultierender Funktionsbeziehungen wird allerdings dadurch etwas reduziert, daß bestimmte Prozeduren *"mechanisiert"* werden können (v. Bertalanffy, 1969, Kap. 9) und in solchen Fällen dann auch großteils unabhängig von anderen Teilsystemen operieren können (solange nicht Subsysteme höherer Ebenen steuernd eingreifen). Dies gilt z.b. für habitualisierte Prozeduren der Emotions- und Motivationsauslösung (s.o. 3.2.1, 5.2.2).

Anders als noch vor etwa einem Jahrzehnt ist dabei die Tatsache hoher Vernetztheit und Rückgekoppeltheit von psychischen Subsystemen für einige – wenn auch noch lange nicht alle – Teilbereiche empirisch konsistent belegbar. Für die funktionalen Beziehungen von Emotion und Motivation wurde dies in den letzten Kapiteln diskutiert. Die Schlußfolgerungen dieser Kapitel sind hier unter systemtheoretischer Perspektive noch einmal systematisch zusammenzufassen (vgl. Abb. 7.1), wobei jeweils anzugeben ist, in welchen Abschnitten der vorangegangenen Kapitel zusammenfassende Aussagen jeweils empirisch und theoretisch näher belegt sind. Im Anschluß daran wird kurz auf das zweite entscheidende Merkmal des Personsystems eingegangen, also auf seine Fähigkeiten zur *Selbststeuerung*.

Vernetzungen und Rückkopplungen

(1) Emotion und Wahrnehmung/Kognition. Wahrnehmungen und Kognitionen sind theoretisch wie empirisch als zentrale Emotionsauslöser anzusehen (s.o. 3.2.1, Punkte 1 und 2; sowie 3.3). Umgekehrt nehmen Emotionen auf direktem Wege Einfluß auf Wahrnehmungen/Kognitionen, indem sie (a) ihnen emotions-

spezifische Färbungen verleihen; (b) emotionskongruente kognitive Strukturen aktivieren bzw. solche Aktivierungen erleichtern; und (c) Aufmerksamkeit beanspruchen und damit andere kognitive Prozesse in ihrem Umfang reduzieren (3.2.3/1). Auf indirektem Wege beeinflussen sie Wahrnehmungen/Kognitionen vor allem über motivationale Mechanismen (3.2.3/1).

Wahrnehmungs- und Kognitionseinflüsse auf Emotionen und Rückwirkungen von Emotionen auf kognitive Strukturaktivierungen implizieren gemeinsam *positive aktualgenetische Rückkopplungen* zwischen Wahrnehmung/Kognition und Emotion. Diese laufen typischerweise selbsttätig ab, müssen also nicht in jedem Fall von anderen Subsystemen geregelt werden. Sie implizieren damit eine Tendenz zur Selbstperpetuierung von Kognition einerseits und Emotion andererseits. Entscheidend vor allem für den Bereich negativer Emotionen ist deshalb die Frage, welche anderen Faktoren verhindern können, daß die betreffende Emotion ewig andauert:

(a) Einer Perpetuierung arbeitet zunächst das eigendynamische Abklingen von limbischer Emotionserregung entgegen (3.2.2/1), also die negative Selbstmodulation emotionaler Erregung. Sie verhindert im Regelfall gleichzeitig auch ein Ausreißen der Emotion hin zum Intensitätsmaximum, hält also die Emotion zumindest in einem temporären Gleichgewicht. (2) Durch Veränderungen der externen oder internen Situation werden andere Wahrnehmungen/Kognitionen ausgelöst. Sie verdrängen entweder die jeweils emotionsauslösenden Wahrnehmungen/Kognitionen, womit die Emotion dann eigendynamisch abklingen kann, oder sie produzieren emotionsantagonistische andere Emotionen, die ihrerseits die betreffende Emotion beenden (3.2.2/2). (3) Erst wenn diese Mechanismen nicht greifen, dürften übergeordnete, emotionsbezogene motivationale Steuerungssysteme regelnd ins Spiel kommen (Motivation zur *Emotionsbewältigung*), die dann auf unterschiedlichen Wegen (externe oder interne Situationsänderung, kognitive Reinterpretationen) zur Emotionsreduktion führen können. Naturgemäß dürfte diese letztere Möglichkeit vor allem bei negativ valenten Emotionen eine Rolle spielen.

Aktualgenetische, kurz- oder mittelfristige Rückkopplungen können auch indirekter Art sein, indem (a) Wahrnehmungen/Kognitionen zu Emotionen führen, diese (b) über motivationale Prozesse oder direkt Verhalten produzieren (3.2.3/4), das (c) seinerseits Folgen zeitigt, die (d) wiederum wahrgenommen und damit emotionswirksam werden. Dabei kann es sich nicht nur um positive, sondern auch um *negative Rückkopplungen* handeln. Beispiel: Mißerfolgserwartungen können zu Mißerfolgsangst führen (3.3.2); Angst kann leistungsbezogene Anstrengungsmotivation erhöhen (3.2.3/1); dies kann eine Verhinderung der befürchteten Mißerfolge zur Folge haben, und der anschließende Leistungszyklus wird mit einer reduzierten Mißerfolgserwartung begonnen (positiver Erwartungseinfluß auf Angst, negativer, indirekter Angsteinfluß auf Mißerfolgserwartungen).

Daneben können Emotion und Wahrnehmung/Kognition schließlich auch *ontogenetischen Rückkopplungen* unterliegen: Wahrnehmungen/Kognitionen führen zum Aufbau emotionsrelevanter kognitiver Strukturen (4.3); Aktivierungen dieser Strukturen führen zur Emotionsauslösung (4.2.2/3,4; 4.2.3); Emotionen führen

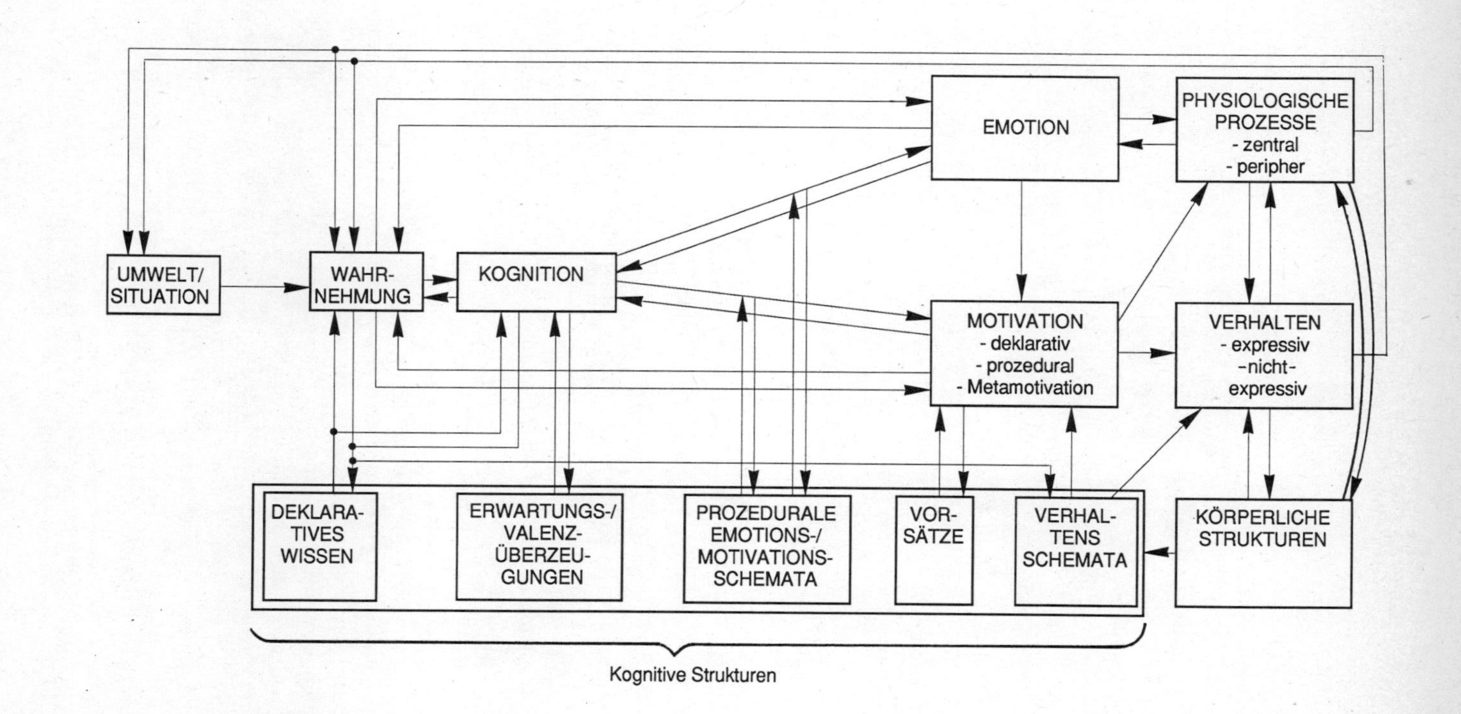

Abb. 7.1 Persönlichkeit als System: Wesentliche Rückkopplungen (vereinfacht)

zum Persistieren zugeordneter Kognitionen (s.o.); diese wiederum stärken zugeordnete Überzeugungen (2.4).

(2) Emotion und körperliche Prozesse. Neurochemische Prozesse können vermutlich Emotionen auslösen (3.2.1/4); mit Sicherheit können sie Emotionen modulieren (3.2.2/4). Emotionen aber können vermutlich ihrerseits gleichsinnig auf den neurochemischen Stoffwechsel zurückwirken (3.2.3/2). Damit sind auch hier großteils positive Rückkopplungen zu erwarten. Analoges gilt für peripher-physiologische Abläufe, die von Emotionen ausgelöst werden können (3.2.3/3) und ihrerseits auf Emotionen modulierend zurückwirken (3.2.2/5), sowie für neuromuskulär-expressive Abläufe, die ebenfalls von Emotionen ausgelöst werden können (3.2.3/3) und modulierend auf sie zurückwirken (3.2.2/5).

Kritisch sind dabei vor allem persistierende Rückkopplungen zwischen Emotionen einerseits und neurochemischen sowie peripher-physiologischen Prozessen andererseits: Solche somatischen Prozesse können bereits eigendynamisch sehr persistent sein (dies gilt wohl insbesondere für Veränderungen im neurochemischen Haushalt). Darüber hinaus ist es auf direktem Wege kaum und auf indirekten Wegen nur unter Schwierigkeiten möglich, sie steuernd zu beeinflussen und damit in entsprechende Rückkopplungen einzugreifen. Weniger problematisch hingegen sind Emotions-Ausdrucks-Kopplungen, da Ausdrucksmotorik (a) relativ wenig Einfluß auf Emotionen nehmen dürfte, (b) eigendynamisch rasch abklingt und (c) partiell willentlich gesteuert werden kann (3.2.2).

(3) Motivation und Wahrnehmung/Kognition. Auch für deklarative und prozedurale Motivation sind Wahrnehmungen und Kognitionen als zentrale Auslöser anzusehen (5.2.2/1,2), wobei vor allem deklarative Motivation ihrerseits wunsch- und absichtsgerechte Wahrnehmungen und Kognitionen begünstigen kann (5.3). Auch hier handelt es sich also großteils um positive aktualgenetische Rückkopplungen. Sie werden von der relativ hohen Trägheit motivationaler Kognitionen (Wünsche, Absichten) und Verhaltensschema-Aktivierungen (prozedurale Motivation) unterstützt (Atkinson und Birch, 1970; Kuhl, 1983a). Steuerung durch übergeordnete Subsysteme besteht hier in *Metamotivation.* Metamotivation greift vorzugsweise bei Störungen ein (5.2.4).

Kurz- oder mittelfristige Rückkopplungen können auch hier indirekter Art sein: Wahrnehmungen/Kognitionen produzieren Motivationen; diese führen zu Verhalten (5.3/5); Verhalten und seine Folgen werden wahrgenommen; solche Wahrnehmungen führen zu Erwartungs- und Valenzkognitionen (5.2.4) und damit wiederum zu Motivation. Ontogenetische Funktionsbeziehungen schließlich bestehen bei Motivation großteils darin, daß (a) deklarative Motivation (Handlungswünsche, Absichten) gespeichert werden können (5.2.2/1, 6.2.2) und in reaktivierter Form später wiederum zu Motivation führen (5.2.2/1); und (b) motivationsabhängiges Verhalten (5.3/5) Folgen zeitigt, die sich in zugeordneten Erwartungs- und Valenzüberzeugungen niederschlagen (6.3) und auf diesem Wege zu späterer Motivationsbildung beitragen (5.2.2/2, 6.2.3).

(4) Motivation und körperliche Prozesse. Für neurochemische und peripher-physiologische Prozesse ist im Regelfall nicht anzunehmen, daß sie Motivation auslösen (5.2.2/4), obwohl sie ihrerseits von Motivation beeinflußt werden können

(im Sinne einer Bereitstellung aktuell-physiologischer Verhaltensressourcen; 5.3/2).

(5) Emotion und Motivation/Verhalten. Emotion wie Motivation sind großteils als präaktionale Prozesse aufzufassen. Dabei sind Emotionen in einem gedachten Ablauf von der Wahrnehmung bis zum Verhalten eher auf der Wahrnehmungsseite einzuordnen, Motivation hingegen ist näher am Verhalten angesiedelt (Kap.5): Emotionen dienen zunächst der rückwärtsgerichteten oder gegenwartsbezogenen Einordnung von Situation und Verhaltensfolgen (3.3.2). In ihren gegenwarts- oder zukunftsbezogenen Formen können sie der Auslösung von Motivation zugrundeliegen (oder – in angeborener oder habitualisierter Form – der direkten Auslösung von Verhalten; 3.2.3/4, 5.2.2/3). Zentrale Funktion von Motivation hingegen ist es in jedem Fall, Verhalten und Handeln (direkt) auszulösen und zu steuern (5.3/5).

Damit gilt, daß Emotionen Motivation direkt auslösen können. Umgekehrt können Erwartungs- und Valenzkomponenten von deklarativer Motivation (Wünschen, Absichten) Emotionen auslösen (3.2.1/6, 5.3/4). Auch hier sind also direkte Rückkopplungen denkbar. Wichtiger sind allerdings indirekte Rückkopplungen zwischen Emotion und Motivation: (a) Emotionen tragen zur Motivationsbildung bei; (b) Motivation führt zu Verhalten; (c) Verhalten produziert seinerseits unmittelbar oder über seine Folgen gegenwarts- und vergangenheitsbezogene Emotionen, und über anschließende, zukunftsorientierte Erwartungs- und Valenzbildungen auch zukunftsbezogene Emotionen. Dieselbe kausale Sequenz kann entsprechenden ontogenetischen Wechselwirkungen zugrunde liegen. Zeitabstände werden bei ontogenetischen Wechselwirkungen durch Speicherungen von verhaltens- und folgenabhängigen Erinnerungs-, Erwartungs-, und Valenzbildungen überbrückt (5.4.3, 6.3).

(6) Emotion, Motivation und kognitive Strukturen. Wie sich aus den Detailanalysen der letzten Kapitel und den obigen summarischen Aussagen ergibt, bestehen auch zwischen psychischen Prozessen einerseits und kognitiven Strukturen andererseits Wechselwirkungen (s. auch o. 2.4): (a) Wahrnehmungen und Kognitionen werden unter bestimmten Randbedingungen (Intensität, Frequenz, Valenz von Wahrnehmungen/Kognitionen) gespeichert. Dementsprechend kann Motivation in ihren deklarativen Varianten direkt gespeichert werden (Vorsatzbildung; 5.2.2/1, 6.3), und Emotionen können dann zu Speicherungen führen, wenn sie bewußt kogniziert werden. Darüber hinaus führen Motivation wie Emotion auch über ihre Verhaltens- und sonstigen Folgen zu Erwerb und Modifikation zugeordneter kognitiver Strukturen (4.3, 6.3). (b) Kognitive Strukturen wirken ihrerseits dann, wenn sie aktiviert werden, auf die Wahrnehmungs- Kognitions-, Emotions- und Motivationsbildung zurück (4.2.3, 5.2.3).

(6) Person und Umwelt. Zu betonen ist schließlich noch einmal, daß die Person als Gesamtsystem mit ihrer Umwelt ebenfalls in Wechselwirkungen steht; diese können materieller oder informationeller Art sein (2.3). Auch solche Rückkopplungen können von der Person gesteuert werden, und auch bei ihnen kann es sich um positive und negative Rückkopplungen handeln (zu Beispielen unten 7.2; vgl. auch Pekrun, 1987e, 1987g).

Bestandteile menschlicher Persönlichkeit können auf einer statisch-klassifikatorischen Betrachtungsebene in hierarchischer Weise geordnet werden (s.o. 1.5). Auch in ihren Funktionsbeziehungen aber sind Subsysteme der Person potentiell hierarchisch organisiert. Einem bestimmten Subsystem übergeordnet ist ein zweites Subsystem insbesondere dann, wenn es in die Vorwärts- und Rückwärtskopplungen innerhalb dieses Systems und von diesem System zu anderen Systemen regelnd eingreifen kann (indem es z.b. externe Sollwerte vorgibt).

In diesem Sinne kann davon gesprochen werden, daß *Verhaltensschemata* typischerweise hierarchisch organisiert sind (also aus hierarchisch verschachtelten Subschemata mit hierarchisch organisierten Teilzielen bestehen; vgl. Norman und Shallice, 1986). Ihnen übergeordnet ist *Motivation*; Motivation kann Zielvorgaben für die Exekution von Verhalten liefern (zu Zielrepräsentationen als Komponenten von extrinsisch orientierten Handlungswünschen und Absichten 2.2.2, 5.1). Dabei sind drei Möglichkeiten zu unterscheiden:

(a) *Intrinische Motivation*, die auf die Ausführung einer Handlung um ihrer selbst willen zielt. Solche Motivation findet ihr Ziel in der Handlung, nicht hingegen in der Erreichung eines handlungsexternen Sollwerts. Ein zu langes Persistieren der betreffenden Handlung wird vermutlich dadurch verhindert, daß die Handlung im aktualgenetischen Ablauf ihre positive Valenz langsam verliert, womit die zugrundeliegende Motivation reduziert wird (s.o. 5.3/5). Es handelt sich hier also um negative aktualgenetische Motivations-Verhaltens-Rückkopplungen, die von Emotions- und damit von Valenzbildungen vermittelt werden (positiver Motivationseinfluß auf Verhaltensintensität und -persistenz; negativer, vermittelter Verhaltenseinfluß auf die weitere Motivationsdynamik). Zusätzliche externe Steuerungen sind dabei in der Regel nicht erforderlich.

(b) Extrinsische Motivation, die auf die Bewahrung bzw. Wiederherstellung eines vorgängigen Gleichgewichtszustands gerichtet ist (z.b. Motivation zu Nahrungsaufnahme; Motivation zu Emotionsbewältigung). Solche Motivation übt Steuerungsfunktionen aus, die der physischen oder psychischen Stabilität der Person (im systemtheoretischen Sinne) dienen. Bezeichnen könnte man sie dementsprechend als *stabilitätsorientierte extrinsische Motivation*.

(c) Extrinsische Motivation, die auf eine Veränderung des Systemzustandes in Richtung auf einen neuen Sollwert zielt (z.b. das Erreichen von Berufs- oder persönlichen Entwicklungszielen; *fortschrittsorientierte extrinsische Motivation*). Soweit mit dem Erreichen solcher Ziele neue Gleichgewichtszustände verknüpft sind, liefern die Resultate solcher Motivation Beispiele, daß es sich beim Menschen grundsätzlich um *ultrastabile* Systeme (vgl. Ropohl, 1978) handelt, bei denen das extern produzierte oder selbstbewirkte Verlassen eines Gleichgewichtszustands zu neuen Gleichgewichtszuständen führen kann (nicht hingegen zu einem katastrophischen Auseinanderbrechen des Gesamtsystems führen muß).

Motivation kann ihrerseits vor allem dann, wenn Störungen eintreten, von *metamotivationalen Abläufen* gesteuert werden, die im Dienste der jeweiligen

Motivationen Entscheidungsprozeduren lenken können (Metamotivation kann allerdings auch im Dienste jeweils anderer Motivationen stehen; 5.2.4).

Motivation und Metamotivation übergeordnet sind schließlich die jeweiligen individuellen, überdauernden *Ziele* einer Person, die im Langzeitgedächtnis gespeichert sind und durch perzeptive oder kognitive Prozesse aktiviert werden können. Besonders an den Funktionen von persönlichen Zielen zeigt sich deutlich, daß hierarchische Systembeziehungen beim Menschen nicht nur Vorwärtskopplungen von höheren zu niedrigeren Hierarchieebenen beinhalten: Ziele und Vorsätze bilden sich ihrerseits in aktuellen motivationalen Prozessen (die ihnen später dann untergeordnet werden). Auch zwischen regelnden und geregelten Subsystemen der Person bestehen also typischerweise Rückkopplungen.

Abzulehnen sind dementsprechend Vorstellungen vom Menschen, die eine übergeordnete Steuerungsinstanz annehmen, die frei von Einflüssen untergeordneter Ebenen in souveräner Weise über untergeordnete Subsysteme entscheidet. Vielmehr handelt es sich um ein Gefüge von Subsystemen, in denen unterschiedliche Subsysteme einmal steuern können, ein anderes Mal aber selber gesteuert werden. Abzulehnen sind damit auch Vorstellungen von menschlicher *Willensfreiheit*, die davon ausgehen, daß eine souveräne Instanz innerhalb des Menschen in "freier" Weise über den Rest der Person und ihrer Handlungen verfügt (wie auch immer das Wort "frei" innerhalb eines solchen Ansatzes zu präzisieren sein mag; vgl. auch Krampen, 1987).

Psychologisch sinnvoll hingegen kann der Begriff der Willensfreiheit dann definiert werden, wenn man nicht von der Annahme ausgeht, daß der Mensch die Freiheit habe, auch zu lassen, was er tut (eine solche Annahme unterstellt, daß menschliches Handeln zumindest partiell von Ursachen und Randbedingungen – im üblichen naturwissenschaftlichen Sinne – unabhängig sei). Stattdessen kann man ihn bestimmen, wenn man nach der Art der jeweiligen Handlungsursachen und insbesondere der Kongruenz von Absichten und Handlungen fragt. In diesem Sinne sind zwei Facetten dieses Begriffs zu unterscheiden: (a) Willensfreiheit im Sinne der Handlungseffizienz eigener Absichten liegt dann vor, wenn man in der Lage ist, Absichten in Handlungen umzusetzen, soweit dem nicht personexterne Restriktionen im Wege stehen (vgl. Ach, 1910). (b) Willensfreiheit im Sinne der Intentionalität von Handlungen hingegen impliziert, daß eigenes Verhalten von eigenen Absichten (also von deklarativer Realisationsmotivation; "Wille", "Volition") und damit von eigenen Zielen gesteuert wird, nicht hingegen von wahrnehmungs- und gefühlsgesteuerten, irreflektiven, spontan-impulsiv sich aufdrängenden Verhaltenstendenzen. Diese beide Arten der Willensfreiheit sind nicht deckungsgleich: Setzt man z.b. eigene Absichten vollständig in Handlungen um, so kann man dennoch zusätzlich viele impulsive Verhaltensweisen zeigen.

Dem Begriff der Willensfreiheit sind dabei zwei weitere Begriffe an die Seite zu stellen: *Zielfreiheit* besteht darin, daß persönliche, übergeordnete Ziele auch in entsprechende Absichten umgesetzt werden können bzw. Absichten sich aus übergeordneten persönlichen Zielen rekrutieren. Dies impliziert, daß zielgeleitete Intentionskontrolle erfolgt (vgl. 2.2.1), Intentionen also nicht aus fremdgesetzten Zielen resultieren oder aus anderen Gründen mit übergeordneten persönlichen

Zielen in Konflikt stehen. Entscheidend ist darüber hinaus, inwieweit Handlungen situativen Restriktionen unterliegen (also z.b. gesellschaftlichen Sanktionen). Freiheit von solchen Restriktionen könnte in Abgrenzung von Ziel- und Willensfreiheit als *Handlungsfreiheit* bezeichnet werden. Individuelle "Freiheit" und "Selbstbestimmung" einer Person setzen in diesem Sinne Zielfreiheit, Willensfreiheit und Handlungsfreiheit voraus.

Forschungspragmatische Implikationen

Festzuhalten ist abschließend, daß "Person" und "Persönlichkeit" als komplexe Systeme mit hoher Vernetztheit (in Vorwärts- und Rückwärtskopplungen) und einem hohen Ausmaß an Selbststeuerung aufzufassen sind. Wesentlich ist dabei, daß diese Aussage hier nicht einfach nur apriorisch-programmatischer Art ist, sondern sich als fast zwangsläufige Schlußfolgerung aus den Befundzusammenfassungen und theoretischen Detailanalysen der letzten Kapitel ergibt. Für eine angemessene empirische Persönlichkeitsforschung ergeben sich aus beiden zentralen Merkmalen des Personsystems erhebliche Probleme: Hängt das Verhalten eines Subsystems vom Verhalten vieler anderer, partiell hierarchisch organisierter Subsyteme ab, wobei Rückkopplungen innerhalb und zwischen den Ebenen eine Rolle spielen, so ergibt sich eine hohe Komplexität und Variabilität von Funktionsbeziehungen und damit auch von Strukturen und Entwicklungsverläufen. Dasselbe gilt für das Gesamtsystem der Person einerseits und Umweltsysteme andererseits.

Zwei Faktoren vereinfachen die forschungspragmatische Situation ein wenig: (a) Zwar sind vernetzte Systeme mit Vorwärtskopplungen grundsätzlich einfacher zu analysieren als solche, die zusätzlich Rückwärtskopplungen beinhalten. In Analysen über die Zeit hinweg aber sind Rückwärtskopplungen immer als Vorwärtskopplungen modellierbar und analysierbar. Systeme mit internen und externen Rückkopplungen unterscheiden sich unter einer solchen Perspektive vor allem durch ein höheres Maß an Vernetztheit von (ansonsten strukturgleichen) Systemen ohne Rückkopplungen. Dies impliziert u.a., daß prozeßorientierte Teile des vorhandenen Methodenkanons der empirischen Psychologie (also z.b. dynamische Strukturgleichungsmodelle) grundsätzlich problemlos zu Analysen von Rückkopplungsbeziehungen zwischen Subsystemen der Person bzw. Person und Umwelt eingesetzt werden können (zu einem empirischen Beispiel Pekrun, 1987g). Eine Notwendigkeit zu einer grundsätzlich andersartigen empirischen Methodologie ergibt sich hier also nicht. (b) Prozesse des Erlebens und Verhaltens sind in vielen Fällen mehr oder minder automatisiert (s.o.). In solchen Fällen reduziert sich das Ausmaß an Abhängigkeit von anderen Subsystemen, und die Komplexität und Variabilität von Funktionsbeziehungen reduzieren sich ebenfalls.

Ausgeräumt sind die Schwierigkeiten damit natürlich nicht. So ist es bekanntermaßen auch bei Prozeßanalysen relativ abgeschotteter psychischer Funktionsbereiche in der Regel äußerst schwierig, zu halbwegs generalisierbaren Aussagen zu gelangen. Dies aber sollte unsere Wissenschaft eher anspornen, in stärkerem Maße als bisher von unidirektional-mechanistischen Denkmodellen Abschied zu nehmen und angemessene Modellierungen der komplexen, kontextabhängigen

Realität menschlichen Erlebens und Verhaltens zu entwickeln. Als nützlich könnte es sich dabei erweisen, Prinzipien dynamischer Systemmodellierungen aus anderen Wissenschaften bzw. der allgemeinen Systemtheorie für psychologische Fragestellungen zu adaptieren (also z.b. Differentialgleichungsmodelle zeitstetiger Systemfunktionen; vgl. Friedrich, 1984, und zu entsprechenden ersten Ansätzen im psychologischen Bereich auch Atkinson & Birch, 1970). Unabhängig von den im einzelnen zu wählenden Modell- und Theorieklassen aber wird es in jedem Fall notwendig sein, in stärkerem Maße als bisher integrative, umfassende und an vorhandenen Befundlagen orientierte Theoriebildungen zu betreiben und damit in stärkerem Maße als bisher einer kumulativen, nicht nur von Theorie- und Forschungsmoden abhängigen Entwicklung der wissenschaftlichen Psychologie den Weg zu ebnen.

7.2 Pädagogisch-psychologische Folgerungen: Prüfungsangst und pädagogische Umwelten

Vorrangige Aufgabe der Pädagogischen Psychologie ist es, Einflüsse von Erziehung und Sozialisation auf die menschliche Entwicklung zu analysieren. Dies ist eine universelle Thematik; spezifisch aber sind die Ausgestaltungen in unserem Kulturkreis. Sie sehen so aus, daß Erziehungseinflüsse vor allem in Kindheit und Jugend zu lokalisieren sind, wobei Familie und Schule als zentrale Einflußinstanzen fungieren.

Die Funktion von Erziehung und Sozialisation liegt generell vor allem in der Reproduktion gesellschaftlicher Verhältnisse, also in der Wahrung der kulturellen und sozialen Kontinuität von einer Generation zur nächsten (Fend, 1980). Zentrales Definitionsstück solcher Verhältnisse, also spezifischer Gesellschafts- und Wirtschaftsstrukturen und zugeordneter kollektiver Überzeugungen, ist in einer Industriegesellschaft wie der unseren nach wie vor die *Arbeitsleistung* von Gruppen und einzelnen. Sie bestimmt über kollektive und individuelle Lebenschancen und zugeordnete Bewußtseinslagen. Dementsprechend wird in unserer Gesellschaft das Erbringen von Leistungen auch zum zentralen Erziehungs- und Sozialisationsthema gemacht, wie z.b. am deutschen Regelschulwesen mit seinen leistungsorientierten Bewertungs- und Selektionsmechanismen abzulesen ist. Gleichzeitig sind damit Bedingungen, Korrelate und Wirkungen von Leistungen als zentrales Thema der Pädagogischen Psychologie anzusehen (vgl. auch Hofer, Pekrun & Zielinski, 1986). Familie und Schule sind dabei grundsätzlich als gleichgewichtige Einflußinstanzen anzusehen, obschon einheitliche Einflußmechanismen hier eher schulischen Institutionen zuzuschreiben sind.

Kindern und Jugendlichen wird dementsprechend in unserer Gesellschaft beigebracht, leistungsorientiert zu handeln und die Erfolgs-, Mißerfolgs- und sonstigen Konsequenzen solchen Handelns richtig einzuschätzen. Unser Regelschulwesen ist dabei so angelegt, daß Leistungshandeln mit einer gewissen Wahrscheinlichkeit zu individuellen Mißerfolgen führt. Im Laufe der schulischen Sozialisation resultieren hieraus bei vielen Schülern fast zwangsläufig negative Einschätzungen eigener Kompetenzen und Einflußmöglichkeiten (vgl. Fend, 1980; Pekrun, 1985g). Da gleichzeitig im Normalfall von Eltern und Lehrern gelernt wird, daß Erfolgen ein hoher Stellenwert zukommt, haben wir es – den Erwartungs-Wert-Analysen des ZWD-Modells entsprechend (Kap. 3.3) – mit der typischen Auslösekonstellation für negative zukunftsbezogene Emotionen zu tun, hier also für mißerfolgsbezogene Angst und Hoffnungslosigkeit.

Aus zwei Gründen ist die Entwicklung solcher Emotionen als zentrales Thema der Pädagogischen Psychologie anzusehen: Zum einen ist die Abwesenheit von chronisch starken Ängsten oder Hoffnungslosigkeit Definitionsbestandteil eines menschenwürdigen Lebens. Die Prävention solcher Emotionen sollte damit als wesentliches Oberziel pädagogischer Maßnahmen angesehen werden. Zum zweiten aber tangieren solche Emotionen auch ein anderes zentrales Ziel pädagogischer Maßnahmen, nämlich die Produktion curriculumbezogener Lernprozesse. Dies tun sie in komplexer Weise (vgl. Kap. 3.2.1). Zumindest für starke und chronische Prüfungsängste und leistungsbezogene Hoffnungslosigkeit aber ist davon auszugehen, daß sie Lernprozesse eher behindern als fördern (Schwarzer, Schwarzer & Seipp, 1987).

Welche Bedingungen führen zur Entwicklung solcher Emotionen? Das ist im folgenden für *Prüfungsangst* exemplarisch zu analysieren. Dabei ist zwischen personinternen und personexternen Bedingungen zu differenzieren, und den systemtheoretischen Schlußfolgerungen des letzten Abschnitts entsprechend sind jeweils Rückwirkungen von Prüfungsangst auf ihre Bedingungen zu berücksichtigen.

Personinterne Bedingungen und Rückwirkungen

Dem ZWD-Modell zufolge sind die folgenden Typen von Kognitionen als proximale Determinanten der Auslösung von Angst anzusehen (s.o. 3.3 und ausführlicher Pekrun, 1984a): (a) Negative Situationsfolgen-Erwartungen. (b) Negative Handlungskontroll-Erwartungen (zu Handlungen, die für eine Verhinderung negativer Situationsfolgen in Betracht kommen). (c) Negative Handlungs-Folgen-Erwartungen, d.h. Erwartungen, daß mit vorhandenen Handlungsmitteln die befürchteten Situationsfolgen nicht verhindert werden können. (d) Negative Valenzen der jeweils erwarteten Ereignisse (Situationsfolgen). Dabei nimmt das Modell an, daß die Stärke ausgelöster Angst in positiv-monotoner Weise von der negativen Valenz des jeweiligen Ereignisses abhängt und bis zu einem gewissen Punkt auch in positiv-monotoner Weise von der Gesamterwartung des Ereignisses, die aus den genannten Einzelerwartungen resultiert (jenseits dieses Punktes sollten eher Resignation und Hoffnungslosigkeit als Angst entstehen). Auf der Persönlichkeitsseite liegen solchen Auslösekognitionen entsprechende Erwartungs- und Valenzüberzeugungen zugrunde; Überzeugungen dieser Art sind gleichzeitig auch als Träger der *ontogenetischen* Entwicklung von Angst anzusehen (Kap. 4.3).

Diese allgemeinen Annahmen lassen sich unschwer auf den Bereich prüfungsbezogener Ängste von Schülern übertragen. Entscheidend sind in diesem Sinne die folgenden Typen von Kognitionen: (a) Situations-Mißerfolgs-Erwartungen, also Erwartungen, daß sich Mißerfolge (insbesondere schlechte Noten) einstellen werden, wenn man gar nicht handelt (also z.b. zu Prüfungen einfach nicht hingeht). (b) Negative Anstrengungskontroll-Erwartungen: Erwartungen, daß man hinreichend intensive, konzentrierte und persistente Lern- und Prüfungsanstrengung auch dann nicht realisieren kann, wenn man dies intendiert ("Auch wenn ich es möchte, gelingt es mir beim Lernen nur selten, mich richtig zu konzentrieren"). (c) Anstrengungs-Mißerfolgs-Erwartungen; also Erwartungen, daß sich aus realisierter Anstrengung dennoch Mißerfolge ergeben ("Auch wenn ich mich in einer Klassenarbeit sehr bemühe, bekomme ich eine schlechte Note"). (d) Negative Mißerfolgsvalenzen, also negative subjektive Bedeutsamkeiten schulischer Mißerfolge.

Dabei ist in Betracht zu ziehen, daß Mißerfolge häufig nicht um ihrer selbst willen als bedeutungsvoll angesehen werden, sondern wegen ihrer Folgen für die weitere Schul- und Berufskarriere und im sozialen Bereich (z.b. in Gestalt von Tadel und abwertenden Bemerkungen seitens der Eltern und Lehrer oder geringerem Sozialstatus in der Klassengemeinschaft). Mißerfolgen kommt in diesem Sinne häufig nicht nur intrinsische, sondern auch *extrinsische* Valenz zu (zu diesen Begriffen Kap. 2.2). Die Stärke solcher extrinsischen Mißerfolgsvalenzen dürfte von zwei Faktoren abhängen: (1) den jeweiligen Mißerfolgs-Folgen-Erwartungen, also der subjektiven, mißerfolgskontingenten Wahrscheinlichkeit solcher negativen Konsequenzen, und (2) der Valenz der jeweiligen Konsequenzen (vgl. Formel 1, Kap. 5.2.3).

Darüber hinaus aber gilt unter den Restriktionen üblicher schulischer Bewertungspraxis, daß Situations-Folgen-Erwartungen hier typischerweise gar nicht erst kalkuliert werden müssen: Wird überhaupt nicht gehandelt, so sind Mißerfolge im Regelfall als sichere Ereignisse anzusehen. Der Kreis faktisch relevanter Kognitionen reduziert sich damit auf Anstrengungskontroll- und Anstrengungs-Mißerfolgs-Erwartungen einerseits sowie Kognitionen zu intrinsischen und extrinsichen Mißerfolgsvalenzen andererseits. Von der vorliegenden Evidenz werden einige dieser Annahmen bestätigt: In einer Reihe von Untersuchungen konnte der Stellenwert von Mißerfolgserwartungen für Prüfungsängste korrelativ deutlich und konsistent belegt werden (wobei allerdings häufig nicht zwischen unterschiedlichen Erwartungstypen differenziert wurde). Ähnliches gilt – bei geringerer Zahl an Studien – für die subjektive Bedeutsamkeit von Mißerfolgen (Einzelheiten in Pekrun, 1986).

Woher aber stammen mißerfolgsbezogene Erwartungen und Valenzen? Wie im allgemeinen, so sind auf der Seite personinterner Bedingungen auch hier *Persönlichkeitsdeterminanten* als entscheidend anzusehen. Dabei dürfte es sich auch in diesem Angstbereich großteils um subjektive Überzeugungen handeln, die den einzelnen Auslösekognitionen inhaltlich direkt zugeordnet sind. Entscheidend sind in diesem Sinne negative *Anstrengungskontroll-Überzeugungen*, *Anstrengungs-Mißerfolgs-Überzeugungen* und *Valenzüberzeugungen* zu intrinischen und extrinsichen Mißerfolgsvalenzen. Empirisch konnte dies in der mehrfach erwähnten

Längsschnittstudie zur Schülerpersönlichkeit belegt werden (Pekrun, 1987d): Habituelle Prüfungsängste von Schülern der fünften bis zehnten Klasse korrelieren deutlich mit ihren Überzeugungen zur mangelnden Kontrollierbarkeit eigener Anstrengungshandlungen, zur Wahrscheinlichkeit von Mißerfolgen auch bei Anstrengungsinvestition, zur intrinsischen Bedeutsamkeit schulischer Mißerfolge, und zum Stellenwert solcher Mißerfolge für die weitere Schulkarriere und für Reaktionen von Eltern, Lehrern und Schülern.

Personinterne Rückwirkungen. Zu berücksichtigen ist, daß im Sinne der allgemeinen emotionstheoretischen Analysen (Kap. 3) und der systemtheoretischen Überlegungen des letzten Abschnitts einerseits zwar Kognitionen und zugrundeliegende Überzeugungen zur Prüfungsangst beitragen, andererseits aber – umgekehrt – Prüfungsangst auf solche Kognitionen und Überzeugungen zurückwirkt. Für entsprechende *aktualgenetische Rückkopplungen* ist Kap. 3 entsprechend zu vermuten, daß Prüfungsangst u.a. folgendes bewirkt: (a) Sie erhöht die Zugänglichkeit negativer, im Gedächtnis gespeicherter leistungsbezogener Überzeugungen und trägt damit zur weiteren Generierung negativer mißerfolgsbezogener Kognitionen bei. (b) Sie beeinträchtigt die aktuelle Konzentrationsfähigkeit; dies führt zu weiteren negativen Anstrengungskontroll-Erwartungen. (c) Sie wirkt sich auf aktuelle Leistungsprodukte (Zwischen- und Endergebnisse) aus, und zwar im Regelfall negativ (zumindest bei komplexen und schwierigen Aufgabenstellungen). Dies kann aktuell zu Anstrengungs-Mißerfolgs-Erwartungen für den jeweils nächsten Arbeitsschritt führen.

Diese drei Annahmen implizieren *positive* aktualgenetische Feedback-Schleifen zwischen Auslösekognitionen und Angst; dies impliziert eine Selbstperpetuierung dieser Emotion. Daneben kann Prüfungsangst aber auch (d) Einfluß auf die leistungsbezogene Motivationsbildung nehmen. Solche Einflüsse können nicht nur negativer, sondern auch positiver Art sein (Pekrun, 1987c). Prüfungsangst könnte in diesem Sinne auch zu positiven Anstrengungskontroll-Erwartungen und darüber hinaus – von Leistungsresultaten vermittelt – auch zu positiven Leistungserwartungen beitragen. Dementsprechend können hier auch *negative* Rückkopplungen eine Rolle spielen (positive, steigernde Einflüsse von Mißerfolgserwartungen auf Angst; negative, indirekte Angsteinflüsse auf die Erwartungsbildung).

Langfristige, *ontogenetische Rückkopplungen* schließlich beinhalten Wechselwirkungen zwischen der Entwicklung von überdauernden Überzeugungen einerseits und Prüfungsangst andererseits. Sie basieren prinzipiell auf Wiederholungen der oben genannten aktualgenetischen Abläufe. Damit gilt folgendes: (1) Die Entwicklung mißerfolgsbezogener Überzeugungen nimmt Einfluß auf die Entwicklung zugeordneter, prüfungsbezogener Ängste. (2) Prüfungsangst wirkt ihrerseits auf die Überzeugungsentwicklung zurück. Solche Rückwirkungen können einfach darin bestehen, daß Prüfungsangst über die wiederholte Aktivierung negativ-leistungsbezogener Gedächtnisinhalte zu einer Konsolidierung negativer, mißerfolgsbezogener Überzeugungen beiträgt. Daneben aber können sie im Sinne der oben genannten, aktualgenetischen Mechanismen (a) bis (d) auch so zustandekommen, daß die Konsequenzen von Prüfungsangst Erwartungsinformationen liefern, die zum Aufbau und Veränderung entsprechender Überzeugungen beitragen.

Personexterne Bedingungen und Rückwirkungen

Für personenexterne Bedingungen der Emotionsentwicklung wurde in Kap. 4.3 allgemein angenommen, daß sie ihren Einfluß entfalten, indem sie emotionsrelevante kognitive Strukturen aufbauen oder verändern. Dieses theoretische Prinzip läßt sich hier nun heuristisch verwenden, um Hypothesen zu proximalen und distalen Umweltdeterminanten der Prüfungsangstentwicklung zu formulieren (dabei versucht das vorliegende Modell, andere A-priori-Modelle zu solchen Umwelteinflüssen in theoriegeleiteter Weise zu erweitern; vgl. Helmke, 1983; Krohne, 1985; Einzelheiten in Pekrun 1986, 1987d, e). Im Sinne des genannten Prinzips sollten hier jeweils solche Umweltfaktoren Einfluß nehmen, denen Wirkungen auf individuelle Anstrengungskontroll-, Mißerfolgs- und Valenzüberzeugungen zuzusprechen sind. In Betracht kommen damit insbesondere alle Umweltgrößen, die in direkter oder indirekter Weise Erwartungs- und Valenzinformationen zu schulischen Erfolgen und Mißerfolgen liefern. Zu unterscheiden ist dabei zwischen eher proximalen Bedingungen in entwicklungsbezogenen Nahumwelten (Familie, Schule, Peers) und distaleren Bedingungen schulsystemischer und gesellschaftlicher Art. Heuristisch zu berücksichtigen ist jeweils auch die empirische Befundlage.

Proximale Umweltbedingungen

Die empirische Prüfungsangstforschung hat gezeigt, daß die Prüfungsangst von Schülern vor allem mit negativen schulischen Leistungsbewertungen, daneben aber auch mit mißerfolgsbezogenen Bestrafungen ("Strenge") und Leistungsdruck von Lehrern und Eltern deutlich positiv korreliert. Ähnliches gilt für das Ausmaß des Wettbewerbs innerhalb der Klassengemeinschaft. Für Unterstützung durch Eltern und Lehrer und Kooperation innerhalb der Klasse hingegen fanden sich paradoxerweise nur schwache und inkonsistente Beziehungen zur Prüfungsangst: Hier hätte man a priori vermuten können, daß solches Verhalten von Bezugspersonen negative Befürchtungen abbaut und Kompetenzerwartungen erhöht. Erklären aber läßt sich dieses Paradoxon, wenn man – über bisherige Vorstellungen hinausgehend – Rückwirkungen von Schülerängsten auf die Umweltdeterminanten solcher Ängste in Betracht zieht. Im einzelnen ist u.a. folgendes anzunehmen (ausführlicher Pekrun, 1987e):

(1) *Negative Leistungsbewertungen* durch Lehrer, Eltern und Mitschüler dürften zum Aufbau von Mißerfolgserwartungen führen und dementsprechend Prüfungsangst steigern. Diese leistet ihrerseits in der Regel ihren Beitrag zu einer ungünstigen Leistungsentwicklung und damit zu negativen Leistungsbewertungen (unter Vermittlung kognitiver und motivationaler Mechanismen; Kap. 3.2). Mißerfolgszuschreibungen und Angstentwicklung stehen also in positiven Rückkopplungen. Ähnliches gilt für *negative Fähigkeitszuschreibungen* aus der Umwelt, die (a) zu ungünstigen Fähigkeits-Selbstkonzepten und damit ebenfalls zu angstproduzierenden Mißerfolgserwartungen beitragen dürften und (b) vermutlich ihrerseits u.a. auf dem Wege über angstabhängige schlechte Leistungen von Prüfungsangst beeinflußt werden.

(2) *Hohe Leistungserwartungen* von Eltern (bis hin zu "Leistungsdruck") implizieren in mitgeteilter Form ("Wir erwarten, daß Du mindestens eine Drei nach Hause bringst") typischerweise zwei Komponenten: Bezugssysteme für Erfolge und Mißerfolge, und Informationen zur Bedeutsamkeit von Erfolgen und Mißerfolgen. Hohe Erfolgskriterien dürften Mißerfolgserwartungen steigern (vgl. Seginer, 1983), und entsprechende Valenzmitteilungen dürften die subjektive Valenz von Mißerfolg erhöhen (soweit Bezugssysteme und Valenzen jeweils übernommen werden). Beide Komponenten dürften mithin positive (steigernde) Effekte auf Prüfungsangst ausüben. Rückwirkungen hingegen können hier wohl unterschiedliche Formen annehmen. Anzunehmen ist zum einen, daß Eltern und Lehrer ihre Anspruchsniveaus auf Angst und schlechte Leistungen hin senken (zumindest langfristig gesehen). Zum anderen aber können Angst und negative Schülerleistungen auch zu einer Erhöhung des Drucks aus der Umwelt führen, also beispielsweise zu einer verstärkten Betonung der Wichtigkeit schulischen Vorankommens. Zu rechnen ist hier also mit komplexen, mittel- und langfristig und zwischen Personengruppen variierenden Rückwirkungen.

(3) *Wettbewerb* innerhalb der Klassengemeinschaft führt vermutlich zu einer stärkeren (und deutlicheren) Kontingentierung positiver Leistungsbewertungen. Auch dies dürfte Mißerfolgserwartungen und -valenzen und damit Prüfungsangst steigern. Umgekehrt könnte Prüfungsangst sowohl zu erhöhtem Wettbewerb als auch zu verstärkter Kooperation beitragen. Wozu es kommt, dürfte wesentlich von der wahrgenommenen Instrumentalität unterschiedlichen Sozialverhaltens für Leistungssteigerung einerseits und Angstbewältigung andererseits abhängen. Möglich sind hier also ebenfalls positive wie negative Rückkopplungen.

(4) *Mißerfolgskontingente Bestrafungen* und andere negative Reaktionen von Eltern, Lehrern und Mitschülern führen zum Aufbau negativer Erwartungen von Mißerfolgskonsequenzen und damit zu negativen extrinsischen Mißerfolgsvalenzen. Auch sie dürften sich also angststeigernd auswirken. Da Prüfungsangst sich in der Regel negativ auf die Leistungsentwicklung und damit im Normalfall vermutlich auch steigernd auf die Häufigkeit negativer sozialer Reaktionen auswirkt, sind für diesen Umweltfaktor einerseits und Prüfungsangst andererseits positive Rückkopplungen zu vermuten.

(5) *Leistungsbezogene Unterstützung* durch Bezugspersonen schließlich besteht vor allem (a) in Hilfestellungen bei Leistungshandlungen und Kompetenzerwerb, (b) in positiven Reaktionen (Lob) nach Erfolgen, und (c) in mildernden Reaktionen (Trost) nach Mißerfolg. Trost nach Mißerfolg dürfte vor allem die subjektive Dramatik und damit die Valenz schulischer Mißerfolge etwas senken; Hilfestellungen können Mißerfolgserwartungen reduzieren. Allerdings können Hilfestellungen auch negative Fähigkeitszuschreibungen implizieren und unter bestimmten Bedingungen langfristige Kompetenzen zu selbstgesteuerten Lernhandlungen beeinträchtigen. Dennoch dürfte Unterstützung im Regelfall insgesamt negative (senkende) Effekte auf Prüfungsangst zeitigen. Umgekehrt aber ist anzunehmen, daß Prüfungsangst direkt oder über schulische Leistungsresultate häufig vermehrte Zuwendung produziert, also zu einer Steigerung des Unterstützungsverhaltens in der Umwelt führt. Es handelt sich hier also vermutlich um gegenläufige Umwelt-Per-

son- und Person-Umwelt-Effekte; resultierende, zunächst paradox erscheinende querschnittliche Nullkorrelationen sollten nicht im Sinne fehlender Bedingungszusammenhänge fehlinterpretiert werden.

Auch für weitere proximale Umweltbedingungen ist anzunehmen, daß sie die Angstentwicklung beeinflussen. Dies gilt beispielsweise für die Lernatmosphäre in Schule und Familie, die vor allem auf Anstrengungskontroll-Überzeugungen Einfluß nehmen dürfte (vgl. Lange, Kuffner & Schwarzer, 1983; Pekrun, 1985a); oder für die Inkonsistenz mißerfolgskontingenten Verhaltens von Bezugspersonen (Krohne, 1985). Dies soll hier nicht weiter ausgeführt werden. Für alle solche Faktoren aber ist anzunehmen, daß sie ihrerseits auf distalere Umweltbedingungen zurückgehen:

Distale Umweltbedingungen

Verhaltensweisen von Eltern, Lehrern und Mitschülern sind ihrerseits ebenfalls von personinternen und -externen Bedingungen abhängig. Diese distaleren, in Entwicklungsumwelten zu lokalisierenden Bedingungen beeinflussen dementsprechend die Prüfungsangstentstehung bei Schülern auf indirekte, vermittelte Weise. Kausal relativ weit entfernt liegen die Leistungs- und zugeordneten Verhaltensprinzipien, welche die Wirtschafts- und Sozialstruktur einer Gesellschaft kennzeichnen. Sie beeinflussen auf unterschiedlichen Wegen sowohl die leistungsbezogenen *Erziehungsvorstellungen* von Eltern und Lehrern als auch die *Schulsysteme*, die direkt über schulische Bewertungsmaßstäbe und Karrieremöglichkeiten und damit über Definitionen, Verteilungen und Konsequenzen von schulischem Erfolg und Mißerfolg entscheiden (allgemein zu Charakteristika von Schulsystemen Fend, 1980; Pekrun, 1985g).

Charakteristisch für herkömmliche Schulsysteme (wie das staatliche Schulwesen in der Bundesrepublik) sind dabei Bewertungs- und Selektionsprinzipien, die sich primär an interindividuellen Bezugsnormen orientieren und Zuteilungen von binnen- wie nachschulischen Karrierechancen von entsprechenden Leistungsresultaten abhängig machen. Dies impliziert Kontingentierungen von positiven Leistungsbewertungen und Schulkarrieren und damit kompetitive pädagogische Zielstrukturen. Angstrelevante Mißerfolgszuschreibungen für einen Teil der Schüler und hohe objektive Mißerfolgsvalenzen können in solchen Systemen als direkte Konsequenz ihrer Grundstruktur aufgefaßt werden. Hier ist im übrigen auch ein Punkt erreicht, an dem sich deutlich zeigt, daß Person-Umwelt-Beziehungen asymmetrischer Art sein können: Schulsysteme nehmen Einflüsse auf ihre Mitglieder und damit auch auf ihre Schüler; Schüler aber haben in aller Regel kaum Handlungsmöglichkeiten, um die Organisationsprinzipien ihrer Schulen zu beeinflussen. Was Schulsystembedingungen und eine Reihe weiterer distaler Umweltfaktoren anbelangt, so handelt es sich wohl eher um Uni- als um Bidirektionalität der Bedingungsbeziehungen zwischen Person und Umwelt.

Aus diesen Überlegungen folgen unmittelbar eine Reihe *praktischer Konsequenzen*. Sie können zunächst vor allem im Abbau angstproduzierenden und im Aufbau angstsenkenden Verhaltens von Eltern, Lehrern und Mitschülern bestehen. Darüber hinaus aber wird hier langfristig auch ein intensiveres Nachdenken und empirisches Forschen zu unterschiedlichen Konstruktionsmöglichkeiten für schulische Institutionen erforderlich sein (vgl. Pekrun, 1985g; eine Perspektive, der wohl erst nach einer Überwindung zeitgenössischer Bildungsreform-Müdigkeit Realisierungschancen zukommen).

Im Sinne eines persönlichkeitspsychologisch-systemtheoretischen Denkens ist bei praktischen Maßnahmen im übrigen zu bedenken, daß sie neben den angezielten Wirkungen komplexe, potentiell untereinander und mit den Zielwirkungen verflochtenen *Nebenwirkungen* zeitigen können. In diesem Sinne muß Prüfungsangstprävention und -therapie sich z.b. darum kümmern, daß ein erwünschter Angstabbau nicht mit einem unerwünschten Motivations- und Handlungsabbau erkauft wird (hierzu auch unten 7.4).

7.3 Arbeits- und organisationspsychologische Folgerungen: Beispiel Arbeitsmotivation

Zentraler Motor beruflicher Tätigkeiten und damit der intellektuell-kulturellen, politischen und wirtschaftlichen Produktivität einer Gesellschaft ist die *Arbeitsmotivation* ihrer Mitglieder. Geeignete Niveaus an Arbeitsmoral können damit als wesentliches Ziel arbeits- und organisationspsychologischer Maßnahmen angesehen werden. Zu bedenken ist dabei, daß andere Ziele diesem Ziel gleichberechtigt nebenzuordnen sind, die sich ebenfalls aus Oberzielen allgemeinen Wohlergehens möglichst vieler Menschheitsmitglieder ableiten lassen. Zu niedrige wie zu hohe Niveaus an Arbeitsmotivation können diese Ziele (wie z.B. Persönlichkeitsentfaltung auch außerhalb des Arbeitsbereichs) beeinträchtigen. Auch hängt es von den jeweiligen Tätigkeitsinhalten ab, ob Arbeitsmotivation nützliche, schädliche oder überflüssige Resultate zeitigt.

Welches Ausmaß an Motivation und welche inhaltlichen Tätigkeitsziele auch immer im Einzelfall als optimal zu betrachten sind, arbeitspsychologisch stellt sich die Frage, wie solche Motivation zustandekommt. Nur anhand von Antworten zu dieser Frage lassen sich Aussagen dazu gewinnen, welche betrieblichen und gesellschaftlichen Organisationsprinzipien optimalen Motivationsniveaus förderlich sind. Hier kann nicht in umfassender Form auf diese Frage eingegangen werden. Einige arbeitspsychologische Folgerungen aus dem in Kap. 5 vorgestellten RSR-Modell aber sollen diskutiert werden. Dabei ist auch eine Problemstellung aufzugreifen, die in diesem Bereich in den letzten Jahrzehnten kontrovers diskutiert worden ist und zu dessen Lösung das RSR-Modell einen Beitrag liefern könnte: Das in Kap. 5.2 bereits angesprochene Problem, welcher Motivationseinfluß unterschiedlichen Schwierigkeitsgraden von Arbeitsaufgaben zukommt. Um Mißverständnissen vorzubeugen, ist hier aber zunächst zu klären, in welcher Weise "Arbeitsmotivation" sich von "Leistungsmotivation" und verwandten Begriffen unterscheidet; anschließend ist auf Implikationen des RSR-Modells einzugehen.

Zu den Begriffen "Arbeitsmotivation" und "Leistungsmotivation"

Arbeitsmotivation ist zu definieren als Motivation, die auf Arbeitshandlungen gerichtet ist. Dabei kann es sich um arbeitsbezogene Selektionsmotivation handeln, also um Motivation, Arbeitshandlungen gegenüber anderen möglichen Handlungen zu präferieren bzw. bestimmte Arbeitsaufgaben anderen vorzuziehen, oder um arbeitsbezogene Realisationsmotivation, also Motivation, gewählte Arbeitshandlungen auch intensiv und persistent auszuführen. Soweit solche Motivation deklarativer Art ist, handelt es sich damit zum einen um "Wünsche" zu arbeiten, zum anderen um entsprechende "Absichten" und Differenzierungen von Absichten. Arbeitsmotivation beider Kategorien kann intrinsischer oder extrinsischer Art sein, wobei der jeweiligen Gesamtmotivation unterschiedliche intrinische oder extrinsische Einzelmotivationen gleichzeitig zugrundeliegen können. Intrinsisch motivierende Aspekte von Arbeitshandlungen sind gegenüber extrinsischen Aspekten (wie finanzielle Gratifikationen, berufliche Aufstiegschancen etc.) eher venachlässigt worden, dürften aber gerade für Erklärungen von hoher Arbeitsmotivation einerseits (wie bei künstlerischen oder wissenschaftlichen Höchstleistungen) und Arbeitsvermeidung andererseits zentral sein.

Bei *Leistungsmotivation* hingegen handelt es sich um Motivation, im Sinne eines bestimmten Bewertungsmaßstabs Erfolge zu erzielen und Mißerfolge zu vermeiden. Solche Motivation kann sich auf alle Arten von Handlungen beziehen, an die Maßstäbe von Erfolg und Mißerfolg angelegt werden können; dies gilt auch für die meisten Typen von Arbeitshandlungen. Arbeitsbezogene Leistungsmotivation ist dementsprechend als eine einzelne, mögliche (aber nicht notwendige) Komponente von Arbeitsmotivation zu betrachten, nämlich diejenige Komponente, die sich auf berufliche Erfolge und Mißerfolge bezieht. Soweit Erfolg und Mißerfolg als *Folgen* und nicht als Bestandteile von Arbeitshandlungen zu betrachten sind, handelt es sich in diesem Sinne um eine spezifische Klasse *extrinsischer* Arbeitsmotivation.

Problematisch ist dabei die Frage, ob nur solche Motivation als "Leistungsmotivation" zu bezeichnen ist, die auf Erfolg bzw. Mißerfolg um ihrer selbst willen gerichtet ist (die also auf intrinsische Leistungsvalenzen zielt), oder ob auch solche Motivation dem Begriff zu subsumieren ist, die auf Folgen von Leistungen zielt (also auf extrinsische Leistungsvalenzen wie Geld, soziale Anerkennung, beruflicher Aufstieg etc.). In der Literatur läßt sich hier eine engere Begriffsführung (vgl. Atkinson, 1964, z.b. S. 247) von einer weiteren (z.b. Heckhausen, 1977a) unterscheiden. Im Sinne einer kognitionspsychologisch angemessenen Sichtweise ist die weitere Begriffsverwendung wohl vorzuziehen: Bei Motivation handelt es sich dann um "Leistungsmotivation", wenn entsprechende Wünsche oder Absichten auf die Realisierung von Leistung zielen – unabhängig davon, ob dies aufgrund extrinsischer oder intrinsischer Leistungsvalenzen geschieht.

Neben intrinsischen Tätigkeitsmerkmalen und Leistungszielen können wohl je nach Tätigkeitsbereich eine Fülle möglicher Folgen von Arbeitshandlungen motivierend wirken. Da fast alle Arten von Gratifikationen in unserer Gesellschaft von finanziellen Möglichkeiten abhängen können und diese ihrerseits häufig Arbeitshandlungen zur Voraussetzung haben, können selbst körperbezogene Motivationen (also z.b. Eßmotivation oder sexuelle Motivation) zur jeweiligen (Gesamt-)Arbeitsmotivation beitragen. Im Regelfall aber dürften intrinsische Motivation, Leistungsmotivation, finanzielle Motivation und soziale Motivation (z.b. Streben nach sozialer Anerkennung) die entscheidenden Bereiche einzelner Motivationen sein, die zur Arbeitsmotivation beitragen.

Prozeßannahmen und Modellvereinfachung für Arbeitsmotivation

Das in Kap. 5 vorgestellte RSR-Modell impliziert für die Genese von Arbeitsmotivation folgendes: (a) Im Prozeß der Handlungswahl (Selektionsmotivation) werden Arbeitshandlungen umso stärker gegenüber konkurrierenden Handlungswünschen präferiert, je höher die mit ihr verknüpften Erwartungen und intrinsischen oder extrinsischen Valenzen sind. (b) Entweder bereits im Prozeß der Handlungswahl und Absichtsbildung oder im Prozeß der Absichtsdifferenzierung wird derjenige Grad an Anstrengung (Intensität und Persistenz der Arbeitshandlung) gewählt, der mit der höchsten Erwartungs-Wert-Kombination zu Anstrengungsrealisierbarkeit, intrinsischen Anstrengungsvalenzen und Anstrengungsfolgen verknüpft ist. (c) Die Motivation zur Realisierung dieses Anstrengungsgrades (Realisationsmotivation) ist ebenfalls umso größer (und damit auch die Chancen zu intensivem, persistentem, von anderen Motivationsbildungen wenig behelligtem Arbeiten), je größer der mit diesem Anstrengungsgrad verbundene "subjektiv erwartete Nutzen" ist (im weitesten Sinne des Wortes "Nutzen"). (d) Sämtliche Teilprozesse können auf der Basis von Habitualisierung in partiell oder ganz automatisierter Form ablaufen. Bei hochgradiger Habitualisierung können sie auch ganz entfallen. Auch in solchen Fällen aber dürften Arbeitsmotivation jeweils arbeitsbezogene Erwartungs- und Valenzüberzeugungen ontogenetisch zugrundeliegen, und bei Änderung der jeweiligen Aufgabenstellungen kann es zu Redifferenzierungn handlungsvorbereitender und -begleitender kognitiver Abläufe kommen (zu Einzelheiten Kap. 5).

Als wesentliches Bestimmungsstück von Motivation wird dabei im RSR-Modell die Wahrscheinlichkeit angesehen, mit der eigene Handlungen erwünschte Ereignisse eher produzieren, als die jeweilige Situation dies ohne eigenes Handeln tut ("Erwartungsüberschüsse"). In diesem Sinne ist eine arbeitsmotivational entscheidende Frage, in welchem Ausmaß Geld, soziale Anerkennung etc. auch ohne eigenes Arbeiten verfügbar sind. Für mindestens eine Motivationskategorie aber läßt sich das RSR-Modell hier wesentlich vereinfachen, da entsprechende Situations-Folgen-Erwartungen zwangsläufig bei Null liegen: Berufliche Erfolge stellen sich ohne eigenes Zutun nicht ein (das Mindeste, was zu tun ist, ist einen Arbeitsplatz einzunehmen bzw. sich eine Berufsrolle zuzulegen; vgl. auch 7.2). Dementsprechend ist es hier nicht notwendig, handlungsbezogene und situative Folgenwahrscheinlichkeiten gegeneinander abzuwägen. Die Erwartungsüberschußparameter des RSR-Modells reduzieren sich damit auf Parameter zu einfachen Handlungs-Folgen-Erwartungen (Kap. 5.2, insbesondere Formel 1).

Schwierigkeit, Erwartungs- und Valenzkognitionen und Arbeitsmotivation

Berufliche Aufgabenstellungen können fremd- oder selbstgesetzt sein. Ein jeweils anzustrebendes Leistungsniveau ("Anspruchsniveau") bei unterschiedlichen möglichen Leistungsniveaus einer Einzelaufgabe, einer Aufgabenserie oder einer gesamten Berufsposition kann ebenfalls eher fremd- oder eher selbstbestimmt sein. Fremd- wie selbstgesetzte subjektive Leistungsziele von Arbeitshandlungen können dabei in jedem Fall mit unterschiedlichen *Schwierigkeiten* verknüpft sein. Mit steigender subjektiver Aufgaben- bzw. Zielschwierigkeit steigt typischerweise der für Aufgabenlösung bzw. Zielerreichung subjektiv für erforderlich gehaltene Einsatz von variablen Ressourcen, also (primär) von eigener Anstrengung. Genauer gesagt: Mit steigender Zielschwierigkeit sinkt die Erfolgswahrscheinlichkeit für einen gegebenen Anstrengungsgrad; der für eine bestimmte Erfolgswahrsheinlichkeit erforderliche Anstrengungsgrad steigt (unter bestimmten Randbedingungen).

In Kap. 5.2 ist bereits angedeutet worden, daß einfache und allgemeine Aussagen zur Beziehung zwischen Aufgabenschwierigkeit und Motivation nicht sinnvoll möglich sind: Welche Form die Beziehung annimmt, hängt von bestimmten Randbedingungen ab (dies folgt u.a. aus den Annahmen des RSR-Modells; Kap. 5.2). Im folgenden sind einige wesentliche Konstellationen zu diskutieren. Da Beziehungen zwischen Aufgabenschwierigkeiten, kognitiven Einschätzungen und Arbeits-, Leistungs- und Anstrengungsmotivation von der Motivations- und der Organisationspsychologie intensiv analysiert worden sind, ist dabei jeweils auch an die empirische Befundlage anzuknüpfen.

Schwierigkeit und Selektionsmotivation. Experimentelle Befunde zeigen, daß sich leistungsbezogene Selektionsmotivation bei Aufgabenwahlen im Labor anhand von Erwartungs- und Wert-Parametern vorhersagen läßt. Dabei werden aufgrund invers-monotoner Erwartungs-Valenz-Beziehungen in der Regel Aufgaben mittlerer Schwierigkeit (also mittlerer Erfolgswahrscheinlichkeit) präferiert (für Mißerfolgsmotivierte finden sich – in wenig konsistenter Weise – auch abweichende Präferenzmuster; zusammenfassend zu diesen in der Tradition des Risikowahlmodells erhobenen Befunden Heckhausen, 1980; vgl. auch Nicholls, 1984).

Solche Laborbefunde zu leistungsbezogener Selektionsmotivation aber lassen sich wohl nicht ohne weiteres auf die Motivationsverhältnisse im Arbeitsbereich übertragen: Vor allem bei wichtigen beruflichen Aufgabenstellungen dürften häufig nicht – wie vom Risikowahlmodell vorhergesagt und in geeigneten Laborsituationen bestätigt – schwierige Aufgabenstellungen mit niedriger Erfolgswahrscheinlichkeit die höchste Valenz besitzen, sondern – unter sonst gleichen Bedingungen – Aufgaben mit *hoher* Erfolgswahrscheinlichkeit, da weitere Folgen (Gesamtbeurteilungen durch Vorgesetzte, berufliche Karriere etc.) vom Erfolg abhängen.

Von den Annahmen des Risikowahlmodells abweichend dürften vor allem zwei Konstellationen typisch sein für Wahlen zwischen möglichen beruflichen Aufgabenstellungen: (1) Den zur Wahl stehenden, unterschiedlich schwierigen Aufgabenstellungen kommt (a) ähnliche intrinsische Valenz zu (indem sie z.b. als gleichermaßen aversiv erlebt werden), wobei aber (b) leichte Aufgabenstellungen mit höherer Wahrscheinlichkeit zur Sicherung erfolgsabhängiger, arbeitsexterner

Folgen führen (also z.b. zur Sicherung von Berufsposition und Einkommen). Einfachen Aufgabenstellungen kommt in solchen Fällen höhere *extrinsische* Valenz zu. Entsprechende Wahlen ergeben sich z.B., wenn man mit seiner Mitarbeit zur Sicherung der Marktposition unterschiedlich erfolgreicher Unternehmen beitragen kann, die Mitarbeit in einem weniger gefährdeten Unternehmen aber erfolgversprechender und damit langfristigen Zielen der Existenzsicherung dienlicher erscheint. In einem solchen Fall kann es vernünftig sein, die leichtere, mit höherer Erfolgswahrscheinlichkeit verbundene Aufgabenstellung zu präferieren.

(2) Eine andere Konstellation ergibt sich, wenn (a) die intrinsischen Valenzen zwar ebenfalls vergleichbar sind, aber (b) extrinsische Erfolgsvalenzen nicht negativ, sondern positiv mit der Aufgabenschwierigkeit variieren. Dies ist immer dann der Fall, wenn die Bewältigung schwieriger Aufgabenstellungen mit höheren finanziellen, sozialen und sonstigen Gratifikationen verknüpft ist. Da in solchen Fällen Erfolgswahrscheinlichkeit und Aufgabenvalenz gegenläufig operieren, dürfte mittlere Schwierigkeit mit dem höchsten erwarteten Nutzen verknüpft sein und dementsprechend präferiert werden (in formaler Kongruenz zu den Annahmen des Risikowahlmodells, aber aus etwas anderen Gründen).

Schwierigkeit und Realisationsmotivation. Ähnlich wie für leistungs- und arbeitsbezogene Selektionsmotivation fanden sich in empirischen Studien auch für performanzbezogene Realisationsmotivation generell positive Beziehungen zu Valenzparametern. Für Erfolgserwartung einerseits und Realisationsmotivation andererseits hingegen zeigten sich zwar in einer Reihe von Studien positive Beziehungen. In einer größeren Zahl von Untersuchungen aber ergaben sich eindeutige und positive Beziehungen für Aufgabenschwierigkeit einerseits und Realisationsmotivation (bzw. resultierende Leistungen) andererseits; dies entspricht *negativen* Erwartungs-Realisationsmotivations-Zusammenhängen, da Schwierigkeit und Erfolgserwartung im Regelfall in negativen Beziehungen stehen. Notwendige Randbedingungen für solche positiven Schwierigkeits-Anstrengungs-Beziehungen scheinen hinreichende Fähigkeits-Selbsteinschätzungen und hinreichende Akzeptanz der jeweiligen Aufgabenstellungen (Ziele) zu sein (zusammenfassend zu dieser auf dem Hintergrund von Instrumentalitätstheorie einerseits und Zieltheorie sowie Anstrengungskalkulations-Modellen andererseits entstanden Befundlage Mento et al., 1980; Locke et al., 1981; Garland, 1984; Erez & Zidon, 1984; Tubbs, 1986).

Die Widersprüche in der Befundlage zu Erwartungs-Realisationsmotivations-Beziehungen lassen sich auflösen, wenn man zu ihrer Interpretation das RSR-Teilmodell zur Realisationsmotivation heranzieht. Notwendig ist es dabei allerdings, Annahmen zur Konstanz von Randbedingungen zu machen (vgl. Kap. 5.2). Eine einfache Interpretation ergibt sich, wenn man Konstanz von Anstrengungskontroll-Erwartungen, Anstrengungsvalenzen sowie intrinsischen und extrinsischen Erfolgsvalenzen annimmt. Dies entspricht formal der folgenden einfachen Variante des RSR-Modells: RM = f (E_{AyF}); wobei RM = Realisationsmotivation, AyF = Erwartung, mit welcher Wahrscheinlichkeit Anstrengungsgrad Ay die Folge F (Erfolg) nach sich zieht. Unter diesen Voraussetzungen ergibt sich die folgende Interpretation der Befundlage:

(1) Je höher die Schwierigkeit, desto höher ist der für eine bestimmte

Erfolgswahrscheinlichkeit erforderliche Anstrengungsgrad. Höhere Schwierigkeit führt dementsprechend im Sinne einer Maximierung erwarteten Nutzens zu höherer Anstrengung. (2) Für einen definierten Schwierigkeitsgrad und einen zugeordneten, fixierten Anstrengungsgrad hingegen ist die Realisationsmotivation zur Ausführung dieses Grades an Anstrengung umso höher, je höher die mit diesem Anstrengungsgrad verbundene Erfolgswahrscheinlichkeit ist. Läßt man also nur Schwierigkeitsgrade variieren und hält antizipierte Anstrengungsniveaus und damit subjektive Erfoglswahrscheinlichkeiten *innerhalb* von Schwierigkeitsgraden konstant, so resultieren negative Erwartungs-Anstrengungs-Beziehungen. Hält man – umgekehrt – Schwierigkeit konstant und läßt antizipierte Anstrengungsgrade und damit Erfolgswahrscheinlichkeiten innerhalb des betreffenden Anstrengungsgrads variieren, so ergeben sich positive Erwartungs-Anstrengungs-Beziehungen. Eine Durchsicht der Literatur zeigt, daß die meisten Studien zu Schwierigkeits- bzw. Erwartungs-Motivations-Zusammenhängen tatsächlich jeweils eine dieser beiden Möglichkeiten designtechnisch realisiert haben.

Läßt man schließlich beide Parameter variieren, so resultieren aus diesen widerläufigen Einflüssen Nullbeziehungen (so z.b. bei Mento et al., 1980). Direkt gestützt wird diese Interpretation u.a. von Befunden Garlands (1984), der nach Auspartialisierung von Aufgabenschwierigkeiten positive Erwartungs-Performanz-Beziehungen fand (die ohne Auspartialisierung des Schwierigkeitsparameters um Null lagen). Die vom RSR-Modell implizierte Konzeption subjektiver Anstrengungsabhängigkeit von Erfolgswahrscheinlichkeiten erlaubt hier also, für den Fall ansonsten vergleichbarer Bedingungen vermeintliche Widersprüche in der einschlägigen Befundlage unter einer übergeordneten Perspektive theoretisch aufzulösen.

Zu bedenken ist allerdings, daß in natürlichen Situationen nicht nur schwierigkeitsabhängige Anstrengungs-Erfolgs-Erwartungen, sondern auch Anstrengungskontroll-Erwartungen, intrinsische Anstrengungsvalenzen, Erfolgsvalenzen sowie Erwartungen und Valenzen zu anderen Anstrengungsfolgen über unterschiedliche Aufgaben hinweg variieren können. Die Alltagswirklichkeit beruflicher Motivation dürfte sich mithin komplexer darstellen, als dies in Laborsituationen typischerweise realisiert wird. Auf einige mögliche Konstellationen wurde in Kap. 5.2 bereits eingegangen. Für den Arbeitsbereich dürften u.a. die folgenden Konstellationen eine größere Rolle spielen:

(a) Nicht nur Anstrengungs-Erfolgs-Erwartungen, sondern auch intrinsische Anstrengungsvalenzen variieren positiv mit dem antizipierten Anstrengungsgrad. Eine solche Konstellation dürfte zu hoher intendierter Anstrengung führen und mithin entscheidende Grundlage hoher beruflicher Leistungen sein.

(b) Anstrengungs-Erfolgs-Erwartungen variieren positiv mit dem Anstrengungsgrad, andere Parameter aber wirken dem entgegen. Dabei kann es sich um Anstrengungskontroll-Erwartungen und intrinsische Anstrengungsvalenzen handeln, die mit steigendem Anstrengungsgrad sinken, aber auch um steigende negative Folgenerwartungen (also z.b. Erwartungen sozialer Mißbilligung seitens vernachlässigter Freunde). Was resultiert, sind Kompromisse; intendiert wird mittlere Anstrengung.

(c) Negative Folgen für die Arbeitsproduktivität schließlich ergeben sich, wenn Anstrengungs-Erfolgs-Erwartungen *nicht* positiv mit dem Anstrengungsgrad variieren (da Erfolg sicher oder ausgeschlossen ist) und dem keine anderen Parameter entgegenwirken (also z.B. positive Anstrengungsvalenzen). Den Fällen subjektiv sicheren Erfolgs einerseits und unerreichbaren Erfolgs andererseits sind dabei unterschiedliche Situationsdeterminanten (unter- vs. überfordernde Berufsaufgaben), Persönlichkeitsdeterminanten (z.B. Handlungs- und Leistungskompetenzen) und Konsequenzen (z.B. Langeweile vs. Hoffnungslosigkeit und Depression) theoretisch zuzuordnen.

Auch im Bereich der Arbeitsmotivation ist schließlich zu bedenken, daß aktuellen Determinanten distalere, personinterne und -externe Bedingungen zugrundeliegen und daß mit Rückwirkungen von Motivation auf solche Determinanten zu rechnen ist. Zu den entscheidenden personinternen Bedingungen zählen hier (ähnlich wie im Emotionsbereich) deklarative, arbeitsbezogene *Überzeugungssysteme* zu Situationsfolgen, Handlungskontrolle und Folgenkontrolle und zu Situations-, Handlungs- und Folgenvalenzen. Familiär und schulisch erworbene, arbeitsrelevante Überzeugungssysteme (z.b. Leistungsüberzeugungen) sind dabei ontogenetisch als wesentliche Vorläufer aufzufassen. Da sich Arbeitshandlungen häufig gleichförmig abspielen, dürften daneben auch *prozedurale Motivationsschemata* eine große Rolle spielen. Schließlich sind vemutlich auch in diesem Motivationsbereich *metamotivationale* Überzeugungen und Prozeduren wesentlich, die über das Ausmaß an Reflektivität und Rationalität beruflicher Entscheidungen bestimmen (vgl. auch Sèvon, 1984).

Entscheidende *Umweltbedingungen* liegen wohl – ähnlich wie im Bereich schulisch-institutionell gebundener Prüfungsängste (s.o.) – zum einen im Verhalten von Arbeitskollegen und Vorgesetzten sowie arbeitsexternen Bezugspersonen und zum anderen in strukturellen Merkmalen von Arbeitssituationen und -handlungen, die von organisationsinternen und -externen Systemprinzipien abhängen. Entscheidend dürften vor allem solche Faktoren sein, denen Einflüsse auf arbeitsrelevante Überzeugungssysteme zuzusprechen sind. Rückwirkungen von Arbeitsmotivation auf ihre Bedingungen schließlich sind sowohl im Bereich personinterner Determinanten wie im Bereich solcher Umweltdeterminanten anzusiedeln. Interne wie externe Rückwirkungen sind dabei großteils vermittelter Art: Arbeitsmotivation führt zu arbeitsbezogenen Entscheidungen und zu mehr oder minder intensivem und persistentem Berufshandeln; solche Handlungen produzieren dann interne Folgen (z.B. Emotionen) einerseits und Folgen in der Umwelt andererseits (soziale Reaktionen, finanzielle Gratifikationen, berufliche Auf- und Abstiege etc.). Dabei kann es sich auch hier nicht nur um positive, sondern auch um negative Rückkopplungen handeln, die zur Stabilisierung bestimmter Niveaus an Arbeitsmotivation beitragen (so z.B., wenn Kritik an überhoher Arbeitsmotivation von seiten der Familie die Arbeitsmotivation etwas dämpft und damit negativ beeinflußt, das Ausmaß motivationsabhängiger Arbeitswut aber seinerseits einen positivsteigernden Einfluß auf solche negativen Umweltreaktionen ausübt).

7.4 Klinisch-psychologische Folgerungen

Störungen im Emotionsbereich

Aus den Analysen der letzten Kapitel lassen sich eine Reihe von Folgerungen zu Ätiologie, Prävention und Therapie emotionaler und motivationaler Störungen ableiten. Für *Emotionen* wurde in Kap. 3 erläutert, daß sie primär von Wahrnehmungen und Kognitionen, in speziellen Fällen aber auch von neurochemischen Faktoren ausgelöst werden. Emotionsauslösende Wahrnehmungen und Kognitionen werden dabei ihrerseits typischerweise von situativen Faktoren einerseits und kognitiven Strukturen andererseits bestimmt (s.o. 4.2). Jeweils andere Emotionen fungieren als Randbedingungen der Auslösung und als Modulatoren, und moduliert werden Emotionen darüber hinaus auch von peripher-physiologischen und -expressiven Abläufen. Frequenz, Intensität und Dauer von Emotionen (3.2) sind primär von diesen Faktoren abhängig.

Hieraus folgt, daß Störungen im emotionalen Bereich ebenfalls von genau diesen Faktoren produziert werden. Störungen können darin bestehen, daß Frequenz, Intensität und Dauer spezifischer oder mehrerer Emotionen dysfunktional hoch oder dysfunktional niedrig sind bzw. so erlebt werden (also typischerweise negative Emotionen zu stark und positive Emotionen zu gering ausgeprägt sind). Grundlage sind dementsprechend zu hohe oder zu niedrige Frequenz, Intensität oder Dauer der o.g. Faktoren. Vier dieser Faktoren sind als zentral für ein Überschießen negativer Emotionen und ein Ausbleiben positiver Emotionen anzusehen:

(1) *Situationsbedingungen* (einschließlich der Folgen eigenen Verhaltens). Im Sinne der in Kap. 6.2 vorgestellten Überlegungen zu emotionsbezogenen Situation-Person-Interaktionen liegen sie gemeinsam mit personspezifischen kognitiven Strukturen den jeweils direkt emotionsauslösenden Wahrnehmungen/Kognitionen zugrunde. Darüber hinaus sind sie als Basis des Lernens kognitiver Strukturen anzusehen (4.3).

(2) Hohe *Erinnerungs-, Kausalattributions-, Erwartungs- und Valenzüberzeugungen* zu negativen vergangenen und zukünftigen Ereignissen, und niedrige Überzeugungen dieser Kategorien zu positiven Ereignissen. In diesem Sinne ist z.b. für *Angst* anzunehmen, daß ihr negative Handlungskontroll-, Situations- und Folgen-Erwartungsüberzeugungen und Überzeugungen zu hoher negativer Valenz erwarteter Folgen zugrundeliegen. *Depressiven Emotionen* (insbesondere depressiver Traurigkeit) hingegen dürften zum einen Überzeugungen zugrundeliegen, daß vergangenen negativen Ereignisse ein hoher Stellenwert zukommt, zum anderen Überzeugungen, daß positive valente Zukunftsereignisse nicht eintreten werden, negativ valente Ereignisse hingegen so gut wie sicher sind (auf der Basis situativer Wahrscheinlichkeiten sowie eigener Handlungsunfähigkeit und/oder negativer Folgenträchtigkeit eigener Handlungen). Dies impliziert über andere Depressionstheorien hinaus, daß depressive Emotionen (a) nicht nur zukunftsgerichtet sein können (wie z.b. Abramson, Seligman & Teasdale, 1978, unterstellen), sondern

auch vergangenheitsorientiert; (b) nicht nur auf Handlungs-Folgen-Erwartungen bezogen sein können, sondern auch auf Handlungskontroll-Erwartungen, und (c) nicht nur auf Erinnerungen und Erwartungen, sondern auch auf den subjektiven Valenzen der jeweiligen Sachverhalte beruhen. Nur am Rande kann hier auf ein interessantes, spezifisches Paradoxon hingewiesen werden: Für depressive Traurigkeit postuliert das ZWD-Modell (3.3.2), daß ihr neben negativen Erinnerungen/Attributionen und Erwartungen auch Überzeugungen und Kognitionen zu hoher Valenz der jeweiligen Ereignisse zugrunde liegen (in ähnlicher Weise wird auch von Seligmans "reformulierter Theorie" gelernter Hilflosigkeit Valenzabhängigkeit depressiver Emotionen postuliert; Abramson, Seligman & Teasdale, 1978). Zentrales Kennzeichen resultierender depressiver Zustände aber ist es, daß die Dinge emotional und motivational gleichgültig werden, also ihre Valenz verlieren.

(3) *Prozeduale Emotionsschemata*, die in angeborener oder – klinisch wichtiger – habitualisierter Weise perzeptionsgesteuerte Emotionsauslösung erlauben.

(4) *Neurochemische Abläufe.*

Dabei gilt für jeden der genannten Faktoren, daß er *allein hinreichend sein kann* für ein Überschießen negativer bzw. ein Ausbleiben positiver Emotionen: Liegen negative Erwartungs- und Valenzüberzeugungen vor, so werden auch bei günstigen Situationsbedingungen negative Emotionen erlebt. Sind – umgekehrt – die jeweiligen Situationsbedingungen stark negativ, so dürfte man negativen emotionsauslösenden Kognitionen und einem Aufbau negativer Überzeugungen auch bei zunächst positivem Überzeugungshaushalt im Regelfall nicht aus dem Wege gehen können. Starke prozeduralisierte Auslösung negativer Emotionen schließlich setzt sich über vorhandene Situationsbedingungen und Überzeugungen hinweg, und dasselbe gilt für Störungen im neurochemischen Haushalt.

Hieraus folgt zwingend, daß Emotionsdiagnostik, -prävention und -therapie grundsätzlich einem multimodalen Ansatz zu folgen haben. Exemplarisch soll dies für den Bereich von Angstemotionen kurz skizziert werden:

Prävention und Therapie von Angst. Prävention und Therapie von Angst können zunächst (a) an *Situationsbedingungen* ansetzen, indem die objektive Wahrscheinlichkeit negativer Ereignisse reduziert wird und ihre faktische Kontrollierbarkeit erhöht wird (indem also z.B. bei Prüfungsangstprävention und -therapie bezugsnormabhängige Erfolgs- und Mißerfolgsverteilungen innerhalb schulischer Institutionen verändert werden; s.o. 7.2 und vgl. Jacobs, 1981). Situationsänderungen erfüllen dabei zwei Funktionen: Zum einen reduzieren sie situationsabhängig-veridikale, negative aktuelle Kognitionen zu faktischen Situationsentwicklungen. Dies verringert das Ausmaß an Angst (unter der Voraussetzung, daß Angst nicht dennoch von Faktoren der anderen genannten Kategorien produziert wird, also z.B. von Prozedurschemata). Zum anderen können sie zum Erwerb positiver Erwartungs- und Valenzüberzeugungen führen bzw. zur Modifikation negativer Überzeugungen (s.u.), die dann ihrerseits ebenfalls Einfluß auf angstproduzierende aktuelle Kognitionen nehmen.

Zwei Kategorien von "Situationsbedingungen" (im weiteren Sinne) sind dabei zu unterscheiden: Faktoren, die nicht der direkten Kontrolle von Klient und Therapeut unterliegen (z.B. die Wirtschaftsstruktur eines Landes, die objektiven

Häufigkeiten beruflichen Scheiterns etc.) und Faktoren, für die solche Kontrolle möglich ist. Gesellschafts- und gemeindeorientierte Prävention hat Faktoren der ersten Kategorie einzubeziehen; der einzelne Klient bzw. Therapeut ist oft gezwungen, sich auf Faktoren der zweiten Kategorie zu beschränken. Direkt kontrollierbare Faktoren liegen vor allem in der Wahl und Gestaltung geeigneter individueller Umwelten und in der Produktion eigenen Verhaltens und resultierender Folgen. Neben individuellen Umweltänderungen ist es mithin vor allem eine Erhöhung individueller *faktischer Handlungskompetenzen*, welche für eine objektive Reduktion von Mißerfolgswahrscheinlichkeiten und damit für Chancen zu reduzierten negativen Erwartungen notwendig sein kann (entsprechende Elemente sind seit längerem Bestandteil vor allem von spezifisch auf soziale Angst oder Prüfungsangst bezogenen Trainingsprogrammen).

(b) Ein zweiter Ansatzpunkt sind die *deklarativen Überzeugungssysteme* der Person: Modifikationen negativer Erwartungs- und Valenzüberzeugungen zu zukünftigen Ereignissen können zur Angstreduktion führen, wenn solche Überzeugungen der Angst zugrundeliegen. Mechanismus solcher Modifikation ist die Konfrontation mit überzeugungsrelevanten Informationen (Kap. 4.3). Voraussetzung effektiver Modifikation ist dabei, daß die jeweiligen Informationen nicht mit anderen, der Person verfügbaren Daten im Widerspruch stehen. Umgekehrt formuliert: Voraussetzung ist, daß die jeweils angstproduzierenden Überzeugungen die situative Realität nicht etwa korrekt widerspiegeln, sondern in einem negativen Sinne nicht-veridikal sind. Dabei ist zu beachten, daß Erwartungsüberzeugungen grundsätzlich mehr oder minder realitätsgerecht sein können, während Valenzüberzeugungen großteils eher subjektiver Art sind und damit einen höheren Änderungsspielraum bieten (4.2.3). Traditionelle Therapiemethoden bzw. Interpretationen solcher Methoden haben sich hier auf die Erwartungsseite konzentriert, die Valenzseite aber vernachlässigt (vgl. auch Foa & Kozak, 1986).

Für nicht-veridikal negative Situationsfolgen-Überzeugungen sind dabei insbesondere In-vivo-Konfrontationen mit entsprechenden Situationen (z.b. Gruppensituationen bei sozial ängstlichen Personen) entscheidend, die – über ein Ausbleiben solcher Folgen – zur Überzeugungsreduktion führen können. Für Überzeugungen zu Handlungs- und Folgenkontrolle hingegen ist eine Produktion entsprechender Handlungen und Folgen und damit eine Konfrontation mit eigenen Handlungen und Handlungs-Folgen-Zusammenhängen Voraussetzung. Bedingung hierfür sind (1) bereits vorliegende oder aber zunächst zu erwerbende Handlungskompetenzen und (2) hinreichende faktische Möglichkeiten zur Handlungs-Folgen-Kontingenz, also hinreichend günstige Situationsbedingungen. Voraussetzung für Modifikation ist hier also in jedem Fall Realitätskonfrontation (mit Situationen, eigenen Handlungen und jeweils zugeordneten Folgenkontingenzen).

Bei Valenzüberzeugungen schließlich ist zu unterscheiden zwischen Überzeugungen zu gefühlsbezogenen und zu gefühlsneutralen Valenzen. Gefühlsbezogene, angstrelevante Valenzen dürften zum Teil ihrerseits in situativ ausgelöster Angst bestehen (deren Antizipation dann zu "Angst vor der Angst" führt). Zur Reduktion zugeordneter Valenzüberzeugungen dürfte ebenfalls Konfrontation mit der jeweiligen Situation erforderlich sein. Voraussetzung ist, daß die Situation relativ angstfrei erlebt wird. Im Sinne des ZWD-Modells (3.3) und des Erregungs-Hemmungs-Modells zu Emotions-Wechselwirkungen (3.2) kann diese Voraussetzung zum einen über eigendynamische Habituation situativ ausgelöster Angst, zum anderen über eine Induktion angstinkompatibler anderer Emotionen (Entspannung, Freude, Ärger etc.) geschaffen werden. Beide Mechanismen sind Bestandteil vieler Methoden der Angsttherapie (also z.B. von Floding oder systematischer Desensibilisierung; vgl. Fliegel et al., 1981). Ähnliches gilt für andere Typen gefühlsbezogener Valenzen (die sich z.b. auf depressive Emotionen beziehen können). Modifikationen von gefühlsneutralen Valenzen hingegen dürften direkte kognitive Umstrukturierungen erfordern.

(c) *Prozedurale Angstschemata.* Soweit sie auf einer längeren Lerngeschichte beruhen, dürfte Angstauslösung großteils habitualisiert erfolgen, also typischerweise auf erworbenen Wahrnehmungs-Angst-Schemata beruhen (Kap. 3.2). Ein Abbau solcher Schemata setzt eine Rekognitivierung von prozeduralisiert-wahrnehmungsgesteuerter Angstauslösung voraus. Auch hierfür ist es erforderlich, an die jeweiligen Situationen und Situationswahrnehmungen angstinkompatible Emotionen bzw. angstfreie Zustände zu knüpfen. Resultierende, den ursprünglichen Prozedurschemata zuwiderlaufende Wahrnehmungs-Emotions-Kopplungen können, wenn sie intensiv und häufig genug erfolgen, ein Aufbrechen ursprünglicher, dysfunktionaler Schemata erzwingen und damit zur Modifikation bzw. zum Abbau dieser Schemata führen.

(d) *Neurochemische Abläufe.* Schließlich ist nicht nur im Bereich depressiver Emotionen (McNeal und Cimbolic, 1986), sondern auch im Angstbereich die Möglichkeit neurochemischer und -physiologischer Bedingungen in Betracht zu ziehen. Soweit solche Bedingungen für die Angstauslösung bestimmend sind, kann situativ und kognitiv orientierte Prävention und Therapie zum Scheitern verurteilt sein. Empirisch ist diese Möglichkeit bisher nicht hinreichend geklärt worden (vgl. Gray, 1987).

In ähnlicher Weise ergibt sich beispielsweise auch für eine Prävention und Therapie depressiver Störungen, daß sie multimodal angelegt sein muß. Als unzureichend ist es beispielsweise im Regelfall anzusehen, wenn sich solche Prävention/Therapie auf Modifikationen einzelner Gruppen depressogener kognitiver Strukturen beschränkt (also z.B. ungünstiger kausaler Attributionsüberzeugungen; vgl. Försterling, 1986): Solche Ansätze dürften beispielsweise dann scheitern, wenn der Überzeugungsmodifikation keine hinreichend günstigen Situations- und Kompetenzverhältnisse zugeordnet sind. Im Regelfall dürfte es auch bei depressiven Störungen sinnvoll sein, sowohl am Überzeugungssystem wie an Situationsbedingungen, Handlungskompetenzen und Prozedurschemata anzusetzen (und daneben Möglichkeiten neurochemischer Einflüsse nicht aus den Augen zu verlieren).

Aus den Analysen der letzten Kapitel folgt darüber hinaus, daß Emotionsprävention und -modifikation im Sinne systemtheoretischen Denkens immer auch Rückkopplungen und Nebenwirkungen mitbedenken sollten. Allgemein läßt sich beispielsweise annehmen, daß es günstig ist, dysfunktionale positive Personsystem-Umwelt- oder Subsystem-Subsystem-Rückkopplungen aufzubrechen, während es gefährlich sein kann, stabilitätsorientierte negative Rückkopplungen aufzubrechen (so könnten z.B. für Depression und Unterstützung aus der Umwelt negative Rückkopplungen charakteristisch sein; Depressionsreduktion kann in solchen Fällen sekundär zu erneutem Anstieg depressiver Emotionen führen). In ähnlicher Weise ist auch an mögliche negative Nebenwirkungen zu denken. So folgt beispielsweise aus den Analysen von Kap. 3 und 5, daß ein erwünschter Angstabbau über eine Valenzreduktion über einen bestimmten Punkt hinaus gleichzeitig zu unerwünschtem Motivationsverlust führen kann (beispielsweise im Bereich des Leistungshandelns). In solchen Fällen muß nach Wegen gesucht werden, die von Nebenwirkungen dieser Art möglichst frei sind (dies könnte hier beispielsweise eine Verlagerung der Therapie auf eine Modifikation von angstproduzierenden Erwartungsstrukturen sein).

Störungen im Motivationsbereich

Anders als im Bereich emotionaler Störungen fehlt es im Bereich von Motivationsproblemen noch weitgehend an stringenten klinisch-psychologischen Deskriptionssystemen, und für Verhaltens- und Handlungsstörungen wird häufig nicht deutlich genug gesehen, daß und in welcher Weise ihnen im Regelfall Motivationsprobleme zugrundeliegen. Hier ergeben sich aus den Überlegungen der Kap. 5 und 6 zunächst konzeptuelle Möglichkeiten zu systematischen Beschreibungen motivationaler Probleme. Unterscheiden lassen sich diesen Überlegungen entsprechend u.a. Dysfunktionen, die (a) in unangemessenen Frequenzen von Motivation bestimmter Inhaltsklassen bestehen (z.b. bei Suchtverhalten); (b) in unangemessener Intensität und Dauer von Motivationsepisoden einer Inhaltsklasse bestehen (z.b. bei exzessiver leistungsorientierter Lagerorientierung); oder sich (c) auf unangemessene Modi der Motivations- und Verhaltensauslösung und -steuerung beziehen (z.b. zu geringe Reflektivität und Rationalität von Entscheidungen in einem existenziell wichtigen Handlungsbereich aufgrund negativer Metamotivation; vgl. 6.2.1, 5.2.4). Anzunehmen ist dabei, daß in der Regel sowohl zu niedriger als auch zu hohe Ausprägung individueller Motivationsparameter solcher Kategorien dysfunktional sein können (s.o. 6.2.1).

Die oben (6.2.1) vorgestellte Klassifikation motivationaler Persönlichkeitsparameter würde es dabei zunächst erlauben, Taxonomien zu klinisch relevanten Motivations- und Verhaltensproblemen zu entwickeln, wobei Parameter individueller Frequenz, Intensität, Dauer sowie individuelle Auslöse- und Steuerungsparameter von Motivation unterschiedlicher Inhaltsklassen als theoretisch weitgehend orthogonale taxonomische Gesichtspunkte angesehen werden könnten. In empirischen Analysen wäre dann der bislang ungeklärten Frage nachzugehen, inwieweit diese Parameter empirisch dennoch Abhängigkeiten zeigen und inwieweit sie über unterschiedliche Inhaltsklassen von Motivation hinweg generalisiert sind (inwieweit und bei welchen Personen also beispielsweise exzessive Lageorientierung über Situations- und Handlungsbereiche hinweg generalisiert ist oder nicht).

Darüber hinaus schließlich läßt sich aus den motivationstheoretischen Analysen der letzten Kapitel ableiten, in welchen Bereichen nach Bedingungen motivationaler Probleme zu suchen ist. Sieht man von genetischen Bestimmungsstücken ab, so können Ursachen vor allem in den folgenden Bereichen zu suchen sein: (1) Dysfunktionale *Ziel-, Erwartungs- und Valenzüberzeugungen*. Beispiele: fehlende, diffuse oder inkonsistente persönliche Ziele, die zu Apathie bzw. lähmenden Zielkonflikten führen – mit der Folge mangelnder Verhaltensausführung in zentralen Bereichen und langfristig negativen existentiellen Folgen; oder ungünstige Handlungskontroll-, Folgenkontroll-Überzeugungen, die ähnliche Konsequenzen zeitigen können. (2) Dysfunktionale *prozedurale Motivationsschemata*, die ungünstige Motivations- und Verhaltensprozesse auch wider besseres Wissen und bewußtes Streben aufrecht erhalten können. (3) Dysfunktionale Stile *metamotivationaler Motivationssteuerung* (z.b. bei negativer, meidensorientierter Metamotivation in wichtigen Lebensentscheidungen), die ihrerseits auf metamotivationalen, gespeicherten Überzeugungen und Prozeduren beruhen können. (4) Dysfunktionale, habituelle *motivationsauslösende Prozesse*; also beispielsweise Ängste oder depressive Emotionen, die direkt oder in kognitiv vermittelter Weise Vermeidungs- und Rückzugsverhalten zugrundeliegen können.

Prävention und Therapie haben dementsprechend an Bedingungen dieser Kategorien anzusetzen. Sie haben mithin (a) dafür zu sorgen, daß ungünstige Handlungsüberzeugungen abgebaut und günstige Überzeugungen aufgebaut werden. Damit dies auf realitätsentsprechende Weise geschehen kann, muß ähnlich wie bei Emotionsprävention und -therapie (s.o.) (b) für geeignete Situationsbedingungen und (c) für hinreichende faktische Handlungskompetenzen gesorgt werden. Ungünstige prozeduralisierte Motivation macht es daneben (d) erforderlich, entsprechende Prozedurschemata aufzubrechen, um die Motivations- und Verhaltensauslösung redifferenzieren und umstrukturieren zu können. Als zentraler Ansatzpunkt sind dabei in vielen Fällen auch (e) metamotivationale Prozeduren und ihre Bedingungen anzusehen. Soweit ungünstige Motivation und Metamotivation von Emotionen gespeist werden (also beispielsweise negative Metamotivation von Ängsten, die sich auf Entscheidungsfolgen beziehen), sind schließlich (f) emotionsbezogene Prävention und Therapie als zentrale Voraussetzung der Prävention und Modifikation von Motivations- und Verhaltensproblemen anzusehen.

7.5 Zusammenfassung

Aufgabe dieses Kapitels ist es, integrative Schlußfolgerungen aus den Analysen der vorangegangen Kapitel zu ziehen und exemplarisch Folgerungen für angewandte Bereiche der Psychologie zu skizzieren. In Abschnitt 7.1 findet sich zunächst eine synoptische Diskussion der Interrelationen von Emotion, Motivation und Persönlichkeit. Anhand allgemeiner systemtheoretischer Terminologie werden unter Bezug auf die Detailanalysen der letzten Kapitel summarische Aussagen zu den Funktionsbeziehungen zwischen einzelnen Subsystemen der Person und zwischen

Person und Umwelt gewonnen. Damit wird das in Kap. 2 vorgestellte Rahmenmodell menschlicher Persönlichkeit hier in systemtheoretischer Weise weiter ausdifferenziert.

Als zentrale Schlußfolgerung ergibt sich, daß "Person" und "Persönlichkeit" durch ein hohes Maß an systeminterner und -externer Vernetztheit (in Vorwärts- und Rückwärtskopplungen) und ein hohes Maß an Selbststeuerung gekennzeichnet sind. Betont wird, daß es sich bei dieser Aussage nicht um eine programmatischleere Feststellung handelt, sondern um eine fast zwangsläufige, synoptische Schlußfolgerung aus der vorliegenden Befundlage und zugeordneten, in den vorangegangen Kapiteln vorgestellten theoretischen Einzelanalysen. Abschließend wird kurz auf forschungspragmatische Implikationen eingegangen. In Anknüpfung an die Ausgangsüberlegungen des ersten Kapitel ergibt sich auch hier u.a. noch einmal die Forderung nach einem integrativ-theoriegeleiteten, an kumulativen Fortschritten orientierten Vorgehen von Persönlichkeitspsychologie und Psychologie allgemein.

In den Abschnitten 7.2 bis 7.4 finden sich exemplarische Hinweise auf mögliche Folgerungen für angewandte Bereiche der Psychologie. Für die *Pädagogische Psychologie* wird als Beispiel die Entwicklung von Prüfungsängsten bei Schülern herangezogen (7.2). Hier lassen sich aus dem ZWD-Modell zu kognitionsgesteuerter Emotionsauslösung (Kap. 3) Annnahmen zu aktuellen Auslösern und Persönlichkeitsdeterminanten von Prüfungsangst ableiten. Als entscheidend sind dabei Anstrengungskontroll-Erwartungen, Mißerfolgserwartungen und Mißerfolgsvalenzen intrinsischer wie extrinsischer Art anzusehen. Unter Zuhilfenahme der in Kap. 4 vorgestellten ontogenetischen Überlegungen läßt sich darüber hinaus ein A-priori-Modell zu den Umweltdeterminanten prüfungsbezogener Angstentwicklung ableiten, daß – über vorliegende Modelle hinausgehend – auch Rückkopplungen zwischen Schülern und ihren Entwicklungsumwelten thematisiert.

Folgerungen für die *Organisations- und Wirtschaftspsychologie* werden an Problemen der Strukturen und Determinanten von Arbeitsmotivation diskutiert (7.3). Nach einer Klärung der Trennlinien zwischen den Begriffen "Arbeitsmotivation" und "Leistungsmotivation" wird dabei insbesondere auf die in der letzten Zeit kontrovers diskutierte Frage eingegangen, welchen Einfluß unterschiedliche Schwierigkeitsgrade von Arbeitsaufgaben auf arbeitsbezogene Selektions- und Realisationsmotivation haben. Gezeigt wird, daß sich bestimmte Widersprüche in der empirischen Befundlage auflösen lassen, wenn man zu ihrer Interpretation das in Kap. 5 vorgestellte RSR-Modell heranzieht. Deutlich gemacht wird auch, daß sich solche und andere Fragen nur dann befriedigend beantworten lassen, wenn eine Reihe von motivationalen Randbedingungen bekannt sind bzw. theoretisch einbezogen werden. Einige in der Arbeitswelt vermutlich häufige, in laborbezogener Forschung aber vernachlässigte Konstellationen werden kurz diskutiert.

In Abschnitt 7.4 schließlich wird auf *klinisch-psychologische* Folgerungen zu Ätiologie, Prävention und Therapie emotionaler und motivationaler Störungen eingegangen. Deutlich gemacht wird zunächst, daß Emotions- und Motivationsstörungen – den Analysen von Kap. 4 und 6 entsprechend – auf unterschiedliche Gruppen überdauernder Bedingungen zurückgehen können. Zu ihnen zählen vor allem persistierende situative Faktoren, deklarativ-kognitive Strukturen (insbesondere ungünstige Überzeugungssysteme), prozedural-kognitive Strukturen und neurochemische Faktoren. Im Motivationsbereich können als Spezifikum ungünstige metamotivationale Überzeugungen und Prozeduren hinzukommen. Für Prävention und Therapie ergibt sich, daß sie sich grundsätzlich an einem multimodalen Ansatz orientieren sollten, also sich beispielsweise nicht – wie manche zeitgenössisch-kognitiven Therapiemethoden – auf den Bereich deklarativer kognitiver Strukturen beschränken sollten, sondern u.a. auch Situationsdeterminanten und automatisierten Emotions- und Motivationsprozeduren ihre Aufmerksamkeit schenken sollten. Hingewiesen wird schließlich darauf, daß unter einer systemtheoretischen Perspektive grundsätzlich auch an Rückkopplungen und Nebenwirkungen zu denken ist, die der Erreichung von Präventions- und Therapiezielen mittel- und langfristig entgegenwirken können.

Literaturverzeichnis

Abramson, L.Y., Seligman, M.E.P. & Teasdale, J.D. (1978). Learned helplessness in humans: Critique and reformulation. *Journal of Abnormal Psychology, 87*, 49-74.

Ach, N. (1910). *Über den Willensakt und das Temperament.* Leipzig: Quelle & Meyer.

Adler, M., Saupe, R. (1979). *Psychochirurgie.* Stuttgart: Enke.

Ajzen, I., Fishbein, M. (1973). Attitudinal and normative variables as factors influencing behavioral intentions. *Journal of Personality and Social Psychology, 21*, 1-9.

Alloy, L.B. & Ahrens, A.H. (1987). Depression and pessimism for the future: Biased use of statistically relevant information in predictions for self versus others. *Journal of Personality and Social Psychology, 52*, 366-378.

Allport, G.W. (1938). *Personality. A psychological interpretation.* London: Constable & Company.

Allport, G.W. (1955). *Becoming. Basic considerations for a psychology of personality.* New Haven: Yale University Press.

Allport, G.W. & Odbert, M.S. (1936). Trait-names: A psycholexical study. *Psychological Monographs, 47*, 171-220.

Alston, W.P. (1975). Traits, consistençy and conceptual alternatives for personality theory. *Journal for the Theory of Social Behavior, 5*, 17-48.

Alston, W.P. (1978). Dispositions, occurences, and ontology. In R. Tuomela (Hrsg.), *Dispositions* (S. 359-388). Dordrecht: Reidel.

Amelang, M. & Borkenau, P. (1984). Versuche einer Differenzierung des Eigenschaftskonzepts: Aspekte intraindividueller Variabilität und differentieller Vorhersagbarkeit. In M. Amelang & H.-J. Ahrens (Hrsg.), *Brennpunkte der Persönlichkeitsforschung* (Bd. 1, S. 89-108). Göttingen: Hogrefe.

Anderson, J.R. (1978). Arguments concerning representations for mental imagery. *Psychological Review, 85*, 249-277.

Anderson, J.R. (1982). Acquisition of cognitive skill. *Psychological Review, 89*, 369-406.

Anderson, J.R. (1983). *The architecture of cognition.* Cambridge, Mass.: Harvard University Press.

Anderson, J.R. (1987). Skill acquisition: Compilation of weak-method problem solutions. *Psychological Review, 94*, 192-210.

Apter, M.J. (1982). *The experience of motivation. The theory of psychological reversals.* London: Academic Press.

Armstrong, D.M. (1978). Beliefs as states. In R. Tuomela (Hrsg.), *Dispositions* (S. 411-425). Dordrecht: Reidel.

Arnold, M.B. (1960). *Emotion and personality* (2 Bände). New York: Columbia University Press.

Aschenbrenner, K.M. (1984). Moment- vs. dimension-oriented theories of risky choice: A (fairly) general test involving single-peaked preferences. *Journal of Experimental Psychology: Learning, Memory, and Cognition , 10*, 513-535.

Atkinson, J.W. (1957). Motivational determinants of risk-taking behavior. *Psychological Review, 64*, 359-372.

Atkinson, J.W. (1964). *An introduction to motivation.* Princeton, N.J.: Van Nostrand.

Atkinson, J.W. & Birch, D. (1970). *The dynamics of action.* New York: Wiley.

Averill, J.R. (1973). The disposition of psychological dispositions. *Journal of Experimental Research in Psychology, 6*, 275-282.

Bailey, J.A. (1978). Are value judgments synthetic a posteriori? *Ethics, 89*, 35-57.

Bandura, A. (1977). Self-efficacy: Toward a unifying theory of behavioral change. *Psychological Review, 84*, 191-215.

Bandura, A. (1983). Self-efficacy determinants of anticipated fears and calamities. *Journal of Personality and Social Psychology, 45*, 464-469.

Bandura, A. (1984). Recycling misconceptions of perceived self-efficacy. *Cognitive Therapy and Research, 8*, 231-255.
Bandura, A. (1986). *Social foundations of thought and action.* Englewood Cliffs, N.J.: Prentice-Hall.
Baron, R.A. (1977). *Human aggression.* New York: Plenum.
Beck, A.T. (1967). *Depression.* New York: Harper & Row.
Beck, A.T., Rush, A.J., Shaw, B.F. & Emery, G. (1979). *Cognitive therapy of depression.* New York: Guilford Press.
Becker, P. (1980). *Studien zur Psychologie der Angst.* Weinheim: Beltz.
Beidel, D.C. & Turner, S.M. (1986). A critique of the theoretical basis of cognitive-behavioral theories and therapy. *Clinical Psychology Review, 6*, 177-197.
Bem, D.J. & Allen, A. (1974). On predicting some of the people some of the time. *Psychological Review, 81*, 506-520.
Bem, D.J. & Funder, D.C. (1978). Predicting more of the people more of the time. *Psychological Review, 85*, 485-501.
Bennett-Levy, J. & Marteau, F. (1984). Fear of animals: What is prepared? *British Journal of Psychology, 75*, 37-42.
Bentler, P.M. & Bonett, D.G. (1980). Significance tests and goodness of fit in the analysis of covariance structures. *Psychological Bulletin, 88*, 588-606.
Berkowitz, L. (1987). Mood, self-awareness, and willingness to help. *Journal of Personality and Social Psychology, 52*, 721-729.
Berlyne, D.E. (1960). *Conflict, arousal, and curiosity.* New York: McGraw-Hill.
Berlyne, D.E. (1971). *Aesthetics and psychobiology.* New York: Appleton-Century-Crofts.
Bertalanffy, L. v. (1969). *General systems theory.* New York: Braziller.
Blaney, P.H. (1986). Affect and memory: A review. *Psychological Bulletin, 99*, 229-246.
Blankenship, V. (1985). The dynamics of intention. In M. Frese & J. Sabini (Hrsg.), *Goal-directed behavior: The concept of action in psychology* (S. 161-170). Hillsdale, N.J.: Erlbaum.
Blumberg, S.H. & Izard, C.E. (1986). Discriminating patterns of emotions in 10- and 11-year-old children's anxiety and depression. *Journal of Personality and Social Psychology, 51*, 852-857.
Bolles, R.C. (1972). Reinforcement, expectancy and learning. *Psychological Review, 79*, 394-409.
Borkenau, P. (1986). Toward an understanding of trait interrelations: Acts as instances for several traits. *Journal of Personality and Social Psychology, 51*, 371-381.
Bower, G.H. (1981). Mood and memory. *American Psychologist, 36*, 129-148.
Bowlby, J. (1969). *Attachment and loss. Vol. 1. Attachment.* New York: Basic Books.
Bowlby, J. (1973). *Attachment and loss. Vol. 2. Separation, anxiety, and anger.* New York: Basic Books.
Branscombe, N.R. (1985). Effects of hedonic valence and physiological arousal on emotion: A comparison of two theoretical perspectives. *Motivation and Emotion, 9*, 153-169.
Brenner, C. (1974). On the nature and development of affects: A unified theory. *Psychoanalytic Quarterly, 43*, 532-556.
Brewer, W.R. (1974). There is no convincing evidence for operant or classical conditioning in adult humans. In W.B. Weimer & D.S. Palermo (Hrsg.), *Cognition and the symbolic processes* (S. 1-42). New York: Halstead.
Brown, J. & Weiner, B. (1984). Affective consequences of ability versus effort ascriptions: Controversies, resolutions and quandaries. *Journal of Educational Psychology, 76*, 146-158.
Buss, A.H. & Plomin, R.A. (1975). *A temperament theory of personality development.* New York: Wiley.
Buss, A.H. & Plomin, R.A. (1984). *Temperament: Early developing personality traits.* Hillsdale, N.J.: Erlbaum.
Buss, D.M. & Craik, K.H. (1983). The act frequency approach to personality. *Psychological Review, 90*, 105-126.
Buss, D.M. & Craik, K.H. (1984). Acts, dispositions, and personality. In B. Maher (Hrsg.), *Progress in Experimental Personality Research* (Bd. 13, S. 241-301). New York: Academic Press.
Butler, G. & Mathews, A. (1983). Cognitive processes in anxiety. *Advances in Behavior Research and Therapy, 5*, 51-62.

Cannon, W.B. (1927). The James-Lange theory of emotions: A critical examination and an alternative theory. *American Journal of Psychology, 36*, 106-124.

Cannon, W.B. (1928). Neural organization for emotional expression. In M.L. Reymert (Hrsg.), *Feelings and emotions: The Wittenberg Symposium.* Worcester, Mass.: Clark University Press.

Cannon, W.B. (1929). *Bodily changes in pain, hunger, fear and rage.* New York: Appleton.

Cantor, N. & Kihlstrom, J.F. (1985). Social intelligence. The cognitive basis of personality. *Review of Personality and Social Psychology, 6,* 15-33.

Cantor, N. Mischel, W. & Schwartz, J.C. (1982). A prototype analysis of psychological situations. *Cognitive Psychology, 14,* 44-77.

Carnap, R. (1936). Testability and meaning. *Philosophy of Science, 3,* 419-471.

Carnap, R. (1956). The methodological character of theoretical concepts. In H. Feigl & M. Scriven (Hrsg.), *Minnesota Studies in the Philosophy of Science* (Bd. I, S. 38-76). Minneapolis: University of Minnesota Press.

Carroll, B.S. (1982). The Dexamethasone suppression test for melancholia. *British Journal of Psychiatry, 140,* 292-304.

Cartwright, D. & Festinger, L.A. (1943). A quantitative theory of decision. *Psychological Review, 50,* 595-621.

Carver, C.S. & Scheier, M.F. (1984). Self-focused attention in test anxiety: A general theory applied to a specific phenomenon. In H.M. van der Ploeg, R. Schwarzer & C.D. Spielberger (Hrsg.), *Advances in Test Anxiety Research* (Bd. 3, S. 3-20). Lisse, Niederlande/Hillsdale, N.J.: Swets/Erlbaum.

Cattell, R.B. (1950). *Personality. A systematic theoretical and factual study.* New York: McGraw-Hill.

Cattell, R.B. (1971). *Abilities: Their structure, growth and action.* Boston: Houghton-Mifflin.

Cattell, R.B. (1972). The nature and genesis of mood states. In C.D. Spielberger (Hrsg.), *Anxiety. Current trends in theory and research* (Bd. 1, S. 115-183). New York: Academic Press.

Cattell, R.B. (1979). *Personality and learning theory. Vol. 1. The structure of personality in its environment.* New York: Springer.

Cattell, R.B. (1980). *Personality and learning theory. Vol. 2. A systems theory of maturation and structured learning.* New York: Springer.

Cattell, R.B. (1985). *Human motivation and the dynamic calculus.* New York: Praeger.

Cattell, R.B., Eber, H.W. & Tatsuoka, M. (1970). *The 16 personality factor test handbook.* Champaign, Ill.: Institute for Personality and Ability Testing.

Cattell, R.B. & Scheier, J.H. (1961). *The meaning and measurement of neuroticism and anxiety.* New York: Ronald Press.

Cervone, D. & Peake, P.K. (1986). Anchoring, efficacy, and action: The influence of judgmental heuristics on self-efficacy judgments and behavior. *Journal of Personality and Social Psychology, 50,* 492-501.

Christianson, S.A. (1986). Effects of positive emotional events on memory. *Scandinavian Journal of Psychology, 27,* 287-299.

Cialdini, R.B., Schaller, M., Houlihan, D., Arps, K., Fultz, J. & Beaman, A.L. (1987). Empathy-based helping: Is it selflessly or selfishly motivated? *Journal of Personality and Social Psychology, 52,* 749-758.

Clark, A. (1984). Seeing and summing: Implications of computational theories. *Cognition and Brain Theory, 7,* 1-23.

Code, C. (1986). Catastrophic reaction and anosognosia in anterior-posterior and left-right models of the cerebral control of emotion. *Psychological Review, 48,* 53-55.

Costa, P.T. & McCrae, R.R. (1980). Still stable after all these years: Personality as a key to some issues in adulthood and old age. *Life-span Development and Behavior, 3,* 65-102.

Covington, M.V. & Beery, R. (1976). *Self-worth and school learning.* New York: Holt, Rinehart & Winston.

Covington, M.V. & Omelich, C.L. (1979). Are causal attributions causal? A path analysis of the cognitive model of achievement motivation. *Journal of Personality and Social Psychology, 37,* 1487-1504.

Covington, M.V. & Omelich, C.L. (1984a). The trouble with pitfalls: A reply to Weiner's critique of attribution research. *Journal of Educational Psychology, 76,* 1199-1213.

Covington, M.V. & Omelich, C.L. (1984b). Controversies or consistencies? A reply to Brown and Weiner. *Journal of Educational Psychology, 76,* 159-168.

Cragin, J.P. (1983). The nature of importance perceptions: A test of a cognitive model. *Organizational Behavior and Human Performance, 31,* 262-276.

Crandall, V.C. Katkovsky, W. & Crandall, V.J. (1965). Children's beliefs in their own control of reinforcement in intellectual-academic achievement situations. *Child Development*, *36*, 91-109.
Creutzfeldt, O.D. (1983). *Cortex cerebri*. Berlin: Springer.
Cummins, R. (1974). Dispositions, states and causes. *Analysis*, *34*, 194-204.

Damon, W. & Hart, D. (1982). The development of self- understanding from infancy through adolescence. *Child Development*, *53*, 831-857.
Davidson, R.J. (1984). Hemispheric asymmetry and emotion. In K.R. Scherer & P. Ekman (Hrsg.), *Approaches to emotion*. Hillsdale, N.J.: Erlbaum.
Davis, H.P. & Squire, L.R. (1984). Protein synthesis and memory: A review. *Psychological Bulletin*, *96*, 518-559.
DeCharms, R. (1968). *Personal causation*. New York: Academic Press.
Deffenbacher, J.L. (1980). Worry and emotionality in test anxiety. In I.G. Sarason (Hrsg.), *Test anxiety* (S. 11-128). Hillsdale, N.J.: Lawrence Erlbaum.
Delprato, D.J. (1980). Heriditary determinants of fears and phobias. A critical review. *Behavior Therapy*, *11*, 79-103.
Diener, E. & Iran-Nejad, A. (1986). The relationship in experience between various types of affect. *Journal of Personality and Social Psychology*, *50*, 1031-1038.
Digman, J.M. & Inoye, J. (1986). Further specification of the five robust factors of personality. *Journal of Personality and Social Psychology*, *50*, 116-123.
Dixon, N.F. (1981). *Preconscious processing*. Chichester: Wiley.
Dörner, D. (1982). Wie man viele Probleme zugleich löst – oder auch nicht. *Sprache und Kognition*, *1*, 55-66.
Dohmen, P. Doll, J. & Orth, B. (1986). Modifizierte Produktsummenmodelle und ihre empirische Prüfung in der Einstellungsforschung. *Zeitschrift für Sozialpsychologie*, *17*, 109-118.
Dollard, J. & Miller, N.E. (1950). *Personality and psychotherapy*. New York: McGraw-Hill.
Duffy, E. (1962). *Activation and behavior*. New York: Wiley.
Duke, M.P. (1986). Personality science: A proposal. *Journal of Personality and Social Psychology*, *50*, 382-385.

Eastman, C. & Marzillier, J.S. (1984). Theoretical and methodological difficulties in Bandura's self-efficacy theory. *Cognitive Therapy and Research*, *8*, 213-229.
Eckblad, G. (1981). *Scheme theory. A conceptual framework for cognitive-motivational processes*. London: Academic Press.
Edwards, W. (1954). The theory of decision making. *Psychological Bulletin*, *51*, 380-417.
Ehlers, A., Margraf, J. & Roth, W.T. (1986). Panik und Angst: Theorie und Forschung zu einer neuen Klassifikation der Angststörungen. *Zeitschrift für Klinische Psychologie*, *15*, 281-302.
Einhorn, H.J. & Hogarth, R.M. (1986). Judging probable cause. *Psychological Bulletin*, *99*, 3-19.
Ekman, P. (1984). Expression and the nature of emotion. In K.R. Scherer & P. Ekman (Hrsg.), *Appraoches to emotion* (S. 319-343). Hillsdale, N.J.: Erlbaum.
Ekman, P., Levenson, R.W. & Friesen, W. V. (1983). Autonomic nervous system activity distinguishes between emotions. *Science*, *221*, 1208-1210.
Emmons, R.A. (1986). Personal strivings: An approach to personality and subjective well-being. *Journal of Personality and Social Psychology*, *51*, 1058-1068.
Emmons, R.A. & Diener, E. (1986). Situation selection as a moderator of respose consistency and stability. *Journal of Personality and Social Psychology*, *51*, 1013-1019.
Endler, N.S. (1975). A person-situation interaction model for anxiety. In C.D. Spielberger & I.G. Sarason (Hrsg.), *Stress and Anxiety* (Bd. 1, S. 145-164). Washington, D.C.: Hemisphere.
Endler, N.S. & Magnusson, D. (1976). Personality and person-by-person interactions. In N.S. Endler & D. Magnusson (Hrsg.), *Interactional psychology and personality* (S. 1-26). New York: Wiley.
Epstein, S. (1967). Toward a unifying theory of anxiety. In B.A. Maher (Hrsg.), *Progress in Experimental Personality Research* (Bd. 4, S. 2-90). New York: Academic Press.
Epstein, S. (1973). The self-concept revisited, or: A theory of a theory. *American Psychologist*, *28*, 404-416.
Epstein, S. (1979). The stability of behavior: I. On predicting most of the people much of the time. *Journal of Personality and Social Psychology*, *37*, 1097-1126.

Epstein, S. (1980). The stability of behavior: II. Implications for psychological research. *American Psychologist*, 790-806.

Epstein, S. (1983). Aggregation and beyond: Some basic issues on the prediction of behavior. *Journal of Personality*, *51*, 360-392.

Epstein, S. (1986). Does aggregation produce spuriously high estimations of behavior stability? *Journal of Personality and Social Psychology*, *50*, 1199-1210.

Erez, M. & Zidon, J. (1984). Effect of goal acceptance on the relationship of goal difficulty to performance. *Journal of Applied Psychology*, 69-78.

Ericsson, K.A. & Simon, H.A. (1980). Verbal reports as data. *Psychological Review*, *87*, 285-251.

Eysenck, H.J. (1947). *Dimensions of personality*. London: Kegan Paul.

Eysenck, H.J. (1967). *The biological basis of personality*. Springfield, Ill.: Thomas.

Eysenck, H.J. (1981). *A model for personality*. Berlin: Springer.

Eysenck, H.J. & Eysenck, M.W. (1985). *Personality and individual differences*. New York: Plenum.

Fahrenberg, J. (1986). Psychophysiological individuality: A pattern analytic approach to personality research and psychosomatic medicine. *Advances in Behavior Research and Therapy*, *8*, 43-100.

Fahrenberg, J., Hampel, R. & Selg, H. (1984). *Das Freiburger Persönlichkeitsinventar FPI. 4., revidierte Auflage*. Göttingen: Hogrefe.

Fazio, R.H., Sanbonmatsu, D.M., Powell, M.C. & Kardes, F.R. (1986). On the automatic activation of attitudes. *Journal of Personality and Social Psychology*, *50*, 229-238.

Feather, N.T. (1982). *Expectations and actions. Expectancy-value models in psychology*. Hillsdale, N.J.: Erlbaum.

Fend, H. (1980). *Theorie der Schule*. München: Urban & Schwarzenberg.

Festinger, L. (1942). A theoretical interpretation of shifts in level of aspiration. *Psychological Review*, *49*, 235-250.

Filipp, S.H. (1979). Entwurf eines heuristischen Bezugsrahmens für Selbstkonzept-Forschung: Menschliche Informationsverarbeitung und naive Handlungstheorie. In S.H. Filipp (Hrsg.), *Selbstkonzeptforschung*. Stuttgart: Klett.

Fischhoff, B., Goitein, B. & Shapira, Z. (1982). The experienced utility of expected utility approaches. In N.T. Feather (Hrsg.), *Expectations and actions. Expectancy-value models in psychology* (S. 315-339). Hillsdale, N.J.: Erlbaum.

Fiske, S.T. (1982). Schema-triggered affect: Applications to social perception. In M.S. Clark & S.T. Fiske (Hrsg.), *Affect and cognition* (S. 55-78). Hillsdale, N.J.: Erlbaum.

Fitts, P.M. (1964). Perceptual-motor skill learning. In A.W. Melton (Hrsg.), *Categories of human learning*. New York: Academic Press.

Fliegel, S., Groeger, W.M., Künzel, R., Schulte, D. & Sorgatz, H. (1981). *Verhaltenstherapeutische Standardmethoden*. München: Urban & Schwarzenberg.

Foa, E.B. & Kozak, M.J. (1986). Emotional processing of fear: Exposure to corrective information. *Psychological Bulletin*, *99*, 20-35.

Försterling, F. (1986). *Attributionstheorie in der Klinischen Psychologie*. München: Urban & Schwarzenberg.

Folkins, C.H. (1970). Temporal factors and the cognitive mediation of stress reaction. *Journal of Personality and Social Psychology*, *14*, 173-184.

Folkman, S., Lazarus, R.S., Dunkel-Schetter, C., DeLongis, A. & Gruen, R.J. (1986). Dynamics of a stressful encounter: Cognitive appraisal, coping, and encounter outcomes. *Journal of Personality and Social Psychology*, *50*, 992-1003.

Frese, M. & Sabini, J. (Hrsg.). (1985). *Goal-directed behavior: The concept of action in psychology*. Hillsdale, N.J.: Erlbaum.

Frese, M., Stewart, J. & Hannover, B. (1987). Goal-orientation and planfulness: Action styles as personality concepts. *Journal of Personality and Social Psychology*, *53*, im Druck.

Freud, S. (1915). *Triebe und Triebschicksale* (Gesammelte Werke, Bd. 10). Frankfurt: Fischer.

Freud, S. (1926). *Hemmung, Symptom und Angst*. Leipzig: Internationaler Psychoanalytischer Verlag.

Fridhandler, B.M. (1986). Conceptual note on state, trait, and the state-trait distinction. *Journal of Personality and Social Psychology*, *50*, 169-174.

Friedrich, D. (1984). *Systemtheorie und ökonomische Modelle*. Freiburg i. Brsg.: Rudolf Haufe.

Fulker, D.W. (1981). The genetic and environmental architecture of psychoticism, extraversion, and neuroticism. In H.J. Eysenck (Hrsg.), *A model for personality* (S. 88-122). Berlin: Springer.

Fuster, J.M. (1980). *The prefrontal cortex*. New York: Raven Press.

Gärtner-Harnach, V. (1972). *Angst und Leistung*. Weinheim: Beltz.

Gagnè, R.M. (1984). Learning outcomes and their effects. *American Psychologist, 39*, 377-385.

Garber, J., Miller, S.M. & Abramson, L.Y. (1980). On the distinction between anxiety and depression. In J.Garber & M.E.P. Seligman (Hrsg.), *Human helplessness. Theory and applications.* New York: Academic Press.

Garland, H. (1984). Relation of effort-performance expectancy to performance in goal-setting experiments. *Journal of Applied Psychology, 69*, 79-84.

Gigerenzer, G. & Strube, G. (1978). Zur Revision der üblichen Anwendung dimensionsanalytischer Verfahren. *Zeitschrift für Entwicklungspsychologie und Pädagogische Psychologie, 10*, 75-86.

Gluck, M.A. & Thompson, R.F. (1987). Modeling the neural substrates of associative learning and memory: A computational approach. *Psychological Review, 94*, 176-191.

Goldsmith, H.H. (1983). Genetic influences on personality from infancy to adulthood. *Child Development, 54*, 331-355.

Goldsmith, H.H., Buss, A.H., Plomin, R., Rothbart, M.K., Thomas, A., Chess, S., Hinde, R.A., McCall, R.B.(1987). Roundtable: What is temperament? Four approaches. *Child Development, 58*, 505-529.

Gollwitzer, P.M. (1986). Motivationale vs. volitionale Bewußtseinslage und die Förderung von Entschlüssen. In H. Heckhausen, J. Beckmann, P.M. Gollwitzer, F. Halisch & P. Lütkenhaus, *Wiederaufbereitung des Wollens. Paper 19/1986.*. München: Max-Planck-Institut für Psychologische Forschung.

Gollwitzer, P.M. & Wicklund, R.A. (1985). The pursuit of self-defining goals. In J. Kuhl & J. Beckmann (Hrsg.), *Action control. From cognition to behavior.* Berlin: Springer.

Gray, J.A. (1987). *The neuropsychology of anxiety.* Oxford: Clarendon.

Guilford, J.P. (1959). *Personality.* New York: McGraw-Hill (deutsch unter dem Titel "Persönlichkeit", Weinheim: Beltz 1964).

Guilford, J.P. (1967). *The nature of human intelligence.* New York: McGraw-Hill.

Hagtvet, K.A. (1984). Fear of failure, worry and emotionality. In H.M. van der Ploeg, R. Schwarzer & C.D. Spielberger (Hrsg.), *Advances in Test Anxiety Research* (Bd. 3). Lisse, Niederlande/Hillsdale, N.J.: Swets/Erlbaum.

Halberstadt, A.G. (1986). Family socialization of emotional expression and communication strategies and skills. *Journal of Personality and Social Psychology, 51*, 827-836.

Halisch, F. (1986). Elaborieren und Initiieren einer Handlung als respondente vs. operante Reaktionen. In H. Heckhausen, J. Beckmann, P.M. Gollwitzer, F. Halisch, P. Lütkenhaus & M. Schütt, *Wiederaufbereitung des Wollens. Paper 19/1986.* München: Max-Planck-Institut für Psychologische Forschung.

Hall, C.S. & Lindzey, G. (1978). *Theories of personality.* New York: Wiley.

Hall, W.G. & Oppenheim, R.W. (1987). Developmental psychobiology: Prenatal, perinatal, and early postnatal aspects of behavioral development. *Annual Review of Psychology, 38*, 51-128.

Hampshire, S. (1953). Dispositions. *Analysis, 14*, 5-11.

Hampson, S.E., John, O.P. & Goldberg, L.R. (1986). Category breadth and hierarchical structure in personality: Studies of asymmetries in judgments of trait implications. *Journal of Personality and Social Psychology, 51*, 37-54.

Harter, S. (1986). Cognitive-developmental processes in the integration of concepts about emotions and the self. *Social Cognition, 4*, 119-151.

Hathaway, S.R. & McKinley, J.C. (1951). *The Minnesota Multiphasic Personality Inventory Manual.* New York: The Psychological Corporation.

Hawkins, R.D. & Kandel, E.R. (1984). Is there a cell-biological alphabet for simple forms of learning? *Psychological Review, 91*, 375-391.

Heckhausen, H. (1963). Eine Rahmentheorie der Motivation in zehn Thesen. *Zeitschrift für Experimentelle und Angewandte Psychologie, 10*, 604-626.

Heckhausen, H. (1977a). Achievement motivation and its constructs: A cognitive model. *Motivation and Emotion, 1*, 283-329.

Heckhausen, H. (1977b). Kognitionspsychologische Aufspaltung eines summarischen Konstrukts. *Psychologische Rundschau, 28*, 175-189.

Heckhausen, H. (1980). *Motivation und Handeln.* Berlin: Springer.

Heckhausen, H., Beckmann, J., Gollwitzer, P.M., Halisch, F., Lütkenhaus, P. & Schütt, M. (1986). *Wiederaufbereitung des Wollens. Paper 19/1986.* München: Max-Planck-Institut für Psychologische Forschung.

Heckhausen, H. & Kuhl, J. (1985). From wishes to actions: The dead ends and short cuts on the long way to action. In M. Frese & J. Sabini (Hrsg.), *Goal-directed behavior: The concept of action in psychology* (S. 134-159). Hillsdale, N.J.: Erlbaum.

Heckhausen, H. & Rheinberg, F. (1980). Lernmotivation im Unterricht, erneut betrachtet. *Unterrichtswissenschaft, 8*, 7-47.

Heider, F. (1958). *The psychology of interpersonal relations.* New York: Wiley.

Helmke, A. (1983). *Schulische Leistungsangst. Erscheinungsformen und Entstehungsbedingungen.* Frankfurt a.M.: Lang.

Hempel, C.G. (1960). Operationalism, observation, and theoretical terms. In A. Danto & S. Morgenbesser (Hrsg.), *Philosophy of Science* (S. 101-120). New York: Meridian Books.

Hempel, C.G. (1965). *Aspects of scientific explanation.* New York: The Free Press.

Herrmann, Th. (1969). *Lehrbuch der empirischen Persönlichkeitsforschung.* Göttingen: Hogrefe.

Herrmann, Th. (1976). *Persönlichkeitsmerkmale.* Stuttgart: Kohlhammer.

Herrmann, Th. & Lantermann, E.D. (Hrsg.). (1985). *Persönlichkeitspsychologie. Ein Handbuch in Schlüsselbegriffen.* München: Urban & Schwarzenberg.

Hess, W.R. (1924). Über die Wechselbeziehungen zwischen psychischen und vegetativen Funktionen. *Schweizer Archiv für Neurologie und Psychiatrie, 15*, 260-264.

Higgins, E.T., Bond, R.N., Klein, R. & Straumann, T. (1986). Self-discrepancy and emotional vulnerability: How magnitude, accessibility, and type of discrepancy influence affect. *Journal of Personality and Social Psychology, 51*, 5-15.

Hill, C.A. (1987). Affiliative motivation: People who need people... but in different ways. *Journal of Personality and Social Psychology, 52*, 1008-1018.

Hill, K.T. & Sarason, S.B. (1966). The relation of test anxiety and defensiveness to test and school performance over the elementary-school years. *Monographs of the Society for Research in Child Development, 31/2* (Serial No. 104).

Hilton, D.J. & Slugoski, B.R. (1986). Knowledge-based causal attribution: The abnormal conditions focus model. *Psychological Review, 93*, 75-88.

Hobson, J.A., Lydic, R. & Baghdoyan, H.A. (1986). Evolving concepts of sleep cycle generation: From brain centers to neuronal populations. *The Behavioral and Brain Sciences, 9*, 371-448.

Hodapp, V. (1982). Causal inference from nonexperimental research on anxiety and educational achievement. In H.W. Krohne & L. Laux (Hrsg.), *Achievement, stress and anxiety* (S. 355-372). Washington: Hemisphere.

Hofer, M. (1985). Subjektive Persönlichkeitstheorien. In Th. Herrmann & E.-D. Lantermann (Hrsg.), *Persönlichkeitspsycholgie. Ein Handbuch in Schlüsselbegriffen* (S. 130-138). München: Urban & Schwarzenberg.

Hofer, M., Pekrun, R. & Zielinski, W. (1986). Die Psychologie des Lerners. In B. Weidenmann, A. Krapp, M. Hofer, G.L. Huber & H. Mandl (Hrsg.), *Pädagogische Psychologie. Ein Lehrbuch.* München/Weinheim: Psychologie Verlags Union.

Hofstadter, D.R. (1985). *Gödel, Escher, Bach.* Stuttgart: Klett.

Hull, C.L. (1943). *Principles of behavior.* New York: Appleton-Century Crofts.

Hull, C.L. (1952). *A behavior system.* New Haven: Yale University Press.

Hunt, J.M. (1965). Intrinsic motivation and its role in psychological development. In D. Levine (Hrsg.), *Nebraska Symposium on Motivation, 1965* (S. 189-282). Lincoln, Nebr.: University of Nebraska Press.

Hynd, G.W. & Willis, W.G. (1985). Neurological foundations of intelligence. In B.B. Wolman (Hrsg.), *Handbook of intelligence.* New York: Wiley.

Ingram, R.E. (1984). Toward an information-processing analysis of depression. *Cognitive Therapy and Research, 8*, 443-378.

Inhelder, B. (1975). Memory and intelligence in the child. In D. Elkind & J. Flavell (Hrsg.), *Studies in cognitive development* (S. 337-364). New York: Oxford University Press.

Isen, A.M. & Geva, N. (1987). The influence of positive affect on acceptable level of risk (The person with a large canoe has a large worry). *Organizational Behavior and Human Decision Processes, 39*, 145-154.

Izard, C.E. (1971). *The face of emotion*. New York: Appleton-Century-Crofts.

Izard, C.E. (1977). *Human emotions*. New York: Plenum Press.

Izard, C.E. & Haynes, O.M. (1986). A commentary on emotion expression in early development: An alternative to Zivin's framework. *Merrill-Palmer Quarterly, 32*, 313-319.

Izard, C.E., Hembree, E.A. & Huebner, R.R. (1987). Infants' emotion expressions to acute pain: Developmental change and stability of individual differences. *Developmental Psychology, 23*, 105-113.

Jaccard, J. & Sheng, D. (1984). A comparison of six methods for assessing the importance of perceived consequences in behavioral decisions: Applications from attitude research. *Journal of Experimental Social Psychology, 20*, 1-28.

Jacobs, B. (1981). *Angst in der Prüfung*. Frankfurt a.M.: R.G. Fischer.

James, W. (1884). What is emotion? *Mind, 19*, 188-205.

Janke, W. & Netter, P. (1983). Anxiolytic effects of drugs: Approaches, methods and problems. *Neuropsychobiology, 9*, 33-40.

Jerusalem, M. (1985). A longitudinal field study with trait worry and trait emotionality: Methological problems. In H.M. van der Ploeg, R. Schwarzer & C.D. Spielberger (Hrsg.), *Advances in Test Anxiety Research* (Bd. 4, S. 23-34). Lisse, Niederlande: Swets & Zeitlinger.

Jöreskog, K.G. & Sörbom, D. (1984). *LISREL VI. Analysis of linear structural relationships by maximum likelihood, instrumental variables, and least squares methods.* Universität Uppsala: Department of Statistics.

Johnson-Laird, P.N., Herrmann, D.J. & Chaffin, R. (1984). Only connections: A critique of semantic networks. *Psychological Bulletin, 96*, 292-315.

Johnson, M.H. & Magaro, P.A. (1987). Effects of mood and severity on memory processes in depression and mania. *Psychological Bulletin, 101*, 28-40.

Kahnemann, D. & Tversky, A. (1979). Prospect theory. *Econometrica, 47*, 263-291.

Kelley, H.H. (1967). Attribution theory in social psychology. In D. Levine (Hrsg.), *Nebraska Symposion on Motivation* (Bd. 15). Lincoln, Nebr.: University of Nebraska Press.

Kelley, H.H. & Michela, J.L. (1980). Attribution theory and research. *Annual Review of Psychology, 31*, 457-501.

Kelly, G.A. (1955). *The psychology of personal constructs*. New York: Norton.

Kenrick, D.T. & Stringfield, D.O. (1980). Personality traits and the eye of the beholder: Crossing some traditional philosophical boundaries in the search for consistency in all people. *Psychological Review, 87*, 88-104.

Kleinginna, P.R. & Kleinginna, A.M. (1981). A categorized list of emotion definitions, with suggestions for a consensual definition. *Motivation and Emotion, 5*, 345-379.

Kleiter, E. (1987). *Zur Generalität von Persönlichkeitseigenschaften – Ein Beitrag zum Personalismus-Situationismus-Streit.* Paper presented at the 1st Joint Conference of the "Arbeitsgruppe für Empirische Pädagogische Forschung" and the "Onderzoeksthemagroep Onderwijsleerprocessen", Düsseldorf, 6.-7.4.1987.

Klinger, E. (1975). Consequences of commitment to and disengagement from incentives. *Psychological Review, 82*, 1-25.

Kosslyn, S.M. (1981). The medium and the message in mental imagery: A theory. *Psychological Review, 88*, 46-66.

Kosslyn, S.M. (1987). Seeing and imagining in the cerebral hemispheres: A computational approach. *Psychological Review, 94*, 148-175.

Kraak, B. (1976). Handlungs-Entscheidungs-Theorien. Anwendungsmöglichkeiten und Verbesserungsvorschläge. *Psychologische Beiträge, 18*, 505-515.

Krampen, G. (1982). *Differentialpsychologie der Kontrollüberzeugungen*. Göttingen: Hogrefe.

Krampen, G. (1985). Kontrollüberzeugungen. In Th. Herrmann & E.-D. Lantermann (Hrsg.), *Persönlichkeitspsychologie. Ein Handbuch in Schlüsselbegriffen* (S. 265-271). München: Urban & Schwarzenberg.

Krampen, G. (1986a). Überlegungen und Befunde zu einem handlungstheoretischen Partialmodell der Persönlichkeit. *Trierer Psychologische Berichte, 13/3.* Universität Trier: Fachbereich I, Psychologie.

Krampen, G. (1986b). Handlungstheoretische Analysen politischer Partizipation: Anmerkungen zu Orth (1985) sowie weiterführende Überlegungen und Befunde. *Zeitschrift für Sozialpsychologie, 17,* 91-98.

Krampen, G. (1987). *Handlungstheoretische Persönlichkeitspsychologie.* Göttingen: Hogrefe.

Krohne, H.W. (1985). Entwicklungsbedingungen von Ängstlichkeit und Angstabwehr: Ein Zwei-Prozeß-Modell elterlicher Erziehungswirkung. In H.W. Krohne (Hrsg.), *Angstbewältigung in Leistungssituationen.* Weinheim: VCH Verlagsgesellschaft.

Krohne, H.W. & Rogner, J. (1982). Repression-sensitization as a central construct in coping research. In H.W. Krohne & L. Laux (Hrsg.), *Achievement, stress, and anxiety* (S. 167-193). Washington: Hemisphere.

Kuhl, J. (1982). The expectancy-value approach within the theory of social motivation: Elaborations, extensions, critique. In N.T. Feather (Hrsg.), *Expectations and actions: Expectancy-value models in psychology* (S. 125-160). Hillsdale, N.J.: Erlbaum.

Kuhl, J. (1983a). *Motivation, Konflikt und Handlungskontrolle.* Berlin: Springer.

Kuhl, J. (1983b). Emotion, Motivation und Kognition: I. Auf dem Wege zu einer systemtheoretischen Betrachtung der Emotionsgenese. *Sprache und Kognition, 2,* 1-27.

Kuhl, J. (1984). *Fragebogen HAKEMP.* München: Max-Planck-Institut für Psychologische Forschung.

Kuhl, J. & Beckmann, J. (1983). Handlungskontrolle und Umfang der Informationsverarbeitung: Wahl einer vereinfachten (nicht optimalen) Entscheidungsregel zugunsten rascher Handlungsbereitschaft. *Zeitschrift für Sozialpsychologie, 14,* 241-250.

Kuiper, N.A. & Higgins, E.T. (1985). Social cognition and depression: A general integrative perspective. *Social Cognition, 3,* 1-15.

Kuiper, N.A., MacDonald, M.R. & Derry, P. (1983). Parameters of self-reference in depression. In J. Suls & A.G. Greenwold (Hrsg.), *Social psychological perspectives on the self* (Bd. 2, S. 191-217). Hillsdale, N.J.: Erlbaum.

Kuiper, N.A., Olinger, L.J., MacDonald, M.R. & Shaw, B.F. (1985). Self-schema processing of depressed and non-depressed content: The effects of vulnerability to depression. *Social Cognition, 3,* 77-93.

Kukla, A. (1972). Foundations of an attributional theory of performance. *Psychological Review, 79,* 454-470.

Lacey, J.I. (1967). Somatic response patterning and stress: Some revisions of activation theory. In M.H. Appley & R. Trumball (Hrsg.), *Psychological stress: Issues in research.* New York: Appleton-Century-Crofts.

Laird, J.D. (1984). The real role of facial response in the experience of emotion: A reply to Tourangeau and Ellsworth and others. *Journal of Personality and Social Psychology, 47,* 909-917.

Lamiell, J.T. (1981). Toward an idiothetic psychology of personality. *American Psychology, 36,* 276-289.

Lange, B., Kuffner, H. & Schwarzer, R. (1983). *Schulangst und Schulverdrossenheit. Eine Längsschnittanalyse von schulischen Sozialisationseffekten.* Opladen: Westdeutscher Verlag.

Lange, C. (1910). *Die Gemütsbewegungen* (Erstveröffentlichung 1885). Würzburg: Kabitsch.

Larsen, R.J. & Diener, E. (1987). Affect intensity as an individual difference characteristic: A review. *Journal of Research in Personality, 21,* 1-39.

Lazarus, R.S. (1966). *Psychological stress and the coping process.* New York: McGraw-Hill.

Lazarus, R.S. (1982). Thoughts on the relation between emotion and cognition. *American Psychologist, 37,* 1019-1024.

Lazarus, R.S., Coyne, J.C., Folkman, S. (1984). Cognition, emotion and motivation: The doctoring of humpty-dumpty. In K.R. Scherer & P. Ekman (Hrsg.), *Approaches to emotion.* Hillsdale, N.J.: Erlbaum.

Lazarus, R.S. & Launier, R. (1978). Stress-related transactions between person and environment. In L.A. Pervin & M. Lewis (Hrsg.), *Perspectives in interactional psychology* (S. 287-327). New York: Plenum.

Lenk, H. & Ropohl, G. (1978). *Systemtheorie als Wissenschaftsprogramm.* Königstein, Ts.: Athenäum.

Leventhal, H. (1980). Toward a comprehensive theory of emotion. In L. Berkowitz (Hrsg.), *Advances in Experimental Social Psychology* (Bd. 13). New York: Academic Press.
Leventhal, H. (1984). A perceptual motor theory of emotion. In K.R. Scherer & P. Ekman (Hrsg.), *Approaches to emotion* (S. 271-291). Hillsdale, N.J.: Erlbaum.
Lewin, K. (1935). *A dynamic theory of personality*. New York: McGraw-Hill.
Lewin, K. (1936). *Principles of topological psychology*. New York: McGraw-Hill.
Lewin, K. (1938). *The conceptual representation and the measurement of psychological forces*. Durham, N.C.: Duke University Press.
Lewis, M. & Michalson, L. (1983). *Children's emotions and needs*. New York: Plenum.
Lewis, M. Saarni, C. (1985). *The socialization of emotions*. New York: Plenum.
Liebert, R.M. & Morris, L.W. (1967). Cognitive and emotional components of test anxiety: A distinction and some initial data. *Psychological Reports, 20*, 975-978.
Little, B.R. (1983). Personal projects. *Environment and Behavior, 15*, 273-309.
Locke, E.A. (1968). Toward a theory of task motivation and incentives. *Organizational Behavior and Human Performance, 3*, 157-189.
Locke, E.A., Motowidlo, S.J. & Bobko, P. (1986). Using self-efficacy theory to resolve the conflict between goal-setting theory and expectancy theory in organizational behavior and industrial/organizational psychology. *Journal of Social and Clinical Psychology, 4*, 328-338.
Locke, E.A., Shaw, K.N., Saari, L.M. & Latham, G.P. (1981). Goal setting and task performance: 1969-1980. *Psychological Bulletin, 90*, 125-152.

Maddux, J.E., Norton, L.W. & Stoltenberg, C.D. (1986). Self-efficacy expectancy, outcome expectancy, and outcome valence: Relative effects on behavioral intentions. *Journal of Personality and Social Psychology, 51*, 783-789.
Magnusson, D. (1980). Personality in an interactional paradigm of research. *Zeitschrift für Differentielle und Diagnostische Psychologie, 1*, 17-34.
Mandler, G. (1984). *Mind and body*. New York: W.W. Norton.
Margraf, J., Ehlers, A. & Roth, W.T. (1986). Biological models of panic disorder and agoraphobia – A review. *Behavioral Research and Therapy, 24*, 553-567.
Markus, H. & Wurf, E. (1987). The dynamic self-concept: A social psychological perspective. *Annual Review of Psychology, 38*, 299-337.
Marzillier, J. & Eastman, C. (1984). Continuing problems with self-efficacy theory: A reply to Bandura. *Cognitive Therapy and Research, 8*, 257-262.
Maslow, A.M. (1954). *Motivation and personality*. New York: Harper & Row.
Matsumoto, D. (1987). The role of facial response in the experience of emotion: More methodological problems and a meta-analysis. *Journal of Personality and Social Psychology, 52*, 769-774.
McCanne, T.R. & Anderson, J.A. (1987). Emotional responding following experimental manipulation of facial electromyographic activity. *Journal of Personality and Social Psycholgy, 52*, 759-768.
McClelland, D.C. (1975). *Power: The inner experience*. New York: Irvington.
McClelland, D.C. (1980). Motive dispositions: The merits of operant and respondent measures. In L. Wheeler (Hrsg.), *Review of Personality and Social Psychology* (Bd. 1). Beverly Hills, Cal.: Sage.
McClelland, D.C., Atkinson, J.W., Clark, R.A., & Lowell, E.L. (1953). *The achievement motive*. New York: Appleton-Century-Crofts..
McCrae, R.R. & Costa, P.T. (1987). Validation of the five-factor model of personality across instruments and observations. *Journal of Personality and Social Psychology, 52*, 81-90.
McCrae, R.R., Costa, P.T. & Busch, C.M. (1986). Evaluating comprehensiveness in personality systems. The California Q-set and the five-factor model. *Journal of Personality, 54*, 430-446.
McDougall, W. (1921). *An introduction to social psychology*. Boston: Luce.
McNally, R.J. (1987). Preparedness and phobias: A review. *Psychological Bulletin, 101*, 283-303.
McNeal, E. & Cimbolic, T. (1986). Antidepressants and biochemical theories of depression. *Psychological Bulletin, 59*, 361-374.
Mellor, D.H. (1978). In defense of dispositions. In R. Tuomela (Hrsg.), *Dispositions* (S. 55-76). Dordrecht: Reidel.
Mento, A.J., Cartledge, N.D. & Locke, E.A. (1980). Maryland vs. Michigan vs. Minnesota. Another look at the relationship of expectancy and goal difficulty to task performance. *Organizational Behavior and Human Performance, 25*, 419-440.

Mento, A.J., Steel, R.P. & Karren, R.J. (1987). A meta-analytic study of the effects of goal setting on task performance: 1966-1984. *Organizational Behavior and Human Decision Processes, 39*, 52-83.

Metalsky, G.J., Halberstadt, L.J. & Abramson, L.Y. (1987). Vulnerability to depressive mood reactions: Toward a more powerful test of the diathesis stress and causal mediation components of the reformulated theory of depression. *Journal of Personality and Social Psychology, 52*, 386-393.

Meyer, W.U. (1973). *Leistungsmotiv und Ursachenerklärung für Erfolg und Mißerfolg.* Stuttgart: Klett.

Michotte, A.E. (1947). *La perception de la causalite.* Paris: Frein.

Miller, G.A., Galanter, E. & Pribram, K.H. (1973). *Strategien des Handelns.* Stuttgart: Klett.

Mischel, W. (1968). *Personality and assessment.* New York: Wiley.

Mischel, W. (1973). Toward a cognitive social learning reconceptualization of personality. *Psychological Review, 80*, 252-283.

Mischel, W. (1979). On the interface of cognition and personality. *American Psychologist, 34*, 740-754.

Mischel, W. (1981). *Introduction to personality* (3. Aufl.). New York: CBS College Publishing.

Mischel, W. (1983). Alternatives in the pursuit of the predictability and consistency of persons: Stable data that yield unstable interpretations. *Journal of Personality, 51*, 578-604.

Mischel, W. (1984). Convergence and challenges in the search for consistency. *American Psychologist, 39*, 351-364.

Mischel, W. & Peake, P.K. (1982). Beyond dèja vue in the search for cross-situational consistency. *Psychological Review, 89*, 730-755.

Möbus, K. & Schneider, W. (1986). *Strukturmodelle für Längsschnittdaten und Zeitreihen.* Bern: Huber.

Montada, L. (1982). Themen, Traditionen, Trends. In R. Oerter & L. Montada (Hrsg.), *Entwicklungspsychologie. Ein Lehrbuch.* München: Urban & Schwarzenberg.

Moore, R.Y. (1973). Retinohypothalamic projections in mammals: A comparative study. *Brain Research, 49*, 403-409.

Moos, R.H. (1979). *Evaluating educational climates.* San Francisco: Jossey-Bass.

Morris, L.W., Harris, E.H. & Rovins, D.S. (1981). Interactive effects of generalized expectancies on the arousal of cognitive and emotional components of social anxiety. *Journal of Research in Personality, 15*, 302-311.

Mothersill, K.J., Dobson, K.S. & Neufeld, R.W.J. (1986). The interactional model of anxiety: An evaluation of the differential hypothesis. *Journal of Personality and Social Psychology, 51*, 640-648.

Mowrer, O.H. (1950). *Learning theory and personality dynamics.* New York: Ronald.

Murray, H.A. (1938). *Explorations in personality.* New York: Oxford University Press.

Neisser, U. (1979). *Kognition und Wirklichkeit.* Stuttgart: Klett.

Nicholls, J.G. (1976). When a scale measures more than its name denotes: The case of the Test Anxiety Scale for Children. *Journal of Consulting and Clinical Psychology, 44*, 976-985.

Nicholls, J.G. (1984). Achievement motivation: Conception of ability, subjective experience, task choice, and performance. *Psychological Review, 91*, 328-346.

Nisbett, R.E. & Wilson, T.D. (1977). Telling more than we can know: Verbal reports on mental processes. *Psychological Review, 84*, 231-259.

Norman, D.A. & Shallice, T. (1986). Attention to action. Willed and automatic control of behavior. In R.J. Davidson, G.E. Schwarz & D. Shapiro (Hrsg.), *Consciousness and self-regulation. Advances in research and theory* (Bd. 4). New York: Plenum Press.

O'Shaugnessy, B. (1970). The powerlessness of dispositions. *Analysis, 31*, 1-15.

Oerter, R. (1985). Die Formung von Kognition und Motivation durch Schule: Wie Schule auf das Leben vorbereitet. *Unterrichtswissenschaft, 13*, 203-219.

Oerter, R. & Hoffmann, W. (1987). *Dialektisches Denken bei Jugendlichen und jungen Erwachsenen.* Referat auf der 8. Tagung Entwicklungspsychologie, Bern, 13.-16.9.1987.

Oerter, R. & Montada, L. (1982). *Entwicklungspsychologie.* München: Urban & Schwarzenberg.

Olds, J., Milner, P. (1954). Positive reinforcement produced by electrical stimulation of septal area and other regions of the rat brain. *Journal of Comparative and Physiological Psychology, 47*, 419-427.

Olds, J. & Olds, M.E. (1965). Drive rewards and the brain. In T.M. Newcomb (Hrsg.), *New directions in psychology* (Bd. 2). New York: Holt.

Paunonen, S.V. & Jackson, D.N. (1986). Nomothetic and idiothetic measurement in personality. *Journal of Personality, 54*, 447-477.

Peabody, D. (1987). Selecting representative trait adjectives. *Journal of Personality and Social Psychology, 52*, 59-71.

Pekrun, R. (1981a). Waldorfschule, staatliches Schulsystem und die Entwicklung schulbezogener Persönlichkeitsmerkmale von Schülern. In W. Michaelis (Hrsg.), *Bericht über den 32. Kongreß der Deutschen Gesellschaft für Psychologie in Zürich 1980* (Bd. 2, S. 654-658). Göttingen: Hogrefe.

Pekrun, R. (1981b). Empirische Dimensionen kausaler Leistungsattributionen von Schülern: Wie weit ist der Gültigkeitsbereich theoretischer Taxonomien? *Forschungsberichte aus dem Institutsbereich Persönlichkeitspsychologie und Psychodiagnostik 2/1981.* Universität München: Institut für Psychologie.

Pekrun, R. (1983a). *Schulische Persönlichkeitsentwicklung.* Frankfurt a.M.: Lang.

Pekrun, R. (1983b). Wie valide ist das attributionstheoretische Motivationsmodell? In G. Lüer (Hrsg.), *Bericht über den 33. Kongreß der Deutschen Gesellschaft für Psychologie in Mainz 1982.* (Bd. 1, S. 436-439). Göttingen: Hogrefe.

Pekrun, R. (1984a). An expectancy-value model of anxiety. In H.M. van der Ploeg, R. Schwarzer & C.D. Spielberger (Hrsg.), *Advances in Test Anxiety Research* (Bd. 3, S. 63-72). Lisse, Niederlande/Hillsdale, N.J.: Swets/Erlbaum.

Pekrun, R. (1984b). Expectancies, valences and personality traits in human motivation. *Forschungsberichte aus dem Institutsbereich Persönlichkeitspsychologie und Psychodiagnostik 1/1984.* Universität München: Institut für Psychologie.

Pekrun, R. (1985a). Classroom climate and test anxiety: Developmental validity of expectancy-value theory of anxiety. In H.M. van der Ploeg, R. Schwarzer & C.D. Spielberger (Hrsg.), *Advances in Test Anxiety Research* (Bd. 4, S. 147-158). Lisse, Niederlande: Swets & Zeitlinger.

Pekrun, R. (1985b). Schulklima. In W. Twellmann (Hrsg.), *Handbuch Schule und Unterricht* (Bd. 7.1, S. 524-547). Düsseldorf: Schwann.

Pekrun, R. (1985c). Lehrerpersönlichkeit. In W. Twellmann (Hrsg.), *Handbuch Schule und Unterricht* (Bd. 7.1, S. 212-234). Düsseldorf: Schwann.

Pekrun, R. (1985d). Erwartungs-wert-theoretische Überlegungen zur Angstgenese. In D. Albert (Hrsg.), *Bericht über den 34. Kongreß der Deutschen Gesellschaft für Psychologie in Wien 1984* (Bd. 1, S. 299-302). Göttingen: Hogrefe.

Pekrun, R. (1985e). Musik und Emotion. In H. Bruhn, H. Rösing & R. Oerter (Hrsg.), *Musikpsychologie. Ein Handbuch in Schlüsselbegriffen* (S. 180-188). München: Urban & Schwarzenberg.

Pekrun, R. (1985f). Schulischer Unterricht, schulische Bewertungsprozesse und Selbstkonzeptentwicklung. *Unterrichtswissenschaft, 13*, 220-248.

Pekrun, R. (1985g). School systems: Structures, effects and the case of Waldorf schools. *Forschungsberichte aus dem Institutsbereich Persönlichkeitspsychologie und Psychodiagnostik 11/1985.* Universität München: Institut für Psychologie.

Pekrun, R. (1986). *Emotion, Motivation und Persönlichkeit. Allgemeine persönlichkeitstheoretische Überlegungen und eine Längsschnittuntersuchung zur Emotions- und Motivationsentwicklung bei Schülern.* Unveröffentlichte Habilitationsschrift. Universität München: Fakultät für Psychologie und Pädagogik.

Pekrun, R. (1987a). Identitätsentwicklung bei Schülern. In H.-P. Frey & K. Haußer (Hrsg.), *Identität* (S. 53-67). Stuttgart: Enke.

Pekrun, R. (1987b). *Test anxiety and achievement: A longitudinal analysis.* Paper presented at the 8th International Conference of the Society for Test Anxiety Research. Bergen, Norwegen, 25.-27.6.1987.

Pekrun, R. (1987c). Anxiety and motivation. *International Journal of Educational Research*, in Vorbereitung.

Pekrun, R. (1987d). *Schülerpersönlichkeit. Theorien, Befundübersichten und eine Längsschnittuntersuchung zur Persönlichkeitsentwicklung von Schülern.* Buchmanuskript in Vorbereitung. Universität München: Institut für Psychologie.

Pekrun, R. (1987e). *Pädagogische Umwelten und Prüfungsangstentwicklung: Ein transaktionales Modell.* Referat auf der 2. Tagung Pädagogische Psychologie, Tübingen, 17.-18.9.1987.

Pekrun, R. (1987f). *Leistungsbezogene Lage- und Handlungsorientierungen, Anstrengungsmotivation und Prüfungsangst.* In Vorbereitung. Universität München: Institut für Psychologie.

Pekrun, R. (1987g). *Selbstkonzeptentwicklung im Jugendalter: Umwelteinflüsse in Familie und Schule.* Referat auf der 8. Tagung Entwicklungspsychologie, Bern, 13.-16.9.1987.

Pekrun, R. (1987h). *An unrestricted, non-dispositional view of personality traits and a general trait taxonomy.* In Vorbereitung. Universität München: Institut für Psychologie.

Pekrun, R. (1987i). *Micro- and macrogenesis of anxiety, anger and depression: Expectancy-value explanations.* In Vorbereitung. Universität München: Institut für Psychologie.

Pekrun, R. (1987k). *Integrating self-efficacy, expectancy-value and goal theory: A general model of cognitively mediated motivation.* In Vorbereitung. Universität München: Institut für Psychologie.

Pekrun, R. & Bruhn, H. (1986). Emotion und Kognition: Einflüsse der Stimmungslage auf die Musikrezeption. *Forschungsberichte aus dem Institutsbereich Persönlichkeitspsychologie und Psychodiagnostik 5/1986.* Universität München: Institut für Psychologie.

Pervin, L. (1985). Personality: Current controversies, issues and directions. *Annual Review of Psychology, 36,* 83-114.

Peterson, C. & Seligman, M.E.P. (1984). Causal explanations as a risk factor for depression: Theory and evidence. *Psychological Review, 91,* 347-374.

Pietromonaco, P.R. & Rook, K.S. (1987). Decision style in depression: The contribution of perceived risk versus benefits. *Journal of Personality and Social Psychology, 52,* 399-408.

Ploeg, H.M. v., Schwarzer, R. & Spielberger, C.D. (1982ff.). *Advances in Test Anxiety Research* (Bd. 1ff.). Lisse, Niederlande/Hillsdale, N.J.: Swets/Erlbaum.

Plutchik, R. (1980). *Emotion. A psychoevolutionary synthesis.* New York: Harper & Row.

Plutchik, R. (1985). On emotion: The chicken-and-egg problem revisited. *Motivation and Emotion, 9,* 197-200.

Popper, K. (1958). *Die offene Gesellschaft und ihre Feinde* (Bd. 2). Bern.

Pribram, K.H. (1984). Emotion: A neurobehavioral analysis. In K.R. Scherer & P. Ekman (Hrsg.), *Approaches to emotion* (S. 13-38). Hillsdale, N.J.: Erlbaum.

Pribram, K.H. (1986). The cognitive revolution and mind/brain issues. *American Psychologist, 41,* 507-520.

Pribram, K.H. & McGuiness, D. (1975). Arousal, activation and effort in the control of attention. *Psychological Review, 82,* 116-149.

Price, D.D. & Barrell, J.J. (1984). Some general laws of human emotion: Interrelationships between intensity of desire, expectation, and emotional feeling. *Journal of Personality, 52,* 389-409.

Prior, E. (1985). *Dispositions.* Aberdeen: Aberdeen University Press.

Pylyshyn, Z.W. (1981). The imagery debate: Analogue media versus tacit knowledge. *Psychological Review, 88,* 16-45.

Pyszczynski, T., Holt, K. & Greenberg, J. (1987). Depression, self-focused attention, and expectancies for positive and negative future life events for self and others. *Journal of Personality and Social Psychology, 52,* 994-1001.

Rachman, S. (1977). The conditioning theory of fear acquisition: A critical reexamination. *Behavior Research and Therapy, 15,* 375-387.

Raynor, J.O. (1969). Future orientation and motivation of immediate activity: An elaboration of the theory of achievement motivation. *Psychological Review, 76,* 606-610.

Raynor, J.O. (1982). Future orientation, self-evaluation and achievement motivation: Use of an expectancy x value theory of personality functioning and change. In N.T. Feather (Hrsg.), *Expectations and actions. Expectancy-value models in psychology* (S. 97-124). Hillsdale, N.J.: Erlbaum.

Reisenzein, R. (1983). The Schachter theory of emotion: Two decades later. *Psychological Bulletin, 94,* 239-264.

Reisenzein, R. (1986). A structural equation analysis of Weiner's attribution-affect model of helping behavior. *Journal of Personality and Social Psychology, 50,* 1123-1133.

Reykowski, J. (1982). Social motivation. *Annual Review of Psychology, 33,* 123-154.

Rholes, W.S., Riskind, J.H. & Lane, J.W. (1987). Emotional status and memory biases: Effects of cognitive priming and mood. *Journal of Personality and Social Psychology, 52,* 91-99.

Ridgeway, D. & Waters, E. (1987). Induced mood and preschoolers' behavior: Isolating the effects of hedonic tone and degree of arousal. *Journal of Personality and Social Psychology, 52,* 620-625.

Robbins, P.R. & Tanck, R.H. (1987). A study of diurnal patterns of depressed mood. *Motivation and Emotion, 11*, 37-49.

Ropohl, G. (1978). Einführung in die allgemeine Systemtheorie. In H. Lenk & G. Ropohl (Hrsg.), *Systemtheorie als Wissenschaftsprogramm*. Königstein, Ts.: Athenäum.

Rosch, E. (1978). Principles of categorization. In E. Rosch & B.B. Lloyd (Hrsg.), *Cognition and categorization* (S. 27-71). Hillsdale, N.J.: Erlbaum.

Rosenzweig, M.R. (1984). Experience, memory, and the brain. *American Psychologist, 39*, 365-376.

Rost, D.H. & Schermer, F.J. (1985). Auf dem Weg zu einer differentiellen Diagnostik der Leistungsangst. *Berichte aus dem Fachbereich Psychologie der Universität Marburg, Bd. 85.* Universität Marburg: Fachbereich Psychologie.

Rotter, J.B. (1954). *Social learning and clinical psychology.* Englewood Cliffs, N.J.: Prentice-Hall.

Rotter, J.B. (1966). Generalized expectancies for internal versus external control of reinforcement. *Psychological Monographs, 80, No. 1* (Whole No. 609).

Rozin, P. & Fallon, A.E. (1987). A perspective on disgust. *Psychological Review, 94*, 23-41.

Russell, D. & McAuley, E. (1986). Causal attributions, causal dimensions, and affective reactions to success and failure. *Journal of Personality and Social Psychology, 50*, 1174-1185.

Rutledge, L.L. & Hupka, R.B. (1985). The facial feedback hypothesis: Methodological concerns and new supporting evidence. *Motivation and Emotion, 9*, 219-240.

Ryle, G. (1949). *The concept of mind.* New York: Barnes & Noble.

Sandvik, E., Diener, E. & Larsen, R.J. (1985). The opponent process theory and affective reactions. *Motivation and Emotion, 9*, 407-418.

Sarason, I.G. (1980). *Test anxiety.* Hillsdale, N.J.: Lawrence Erlbaum.

Sarason, I.G., Sarason, B.R., Keefe, D.E., Hayes, B.E. & Shearin, E.N. (1986). Cognitive interference: Situational determinants and traitlike characteristics. *Journal of Personality and Social psychology, 51*, 215-226.

Scarr, S. & Kidd, K.K. (1983). Developmental behavior genetics. In P.H. Mussen (Hrsg.), *Handbook of child psychology* (Bd. 2). New York: Wiley.

Schachter, S. & Singer, J. (1962). Cognitive, social and physiological determinants of emotional state. *Psychological Review, 69*, 379-399.

Schank, R.C. & Abelson, R. (1977). *Scripts, plans, goals and understanding.* Hillsdale, N.J.: Erlbaum.

Scherer, K.R. (1981). Wider die Vernachlässigung der Emotion in der Psychologie. In W. Michaelis (Hrsg.), *Bericht über den 32. Kongreß der Deutschen Gesellschaft für Psychologie in Zürich 1980.* Göttingen: Hogrefe.

Scherer, K.R. (1983). Prolegomina zu einer Taxonomie affektiver Zustände: Ein Komponenten-Prozeß-Modell. In G. Lüer (Hrsg.), *Bericht über den 33. Kongreß der Deutschen Gesellschaft für Psychologie, Mainz 1982.* Göttingen: Hogrefe.

Scherer, K.R. (1984). On the nature and function of emotion: A component process approach. In K.R. Scherer & P. Ekman (Hrsg.), *Approaches to emotion* (S. 293-317). Hillsdale, N.J.: Erlbaum.

Scherer, K.R. (1986). Vocal affect expression: A review and a model for future research. *Psychological Bulletin, 99*, 143-165.

Scherer, K.R., Wallbott, H.G. & Summerfield, A.B. (1986). *Experiencing emotion: A cross-cultural study.* Cambridge: Cambridge University Press.

Schmalt, H.D. (1976). *Die Messung des Leistungsmotivs.* Göttingen: Hogrefe.

Schmidt, F. (1985). *Die Anstrengungsmotivation des Fußballspielers.* Unveröffentlichte Diplomarbeit. Universität München: Institut für Psychologie.

Schneewind, K.A. (1969). *Methodisches Denken in der Psychologie.* Bern: Huber.

Schneewind, K.A. (1982). *Persönlichkeitstheorien. Bd. 1: Alltagspsychologische und mechanistische Ansätze.* Darmstadt: Wissenschaftliche Buchgesellschaft.

Schneewind, K.A. (1985). Entwicklung personaler Kontrolle im Kontext der Familie. In W.F. Kugemann, S. Preiser & K.A. Schneewind (Hrsg.), *Psychologie und komplexe Lebenswirklichkeit.* Göttingen: Hogrefe.

Schneider, K. & Schmalt, H.D. (1981). *Motivation.* Stuttgart: Kohlhammer.

Schott, F., Neeb, K.E. & Wieberg, H.J.W. (1984). *Kleine Systeme als Problem der internen Repräsentation und der kognitiven Entwicklung* (Unveröffentlichtes Manuskript). Universität Gießen: Fachbereich Psychologie.

Schwarzer, C., Schwarzer, R. & Seipp, B. (1987). *Anxiety and academic performance: A meta-analysis.* Paper presented at the 8th International Conference of the Society for Test Anxiety Research. Bergen, Norwegen, 25.-27.6.1987.

Schwarzer, R. (1981). *Streß, Angst und Hilflosigkeit.* Stuttgart: Kohlhammer.

Schwarzer, R. & Quast, H. (1985). Multidimensionality of the anxiety experience: Evidence for additonal components. In H.M. van der Ploeg, R. Schwarzer & C.D. Spielberger (Hrsg.), *Advances in Test Anxiety Research* (Bd. 4, S. 3-14). Lisse, Niederlande: Swets & Zeitlinger.

Seginer, R. (1983). Parents' educational expectations and childrens' academic achievements: A literature review. *Merrill-Palmer Quarterly, 29,* 1-23.

Seligman, M.E.P. (1975). *Helplessness. On depression, development and death.* San Francisco: Freeman.

Seligman, M.E.P., Abramson, L.Y., Semmel, A. & Baeyer, C. v. (1979). Depressive attributional style. *Journal of Abnormal Psychology, 88,* 242-247.

Sevon, G. (1984). Cognitive maps of past and future economic events. *Acta Psychologica, 56,* 71-79.

Shavelson, R.J. & Bolus, R. (1982). Self-concept: Validation of construct interpretations. *Review of Educational Research, 1976,* 46.

Shiffrin, R.M. & Schneider, W. (1977). Controlled and automatic human information processing: II. Perceptual learning, automatic attending, and a general theory. *Psychological Review, 84,* 127-190.

Shweder, R.A. (1975). How relevant is an individual difference theory of personality? *Journal of Personality, 43,* 455-484.

Silbereisen, R.K. & Reitzle, M. (1987). Selbstwertgefühl, Freizeitpräferenzen und Drogengebrauch im Jugendalter. In H.-P. Frey & K. Haußer (Hrsg.), *Identität.* Stuttgart: Enke.

Singer, J.L. & Kolligian, J. (1987). Personality: Developments in the study of private experience. *Annual Review of Psychology, 38,* 533-574.

Sjöberg, L. & Winroth, E. (1986). Risk, moral value of actions, and mood. *Scandinavian Journal of Psycholgy, 27,* 191-208.

Smith, C.A. & Ellsworth, P.C. (1985). Patterns of cognitive appraisal in emotion. *Journal of Personality and Social Psychology, 48,* 813-838.

Smith, C.A. & Ellsworth, P.C. (1987). Patterns of appraisal and emotion related to taking an exam. *Journal of Personality and Social Psychology, 52,* 475-488.

Sneed, J. (1971). *The logical structure of mathematical physics.* Dordrecht: Reidel.

Solomon, R.L. (1980). The opponent-process theory of acquired motivation. *American Psychologist, 35,* 619-712.

Solomon, R.L. & Wynne, L.C. (1954). Traumatic avoidance learning: The principles of anxiety conservation and partial irreversibility. *Psychological Review, 61,* 353-385.

Sommers, S. & Scioli, A. (1986). Emotional range and value orientation: Toward a cognitive view of emotionality. *Journal of Personality and Social Psychology, 51,* 417-422.

Spielberger, C.D. (1966). Theory and research on anxiety. In C.D. Spielberger (Hrsg.), *Anxiety and Behavior* (S. 3-20). New York: Academic Press.

Spielberger, C.D. (1972). *Anxiety. Current trends in theory and research.* New York: Academic Press.

Spielberger, C.D. (1983). *Manual for the Trait-State Anxiety Inventory (STAI).* Palo Alto, Cal.: Consulting Psychologists Pres.

Spielberger, C.D., Jacobs, G., Russell, S. & Crane, R.S. (1983). Assessment of anger: The state-trait anger scale. In J.N. Butcher & C.D. Spielberger (Hrsg.), *Advances in personality assessment* (Bd. 2). Hillsdale, N.J.: Erlbaum.

Spies, K. & Hesse, F.W. (1986). Interaktion von Emotion und Kognition. *Psychologische Rundschau, 37,* 61-74.

Squires, R. (1968). Are dispositions causes? *Analysis, 29,* 45-47.

Sroufe, L.A. (1984). The organization of emotional development. In K.R. Scherer & P. Ekman (Hrsg.), *Approaches to emotion* (S. 109-128). Hillsdale, N.J.: Erlbaum.

Stegmüller, W. (1979). *Rationale Rekonstruktion von Wissenschaft.* Stuttgart.

Stellar, J.R. & Stellar, E. (1985). *The neurobiology of motivation and reward.* New York: Springer.

Sternberg, R.J. (1985). *Beyond IQ: A triarchic theory of human intelligence.* New York: Cambridge University Press.

Tennen, H. & Herzberger, S. (1987). Depression, self-esteem, and the absence of self-protective attributional biases. *Journal of Personality and Social Psychology, 52*, 72-80.
Thayer, R.E. (1987). Problem perception, optimism, and related status as a function of time of day (diurnal rhythm) and moderate exercise: Two arousal systems in interaction. *Motivation and Emotion, 11*, 19-36.
Thomas, A. & Chess, S. (1977). *Temperament and development*. New York: Brunner/Mazel.
Thomas, E.A.C. (1983). Notes on effort and achievement-oriented behavior. *Psychological Review, 90*, 1-20.
Thurstone, L.L. (1947). *Multiple factor analysis*. Chicago: University of Chicago Press.
Tourangeau, R., Ellsworth, P.C. (1979). The role of facial response in the experience of emotion. *Journal of Personality and Social Psychology, 37*, 1519-1531.
Trevarthen, C. (1984). Emotions in infancy: Regulators of contact and relationships with persons. In K.R. Scherer & P. Ekman (Hrsg.), *Approaches to emotion* (S. 129-157). Hillsdale, N.J.: Erlbaum.
Tubbs, M.E. (1986). Goal setting: A meta-analytic examination of the empirical evidence. *Journal of Applied Psychology, 71*, 474-483.
Tucker, D.M. (1981). Lateral brain function, emotion, and conceptualization. *Psychological Bulletin, 89*, 19-46.
Tucker, D.M. & Williamson, P.A. (1984). Asymmetric neural control systems in human self-regulation. *Psychological Review, 91*, 185-215.
Tulving, E. (1984). Precis of "Elements of episodic memory". *The Behavioral and Brain Sciences, 7*, 223-268.
Tulving, E. (1986). What kind of a hypothesis is the distinction between episodic and semantic memory? *Journal of Experimental Psychology: Learning, Memory, and Cognition, 12*, 307-311.
Tuomela, R. (Hrsg.). (1978a). Dispositions. Dordrecht: Reidel.
Tuomela, R. (1978b). Dispositions, realism, and explanation. In R. Tuomela (Hrsg.), *Dispositions* (S. 427-448). Dordrecht: Reidel.

Vroom, V.H. (1964). *Work and motivation*. New York: Wiley.

Wagner, H.L., MacDonald, C.J. & Manstead, A.S.R. (1986). Communication of individual emotions by spontaneous facial expressions. *Journal of Personality and Social Psychology, 50*, 737-743.
Wahba, M.A. & House, R.J. (1974). Expectancy theory predictions in work and motivation: Some logical and methodological issues. *Human Relations, 27*, 121-147.
Wallbott, H.G. & Scherer, K.R. (1986a). How universal and specific is emotional experience? Evidence from 27 countries on five continents. *Social Science Information, 25*, 1-30.
Wallbott, H.G. & Scherer, K.R. (1986b). Cues and channels in emotion recognition. *Journal of Personality and Social Psychology, 51*, 690-699.
Wanous, J.P., Keon, T.H. & Latack, J.C. (1983). Expectancy theory and occupational/organizational choices: A review and test. *Organizational Behavior and Human Performance, 32*, 66-86.
Watson, D. & Clark, L.A. (1984). Negative affectivity: The disposition to experience aversive emotional states. *Psychological Bulletin, 96*, 465-490.
Watson, D. & Tellegen, A. (1985). Toward a consensual structure of mood. *Psychological Bulletin, 98*, 219-235.
Wehner, T. & Mehl, K. (1986). Über das Verhältnis von Handlungsteilen zum Handlungsganzen – Der Fehler als Indikator unterschiedlicher Bindungsstärken in "Automatismen". *Zeitschrift für Psychologie, 114*, 231-245.
Weiner, B. (1979). A theory of motivation for some classroom experiences. *Journal of Educational Psychology, 71*, 3-25.
Weiner, B. (1980). *Human motivation*. New York: Holt.
Weiner, B. (1982). An attributionally based theory of motivation and emotion: Focus, range, and issues. In N.T. Feather (Hrsg.), *Expectations and actions. Expectancy-value models in psychology* (S. 163-206). Hillsdale, N.J.: Erlbaum.
Weiner, B. (1985). An attributional theory of achievement motivation and emotion. *Psychological Review, 92*, 548-573.
Weiner, B., Amirkhan, J., Folkes, V.S. & Verette, J.A. (1987). An attitudinal analysis of excuse giving: Studies of a naive theory of emotion. *Journal of Personality and Social Psychology, 52*, 318-324.

Weiner, B., Frieze, I., Kukla, A., Reed, S., Rest, S. & Rosenbaum, R. (1971). *Perceiving the causes of success and failure.* New York: General Learning Press.

Weiner, B., Russell, D. & Lerman, D. (1978). Affektive Auswirkungen von Attributionen. In D. Görlitz & W.-U. Meyer (Hrsg.), *Bielefelder Symposion über Attribution* (S. 139-173). Stuttgart: Klett.

Wenger, M.A., Jones, F.N. & Jones, M.H. (1956). *Physiological psychology.* New York: Holt, Rinehart & Winston.

Whybrow, P. (1984). Contributions from neuroendocrinology. In K. Scherer & P. Ekman (Hrsg.), *Approaches to emotion.* Hillsdale, N.J.: Erlbaum.

Wiggins, J.S. (1979). A psychological taxonomy of trait description terms: I. The interpersonal domain. *Journal of Personality and Social Psychology, 37*, 395-412.

Wilson, R.S. & Matheny, A.P. (1986). Behavior-genetics research in infant temperament: The Louisville Twin Study. In R. Plomin & J. Dunn (Hrsg.), *The study of development.* Hillsdale, N.J.: Erlbaum.

Winton, W.M. (1986). The role of facial response in self-reports of emotion: A critique of Laird. *Journal of Personality and Social Psychology, 50*, 808-812.

Wolf, G. (1985). Zur Psychobiologie der Emotionen. *Zeitschrift für Psychology, 193*, 385-396.

Wong, P.T.P. & Weiner, B. (1981). When people ask "why" questions, and the heuristics of attributional search. *Journal of Personality and Social Psychology, 40*, 650-663.

Woodworth, R.S. (1921). *Psychology: A study of mental life.* New York: Holt, Rinehart & Winston.

Woody, C.D. (1986). Understanding the cellular basis of memory and learning. *American Review of Psychology, 37*, 433-493.

Zajonc, R.B. (1980). Feeling and thinking: Preferences need no inferences. *American Psychologist, 35*, 151-175.

Zajonc, R.B. (1984a). The interaction of affect and cognition. In K.R. Scherer & P. Ekman (Hrsg.), *Approaches to emotion.* Hillsdale, N.J.: Erlbaum.

Zajonc, R.B. (1984b). On primacy of affect. In K.R. Scherer & P. Ekman (Hrsg.), *Approaches to emotion.* Hillsdale, N.J.: Erlbaum.

Zajonc, R.B. & Markus, H. (1982). Affective and cognitive factors in preferences. *Journal of Consumer Research, 9*, 123-131.

Zillmann, D. (1979). *Hostility and aggression.* Hillsdale, N.J.: Erlbaum.

Zivin, G. (1986). Processes of expressive behavior development. *Merrill-Palmer Quarterly, 32*, 103-140.

Zuckerman, M. (1984). Sensation seeking: A comparative approach to a human trait. *The Behavioral and Brain Sciences, 7*, 413-471.

Autorenverzeichnis

Sachverzeichnis